Ratz/Scheffler/Seese/Wiesenberger
Grundkurs Programmieren in Java

Dietmar Ratz
Jens Scheffler
Detlef Seese
Jan Wiesenberger

Grundkurs
Programmieren in Java

5., überarbeitete Auflage

HANSER

Prof. Dr. Dietmar Ratz, Duale Hochschule Baden-Württemberg (DHBW) Karlsruhe

Dipl-Math. Jens Scheffler, Google Inc., Mountain View, CA, USA

Prof. Dr. Detlef Seese , Karlsruher Institut für Technologie (KIT), Institut für Angewandte Informatik und Formale Beschreibungsverfahren (AIFB)

Dipl.-Wi.-Ing. Jan Wiesenberger, m+ps, Karlsruhe

Bibliografische Information der Deutschen Nationalbibliothek:

Die Deutsche Nationalbibliothek verzeichnet diese Publikation in der Deutschen Nationalbibliografie; detaillierte bibliografische Daten sind im Internet über http://dnb.ddb.de abrufbar.

© 2010 Carl Hanser Verlag München Wien (www.hanser.de)
Lektorat: Margarete Metzger
Herstellung: Irene Weilhart
Umschlagdesign: Marc Müller-Bremer, www.rebranding.de, München
Umschlagrealisation: Stephan Rönigk
Datenbelichtung, Druck und Bindung: Kösel, Krugzell
Ausstattung patentrechtlich geschützt. Kösel FD 351, Patent-Nr. 0748702
Printed in Germany

ISBN 978-3-446-41655-0

Inhaltsverzeichnis

IV Threads, Datenströme und Netzwerk-Anwendungen . 541

Vorwort

Unsere moderne Welt mit ihren großen Informations- und Kommunikations-Bedürfnissen wäre ohne Computer und deren weltweite Vernetzung kaum noch denkbar. Ob wir über das Internet unseren Einkauf abwickeln, uns Informationen beschaffen, Fahrpläne abrufen, Urlaubsreisen buchen, Bankgeschäfte tätigen oder einfach nur Post verschicken – wir benutzen diese neuen Techniken fast schon selbstverständlich. Immer mehr Nutzer des Internets finden zudem Gefallen daran, Informationen oder gar Dienste, z. B. so genannte Web-Services, zur Verfügung zu stellen. Die Programmiersprache Java, die sich in den letzten Jahren zu einer weit verbreiteten Software-Entwicklungsplattform entwickelt hat, ermöglicht es, Software fürs Internet mit relativ geringem Aufwand zu erstellen. Dienstleistungen, Produkte und die gesamte Arbeitswelt basieren in zunehmendem Maße auf Software. Schul- und vor allem Hochschul-Abgänger werden mit Sicherheit an ihrem späteren Arbeitsplatz in irgendeiner Weise mit Software oder gar Software-Entwicklung zu tun haben. Eine qualifizierte Programmiergrundausbildung ist somit unerlässlich, um bewusst und aktiv am modernen gesellschaftlichen Leben teilnehmen oder gar an der Gestaltung moderner Informatikanwendungen mitwirken zu können. Leider erscheint vielen das Erlernen einer Programmiersprache zu Beginn einer weiter gehenden Informatik-Ausbildung als unüberwindbare Hürde. Mit Java rückte eine Sprache als Ausbildungssprache in den Vordergrund, die sehr mächtig und vielfältig ist, deren Komplexität es Programmier-Anfängern aber nicht unbedingt leichter macht, in die „Geheimnisse" des Programmierens eingeweiht zu werden.

Angeregt durch unsere Erfahrungen aus vielen Jahren Lehrveranstaltungen für Studierende unterschiedlicher Fachrichtungen, in denen in der Regel rund zwei Drittel der Teilnehmer bis zum Kursbeginn noch nicht selbst programmierten, entschlossen wir uns, das vorliegende Buch zu verfassen. Dabei wollten wir vor allem die Hauptanforderung „Verständlichkeit auch für Programmier-Anfänger" erfüllen. Schülerinnen und Schülern, Studentinnen und Studenten, aber auch Hausfrauen und Hausmännern sollte mit diesem Buch ein leicht verständlicher Grundkurs „Programmieren in Java" vermittelt werden. Auf theoretischen Ballast oder ein breites Informatik-Fundament wollten wir deshalb bewusst verzichten. Wir hofften, mit unserem Konzept, auch absolute Neulinge behutsam in die Materie einzuführen, bei unseren Leserinnen und Lesern erfolgreich zu sein. Diese

Hoffnung wurde, wie wir zahlreichen überaus positiven Leserkommentaren entnehmen konnten, mehr als erfüllt. So liegt nun bereits die fünfte, überarbeitete Auflage vor, in der wir viele konstruktive Umgestaltungsvorschläge von Leserinnen und Lesern berücksichtigt und den ursprünglich zweibändigen Grundkurs zu einem umfangreichen einbändigen Werk fusioniert haben.

Wenn man nach dem erfolgreichsten aller Bücher Ausschau hält, stößt man wohl auf die Bibel. Das Buch der Bücher steht für hohe Auflagen und eine große Leserschaft. In unzählige Sprachen übersetzt, stellt die Bibel den Traum eines jeden Autors dar. Was Sie hier in den Händen halten, hat mit der Bibel natürlich ungefähr so viel zu tun wie eine Weinbergschnecke mit der Formel 1. Zwar ist auch dieses Buch in mehrere Teile untergliedert und stammt aus mehr als einer Feder – mit göttlichen Offenbarungen und Prophezeiungen können wir dennoch nicht aufwarten. Sie finden in diesem Buch auch weder Hebräisch noch Latein. Im schlimmsten Falle treffen Sie auf etwas, das Ihnen trotz all unserer guten Vorsätze (zumindest zu Beginn Ihrer Lektüre) wie Fach-Chinesisch oder böhmische Dörfer vorkommen könnte. Lassen Sie sich davon aber nicht abschrecken, denn im Glossar im Anhang können Sie „Übersetzungen" für den Fachjargon jederzeit nachschlagen.

Etlichen Personen, die zur Entstehung dieses Buches beitrugen, wollen wir an dieser Stelle herzlichst danken: Die ehemaligen Tutoren Thomas Much, Michael Ohr und Oliver Wagner haben viel Schweiß und Mühe in die Erstellung von Teilen eines ersten Vorlesungs-Skripts gesteckt. Eine wichtige Rolle für die „Reifung" bis zur vorliegenden Buchfassung spielten die „Korrektoren". Unsere Kollegen Hagen Buchwald, Michael Decker, Tobias Dietrich, Rudi Klatte, Roland Küstermann, Joachim Melcher und Frank Schlottmann brachten mit großem Engagement wertvolle Kommentare und Verbesserungsvorschläge ein oder unterstützten uns beim Auf- und Ausbau der Buch-Webseite bzw. mit der Erstellung und Bereitstellung von einfach zu handhabenden Entwicklungs-Tools. Auch Sebastian Ratz lieferte als „Testleser" wertvolle Anregungen und half uns bei der Überarbeitung von Grafiken. Schließlich sind da noch mehrere Studierenden-Jahrgänge der Studiengänge Wirtschaftsingenieurwesen, Wirtschaftsmathematik, Technische Volkswirtschaftslehre und Wirtschaftsinformatik, die sich im Rahmen unserer Lehrveranstaltungen „Programmieren I", „Programmierung kommerzieller Systeme", „Fortgeschrittene Programmiertechniken", „Web-Programmierung" und „Mathematik und Java" mit den zugehörigen Webseiten, Foliensätzen und Übungsblättern „herumgeschlagen" und uns auf Fehler und Unklarheiten hingewiesen haben. Das insgesamt positive Feedback, auch aus anderen Studiengängen, war und ist Ansporn für uns, diesen Grundkurs Programmieren weiterzuentwickeln. Schließlich geht auch ein Dankeschön an die Leserinnen und Leser, die uns per Mail Hinweise und Tipps für die inhaltliche Verbesserung von Buch und Webseite zukommen ließen.

Zu guter Letzt möchten wir uns bei Frau Margarete Metzger und Frau Irene Weilhart vom Carl Hanser Verlag für die gewohnt gute Zusammenarbeit bedanken.

Karlsruhe, Frühjahr 2010   Die Autoren

Kapitel 1

Einleitung

Kennen Sie das auch? Sie gehen in eine Bar und sehen eine wunderschöne Frau bzw. einen attraktiven Mann – vielleicht *den* Partner fürs Leben! Sie kontrollieren unauffällig den Sitz Ihrer Kleidung, schlendern elegant zum Tresen und schenken ihr/ihm ein zuckersüßes Lächeln. Ihre Blicke sagen mehr als tausend Worte, jeder Zentimeter Ihres Körpers signalisiert: „Ich will Dich!" In dem Moment jedoch, als Sie ihr/ihm unauffällig Handy-Nummer und E-Mail zustecken wollen, betritt ein Schrank von einem Kerl bzw. die Reinkarnation von Marilyn Monroe die Szene. Frau sieht Mann, Mann sieht Frau, und Sie sehen einen leeren Stuhl und eine Rechnung über drei Milchshakes und eine Cola.
Wie kann Ihnen dieses Buch helfen, so etwas zu vermeiden? Die traurige Antwort lautet: Gar nicht! Sie können mit diesem Buch weder Frauen beeindrucken noch hochgewachsene Kerle niederschlagen (denn dafür ist es einfach zu leicht). Wenn Sie also einen schnellen Weg zum sicheren Erfolg suchen, sind Sie wohl mit anderen Werken besser beraten. Wozu ist das Buch also zu gebrauchen? Die folgenden Seiten verraten es Ihnen.

1.1 Java – mehr als nur kalter Kaffee?

Seit dem Einzug von Internet und World Wide Web (WWW) ins öffentliche Leben surfen, mailen und chatten Millionen von Menschen täglich in der virtuellen Welt. Es gehört beinahe schon zum guten Ton, im Netz der Netze vertreten zu sein. Ob Großkonzern oder privater Kegelclub – jeder will seine eigene Homepage.
Dieser Entwicklung hat es die Firma Sun zu verdanken, dass ihre Programmiersprache Java einschlug wie eine Bombe. Am eigentlichen Sprachkonzept war nur wenig Neues, denn die geistigen Väter hatten sich stark an der Sprache C++ orientiert. Im Gegensatz zu C++ konnten mit Java jedoch Programme erstellt werden, die sich direkt in Webseiten einbinden und ausführen lassen. Java war somit die erste Sprache für das WWW.

Natürlich ist für Java die Entwicklung nicht stehen geblieben. Die einstige „Netz-sprache" hat sich in ihrer Version 6 (siehe z. B. [32] und [26]), mit der wir in diesem Buch arbeiten, zu einer vollwertigen Konkurrenz zu den anderen gängi-gen Konzepten gemausert.[1] Datenbank- oder Netzwerkzugriffe, anspruchsvol-le Grafikanwendungen, Spieleprogrammierung – alles ist möglich. Gerade in dem heute so aktuellen Bereich „Verteilte Anwendungsentwicklung" bietet Ja-va ein breites Spektrum an Möglichkeiten. Mit wenigen Programmzeilen ge-lingt es, Anwendungen zu schreiben, die das Internet bzw. das World Wide Web (WWW) nutzen oder sogar über das Netz übertragen und in gängigen Web-Browsern gestartet werden können. Grundlage dafür bildet die umfang-reiche Java-Klassenbibliothek, die Sammlung einer Vielzahl vorgefertigter Klas-sen und Interfaces, die einem das Programmiererleben wesentlich vereinfachen. Nicht minder interessante Teile dieser Klassenbibliothek statten Java-Programme mit enormen, weitgehend plattformunabhängigen grafischen Fähigkeiten aus. So können auch Programme mit grafischen Oberflächen portabel bleiben.

Dies erklärt sicherlich auch das große Interesse, das der Sprache Java in den letz-ten Jahren entgegengebracht wurde. Bedenkt man die Anzahl von Buchveröffent-lichungen, Zeitschriftenbeiträgen, Webseiten, Newsgroups, Foren und Blogs zum Thema, so wird der erfolgreiche Weg, den die Sprache Java hinter sich hat, of-fensichtlich. Auch im kommerziellen Bereich ist Java nicht mehr wegzudenken, denn die Produktpalette der meisten großen Softwarehäuser weist mittlerweile ei-ne Java-Schiene auf. Und wer heute auch nur mit einem Handy telefoniert, kommt häufig mit Java in Berührung. Für Sie als Leserin oder Leser dieses Buchs bedeutet das jedenfalls, dass es sicherlich kein Fehler ist, Erfahrung in der Programmierung mit Java zu haben.[2]

1.2   Java für Anfänger – das Konzept dieses Buches

Da sich Java aus dem etablierten C++ entwickelt hat, gehen viele Buchautoren da-von aus, dass derjenige, der Java lernen will, bereits C++ kennt. Das macht erfah-renen Programmierern die Umstellung leicht, stellt Anfänger jedoch vor unüber-windbare Hürden. Manche Autoren versuchen, Eigenschaften der Sprache Java durch Analogien zu C++ oder zu anderen Programmiersprachen zu erklären, und setzen entsprechende Kenntnisse voraus, die den Einstieg in Java problemlos möglich machen. Wie sollen jedoch Anfänger, die über diese Erfahrung noch nicht verfügen, ein solches Buch verstehen? Erst C++ lernen und dann Java?

Die Antwort auf diese Frage ist ein entschiedenes Nein, denn Sie lernen ja auch nicht Latein, um Französisch zu sprechen. Tatsächlich erkennen heutzuta-

---

[1] Die Version 5 brachte gegenüber der Vorgängerversion 1.4 einige sehr interessante Erweiterungen, Erleichterungen und Verbesserungen. In 2010 soll die Version 7 mit weiteren Neuerungen erschei-nen.

[2] Als potenzieller Berufseinsteiger oder -umsteiger wissen Sie vielleicht ein Lied davon zu singen, wenn Sie sich Stellenanzeigen im Bereich Software-Entwicklung ansehen – Java scheint allge-genwärtig zu sein.

ge immer mehr Autoren und Verlage, dass die Einsteiger-Literatur sträflich vernachlässigt wurde. Es ist daher zu hoffen, dass die Zahl guter und verständlicher Programmierkurse für Neulinge weiter zunimmt. *Einen dieser Kurse halten Sie gerade in den Händen.*

Wie schreibt man nun ein Buch für den absoluten Neueinsteiger, wenn man selbst seit vielen Jahren programmiert? Vor diesem Problem standen die Autoren. Es sollte den Leserinnen und Lesern die Konzepte von Java korrekt vermitteln, ohne sie zu überfordern.

Maßstab für die Qualität dieses Buches war deshalb die Anforderung, dass es sich optimal als Begleitmaterial für einführende und weiterführende Vorlesungen in Bachelor-Studiengängen einsetzen ließ, wie zum Beispiel die Veranstaltungen „Programmieren I – Java" und „Programmierung kommerzieller Systeme – Anwendungen in Netzen mit Java" des Instituts für Angewandte Informatik und Formale Beschreibungsverfahren (Institut AIFB), die jedes Winter- bzw. Sommersemester am Karlsruher Institut für Technologie (KIT – Universität des Landes Baden-Württemberg und nationales Großforschungszentrum in der Helmholtz-Gemeinschaft) für rund 600 bzw. 400 Studierende abgehalten wird.

Weil die Autoren auf mehrere Jahre studentische Programmierausbildung (in oben genannten Veranstaltungen, in Kursen an der Dualen Hochschule Baden-Württemberg (DHBW) Karlsruhe und in weiterführenden Veranstaltungen im Bereich Programmieren) zurückblicken können, gab und gibt es natürlich gewisse Erfahrungswerte darüber, welche Themen gerade den Neulingen besondere Probleme bereiteten. Daher auch der Entschluss, das Thema „Objektorientierung" zunächst in den Hintergrund zu stellen. Fast jedes Java-Buch beginnt mit diesem Thema und vergisst, dass man zuerst programmieren und „algorithmisch denken" können muss, bevor man die Vorteile der objektorientierten Programmierung erkennen und nutzen kann. Seien Sie deshalb nicht verwirrt, wenn Sie dieses sonst so beliebte Schlagwort vor Seite 183 wenig zu Gesicht bekommen.

Unser Buch setzt keinerlei Vorkenntnisse aus den Bereichen Programmieren, Programmiersprachen und Informatik voraus. Sie können es also verwenden, nicht nur, um Java, sondern auch das Programmieren zu erlernen. Alle Kapitel sind mit Übungsaufgaben ausgestattet, die Sie zum besseren Verständnis bearbeiten sollten. *Man lernt eine Sprache nur, wenn man sie auch spricht!*

In den Teilen III und IV führen wir Sie auch in die Programmierung fortgeschrittener Anwendungen auf Basis der umfangreichen Java-Klassenbibliothek ein. Wir können und wollen dabei aber nicht auf jedes Detail eingehen, sodass wir alle Leserinnen und Leser bereits an dieser Stelle dazu animieren möchten, regelmäßig einen Blick in die so genannte API-Spezifikation[3] der Klassenbibliothek [32] zu werfen – nicht zuletzt, weil wir im „Programmier-Alltag" von einem routinierten Umgang mit API-Spezifikationen nur profitieren können. Sollten Sie Schwierigkeiten haben, sich mit dieser von Sun zur Verfügung gestellten Dokumentation

---

[3] API steht für Application Programming Interface, die Programmierschnittstelle für eine Klasse, ein Paket oder eine ganze Klassen-Bibliothek.

der Klassenbibliothek zurechtzufinden, hilft Ihnen vielleicht unser kleines Kapitel im Anhang C.

1.3   Weitere Infos und Kontakt zu den Autoren

Alle Leserinnen und Leser sind herzlich eingeladen, die Autoren über Fehler und Unklarheiten zu informieren. Wenn eine Passage unverständlich war, sollte sie zur Zufriedenheit künftiger Leserinnen und Leser anders formuliert werden. Wenn Sie in dieser Hinsicht also Fehlermeldungen, Anregungen oder Fragen haben, können Sie über unsere Webseite

```
http://www.grundkurs-java.de/
```

Kontakt mit den Autoren aufnehmen. Dort finden Sie auch alle Beispielprogramme aus dem Buch, Lösungshinweise zu den Übungsaufgaben und ergänzende Materialien zum Download sowie Literaturhinweise, interessante Links, eine Liste eventueller Fehler im Buch und deren Korrekturen. Dozenten, die das Material dieses Buchs oder Teile der Vorlesungsfolien für eigene Vorlesungen nutzen möchten, sollten sich mit uns in Verbindung setzen.
Im Literaturverzeichnis haben wir sowohl Bücher als auch Internet-Links angegeben, die aus unserer Sicht als weiterführende Literatur geeignet sind und neben Java im Speziellen auch einige weitere Themenbereiche wie zum Beispiel Informatik, Algorithmen, Nachschlagewerke, Softwaretechnik, Objektorientierung und Modellierung einbeziehen.

1.4   Verwendete Schreibweisen

Wir verwenden *Kursivschrift* zur Betonung bestimmter Wörter und **Fettschrift** zur Kennzeichnung von Begriffen, die im entsprechenden Abschnitt erstmals auftauchen und definiert bzw. erklärt werden. Im laufenden Text wird `Maschinenschrift` für Bezeichner verwendet, die in Java vordefiniert sind oder in Programmbeispielen eingeführt und benutzt werden, während reservierte Wörter (Schlüsselwörter, Wortsymbole), die in Java eine vordefinierte, unveränderbar festgelegte Bedeutung haben, in `fetter Maschinenschrift` gesetzt sind. Beide Schriften kommen auch in den vom Text abgesetzten Listings und Bildschirmausgaben von Programmen zum Einsatz. Java-Programme sind teilweise ohne und teilweise mit führenden Zeilennummern abgedruckt. Solche Zeilennummern sind dabei lediglich als Orientierungshilfe gedacht und natürlich *kein* Bestandteil des Java-Programms.
Literaturverweise auf Bücher und Web-Links werden stets in der Form [*nr*] mit der Nummer *nr* des entsprechenden Eintrags im Literaturverzeichnis angegeben.

Kapitel 2

Einige Grundbegriffe aus der Welt des Programmierens

Computer und ihre Anwendungen sind aus unserem Arbeitsalltag wie auch aus der Freizeit nicht mehr wegzudenken. Fast überall werden heutzutage Daten verarbeitet oder Geräte gesteuert. Schätzte man noch Anfang der fünfziger Jahre, dass man mit einem Dutzend „Elektronengehirne" den Bedarf der ganzen Erde decken könne, so findet man heute etwa die gleiche Anzahl an „Rechnern" (Mikroprozessoren in Videorecordern, Waschmaschinen und ähnlichen Geräten mitgezählt) oft bereits in einem privaten Haushalt. Über die Hälfte aller Deutschen „arbeiten" zu Hause oder am Arbeitsplatz mit einem Computersystem, rund 43 Millionen Deutsche[1] nutzen bereits das Internet, und an nahezu keinem qualifizierten Arbeitsplatz kommt man ohne Computerkenntnisse aus. Auf dem Weg in die Informationsgesellschaft haben daher die Informatik und speziell die Software-Technik eine große volkswirtschaftliche Bedeutung. Grundkenntnisse in diesen Bereichen sind also unerlässlich.

Wir werden uns deshalb in diesem Kapitel zunächst ein wenig mit den grundlegenden Prinzipien der Informatik vertraut machen und Sie zumindest teilweise in den Aufbau, die Funktionsweise und die Terminologie der Informatik einführen. Ausführliches zu dieser Thematik findet sich z. B. in [4].

2.1 Computer, Software, Informatik und das Internet

Als **Computer** (deutsch: Rechner) bezeichnet man ein technisches Gerät, das schnell und meist zuverlässig nicht nur rechnen, sondern allgemein Daten bzw. Informationen automatisch verarbeiten und speichern (aufbewahren) kann. Im Unterschied zu einem normalen Automaten, wie z. B. einem Getränkeautoma-

---

[1] 65,8% laut ARD/ZDF-Online-Studie 2008 [22]

ten, der nur festgelegte Aktionen ausführt, können wir einem Computer die Vorschrift, nach der er arbeiten soll, jeweils neu vorgeben. Beispiele für solche Arbeitsvorschriften oder Handlungsanleitungen wären die Regeln für Kreditberechnungen unserer Bank oder die Anleitung zur Steuerung von Signalanlagen für unsere Modelleisenbahn. In der Fachsprache heißt eine solche Handlungsanleitung **Algorithmus**. Um dem Computer einen Algorithmus in einer präzisen Form mitzuteilen, muss man diesen als ein **Programm** (eine spezielle Handlungsanweisung, die für den Computer verständlich ist) formulieren. Der Computer, zusammen mit seinen Programmen, wird auch als **Computersystem** bezeichnet.

Generell gesehen setzt sich ein Computersystem zusammen aus den materiellen Teilen, der so genannten **Hardware**, und den immateriellen Teilen, der so genannten **Software**. Unter dem Begriff Software versteht man nicht nur Programme, sondern auch zugehörige Daten und Dokumentationen. Man unterscheidet dabei zwischen **Systemsoftware** und **Anwendungssoftware**. Zur erstgenannten Gruppe zählt man üblicherweise das Betriebssystem, Compiler, Datenbanken, Kommunikationsprogramme und spezielle Dienstprogramme. Beispiele für Anwendungssoftware, also Software, die Aufgaben der Anwender löst, sind Textverarbeitungsprogramme, Tabellenkalkulationsprogramme und Zeichenprogramme.

Ein Computer setzt sich zusammen aus der **Zentraleinheit** und den **Peripherie-Geräten**, wie in Abbildung 2.1 schematisch dargestellt. Die Zentraleinheit besteht aus dem **Prozessor** (er führt die Programme aus) und dem **Arbeitsspeicher** (in ihm werden Programme und Daten, die zur momentanen Programmausführung benötigt werden, kurzfristig gespeichert). Der Arbeitsspeicher wird häufig auch als **RAM** (Random Access Memory, deutsch: Direktzugriffsspeicher) bezeichnet. Unter dem Begriff Peripherie-Geräte fasst man **Eingabegeräte** wie Tastatur und Maus, **Ausgabegeräte** wie Bildschirm und Drucker sowie **externen Speicher** wie Festplatten- oder DVD-ROM-Speicher zusammen.

Im Vergleich zum externen Speicher bietet der Arbeitsspeicher eines Rechners einen wesentlich schnelleren (lesenden und schreibenden) Zugriff. Die kleinste Einheit des Arbeitsspeichers wird **Speicherzelle** genannt. Sie besitzt einen Namen (Adresse) und kann eine Zahl oder ein Zeichen speichern. Wie viele Informationen ein Speicher insgesamt aufbewahren kann, hängt von seiner **Speicherkapazität** ab, die in **Byte** bzw. in Form größerer Einheiten wie Kilo-Byte (1024 Bytes, abgekürzt KB), Mega-Byte (1024 KB, abgekürzt MB), Giga-Byte (1024 MB, abgekürzt GB) oder Terabyte (1024 MB, abgekürzt TB) angegeben wird. Ein Byte besteht aus acht binären Zeichen, so genannten **Bits**. Ein solches Bit kann zwei Zustände annehmen (1 oder 0, *an* oder *aus*, *wahr* oder *falsch*).

Externe Speichermedien (also CDs oder Festplatten) bieten in der Regel eine wesentlich höhere Speicherkapazität als der Arbeitsspeicher und dienen der langfristigen Aufbewahrung von Programmen und Informationen (Daten). Diese werden in so genannten **Dateien** (englisch: **files**) abgelegt. Solche Dateien können wir uns beispielsweise wie ein Sammelalbum vorstellen, in das wir unsere Daten (die Bilder) ablegen (einkleben). Um eine Datei anzulegen, müssen wir ihr einen Namen geben. Dieser Name wird zusammen mit den Namen weiterer Dateien in

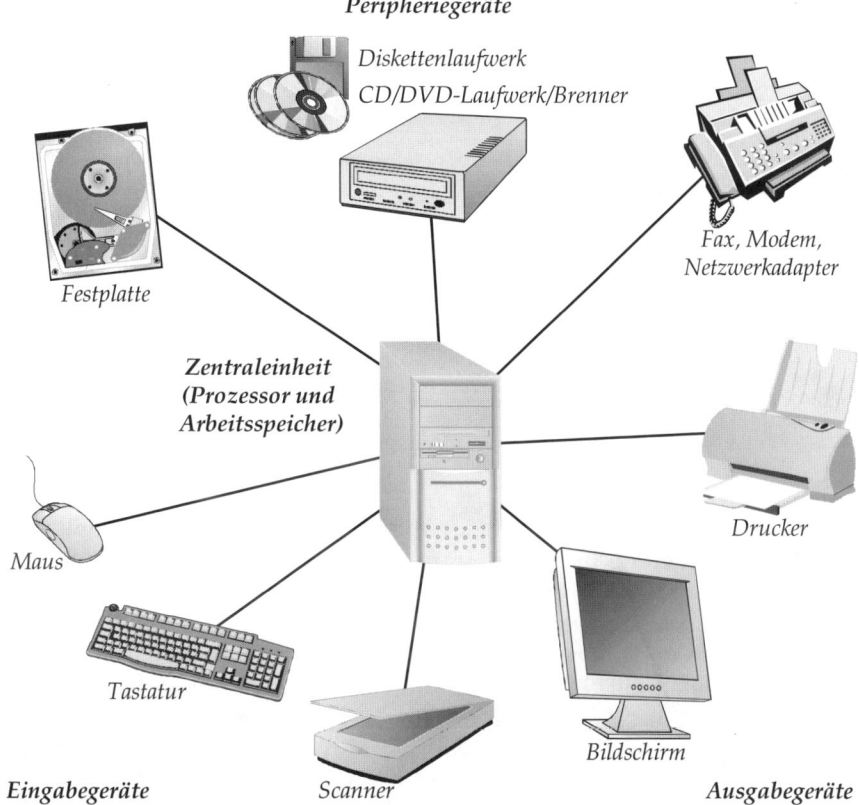

Peripheriegeräte

Diskettenlaufwerk
CD/DVD-Laufwerk/Brenner

*Fax, Modem,
Netzwerkadapter*

Festplatte

**Zentraleinheit
(Prozessor und
Arbeitsspeicher)**

Drucker

Maus

Tastatur

Bildschirm

Eingabegeräte   *Scanner*   **Ausgabegeräte**

Abbildung 2.1: Aufbau eines Computers

Verbindung mit Angaben zur Größe der Dateien im **Inhaltsverzeichnis** (englisch: **directory**) unseres Speichermediums vermerkt. Mehrere Dateien können wir auch zu so genannten **Ordnern** bzw. **Verzeichnissen** zusammenfassen (ähnlich wie wir unsere Sammelalben in Ordnern abheften), die selbst wieder Namen bekommen und hierarchisch in weiteren Ordnern zusammengefasst werden können. Dateinamen werden häufig unter Verwendung eines Punktes (.) in zwei Teile gegliedert, den eigentlichen Namen und die so genannte **Dateinamen-Erweiterung**, die meist den Typ der Datei angibt (z. B. `txt` für Text-Dateien, `java` für Java-Dateien oder `doc` für Dateien eines Textverarbeitungssystems).

Heutzutage sind viele Computersysteme über Datenleitungen oder per Funk und unter Verwendung spezieller Netz-Software miteinander **vernetzt**, d. h. sie können untereinander Informationen austauschen. Man spricht dann von einem **Netz** oder Netzwerk (englisch: **net** oder **web**) und speziell von einem **Intranet**, wenn die Vernetzung innerhalb einer Organisation oder Firma erfolgt, oder vom **Internet**, einem weltweiten Computer-Netzwerk.

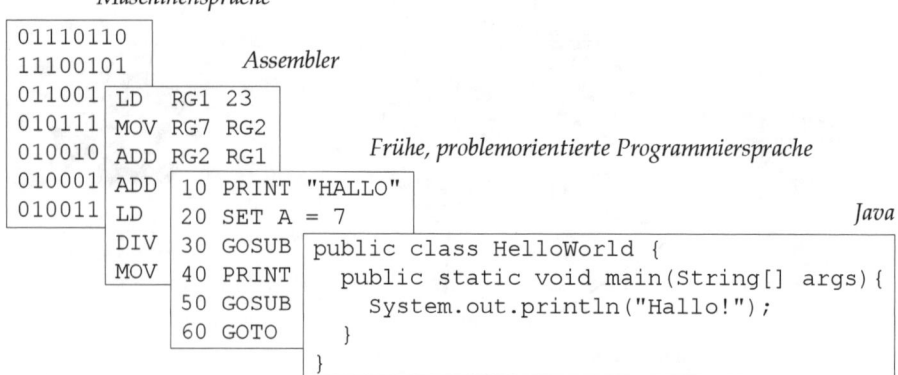

Abbildung 2.2: Programmiersprachen im Vergleich

Die Computer- und Software-Technik nahm seit ihren Kindertagen eine rasante Entwicklung von den Rechnern mit Transistortechnik und integrierten Schaltungen in Großrechnern und Minicomputern über die ersten Mikroprozessoren und Personal Computer Ende der siebziger Jahre bis zu den heutigen leistungsfähigen PCs, Workstations und Supercomputern. So ist es auch nicht verwunderlich, dass sich recht bald eine (seit 1960) eigenständige Wissenschaftsdisziplin entwickelte, die **Informatik**. Sie beschäftigt sich mit der theoretischen Analyse und Konzeption, aber auch mit der konkreten Realisierung von Computersystemen in den Bereichen Hardware, Software, Organisationsstrukturen und Anwender.

2.2   Was heißt Programmieren?

Wie bereits erwähnt, ist ein Programm nichts anderes als ein in einer **Programmiersprache** formulierter Algorithmus. Diese Sprache erlaubt es den Anwendern (Programmierern), mit dem Computer zu „sprechen" und ihm Anweisungen zu geben. Dieses „Sprechen" kann nun auf unterschiedliche Arten erfolgen. Man kann zum Beispiel eine Sprache verwenden, die der Computer (genau genommen der Prozessor) direkt „versteht". Man nennt sie **Maschinensprache**. Da die Notation mit Nullen und Einsen nur schwer lesbar ist, verwendet man zur Formulierung von maschninennahen Programmen meist eine **Assemblersprache**, in der jedem binären Maschinencode ein entsprechender, aus Buchstaben und Ziffern bestehender Assemblercode entspricht. Programme in solchen Sprachen kann der Prozessor direkt ausführen, doch ist man dabei sehr vom Prozessortyp abhängig. Alternativ kann auch eine benutzernahe bzw. problemnahe Programmiersprache zum Einsatz kommen, die man als **höhere Programmiersprache** oder auch **problemorientierte Programmiersprache** bezeichnet. In diesem Fall benötigt man allerdings einen **Übersetzer** (in Form einer speziellen Software), der die Sätze der

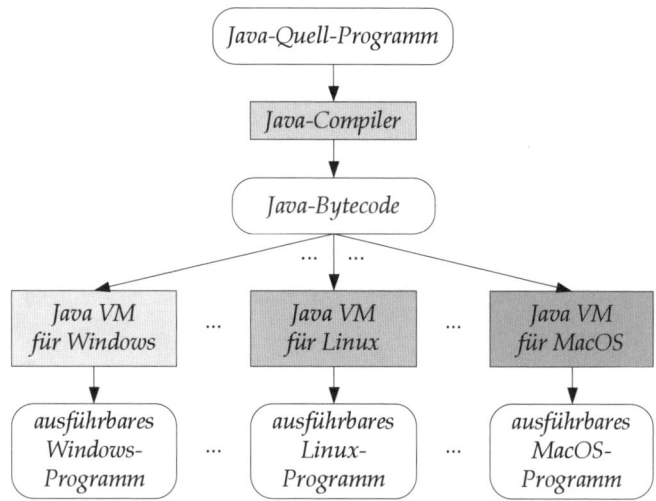

Abbildung 2.3: Vom Java-Quellprogramm zum ausführbaren Programm

höheren Programmiersprache in die Maschinensprache oder auch in eine spezielle „Zwischensprache" überführt. Ein Übersetzer, der problemorientierte Programm-
me in maschinennahe Programme transformiert, wird **Compiler** genannt. Werden
Programme nicht vollständig übersetzt und später ausgeführt, sondern Anweisung für Anweisung übersetzt und unmittelbar ausgeführt, spricht man von einem **Interpreter**.
Traditionelle höhere Programmiersprachen benötigen für jeden Prozessortyp
einen Compiler, der das jeweilige so genannte **Quell-Programm** (geschrieben in
der Programmiersprache) in ein so genanntes **Ziel-Programm** (ausführbar auf
dem Prozessor) übersetzt (compiliert). Unser Programm muss daher für jeden
Rechner- bzw. Prozessortyp übersetzt werden. Bei der Entwicklung der Sprache
Java hingegen wurde das Ziel angestrebt, plattformunabhängig zu sein, indem
man nur einen Compiler für alle Plattformen benötigt. Dieser Compiler übersetzt
das Quell-Programm (auch Quellcode oder Quelltext genannt) in den so genannten **Java-Bytecode**, der unabhängig von einem bestimmten Prozessor ist, jedoch
nicht unmittelbar ausgeführt werden kann. Erst der **Java-Interpreter** analysiert
den erzeugten Bytecode schrittweise und führt ihn aus. Der Bytecode ist also portabel (auf unterschiedliche Plattformen übertragbar) und sozusagen für eine Art
virtuellen Prozessor (man spricht hier auch von einer **virtuellen Maschine**, abgekürzt VM) gefertigt. Abbildung 2.3 verdeutlicht diesen Sachverhalt.
Unter **Programmieren** versteht man nun eine Tätigkeit, bei der unter Einsatz einer
gegebenen Programmiersprache ein gestelltes Problem zu lösen ist. Programmieren heißt also nicht einfach nur, ein Programm einzutippen. Meist sind eine ganze Reihe von Arbeitsschritten nötig, bis ein Problem zufriedenstellend mit dem
Computer gelöst ist (vgl. Abbildung 2.4). Die Bezeichnung „Programmieren" um-

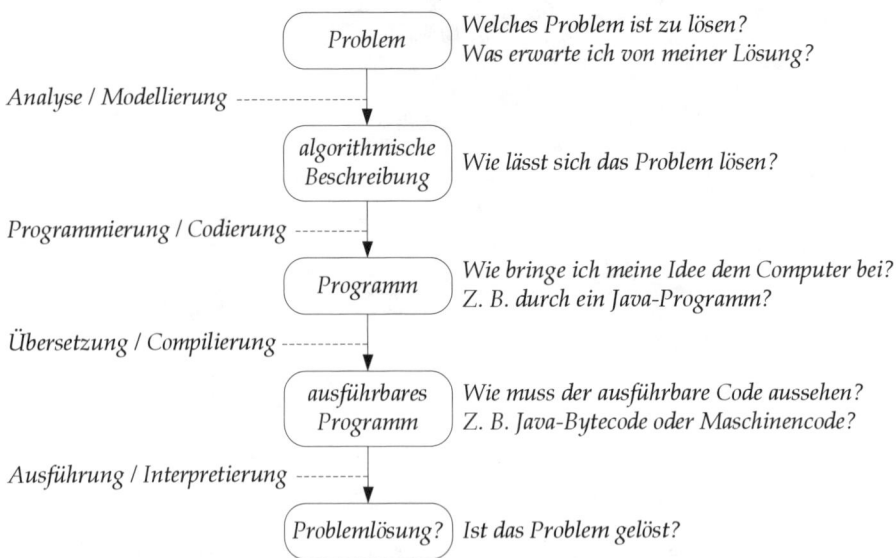

Abbildung 2.4: Was bedeutet Programmieren?

fasst daher eine ganze Kette von Arbeitsgängen, beginnend bei der Analyse des Problems und endend bei der Kontrolle oder Interpretation der Resultate.

Bei der **Problemanalyse** oder auch **Modellierung** müssen wir ein meistens umgangssprachlich formuliertes Problem analysieren und so aufbereiten (modellieren), dass sich die einzelnen Teilprobleme leicht und übersichtlich programmieren lassen. Wir erstellen somit eine **algorithmische Beschreibung** für die Lösung des Problems bzw. seiner Teilprobleme. Wenn wir diese algorithmische Beschreibung in eine Programmiersprache übertragen und unser Programm in einen Computer eingeben, nennt man diesen Vorgang **Codierung**. Dazu verwenden wir einen **Texteditor** (auch nur **Editor** genannt), in dem wir das Programm eintippen und danach in einer Datei speichern. Schließlich muss unser Programm vom Compiler übersetzt werden, bevor wir es ausführen und damit testen können, ob es unser ursprünglich formuliertes Problem korrekt löst.

In nahezu allen Fällen werden erstmalig codierte Programme in irgendeiner Form **Fehler** aufweisen. Dies können einfache Schreibfehler, so genannte Syntaxfehler (z. B. durch falschen Einsatz von Sprachelementen) oder so genannte Semantikfehler (z. B. durch falschen logischen Aufbau des Programms) sein. Auch insgesamt gesehen kann unser Programm eine falsche Struktur haben, was meistens auf eine fehlerhafte Problemanalyse zurückzuführen ist. Selbst nach umfangreichen Tests müssen „richtig" erscheinende Programme nicht zwangsweise korrekte Programme sein. Erfahrungsgemäß enthält ein hoher Prozentsatz aller technisch-wissenschaftlichen Programme auch nach umfassenden Tests noch Fehler, die nur mit hohem Aufwand oder durch Zufall entdeckt werden können.

Teil I

Einstieg in das Programmieren in Java

Kapitel 3

Aller Anfang ist schwer

Diese sprichwörtliche Feststellung gilt naturgemäß auch für das Erlernen einer Programmiersprache. Die Ursache dieser Anlaufschwierigkeiten liegt möglicherweise darin, dass selbst eine noch so einfach gehaltene Einführung ins Programmieren stets ein gewisses Mindestmaß an Formalismus benötigt, um bestimmte Sachverhalte korrekt wiederzugeben. Einsteiger werden dadurch leicht abgeschreckt und benötigen einige Zeit, um das Ganze zu verdauen. Wir können Ihnen an dieser Stelle daher nur wünschen, dass Sie sich nicht bereits durch dieses Kapitel abschrecken lassen, weiterzulesen. So manche Hürde ist einfacher zu nehmen, als es zunächst den Anschein hat. Sollten Sie also das eine oder andere Detail in unserem ersten Beispiel nicht auf Anhieb verstehen, ist das kein Grund zur Besorgnis. Wir gehen in den folgenden Kapiteln auf jeden der hier beschriebenen Punkte nochmals näher ein.

3.1 Mein erstes Programm

Wenn man an Anwendungsmöglichkeiten von Computern oder Rechnern denkt, so fallen einem zuerst vielleicht einfache Berechnungen ein.[1] Jeder hat wohl schon mit einem Taschenrechner gearbeitet, und daher wollen wir mit einer sehr einfachen Rechenaufgabe anfangen.

Ziel dieses Kapitels ist es, das folgende kleine Beispielprogramm zu verstehen und zu sehen, dass Java in der Lage ist, unserem Rechner die Funktionalität eines

---

[1] Wer hier gerade laut „Spiele" rufen wollte, dem sei gesagt, dass es auch in Java programmierte Spiele gibt. Allerdings wird der oder die Lernende mehr tun müssen, als sich nur das vorliegende Buch zu Gemüte zu führen, um solche komplexen Programme verstehen oder schreiben zu können. Spieleprogrammierung verlangt Kenntnisse in Computergrafik, Prozesssteuerung und künstlicher Intelligenz, die wir an dieser Stelle unmöglich im Detail vermitteln können. Bevor Sie nun aber enttäuscht das Buch aus der Hand legen, wollen wir erwähnen, dass Sie in den folgenden Kapiteln vieles lernen werden, das es Ihnen ermöglichen wird, das eine oder andere kleine Spiel selber zu programmieren. Mehr zu diesem Thema finden Sie in dem auf der Buch-Webseite zur Verfügung gestellten Zusatzmaterial.

einfachen Taschenrechners zu verleihen. Dieses Programm macht nichts weiter, als 3 plus 4 zu berechnen und anschließend auf dem Bildschirm auszugeben. Im Folgenden werden wir das Programm Zeile für Zeile untersuchen, in den Computer eingeben und schließlich auch ausführen lassen.

```
1  public class Berechnung {
2    public static void main(String[] args) {
3      int i;
4      i = 3 + 4;
5      System.out.println(i);
6    }
7  }
```

Bitte nicht erschrecken, wenn dieser Programmtext relativ umfangreich für eine einfache Berechnung wirkt. Wie wir später sehen werden, benötigt jedes Java-Programm einleitende und abschließende Worte (ähnlich wie die Märchen unserer Kindheit),[2] die immer gleich sind.[3]

3.2 Formeln, Ausdrücke und Anweisungen

Sehen wir uns zunächst die Zeile in der Mitte an:

```
i = 3 + 4;
```

Diese Zeile sollte jeder, der schon einmal eine physikalische oder mathematische Formel gesehen hat, lesen und verstehen können. Rechts vom Gleichheitszeichen addieren wir die Werte 3 und 4, links davor steht eine Art Unbekannte, das i. Natürlich sind in Java auch kompliziertere Formeln möglich, und sobald wir ein wenig mehr von der Sprache kennen gelernt haben, können wir viele Formeln aus unserem Physik- oder Mathematikbuch direkt übertragen.

Wir sehen in obiger Zeile aber auch einen wichtigen Unterschied zu einer Formel in einem Buch: Die Formel ist *mit einem Semikolon abgeschlossen*. Dieser Strichpunkt am Ende der Programmzeile kennzeichnet in der Sprache Java eine so genannte **Anweisung**. Der Computer wird also angewiesen, etwas für uns zu tun.

Das Gleichheitszeichen steht aber in der Sprache Java nicht für einen mathematischen Vergleich, sondern für eine Zuweisung. Das heißt: Bei unserer Anweisung handelt es sich um eine Vorschrift, die der Unbekannten (der **Variablen** i) links vom Gleichheitszeichen den Wert zuweist, der durch die Formel rechts vom Gleichheitszeichen berechnet wird. Eine solche Berechnungsvorschrift für einen Wert, wie es die obige rechte Seite der Zuweisung darstellt, wird in Java **Ausdruck** genannt.

Auch wenn Java erlaubt, mehrere Anweisungen pro Zeile zu schreiben, sollten wir versuchen, möglichst immer nur eine Anweisung in jede Zeile zu packen. Andernfalls wird unser Programmtext sehr unübersichtlich, und schon eine Woche

---

[2] „Es war einmal ..." sowie „... und wenn sie nicht gestorben sind, leben sie noch heute."
[3] Zumindest so lange, bis wir den Sinn dieses Rahmens verstanden haben und danach auch verändern können.

später können wir, unser Freund oder unser Kollege dann aus dem Programmtext nicht mehr herauslesen, was wir eigentlich programmiert haben. Wie so oft gilt also auch hier: *Weniger* (Anweisungen pro Zeile) *ist mehr* (Übersichtlichkeit).

3.3 Zahlenbeispiele

Als Nächstes sehen wir uns die Zahlen an, die wir addieren. Während es für uns fast egal ist, ob wir in einer Formel mit ganzen Zahlen rechnen oder mit solchen, die Nachkommastellen haben, ist dies für Computer ein elementarer Unterschied, da unterschiedliche Zahlen in unterschiedlichen Größenordnungen dargestellt werden können. Man kann sich dies leicht verdeutlichen, wenn man überlegt, welches die größte Zahl mit zwei Ziffern ist. Abhängig von der Darstellungsart kann dies im Dezimalsystem die 99 (beide Ziffern für die Darstellung einer ganzen Zahl), die 9.9 (erste Ziffer Vorkommastelle, zweite Ziffer Nachkommastelle) oder die 9E9 ($= 9 \cdot 10^9 = 9000000000$, also eine Ziffer für die Vorkommastelle, eine Ziffer für einen Exponenten) sein.

Die beiden Zahlen des Beispielprogramms sind **ganze Zahlen** (englisch: **integer**). Hier noch ein paar weitere Beispiele für ganze Zahlen:

```
    0            1            -1          2147483647
```

Ganze Zahlen können in Java nicht beliebig lang sein. Ab einer bestimmten Länge muss man sie sogar als lange Zahl kennzeichnen, indem man ein `L` (für **long integer**, lange Ganzzahl) anhängt (siehe Abschnitt 4.3.1).

Zahlen mit einem Vor- und einem Nachkommateil nennen wir im Folgenden **Gleitkommazahlen**.[4] Für diese können wir die wissenschaftliche **Exponentenschreibweise** verwenden. Aber Achtung: Obwohl sie Gleit*komma*zahlen heißen, müssen wir das englische Zahlenformat[5] mit einem Punkt als Dezimaltrenner verwenden (das englische „floating point numbers" ist hier sprachlich zutreffender). Hier nun einige Gleitkommazahlen:

```
    0.0          1.0          -1.0         2147483647.0
    42.314159    -3.7E2       1.9E-17      .12345
```

Die Schreibweise `-3.7E2` bzw. `1.9E-17` sollte vom Taschenrechner her bekannt sein. Sie wird als Exponentenschreibweise oder auch wissenschaftliche Notation bezeichnet. Die Schreibweise bedeutet, dass die links von `E` stehende Zahl mit einer Potenz von 10 zu multiplizieren ist, deren Exponent gerade rechts von `E` steht. So bedeutet beispielsweise die Schreibweise `1.78E4`

$$1.78 \cdot 10^4 = 1.78 \cdot 10000 = 17800$$

und `E` kann demnach als „mal 10 hoch" gelesen werden.

---

[4] Dies deutet nicht nur auf den Nachkommateil hin, sondern beschreibt auch die interne Zahlendarstellung des Computers. Wie diese interne Darstellung genau aussieht, ist Thema weiterführender Informatik-Vorlesungen, -Kurse und -Bücher.

[5] Beispielsweise steht im englischen Zahlenformat 3.14 für 3,14 und 0.123 für 0,123.

3.4   Verwendung von Variablen

Noch vor der eigentlichen Anweisung mit der Berechnung finden wir in unserem
Programm die Zeile

```
int i;
```

Damit sagen wir dem Computer, dass wir in unserem Programm in den folgenden
Zeilen eine Variable mit dem Namen i verwenden möchten. Bei der Ausführung
des Programms muss nämlich „Platz geschaffen", d. h. ein Speicherbereich dafür
vorgesehen werden, den Inhalt der Variable aufzunehmen. Diese Zeile, die wir
Variablendeklaration nennen, ist auch eine Art Anweisung (hier wird als Aktion
Speicherplatz für die Variable i angelegt). Wie jede Anweisung beenden wir auch
diese mit einem abschließenden Semikolon.

i ist ein recht kurzer Name für eine Variable. Später werden wir nach Möglichkeit
längere, möglichst aussagekräftige Namen verwenden, beispielsweise summe.
Welche Namen wir für Variablen (siehe Abschnitt 4.4.1) wählen können, erläutert
Abschnitt 4.1.2 genauer.

Mit **int** legen wir den **Datentyp** der Variablen fest. **int** steht dabei für integer,
d. h. (wir erinnern uns an den vorangegangenen Abschnitt) dass diese Variable
ganze Zahlen im Bereich von ca. $\pm 2,1$ Milliarden aufnehmen kann. Wir werden
später anhand einer Übersicht die verschiedenen Datentypen kennen lernen (siehe Abschnitt 4.3).

3.5   „Auf den Schirm!"

Wenn wir das Ergebnis unserer Berechnung auf dem Bildschirm ausgeben wollen,
müssen wir dies dem Rechner mitteilen. Dies geschieht in der folgenden Zeile:

```
System.out.println(i);
```

System.out.println ist in Java der Name einer **Methode**[6] (ein Unterprogramm, also eine untergeordnete Struktureinheit beim Entwerfen von Programmen), mit der man Text und Zahlen auf dem Bildschirm (genauer gesagt auf das
so genannte Konsolenfenster, kurz: Konsole) ausgeben kann.[7] In Klammern folgt
nach dem Methodennamen das, was wir der Methode übergeben wollen, in diesem Fall also das, was wir ausgeben wollen, nämlich der Wert der Variablen i.
Auch diese Zeile ist laut Java-Sprachdefinition eine Anweisung (also dürfen wir
auch hier das Semikolon nicht vergessen) und wird häufig als Ausgabeanweisung
bezeichnet.

Die erwähnte Methode ist recht flexibel anwendbar. Wir können beispielsweise auch unmittelbar vor der Ausgabe des Wertes i einen Text ausgeben, der in
Anführungszeichen eingeschlossen wird:

---

[6]   Mit Methoden beschäftigen wir uns ausführlich in Kapitel 6.
[7]   Warum es sinnvoll ist, der Methode einen so langen und dreigeteilten Namen zu geben, wird erst
      in späteren Abschnitten des Buches deutlich. Im Moment soll uns die Tatsache genügen, dass die
      Methode genau das leistet, was sie leisten soll.

```
System.out.println("Das Ergebnis ist: ");
System.out.println(i);
```

Will man beides (Werte bzw. Zahlen und Text) so kombinieren, dass es in einer
Zeile ausgegeben wird, gibt es dafür zwei Möglichkeiten. Zum einen können wir
ganz einfach die erste Ausgabeanweisung leicht verändern:

```
System.out.print("Das Ergebnis ist: ");
System.out.println(i);
```

Bitte beachten Sie, dass jetzt in der ersten Zeile nur `print` (und nicht `println`)
steht! Das „ln" im Methoden-Namen steht als Abkürzung für „line" und drückt
aus, dass nach der Ausgabe eine neue Zeile begonnen wird. Dies bedeutet, dass
jetzt nach der ersten Ausgabe *kein* Zeilenvorschub („line feed") durchgeführt
wird. Nach der Ausgabe des Textes wird somit nicht in der nächsten, sondern
in der gleichen Zeile weitergeschrieben. Unser Programm wird somit auf dem
Bildschirm (auf dem Konsolenfenster) nur eine Zeile erzeugen, obwohl wir im
Quelltext zwei Zeilen dafür verwenden:

```
————————— Konsole —————————
Das Ergebnis ist: 7
```

Zum anderen können wir die beiden Ausgabeanweisungen auch zu einer einzigen zusammenfassen und schreiben:

```
System.out.println("Das Ergebnis ist: " + i);
```

Wir verknüpfen dazu alle Teile unserer gewünschten Ausgabe mit dem Zeichen +.
Dieser so genannte **+-Operator** kann in Java nicht nur zur Addition von Zahlen,
sondern auch zur Aneinanderfügung von Texten (so genannten Zeichenketten)
benutzt werden. Solche Zeichenketten werden dabei einfach aneinandergehängt,
also zu einer einzigen Zeichenkette zusammengefasst. Das ist notwendig, weil
wir der Methode `System.out.println` nur genau ein Argument übergeben
können. Um auch, wie in unserem Beispiel, Werte (z. B. von Variablen oder Ausdrücken) an eine Zeichenkette hängen zu können, werden diese automatisch
zunächst in eine Zeichenkette gewandelt.
Wie wir später sehen werden, kann die Vermischung von Texten und Zahlenwerten bei der Ausgabeanweisung unter Umständen zu Problemen führen. Zunächst
aber wollen wir die hier vorgestellten Methoden (nahezu) bedenkenlos verwenden.

3.6 Das Programmgerüst

Nun fehlt uns zum Verständnis unseres ersten Programms nur noch der Rahmen,
den wir bis auf Weiteres in jedem Quelltext verwenden. Dazu ist es wichtig zu
wissen, dass Java zur Strukturierung der Quelltexte **Blöcke** vorsieht, die mit einer öffnenden geschweiften Klammer { begonnen und mit einer schließenden geschweiften Klammer } beendet werden. In unserem obigen Quelltext können wir
demnach zwei Blöcke ausmachen:

1. **Die Klasse:** Vielleicht haben Sie schon irgendwo gelesen, dass Java eine **objektorientierte** Programmiersprache ist. Was das genau bedeutet, soll uns hier zunächst nicht weiter interessieren, aber wie für objektorientierte Sprachen üblich, erzeugt Java seine Objekte aus so genannten **Klassen**. Eine Klasse ist demnach die oberste Struktureinheit und sieht z. B. folgendermaßen aus:

```
public class Berechnung {
  // hier steht sonst der Rest des Quelltexts fuer die Klasse
}
```

Unmittelbar vor der öffnenden Klammer steht der Name der Klasse, in diesem Fall Berechnung – so heißt schließlich auch unser Programm. *Wichtig:* Der Name der Klasse muss *exakt* (Groß-/Kleinschreibung!) dem Dateinamen entsprechen, unter dem wir diese Klasse speichern, wobei der Dateiname noch die Erweiterung .java trägt. In unserem Fall *müssen* wir die Klasse also in der Datei Berechnung.java speichern.

Vor dem eigentlichen Namen stehen noch die beiden **Schlüsselwörter public** und **class**. Wir wollen dies im Moment einfach akzeptieren, dürfen sie aber bei unseren selbst definierten Klassen auf keinen Fall vergessen.

Die erlaubten Klassennamen unterliegen gewissen Regeln (siehe Abschnitt 4.1.2), die wir später noch kennen lernen. Wir sollten uns aber auf alle Fälle daran halten, einen Klassennamen immer mit einem *Großbuchstaben* zu beginnen (vergleiche auch Anhang A).

2. **Die Hauptmethode:** Innerhalb von Klassen gibt es untergeordnete Struktureinheiten, die **Methoden**. Jede Klasse, die, wie unsere Beispiel-Klasse, ein ausführbares Programm darstellen soll, besitzt die Methode main:[8]

```
public static void main(String[] args) {
  // hier steht eigentlich die Berechnung
}
```

Wir erkennen den erwähnten Methodennamen main. Den Rest der ersten Zeile müssen wir zunächst ganz einfach auswendig lernen – man achte dabei insbesondere auf das groß geschriebene „S" bei String.

Im Abschnitt 4.2.1 wird noch einmal auf das Programmgerüst eingegangen. Richtig verstehen werden wir es aber erst sehr viel später.

---

[8] Wenn wir später Java wirklich objektorientiert kennen gelernt haben, werden wir auch Klassen ohne diese Methode benutzen – aber bis dahin dauert es noch einige Zeit.

3.7   Eingeben, übersetzen und ausführen

Jetzt sind wir so weit, dass wir

- den Quelltext unseres Programms eingeben können,

- danach diesen Quelltext vom **Java-Compiler** in einen interpretierbaren Code, den so genannten **Java-Bytecode**, übersetzen (compilieren) lassen können und

- schließlich diesen Bytecode vom **Java-Interpreter** ausführen (interpretieren) lassen können.

Zur Eingabe des Quelltextes unseres Programms müssen wir natürlich einen auf unserem Rechner verfügbaren Editor bzw. eine geeignete Java-Entwicklungsumgebung verwenden. Auf solche Systeme, ihre Installation und ihre Bedienung können wir hier natürlich nicht eingehen. Auf der Webseite zu unserem Buch [31] finden Sie jedoch alles, was Sie brauchen: Editoren bzw. Entwicklungsumgebungen, Tools, Installationsanleitungen und Dokumentationen bzw. Web-Links zu weiteren Informationen und fortgeschrittenen Entwicklungsumgebungen.

In diesem Abschnitt wollen wir nun noch auf die Schritte *Übersetzen* und *Ausführen* eingehen. Dabei beschreiben wir, wie wir diese Vorgänge mit Hilfe des JDK (Java Development Kit) bzw. des JSDK (Java Software Development Kit) [37] durchführen können. Das JDK bzw. JSDK ist eine frei erhältliche Sammlung von Entwicklungswerkzeugen der Java Platform, Standard Edition (Java SE) von der Firma Sun. Diese Werkzeuge können wir ohne Verwendung einer speziellen grafischen Entwicklungsumgebung einsetzen. Das heißt, wir stoßen die Vorgänge einfach durch spezielle Kommandos an, die wir in einem Konsolenfenster eingeben können.

Bei den folgenden Angaben gilt es, die Groß-/Kleinschreibung *unbedingt* zu beachten. Nach jeder Zeile muss die Return- bzw. Enter-Taste gedrückt werden, um das Kommando auszuführen.

Wenn wir also davon ausgehen, dass unsere Klasse bzw. unser Programm in der Datei `Berechnung.java` abgespeichert ist, können wir mit dem Kommando

```
javac Berechnung.java
```

den Quelltext in unserer Datei vom Java-Compiler (das Programm heißt `javac`) in den Java-Bytecode übersetzen lassen. Wenn Fehlermeldungen auf dem Bildschirm ausgegeben werden, haben wir vermutlich den Quelltext nicht exakt abgetippt. Wir müssen die Fehler mit Hilfe des Editors erst korrigieren und den Übersetzungsvorgang danach noch einmal starten. Wenn der Compiler das fehlerfreie Programm übersetzen konnte, wurde die Datei `Berechnung.class`, die Bytecode-Datei, erzeugt.

Auf die Datei `Berechnung.class` wollen wir den Java-Interpreter (das Java-Programm heißt `java`) anwenden. Während beim Aufruf des Java-Compilers der Dateiname komplett angegeben werden muss (also mit der Erweiterung `.java`), darf die Erweiterung beim Aufruf des Java-Interpreters *nicht* angegeben werden. Mit dem Kommando

```
java Berechnung
```

können wir also diesen Bytecode ausführen lassen. Auf dem Bildschirm sollte nun nach kurzer Zeit Folgendes erscheinen:

```
────────── Konsole ──────────
Das Ergebnis ist: 7
```

Wir haben es also geschafft, unser erstes Programm zum Laufen zu bringen.

3.8   Übungsaufgaben

Aufgabe 3.1

Auf der zu diesem Buch gehörigen Website [31] befindet sich eine Anleitung, wie Sie auf Ihrem Rechner Java installieren und das in diesem Kapitel beschriebene Beispielprogramm übersetzen und starten können. Befolgen Sie diese Instruktionen, um auch zukünftige Übungsaufgaben bearbeiten zu können.

Aufgabe 3.2

Geben Sie das folgende Programm in Ihren Computer ein, und bringen Sie es zum Laufen.

```
1  public class Uebung {
2    public static void main(String[] args) {
3      System.out.println("Guten Tag!");
4      System.out.println("Mein Name ist Puter, Komm-Puter.");
5    }
6  }
```

Aufgabe 3.3

Was passiert, wenn Sie im vorigen Programm in Zeile 3 das Semikolon entfernen? Was passiert, wenn Sie statt einem zwei Semikolons einfügen?

Kapitel 4

Grundlagen der Programmierung in Java

4.1 Grundelemente eines Java-Programms

Das Erlernen einer Programmiersprache unterscheidet sich im Grunde nicht sonderlich vom Englisch- oder Französischunterricht in der Schule. Wir haben eine gewisse Grammatik (festgelegt durch den Wortschatz, die Syntax und die Semantik),[1] nach deren Regeln wir Sätze bilden – und eine Unmenge an Vokabeln, die wir für diese Sätze brauchen. Wir formen unsere Sätze aus den gelernten Worten und können diese zu einem komplexeren Gebilde zusammenfügen – beispielsweise einer Geschichte oder einer Bedienungsanleitung für einen Toaster.

In Java (oder einer anderen Programmiersprache) funktioniert das Ganze auf die gleiche Art und Weise. Wir werden lernen, nach gewissen Regeln mit dem Computer zu „sprechen", d. h. ihm verständlich zu machen, was er für uns zu tun hat. Damit uns dies gelingt, müssen wir uns zuerst mit gewissen Grundelementen der Sprache vertraut machen.

Zu diesem Zweck kann man leider auch nicht ganz vermeiden, sich mit gewissen formalen Aspekten der Sprache zu beschäftigen. Wir werden nach Möglichkeit versuchen, dies mit Hilfe von Beispielen zu tun. In einigen Fällen kommen wir dennoch um eine allgemeine Beschreibungsform nicht herum. Wir werden daher Syntaxregeln (Regeln für zulässige „Sätze" der Sprache Java) in Form eines „Lückentextes" geben. Betrachten wir zunächst ein Beispiel aus dem täglichen Leben:

```
Syntaxregel
In der Cafeteria gab es am «DATUM» «ESSEN» zum «ESSENSART».
```

---

[1] Zum Verständnis der nachfolgenden Abschnitte ist es ist nicht notwendig, diese Begriffe bereits zu kennen. Angaben dazu finden Sie im Glossar (Anhang D).

Die oben angegebene Zeile repräsentiert den formalen Aufbau eines Satzes „Essensbeschreibung" in der deutschen Sprache. Die Worte «DATUM», «ESSEN» und «ESSENSART» stellen hierbei Lücken bzw. Platzhalter dar, die nach gewissen Regeln gefüllt werden müssen:

- «DATUM» kann ein beliebiges Datum (10.12.2000, 1.8.99), ein Wochentag (Dienstag, Freitag) oder die Worte „heutigen Tag", „gestrigen Tag" sein.

- «ESSEN» kann der Name eines beliebigen Essens (Labskaus, Flammkuchen, Rahmplättle, kandierte Schweinsohren mit Ingwersauce) sein.

- «ESSENSART» muss eines der Worte „Frühstück", „Mittagessen" oder „Abendbrot" sein.

Mit obigem Regelwerk können wir nun beliebig gültige Sätze bilden, indem wir die Platzhalter durch ihre gültigen Werte ersetzen. Alles, was außerhalb der Platzhalter steht, wird von uns Punkt für Punkt übernommen:

- In der Cafeteria gab es am Dienstag gebackene Auberginen zum Mittagessen.

- In der Cafeteria gab es am 28.02.97 Toast Helene zum Abendbrot.

- In der Cafeteria gab es am heutigen Tag Ham & Eggs zum Frühstück.

Jeder dieser Sätze stellt eine gültige Essensbeschreibung nach unserer obigen Regel dar. Im Gegenzug hierzu sind die folgenden Sätze falsch, da wir uns nicht an alle Regeln gehalten haben:

- In der Cafeteria gab es am gestern gebackene Auberginen zum Mittagessen. („gestern" ist kein gültiges «DATUM».)

- In der Cafeteria gab es am 28.02.97 Toast Helene zum Lunch. („Lunch" ist keine gültige «ESSENSART».)

- Inner Cafeteria gab es am heutigen Tag Ham & Eggs zum Frühstück. (Es muss „In der" statt „Inner" heißen.)

- In der Cafeteria gab es am Dienstag gebackene Auberginen zum Mittagessen (Der Punkt am Ende des Satzes fehlt.)

In unserem Fall ist der Text im Lückentext natürlich keine Umgangssprache, sondern Programmtext, sodass wir Syntaxregeln also in Form von programmähnlichen Texten mit gewissen Platzhaltern angeben werden. Diese Platzhalter werden übrigens fachsprachlich als **Syntaxvariable** bezeichnet. Sind alle aufgestellten Syntaxregeln eingehalten, so sprechen wir auch von einem syntaktisch korrekten Programm. Ist eine Regel verletzt, so ist das Programm syntaktisch nicht korrekt. Ein Programm muss allerdings nicht nur syntaktisch, sondern auch *semantisch* korrekt sein, d. h. seine syntaktischen Elemente müssen auch mit der richtigen Bedeutung verwendet werden. Beispielsweise würde für unseren Platzhalter «DATUM» nur ein Datum in der Vergangenheit als semantisch korrekter Wert in Frage kommen.

Nach diesen vielen Vorerklärungen wollen wir damit beginnen, verschiedene Grundelemente kennen zu lernen, die es uns ermöglichen, mit dem Computer in der Sprache Java zu kommunizieren. Diese Abschnitte werden vielen wahrscheinlich etwas langwierig erscheinen; sie stellen jedoch das solide Fundament dar, auf dem unsere späteren Programmierkenntnisse aufbauen!

4.1.1   Kommentare

Wer kennt die Situation nicht? Man hat eine längere Rechnung durchgeführt, einen Artikel verfasst oder irgendeine Skizze erarbeitet – und muss diese Arbeit nun anderen Personen erklären. Leider ist die Rechnung, der Artikel oder die Skizze schon ein paar Tage alt, und man erinnert sich nicht mehr an jedes Detail, jeden logischen Schritt. Wie soll man seine Arbeit auf die Schnelle nachvollziehen? In wichtigen Fällen hat man deshalb bereits beim Erstellen dafür gesorgt, dass jemand anders (oder man selbst) diese Arbeit auch später noch verstehen kann. Hierzu werden Randnotizen, Fußnoten und erläuternde Diagramme verwendet – zusätzliche Kommentare also, die jedoch nicht Bestandteil des eigentlichen Papiers sind.

Auch unsere Programme werden mit der Zeit immer größer. Wir brauchen deshalb eine Möglichkeit, unseren Text mit erläuternden Kommentaren zu versehen. Da sich Textmarker auf dem Monitor jedoch schlecht machen, hat die Sprache Java ihre eigene Art und Weise, mit Kommentaren umzugehen:

Angenommen, wir haben eine Programmzeile verfasst und wollen uns später daran erinnern, was es mit ihr auf sich hat. Die einfachste Möglichkeit wäre, eine Bemerkung oder einen Kommentar direkt in den Programmtext einzufügen. In unserem Beispiel geschieht dies wie folgt:

```
a = b + c;   // hier beginnt ein Kommentar
```

Sobald der Java-Compiler die Zeichen // in einer Zeile findet, erkennt er einen Kommentar. Alles, was nach diesen Zeichen folgt, geht Java „nichts mehr an" und wird vom Übersetzer ignoriert. Der Kommentar kann somit aus allen möglichen Zeichen bestehen, die Java als Eingabezeichen zur Verfügung stellt. Der Kommentar endet mit dem Ende der Zeile, in der er begonnen wurde.

Manchmal kann es jedoch vorkommen, dass sich Kommentare über mehr als eine Zeile erstrecken sollen. Wir können natürlich jede Zeile mit einem Kommentarzeichen versehen, etwa wie folgt:

```
// Zeile 1
// Zeile 2
// ...
// Zeile n
```

Dies bedeutet jedoch, dass wir auch beim Einfügen weiterer Kommentarzeilen nicht vergessen dürfen, am Anfang jeder Zeile die Kommentarzeichen zu setzen. Java stellt aus diesem Grund eine zweite Form des Kommentars zur Verfügung. Wir beginnen einen mehrzeiligen Kommentar mit den Zeichen /* und beenden ihn mit */. Zwischen diesen Zeichen kann ein beliebig langer Text stehen (der natürlich die Zeichenfolge */ nicht enthalten darf, da sonst der Kommentar bereits an dieser Stelle beendet wäre), wie folgendes Beispiel zeigt:

```
/* Kommentar...
   Kommentar...
   immer noch Kommentar...
   letzte Kommentarzeile...
*/
```

Wir wollen uns bezüglich der Kommentierung unserer Programme zur Ange-
wohnheit machen, möglichst sinnvoll und häufig zu kommentieren. So verlieren
wir auch bei einer großen Zahl von Programmen, die wir in einer mindestens
ebenso großen Zahl von Dateien speichern müssen, nicht so leicht den Überblick.
Um uns auch gleich den richtigen Stil beim Kommentieren von Java-Quelltexten
anzugewöhnen, wollen wir uns an das so genannte **JavaDoc-Format** halten. JavaDoc ist ein sehr hilfreiches Zusatzprogramm, das Sun – die Firma, die Java sozusagen „erfunden" hat – jedem JDK (Java Development Kit) bzw. JSDK (Java
Software Development Kit) [37] kostenlos beifügt. Mit Hilfe von JavaDoc lassen
sich nach erfolgreicher Programmierung automatisch vollständige Dokumentationen zu den erstellten Programmen generieren, was einem im Nachhinein sehr
viel Arbeit ersparen kann.
Der Funktionsumfang von JavaDoc ist natürlich wesentlich größer, als wir ihn im
Rahmen dieses Abschnitts behandeln können. Es wäre jedoch wenig sinnvoll, auf
diesen Punkt näher einzugehen – wir wollen schließlich programmieren lernen!
Abgesehen davon wird das Programm von Sun ständig weiterentwickelt – interessierten Leserinnen und Lesern sei deshalb die Dokumentation von JavaDoc, die
in der Online-Dokumentation eines jeden JDK enthalten ist, wärmstens ans Herz
gelegt.
JavaDoc-Kommentare beginnen – ähnlich wie allgemeine Kommentare – stets mit
der Zeichenkette /** und enden mit */. Es hat sich eingebürgert, zu Beginn jeder Zeile des Kommentars einen zusätzlichen * zu setzen, um Kommentare auch
optisch vom Rest des Quellcodes abzusetzen.
Ein typischer JavaDoc-Kommentar zu Beginn wäre zum Beispiel folgender:

```
/**
 * Dieses Programm berechnet die Lottozahlen von naechster
 * Woche. Dabei erreicht es im Schnitt eine Genauigkeit
 * von 99,5%.
 *
 * @author Hans Mustermann
 * @version 1.0
 */
```

Werfen wir einmal einen Blick auf die einzelnen Angaben in diesem Beispiel:

■ Die ersten Zeilen enthalten eine allgemeine Beschreibung des vorliegenden
  Programms. Dabei ist vor allem darauf zu achten, dass die Angaben auch ohne
  den vorliegenden Quelltext Sinn ergeben sollten, da JavaDoc aus diesen Kommentaren später eigenständige Dateien erzeugt – im Idealfall muss jemand,
  der die von JavaDoc erzeugten Hilfsdokumente liest, ohne zusätzlichen Blick
  auf den Quellcode verstehen können, was das Programm macht und wie man
  es aufruft.

■ Als Nächstes sehen wir verschiedene Kommentarbefehle, die stets mit dem Zeichen @ eingeleitet werden. Hier kann man bestimmte vordefinierte Informationen zum vorliegenden Programm angeben. Dabei spielt die Reihenfolge der Angaben keine Rolle. Auch erkennt JavaDoc mittlerweile wesentlich mehr Kommentarbefehle als die hier aufgeführten, doch wollen wir uns zunächst auf die wesentlichen konzentrieren. Die hier vorgestellten im Einzelnen:

  ■ @author der Autor des vorliegenden Programms
  ■ @version die Versionsnummer des vorliegenden Programms

4.1.2 Bezeichner und Namen

Wir werden später oft in die Verlegenheit kommen, irgendwelchen Dingen einen **Namen** geben zu müssen – beispielsweise einer Variablen als Platzhalter, um eine Rechnung mit verschiedenen Werten durchführen zu können. Hierzu müssen wir jedoch wissen, wie man in Java solche Namen vergibt.

In ihrer einfachsten Form bestehen Namen aus einem einzigen Bezeichner, der sich in Java aus folgenden Elementen zusammensetzt:

■ den **Buchstaben** a, b, c, ..., x, y, z, A, B, C, ..., X, Y, Z des Alphabets (Java unterscheidet also zwischen Groß- und Kleinschreibung).

  Da es sich bei Java um eine internationale Programmiersprache handelt, lässt der Sprachstandard hierbei diverse landesspezifische Erweiterungen zu. So sind etwa japanische Katakana-Zeichen, kyrillische Schrift oder auch die deutschen Umlaute gültige Buchstaben, die in einem Bezeichner verwendet werden dürfen. Wir werden in diesem Skript auf solche Zeichen jedoch bewusst verzichten, da der Austausch derartig verfasster Programme oftmals zu Problemen führt. So werden auf verschiedenen Betriebssystemen die deutschen Umlaute etwa unterschiedlich codiert, sodass Quellcodes ohne einen gewissen Zusatzaufwand nicht mehr portabel sind. Für den übersetzten Bytecode – also die class-Dateien, die durch den Compiler javac erzeugt werden – ergeben sich diese Probleme nicht. Wir wollen aber auch in der Lage sein, unsere Programmtexte untereinander auszutauschen.

■ dem **Unterstrich** „_"

■ dem **Dollarzeichen** „$"

■ den **Ziffern** 0, 1, 2, ..., 9

Bezeichner beginnen hierbei immer mit einem Buchstaben, dem Unterstrich oder dem Dollarzeichen – niemals jedoch mit einer Ziffer. Des Weiteren darf kein reserviertes Wort als Bezeichner verwendet werden, d. h. Bezeichner dürfen nicht so lauten wie eine der „Vokabeln", die wir in den folgenden Abschnitten kennen lernen.

Darüber hinaus können sich Namen aber auch aus mehreren Bezeichnern, verbunden durch einen Punkt, zusammensetzen (wie zum Beispiel der Name System.out.println).

Folgende Beispiele zeigen gültige Bezeichner in Java:

- `Hallo_Welt`

- `_H_A_L_L_O_`

- `hallo123`

- `hallo_123`

Folgende Beispiele würden in Java jedoch zu einer Fehlermeldung führen:

- `101Dalmatiner`   Bezeichner dürfen nicht mit Ziffern beginnen.

- `Das_war's`   das Zeichen ' ist in Bezeichnern nicht erlaubt.

- `Hallo Welt`   Bezeichner dürfen keine Leerzeichen enthalten.

- `class`   dies ist ein reserviertes Wort.

4.1.3 Literale

Ein **Literal** bzw. eine **Literalkonstante** beschreibt einen konstanten Wert, der sich innerhalb eines Programms nicht ändern kann (und daher vom Java-Compiler normalerweise direkt in den Bytecode aufgenommen wird). Literale haben, abhängig von ihrem Typ (z. B. ganze Zahl oder Gleitkommazahl), vorgeschriebene Schreibweisen. In Java treten folgende Arten von Literalen auf:

- ganze Zahlen (z. B. `23` oder `-166`),[2]

- Gleitkommazahlen (z. B. `3.14`),

- Wahrheitswerte (**true** und **false**),

- einzelne Zeichen in einfachen Hochkommata (z. B. `'a'`),

- Zeichenketten in Anführungszeichen (z. B. `"Hallo Welt"`) und

- das so genannte **Null-Literal** für Referenzen, dargestellt durch die Literalkonstante **null**.

Wir werden auf die einzelnen Punkte später genauer eingehen. Momentan wollen wir uns nur merken, dass es die so genannten Literale gibt und sie Teil eines Java-Programms sein können (und werden).

4.1.4 Reservierte Wörter, Schlüsselwörter

Wie bereits erwähnt, gibt es gewisse Worte, die wir in Java nicht als Bezeichner verwenden dürfen. Zum einen sind dies die Literalkonstanten **true**, **false** und **null**, zum anderen eine Reihe von Wörtern (so genannte **Wortsymbole**), die in Java mit einer vordefinierten symbolischen Bedeutung belegt sind. Diese werden auch **Schlüsselwörter** genannt. Letztere werden wir nach und nach in ihrer Bedeutung kennen lernen. Tabelle 4.1 listet diese auf.

---

[2] Hierbei zählt das Vorzeichen genau genommen nicht zum Literal; die Negation ist vielmehr eine nachträglich durchgeführte mathematische Operation.

abstract	assert	boolean	break	byte
case	catch	char	class	const
continue	default	do	double	else
enum	extends	final	finally	float
for	goto	if	implements	import
instanceof	int	interface	long	native
new	package	private	protected	public
return	short	static	strictfp	super
switch	synchronized	this	throw	throws
transient	try	void	volatile	while

Tabelle 4.1: Schlüsselwörter

4.1.5 Trennzeichen

Zu welcher Pferderasse gehören *Blumentopferde*? Heißt es der, die oder das *Kuhliefumdenteich*? Die alten Scherzfragen aus der Vorschulzeit basieren meist auf einem Grundprinzip der Sprachen: Hat man mehrere Wörter, so muss man diese durch Pausen entsprechend voneinander trennen – sonst versteht keiner ihren Sinn! Schreibt man die entsprechenden Wörter nieder, werden aus den Pausen Leerzeichen, Gedankenstriche und Kommata.

Auch der Java-Compiler muss in der Lage sein, einzelne Bezeichner und Wortsymbole voneinander zu trennen. Hierzu stehen uns mehrere Möglichkeiten zur Verfügung, die so genannten Trennzeichen. Diese sind:

- Leerzeichen
- Zeilenendezeichen (der Druck auf die ENTER-Taste)
- Tabulatorzeichen (die TAB-Taste)
- Kommentare
- Operatoren (wie zum Beispiel + oder *)
- die Interpunktionszeichen   .   ,   ;   )   ({   }   [   ]

Die beiden letztgenannten Gruppen von Zeichen haben in der Sprache Java jedoch eine besondere Bedeutung. Man sollte sie deshalb nur dort einsetzen, wo sie auch hingehören.

Unmittelbar aufeinander folgende Wortsymbole, Literale oder Bezeichner müssen durch mindestens eines der obigen Symbole voneinander getrennt werden, sofern deren Anfang und Ende nicht aus dem Kontext erkannt werden kann. Hierbei ist es in Java eigentlich egal, welche Trennzeichen man verwendet (und wie viele von ihnen). Steht im Programm zwischen zwei Bezeichnern beispielsweise eine Klammer, so gilt diese bereits als Trennsymbol. Wir müssen keine weiteren Leerzeichen einfügen (können und sollten dies aber tun). Die Programmzeile

```
public static void main (String[] args)
```

wäre demnach völlig äquivalent zu folgenden Zeilen:

```
public // verwendete Trennsymbole: Leerzeichen und Kommentar
  static
/*Verwendung eines Zeilenendezeichens*/
              void
           //..
           // ..
// man kann auch mehrere Zeilenvorschuebe verwenden
  main(// hier sind nun zwei Trennzeichen: Klammer und Kommentar!
              String[] args)
```

Übersichtlicher wird der Text hierdurch jedoch nicht. Wir werden uns deshalb später auf einige Konventionen einigen, um unsere Programme lesbarer zu machen.

4.1.6　Interpunktionszeichen

Dem Punkt in der deutschen Sprache entspricht in Java das Semikolon. Befehle (sozusagen die Sätze der Sprache) werden in Java immer mit einem Semikolon abgeschlossen. Fehlt dieses, liefert der Übersetzer eine Fehlermeldung der Form

```
———————————— Konsole ————————————
Fehlerhaft.java:10: ';' expected.
```

Hierbei ist `Fehlerhaft.java` der Dateiname, unter dem das Programm gespeichert wurde. Die angegebene Zahl steht für die Nummer der Zeile, in der der Fehler aufgetreten ist.

Wie bereits erwähnt, existieren in Java neben dem Semikolon weitere Interpunktionszeichen. Werden z. B. mehrere Befehle zu einem **Block** zusammengefasst, so geschieht dies, indem man vor den ersten und hinter den letzten Befehl eine geschweifte Klammer setzt. Hierzu ein Beispiel:

```
{                              // Blockbeginn
  System.out.println("B1"); //    Befehl Nr. 1
  System.out.println("B2"); //    Befehl Nr. 2
  System.out.println("B3"); //    Befehl Nr. 3
}                              // Blockende
```

4.1.7　Operatorsymbole

Operatoren sind spezielle Symbole, die dazu dienen, jeweils bis zu drei unterschiedliche Werte – die so genannten Operanden – zu einem neuen Wert zu verknüpfen. Wir unterscheiden die Operatoren nach der Anzahl ihrer Operanden:

monadische Operatoren sind Operatoren, die nur einen Operanden benötigen. Beispiele hierfür sind die Operatoren ++ oder --.

dyadische Operatoren verknüpfen zwei Operanden und sind die am häufigsten vorkommende Art von Operatoren. Beispiele hierfür sind etwa die Operatoren +, – oder ==.

triadische Operatoren verknüpfen drei Operanden. Einziges Beispiel in Java ist
   der Operator `?:` (Fragezeichen-Doppelpunkt).

Operatoren sind in Java mit so genannten Prioritäten versehen, wodurch in
der Sprache gewisse Reihenfolgen in der Auswertung (zum Beispiel Punkt- vor
Strichrechnung) festgelegt sind. Wir werden uns mit diesem Thema an späterer
Stelle befassen.

4.1.8   `import`-Anweisungen

Viele Dinge, die wir in Java benötigen, befinden sich nicht im Kern der Sprache
– beispielsweise die Bildschirmausgabe oder mathematische Standardfunktionen
wie Sinus oder Cosinus. Sie wurden in so genannte Klassen ausgelagert, die erst
beim Programmstart bei Bedarf hinzugeladen werden müssen. Der Übersetzer
muss sie namentlich kennen. Einige dieser Klassen kennt er ohne unser Zutun (sie
liegen in einem Standardpaket namens `java.lang`), andere wiederum müssen
wir ihm explizit namentlich bekannt machen, indem wir sie **importieren** lassen.
Um den Übersetzer anzuweisen, einen solchen Vorgang einzuleiten, wird eine so
genannte **import**-Anweisung verwendet. Diese macht dem Compiler die von der
Anweisung bezeichnete Klasse zugänglich, d. h. er kann auf sie zugreifen und
sie verwenden. Beispiele hierfür sind etwa die Klasse `Scanner` aus dem Paket
`java.util` oder die Klasse `IOTools`, mit deren Hilfe Sie später Eingaben von
der Tastatur bewerkstelligen werden. Letztgenannte Klasse gehört zu einem frei
verfügbaren Paket namens `Prog1Tools`, das nicht von der Firma Sun stammt
und somit nicht zu den standardmäßig eingebundenen Werkzeugen gehört. Wenn
Sie dieses Paket auf Ihrem Rechner installiert haben und die Klasse in einem Ihrer
Programme verwenden wollen,[3] beginnen Sie Ihr Programm mit

```
import Prog1Tools.IOTools;
```

oder mit

```
import static Prog1Tools.IOTools.*;
```

wobei die zweite Variante einen statischen Import[4] durchführt, was erst ab der
Java-Version 5.0 möglich ist.
Viele Klassen, die wir vor allem zu Beginn benötigen, werden vom System automatisch als bekannt vorausgesetzt – es wird also noch eine Weile dauern, bis in
unseren Programmen die **import**-Anweisung zum ersten Mal auftaucht. Sie ist
dennoch das Grundelement eines Java-Programms und soll an dieser Stelle deshalb schon erwähnt werden.

---

[3] Mit den Details dazu werden wir uns erst in Abschnitt 4.4.4 beschäftigen.

[4] Auf die Vorteile von statischen Imports werden wir in den Abschnitten 4.4.4.1 und 6.4.3 genauer
    eingehen.

4.1.9 Zusammenfassung

Wir haben in diesem Abschnitt die verschiedenen Komponenten kennen gelernt, aus denen sich ein Java-Programm zusammensetzt. Wir haben gelernt, dass es aus

- Kommentaren,

- Bezeichnern,

- Trennzeichen,

- Wortsymbolen,

- Interpunktionszeichen,

- Operatoren und

- `import`-Anweisungen

bestehen kann, auch wenn nicht jede dieser Komponenten in jedem Java-Programm auftaucht. Wir haben gelernt, dass es wichtig ist, seine Programme gründlich zu dokumentieren, und haben uns auf einige einfache Konventionen festgelegt, mit denen wir einen ersten Schritt in diese Richtung tun wollen. Mit diesem Wissen können wir beginnen, erste Java-Programme zu schreiben.

4.1.10 Übungsaufgaben

Aufgabe 4.1

Die Zeichenfolge dummy hat in Java keine vordefinierte Bedeutung – sie wird also, wenn sie ohne besondere Vereinbarungen im Programmtext steht, zu einem Compilerfehler führen. Welche der folgenden Zeilen könnte einen solchen Fehler verursachen?

```
        dummy
        dummy;
        dummy; //
//      dummy
//      dummy;
/*      dummy */
*/      dummy /*
/**/ dummy
        dummy /* */
```

Aufgabe 4.2

Die nachfolgenden Zeilen sollen jeweils einen Bezeichner enthalten. Welche Zeilen sind unzulässig?

```
Karl der Grosse
Karl_der_Grosse
Karl,der_Grosse
0 Ahnung?
0_Ahnung
```

```
null_Ahnung!
1234abc
_1234abc
_1_2_3_4_abc
```

Aufgabe 4.3

Geben Sie das folgende Programm in Ihren Computer ein:

```
1  /* Beispiel: berechnet 7 + 11 */
2  public clss Berechnung {
3    public static void main (String[] args) {
4      int sume;
5      summe = 7 + 13;
6      System.out.print("7 + 11 ergibt");
7      System.out.println(summe)
8    }
9  }
```

Finden Sie die kleinen Fehler, die sich in das Programm geschlichen haben, indem Sie das Programm compilieren und aus den Fehlermeldungen auf den jeweiligen Fehler im Programm schließen.

Das Programm hat auch einen kleinen Fehler, den der Compiler nicht finden wird. Wenn Sie das Programm starten, können Sie aber (mit etwas Grundschulwissen) auch diesen Fehler entdecken und korrigieren!

4.2 Erste Schritte in Java

Nachdem wir nun über die Grundelemente eines Java-Programms Bescheid wissen, können wir damit beginnen, unsere ersten kleineren Programme in Java zu schreiben. Wir werden mit einigen einfachen Problemstellungen beginnen und uns langsam an etwas anspruchsvollere Aufgaben herantasten.

Für den Einsteiger gibt es in Java zwei Wege, um sich dem Computer mitzuteilen:[5]

- Man schreibt ein Programm, eine so genannte **Applikation**, die dem Computer in einer Aneinanderreihung von diversen Befehlen angibt, was er genau zu tun hat. Sie werden mit dem Java-Interpreter von Sun gestartet.

  Applikationen können grafische und interaktive Elemente beinhalten, müssen es aber nicht. Sie sind wohl die einfachste Form, in Java zu programmieren.

- Man verfasst ein so genanntes **Applet**, das in eine Webseite eingebunden wird und mit einem der üblichen grafischen Webbrowser gestartet werden kann. Applets sind grundsätzlich grafisch aufgebaut und enthalten zumeist eine Menge an Interaktion – das heißt, sie können auf Mausklick und Tastendruck reagieren, geöffnet und geschlossen werden.

---

[5] Neben oben genannten Grundtypen haben sich in der Entwicklung von Java weitere Konstrukte – etwa die Servlets oder die Enterprise JavaBeans – etabliert. Wir werden an dieser Stelle jedoch auf diese Punkte nicht näher eingehen.

Applets sind speziell für das Internet geschaffen und wohl der ausschlaggebende Faktor, dass sich die Sprache Java heute einer so großen Beliebtheit erfreut. Für einen Anfänger sind sie jedoch (noch) zu kompliziert. Wir werden deshalb mit der Programmierung von Applikationen beginnen.

4.2.1   Grundstruktur eines Java-Programms

Angenommen, wir wollen ein Programm schreiben, das wir `Hallo Welt` nennen. Als Erstes müssen wir uns darüber klar werden, dass dieser Name kein Bezeichner ist – Leerzeichen sind nicht erlaubt. Wir entfernen deshalb das Leerzeichen und erstellen mit unserem Editor eine Datei mit dem Namen `HalloWelt.java`.

Hinweis: Es gibt Fälle, in denen die Datei nicht wie das Programm heißen muss. Im Allgemeinen erwartet dies der Übersetzer jedoch; wir wollen es uns deshalb von Anfang an angewöhnen.

Geben wir nun in unseren Editor folgende Zeilen ein (die Kommentare können auch wegfallen):

```
// Klassen- bzw. Programmbeginn
public class HalloWelt {
  // Beginn des Hauptprogramms
  public static void main(String[] args) {
    // HIER STEHT EINMAL DAS PROGRAMM...
  } // Ende des Hauptprogramms
} // Ende des Programms
```

Wir sehen, dass das Programm aus zwei Ebenen besteht, die wir an dieser Stelle nochmals kurz erklären wollen:

- Mit der Zeile

  ```
  public class HalloWelt {
  ```

  machen wir dem Übersetzer klar, dass die folgende Klasse[6] den Namen `HalloWelt` trägt. Diese Zeile darf niemals fehlen, denn wir müssen unserem Programm natürlich einen Namen zuweisen. Der Übersetzer speichert das kompilierte Programm nun in einer Datei namens `HalloWelt.class` ab.

- Es ist prinzipiell möglich, ein Programm in mehrere Abschnitte zu unterteilen. Der Programmablauf wird durch die so genannte **Hauptmethode** (oder auch `main`-Methode), also quasi das Hauptprogramm, gesteuert. Diese wird mit der Zeile

  ```
  public static void main(String[] args) {
  ```

  eingeleitet. Der Übersetzer erfährt somit, an welcher Stelle er später die Ausführung des Programms beginnen soll.

---

[6] Ein Begriff aus dem objektorientierten Programmieren; wir wollen ihn im Moment mit Programm gleichsetzen.

Es fällt auf, dass beide Zeilen jeweils mit einer geschweiften Klammer enden. Wir erinnern uns – dieses Interpunktionszeichen steht für den Beginn eines Blocks, d. h. es werden mehrere Zeilen zu einer Einheit zusammengefasst. Diese Zeichen entbehren nicht einer gewissen Logik. Der erste Block fasst die folgenden Definitionen zu einem Block zusammen; er weist den Compiler an, sie als eine Einheit (eben das Programm bzw. die Klasse) zu betrachten. Der zweite Block umgibt die Anweisungen der Hauptmethode.

Achtung: Jede geöffnete Klammer (Blockanfang) muss sich irgendwann auch wieder schließen (Blockende). Wenn wir dies vergessen, wird das vom Compiler mit einer Fehlermeldung bestraft!

4.2.2 Ausgaben auf der Konsole

Wir wollen nun unser Programm so erweitern, dass es die Worte `Hallo Welt` auf dem Bildschirm, also auf unserem Konsolenfenster, ausgibt. Wir ersetzen hierzu mit unserem Editor die Zeile

```
// HIER STEHT EINMAL DAS PROGRAMM...
```

durch die Zeile

```
System.out.println("Hallo Welt");
```

Wir sehen, dass sich diese Zeile aus mehreren Komponenten zusammensetzt.

- Die Anweisung `System.out.println(...)` weist den Computer an, etwas auf dem Bildschirm auszugeben. Das Auszugebende muss zwischen den runden Klammern stehen.

- Der Text `"Hallo Welt"` stellt das Ausgabeargument dar, entspricht also dem auf dem Bildschirm auszugebenden Text. Die Anführungszeichen tauchen bei der Ausgabe nicht auf. Sie markieren nur den Anfang und das Ende des Textes.

- Das Interpunktionszeichen „`;`" muss jede Anweisung (jeden Befehl) beenden. Ein vergessenes Semikolon ist wohl der häufigste Programmierfehler und unterläuft selbst alten Hasen hin und wieder.

Wir speichern unser so verändertes Programm ab und geben in der Kommandozeile die Anweisung

─── *Konsole* ───
```
javac HalloWelt.java
```

ein. Der Compiler übersetzt unser Programm nun in den interpretierbaren Bytecode. Das Ergebnis der Übersetzung finden wir unter dem Namen `HalloWelt.class` wieder.

Nun wollen wir unser Programm mit Hilfe des Interpreters starten. Hierzu geben wir in der Kommandozeile ein:

```
──────── Konsole ────────
java HalloWelt
```

Unser Programm wird tatsächlich ausgeführt – die Worte `Hallo Welt` erscheinen auf dem Bildschirm. Ermutigt von diesem ersten Erfolg, erweitern wir unser Programm um die Zeile

```
System.out.println("Mein erstes Programm :-)");
```

und übersetzen erneut. Die neue Ausgabe auf dem Bildschirm lautet nun

```
──────── Konsole ────────
Hallo Welt
Mein erstes Programm :-)
```

Wir sehen, dass der erste Befehl `System.out.println(...)` nach dem ausgegebenen Text einen Zeilenvorschub durchführt. Was ist jedoch, wenn wir dies nicht wollen?

Die einfachste Möglichkeit ist, beide Texte in einer Anweisung zu drucken. Die neue Zeile würde dann entweder

```
System.out.println("Hallo Welt Mein erstes Programm :-)");
```

oder

```
System.out.println("Hallo Welt " + "Mein erstes Programm :-)");
```

heißen. Letztere Zeile enthält einen für uns neuen Operator. Das Zeichen + addiert nicht etwa zwei Texte (wie sollte dies auch funktionieren). Es weist Java vielmehr an, die Texte `Hallo Welt` und `Mein erstes Programm :-)` unmittelbar aneinanderzuhängen. Wir werden diesen Operator später noch zu schätzen wissen.

Eine weitere Möglichkeit, das gleiche Ergebnis zu erzielen, ist die Verwendung des Befehls `System.out.print`. Im Gegensatz zu `System.out.println` wird nach der Ausführung nicht in die nächste Bildschirmzeile gewechselt. Weitere Zeichen werden noch in die gleiche Zeile geschrieben. Unser so verändertes Programm sähe wie folgt aus:

```
1  // Klassen- bzw. Programmbeginn
2  public class HalloWelt {
3    // Beginn des Hauptprogramms
4    public static void main(String[] args) {
5      System.out.print("Hallo Welt ");
6      System.out.println("Mein erstes Programm :-)");
7    }  // Ende des Hauptprogramms
8  }  // Ende des Programms
```

4.2.3 Eingaben von der Konsole

Für den Anfänger wäre es sicher wünschenswert, wenn die Eingabe von der Konsole, also von der Tastatur, genauso einfach realisiert werden könnte wie die im letzten Abschnitt beschriebene Ausgabe. Leider ist dem nicht so, da die Entwickler von Java diese Art von „Einfachst-Eingabe" in allgemeiner Form implementiert haben. Um diese Konzepte verstehen und anwenden zu können, muss man eigentlich schon Kenntnisse über das objektorientierte Programmieren und die so genannten *Ströme* (engl.: streams), über die Ein- und Ausgaben realisiert sind, haben. Mit der Java-Version 5.0 wurde zwar mit der Klasse `Scanner`[7] eine neue Klasse bereitgestellt, die für eine vereinfachte Konsoleneingabe genutzt werden kann, aber auch ihr Einsatz erfordert zumindest ein Grundverständnis der Konzepte, die im Umgang mit Objekten (Strom- bzw. `Scanner`-Objekte) zur Anwendung kommen. Insbesondere Programmier-Anfänger haben daher große Schwierigkeiten, die Konsolen-Eingabe zu benutzen und vollständig zu verstehen, weil sie mit speziellen Klassen und Methoden aus dem Eingabestrom von der Tastatur z. B. ganzzahlige Werte oder Gleitkommazahlen extrahieren müssen.

Um dem Abhilfe zu schaffen, wurden für die Anfängerkurse der Autoren die `IOTools` geschrieben und den Kursteilnehmern zur Verfügung gestellt. Auf der Webseite zu diesem Buch [31] stehen die `IOTools` (im Rahmen des Pakets `Prog1Tools`) zum Download zur Verfügung. Eine detaillierte Beschreibung der Klasse `IOTools` und ihrer Methoden findet sich auch im Anhang B. Prinzipiell kann an dieser Stelle gesagt werden, dass es für jede Art von Wert (ganze Zahl, Gleitkommawert, logischer Wert etc.), der eingelesen werden soll, eine entsprechende Methode gibt. Die Methode `readInteger` liest beispielsweise eine ganze Zahl von der Tastatur ein. Wenn wir die in Java verfügbaren Datentypen kennen gelernt haben, werden wir auf deren Eingabe nochmals zurückkommen.

4.2.4 Schöner programmieren in Java

Wir haben bereits gesehen, dass Programme sehr strukturiert und übersichtlich gestaltet werden können – oder unstrukturiert und chaotisch. Wir wollen uns deshalb einige „goldene Regeln" angewöhnen, mit denen wir unser Programm auf einen übersichtlichen und lesbaren Stand bringen.

1. *Niemals mehr als einen Befehl in eine Zeile schreiben!* Auf diese Art und Weise können wir beim späteren Lesen des Codes auch keine Anweisung übersehen.

2. Wenn wir einen neuen Block beginnen, *rücken* wir alle in diesem Block stehenden Zeilen um einige (beispielsweise zwei) Zeichen *nach rechts ein*. Wir haben auf diese Art und Weise stets den Überblick darüber, wie weit ein Block eigentlich reicht.

3. *Das Blockendezeichen „}" wird stets so eingerückt*, dass es mit der Einrückung der Zeile übereinstimmt, in der der Block geöffnet wurde. Wir können hierdurch vergessene Klammern sehr viel schneller aufspüren.

Wir wollen dies an einem Beispiel verdeutlichen, indem wir auf das nachfolgende noch „unschöne" Programm unsere obigen Regeln anwenden.

---

[7] Wir werden uns in Abschnitt 19.3.5.2 näher mit dieser Klasse beschäftigen.

```
1  public class Unsorted {public static void main(String[] args) {
2  System.out.print("Ist dieses");System.out.
3  print(" Programm eigentlich");System.out.println(" noch "
4  +"lesbar?");}}
```

Obwohl es nur aus wenigen Zeilen besteht, ist das Lesen dieses kurzen Programms doch schon recht schwierig. Wie sollen wir mit solchen Texten zurechtkommen, die sich aus einigen *hundert* Zeilen Programmcode zusammensetzen? Wir spalten das Programm deshalb gemäß unseren Regeln auf und rücken entsprechend ein:

```
1  public class Unsorted {
2    public static void main(String[] args) {
3      System.out.print("Ist dieses");
4      System.out.print(" Programm eigentlich");
5      System.out.println(" noch " + "lesbar?");
6    }
7  }
```

Übersetzen wir das Programm und starten es, so können wir die auf dem Bildschirm erscheinende Frage eindeutig bejahen. Weitere Tipps und Tricks für „schönes Programmieren" haben wir im Anhang A zusammengefasst.

4.2.5 Zusammenfassung

Wir haben Applets und Applikationen eingeführt und festgelegt, dass wir mit der Programmierung von Letzteren beginnen wollen. Wir haben die Grundstruktur einer Java-Applikation kennen gelernt und erfahren, wie man mit den Befehlen System.out.println und System.out.print Texte auf dem Bildschirm ausgibt. Hierbei wurde auch der Operator + erwähnt, der Texte aneinanderfügen kann. Dieses Wissen haben wir angewendet, um unser erstes Java-Programm zu schreiben.

Außerdem haben wir uns auf einige Regeln geeinigt, nach denen wir unsere Programme formatieren wollen. Wir haben gesehen, wie die einfache Anwendung dieser „Gesetze" unseren Quelltext viel besser lesbar macht.

4.2.6 Übungsaufgaben

Aufgabe 4.4

Schreiben Sie ein Java-Programm, das Ihren Namen dreimal hintereinander auf dem Bildschirm ausgibt.

Aufgabe 4.5

Gegeben ist folgendes Java-Programm:

```
1          public class Strukturuebeung
2      { public static void main (String[] args){
3  System.out.println("Was mag ich wohl tun?")}
```

Dieses Programm enthält zwei Fehler, die es zu finden gilt. Versuchen Sie es zuerst anhand des vorliegenden Textes. Wenn Ihnen dies nicht gelingt, formatieren Sie das Programm gemäß unseren „goldenen Regeln". Versuchen Sie auch einmal, das fehlerhafte Programm zu übersetzen. Machen Sie sich mit den auftretenden Fehlermeldungen vertraut.

4.3 Einfache Datentypen

Natürlich reicht es uns nicht aus, einfache Meldungen auf dem Bildschirm auszugeben (dafür bräuchten wir keine Programmiersprache). Wir wollen Java benutzen können, um gewisse Effekte auf Webseiten zu erzielen, Berechnungen auszuführen, Abläufe zu automatisieren oder Probleme des elektronischen Handels (begonnen bei den rein visuellen Effekten auf Webseiten über die sichere Übertragung von Daten über das Internet und die automatische Erzeugung von Formularen bis hin zu intelligenten Software-Agenten zur Erledigung verschiedener Aufgaben) zu lösen, also allgemein Algorithmen zu realisieren und Daten zu verarbeiten. Wir wollen uns aus diesem Grund zunächst darüber klar werden, wie man in Java mit einfachen Daten (Zahlen, Buchstaben usw.) umgehen kann. Dazu werden wir uns erst einmal die Wertebereiche der einfachen Datentypen anschauen.

Bei der Definition eines Datentyps werden der Wertebereich, d. h. die möglichen Werte dieses Typs, und die für diese Werte zugelassenen Grundoperationen festgelegt. Nachfolgend wollen wir eine erste Einführung in die einfachen Datentypen von Java geben. Diese heißen deshalb einfach, weil es neben ihnen auch kompliziertere Datentypen gibt, die sich auf eine noch festzulegende Weise aus einfachen Datentypen zusammensetzen.

4.3.1 Ganzzahlige Datentypen

Wie geht ein Computer mit ganzen Zahlen um? Er speichert sie als eine Folge von binären Zeichen (also 0 oder 1), die ganzzahlige Potenzen der Zahl 2 repräsentieren. Die Zahl 23 kann etwa durch die Summe

$$1 \cdot 16 + 0 \cdot 8 + 1 \cdot 4 + 1 \cdot 2 + 1 \cdot 1 = 1 \cdot 2^4 + 0 \cdot 2^3 + 1 \cdot 2^2 + 1 \cdot 2^1 + 1 \cdot 2^0$$

ausgedrückt werden, die dann im Speicher eines Rechners durch die Binärfolge `10111` (also mit 5 Stellen) codiert werden kann. Negative Zahlen lassen sich durch verschiedene Methoden codieren, auf die wir hier jedoch nicht im Detail eingehen werden. In jedem Fall benötigt man jedoch eine weitere Stelle für das Vorzeichen. Nehmen wir an, wir haben 1 Byte – dies sind 8 Bits, also 8 binäre Stellen – zur Verfügung, um eine Zahl darzustellen. Das erste Bit benötigen wir für das Vorzeichen. Die größte Zahl, die wir mit den noch verbleibenden 7 Ziffern darstellen können, ist somit

$$1 \cdot 64 + 1 \cdot 32 + 1 \cdot 16 + 1 \cdot 8 + 1 \cdot 4 + 1 \cdot 2 + 1 \cdot 1 = 127.$$

Typname	größter Wert	kleinster Wert	Länge
byte	127	-128	8 Bits
short	32767	-32768	16 Bits
int	2147483647	-2147483648	32 Bits
long	9223372036854775807	-9223372036854775808	64 Bits

Tabelle 4.2: Ganzzahlige Datentypen

Aufgrund der rechnerinternen Darstellung negativer Zahlen (der so genannten Zweierkomplement-Darstellung) ist die kleinste negative Zahl betragsmäßig um 1 größer, d. h. in diesem Fall -128. Wir können mit 8 Bits also $127 + 128 + 1 = 256$ verschiedene Zahlen darstellen. Hätten wir mehr Stellen zur Verfügung, würde auch unser Zahlenvorrat wachsen.

Der Datentyp **byte** repräsentiert in Java genau diese Darstellung. Eine Zahl vom Typ **byte** ist 8 Bits lang und liegt im Bereich von -128 bis $+127$. Im Allgemeinen ist dieser Zahlenbereich viel zu klein, um damit vernünftig arbeiten zu können. Java besitzt aus diesem Grund weitere Arten von ganzzahligen Datentypen, die zwei, vier oder acht Byte lang sind. Tabelle 4.2 fasst diese Datentypen zusammen. Wie wir bereits in Abschnitt 4.1.3 gesehen haben, bestehen Literalkonstanten für die ganzzahligen Datentypen einfach aus einer Folge von Ziffern (0 bis 9). Für solche Konstanten wird standardmäßig angenommen, dass es sich um eine 32-Bit-Zahl (also eine **int**-Konstante) handelt. Wollen wir stattdessen mit 64 Bits arbeiten (also mit einer Zahl im **long**-Format), müssen wir an die Zahl die Endung L anhängen.

Wir wollen dies an einem Beispiel verdeutlichen. Die Befehle

```
System.out.println
```

und

```
System.out.print
```

sind auch in der Lage, einfache Datentypen wie die Ganzzahlen auszudrucken. Wir versuchen nun, die Zahl 9223372036854775807 auf dem Bildschirm auszugeben. Hierzu schreiben wir folgendes Programm:

```
1  public class Longtst {
2    public static void main (String[] args) {
3      System.out.println(9223372036854775807);
4    }
5  }
```

Rufen wir den Compiler mit dem Kommando `javac Longtst.java` auf, so erhalten wir folgende Fehlermeldung:

```
───────────── Konsole ─────────────
Longtst.java:3: integer number too large: 9223372036854775807
    System.out.println(9223372036854775807);
                       ^
1 error
```

In Zeile 3 der Datei `Longtst.java` haben wir also eine Zahl verwendet, die zu groß ist. Zu groß deshalb, weil sie ja standardmäßig als **int**-Wert angenommen wird, aber laut Tabelle 4.2 deutlich größer als `2147483647` ist und somit nicht mehr mit 32 Bits dargestellt werden kann. Java verlangt, dass man eine derartige Zahl explizit als längere Zahl kennzeichnet! Wir ändern die Zeile deshalb wie folgt:

```
System.out.println(9223372036854775807L);
```

Durch die Hinzunahme der Endung L wird die Zahl als eine **long**-Zahl betrachtet und somit mit 64 Bits codiert (in die sie laut Tabelle gerade noch hineinpasst). Der entsprechende Datentyp heißt in Java **long**.

Achtung: Neben der rein dezimalen Schreibweise von ganzzahligen Werten können Literalkonstanten in Java auch als oktale Zahlen (Zahlen im Achter-System) oder als hexadezimale Zahlen (Zahlen im Sechzehner-System) geschrieben werden. Oktale Zahlen müssen mit einer führenden 0 beginnen und dürfen nur Ziffern im Bereich 0 bis 7 enthalten. Hexadezimale Zahlen müssen mit `0x` beginnen und dürfen Ziffern im Bereich 0 bis 9 und A bis F enthalten. Die drei **int**-Konstanten `27`, `033` und `0x1B` sind somit alternative Schreibweisen für den ganzzahligen dezimalen Wert 27.

4.3.2   Gleitkommatypen

Wir wollen eine einfache Rechung durchführen. Das folgende Programm soll das Ergebnis von `1/10` ausgeben. Hierzu bedienen wir uns des Divisionsoperators in Java:

```java
1  public class Intdiv {
2    public static void main (String[] args) {
3      System.out.println(1/10);
4    }
5  }
```

Wir übersetzen das Programm und führen es aus. Zu unserer Überraschung erhalten wir jedoch ein vermeintlich falsches Ergebnis – und zwar die Null! Was ist geschehen?

Um zu begreifen, was eigentlich passiert ist, müssen wir uns eines klar machen: wir haben mit ganzzahligen Datentypen gearbeitet. Der Divisionsoperator ist in Java jedoch so definiert, dass die Division zweier ganzer Zahlen wiederum eine ganze Zahl (nämlich den ganzzahligen Anteil des Quotienten) ergibt. Wir erinnern uns an die Grundschulzeit – hier hätte `1/10` ebenfalls 0 ergeben – mit Rest 1. Diesen Rest können wir in Java mit dem `%`-Zeichen bestimmen. Wir ändern unser Programm entsprechend:

```java
1  public class Intdiv {
2    public static void main (String[] args) {
3      System.out.print("1/10 betraegt ");
4      System.out.print(1/10);   // ganzzahliger Anteil
5      System.out.print(" mit Rest ");
6      System.out.print(1%10);   // Rest
```

Typname	größter positiver Wert	kleinster positiver Wert	Länge
`float`	≈3.4028234663852886E+038	≈1.4012984643248171E−045	32 Bits
`double`	≈1.7976931348623157E+308	≈4.9406564584124654E−324	64 Bits

Tabelle 4.3: Gleitkommatypen

```
7   }
8  }
```

Das neue Programm gibt die folgende Meldung aus:

```
─────────── Konsole ───────────
1/10 betraegt 0 mit Rest 1
```

Nun ist es im Allgemeinen nicht wünschenswert, nur mit ganzen Zahlen zu arbeiten. Angenommen, wir wollen etwa einen Geldbetrag in eine andere Währung umrechnen. Sollen die Pfennigbeträge dann etwa wegfallen? Java bietet aus diesem Grund auch die Möglichkeit, mit so genannten **Gleitkommazahlen** (engl.: floating point numbers) zu arbeiten. Diese sind intern aus 32 bzw. 64 Bits aufgebaut, wobei die Bitmuster jedoch anders interpretiert werden als bei den ganzzahligen Datentypen. Die in Java verfügbaren Gleitkommatypen **float** und **double** besitzen den in Tabelle 4.3 angegebenen Zahlenumfang.

Literalkonstanten für die Gleitkomma-Datentypen können aus verschiedenen optionalen Bestandteilen aufgebaut sein. Neben einem Dezimalpunkt können Ziffernfolgen (vor und nach dem Dezimalpunkt) und ein Exponent (bestehend aus einem e oder einem E, gefolgt von einer möglicherweise vorzeichenbehafteten Ziffernfolge) sowie eine Endung (f, F, d oder D) verwendet werden. Eine solche Gleitkommakonstante muss aber (zur Unterscheidung von ganzzahligen Konstanten) mindestens aus einem Dezimalpunkt oder einem Exponenten oder einer Endung bestehen. Falls ein Dezimalpunkt auftritt, muss vor oder nach ihm eine Ziffernfolge stehen.

Wie bereits erwähnt, steht hierbei das E mit anschließender Zahl X für die Multiplikation mit 10^X, d. h. die Zahl 1.2E3 steht für $1.2 \cdot 10^3$, also den Wert 1200, die Zahl 1.2E-3 für $1.2 \cdot 10^{-3}$, also den Wert 0.0012. Negative Zahlen werden erzeugt, indem man vor die entsprechende Zahl ein Minuszeichen setzt.

Ohne Endung oder mit der Endung d oder D ist eine Gleitkommakonstante vom Typ **double**. Wird die Endung f oder F verwendet, ist sie vom Typ **float**.

Natürlich kann mit 32 Bits oder auch 64 Bits nicht jede Zahl zwischen +3.4028235E38 und −3.4028235E38 exakt dargestellt werden. Der Computer arbeitet wieder mit Potenzen von 2, sodass selbst so einfache Zahlen wie 0.1 im Rechner nicht exakt codiert werden können. Es wird deshalb intern eine Rundung durchgeführt, sodass wir in einigen Fällen mit Rundungsfehlern rechnen müssen. Aufgabe 4.8 wird sich mit dieser Problematik nochmals beschäftigen. Für den Moment soll uns das jedoch egal sein, denn wir wollen unser Programm nun auf das Rechnen mit Gleitkommazahlen umstellen. Hierzu ersetzen wir lediglich die ganzzahligen Werte durch Gleitkommazahlen:

```
1  public class Floatdiv {
2    public static void main (String[] args) {
3      System.out.print("1/10 betraegt ");
4      System.out.print(1.0/10.0);
5    }
6  }
```

Lassen wir das neue Programm laufen, so erhalten wir als Ergebnis:

```
——————— Konsole ———————
1/10 betraegt 0.1
```

4.3.3 Der Datentyp `char` für Zeichen

Manchmal erweist es sich als notwendig, nicht mit Zahlenwerten, sondern mit einzelnen Buchstaben oder Zeichen zu arbeiten. Diese Zeichen werden in Java durch den Datentyp **char** (Abkürzung für *Character*) definiert. Literalkonstanten dieses Datentyps, d. h. einzelne Zeichen aus dem verfügbaren Zeichensatz, werden dabei in einfachen Hochkommata dargestellt, d. h. die Zeichen a und ? hätten in Java die Darstellung 'a' und '?'.

Daten vom Typ **char** werden intern mit 16 Bits (also 2 Bytes) dargestellt. Jedem Zeichen entspricht also intern eine gewisse Zahl oder auch Nummer (eben diese 16-Bit-Dualzahl), der so genannte **Unicode**. Dem Buchstaben a entspricht beispielsweise die Nummer 97. Man kann Werte vom Type **char** demnach auch als ganzzahlige Werte auffassen und entsprechend zu ganzzahligen Werten konvertieren. Beispielsweise erhält i durch die Anweisung **int** i = 'a' den Wert 97 zugewiesen (siehe auch Abschnitt 4.3.6).

Der Unicode-Zeichensatz enthält auch Zeichen, die möglicherweise in unserem Editor nicht dargestellt werden können. Um dennoch mit diesen Zeichen arbeiten zu können, stellt Java die **Unicode-Schreibweise** (\u gefolgt von vier hexadezimalen[8] Ziffern) zur Verfügung, mit der man alle Unicode-Zeichen (\u0000 bis \uffff) darstellen kann. Dem Buchstaben a entspricht beispielsweise der Wert \u0061 (der hexadezimale Wert 61 entspricht nämlich gerade dem dezimalen Wert 97), d. h. die Literalkonstante 'a' kann als '\u0061' geschrieben werden.

Zur vereinfachten Darstellung von einigen „unsichtbaren" Zeichen und Zeichen mit vordefinierter Bedeutung als Kommando- oder Trennzeichen existiert außerdem die Notation mit so genannten **Escape-Sequenzen**. Will man beispielsweise einen horizontalen Tabulator als Zeichenkonstante notieren, so kann man statt '\u0009' auch kurz '\t' schreiben. Ein Zeilenvorschub lässt sich als '\n' notieren. Die Symbole ' und ", die zur Darstellung von Zeichen- oder Zeichenketten-Konstanten benötigt werden, können nur in der Form '\'' und '\"' als Zeichenkonstante erzeugt werden. Als Konsequenz für die besondere

---

[8] Sollten Sie bisher noch nicht mit hexadezimalen Ziffern in Berührung gekommen sein, können Sie im Glossar dieses Buches etwas darüber nachlesen. Aber keine Angst – für das Verstehen der nachfolgenden Abschnitte sind Kenntnisse über das Hexadezimalsystem nicht notwendig.

Bedeutung des \-Zeichens muss die entsprechende Konstante in der Form ' \ \ '
notiert werden.

4.3.4   Zeichenketten

Mehrere Zeichen des Datentyps **char** können zu einer Zeichenkette (`String`)
zusammengefasst werden. Solche Zeichenketten werden in Java allerdings nicht
als Werte eines speziellen einfachen Datentyps, sondern als Objekte einer speziellen Klasse namens `String` behandelt (siehe Abschnitt 6.5.2). Darauf wollen wir
jedoch hier noch nicht näher eingehen. Wichtig ist für uns lediglich, dass Literalkonstanten dieses Datentyps, d. h. eine Folge von Zeichen aus dem verfügbaren
Zeichensatz, in doppelten Hochkommata dargestellt werden, d. h. die Zeichenkette `abcd` hätte in Java die Darstellung `"abcd"`.

4.3.5   Der Datentyp **boolean** für Wahrheitswerte

Häufig wird es notwendig sein, zwei Werte miteinander zu vergleichen. Ist etwa der Wert 23 größer, kleiner oder gleich einem anderen Wert? Die hierzu gegebenen Vergleichsoperatoren liefern eine Antwort, die letztendlich auf ja oder
nein, wahr oder falsch, d. h. auf einen der Wahrheitswerte **true** oder **false**
hinausläuft. Um mit solchen Wahrheitswerten arbeiten zu können, existiert in
Java der Datentyp **boolean**. Dieser Typ besitzt lediglich zwei mögliche Werte: **true** und **false**. Dies sind somit auch die einzigen Literalkonstanten, die
als **boolean**-Werte notiert werden können. Die Auswertung von logischen Ausdrücken (also beispielsweise von Vergleichen) liefert als Ergebnis Werte vom Typ
boolean, die sich mit logischen Operatoren weiter verknüpfen lassen, was beispielweise in der Ablaufsteuerung unserer Programme später eine wichtige Rolle
spielen wird.

4.3.6   Implizite und explizite Typumwandlungen

Manchmal kommt es vor, dass wir an einer Stelle einen gewissen Datentyp benötigen, jedoch einen anderen vorliegen haben. Wir wollen etwa die Addition

```
9223372036854775000L + 807
```

einer 64-Bit-Zahl und einer 32-Bit-Zahl durchführen. Der Plus-Operator ist jedoch
nur für Werte des gleichen Typs definiert. Was also tun?
In unserem Fall ist die Antwort einfach: Nichts. Der Java-Compiler erkennt, dass
die linke Zahl einen Zahlenbereich hat, der den der rechten Zahl umfasst. Das
System kann also die 807 problemlos in eine **long**-Zahl umwandeln (was es auch
tut). Diese Umwandlung, die von uns unbemerkt im Hintergrund geschieht, wird
als **implizite Typkonvertierung** (engl. **implicite typecast**) bezeichnet.
Implizite Typkonvertierungen treten immer dann auf, wenn ein kleinerer Zahlenbereich in einen größeren abgebildet wird, d. h. von **byte** nach **short**, von **short**

nach **int** und von **int** nach **long**. Ganzzahlige Datentypen lassen sich auch implizit in Gleitkommatypen umwandeln, obwohl hierbei eventuell Rundungsfehler auftreten können. Außerdem kann natürlich ein **float**-Wert automatisch nach **double** konvertiert werden. Eine implizite Umwandlung von **char** nach **int**, **long**, **float** oder **double** ist ebenfalls möglich.

Manchmal kommt es jedoch auch vor, dass wir einen größeren in einen kleineren Zahlenbereich umwandeln müssen. Wir haben beispielsweise das Ergebnis einer Gleitkommarechnung (sagen wir 3.14) und interessieren uns nur für den Anteil vor dem Komma. Wir wollen also eine **double**-Zahl in einen **int**-Wert verwandeln.

Bei einer solchen Typumwandlung gehen eventuell Informationen verloren – der Compiler wird dies nicht ohne Weiteres tun. Er gibt uns beim Übersetzen eher eine Fehlermeldung der Form

```
――――――――――――――― Konsole ―――――――――――――――
Incompatible type for declaration.
Explicit cast needed to convert double to int.
```

aus. Der Grund hierfür liegt darin, dass derartige Umwandlungen häufig auf Programmierfehlern beruhen, also eigentlich überhaupt nicht beabsichtigt sind. Der Compiler geht davon aus, dass ein Fehler vorliegt, und meldet dies auch.

Wir müssen dem Übersetzer also klarmachen, dass wir genau wissen, was wir tun! Dieses Verfahren wird als **explizite Typkonvertierung** (engl. **explicite typecast**) bezeichnet und wird durchgeführt, indem wir den beabsichtigten Zieldatentyp in runden Klammern vor die entsprechende Zahl schreiben. In unserem obigen Beispiel würde dies etwa

```
(int) 3.14
```

bedeuten. Der Compiler erkennt, dass die Umwandlung wirklich gewollt ist, und schneidet die Nachkommastellen ab. Das Ergebnis der Umwandlung beträgt 3.

Eine Umwandlung von **boolean** in einen anderen elementaren Datentyp oder umgekehrt ist nicht möglich – weder explizit noch implizit.

Achtung: Neben den bisher in diesem Abschnitt beschriebenen Situationen gibt es weitere Programm-Kontexte, in denen der Compiler automatische Typumwandlungen vornehmen kann. Insbesondere zu erwähnen ist dabei die Tatsache, dass bei Zuweisungen an Variablen vom Typ **byte**, **short** oder **char** der Wert rechts vom Zuweisungszeichen auch dann automatisch gewandelt werden kann, wenn es sich um einen konstanten Wert vom Typ **int** handelt (siehe auch Abschnitt 4.4.2.1) und dieser im Wertebereich der Variablen liegt. So können wir beispielsweise durch die Anweisung

```
short s = 1234;
```

der **short**-Variablen s den ganzzahligen Wert 1234 (also eigentlich eine 32-Bit-Zahl vom Typ **int**) zuweisen.

Weitere Konversions-Kontexte werden wir in den Kapiteln über Referenzdatentypen und Methoden kennen lernen.

4.3.7 Zusammenfassung

Wir haben einfache Datentypen kennen gelernt, mit denen wir ganze Zahlen, Gleitkommazahlen, einzelne Zeichen und Wahrheitswerte in Java darstellen können. Wir haben erfahren, in welcher Beziehung diese Datentypen zueinander stehen und wie man sie ineinander umwandeln kann.

4.3.8 Übungsaufgaben

Aufgabe 4.6

Sie sollen verschiedene Variablen in einem Programm deklarieren. Finden Sie den passenden (möglichst speicherplatzsparenden) Typ für eine Variable, die angibt,

- wie viele Menschen in Deutschland leben,
- wie viele Menschen auf der Erde leben,
- ob es gerade Tag ist,
- wie hoch die Trefferquote eines Stürmers bei einem Fußballspiel ist,
- wie viele Semester Sie studieren werden,
- wie viele Studierende sich für einen Studiengang angemeldet haben,
- mit welchem Buchstaben Ihr Nachname beginnt.

Deklarieren Sie die Variablen und verwenden Sie sinnvolle Bezeichner.

Aufgabe 4.7

Welche der folgenden expliziten Typkonvertierungen ist unnötig, weil sie im Bedarfsfalle implizit durchgeführt würde?

a) `(int)` 3

b) `(long)` 3

c) `(long)` 3.1

d) `(short)` 3

e) `(short)` 31

f) `(double)` 31

g) `(int)` 'x'

h) `(double)` 'x'

Aufgabe 4.8

Die interne Darstellung einer Gleitkommazahl vom Typ **double** nach dem IEEE-Standard 754 [1] in einem 64-Bit-Wort sieht wie folgt aus:

63	62 ... 52	51 ... 0	
$\pm$	E	M	64-Bit-Wort

Der Exponententeil E ist in 11 Bits dargestellt und liegt im Bereich von 0 bis 2047, wobei die Werte 0 und 2047 für spezielle Zahlen (Null, denormalisierte Werte, Unendlich, Not-a-Number) reserviert sind. Der Mantissenteil M ist in 52 Bits dargestellt. Im Normalfall (d. h. mit Ausnahme der speziellen Zahlen) stellt M den Anteil der Mantisse nach dem Dezimalpunkt dar; vor dem Dezimalpunkt steht immer eine 1, die nicht abgespeichert wird. Man sagt, die Mantisse ist *normalisiert*, d. h. es gilt $2 > 1.M \geq 1$.

a) Stellen Sie fest, welcher binäre Exponentenbereich durch diese Darstellung abgedeckt wird. Überlegen Sie dann, welcher Exponentenbereich sich damit bezogen auf das Dezimalsystem ergibt.

b) Wie viele dezimale Stellen können in der binären Mantisse etwa dargestellt werden?

c) Warum ist die Zahl 0.1 in diesem Datenformat nicht exakt darstellbar?

Aufgabe 4.9

Welche impliziten Konvertierungen von ganzzahligen Werten in Gleitkommadatentypen können zu Rundungsfehlern führen? Geben Sie ein Beispiel an.

4.4 Der Umgang mit einfachen Datentypen

Wir haben nun die Wertebereiche einfacher Datentypen kennen gelernt. Um damit arbeiten zu können, müssen wir lernen, wie sich Werte in Java speichern und durch Operatoren miteinander verknüpfen lassen.

4.4.1 Variablen

Bis jetzt waren unsere Beispielprogramme alle recht simpel. Dies lag vor allem daran, dass wir bislang keine Möglichkeit hatten, Werte zu speichern, um später wieder auf sie zugreifen zu können. Genau das erreicht man mit Variablen.
Am besten stellt man sich eine Variable wie ein Postfach vor: Ein Postfach ist im Prinzip nichts anderes als ein Behälter, der mit einem eindeutigen Schlüssel – in der Regel die Postfachnummer – gekennzeichnet ist und in den wir etwas hineinlegen können. Später können wir dann über den eindeutigen Schlüssel – die Postfachnummer – das Postfach wieder auffinden und auf den dort abgelegten

Arbeitsspeicher

symbolische Adresse	Adresse im Speicher	Inhalt der Speicherzelle	Typ des Inhalts
	⋮	⋮	
b	94	107	*ganzzahliger Wert*
	⋮	⋮	

Abbildung 4.1: Einfaches schematisches Speicherbild

Inhalt zugreifen. Allerdings sollte man sich stets der Tatsache bewusst sein, dass wir es mit ganz speziellen Postfächern zu tun haben, in denen niemals mehrere Briefe liegen können und die auch nur Briefe einer einzigen, genau auf die jeweiligen Fächer passenden Größe bzw. Form aufnehmen können.

Genauso verhält es sich nämlich mit Variablen: Eine Variable ist ein Speicherplatz. Über einen eindeutigen Schlüssel, in diesem Fall den Variablennamen, können wir auf eine Variable und damit auf den Speicherplatz zugreifen. Der Variablenname ist also eine Art symbolische **Adresse** (unsere Postfachnummer) für den Speicherplatz (unser Postfach). Man kann einer Variablen einen bestimmten Inhalt zuweisen und ihn später wieder auslesen. Das ist im Prinzip schon alles, was wir benötigen, um unsere Programme etwas interessanter zu gestalten. Abbildung 4.1 verdeutlicht diesen Zustand anhand der Variablen b, die den ganzzahligen Wert 107 beinhaltet.

Betrachten wir ein einfaches Beispiel: Angenommen, wir wollten in einem Programm ausrechnen, wie viel Geld wir in unserem Nebenjob in der letzten Woche verdient haben. Unser Stundenlohn betrage in diesem Job 15 EUR, und letzte Woche haben wir insgesamt 18 Stunden gearbeitet. Dann könnten wir mit unserem bisherigen Wissen dazu ein Programm folgender Art basteln:

```
1  public class StundenRechner1 {
2    public static void main(String[] args) {
3      System.out.print("Arbeitsstunden: ");
4      System.out.println(18);
5      System.out.print("Stundenlohn in EUR: ");
6      System.out.println(15);
7      System.out.print("Damit habe ich letzte Woche ");
8      System.out.print(18 * 15);
9      System.out.println(" EUR verdient.");
10   }
11 }
```

Das Programm lässt sich natürlich anstandslos compilieren, und es erzeugt auch folgende (korrekte) Ausgabe:

```
──────────────── Konsole ────────────────
Arbeitsstunden: 18
Stundenlohn in EUR: 15
Damit habe ich letzte Woche 270 EUR verdient.
```

So weit, so gut. Was passiert aber nun in der darauffolgenden Woche, in der wir lediglich 12 Stunden Arbeitszeit absolvieren? Eine Möglichkeit wäre, einfach die Zahl der Arbeitsstunden im Programm zu ändern – allerdings müssten wir das jetzt an zwei Stellen tun, nämlich in den Zeilen 4 und 8 jeweils den Wert 18 auf 12 ändern. Dabei kann es nach drei (vier, fünf, ...) Wochen leicht passieren, dass wir vergessen, eine der beiden Zeilen zu ändern, oder dass wir uns in einer der Zeilen vertippen. Besser wäre es also, wenn wir die Anzahl der geleisteten Arbeitsstunden nur an einer einzigen Stelle im Programm ändern müssten. Gleiches gilt natürlich für den Arbeitslohn, der sich (hoffentlich) auch irgendwann einmal erhöht. Genau hier kommen nun Variablen ins Spiel.

Um Variablen in unserem Programm verwenden zu können, müssen wir dem Java Compiler zunächst mitteilen, wie die Variablen heißen sollen und welche Art (also welchen Typ) von Werten wir in ihnen speichern wollen, sodass entsprechender Speicherplatz bereitgestellt werden kann. Diese Anweisung bezeichnen wir auch als **Deklaration**. Um in der Analogie der Postfächer zu bleiben: Wir müssen das Postfach mit einer bestimmten Größe (Brieffach, Paketfach, ...) erst einmal einrichten und es mit einer eindeutigen Postfachnummer versehen.

Eine solche Variablen-Deklaration hat stets folgende Form:

Syntaxregel

```
«VARIABLENTYP» «VARIABLENBEZEICHNER»;
```

Dabei entspricht «VARIABLENTYP» immer entweder einem einfachen Datentyp (**byte**, **short**, **int**, **long**, **float**, **double**, **char** oder **boolean**), einem Feldtyp oder einem Klassennamen (was die beiden letzten Varianten bedeuten, erfahren Sie später). «VARIABLENBEZEICHNER» ist eine eindeutige Zeichenfolge, die den in Abschnitt 4.1.2 beschriebenen Regeln für Bezeichner entspricht. Es hat sich eingebürgert, Variablennamen in Java in Kleinbuchstaben und ohne Sonderzeichen zusammenzuschreiben. Dabei wird mit einem Kleinbuchstaben begonnen und jedes neue Wort innerhalb des Bezeichners großgeschrieben, wie etwa in tolleVariablenBezeichnung. Daran wollen wir uns auch in Zukunft halten. Um solchen Variablen nun Werte zuzuweisen, verwenden wir den **Zuweisungsoperator** =. Natürlich können wir einer Variablen nur Werte zuweisen, die sich innerhalb des Wertebereichs des angegebenen Variablentyps befinden (siehe dazu auch Abschnitt 4.3). So könnten wir zum Beispiel, um eine Variable a vom Typ **int** zu deklarieren und ihr den Wert 5 zuzuweisen, Folgendes schreiben:

```
int a;
a = 5;
```

Wenn man nach einer Variablendeklaration gleich einen Wert in die Variable schreiben will, ist in Java auch folgende Kurzform erlaubt:

```
int a = 5;
```

Damit haben wir zwei Aufgaben auf einmal bewältigt, nämlich

1. die Deklaration, d. h. das Einrichten der Variablen, und

2. die **Initialisierung**, d. h. das Festlegen des ersten Wertes der Variablen.

Zurück zu unserem Beispiel. Wir wollten das Programm `StundenRechner1` so umschreiben, dass die Anzahl der geleisteten Arbeitsstunden nur noch an einer Stelle auftaucht. Die Lösung dafür liegt in der Verwendung einer Variablen für die Anzahl der Stunden. Das Programm sieht nun wie folgt aus:

```
 1  public class StundenRechner2 {
 2    public static void main(String[] args) {
 3
 4      int anzahlStunden = 12;
 5      int stundenLohn   = 15;
 6
 7      System.out.print("Arbeitsstunden: ");
 8      System.out.println(anzahlStunden);
 9      System.out.print("Stundenlohn in EUR: ");
10      System.out.println(stundenLohn);
11      System.out.print("Damit habe ich letzte Woche ");
12      System.out.print(anzahlStunden * stundenLohn);
13      System.out.println(" EUR verdient.");
14
15    }
16  }
```

Die Zeilen 4 und 5 enthalten die benötigten Deklarationen und Initialisierungen der Variablen `anzahlStunden` und `stundenLohn`. In den Zeilen 8, 10 und 12 wird jetzt nur noch über den Variablennamen auf die Werte zugegriffen. Damit genügt, wenn wir nächste Woche unseren neuen Wochenlohn berechnen wollen, die Änderung einer einzigen Programmzeile.

Manchmal kann es sinnvoll sein, Variablen so zu vereinbaren, dass ihr Wert nach der Initialisierung im weiteren Programm nicht mehr verändert werden kann. Man spricht dann von so genannten **final-Variablen** (oder auch von **symbolischen Konstanten**). Um eine solche unveränderliche Variable bzw. symbolische Konstante zu deklarieren, muss man der üblichen Deklaration mit Initialisierung das Schlüsselwort **final** voranstellen:

Syntaxregel

```
final «VARIABLENTYP» «VARIABLENBEZEICHNER» = «AUSDRUCK»;
```

Wollten wir also in unserem obigen Beispielprogramm dafür sorgen, dass unsere Variable `stundenLohn` zur symbolischen Konstante wird, so könnten wir sie einfach mit

```
final int STUNDEN_LOHN = 15;
```

deklarieren. Jede nachfolgende Zuweisung an STUNDEN_LOHN, also z. B.

```
STUNDEN_LOHN = 152;
```

wäre demnach unzulässig.

4.4.2 Operatoren und Ausdrücke

In der Regel will man mit Werten, die man in Variablen gespeichert hat, im Verlauf eines Programms mehr oder minder sinnvolle Berechnungen durchführen, die man im einfachsten Fall mit Hilfe komplexer Ausdrücke formulieren kann. Dazu stellt uns Java so genannte Operatoren zur Verfügung. Auch in unserem letzten Beispielprogramm, `StundenRechner2`, haben wir schon verschiedene Operatoren benutzt, ohne näher darauf einzugehen. Das wollen wir jetzt nachholen.

Mit Operatoren lassen sich Werte, auch **Operanden** genannt, miteinander verknüpfen. Wie bereits beschrieben, kann man Operatoren nach der Anzahl ihrer Operanden in drei Kategorien einteilen. **Einstellige** Operatoren haben einen, **zweistellige** Operatoren zwei und **dreistellige** Operatoren drei Operanden. Synonym bezeichnet man diese Operatoren auch als **unär**, **binär** oder **ternär** bzw. **monadisch**, **dyadisch** oder **triadisch**.

Des Weiteren muss geklärt werden, in welcher Reihenfolge Operatoren und ihre Operanden in Java-Programmen geschrieben werden. Man spricht in diesem Zusammenhang auch von der **Notation** der Operatoren.

Die meisten einstelligen Operatoren werden in Java in der **Präfix**-Notation verwendet. Eine Ausnahme davon bilden die Inkrement- und Dekrementoperatoren, die sowohl in Präfix- als auch in **Postfix**-Notation verwendet werden können.[9] Präfix-Notation bedeutet, dass der Operator vor seinem Operanden steht, also

---
Syntaxregel
```
«OPERATOR» «OPERAND»
```

Von **Postfix**-Notation spricht man hingegen, wenn der Operator hinter seinem Operanden steht, also

---
Syntaxregel
```
«OPERAND» «OPERATOR»
```

Zweistellige Operatoren in Java verwenden stets die **Infix**-Notation, in der der Operator zwischen seinen beiden Operanden steht, also

---
Syntaxregel
```
«OPERAND» «OPERATOR» «OPERAND»
```

Der einzige dreistellige Operator in Java, ? : (siehe Abschnitt 4.4.2.4) benutzt ebenfalls die Infix-Notation, also

---

[9] Allerdings mit unterschiedlicher Bedeutung bzw. Semantik.

Operator	Beispiel	Wirkung
+	a + b	Addiert a und b
–	a – b	Subtrahiert b von a
*	a * b	Multipliziert a und b
/	a / b	Dividiert a durch b
%	a % b	Liefert den Rest bei der ganzzahligen Division a / b

Tabelle 4.4: Zweistellige Arithmetische Operatoren

Operator	Beispiel	Funktion
+	+ a	Identität (liefert den gleichen Wert wie a)
–	– a	Negation (liefert den negativen Wert von a)

Tabelle 4.5: Einstellige Arithmetische Operatoren

```
                        Syntaxregel

«OPERAND»  ?  «OPERAND»  :  «OPERAND»
```

Neben der Anzahl der Operanden kann man Operatoren auch nach dem **Typ** der Operanden einteilen.

Nach dieser (etwas längeren) Vorrede stellen wir in den folgenden Abschnitten die Operatoren von Java im Einzelnen vor, gruppiert nach dem Typ ihrer Operanden. Dabei müssen wir neben der Syntax der Ausdrücke, also deren korrekten Form, auch deren Semantik beschreiben, also die Bedeutung bzw. Wirkung der Operation auf den jeweiligen Daten angeben.

4.4.2.1   Arithmetische Operatoren

Arithmetische Operatoren sind Operatoren, die Zahlen, also Werte vom Typ **byte**, **short**, **int**, **long**, **float**, **double** oder **char**, als Operanden erwarten. Sie sind in den Tabellen 4.4 und 4.5 zusammengefasst.

Die Operatoren + und – können sowohl als zweistellige als auch als einstellige Operatoren gebraucht werden.

Achtung: Der Operator + kann auch dazu benutzt werden, um zwei Zeichenketten zu einer einzigen zusammenzufügen. So ergibt

```
"abcd" + "efgh"
```

die Zeichenkette

```
"abcdefgh"
```

Eine weitere Besonderheit stellt der **Ergebnistyp** arithmetischer Operationen dar. Damit meinen wir den Typ (also **byte**, **short**, **int**, **long**, **float**, **double**, **char** oder String) des Ergebnisses einer Operation, der durchaus nicht mit dem Typ beider Operanden übereinstimmen muss.

Bestes Beispiel dafür sind Programmzeilen wie etwa

```
short a = 1;
short b = 2;
short c = a + b;
```

die, obwohl dem Anschein nach korrekt, beim Compilieren zu folgender Fehlermeldung führen:

```
──────────────── Konsole ────────────────
Incompatible type for declaration.
Explicit cast needed to convert int to short.
```

Warum dies? Um den Ergebnistyp einer arithmetischen Operation zu bestimmen,
geht der Java-Compiler wie folgt vor:

- Zunächst prüft er, ob einer der Operanden vom Typ **double** ist – ist dies der
  Fall, so ist der Ergebnistyp dieser Operation **double**. Der andere Operand
  wird dann (falls notwendig) implizit nach **double** konvertiert und danach
  die Operation ausgeführt.

- War dies nicht der Fall, prüft der Compiler, ob einer der Operanden vom Typ
  float ist – ist dies der Fall, so ist der Ergebnistyp dieser Operation **float**.
  Der andere Operand wird (falls erforderlich) dann implizit nach **float** konvertiert und danach die Operation ausgeführt.

- War dies auch nicht der Fall, so prüft der Compiler, ob einer der Operanden
  vom Typ **long** ist – wenn ja, ist der Ergebnistyp dieser Operation **long**. Der
  andere Operand wird dann (falls notwendig) implizit nach **long** konvertiert
  und danach die Operation ausgeführt.

- Trat keiner der drei erstgenannten Fälle ein, so ist der Ergebnistyp dieser Operation auf jeden Fall **int**. Beide Operanden werden dann (falls erforderlich)
  implizit nach **int** konvertiert und danach die Operation ausgeführt.

Damit wird auch klar, warum obiges Beispiel eine Fehlermeldung produziert –
der Ausdruck a + b enthält keinen der Typen **double**, **float** oder **long**, daher
wird der Ergebnistyp ein **int**. Diesen versuchen wir nun ohne explizite Typkonvertierung einer Variablen vom Typ **short** zuzuweisen, was zu einer Fehlermeldung führen muss, da der Wertebereich von **int** größer ist als der Wertebereich
von **short**. Beheben lässt sich der Fehler jedoch ganz leicht, indem man explizit
eine Typkonvertierung erzwingt. Die Zeilen

```
short a = 1;
short b = 2;
short c = (short)(a + b);
```

lassen sich daher anstandslos compilieren.
Was lernen wir daraus? Entweder verwenden wir ab jetzt für ganzzahlige Variablen nur noch den Typ **int** (hier tauchen diese Probleme nicht auf), oder aber wir
achten bei jeder arithmetischen Operation darauf, das Ergebnis explizit in den geforderten Typ zu konvertieren. In jedem Falle aber wissen wir jetzt, wie wir Fehler
dieser Art beheben können.

Achtung: Im Zusammenhang mit der Typwandlung wollen wir an dieser Stelle nochmals auf die Besonderheiten im Kontext der arithmetischen Operatoren hinweisen.

■ Wird der Operator + dazu benutzt, einen Zeichenketten-Operanden (`String`-Operanden) und einen Operanden eines beliebigen anderen Typs zu verknüpfen, so wird der andere Operand implizit nach `String` gewandelt.

■ Wie in Abschnitt 4.3.6 bereits erwähnt, kann der Wert eines arithmetischen Ausdrucks automatisch in den Typ **byte**, **short** oder **char** gewandelt werden, wenn es sich um einen konstanten Wert vom Typ **int** handelt. Man spricht in diesem Fall von einem **konstanten Ausdruck**, dessen Wert bereits beim Compilieren (also beim Übersetzen des Quelltexts in den Java-Bytecode) bestimmt werden kann.

Ganz allgemein darf ein konstanter Ausdruck lediglich Literalkonstanten und finale Variablen (symbolische Konstanten) der einfachen Datentypen oder Zeichenketten-Literale (`String`-Konstanten) enthalten. Zulässige konstante Ausdrücke wären also beispielsweise

```
3 - 5.0 * 10        // Typ double
2 + 5 - 'a'         // Typ int
"good" + 4 + "you"  // Typ String
```

4.4.2.2 Bitoperatoren

Um diese Kategorie von Operatoren zu verstehen, müssen wir uns zunächst nochmals klarmachen, wie Werte im Computer gespeichert werden. Grundsätzlich kann ein Computer (bzw. die Elektronik, die in einem Computer enthalten ist) nur zwei Zustände unterscheiden: Aus oder An. Diesen Zuständen ordnen wir nun der Einfachheit halber die Zahlenwerte 0 und 1 zu. Die kleinste Speichereinheit, in der ein Computer genau einen dieser Werte speichern kann, nennen wir bekanntlich ein **Bit**. Um nun beliebige Zahlen und Buchstaben darstellen zu können, werden mehrere Bits zu neuen, größeren Einheiten zusammengefasst. Dabei entsprechen 8 Bits einem **Byte**, 1024 Bytes einem **Kilobyte**, 1024 Kilobytes einem **Megabyte** usw.

Bitoperatoren lassen ganzzahlige Operanden zu, arbeiten aber nicht mit dem ganzzahligen, eigentlichen Wert der Operanden, sondern nur mit deren Bits.[10] Auch hier unterscheidet man zwischen unären und binären Operationen. Die einzige unäre Operation, die **Negation** (dargestellt durch das Zeichen ~), liefert bitweise stets das Komplement des Operanden, wie in Tabelle 4.6 dargestellt. Daneben existieren drei binäre Operationen, das logische **Und** (dargestellt durch &), das logische **Oder** (|) und das logische **exklusive Oder** (^), deren bitweise Wir-

---

[10] Diese Operationen sind beispielsweise für die Definition und Manipulation selbst definierter Datentypen sinnvoll, bei denen bestimmte Dinge durch Bitketten einer bestimmten Länge codiert werden. Zur Bearbeitung dieser Bitketten benötigt man dann Operationen, die die einzelnen Bits in einer genau definierten Weise verändern.

a	~a
0	1
1	0

Tabelle 4.6: Bitweise Negation

a	b	a & b	a | b	a ^ b
0	0	0	0	0
0	1	0	1	1
1	0	0	1	1
1	1	1	1	0

Tabelle 4.7: Und, Oder und exklusives Oder

kungsweisen in Tabelle 4.7 dargestellt sind. Um also bei der Verknüpfung zweier Bits den Wert 1 zu erhalten, müssen

- bei der Operation & beide Bits den Wert 1 haben,

- bei der Operation | mindestens eines der Bits den Wert 1 haben und

- bei der Operation ^ genau eines der Bits den Wert 1 haben.

Bei der bitweisen Verknüpfung zweier ganzzahliger Operanden werden diese Bitoperationen auf mehrere Bits (Stelle für Stelle) gleichzeitig angewendet. So liefert beispielsweise das Programmstück

```
byte a, b;
a = 9;
b = 3;
System.out.println(a & b);
System.out.println(a | b);
```

die Ausgabe

```
─────────────────────────── Konsole ───────────────────────────
1
11
```

weil der **byte**-Wert 9 dem Bitmuster 00001001 und der **byte**-Wert 3 dem Bitmuster 00000011 entspricht und somit die bitweise Verknüpfung a & b das Bitmuster 00000001, also den dezimalen **byte**-Wert 1, liefert, während die bitweise Verknüpfung a | b das Bitmuster 00001011, also den dezimalen **byte**-Wert 11 liefert. Diese Java-Bitoperatoren sind in Tabelle 4.8 aufgelistet.

Daneben existieren noch drei **Schiebeoperatoren**, die alle Bits eines ganzzahligen Wertes um eine vorgegebene Anzahl von Stellen nach links bzw. rechts schieben, wie in Tabelle 4.9 aufgeführt. Das Schieben der Bits um eine Stelle nach links bzw. rechts kann auch als Multiplikation bzw. als Division des Wertes mit bzw. durch 2 interpretiert werden.

Operator	Beispiel	Wirkung
~	~ a	Negiert a bitweise
&	a & b	Verknüpft a und b bitweise durch ein logisches Und
|	a | b	Verknüpft a und b bitweise durch ein logisches Oder
^	a ^ b	Verknüpft a und b bitweise durch ein logisches Oder (exklusiv)

Tabelle 4.8: Bitoperatoren

Operator	Beispiel	Funktion
<<	a << b	Schiebt die Bits in a um b Stellen nach links und füllt mit 0-Bits auf
>>	a >> b	Schiebt die Bits in a um b Stellen nach rechts und füllt mit dem höchsten Bit von a auf
>>>	a >>> b	Schiebt die Bits in a um b Stellen nach rechts und füllt mit 0-Bits auf

Tabelle 4.9: Schiebeoperatoren

4.4.2.3   Zuweisungsoperator

Eine Sonderstellung unter den Operatoren nimmt der **Zuweisungsoperator** = ein. Mit ihm kann man einer Variablen Werte zuordnen. Beispielsweise ordnet der Ausdruck

```
a = 3;
```

der Variablen a den Wert 3 zu. Rechts vom Zuweisungszeichen kann nicht nur ein konstanter Wert, sondern auch eine Variable oder ein Ausdruck stehen. Um den gleichen Wert mehreren Variablen gleichzeitig zuzuordnen, kann man auch ganze Zuordnungsketten bilden, etwa

```
a = b = c = 5;
```

Hier wird der Wert 5 allen drei Variablen a, b, c zugeordnet. Möglich wird dies deshalb, weil jede Zuweisung selbst wieder ein Ausdruck ist, dessen Wert der Wert der linken Seite ist, der wiederum an die jeweils nächste linke Seite weitergegeben werden kann.

Achtung: Der Zuweisungsoperator = hat grundsätzlich nichts mit der aus der Mathematik bekannten Gleichheitsrelation (Identität) zu tun, die das gleiche Zeichen = benutzt. Ein mathematischer Ausdruck der Form

```
a = a + 1
```

ist für eine reelle Zahl a natürlich falsch, die Java-Anweisung

```
a = a + 1;
```

dagegen ist syntaktisch völlig korrekt und erhöht den Wert der Variablen a um 1. Will man mit dem Wert einer Variablen Berechnungen anstellen und das Ergebnis danach in der gleichen Variablen speichern, ist es oft lästig, den Variablennamen

Abkürzung	Beispiel	äquivalent zu
+=	a += b	a = a + b
-=	a -= b	a = a - b
*=	a *= b	a = a * b
/=	a /= b	a = a / b
%=	a %= b	a = a % b
&=	a &= b	a = a & b
|=	a |= b	a = a | b
^=	a ^= b	a = a ^ b
<<=	a <<= b	a = a << b
>>=	a >>= b	a = a >> b
>>>=	a >>>= b	a = a >>> b

Tabelle 4.10: Abkürzende Schreibweisen für binäre Operatoren

Operator	Beispiel	liefert genau dann **true**, wenn ...
>	a > b	... a größer als b ist
>=	a >= b	... a größer als oder gleich b ist
<	a < b	... a kleiner als b ist
<=	a <= b	... a kleiner als oder gleich b ist
==	a == b	... a gleich b ist
!=	a != b	... a ungleich b ist

Tabelle 4.11: Vergleichsoperatoren

sowohl links als auch rechts des Zuweisungsoperators zu tippen. Daher bietet Java für viele binäre Operatoren auch eine verkürzende Schreibweise an. So kann man statt

```
a = a + 1;
```

auch kürzer

```
a += 1;
```

schreiben. Beide Ausdrücke sind in Java völlig äquivalent, beide erhöhen den Wert der Variablen a um 1. Tabelle 4.10 fasst alle möglichen abkürzenden Schreibweisen zusammen.

4.4.2.4   Vergleichsoperatoren und Logische Operatoren

Eine weitere Gruppe von Operatoren bilden die so genannten **Vergleichsoperatoren**. Diese stets binären Operatoren vergleichen ihre Operanden miteinander und geben immer ein Ergebnis vom Typ **boolean**, also entweder **true** oder **false**, zurück. Im Einzelnen sind dies die in Tabelle 4.11 aufgeführten Operatoren.

Um nun komplexe Ausdrücke zu erstellen, werden die Vergleichsoperatoren meist durch so genannte **Logische Operatoren** verknüpft. Diese ähneln auf den ersten Blick den schon vorgestellten Bitoperatoren, allerdings erwarten logische

`a`	`b`	`a & b`	`a	b`	`a ^ b`	`! a`
`false`	`false`	`false`	`false`	`false`	`true`
`false`	`true`	`false`	`true`	`true`	`true`
`true`	`false`	`false`	`true`	`true`	`false`
`true`	`true`	`true`	`true`	`false`	`false`

Tabelle 4.12: Logisches Und, Oder und die Negation

Operatoren stets Operanden vom Typ **boolean**, und ihr Ergebnistyp ist ebenfalls **boolean**. Wie bei den Bitoperatoren existieren auch hier Operatoren für logisches Und (Operator `&`), logisches Oder (Operatoren `|` und `^`) und Negation (Operator `!`), deren Wirkung Tabelle 4.12 darstellt.

Eine Besonderheit stellen die Operatoren `&&` und `||` dar. Bei ihnen wird der zweite Operand nur dann ausgewertet, wenn das Ergebnis der Operation nicht schon nach Auswertung des ersten Operanden klar ist. Im Fall a `&&` b muss also b nur dann ausgewertet werden, wenn die Auswertung von a den Wert **true** ergibt. Im Fall a `||` b muss b nur dann ausgewertet werden, wenn a den Wert **false** ergibt. Ist also beispielsweise der Ausdruck `(a > 15) && (b < 20)` zu bewerten und der Wert der Variablen a gerade `10`, so ergibt der erste Teilausdruck `(a > 15)` zunächst **false**. Der Compiler prüft in diesem Fall den Wert der Variablen b gar nicht mehr nach, da ja der gesamte Ausdruck auch nur noch **false** sein kann.

Was haben wir nun davon? Zunächst kann man durch geschickte Ausnutzung dieser Operatoren im Einzelfall die Ausführungsgeschwindigkeit des Programms deutlich steigern. Müssen an einer Stelle eines Programms zwei Bedingungen auf **true** überprüft werden, und ist das Ergebnis der einen Bedingung in 90% aller Fälle **false**, so empfiehlt es sich, diese Bedingung zuerst überprüfen zu lassen und die zweite über den bedingten Operator anzuschließen. Jetzt muss die zweite Bedingung nur noch in den 10% aller Fälle überprüft werden, in denen die erste Bedingung wahr wird. In allen anderen Fällen läuft das Programm schneller ab. Des Weiteren lässt sich, falls die Bedingungen nicht nur Variablen, sondern auch Aufrufe von Methoden enthalten (was das genau ist, erfahren wir später), mit Hilfe eines bedingten Operators erreichen, dass bestimmte Programmteile überhaupt nicht abgearbeitet werden. Doch dazu später mehr.

Tabelle 4.13 fasst alle logischen Operatoren zusammen.

Eine Sonderstellung unter den Vergleichs- und Logischen Operatoren nimmt der dreistellige Bedingungsoperator `?:` ein. Eigentlich stellt er nur eine verkürzende Schreibweise für eine **if**-Entscheidungsanweisung dar (siehe Abschnitt 4.5.3). Als ersten Operanden erwartet er einen Ausdruck mit Ergebnistyp **boolean**, als zweiten und dritten jeweils Ausdrücke, die beide von einem numerischen Datentyp, beide vom Typ **boolean** oder beide vom Typ `String` sind.[11] Liefert der erste Operand **true** zurück, so gibt der Operator den Wert seines zweiten Operanden

---

[11] Genauer gesagt, können beide auch von einem beliebigen anderen Referenzdatentyp sein. Auf solche Datentypen gehen wir jedoch erst in Kapitel 5 ein.

Operator	Beispiel	Funktion
&	a & b	Verknüpft a und b durch ein logisches Und
&&	a && b	Verknüpft a und b durch ein logisches Und (nur bedingte Auswertung von b)
|	a | b	Verknüpft a und b durch ein logisches Oder
||	a || b	Verknüpft a und b durch ein logisches Oder (nur bedingte Auswertung von b)
^	a ^ b	Verknüpft a und b durch ein logisches exklusives Oder
!	! a	Negiert a

Tabelle 4.13: Logische Operatoren

zurück. Liefert der erste Operand **false**, so ist der Wert des dritten Operanden das Ergebnis der Operation.
Beispiel: Der Ausdruck

```
(a == 15) ? "a ist 15" : "a ist nicht 15"
```

liefert die Zeichenkette a ist 15, falls die Variable a den Wert 15 enthält, und die Zeichenkette a ist nicht 15 in allen anderen Fällen.

4.4.2.5   Inkrement- und Dekrementoperatoren

Auch hier handelt es sich eigentlich nur um verkürzte Schreibweisen von häufig verwendeten Ausdrücken. Um den Inhalt der Variablen a um eins zu erhöhen, könnten wir – wie wir mittlerweile wissen – beispielsweise schreiben:

```
a = a + 1;
```

Alternativ bietet sich – auch das haben wir schon gelernt – der verkürzte Zuweisungsoperator an, d. h.

```
a += 1;
```

In diesem speziellen Fall (Erhöhung des Variableninhaltes um genau 1) bietet sich jetzt eine noch kürzere Schreibweise an, nämlich

```
a++;
```

Der **Inkrementoperator** ++ ist also unär und erhöht den Wert seines Operanden um eins. Analog dazu erniedrigt der **Dekrementoperator** --, ebenfalls ein unärer Operator, den Wert seines Operanden um eins. Beide Operatoren dürfen nur auf Variablen angewendet werden.
Was bleibt zu beachten? Wie bereits erwähnt, können beide Operatoren sowohl in Präfix- als auch in Postfix-Notation verwendet werden. Wird der Operator in einer isolierten Anweisung – wie in obigem Beispiel – verwendet, so sind beide Notationen äquivalent.
Sind Inkrement- bzw. Dekrementoperator jedoch Teil eines größeren Ausdrucks, so hat die Notation entscheidenden Einfluss auf das Ergebnis des Ausdrucks. Bei

Verwendung der Präfix-Notation wird der Wert der Variablen *erst* erhöht bzw. erniedrigt und *dann* der Ausdruck ausgewertet. Analog dazu wird bei der Postfix-Notation *zuerst* der Ausdruck ausgewertet und *dann* erst das Inkrement bzw. Dekrement durchgeführt.
Beispiel:

```
a = 5;
b = a++;
c = 5;
d = --c;
```

Nach Ausführung dieses Programmsegments enthält b den Wert 5, da *zuerst* der Ausdruck ausgewertet wird und *dann* das Inkrement ausgeführt wird. d dagegen enthält den Wert 4, da hier *zuerst* das Dekrement durchgeführt wird und *dann* der Ausdruck ausgewertet wird. Am Ende haben a den Wert 6 und c den Wert 4.

4.4.2.6 Priorität und Auswertungsreihenfolge der Operatoren

Bislang haben wir alle Operatoren nur isoliert betrachtet, d. h. unsere Ausdrücke enthielten jeweils nur einen Operator. Verwendet man jedoch mehrere Operatoren in einem Ausdruck, stellt sich die Frage, in welcher Reihenfolge die einzelnen Operationen ausgeführt werden. Dies ist durch die Prioritäten der einzelnen Operatoren festgelegt. Dabei werden Operationen höherer Priorität stets vor Operationen niedrigerer Priorität ausgeführt, wenn dies Klammern (siehe unten) nicht anders regeln. Haben mehrere zweistellige Operationen, die im gleichen Ausdruck stehen, die gleiche Priorität, so wird – außer bei Zuweisungsoperatoren – stets von links nach rechts ausgewertet. Der Zuweisungsoperator = sowie alle verkürzten Zuweisungsoperatoren – also +=, -=, usw. – werden, wenn sie nebeneinander in einem Ausdruck vorkommen, dagegen von rechts nach links ausgewertet.
Tabelle 4.14 enthält alle Operatoren, die wir bisher kennen gelernt haben, geordnet nach deren Priorität. Mit der obersten Gruppe von Operatoren mit höchster Priorität (15) werden wir uns erst in den Kapiteln über Referenzdatentypen (Felder und Klassen) und über Methoden näher beschäftigen.
Praktisch bedeutet dies für uns, dass wir bedenkenlos „Punkt-vor-Strich-Rechnung" verwenden können, ohne uns über Prioritäten Gedanken machen zu müssen. Da multiplikative Operatoren eine höhere Priorität als additive haben, werden Ausdrücke wie z. B.

```
4 + 3 * 2
```

wie erwartet korrekt ausgewertet (hier: Ergebnis ist 10, nicht 14). Darüber hinaus sollten wir aber lieber ein Klammernpaar zu viel als zu wenig verwenden, um die gewünschte Ausführungsreihenfolge der Operationen zu garantieren. Mit den runden Klammern () können wir nämlich, genau wie in der Mathematik, die Reihenfolge der Operationen eindeutig festlegen, gleichgültig, welche Priorität ihnen zugeordnet ist.

Bezeichnung	Operator	Priorität
Komponentenzugriff bei Klassen	.	15
Komponentenzugriff bei Feldern	[ ]	15
Methodenaufruf	( )	15
Unäre Operatoren	++, --, +, -, ~, !	14
Explizite Typkonvertierung	( )	13
Multiplikative Operatoren	*, /, %	12
Additive Operatoren	+, -	11
Schiebeoperatoren	<<, >>, >>>	10
Vergleichsoperatoren	<, >, <=, >=	9
Vergleichsoperatoren (Gleichheit/Ungleichheit)	==, !=	8
bitweises bzw. logisches Und	&	7
bitweises exklusives Oder	^	6
bitweises bzw. logisches Oder	|	5
logisches Und	&&	4
logisches Oder	||	3
Bedingungsoperator	? :	2
Zuweisungsoperatoren	=, +=, -=, usw.	1

Tabelle 4.14: Priorität der Operatoren

4.4.3   Allgemeine Ausdrücke

Wie wir gesehen haben, setzen sich Ausdrücke in Java aus Operatoren und Operanden zusammen. Die Operanden selbst können dabei wieder

- Konstanten,
- Variablen,
- geklammerte Ausdrücke oder
- Methodenaufrufe

sein. Die letztgenannten Methodenaufrufe werden wir erst später genauer kennen lernen. Wir wollen daher im Folgenden nur etwas Ähnliches wie Aufrufe von mathematischen Standardfunktionen (wie z. B. sin oder cos) darunter verstehen. In Java sind diese Funktionen, wie bereits erwähnt, nicht im Sprachkern enthalten. Sie wurden ausgelagert in die Klasse Math. Wir können sie daher nur mit dem vorgestellten Klassennamen (also z. B. Math.sin(5.3)) aufrufen.

Sind beide Operanden einer Operation selbst wieder Ausdrücke (also z. B. geklammerte Operationen oder Methodenaufrufe), wird immer erst der linke und dann der rechte Operand berechnet. Der Ausdruck in der Java-Programmzeile

```
b = Math.sqrt(3.5 + x) * 5 / 3 - (x + 10) * (x -4.1) < 0;
```

wird somit gemäß den Prioritäten wie folgt abgearbeitet (die Zwischenergebnisse haben wir der Einfachheit halber mit z1 bis z8 durchnummeriert):

```
z1 = 3.5 + x;
```

```
z2 = Math.sqrt(z1);
z3 = z2 * 5;
z4 = z3 / 3;
z5 = x + 10;
z6 = x - 4.1;
z7 = z5 * z6;
z8 = z4 - z7;
 b = z8 < 0;
```

4.4.4 Ein- und Ausgabe

Da wir nun mit den einfachen Datentypen umgehen können, wird sich natürlich auch die Notwendigkeit ergeben, Werte für Ausdrücke dieser Datentypen auf die Konsole auszugeben bzw. Werte für Variablen dieser Datentypen einzulesen. Wie bereits erwähnt, stellen wir für Letzteres die Klasse IOTools zur Verfügung, in der für jede Art von einzulesendem Wert (ganze Zahl, Gleitkommawert, logischer Wert etc.) eine entsprechende Methode bereitgestellt wird. Diese Methoden sind im Anhang B detailliert beschrieben. Wir wollen uns hier zumindest noch ein kleines Beispielprogramm anschauen, in dem einige dieser Methoden verwendet werden und das gleichzeitig die Verwendung der println-Methode verdeutlicht.

```
1   import Prog1Tools.IOTools;
2
3   public class IOToolsTest {
4     public static void main (String[] args) {
5       int     i, j, k;
6       double  d;
7       char    c;
8       boolean b;
9
10      // int-Eingabe ohne Prompt (ohne vorherige Ausgabe)
11      i = IOTools.readInteger();
12
13      // int-Eingabe mit Prompt
14      System.out.print("j = ");
15      j = IOTools.readInteger();
16
17      // Vereinfachte int-Eingabe mit Prompt
18      k = IOTools.readInteger("k = ");
19
20      // double-Eingabe mit Prompt
21      d = IOTools.readDouble("d = ");
22
23      // char-Eingabe mit Prompt
24      c = IOTools.readChar("c = ");
25
26      // boolean-Eingabe mit Prompt
27      b = IOTools.readBoolean("b = ");
28
29      // Testausgaben
30      System.out.println("i = " + i);
```

```
31        System.out.println("j = " + j);
32        System.out.println("k = " + k);
33        System.out.println("d = " + d);
34        System.out.println("c = " + c);
35        System.out.println("b = " + b);
36    }
37 }
```

Wenn wir dieses Programm übersetzen und starten, könnte sich (natürlich abhängig von unseren Benutzereingaben) folgender Programmablauf ergeben (zur Verdeutlichung unserer Eingaben haben wir diese etwas nach rechts verschoben; in der linken Spalte ist also jeweils zu sehen, was das Programm ausgibt, in der rechten Spalte stehen unsere Eingaben):

```
————————————————————————— Konsole —————————————————————————
                                            123
j =                                         a
Eingabefehler
java.lang.NumberFormatException: a
Bitte Eingabe wiederholen...
                                            1234
k =                                         12345
d =                                         123.456789
c =                                         x
b =                                         true
i = 123
j = 1234
k = 12345
d = 123.456789
c = x
b = true
```

Insbesondere bei der ersten Eingabe erkennen wir, wie wichtig es ist, vor jeder Eingabe zumindest eine kurze Information darüber auszugeben, dass nun eine Eingabe erfolgen soll. Man spricht auch von einem so genannten **Prompt** (deutsch: Aufforderung). Ohne diese Ausgabe (wie beim ersten Eingabe-Beispiel) scheint das Programm nämlich erst mal zu „hängen", weil wir nicht sofort merken, dass wir schon etwas eingeben können.

4.4.4.1 Statischer Import der IOTools-Methoden

Im Hinblick auf die Anwendung der IOTools-Methoden brachte Java 5.0 eine deutliche Vereinfachung, da es nun möglich ist, die statischen Methoden einer Klasse, z. B. der Klasse IOTools, so zu importieren, dass sie ohne den vorangestellten Klassennamen verwendet werden können.
Der statische Import einer einzelnen Methode wird syntaktisch in der Form

```
——————————— Syntaxregel ———————————
import static «PAKETNAME».«KLASSENNAME».«METHODENNAME»;
```

angegeben. Sollen alle Klassenmethoden einer Klasse importiert werden, so wird
dies durch

```
——————————— Syntaxregel ———————————
import static «PAKETNAME».«KLASSENNAME».*;
```

angezeigt.

Nachfolgend nun eine Version unseres weiter oben angegebenen Programms
IOToolsTest, in der wir alle Methoden der Klasse IOTools statisch importieren. Die Aufrufe der Einlese-Methoden fallen nun deutlich kürzer aus.

```java
import static Prog1Tools.IOTools.*;

public class IOToolsTestMitStaticImport {
  public static void main (String[] args) {
    int      i, j, k;
    double   d;
    char     c;
    boolean  b;

    // int-Eingabe ohne Prompt (ohne vorherige Ausgabe)
    i = readInteger();

    // int-Eingabe mit Prompt
    System.out.print("j = ");
    j = readInteger();

    // Vereinfachte int-Eingabe mit Prompt
    k = readInteger("k = ");

    // double-Eingabe mit Prompt
    d = readDouble("d = ");

    // char-Eingabe mit Prompt
    c = readChar("c = ");

    // boolean-Eingabe mit Prompt
    b = readBoolean("b = ");

    // Testausgaben
    System.out.println("i = " + i);
    System.out.println("j = " + j);
    System.out.println("k = " + k);
    System.out.println("d = " + d);
    System.out.println("c = " + c);
    System.out.println("b = " + b);
  }
}
```

4.4.5   Zusammenfassung

Der letzte Abschnitt war zugegebenermaßen etwas länger als die anderen, dafür haben wir aber schon eine Menge gelernt. Wir wissen nun, was Variablen sind (Analogie: Postfächer), haben zahlreiche Operatoren kennen gelernt, mit denen wir Werte verknüpfen können, und verstehen, wie man Werte und Operatoren zu Ausdrücken kombiniert.

4.4.6   Übungsaufgaben

Aufgabe 4.10

Die nachfolgenden Programmfragmente weisen jeweils einen syntaktischen bzw. semantischen Fehler auf und lassen sich daher nicht compilieren. Finden Sie die Fehler, und begründen Sie kurz Ihre Wahl.

a) `boolean false, println;`

b) `char ab, uv, x y;`

c) `int a = 0x1, c = 1e2;`

d) `double a, b_c, d-e;`

e) `int mo, di, mi, do, fr, sa, so;`

f) `System.out.println("10 = ", 10);`

Aufgabe 4.11

Schreiben Sie ein Programm, das Sie auffordert, Namen und Alter einzugeben. Das Programm soll Sie danach mit Ihrem Namen begrüßen und Ihr Alter *in Tagen* ausgeben. Verwenden Sie die `IOTools`.
Hinweis: Für die Umwandlung des Alters in Tage brauchen Sie die Schaltjahre nicht zu berücksichtigen.

Aufgabe 4.12

Gegeben sei das folgende Java-Programm:

```
1   public class Plus {
2     public static void main (String args []) {
3       int a = 1, b = 2, c = 3, d = 4;
4       System.out.println(++a);
5       System.out.println(a);
6       System.out.println(b++);
7       System.out.println(b);
8       System.out.println((++c) + (++c));
9       System.out.println(c);
10      System.out.println((d++) + (d++));
```

```
11        System.out.println(d);
12    }
13 }
```

Vollziehen Sie das Programm nach, und überlegen Sie sich, welche Werte ausgegeben werden.

Aufgabe 4.13

Bei der Ausgabe mehrerer Werte mit nur einer `System.out.print`- oder `System.out.println`-Anweisung müssen die auszugebenden Werte mittels + als Strings (Zeichenketten) miteinander verknüpft werden.

a) Warum kann man die auszugebenden Werte nicht einfach als Kommaliste aufzählen?

b) Was passiert, wenn man einen `String`-Operanden mit einem Operanden eines beliebigen anderen Datentyps mittels + verknüpft?

c) Stellen Sie bei den nachfolgenden Ausgabeanweisungen fest, welche zulässig und welche aufgrund eines fehlerhaften Ausdrucks im Argument der `println`-Methode unzulässig sind.

Korrigieren Sie die unzulässigen Anweisungen, indem Sie eine geschickte Klammerung einbauen. Geben Sie an, was ausgegeben wird.

```
double x = 1.0, y = 2.5;
System.out.println(x / y);
System.out.println("x / y = " + x / y);
System.out.println(x + y);
System.out.println("x + y = " + x + y);
System.out.println(x - y);
System.out.println("x - y = " + x - y);
System.out.println(1 + 2 + 3 + 4);
System.out.println(1 + 2 + 3 + "4");
System.out.println("1" + 2 + 3 + 4);
System.out.println("Hilfe" + true + 3);
System.out.println(true + 3 + "Hilfe");
```

Aufgabe 4.14

Ziel dieser Aufgabe ist es, die Formulierung von arithmetischen Ausdrücken in der Syntax der Programmiersprache Java zu üben. Doch Vorsicht: Bei der Auswertung von arithmetischen Ausdrücken auf einer Rechenanlage muss das berechnete Ergebnis nicht immer etwas mit dem tatsächlichen Wert des Ausdrucks zu tun haben. Denn die Auswertung ist stets Rundungsfehlern ausgesetzt, die sich unter Umständen zu gravierenden Fehlern akkumulieren können. Was tatsächlich passieren kann, können Sie nach Bearbeiten dieser Aufgabe ermessen.
Schreiben Sie ein Java-Programm, das unter der Verwendung von Variablen vom Typ **double** bestimmte Ausdruckswerte berechnet und deren Ergebnis auf dem Bildschirm ausgibt.

a) Berechnen Sie den Wert

$$x_1 y_1 + x_2 y_2 + x_3 y_3 + x_4 y_4 + x_5 y_5 + x_6 y_6$$

für $x_1 = 10^{20}$, $x_2 = 1223$, $x_3 = 10^{18}$, $x_4 = 10^{15}$, $x_5 = 3$, $x_6 = -10^{12}$ und für $y_1 = 10^{20}$, $y_2 = 2$, $y_3 = -10^{22}$, $y_4 = 10^{13}$, $y_5 = 2111$, $y_6 = 10^{16}$.

Das *richtige* Ergebnis ist übrigens 8779.

b) Berechnen Sie den Wert

$$\frac{1}{107751}(1682xy^4 + 3x^3 + 29xy^2 - 2x^5 + 832)$$

für $x = 192119201$ und $y = 35675640$. Verwenden Sie dabei nur die Grundoperationen $+$, $-$, $*$ und $/$, und stellen Sie Ausdrücke wie x^2 bzw. x^4 als $x*x$ bzw. $x^2 * x^2$ dar.

c) Durch eine algebraische Umformung lässt sich eine äquivalente Darstellung für diesen zweiten Ausdruck finden, z. B.

$$\frac{xy^2}{107751}(1682y^2 + 29) + \frac{x^3}{107751}(3 - 2x^2) + \frac{832}{107751}.$$

Vergleichen Sie das Ergebnis für die Auswertung dieser Darstellung mit dem zuvor berechneten. Können Sie abschätzen welches Ergebnis richtig ist, falls dies überhaupt für eines zutrifft?

Der *richtige* Wert des Ausdrucks ist 1783.

Aufgabe 4.15

Stellen Sie sich vor, Sie machen gerade Urlaubsvertretung für einen Verpackungsingenieur bei der Firma *Raviolita*. Dieser hat Ihnen kurz vor seiner Abreise in den Spontanurlaub noch das Programm (bzw. die Klasse) `Raviolita` hinterlassen:

```
 1  public class Raviolita {
 2    public static void main (String[] args) {
 3      final double PI = 3.141592;
 4      double u, h;
 5      u =      ;  // geeignete Testwerte einbauen
 6      h =      ;  // geeignete Testwerte einbauen
 7
 8      // nachfolgend die fehlenden Deklarationen ergaenzen
 9
10      // nachfolgend die fehlenden Berechnungen ergaenzen
11
12      // nachfolgend die fehlenden Ausgaben ergaenzen
13    }
14  }
```

Dieses Programm führt Berechnungen durch, die bei der Herstellung von Konservendosen aus einem Blechstück mit

- Länge u (Umfang der Dose in Zentimetern) und

- Breite h (Höhe der Dose in Zentimetern)

anfallen. Dieses Programm sollen Sie nun so vervollständigen, dass es ausgehend von den Variablen u und h und unter Verwendung der Konstanten π (bzw. `PI = 3.141592`) die folgenden Werte berechnet und ausgibt:

- den Durchmesser des Dosenbodens: $d_{boden} = \frac{u}{\pi}$,

- die Fläche des Dosenbodens: $f_{boden} = \pi \cdot (\frac{d_{boden}}{2})^2$,

- die Mantelfläche der Dose: $f_{mantel} = u \cdot h$,

- die Gesamtfläche der Dose: $f_{gesamt} = 2 \cdot f_{boden} + f_{mantel}$,

- das Volumen der Dose: $v = f_{boden} \cdot h$.

Testen Sie Ihr Programm mit vernünftigen Daten für u und h.

Aufgabe 4.16

Schreiben Sie ein Java-Programm, das eine vorgegebene Zahl von Sekunden in Jahre, Tage, Stunden, Minuten und Sekunden zerlegt.
Das Programm soll z. B. für einen Sekundenwert 158036522 Folgendes ausgeben:

```
─────────────── Konsole ───────────────
158036522 Sekunden entsprechen:
5 Jahren,
4 Tagen,
3 Stunden,
2 Minuten und
2 Sekunden.
```

4.5 Anweisungen und Ablaufsteuerung

Als letzte Grundelemente der Sprache Java lernen wir in den folgenden Abschnitten Befehle kennen, mit denen wir den Ablauf unseres Programms beeinflussen, d. h. bestimmen können, ob und in welcher Reihenfolge bestimmte Anweisungen unseres Programms ausgeführt werden. In diesem Zusammenhang wird auch der Begriff eines Blocks in Java erläutert.
Die folgenden Abschnitte erläutern die grundlegenden Anweisungen und Befehle zur Ablaufsteuerung, geordnet nach deren Wirkungsweise (Entscheidungsanweisungen, Schleifen und Sprungbefehle).
Achtung: Neben den hier vorgestellten Befehlen zur Ablaufsteuerung existiert eine weitere Gruppe solcher Befehle, die man im Zusammenhang mit Ausnahmen in Java verwendet. Diese Gruppe umfasst die Befehle **try-catch-finally** und **throw**. Wir gehen auf sie in Kapitel 10 ein.

4.5.1 Anweisungen

Einige einfache Anweisungen lernten wir bereits kennen:

- Deklarationsanweisung, mit deren Hilfe wir Variablen vereinbaren;

- Zuweisungen, mit deren Hilfe wir Variablen Werte zuweisen;

- Methodenaufrufe, mit deren Hilfe wir zum Beispiel Ein- oder Ausgabeanweisungen realisierten.

Die beiden letztgenannten Anweisungen gehören zur Gruppe der Ausdrucksanweisungen. Der Name liegt darin begründet, dass bei einer Ausdrucksanweisung ein Ausdruck (ein Zuweisungsausdruck, eine Prä- oder Postfix-Operation mit ++ oder −− oder ein Methodenaufruf) durch Anhängen eines Semikolons zu einer Anweisung wird.

Daneben gibt es die so genannte leere Anweisung, die einfach aus einem Semikolon besteht und tatsächlich auch an einigen Stellen (dort, wo syntaktisch eine Anweisung gefordert wird, wir aber keine Anweisung ausführen wollen) sinnvoll einsetzbar ist.

4.5.2 Blöcke und ihre Struktur

In der Programmiersprache Java bezeichnet ein **Block** eine Folge von Anweisungen, die durch { und } geklammert zusammengefasst sind. Solch ein Block kann immer dort, wo eine einzelne Anweisung erlaubt ist, verwendet werden, da ein Block im Prinzip *eine* Anweisung, nämlich eine zusammengesetzte Anweisung, darstellt. Dadurch ist es auch möglich, Blöcke zu schachteln.

Folgender Programmausschnitt enthält beispielsweise einen großen (äußeren) Block, in den zwei (innere) Blöcke geschachtelt sind.

```
{                           // Anfang des aeusseren Blocks
  int x = 5;                // Deklarationsanweisung und Zuweisung
  x++;                      // Postfix-Inkrement-Anweisung
  {                         // Anfang des ersten inneren Blocks
    long y;                 // Deklarationsanweisung
    y = x + 123456789;      // Zuweisung
    System.out.println(y);  // Ausgabeanweisung/Methodenaufruf
    ;                       // Leere Anweisung
  }                         // Ende des ersten inneren Blocks
  System.out.println(x);    // Ausgabeanweisung/Methodenaufruf
  {                         // Anfang des zweiten inneren Blocks
    double d;               // Deklarationsanweisung
    d = x + 1.5;            // Zuweisung
    System.out.println(d);  // Ausgabeanweisung/Methodenaufruf
  }                         // Ende des zweiten inneren Blocks
}                           // Ende des aeusseren Blocks
```

Anzumerken bleibt, dass Variablen, die wir in unserem Programm deklarieren, immer nur bis zum Ende des Blocks, in dem sie definiert wurden, gültig sind. Man spricht in diesem Zusammenhang auch vom **Gültigkeitsbereich** der Variablen. Beispielsweise können wir auf die Variable y im obigen Beispielprogramm, im äußeren Block und im zweiten inneren Block nicht mehr zugreifen, da diese mit der schließenden geschweiften Klammer nach der leeren Anweisung ihre Gültigkeit verloren hat. Man könnte auch sagen, die Variable y ist nur innerhalb des ersten inneren Blocks **gültig**.

4.5.3 Entscheidungsanweisung

4.5.3.1 Die `if`-Anweisung

Die wohl grundlegendste Entscheidungsanweisung vieler Programmiersprachen stellt die so genannte **if-else**-Anweisung (deutsch: wenn-sonst) dar. Die Syntax dieser Anweisung sieht in Java allgemein wie folgt aus.

```
                         ┌─ Syntaxregel ─┐
if (≪AUSDRUCK≫)
   ≪ANWEISUNG≫
else
   ≪ANWEISUNG≫
```

Während der Programmausführung einer solchen **if-else**-Anweisung wird zunächst der Ausdruck ausgewertet, dessen Ergebnistyp **boolean** sein muss (es handelt sich also um einen logischen Ausdruck, z. B. einen Vergleich). Ist das Ergebnis **true**, so wird die unmittelbar nachfolgende Anweisung ausgeführt, ist es **false**, kommt die Anweisung nach **else** zur Ausführung. Danach wird mit der nächstfolgenden Anweisung fortgefahren. Es wird jedoch immer *genau eine* der beiden Anweisungen ausgeführt – die Anweisung nach **if** und die Anweisung nach **else** können also in einem Durchlauf der **if-else**-Anweisung niemals beide zur Ausführung kommen.

Will man keine Anweisungen durchführen, wenn der Ausdruck das Ergebnis **false** liefert, so kann man den **else**-Teil auch komplett weglassen.

Zu beachten ist, dass die beiden Anweisungen natürlich auch durch Blöcke ersetzt werden können, falls man die Ausführung mehrerer Anweisungen vom Ergebnis des logischen Ausdrucks abhängig machen will. Syntaktisch könnte das ganz allgemein also folgendermaßen aussehen.

```
                         ┌─ Syntaxregel ─┐
if (≪AUSDRUCK≫) {
    ≪ANWEISUNG≫
    ...
    ≪ANWEISUNG≫
} else {
    ≪ANWEISUNG≫
    ...
    ≪ANWEISUNG≫
}
```

Auch hier gilt: Will man keine Anweisungen durchführen, wenn der Ausdruck das Ergebnis **false** liefert, so kann man den **else**-Teil auch komplett weglassen. *Achtung:* Welche Anweisungen zu welchem Block gehören, wird ausschließlich durch die geschweiften Klammern festgelegt. Sind die Anweisungen im **if**- oder im **else**-Teil nicht geklammert, gehört natürlich nur die erste Anweisung in diesen Teil, egal, wie die nachfolgenden Anweisungen eingerückt sind. Im Programmausschnitt

```
1  int x = IOTools.readInteger();
2  if (x == 0) {
3      System.out.println("x ist gleich 0");
4  } else
5      System.out.println("x ist ungleich 0, wir koennen dividieren");
6      System.out.println("1/x liefert " + 1/x);
7  System.out.println("Division durchgefuehrt");
```

gehören die Anweisungen in Zeile 6 und 7 nicht mehr zum **else**-Teil und werden deshalb auf jeden Fall ausgeführt, egal, welcher Wert für x eingelesen wird. Es empfiehlt sich daher, **if**- und **else**-Teile *immer* in Klammern zu setzen, auch wenn sie nur aus einer einzigen Anweisung bestehen. Nur so ist sofort ersichtlich, welche Anweisungen zu diesen Teilen gehören und welche nicht. Sie können aber auch einen Editor verwenden, der sich selbstständig um die korrekte Einrückung kümmert. Werkzeuge mit dieser Funktion, dem so genannten **Code Formatter** oder **Beautifier**, sind heutzutage in vielen Programmen direkt eingebaut und teilweise im Internet sogar als **Freeware** oder **Open Source** erhältlich.

4.5.3.2 Die **switch**-Anweisung

Eine weitere Entscheidungsanweisung stellt die **switch-case-default**-Kombination dar, mit deren Hilfe man in verschiedene Alternativen verzweigen kann. Die Syntax lautet allgemein wie folgt:

Syntaxregel

```
switch («AUSDRUCK») {
  case «KONSTANTE»:
    «ANWEISUNG»
    ...
    «ANWEISUNG»
    break;
  ...
  case «KONSTANTE»:
    «ANWEISUNG»
    ...
    «ANWEISUNG»
    break;
  default:
    «ANWEISUNG»
    ...
```

```
  ≪ANWEISUNG≫
}
```

Die mit dem Wortsymbol **case** eingeleiteten Konstanten mit nachfolgendem Doppelpunkt legen dabei Einsprungmarken für den Programmablauf fest. Zwischen zwei solchen Einsprungmarken müssen nicht unbedingt Anweisungen stehen. Außerdem sind auch die Abbruch-Anweisungen (**break**;) sowie die Marke **default**: und die nachfolgenden Anweisungen optional.

Prinzipiell handelt es sich bei den Anweisungen im **switch**-Block um eine Folge von Anweisungen, von denen einige als Einsprungstellen markiert sind. Hier wird nämlich zunächst der Ausdruck ausgewertet, dessen Ergebnistyp ein **byte**, **short**, **int** oder **char** sein muss. Daraufhin wird der Programmablauf bei genau der **case**-Marke, die als Konstante das Ergebnis des Ausdrucks enthält, fortgesetzt, bis auf eine **break**-Anweisung gestoßen wird, über die man die **switch**-Anweisung sofort beendet. Wird das Ergebnis des Ausdrucks in keiner **case**-Anweisung gefunden, so wird die Programmausführung mit den Anweisungen nach der **default**-Marke fortgesetzt.

Zu beachten ist dabei, dass eben nicht nur die jeweils durch eine **case**-Marke markierten Anweisungen ausgeführt werden, sondern dass mit der Ausführung *aller* nachfolgenden Anweisungen fortgefahren wird und erst die nächste **break**-Anweisung die Ausführung der gesamten **switch**-Anweisung abbricht und den Programmablauf mit der ersten Anweisung außerhalb der **switch**-Anweisung fortsetzt. Dazu ein Beispiel:

```
int a, b;
switch (a) {
  case 1:
    b = 10;
  case 2:
  case 3:
    b = 20;
    break;
  case 4:
    b = 30;
    break;
  default:
    b = 40;
}
```

In dieser **switch**-Anweisung wird der Variablen b der Wert 20 zugewiesen, falls a den Wert 1, 2 oder 3 hat. Warum? Hat a den Wert 1, so wird zunächst an die erste **case**-Marke gesprungen und der Variablen b der Wert 10 zugewiesen. Danach fährt die Bearbeitung jedoch mit der nächsten Anweisung fort, da es nicht mit einer **break**-Anweisung explizit zum Verlassen der gesamten **switch**-Anweisung aufgefordert wurde. Nach der zweiten **case**-Marke wird gar kein Befehl ausgeführt, und die Bearbeitung setzt mit der Anweisung nach der dritten **case**-Marke fort. Jetzt wird der Variablen b der Wert 20 zugeordnet und anschließend die gesamte **switch**-Anweisung per **break**-Anweisung verlassen.

Enthält a zu Beginn der **switch**-Anweisung den Wert 4, so wird b der Wert 30 zugewiesen, in allen anderen Fällen enthält b nach Ausführung der `switch`-Anweisung schließlich den Wert 40.

Findet sich bei einer **switch**-Anweisung zur Laufzeit keine zum Ausdruck passende **case**-Marke und auch keine **default**-Marke, so bleibt die gesamte **switch**-Anweisung für den Programmablauf ohne Wirkung (wie etwa eine leere Anweisung, nur nimmt die Ausführung der **switch**-Anweisung mehr Zeit in Anspruch).

4.5.4 Wiederholungsanweisungen, Schleifen

Eine weitere Gruppe der Befehle zur Ablaufsteuerung stellen die so genannten **Wiederholungsanweisungen** bzw. **Schleifen** dar. Wie die Namen dieser Anweisungen bereits deutlich machen, können damit eine Anweisung bzw. ein Block von Anweisungen mehrmals hintereinander ausgeführt werden.

4.5.4.1 Die **for**-Anweisung

Der erste Vertreter dieser Schleifen ist die **for**-Anweisung. Ihre Syntax lautet:

```
                       ┌── Syntaxregel ──┐
for («INITIALISIERUNG» ; «AUSDRUCK» ; «UPDATELISTE»)
  «ANWEISUNG»
```

bzw.

```
                       ┌── Syntaxregel ──┐
for («INITIALISIERUNG» ; «AUSDRUCK» ; «UPDATELISTE») {
  «ANWEISUNG»
  ...
  «ANWEISUNG»
}
```

Dabei werden zunächst im Teil «INITIALISIERUNG» eine oder mehrere (typgleiche) Variablen vereinbart und initialisiert und daraufhin der Ausdruck, dessen Ergebnistyp wiederum vom Typ **boolean** sein muss, ausgewertet. Ist sein Wert **true**, so werden die Anweisung bzw. der Anweisungsblock (auch **Rumpf** genannt) ausgeführt und danach zusätzlich die Anweisungen in der Update-Liste (eine Kommaliste von Anweisungen) ausgeführt. Dies wird so lange wiederholt, bis der Ausdruck den Wert **false** liefert.

Dazu ein Beispiel:

```
for (int i = 0; i < 10; i++)
  System.out.println(i);
```

Dieses Programmstück macht nichts anderes, als die Zahlen 0 bis 9 zeilenweise auf dem Bildschirm auszudrucken. Wie funktioniert das? Zunächst wird die Initialisierungsanweisung `int i = 0;` ausgeführt, d. h. die Variable i wird deklariert und mit dem Wert 0 initialisiert. Als Nächstes wird der Ausdruck i < 10 ausgewertet – dies ergibt **true**, da i ja gerade den Wert 0 hat, die Anweisung `System.out.println(i);` wird also ausgeführt und druckt die Zahl 0 auf den Bildschirm. Nun wird zunächst die Update-Anweisung i++ durchgeführt, die den Wert von i um eins erhöht, und danach wieder der Ausdruck i < 10 ausgewertet, was auch jetzt wieder **true** als Ergebnis liefert – die Anweisung `System.out.println(i);` kommt somit erneut zur Ausführung. Dieses Spiel setzt sich so lange fort, bis der Ausdruck i < 10 das Ergebnis **false** liefert, was genau dann zum ersten Mal der Fall ist, wenn die Variable i den Wert 10 angenommen hat, worauf die Anweisung `System.out.println(i);` nicht mehr ausgeführt und die Schleife beendet wird.

Analog zu diesem Beispiel lässt sich auch die nachfolgende Schleife programmieren.

```
for (int i = 9; i >= 0; i--)
   System.out.println(i);
```

Hier werden nun, man ahnt es schon, wieder die Zahlen 0 bis 9 auf dem Bildschirm ausgegeben, diesmal jedoch in umgekehrter Reihenfolge.

Anzumerken bleibt, dass es – wie schon bei **if-else**-Anweisungen – auch hier sinnvoll ist, die zur Schleife gehörigen Anweisungen *immer* als Block zu klammern, auch wenn nur eine Anweisung existiert, um möglichen Verwechslungen vorzubeugen.

4.5.4.2   Vereinfachte **for**-Schleifen-Notation

Seit Java 5.0 gibt es auch eine vereinfachte Notation für **for**-Schleifen, die sich allerdings erst in Verbindung mit strukturierten Datentypen, wie wir sie zum Beispiel in Kapitel 5 kennen lernen werden, sinnvoll einsetzen lässt. Der Kopf der **for**-Schleife kann dabei gemäß der Syntax

---

Syntaxregel

```
for (≪TYP≫ ≪VARIABLENNAME≫ : ≪AUSDRUCK≫)
```

---

formuliert werden. Ohne an dieser Stelle genauer darauf einzugehen, von welchem Datentyp ≪AUSDRUCK≫ sein muss, sei zumindest erwähnt, dass wir beispielsweise einen **for**-Schleifen-Kopf der Form

```
for (int x : w)
```

als „*für jedes x in w*" lesen können. Das heißt: die Variable x nimmt nacheinander alle in w vorkommenden Werte in der durch w bestimmten Reihenfolge an. Auf weitere Details gehen wir in den Abschnitten 5.1.9 und 12.7.2 ein.

4.5.4.3 Die `while`-Anweisung

Einen weiteren Schleifentyp stellt die „abweisende" **while-Schleife** dar. Als „abweisend" wird sie deshalb bezeichnet, weil hier, bevor irgendwelche Anweisungen zur Ausführung kommen, zunächst ein logischer Ausdruck geprüft wird. Die Syntax lautet:

```
                              ┌─ Syntaxregel ─┐
while (≪AUSDRUCK≫)
   ≪ANWEISUNG≫
```

bzw.

```
                              ┌─ Syntaxregel ─┐
while (≪AUSDRUCK≫) {
   ≪ANWEISUNG≫
   ...
   ≪ANWEISUNG≫
}
```

Hier wird also zunächst der Ausdruck ausgewertet (Ergebnistyp **boolean**) und – solange dieser den Wert **true** liefert – die Anweisung bzw. der Anweisungsblock ausgeführt und der Ausdruck erneut berechnet.

Dazu obiges Beispiel für die **for**-Anweisung, jetzt mit der **while**-Anweisung:

```
int i = 0;
while (i < 10) {
   System.out.println(i);
   i++;
}
```

Anzumerken bleibt auch hier wieder, dass es sinnvoll ist, die zur Schleife gehörigen Anweisungen *immer* als Block zu klammern, auch wenn nur eine Anweisung existiert, um möglichen Verwechslungen vorzubeugen.

4.5.4.4 Die do-Anweisung

Den dritten und letzten Schleifentyp in Java stellt die „nicht-abweisende" **do-Schleife** dar. Als „nicht abweisend" wird diese wiederum deshalb bezeichnet, weil hier die Anweisungen auf jeden Fall zur Ausführung kommen, bevor ein logischer Ausdruck geprüft wird. Die Syntax lautet:

```
                              ┌─ Syntaxregel ─┐
do
   ≪ANWEISUNG≫
while (≪AUSDRUCK≫);
```

bzw.

```
────────────────── Syntaxregel ──────────────────

do {
  «ANWEISUNG»
  ...
  «ANWEISUNG»
} while («AUSDRUCK»);
```

Hier werden also die Anweisung bzw. der Anweisungsblock zunächst einmal ausgeführt und danach der Ausdruck ausgewertet. Solange dieser den Wert **true** liefert, wird das Ganze wiederholt. Der Unterschied zur **while**-Schleife ist somit die Tatsache, dass bei der abweisenden Schleife der logische Ausdruck *noch vor der ersten Ausführung* einer Anweisung aus dem Schleifenrumpf überprüft wird, während bei der nicht-abweisenden **do**-Schleife der Ausdruck *erst nach der ersten Durchführung* der Anweisung(en) ausgewertet wird. Es kann daher vorkommen, dass bei der abweisenden Schleife gar keine Anweisung des Schleifenrumpfs ausgeführt wird, während bei der nicht-abweisenden Schleife auf jeden Fall mindestens einmal etwas ausgeführt wird.

Dazu obiges Beispiel für die **while**-Anweisung jetzt mit der **do**-Anweisung:

```
int i = 0;
do {
  System.out.println(i);
  i++;
} while (i < 10);
```

Hier nochmals der Hinweis, dass es sinnvoll ist, die zur Schleife gehörigen Anweisungen *immer* als Block zu klammern, auch wenn nur eine Anweisung existiert, um möglichen Verwechslungen vorzubeugen.

4.5.4.5 Endlosschleifen

Beim Programmieren von Schleifen ist es (gewollt oder unbeabsichtigt) möglich, so genannte **Endlosschleifen** (auch **unendliche Schleifen** genannt) zu formulieren. Die Namensgebung ist durch die Tatsache begründet, dass die Anweisungen des Schleifenrumpfs unendlich oft zur Ausführung kommen. Beispiele für bewusst formulierte Endlosschleifen wären etwa

```
for (int i=1; ; i++) {
  System.out.println(i);
}
```

oder

```
while (true) {
  System.out.println("Nochmal!");
}
```

Um ungewollte Endlosschleifen zu vermeiden, ist eine gewisse Vorsicht bei der Formulierung der logischen Ausdrücke, die für den Abbruch der Schleife sorgen, geboten. Außerdem müssen die Anweisungen innerhalb des Schleifenrumpfs die Operanden des logischen Ausdrucks nach endlich vielen Schritten derart verändern, dass der Ausdruck den Wert `false` liefert und die Schleife dadurch zum Ende kommt. Bei den beiden nachfolgenden Beispielen haben sich leider Programmierfehler eingeschlichen, sodass obige Forderung nicht erfüllt ist. In der **do**-Schleife

```
int i=0;
do {
    System.out.println("Nochmal!");
} while (i < 10);
```

wurde vergessen, die Variable `i` bei jedem Durchlauf zu erhöhen. In der **for**-Schleife

```
for (int i=0; i<10; i++) {
    System.out.println("Nochmal!");
    i--;
}
```

neutralisiert leider die Dekrementierung von `i` in der letzten Anweisung des Schleifenrumpfs die Inkrementierung von `i` in der Update-Liste.

4.5.5 Sprungbefehle und markierte Anweisungen

Zuletzt wollen wir uns noch mit der Klasse der so genannten **Sprungbefehle** vertraut machen, mit denen man z. B. aus Schleifen herausspringen und diese damit vorzeitig beenden kann. Für diejenigen, die bereits Erfahrung in Programmiersprachen wie Basic oder C++ gesammelt haben, eine kleine Warnung vorweg: In der Sprache Java gibt es im Gegensatz zu anderen Programmiersprachen *keine* **goto**-Anweisung – und das ist auch gut so! Überhaupt sollte man die hier vorgestellten Befehle, insbesondere **break** und **continue**, nur mit Bedacht einsetzen, denn nichts ist unübersichtlicher (und damit fehleranfälliger) als Programme, in denen ständig wild hin- und hergesprungen wird.

Die Anweisung **break** haben wir schon in Zusammenhang mit der **switch**-Anweisung kennen gelernt. Sie dient ganz allgemein dazu, den gerade in Ausführung befindlichen *innersten* Block bzw. die gerade in Ausführung befindliche *innerste* Schleife zu unterbrechen und mit der Anweisung, die direkt nach dem Block bzw. der Schleife folgt, fortzufahren.

In Java ist es aber auch bei geschachtelten Blöcken und Schleifen möglich, diese gezielt vorzeitig abzubrechen. Dazu kann man eine so genannte **Marke** (bestehend aus einem Bezeichner, gefolgt von einem Doppelpunkt) verwenden und einen Block bzw. eine Schleife markieren. Kennzeichnet man zum Beispiel eine **while**-Schleife in der Form

```
marke: while (n>3) {
    ...
}
```

so kann man in deren Anweisungsteil weitere Schleifen und Blöcke schachteln und aus diesen inneren Schleifen oder Blöcken mit dem Befehl

```
    break marke;
```

herausspringen und die komplette **while**-Schleife abbrechen.
Wir wollen uns dazu folgendes Beispiel ansehen:

```
 1  dieda:
 2    for (int k = 0; k < 5; k++) {
 3      for (int i = 0; i < 5; i++) {
 4        System.out.println("i-Schleife i = " + i);
 5        if (k == 3)
 6          break dieda;
 7        else
 8          break;
 9      }
10      System.out.println("k-Schleife k = " + k);
11    }
12  System.out.println("jetzt ist Schluss");
```

Aufgrund der **break**-Anweisungen in der innersten **for**-Schleife wird i nie
größer als 0. Da man für k = 3 die **break**-Anweisung mit Marke dieda verwendet, wird dabei sogar die k-Schleife beendet. Auf der Konsole gibt dieses Programmstück somit Folgendes aus:

```
─────────────────── Konsole ───────────────────
i-Schleife i = 0
k-Schleife k = 0
i-Schleife i = 0
k-Schleife k = 1
i-Schleife i = 0
k-Schleife k = 2
i-Schleife i = 0
jetzt ist Schluss
```

Die Anweisung **continue** entspricht der **break**-Anweisung in dem Sinne, dass
der aktuelle Schleifendurchlauf sofort beendet ist. Allerdings ist nicht die gesamte Schleifen-Anweisung beendet, sondern es wird mit dem nächsten Schleifendurchlauf weitergemacht. Bei **for**-Schleifen wird also durch **continue** zu den
Anweisungen in der Update-Liste verzweigt.
Auch hierzu wollen wir uns ein Beispiel ansehen:

```
 1  for (int i=-10; i<=10; i++){
 2    if (i == 0)
 3      continue;
 4    System.out.println ("Division von 1 durch " + i +
 5                        " ergibt " + 1/i);
 6  }
```

Hier wird durch die Verwendung von **continue** vermieden, dass eine ganzzahlige Division durch Null durchgeführt wird.
Wie **break** kann auch **continue** zusammen mit einer Marke verwendet werden,
sodass z. B. mit dem nächsten Schleifendurchlauf einer umgebenden (natürlich
entsprechend markierten) Schleife fortgefahren werden kann.

Eine Sonderstellung unter den Sprungbefehlen nimmt die **return**-Anweisung ein. Sie dient dazu, aufgerufene Methoden zu beenden und eventuell einen Rückgabewert an die aufrufende Umgebung weiterzugeben. Da wir jedoch noch nicht wissen, was Methoden sind und wie sie aufgerufen werden, werden wir uns später noch einmal ausführlich mit der **return**-Anweisung befassen.

4.5.6 Zusammenfassung

Wir haben gesehen, wie wir Anweisungen zur Ablaufsteuerung dazu einsetzen können, um zu bestimmen, ob und wann andere Anweisungen in unserem Programm ausgeführt werden. Wir haben Blöcke, Entscheidungsanweisungen, Schleifen und Sprungbefehle kennen gelernt.

4.5.7 Übungsaufgaben

Aufgabe 4.17

Gegeben sei folgender Ausschnitt aus einem Programm:

```
int i = 20;
while (i > 0) {
  System.out.println(i);
  i -= 2;
}
```

Was bewirkt die Schleife? Wie lautet eine **for**-Schleife mit gleicher Ausgabe?

Aufgabe 4.18

Was bewirken die Zeilen:

```
while (true) {
  System.out.println("Aloha");
}
```

Aufgabe 4.19

Bestimmen Sie die Ausgabe des nachfolgenden Java-Programms:

```
1  public class BreakAndContinue {
2    public static void main(String args[]) {
3      for(int i = 0; i < 100; i++) {
4        if(i == 74) break;
5        if(i % 9 != 0) continue;
6        System.out.println(i);
7      }
8      int i = 0;
9      while(true) {          // Endlos-Schleife ?
10       i++;
11       int j = i * 30;
12       if(j == 1260) break;
```

```
13          if(i % 10 != 0) continue;
14          System.out.println(i);
15       }
16    }
17  }
```

Aufgabe 4.20

Der Algorithmus

> 1. Lies den Wert von n ein.
> 2. Setze i auf 3.
> 3. Solange $i < 2n$, wiederhole:
>   a. Erhöhe i um 1.
>   b. Gib $\frac{1}{2i+1}$ aus.

soll auf drei verschiedene Arten implementiert werden: Schreiben Sie jeweils ein Java-Programmstück, das diesen Algorithmus als while-, als for- und als do-while-Schleife realisiert. Sämtliche Programmstücke sollen die gleichen Ausgaben erzeugen!

Aufgabe 4.21

Sie wollen ein Schachbrett nummerieren in der Form

```
——————————————————— Konsole ———————————————————
1   2   3   4   5   6   7   8
2   3   4   5   6   7   8   9
3   4   5   6   7   8   9  10
4   5   6   7   8   9  10  11
5   6   7   8   9  10  11  12
6   7   8   9  10  11  12  13
7   8   9  10  11  12  13  14
8   9  10  11  12  13  14  15
```

Formulieren Sie eine geschachtelte for-Schleife, die eine entsprechend formatierte Ausgabe erzeugt.

Aufgabe 4.22

An nachfolgendem Beispiel sehen Sie schlechten Programmierstil bei Schleifen.

```java
int i, j;
for (i=1; i<=10; i++) { // Schleife A
  System.out.println("A1:  i = " + i);
  i = 5;
  System.out.println("A2:  i = " + i);
```

```
for (i=7; i<=20; i++) { // Schleife B
    System.out.println("B1:  i = " + i);
    i = i + 2;
    System.out.println("B2:  i = " + i);
}
}
```

Könnten Sie auf Anhieb sagen, wie oft welche Schleife durchlaufen wird? Was wird ausgegeben?

Aufgabe 4.23

Das nachfolgende Java-Programm ist syntaktisch korrekt und könnte somit übersetzt und ausgeführt werden. Es enthält jedoch vier Beispiele für logische Fehler, die von einem schlechten Programmierer eingeschleppt wurden. Da diese beim Programmablauf teilweise zu einem Abbruch führen würden, sollten Sie die Fehler finden und korrigieren. Versuchen Sie, zu diesem Zwecke keinen Compiler zu benutzen, und finden Sie die Fehler, ohne das Programm auch nur ein einziges Mal auszuführen.

```
 1  public class Falsch {
 2    public static void main (String[] args) {
 3      int x = 0, y = 4;
 4                                                  // Beispiel A
 5      if (x < 5) {
 6          if (x < 0) {
 7              System.out.println("x < 0");}}
 8      else {
 9          System.out.println("x >= 5");
10      }                                           // Beispiel B
11      if (x > 0) {
12          System.out.println("ok! x > 0");
13          System.out.println("1/x = " + (1/x));
14      }                                           // Beispiel C
15      if (x > 0);
16          System.out.println("1/x = " + (1/x));
17                                                  // Beispiel D
18      if (y > x) {
19          // vertausche x und y
20          x = y;
21          y = x;
22      }
23      System.out.println("x = " + x + "      y = " + y);
24    }
25  }
```

Aufgabe 4.24

Gegeben sei das nachfolgende Java-Programm.

```
1  import Prog1Tools.IOTools;
2  public class Quersumme {
3    public static void main(String [] args) {
```

```
4     double a, b, c, d, e;
5     a = IOTools.readDouble("a = ");
6     b = IOTools.readDouble("b = ");
7     c = IOTools.readDouble("c = ");
8     d = IOTools.readDouble("d = ");
9     if (b > a)
10      if (c > b)
11        if (d > c)
12          e = d;
13        else
14          e = c;
15      else
16        if (d > b)
17          e = d;
18        else
19          e = b;
20    else
21      if (c > a)
22        if (d > c)
23          e = d;
24        else
25          e = c;
26      else
27        if (d > a)
28          e = d;
29        else
30          e = a;
31    System.out.println("e = " + e);
32    }
33  }
```

Welcher Wert e wird von diesem Programm berechnet und ausgegeben?   *Maximum*
Überlegen Sie sich ein deutlich kürzeres Programmstück, das mit nur drei **if**-Anweisungen auskommt, aber das Gleiche leistet.

Aufgabe 4.25

Schreiben Sie ein Programm, das mit Hilfe geschachtelter Schleifen ein aus *-Zeichen zusammengesetztes Dreieck auf der Konsole ausgibt. Der Benutzer bzw. die Benutzerin soll vorher nach der Anzahl der Zeilen gefragt werden. Programm-Ablauf-Beispiel:

```
──────────────── Konsole ────────────────
Anzahl der Zeilen: 5
*
* *
* * *
* * * *
* * * * *
```

Aufgabe 4.26

Schreiben Sie ein Java-Programm, das eine **int**-Zahl z mit $0 < z < 10000$ einliest, ihre Quersumme berechnet und die durchgeführte Berechnung sowie den Wert der Quersumme wie nachfolgend dargestellt ausgibt.

```
───────────── Konsole ─────────────
Positive ganze Zahl eingeben: 2345
Die Quersumme ergibt sich zu: 5 + 4 + 3 + 2 = 14
```

Aufgabe 4.27

Ein neuer Science-Fiction-TV-Sender will sein Programmschema nur noch in galaktischer Zeitrechnung angeben. Dazu sollen Sie ein Java-Programm schreiben, das eine Datums- und Uhrzeitangabe in Erdstandardzeit in eine galaktische Sternzeit umrechnet.

Eine Sternzeit wird als Gleitkommazahl angegeben, wobei die Vorkommastellen die Tageszahl (das Datum) und die Nachkommastellen die galaktischen Milli-Einheiten (die Uhrzeit) angeben. Der Tag 1 in der galaktischen Zeitrechnung entspricht gerade dem 1.1.1111 auf der Erde. Ein Galaxis-Tag hat 1000 Milli-Einheiten und dauert gerade 1440 Erdminuten, also zufälligerweise genau 24 Stunden. Die Sternzeit 5347.789 entspricht somit gerade dem 25.8.1125, 18.57 Uhr Erdstandardzeit.

In Ihrem Programm müssen Sie zu einer durch die Werte jahr, monat, tag, stunde und minute vorgegebenen Erd-Datum- und Erd-Zeit-Angabe zunächst die Anzahl der Tage bestimmen, die seit dem 1.1.1111 bereits vergangen sind. Dabei brauchen Schaltjahre nicht berücksichtigt zu werden. Zu dieser Zahl muss dann der gebrochene Zeit-Anteil addiert werden, der sich ergibt, wenn man die durch die Uhrzeit festgelegten Erdminuten in Bruchteile eines Tages umrechnet und diese auf drei Ziffern nach dem Dezimalpunkt rundet.

Testen Sie Ihr Programm auch an folgendem Beispiel:

```
───────────── Konsole ─────────────
Erdzeit 11.11.2011, 11.11 Uhr
   entspricht der Sternzeit 328815.465.
```

Aufgabe 4.28

Schreiben Sie ein Programm, das eine positive ganze Zahl einliest, sie in ihre Ziffern zerlegt und die Ziffern in umgekehrter Reihenfolge als Text ausgibt. Verwenden Sie dabei eine **while**-Schleife und eine **switch**-Anweisung.

Programm-Ablauf-Beispiel:

```
───────────── Konsole ─────────────
Positive ganze Zahl: 35725
Zerlegt rueckwaerts: fuenf zwei sieben fuenf drei
```

Aufgabe 4.29

Schreiben Sie ein Programm, das unter Verwendung einer geeigneten Schleife eine
ganze Zahl von der Tastatur einliest und deren Vielfache (für die Faktoren 1 bis
10) ausgibt. Programm-Ablauf-Beispiel:

```
──────────────────────── Konsole ────────────────────────
Geben Sie eine Zahl ein: 3
Die Vielfachen: 3 6 9 12 15 18 21 24 27 30
```

Aufgabe 4.30

Schreiben Sie ein Programm zur Zinseszinsberechnung. Nach Eingabe des anzu-
legenden Betrages, des Zinssatzes und der Laufzeit der Geldanlage soll der Wert
der Investition nach jedem Jahr ausgegeben werden. Programm-Ablauf-Beispiel:

```
──────────────────────── Konsole ────────────────────────
Anzulegender Geldbetrag in Euro: 100
Jahreszins (z. B. 0.1 fuer 10 Prozent): 0.06
Laufzeit (in Jahren): 4
Wert nach 1 Jahren: 106.0
Wert nach 2 Jahren: 112.36
Wert nach 3 Jahren: 119.1016
Wert nach 4 Jahren: 126.247696
```

Aufgabe 4.31

Programmieren Sie ein Zahlenraten-Spiel. Im ersten Schritt soll der Benutzer bzw.
die Benutzerin begrüßt und kurz über die Regeln des Spiels informiert werden.
Danach soll durch die Anweisung

```
int geheimZahl = (int) (99 * Math.random() + 1);
```

eine Zufallszahl `geheimZahl` zwischen 1 und 100 generiert werden.[12] Der Benutzer bzw. die Benutzerin des Programms soll nun versuchen, diese Zahl zu erraten. Programmieren Sie dazu eine Schleife, in der in jedem Durchlauf jeweils

- darüber informiert wird, um den wievielten Rateversuch es sich handelt,
- ein Rateversuch eingegeben werden kann und
- darüber informiert wird, ob die geratene Zahl zu groß, zu klein oder korrekt
  geraten ist.

Diese Schleife soll so lange durchlaufen werden, bis die Zahl erraten ist.

---

[12] Die Methode `Math.random` liefert eine Zufallszahl zwischen 0 und 1 vom Typ **double**. Die Klasse
`Math` und ihre Methoden werden in Abschnitt 6.4.2 behandelt.

Programm-Ablauf-Beispiel:

```
───────────────────────── Konsole ─────────────────────────
Willkommen beim Zahlenraten.
Ich denke mir eine Zahl zwischen 1 und 100. Rate diese Zahl!
1. Versuch: 50
Meine Zahl ist kleiner!
2. Versuch: 25
Meine Zahl ist kleiner!
3. Versuch: 12
Du hast meine Zahl beim 3. Versuch erraten!
```

Aufgabe 4.32

Schreiben Sie ein Java-Programm, das eine einzulesende ganze Dezimalzahl d in eine Binärzahl b umrechnet und ausgibt. Dabei sollen d mit Hilfe des Datentyps **short** und b mit Hilfe des Datentyps **long** dargestellt werden, wobei b nur die Ziffern 0 und 1 enthalten darf. Die **long**-Zahl 10101 soll also z. B. der Binärzahl $10101_2 = 1 \cdot 2^4 + 0 \cdot 2^3 + 1 \cdot 2^2 + 0 \cdot 2^1 + 1 \cdot 2^0 = 21_{10}$ entsprechen.
Verwenden Sie (bei geeigneter Behandlung des Falles $d < 0$) den Algorithmus:

1. Setze $b = 0$ und $m = 1$.

2. Solange $d > 0$ gilt, führe folgende Schritte durch:

   Addiere $(d \% 2) \cdot m$ zu b.

   Setze $d = d/2$ und multipliziere m mit 10.

3. b enthält nun die gesuchte Binärzahl.

Programm-Ablauf-Beispiel:

```
───────────────────────── Konsole ─────────────────────────
    Dezimalzahl: 21
als Binaerzahl: 10101
```

Wie müsste man den Algorithmus ändern, wenn man z. B. ins Oktalsystem umrechnen wollte?

Aufgabe 4.33

Schreiben Sie ein Programm, das einen Weihnachtsbaum mit Hilfe von **for**-Schleifen zeichnet. Lesen Sie die gewünschte Höhe des Baumes von der Tastatur ein, und geben Sie entsprechend einen Baum wie im folgenden Beispiel aus:

```
─────────────────────── Konsole ───────────────────────
Anzahl der Zeilen: 5
        *
       ***
      *****
     *******
    *********
        I
```

Aufgabe 4.34

Zwei verschiedene natürliche Zahlen a und b heißen *befreundet*, wenn die Summe der (von a verschiedenen) Teiler von a gleich b ist und die Summe der (von b verschiedenen) Teiler von b gleich a ist.

Ein Beispiel für ein solches befreundetes Zahlenpaar ist $(a, b) = (220, 284)$, denn $a = 220$ hat die Teiler $1, 2, 4, 5, 10, 11, 20, 22, 44, 55, 110$ (und $220 = a$), und es gilt

$$1 + 2 + 4 + 5 + 10 + 11 + 20 + 22 + 44 + 55 + 110 = 284 = b.$$

Weiterhin hat $b = 284$ die Teiler $1, 2, 4, 71, 142$ (und $284 = b$), und es gilt

$$1 + 2 + 4 + 71 + 142 = 220 = a.$$

Schreiben Sie ein Java-Programm, das jeweils zwei Zahlen einliest und entscheidet, ob diese miteinander befreundet sind. Arbeiten Sie mit einer geeigneten Schleife, in der alle Teiler einer Zahl bestimmt und aufsummiert werden.

Der Programmablauf könnte in etwa wie folgt aussehen:

```
─────────────────────── Konsole ───────────────────────
Erste Zahl  : 220
Zweite Zahl : 284
Die beiden Zahlen sind miteinander befreundet!
Erste Zahl  : 10744
Zweite Zahl : 10856
Die beiden Zahlen sind miteinander befreundet!
```

Aufgabe 4.35

Schreiben Sie ein Java-Programm, das zu einem beliebigen Datum den zugehörigen Wochentag ausgibt. Ein Datum soll jeweils durch drei ganzzahlige Werte t (Tag), m (Monat) und j (Jahr) vorgegeben sein. Schreiben Sie Ihr Programm unter Berücksichtigung der folgenden Teilschritte:

a) Vereinbaren Sie drei Variablen t, m und j vom Typ **int**, und lesen Sie für diese Werte ein.

b) Berechnen Sie den Wochentag h nach folgendem Algorithmus (% bezeichnet dabei den Java-Rest-Operator):

1. Falls $m \leq 2$ ist, erhöhe m um 10 und erniedrige j um 1,
   andernfalls erniedrige m um 2.

2. Berechne die ganzzahligen Werte $c = j/100$ und $y = j \% 100$.

3. Berechne den ganzzahligen Wert

$$h = (((26 \cdot m - 2)/10) + t + y + y/4 + c/4 - 2 \cdot c) \% 7.$$

4. Falls $h < 0$ sein sollte, erhöhe h um 7.

Anschließend hat h einen Wert zwischen 0 und 6, wobei die Werte 0, 1, ..., 6
den Tagen Sonntag, Montag, ..., Samstag entsprechen.

c) Geben Sie das Ergebnis in der folgenden Form aus:

```
Der 24.12.2001 ist ein Montag.
```

Aufgabe 4.36

Der nachfolgende Algorithmus berechnet das Datum des Ostersonntags im Jahr j
(gültig vom Jahr 1 bis zum Jahr 8202). Es bezeichnen / und % die üblichen ganzzahligen Divisionsoperatoren von Java.

1. Berechne $a = j \% 19$, $b = j \% 4$ und $c = j \% 7$.

2. Bestimme $m = (8 \cdot (j/100) + 13)/25 - 2$, $s = j/100 - j/400 - 2$,
   $m = (15 + s - m) \% 30$, $n = (6 + s) \% 7$.

3. Bestimme d und e wie folgt:

   (a) Setze $d = (m + 19 \cdot a) \% 30$.

   (b) Falls $d = 29$ ist, setze $d = 28$,
       andernfalls: falls $d = 28$ und $a \geq 11$ ist, setze $d = 27$.

   (c) Setze $e = (2 \cdot b + 4 \cdot c + 6 \cdot d + n) \% 7$.

4. Nun können der tag und der $monat$ bestimmt werden:

   (a) $tag = 21 + d + e + 1$

   (b) Falls $tag > 31$ ist, setze $tag = tag \% 31$ und $monat = 4$,
       andernfalls setze $monat = 3$.

Schreiben Sie ein Java-Programm, das den obigen Algorithmus durchführt und
das Datum des Ostersonntags für ein einzulesendes Jahr berechnet und ausgibt.
Beispiel für eine Ausgabezeile:

```
──────────── Konsole ────────────
Im Jahr 2001 ist der Ostersonntag am 15.4.
```

Kapitel 5

Referenzdatentypen

In den ersten Kapiteln haben wir den Umgang mit einfachen Datentypen wie ganzen Zahlen (**int** oder **long**), Gleitkommazahlen (**float** und **double**) sowie logischen Werten (**boolean**) und Unicode-Zeichen (**char**) gelernt. Wir haben Anweisungen zur Ablaufsteuerung eines Programms kennen gelernt und anhand von Beispielen erfahren, wie wir mit diesen einfachen Mitteln bereits einige Probleme lösen können.

Natürlich reichen diese Grundkenntnisse nicht aus, um komplexere Aufgabenstellungen zu bewältigen. Wir werden uns in diesem Kapitel deshalb mit den so genannten **Referenzdatentypen** beschäftigen. Hierbei handelt es sich um Konstrukte, um aus unseren einfachen Typen neue, „eigene" Typen zu erzeugen. Solche selbst definierten Datentypen sind unumgänglich, wenn kompliziertere Anwendungen effizient durch Programme algorithmisch unterstützt werden sollen. In Java gibt es prinzipiell zwei Arten von Referenzdatentypen, nämlich Felder und Klassen. Wie auch in den vorherigen Kapiteln werden wir, nach einer Einführung in die Theorie, anhand von Beispielen lernen, solche Referenzdatentypen zu definieren und zu verwenden.

Für den Umgang mit Referenzdatentypen ist es äußerst wichtig, sich der Tatsache bewusst zu sein, dass man, im Gegensatz zum Umgang mit einfachen Datentypen, die eigentlichen Werte von Variablen nicht direkt, sondern nur indirekt (nämlich nur über eine Referenz) bearbeiten kann. Mit einem kurzen Blick auf ein schematisches Bild des Arbeitsspeichers eines Rechners und einigen Hinweisen zu der in diesem Buch verwendeten Darstellung von Referenzen, wollen wir uns diesen Sachverhalt zunächst einmal vor Augen führen.

Der **Arbeitsspeicher** eines Rechners ist in Speicherzellen eingeteilt, wobei jede Speicherzelle eine Nummer, die so genannte **Adresse**, besitzt. Angenommen, wir haben eine Variable b, beispielsweise vom Typ **byte**, die gerade den Wert 107 enthält. Der Name b stellt somit die symbolische Adresse einer Speicherzelle im Arbeitsspeicher unseres Rechners dar, in der der **byte**-Wert 107 gespeichert ist. Wir wollen weiter annehmen, dass es sich bei dieser Speicherzelle um diejenige

Arbeitsspeicher

symbolische Adresse	Adresse im Speicher	Inhalt der Speicherzelle	Typ des Inhalts
	⋮	⋮	
b	94	107	*ganzzahliger Wert*
	⋮	⋮	
r	101	● 123	*Referenz*
	⋮	⋮	
	123	→	
	⋮	⋮	

Abbildung 5.1: Schematisches Speicherbild

mit der Adresse 94 handelt. Weil **byte** ein einfacher Datentyp ist, wissen wir somit, dass unter der Adresse 94 gerade der Wert 107 gespeichert ist. Der obere Teil von Abbildung 5.1 verdeutlicht diesen Zustand.

Ohne an dieser Stelle bereits genau zu wissen, welche Art von „Objekten" unsere Referenzdatentypen darstellen können, wollen wir uns nun klarmachen, was man unter einer Referenz versteht. Wir nehmen dazu an, dass r eine Variable eines Referenzdatentyps ist und dass r die Adresse 101 im Speicher besitzt. Der Inhalt dieser Speicherzelle soll gerade der Wert 123 sein. Im Unterschied zum einfachen Datentyp wird aber dieser Wert 123 nun nicht als numerischer Wert interpretiert, sondern als Adresse. Das heißt, der Inhalt der Variablen r ist ein Verweis (eine Referenz) auf eine andere Speicherzelle, nämlich diejenige mit der Adresse 123. Erst dort findet sich unser eigentliches „Objekt", das durch unseren Referenzdatentyp dargestellt wird. Der untere Teil von Abbildung 5.1 verdeutlicht diesen Zustand.

In einer Variablen eines einfachen Datentyps wird also direkt ein Wert des entsprechenden Typs gespeichert, während in einer Variablen eines Referenzdatentyps nur die Referenz auf den eigentlichen Wert des entsprechenden Typs gespeichert wird. Um dies (ohne Verwendung eines schematischen Speicherbildes) grafisch zu verdeutlichen, verwenden wir im Folgenden eine Darstellung, in der nur die symbolische Adresse (der Variablenname) und ein Kästchen für den Inhalt der Speicherzelle verwendet wird. Den Variablennamen schreiben wir immer *neben*, den Inhalt immer *in* das Kästchen. Während wir den Inhalt einer Variablen eines einfachen Datentyps einfach in Form des entsprechenden Werts angeben können, stellen wir den Inhalt einer Referenz-Variablen (also gerade die Referenz) stets als Pfeil dar (vergleiche Abbildung 5.2). Haben wir es mit zwei Referenz-Variablen

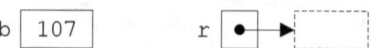

Abbildung 5.2: Grafische Notation für Variablen

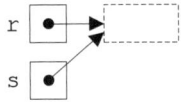

Abbildung 5.3: Die Referenzen r und s sind gleich

zu tun, sind deren Inhalte (also die Referenzen) gleich, wenn die entsprechenden Pfeile das gleiche Ziel haben (vergleiche Abbildung 5.3).

5.1 Felder

Wir wollen unsere Termine mit dem Computer verwalten. Anstatt hierbei auf ein kommerzielles Produkt zurückzugreifen, streben wir eine eigene Softwarelösung an. Unser Programm soll für jede Stunde des Tages einen Texteintrag ermöglichen (vgl. Abbildung 5.4).

Der Einfachheit halber wollen wir vorerst nur einen Wochentag (den Montag) realisieren. Unser Programm soll Einträge in das Menü aufnehmen und den gesamten Kalender auf dem Bildschirm ausgeben können. Eine Realisierung mit den bisher zur Verfügung stehenden Mitteln erstreckt sich über mehrere Seiten und sieht in etwa wie folgt aus:

```
 1   import Prog1Tools.IOTools;
 2
 3   public class UmstaendlicherKalender {
 4     public static void main(String[] args) {
 5       // Fuer jede Stunde eine Variable
 6       String termin_00="";
 7       String termin_01="";
 8         .
 9         .
10         .
11       String termin_22="";
12       String termin_23="";
```

Montag			
00:00		Mittagessen mit Kalle	12:00
01:00			13:00
02:00		Aufgaben bearbeiten	14:00
03:00			15:00
04:00			16:00
05:00		Sport	17:00
06:00	Der Wecker klingelt		18:00
07:00			19:00
08:00			20:00
09:00	Aufstehen		21:00
10:00			22:00
11:00	Vorlesung schwänzen	Dösen	23:00

Abbildung 5.4: Terminkalender für Montag

```
13    // Das Hauptprogramm in einer Schleife
14    boolean fertig=false;
15    while (!fertig) {
16      // Zuerst ein Bildschirmmenue
17      System.out.println("1 = Neuer Eintrag");
18      System.out.println("2 = Termine ausgeben");
19      System.out.println("3 = Programm beenden");
20      int auswahl=IOTools.readInteger("Ihre Wahl:");
21      // Nun eine Fallunterscheidung
22      switch(auswahl) {
23        case  1: // Termine eingeben
24          int nummer=IOTools.readInteger("Wie viel Uhr?");
25          if (nummer<0 | nummer>23){
26            System.out.println("Eingabefehler!");
27            break;
28          }
29          String eingabe=IOTools.readLine("Termin:");
30          // Termin einordnen
31          switch(nummer) {
32            case  0: termin_00=eingabe;break;
33            case  1: termin_01=eingabe;break;
34              .
35              .
36              .
37            case 22: termin_22=eingabe;break;
38            case 23: termin_23=eingabe;break;
39          }
40          break;
41        case  2: // Termine ausgeben
42          System.out.println("0 Uhr: "+termin_00);
43          System.out.println("1 Uhr: "+termin_01);
44              .
45              .
46              .
47          System.out.println("22 Uhr: "+termin_22);
48          System.out.println("23 Uhr: "+termin_23);
49          break;
50        case  3: // Programm beenden
51          fertig=true;
52          break;
53        default: // Falsche Zahl eingegeben
54          System.out.println("Eingabefehler!");
55      }
56    }
57  }
58 }
```

Unser Programm UmstaendlicherKalender vereinbart für jede Stunde des Tages eine Variable vom Typ String. So wird etwa die fünfzehnte Stunde (also 14 Uhr) durch die Variable termin_14 repräsentiert. Allein die Vereinbarung und Initialisierung dieser Variablen benötigt im Programm 24 Zeilen.

Wollen wir einen der Termineinträge verändern, lassen wir Uhrzeit (nummer) und Text (eingabe) eingeben. Um jedoch herauszufinden, in welche Variable wir diesen Text eintragen müssen, sind 24 Fälle zu unterscheiden.

Bei einer anschließenden Ausgabe müssen wir ebenfalls wieder jede der 24 Variablen einzeln ansprechen. Wir haben also über 72 Zeilen alleine daraufhin verschwendet, die Texteinträge eines Tages zu verwalten. Wenn wir nun von einer Zahl von 365 Tagen pro Jahr (plus Schaltjahr) ausgehen und unseren Kalender fünf Jahre lang verwenden wollen, erhalten wir eine Programmlänge von weit über *130000* Zeilen! Eine solche Codelänge für ein einfaches Kalenderprogramm ist natürlich völlig untragbar.

Wenn wir das Problem näher analysieren, so stellen wir einen Hauptansatzpunkt für eventuelle Verbesserungen fest: Unsere Variablen `termin_0` bis `termin_23` sind alle vom Typ (`String`) und repräsentieren ähnliche Inhalte (Termine). Auch namentlich unterscheiden sie sich nur durch eine nachstehende Ziffer – wir wollen diese im Folgenden als **Index** bezeichnen. Wenn wir also eine Möglichkeit fänden, die verschiedenen Variablen nur durch diesen Index anzusprechen, könnten wir uns sämtliche Fallunterscheidungen ersparen.

Eine Möglichkeit eröffnen uns die so genannten **Felder**. Mit ihrer Hilfe werden wir Werte wie in einer „Tabelle" anlegen, sodass wir über eine ganze Zahl (den Index) Zugriff erhalten.

5.1.1 Was sind Felder?

Felder (englisch: **arrays**) gestatten es, mehrere Variablen (in unserem Beispiel `String`-Variablen) über einen gemeinsamen Namen anzusprechen und lediglich durch einen **Index** (einen ganzzahligen nichtnegativen Wert) zu unterscheiden. Alle diese indizierten Variablen haben dabei *den gleichen Typ*. Die Variablen selbst werden als Komponenten des Feldes bezeichnet. Der Index, der zum Unterscheiden und zum Ansprechen der Komponenten dient, ist vom Typ **int**, wobei nur Werte größer oder gleich 0 zugelassen werden. Man kann sich vorstellen, dass die Zellen eines Feldes aufeinanderfolgend im Speicher des Rechners abgelegt werden. Der Index einer Variablen ergibt sich dabei aus der Position innerhalb des Feldes, von null aufwärts gezählt. Durch dieses strukturierte Ablegen der Daten innerhalb eines Feldes gelingt die Vereinfachung vieler Anwendungen.

Betrachten wir als Beispiel unseren Terminkalender aus Abbildung 5.4. Wie in Abbildung 5.5 dargestellt, können wir uns die vierundzwanzig Stunden des Tages als Zeile einer Tabelle mit vierundzwanzig Einträgen vorstellen. Wir geben der Tabellenzeile einen einheitlichen Namen – in diesem Fall also `termin` – und betrachten die Stunden somit nicht mehr einzeln, sondern in ihrer Gesamtheit.

Wollen wir einen speziellen Eintrag des Feldes `termin` ansprechen, können wir dies wie gewünscht über seinen Index tun. Wollen wir beispielsweise den in der siebten Spalte hinterlegten Text auf dem Bildschirm ausgeben (also zu 6 Uhr morgens), können wir dies in Form der Zeile

```
System.out.println(termin[6]);
```

tun. Folgerichtig erhalten wir die Bildschirmausgabe

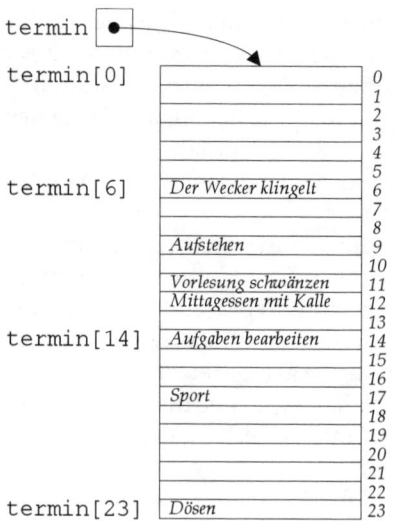

Abbildung 5.5: Terminkalender als Feld

```
─────────────── Konsole ───────────────
der Wecker klingelt
```

Eine Ausgabe der gesamten vierundzwanzig Stunden ließe sich somit über eine einfache Schleife erhalten, die alle Komponentenvariablen bzw. Index-Werte durchläuft:

```
for (int i = 0; i < 24; i++)
    System.out.println(i + " Uhr: " + termin[i]);
```

Statt vierundzwanzig Zeilen benötigen wir nur noch zwei! Um uns eine derartige Ersparnis zunutze machen zu können, müssen wir jedoch den expliziten Umgang mit Feldern lernen.

5.1.2 Deklaration, Erzeugung und Initialisierung von Feldern

Die Spezifikation eines Feldes erfolgt nach einem einfachen Schema und ähnelt der in Abschnitt 4.4.1 beschriebenen Deklaration von einfachen Datentypen. Ein Feld deklarieren wir dadurch, dass wir zunächst eine entsprechende Referenzvariable deklarieren, wobei wir den Komponententyp des Feldes festlegen. Eine entsprechende Deklarationsanweisung hat folgende Syntax:

```
─────────────── Syntaxregel ───────────────
«KOMPONENTENTYP» [ ] «VARIABLENNAME»;
```

Wir teilen dabei dem Compiler durch die eckigen Klammern nach dem Komponententyp mit, dass es sich um eine Referenzvariable handelt, mit der wir später
ein Feld erzeugen wollen.[1] Die Zeilen

```
int[]    feld1;
double[] feld2;
String[] feld3;
int[]    feld4;
```

deklarieren also nacheinander vier Referenzvariablen für Felder von Integer-
Werten (feld1), von Gleitkommawerten (feld2), von Zeichenketten (feld3)
und nochmals von Integer-Werten (feld4). Hierbei steht jedoch bislang weder
fest, wie lang das Feld sein soll, noch womit die einzelnen Einträge gefüllt werden sollen. Wir sind also weit von einer Darstellung wie in Abbildung 5.5 entfernt.
Um unsere Felder auf den Gebrauch vorzubereiten, müssen wir diese zuerst erzeugen und initialisieren – ebenfalls wieder analog zu 4.4.1. Hierzu existieren
prinzipiell zwei Möglichkeiten:

1. Zuerst legen wir die Größe des Feldes mit Hilfe des so genannten **new**-
   Operators fest:

   ```
   feld1 = new int[5];
   feld2 = new double[2];
   feld3 = new String[4];
   feld4 = new int[5];
   ```

   Es werden dadurch Felder der Länge (Komponentenanzahl) 5, 2, 4 und 5 erzeugt (Speicherplatz angelegt) und die entsprechenden Referenzen gesetzt.
   Allgemein lautet die entsprechende Syntax:

   ```
   ── Syntaxregel ──────────────────────────────────

   «VARIABLENNAME» = new «KOMPONENTENTYP» [ «FELDLAENGE» ] ;
   ```

   Für die Variable feld4 wird dies in Abbildung 5.6 (linker Teil) dargestellt.

   Nach der Erzeugung des Arrays ist unser Feld noch nicht mit den gewünschten Startwerten belegt.[2] Wir wollen das Feld nun Komponente für Komponente mit den Zahlen von 1 bis 5 belegen (vgl. Abbildung 5.6, rechter Teil). Dies
   geschieht durch einfache Wertzuweisungen gemäß der Syntax

   ```
   ── Syntaxregel ──────────────────────────────────

   «VARIABLENNAME»[«INDEX»] = «WERT»;
   ```

---

[1] Es wäre übrigens auch möglich gewesen, die Klammern hinter den Variablennamen zu stellen. Die-
     se Schreibweise wurde aus den Sprachen C und C++ übernommen, wird von uns im Folgenden
     jedoch nicht weiter verwendet.
[2] Genau genommen ist das Feld jedoch bereits implizit initialisiert. In jeder Komponente des Feldes
     steht ein initialer Default-Wert. Bei **int**-Variablen ist dies der Wert 0.

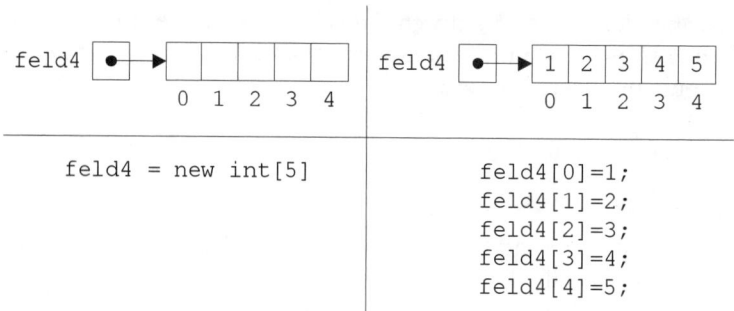

Abbildung 5.6: Felderzeugung mittels des new-Operators

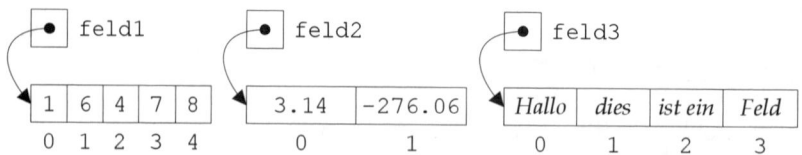

Abbildung 5.7: Initialisierung mittels Array-Initialisierern

Wir können jedoch auch einfacher ans Ziel gelangen, indem wir die Regelmäßigkeit der Startwerte nutzen und letztere mit Hilfe einer Schleife festlegen:

```
for (int i = 0; i < 5; i++)
    feld4[i] = i+1;
```

2. Wir können alternativ ein Feld gleich bei der Deklaration mit Startwerten belegen, indem wir die abzulegenden Werte in geschweiften Klammern aufzählen:

```
int[]    feld1={1 , 6 , 4 , 7 , 8};
double[] feld2={3.14 , -276.06};
String[] feld3={"Hallo" , "dies" , "ist ein", "Feld"};
```

Die Länge des Feldes ergibt sich hierbei aus der Zahl der aufgezählten Werte. Der Compiler führt den **new**-Operator quasi automatisch mit der entsprechenden Feldlängenangabe aus. In unserem Fall umfasst feld1 also fünf Elemente, feld2 zwei und feld3 vier Elemente (vgl. Abbildung 5.7).

Wir bezeichnen den Ausdruck in den geschweiften Klammern als **Feld-Initialisierer** (engl. **array initializer**) und verwenden ihn, wenn unser Feld etwa nur wenige Elemente besitzt oder diese keiner regelmäßigen Gesetzmäßigkeit gehorchen.

Ist unser Feld sehr groß (etwa $365 \cdot 24 = 8760$ Einträge) oder sehr regelmäßig aufgebaut, so werden wir wahrscheinlich eine einfachere Form der Initialisierung bevorzugen.

Achtung: Bei der Erzeugung eines Feldes mit dem **new**-Operator ist die Größe (Länge) des Feldes durch einen **int**-Wert anzugeben. Dieser Wert muss jedoch nicht notwendigerweise eine Konstante sein, sondern kann auch in Form eines Ausdrucks angegeben werden. Auch ein Ausdruck vom Typ **byte**, **short** oder **char** ist als Längenangabe zulässig, da der entsprechende Wert implizit nach **int** gewandelt wird.

Entsprechendes gilt beim Zugriff auf ein Feldelement. Auch hier ist es möglich, den Index in Form eines Ausdrucks anzugeben, der hinsichtlich der automatischen Typwandlung den gleichen Regeln unterliegt. Die Anweisungen

```
short s = 135;
double[] feld = new double[48 * s];
feld['z'] = 1.356;
```

wären somit durchaus zulässig.

5.1.3 Felder unbekannter Länge

Wir haben im letzten Abschnitt gelernt, Felder mit Hilfe des **new**-Operators zu erzeugen und später zu initialisieren. In diesem Zusammenhang haben wir mit Hilfe einer Schleife jedem Feldelement einen bestimmten Wert zugewiesen. Zu diesem Zweck mussten wir allerdings wissen, über *wie viele Komponenten* sich unser Feld erstreckt. Wir bezeichnen die Anzahl der Komponenten auch als die **Länge eines Feldes**. Der größte Index einer Feldkomponente ist gerade die um 1 verminderte Länge des Feldes, da wir unsere Zählung ja bei 0 beginnen.

In vielen Fällen kann der Softwareentwickler zum Zeitpunkt der Programmierung nicht vorhersehen, wie lang die von ihm verwendeten Felder tatsächlich werden. Die Feldlänge kann deshalb z. B. auch eine Variable sein, deren Wert laufzeitabhängig festgelegt ist, sich aber nach der Felderzeugung auch wieder ändern kann. Für diesen Fall stellt Java eine Möglichkeit zur Verfügung, bezüglich beliebiger Felder deren Länge zu ermitteln.

Bei der Erstellung eines Feldes wird seine Länge in einem zusätzlichen Element vom Typ **int** abgespeichert. Dieses Element lässt sich in der Form

Syntaxregel

```
«VARIABLENNAME».length
```

auslesen und im Programm (zum Beispiel in Schleifen, die alle Index-Werte durchlaufen sollen) verwenden. Unsere zuletzt angegebene Schleife ließe sich also auch in der Form

```
for (int i = 0;i<feld4.length;i++)
    feld4[i]=i+1;
```

realisieren.

Wir wollen uns ein Beispiel ansehen, in dem wir zunächst zwei Reihen von ganzen Zahlen von der Tastatur einlesen und diese danach in umgekehrter Reihenfolge auf dem PC ausgeben wollen. Eine entsprechende Lösung dieser Aufgabe kann wie folgt aussehen:

```java
import Prog1Tools.IOTools;
public class Swap {
  public static void main(String[] args) {
    // Wie viele Werte sollen in Reihe 1 eingelesen werden?
    int n = IOTools.readInteger("Wie viele Werte? ");
    // Lege ein Feld an
    int[] werte1 = new int[n];
    // Lese die Werte von der Tastatur ein
    for (int i = 0; i < werte1.length; i++)
      werte1[i] = IOTools.readInteger("Wert Nr. " + i + ": ");
    // Wie viele Werte sollen in Reihe 2 eingelesen werden?
    n = IOTools.readInteger("Wie viele Werte? "); // n wird geaendert!
    // Lege ein Feld an
    int[] werte2 = new int[n];
    // Lese die Werte von der Tastatur ein
    for (int i = 0; i < werte2.length; i++)
      werte2[i] = IOTools.readInteger("Wert Nr. " + i + ": ");
    // Gib die Werte verkehrt herum aus
    System.out.println("Reihe 1 verkehrt herum");
    for (int i = 0; i < werte1.length; i++)
      System.out.println("Wert Nr. " + i+": "
                         +werte1[werte1.length-1-i]);
    System.out.println("Reihe 2 verkehrt herum");
    for (int i = 0; i < werte2.length; i++)
      System.out.println("Wert Nr. " + i+": "
                         +werte2[werte2.length-1-i]);
  }
}
```

Betrachten wir das Programm Zeile für Zeile. Um eine Menge von n Zahlen einlesen zu können, müssen wir diese Zahl n natürlich erst einmal kennen. Wir lesen diesen Wert deshalb in Zeile 5 von der Tastatur ein:

```java
int n = IOTools.readInteger("Wie viele Werte? ");
```

Mit Hilfe dieser Zahl können wir nun ein Feld werte1 für unsere erste Reihe von Zahlen erzeugen, dessen Länge wir mit eben diesem n initialisieren:

```java
int[] werte1 = new int[n];
```

Nun müssen wir diese Werte von der Tastatur einlesen. Wir verwenden hierzu eine Schleife, die wir von 0 bis werte1.length-1 laufen lassen.[3] Die Zeilen 9 und 10 des Programms realisieren diese Überlegungen.

```java
for (int i = 0; i < werte1.length; i++)
  werte1[i] = IOTools.readInteger("Wert Nr. " + i + ": ");
```

Ganz analog lesen wir nun einen neuen Wert für n ein und erzeugen ein entsprechend dimensioniertes Feld werte2.

---

[3] Statt werte1.length hätten wir natürlich auch die Variable n verwenden können – in diesem einfachen Beispiel wäre das kaum ein Unterschied gewesen. In der Praxis haben wir es jedoch oft mit einer Vielzahl von Feldern zu tun, sodass wir nicht für jedes einzelne eine zusätzliche Variable verwalten wollen.

Nun wollen wir wiederum mit Schleifen die eingegebenen Werte in umgekehrter Reihenfolge ausgeben. Wir lassen (für `werte1`) die Schleife wieder von 0 bis
`werte1.length-1` laufen, sprechen unsere Werte jedoch „verkehrt herum" an:

```
werte1[(werte1.length-1) - i]
```

Zu beachten ist dabei, dass wir in unserer Schleife nicht mehr die Variable n
hätten verwenden können, um auf die Feldlänge zuzugreifen, da diese bereits
einen veränderten Wert hat!
Ganz entsprechend erfolgt anschließend diese Ausgabe auch für `werte2`.
Wichtig ist für uns nun vor allem die Tatsache, dass wir beide Schleifen implementieren konnten, ohne die Länge des Feldes explizit als separate Variable in unser
Programm aufnehmen zu müssen. Es ist uns also problemlos möglich, Algorithmen für unbekannte Feldlängen zu entwickeln, weil die tatsächliche Feldlänge
erst zur Laufzeit festliegen muss.

5.1.4 Referenzen

Betrachten wir ein einfaches Java-Programm:

```
1   import Prog1Tools.IOTools;
2   public class Doppel {
3     public static void main(String[] args) {
4       // Lies die zu verdoppelnde Zahl ein
5       int wert = IOTools.readInteger("Zahl: ");
6       // Kopiere den Wert in eine neue Variable
7       int wert2 = wert;
8       // Verdopple den Wert
9       wert2 = 2*wert2;
10      // Ausgabe
11      System.out.println("Die Zahl " + wert +
12                         " ergibt verdoppelt " +
13                         wert2 + ".");
14    }
15  }
```

Das vorliegende Programm hat eine einfache Aufgabe: es liest eine ganze Zahl
`wert` von der Tastatur ein (Zeile 5) und kopiert den Wert in eine zweite Variable
`wert2`. Anschließend wird dieser Wert verdoppelt (Zeile 9) und zusammen mit
dem ursprünglichen Wert auf dem Bildschirm ausgegeben:

```
————————————— Konsole —————————————
Zahl: 17
Die Zahl 17 ergibt verdoppelt 34.
```

Wir wollen das Programm nun so verbessern, dass es statt eines einzigen Wertes
eine beliebige Anzahl von Werten verarbeitet. Zu diesem Zweck lesen wir die
Anzahl (n genannt) von der Tastatur ein

```
int n = IOTools.readInteger("Wie viele Zahlen ? ");
```

und erzeugen ein Feld der gewünschten Länge:

```
int[] werte = new int[n];
```

Das entsprechende Feld wird in einer Schleife initialisiert und danach in ein zweites Feld namens `werte2` kopiert:

```
int[] werte2 = werte;
```

Anschließend verdoppeln wir die Werte in unserem zweiten Feld und geben das Ergebnis auf dem Bildschirm aus. Das komplette Programm hat somit folgende Gestalt:

```
 1  import Prog1Tools.IOTools;
 2  public class DoppelFeld {
 3    public static void main(String[] args) {
 4      // Wie viele Zahlen?
 5      int n = IOTools.readInteger("Wie viele Zahlen ? ");
 6      // Erzeuge Feld und lies Werte ein
 7      int[] werte = new int[n];
 8      for (int i =0; i < werte.length; i++)
 9        werte[i] = IOTools.readInteger("Zahl Nr. " + i + ": ");
10      // Kopiere Feld und verdopple die Eintraege
11      int[] werte2 = werte;
12      for (int i = 0; i < werte2.length; i++)
13        werte2[i] = 2*werte2[i];
14      // Ausgabe
15      for (int i = 0; i < n; i++)
16        System.out.println("Die Zahl " + werte[i] +
17                           " ergibt verdoppelt " +
18                           werte2[i] + ".");
19
20    }
21  }
```

Das vorgestellte Programm lässt sich mit dem Compiler fehlerfrei übersetzen und ausführen. Bei der Ausgabe des Programms stellen wir allerdings ein merkwürdiges Phänomen fest:

```
——————————— Konsole ———————————
Wie viele Zahlen ? 3
Zahl Nr. 0: 1
Zahl Nr. 1: 2
Zahl Nr. 2: 3
Die Zahl 2 ergibt verdoppelt 2.
Die Zahl 4 ergibt verdoppelt 4.
Die Zahl 6 ergibt verdoppelt 6.
```

Obwohl wir den Inhalt von `werte` nicht verändert haben, erhalten wir nicht wie erwartet eine Ausgabe der Form

```
——————————— Konsole ———————————
Die Zahl 1 ergibt verdoppelt 2.
Die Zahl 2 ergibt verdoppelt 4.
Die Zahl 3 ergibt verdoppelt 6.
```

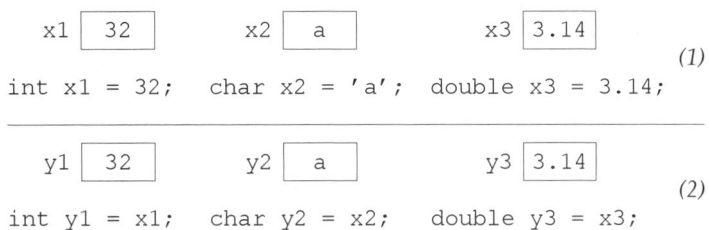

Abbildung 5.8: Einfache Datentypen

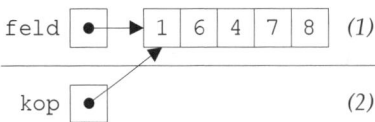

Abbildung 5.9: Referenzdatentypen

sondern statt der eingegebenen Werte erhalten wir bei der Ausgabe von `wert` bereits die verdoppelten Zahlen. Wieso wurde unser Feld `wert` verändert?

Um diesen Punkt zu verstehen, müssen wir uns noch weiter mit dem Konzept der Referenzdatentypen vertraut machen. In den letzten Kapiteln haben wir uns ausschließlich mit einfachen Datentypen befasst[4] – also Variablen vom Typ **boolean**, **byte**, **int**, **long**, **float**, **double** oder **char**.

Abbildung 5.8(1) stellt Variablen eines einfachen Datentyps in Form einer „Karteikarte" dar. Wenn wir in unserem Programm in einer Zeile

```
int x1 = 32;
```

eine Variable x1 vom Typ **int** erzeugen, so wird das übergebene Datum (die Zahl 32) fest an die Variable gebunden. Bildlich gesprochen stehen Variablenname und Inhalt auf der gleichen Karte.

Erzeugen wir nun wie in Abbildung 5.8(2) eine zweite Variable y1 in der Form

```
int y1 = x1;
```

dann erstellt das System analog zum obigen Fall eine zweite „Karteikarte", in der es den Variablennamen (y1) und den zugeordneten Wert (den Inhalt von x1, also 32) einträgt. Analog funktioniert dieses Verfahren auch für andere einfache Datentypen (siehe x2 und x3 bzw. y2 und y3).

Betrachten wir nun im Gegensatz hierzu ein von uns erzeugtes Feld:

```
int[] feld = {1 , 6 , 4 , 7 , 8};
```

Abbildung 5.9(1) visualisiert diesen Vorgang.

Im Gegensatz zu den einfachen Datentypen handelt es sich beim Feld um einen Referenzdatentyp. Um bei unserem Bild mit den Karteikarten zu bleiben – bei ei-

---

[4] Einzige Ausnahme war die Klasse `String`, die wir allerdings auch nur für die Ausgabe auf dem Bildschirm verwendet haben.

nem Feld werden Variablenname und Wert *nicht* auf der gleichen Karte gesichert. Die Variable `feld` enthält lediglich eine Referenz auf das erzeugte Feld (in der Abbildung dargestellt durch einen Pfeil). Anders ausgedrückt, kann man sagen, dass der Inhalt der Referenz-Variable `feld` kein Wert, sondern eine Adresse, nämlich die des referierten Objekts ist.

Wir können uns dies wie die Einträge in einem Stichwortverzeichnis vorstellen. Wenn Sie beispielsweise im Index am Ende des Buches unter dem Wort „Referenz" nachschlagen, so werden Sie keine exakte Definition erhalten. Stattdessen werden Sie auf eine (oder mehrere) Seiten verwiesen, erhalten also einen Querverweis auf die Stelle, unter der die gewünschten Daten zu finden sind. Auf die gleiche Art und Weise funktionieren auch die Referenzen in Java.

Erzeugen wir nun eine zweite Variable `kop` und weisen dieser den Inhalt von `feld` zu,

```
int[] kop = feld;
```

dann wird (wie in Abbildung 5.9(2) dargestellt) der Inhalt der „Karteikarte" `feld` zwar in `kop` übertragen, doch handelt es sich hier lediglich um die Referenz, also den Querverweis, unter dem das Feld zu finden ist. Wir bezeichnen diesen Vorgang als eine **Referenzkopie**.

Mit eben dieser Referenzkopie erklärt sich auch das Verhalten unseres letzten Programms. Wir hatten den Inhalt des Feldes `werte` durch die Anweisung

```
int[] werte2 = werte;
```

kopiert, also eben eine solche Referenzkopie erstellt. Es handelt sich also sowohl bei `werte` als auch bei `werte2` um eine Referenz auf *ein und dasselbe Feld*, das wir lediglich durch zwei unterschiedliche Variablennamen ansprechen. Wenn wir also anschließend in einer Schleife den Inhalt von `werte2` verändern, verändern wir automatisch auch den Inhalt von `werte`!

```
werte2[i] = 2*werte2[i];
```

Wenn wir also eine echte Kopie unseres Feldes erstellen wollen, müssen wir ein wenig „Handarbeit" leisten. Statt der Zuweisung mit Hilfe des Operators = erzeugen wir mit **new** ein neues Feld:

```
int[] werte2 = new int[werte.length];
```

Dieses Feld soll natürlich die gleiche Länge wie das originale `werte` haben. Nun müssen wir den Inhalt des einen Feldes in das andere Feld kopieren. Hierzu gibt es verschiedene Möglichkeiten:

1. Wir lösen das Problem in einer Schleife:

   ```
   for (int i = 0; i < werte.length; i++)
     werte2[i] = werte[i];
   ```

   Wir durchlaufen mit dem Parameter `i` also jedes einzelne Feldelement und übertragen die Einträge von `werte` in `werte2`.

2. Wir verwenden die vordefinierte Methode `System.arraycopy`. Diese Methode kopiert Inhalte eines Feldes in ein anderes Feld und ist wie folgt aufgebaut:

```
Syntaxregel

System.arraycopy(«QUELLE»,«QUELLSTARTINDEX»,
                 «ZIEL»   ,«ZIELSTARTINDEX»,
                 «ANZAHL»);
```

Hierbei ist

- «QUELLE» das Feld, von dem wir kopieren wollen (in unserem Fall `werte`).
- «QUELLSTARTINDEX» ist die Stelle (bzw. der Index), ab der wir von unserer Quelle übertragen wollen. Da wir das gesamte Feld von Anfang an übertragen wollen, ist der Eintrag in unserem Fall 0.
- «ZIEL» das Feld, in das wir kopieren wollen (in unserem Fall `werte2`).
- «ZIELSTARTINDEX» ist die Stelle, ab der wir in unser Zielfeld eintragen wollen – hier also ebenfalls 0.
- «ANZAHL» ist die Anzahl der Komponenten, die kopiert werden sollen (in unserem Fall `werte.length`, da wir, wie gesagt, unser gesamtes Feld kopieren wollen).

Wir können unser Feld also durch folgende einfache Zeile übertragen:

```
System.arraycopy(werte,0,werte2,0,werte.length);
```

3. Wir verwenden die vordefinierte Methode `clone`, die es ermöglicht, komplette Felder zu kopieren (clonen). Da wir deren Funktionsweise und Verwendung erst verstehen können, nachdem wir uns mit objektorientierter Programmierung beschäftigt haben, erwähnen wir hier nur deren Namen.

Zu beachten ist, dass unsere Mechanismen zum Kopieren von Feldern eines gemeinsam haben: Grundsätzlich werden so genannte **flache Kopien** angelegt, d. h., es werden einfach alle Feldkomponenten kopiert, ohne deren Typ zu beachten. Prinzipiell ist es nämlich möglich, dass die Feldkomponenten selbst wieder Felder (also Referenzdatentypen) sind. In diesem Fall ist entsprechend mehr zu tun, wenn man eine vollständige Kopie (auch Tiefenkopie) eines Feldes herstellen möchte. Wir werden dies im Zusammenhang mit geschachtelten (mehrdimensionalen) Feldern sehen.

5.1.5 Ein besserer Terminkalender

Wir wollen nun unser ursprüngliches Kalenderprogramm mit Hilfe von Feldern so modifizieren, dass wir es mit einem Bruchteil des bisherigen Aufwandes realisieren können. Zu diesem Zweck speichern wir die Termine in einem Feld:

```
String[] termine=new String[24];
```

Zu Beginn unseres Programms sollen alle Einträge auf den leeren String gesetzt werden. Wir bewerkstelligen dies in einer Schleife:

```
for (int i = 0; i < 24; i++)
    termine[i] = "";
```

In unserem Menü können wir die einzelnen Fälle (Termin eingeben/ausgeben) nun natürlich auch viel einfacher realisieren. Werfen wir hierzu einen Blick auf das komplette Listing:

```
1   import Prog1Tools.IOTools;
2   public class BessererKalender {
3     public static void main(String[] args) {
4       // Fuer jede Stunde eine Variable
5       String[] termine=new String[24];
6       for (int i=0;i<24;i++)
7         termine[i]="";
8       // Das Hauptprogramm in einer Schleife
9       boolean fertig=false;
10      while (!fertig) {
11        // Zuerst ein Bildschirmmenue
12        System.out.println("1 = Neuer Eintrag");
13        System.out.println("2 = Termine ausgeben");
14        System.out.println("3 = Programm beenden");
15        int auswahl=IOTools.readInteger("Ihre Wahl:");
16        // Nun eine Fallunterscheidung
17        switch(auswahl) {
18          case 1: // Termine eingeben
19            int nummer=IOTools.readInteger("Wie viel Uhr?");
20            if (nummer<0 | nummer>23){
21              System.out.println("Eingabefehler!");
22              break;
23            }
24            String eingabe=IOTools.readLine("Termin:");
25            termine[nummer]=eingabe;    // Termin einordnen
26            break;
27          case 2: // Termine ausgeben
28            for (int i=0;i<24;i++)
29              System.out.println(i+" Uhr: "+termine[i]);
30            break;
31          case 3: // Programm beenden
32            fertig=true;
33            break;
34          default: // Falsche Zahl eingegeben
35            System.out.println("Eingabefehler!");
36        }
37      }
38    }
39  }
```

Wir stellen fest, dass unser neuer Quelltext nicht einmal halb so groß ist wie das erste (umständliche) Java-Programm. Dies verdanken wir dem Umstand, dass wir unsere Daten nun mit Hilfe des Index in einem Feld ansprechen können. So nimmt etwa das Einordnen der Daten bei der Eingabe – das sich zuvor über viele Zeilen erstreckte – nun nur noch die Zeile 28 ein:

```
termine[nummer] = eingabe;
```

Ähnlich einfach ist nun die Ausgabe strukturiert (Zeile 31–32):

```
for (int i = 0; i < 24; i++)
    System.out.println(i + " Uhr: " + termine[i]);
```

Was zuvor eine Zeile pro Eintrag (also insgesamt vierundzwanzig) benötigte, lässt sich nun in einer einfachen Schleife bewerkstelligen. Wir haben unser Programm wesentlich vereinfacht.

5.1.6 Mehrdimensionale Felder

Bislang haben wir mit unserem Kalenderprogramm lediglich einen einzigen Tag verwaltet – das reicht uns natürlich nicht! Wir wollen unser Programm deshalb so erweitern, dass es einen kompletten Monat mit maximal 31 Tagen abdeckt.
Es stellt sich die Frage, wie diese maximal $24 \cdot 31 = 744$ Einträge auf dem Computer verwaltet werden sollen. Wir wollen zunächst der Einfachheit halber annehmen, dass jeder Monat genau 31 Tage hat, und natürlich wieder Felder verwenden, aber eine Definition der Form

```
String[] termine=new String[744]
```

bringt einen gewissen Nachteil mit sich: Unübersichtlichkeit. Wenn wir beispielsweise die Stunde 13 des Tages 20 ansprechen, so müssen wir den Eintrag $(20 - 1) \cdot 24 - 1 + 13 = 468$ verwenden. Die Stunde 8 des Tages 7 wäre also Eintrag 174, Stunde 17 des Tages 28 Eintrag 664.
Wie man sieht, lässt sich zwischen Termin und Tageszeit auf den ersten Blick nur schwer ein Zusammenhang erstellen. Es wäre um einiges einfacher, mit einer Art Tabelle zu arbeiten (siehe Abbildung 5.10). In die Zeilen könnten wir etwa die einzelnen Tage und in die Spalten die einzelnen Stunden eintragen.
Im Gegensatz zu unseren bisherigen Beispielen haben wir es in diesem Fall mit einem *zweidimensionalen* Problem zu tun – wir wollen unsere Daten in horizontaler (spaltenweise) und vertikaler (zeilenweise) Richtung ablegen. Zu diesem Zweck gehen wir wie folgt vor:

1. Wir erzeugen ein Feld, das unseren Terminkalender repräsentieren soll. Jeder unserer Feldeinträge soll hierbei für eine *Zeile* der Tabelle stehen.

	0 Uhr	1 Uhr	...	22 Uhr	23 Uhr
Tag 1	Schlafen	Schlafen	...	Übungsblätter	Harald Schmidt
Tag 2	Schlafen	Schlafen	...	Übungsblätter	Harald Schmidt
Tag 3	Schlafen	Schlafen	...	Stammtisch	Stammtisch
Tag 30	Party bei Mike	Party bei Mike	...	Rausch ausschlafen	Rausch ausschlafen
Tag 31	Rausch ausschlafen	Rausch ausschlafen	...	Kopfschmerzen	Kopfschmerzen

Abbildung 5.10: Terminkalender für einen ganzen Monat

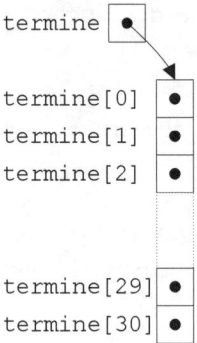

Abbildung 5.11: Initialisierung von mehrdimensionalen Feldern

Für die Deklaration des Feldes erinnern wir uns an unsere Syntaxregel für Arrays von Seite 108. In unserem Fall soll der Komponententyp für eine Zeile der Tabelle stehen – also für ein Feld von Texten. Gemäß unserer Regel deklarieren wir die Referenzvariable für ein *Feld von Feldern* durch die Zeile

```
String[][] termine;
```

2. Im nächsten Schritt müssen wir unser Feld erzeugen und initialisieren. Hierzu verwenden wir den altbekannten **new**-Operator:

```
termine=new String[31][];
```

Dabei schreiben wir die Länge der ersten Dimension in die linke der beiden Klammern. Abbildung 5.11 stellt diesen Vorgang bildlich dar.

3. Wir haben nun also eine Referenz auf ein Feld der Länge 31 erzeugt. Jede Komponente dieses Feldes ist ebenfalls wieder ein Feld. Die Komponenten-Felder selbst sind aber noch nicht erzeugt worden – das müssen wir noch nachholen.

Jedes unserer 31 Felder soll die 24 Termine eines Tages repräsentieren. Entsprechend müssen wir den Feldern also eine Länge von 24 Einträgen zuordnen. Ferner wollen wir jeden Eintrag mit dem leeren String initialisieren:

```
for (int i = 0; i < termine.length; i++) {
  termine[i] = new String[24];
  for (int j = 0; j < termine[i].length; j++)
    termine[i][j] = "";
}
```

Wie wir sehen, funktioniert der Zugriff auf die einzelnen Felder wie im eindimensionalen Fall. Über

```
termine[i]
```

greifen wir auf die einzelnen Felder zu, mittels

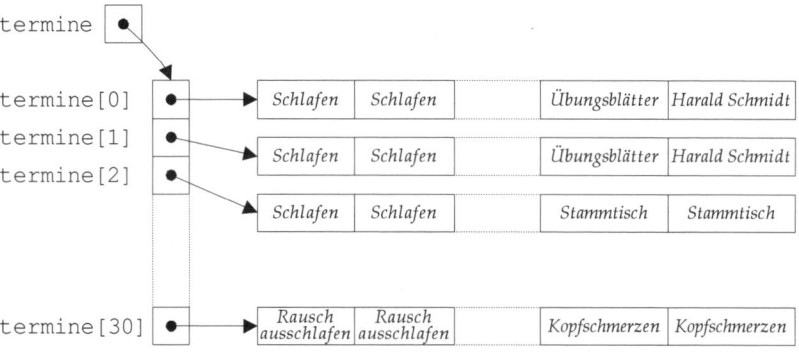

Abbildung 5.12: Felder von Feldern

```
termine[i].length
```

erhalten wir die Länge des i-ten Feldes. Die einzelnen Komponenten des i-ten Feldes erhalten wir durch einen Zugriff der Form

```
termine[i][j]
```

Wollen wir also etwa den Eintrag am zweiten Tag (also Index 1) zur achten Stunde (Index 7) auf „Frühstück" setzen, so gelingt das durch die einfache Zuweisung

```
termine[1][7]="Fruehstueck";
```

Abbildung 5.12 zeigt unser erzeugtes Feld. Weil es sich bei Arrays um Referenzdatentypen handelt, können wir uns die Struktur wie folgt vorstellen: Die Variable termine verweist auf ein Feld von Feldern der Länge 31 (erste Zeile der Grafik). Jede Komponente dieses Feldes verweist wieder auf ein Feld, das die Länge 24 besitzt. Die Einträge in diese Komponenten-Felder stellen die tatsächlichen Zellen unserer „Termintabelle" dar.

Mit diesen Informationen können wir nun unser Kalenderprogramm so erweitern, dass es einen kompletten Monat verarbeiten kann:

```
1   import Prog1Tools.IOTools;
2   public class MonatsKalender {
3     public static void main(String[] args) {
4       // Fuer jede Stunde eine Variable
5       String[][] termine=new String[31][];
6       // Initialisiere die einzelnen Tage
7       for (int i=0;i<termine.length;i++) {
8         termine[i]=new String[24];
9         for (int j=0;j<termine[i].length;j++)
10          termine[i][j]="";
11      }
12      // Das Hauptprogramm in einer Schleife
13      boolean fertig=false;
```

```
14      while (!fertig) {
15        // Zuerst ein Bildschirmmenue
16        System.out.println("1 = Neuer Eintrag");
17        System.out.println("2 = Termine ausgeben");
18        System.out.println("3 = Programm beenden");
19        int auswahl=IOTools.readInteger("Ihre Wahl:");
20        // Nun eine Fallunterscheidung
21        switch(auswahl) {
22          case  1: // Termine eingeben
23            int tag=IOTools.readInteger("Welcher Tag?");
24            if (tag<1 || tag>31) {
25              System.out.println("Eingabefehler!");
26              break;
27            }
28            int nummer=IOTools.readInteger("Wie viel Uhr?");
29            if (nummer<0 || nummer>23){
30              System.out.println("Eingabefehler!");
31              break;
32            }
33            String eingabe=IOTools.readLine("Termin:");
34            termine[tag-1][nummer]=eingabe;   // Termin einordnen
35            break;
36          case  2: // Termine ausgeben
37            int t=IOTools.readInteger("Welcher Tag?");
38            if (t<1 || t>31) {
39              System.out.println("Eingabefehler!");
40              break;
41            }
42            for (int i=0;i<termine[t-1].length;i++)
43              System.out.println(i+" Uhr: "+termine[t-1][i]);
44            break;
45          case  3: // Programm beenden
46            fertig=true;
47            break;
48          default: // Falsche Zahl eingegeben
49            System.out.println("Eingabefehler!");
50        }
51      }
52    }
53  }
```

Wir stellen fest, dass unser Programm kaum größer geworden ist, obwohl die
Zahl unserer gespeicherten Werte von 24 auf 744 gestiegen ist. Dies wird sich im
nächsten Abschnitt, in dem wir unser Programm auf ein ganzes Jahr (8760 Einträge) erweitern, noch deutlicher zeigen.

5.1.7 Mehrdimensionale Felder unterschiedlicher Länge

Im letzten Abschnitt haben wir ein zweidimensionales Feld erzeugt, indem wir

1. eine Variable in der Form

```
String[][] termine;
```

  vereinbart,

2. unser Feld in der ersten Dimension durch

```
termine = new String[31][];
```

erzeugt und

3. in der zweiten Dimension Felder mit Hilfe einer Schleife

```
for (int i = 0; i < termine.length; i++) {
  termine[i] = new String[24];
  for (int j = 0; j < termine[i].length; j++)
    termine[i][j] = "";
}
```

erzeugt haben.

Tatsächlich hätten wir uns einen Großteil dieser Arbeit ersparen können – folgende Zeile bewirkt exakt das Gleiche:

```
String[][] termine = new String[31][24];
```

Obige Zeile erzeugt ein zweidimensionales Feld, das in der ersten Dimension eine Länge von 31 Einträgen und in der zweiten Dimension eine Länge von 24 Einträgen besitzt. Wir können also den **new**-Operator direkt einsetzen, um mehrdimensionale Felder zu erzeugen. Dies funktioniert allerdings nur bei „rechteckigen" Arrays, also Feldern, die nur aus Zeilen gleicher Länge bestehen.

Dass wir es in der Praxis oft nicht mit diesem Fall zu tun haben, zeigt sich schon bei unserem einfachen Terminkalender. Erweitern wir unseren Kalender nämlich so, dass er ein ganzes Jahr verwalten kann, stoßen wir auf das Problem, dass nicht jeder Monat die gleiche Zahl von Tagen besitzt. So hat der Februar etwa 28 Tage,[5] Januar oder Dezember jedoch einunddreißig.

Wir wollen hier natürlich nicht noch einmal das gesamte Kalenderprogramm neu entwickeln (vgl. die Übungsaufgaben). Interessant ist jedoch die Frage, wie wir unsere Daten in einem Feld am besten speichern können.

Es dürfte wohl relativ offensichtlich sein, dass wir ein dreidimensionales Feld verwenden wollen, das die Einträge nach Monat, Tag und Uhrzeit getrennt speichert:

```
String[][][] termine;
```

Nun müssen wir unser Feld lediglich noch erzeugen. Die einfachste Möglichkeit besteht darin, die Belegung Monat für Monat anzugehen:

```
termine = new String[12][][];
termine[0] = new String[31][24];   // Januar
termine[1] = new String[28][24];   // Februar
termine[2] = new String[31][24];   // Maerz
...
termine[10]= new String[30][24];   // November
termine[11]= new String[31][24];   // Dezember
```

---
[5] Wir lassen Schaltjahre einmal außen vor.

In der ersten Zeile haben wir also das Feld in der ersten Dimension belegt – mit
zwölf Einträgen, die jeweils auf ein zweidimensionales Feld verweisen sollen.
Diese zwölf Felder erzeugen wir nun „von Hand" mit dem **new**-Operator. Das
können wir problemlos tun, da wir für jeden Monat die Anzahl der zur Verfügung
stehenden Tage kennen.

Eine andere Schreibweise wäre die Verwendung eines Initialisierers. Folgende
Schreibweise ist äquivalent zu obigen Zeilen:

```
String[][][] termine={
  new String[31][24], // Januar
  new String[28][24], // Februar
  new String[31][24], // Maerz
  ...
  new String[30][24], // November
  new String[31][24]  // Dezember
};
```

Hierbei ist es eher eine Frage des persönlichen Geschmacks, welche Schreibweise zu bevorzugen ist. In beiden Fällen müssen wir unser Feld jedoch noch mit
Startwerten (dem leeren String) belegen. Dies können wir nun mit Hilfe von drei
verschachtelten Schleifen erledigen:

```
for (int i = 0; i < termine.length; i++)
  for (int j = 0; j < termine[i].length; j++)
    for (int k = 0; k < termine[i][j].length; k++)
      termine[i][j][k] = "";
```

Hierbei ist es egal, dass das Feld in der zweiten Dimension (den Tagen pro Monat)
unterschiedlich lang ist, denn wir bestimmen die Länge aus dem jeweils zugeordneten Wert `termine[i].length`.

5.1.8   Vorsicht, Falle: Kopieren von mehrdimensionalen Feldern

In Abschnitt 5.1.4 hatten wir bereits gesehen, dass man sich beim Kopieren von
Feldern stets der Tatsache bewusst sein muss, dass es sich bei Feldvariablen um
Referenzvariablen handelt. Wollen wir also eine Kopie unseres Terminkalenders
`termine` aus Abschnitt 5.1.5 erstellen, um darin einige Einträge abzuändern, so
kann dies nicht einfach nur mit den Anweisungen

```
String[][] nochmalTermine = new String[31][24];
nochmalTermine = termine; // Referenzkopie von termine
```

erfolgen. Wir erzeugen damit zwar zunächst ein neues zweidimensionales Feld,
das von `nochmalTermine` referenziert wird, doch überschreiben wir diese Referenz auf das neue Feld sogleich mit einer Referenzkopie von `termine`. Beide
Variablen referenzieren somit das gleiche Feld. Eine Zuweisung der Form

```
nochmalTermine[1][7] = "Schwimmen";
```

würde daher nicht nur in unserem vermeintlich neuen, kopierten Terminkalender `nochmalTermine` unseren ursprünglichen Frühstückstermin überschreiben,

sondern auch den in `termine[1][7]` gespeicherten. Wir greifen schließlich aufgrund der beiden identischen Referenzen `termine` und `nochmalTermine` auf den gleichen Speicherplatz zu.

Auch mit einer flachen Kopie der Form

```
String[][] nochmalTermine = new String[31][24];
for (int i = 0; i < termine.length; i++)
    nochmalTermine[i] = termine[i];   // Flache Kopie von termine
```

hat sich an dieser Situation nichts verändert, denn nach wie vor verweisen die Referenzen `nochmalTermine[i]` und `termine[i]` auf die gleichen Felder (vergleiche Abbildung 5.12). Die Zuweisung

```
nochmalTermine[1][7] = "Schwimmen";
```

hätte immer noch den „Seiteneffekt", dass auch in `termine[1][7]` der Eintrag `Schwimmen` gespeichert wäre.

Erst mit einer Tiefenkopie, die alle Dimensionen unseres Feldes vollständig behandelt, z. B. in der Form

```
String[][] nochmalTermine = new String[31][24];
for (int i = 0; i < termine.length; i++) {
    for (int j = 0; j < termine[i].length; j++)
        nochmalTermine[i][j] = termine[i][j];
}
```

schaffen wir die Voraussetzung dafür, dass wir in unserer Terminkalender-Kopie `nochmalTermine` unter `nochmalTermine[1][7]` einen anderen Wert (z. B. `Schwimmen`) abspeichern können, ohne den Wert von `termine[1][7]` (ursprünglich `Fruehstueck`) zu verändern.

5.1.9 Vereinfachte `for`-Schleifen-Notation

Bei der Programmierung von **for**- oder anderen Schleifen, insbesondere in Zusammenhang mit Feldern, muss man stets sorgfältig mit den Indexausdrücken und -grenzen umgehen, da man sich sonst leicht Laufzeitfehler bei der Überschreitung der Indexbereiche einhandelt. Seit Java 5.0 gibt es, wie bereits erwähnt, eine vereinfachte Notation für **for**-Schleifen, die sich dieser Problematik annimmt. Der Kopf der **for**-Schleife kann nun gemäß der Syntax

---
Syntaxregel

```
for («TYP» «VARIABLENNAME» : «AUSDRUCK»)
```
---

formuliert werden. Beginnen wir beispielsweise für ein **int**-Feld `w` der Länge 5 eine Schleife mit

```
for (int x : w)
```

so können wir das als *„für jedes x in w"* lesen. Das heißt, die Variable `x` nimmt nacheinander die Werte von `w[0]`, `w[1]`, `w[2]`, `w[3]` und `w[4]` an, ohne dass wir uns explizit um die Indizes kümmern müssen. In unserem Programm

```
1   public class Schleifen {
2     public static void main(String[] args) {
3       int[] werte = {1, 2, 3, 4, 5, 6, 7, 8, 9, 10};
4
5       // Traditionelle Schleifen-Notation
6       int summe = 0;
7       for (int i=0; i<werte.length; i++)
8         summe = summe + werte[i];
9       System.out.println("Summe: " + summe);
10
11      // Neue, vereinfachte Schleifen-Notation
12      summe = 0;
13      for (int x : werte)
14        summe = summe + x;
15      System.out.println("Summe: " + summe);
16    }
17  }
```

haben wir beispielhaft die übliche und die neue Schleifen-Notation eingesetzt, um die Summe aller Feldkomponenten des **int**-Feldes werte zu berechnen.

Auch im Falle mehrdimensionaler Felder eliminiert die erweiterte bzw. vereinfachte **for**-Schleifen-Notation den möglicherweise lästigen Umgang mit den Index-Grenzen und Komponenten-Zugriffen. Dies unterstreicht das Programm

```
1   public class MehrSchleifen {
2     public static void main(String[] args) {
3       // Zweidimensionale Matrix mit Zeilen unterschiedlicher
4       // Laenge (hier speziell eine Dreiecksmatrix)
5       int[][] matrix = {{1},
6                         {2, 3},
7                         {4, 5, 6},
8                         {7, 8, 9, 10}};
9
10      // Summation der Elemente mit traditioneller Schleifen-Notation
11      int summe = 0;
12      for (int i=0; i<matrix.length; i++)
13        for (int j=0; j<matrix[i].length; j++)
14          summe = summe + matrix[i][j];
15      System.out.println("Summe: " + summe);
16
17      // Summation der Elemente mit vereinfachter Schleifen-Notation
18      summe = 0;
19      for (int[] zeile : matrix)
20        for (int element : zeile)
21          summe = summe + element;
22      System.out.println("Summe: " + summe);
23    }
24  }
```

in dem wir mit einem zweidimensionalen Feld matrix in Form einer Dreiecksmatrix (also einer Matrix, deren erste Zeile die Länge 1, deren zweite Zeile die Länge 2 usw. hat) arbeiten. Die Summe aller Matrix-Elemente haben wir auch hier wieder sowohl mit der herkömmlichen als auch mit der neuen Schleifen-Notation programmiert. In letzterer Variante liest bzw. schreibt sich die geschachtelte Summations-Schleife wiederum sehr einfach als *„Für jede Zeile der Matrix und für jedes Element der Zeile erhöhe die Summe um den Wert des Elements"*. Zu beachten ist, dass die Zeilen jeweils eindimensionale Felder mit Komponententyp `int` sind.

Generell ist zu sagen, dass nach dem Doppelpunkt in der neuen Schleifen-Notation nicht nur ein Feld verwendet werden kann. Prinzipiell darf dort eine Referenz auf ein beliebig strukturiertes Objekt stehen. Voraussetzung ist allerdings, dass dieses die Schnittstelle `Iterable` implementiert. Damit ist diese Notation auch im Zusammenhang mit den so genannten Collections und Iteratoren aus der Java-Klassenbibliothek einsetzbar, auf die wir aber erst in Abschnitt 12.7 eingehen werden. Was genau eine Schnittstelle ist, werden wir in Abschnitt 9.6 erfahren.

5.1.10 Zusammenfassung

Wir haben am Beispiel eines Terminkalenders gelernt, wie man Probleme lösen kann, in denen viele Werte „tabellarisch" verarbeitet werden müssen. Dabei haben wir die Felder kennen gelernt – ein programmiertechnisches Konstrukt, mit dessen Hilfe wir ein- und mehrdimensionale „Tabellen" von Werten beliebigen Typs erzeugen können. Hierbei sind auch Felder von Feldern möglich, denn auf diese Art werden mehrdimensionale Felder in Java realisiert.

Wir haben uns hierbei insbesondere auch mit der Initialisierung der Felder beschäftigt und den **new**-Operator sowie Feld-Initialisierer kennen gelernt. Für den mehrdimensionalen Fall haben wir Schleifen verwendet und Operator und Initialisierer miteinander kombiniert.

Felder gehören zur Klasse der so genannten Referenzdatentypen, also Typen, auf die in den Variablen nur durch eine Referenz verwiesen wird. Wir haben festgestellt, dass wir bei der Zuweisung unter Feldvariablen deshalb nur eine Referenzkopie erhalten. Mit Hilfe von Schleifen oder des Befehls `System.arraycopy` konnten wir dieses Problem zumindest in der ersten Felddimension umgehen (flache Kopie). Außerdem haben wir gesehen, wie wir eine Tiefenkopie für mehrdimensionale Felder programmieren und wie hilfreich die vereinfachte **for**-Schleifen-Notation sein kann.

5.1.11 Übungsaufgaben

Aufgabe 5.1

a) Felder müssen *deklariert* und *erzeugt* werden. Was versteht man darunter?

b) Geben Sie drei verschiedene Wege an, um ein Feld zu erzeugen.

c) Wie greift man auf die einzelnen Elemente eines Feldes zu, und welche Indizes sind erlaubt? Welchen Index hat insbesondere das letzte Element eines Feldes? Was geschieht bei einem unzulässigen Index?

d) Gegeben seien die etwas unschönen Deklarationen

```
byte a; byte[] aReihe, aZeile, aMatrix[];
byte b, bReihe[], bZeile[], bMatrix[][];
```

Bringen Sie diese in eine übersichtliche Form (Dreizeiler), bei der man die verschiedenen Datentypen wesentlich besser erkennen kann.

e) Gegeben sei die Deklaration/Erzeugung

```
int[][][][] Feld = new int[6][10][8][];
```

Ergänzen Sie deren (noch unvollständige) alternative Form

```
int[][][][] Feld = new int[6][][][];
for (int d1 = 0; d1 < Feld.length; d1++) {
  Feld[d1] = new int[10][][];
  for (int d2 = 0; d2 < Feld[i].length; d2++) {
    Feld[d1][d2] = new int[8][];
  }
}
```

Aufgabe 5.2

Gegeben seien zwei Felder a und b vom Typ int[].

a) Warum kann man die beiden Felder a und b nicht mittels a == b vergleichen?

b) Wie könnte ein Programmstück aussehen, das beide Felder miteinander vergleicht? Dabei seien zwei Felder genau dann gleich, wenn sie die gleiche Länge haben und alle ihre Komponenten paarweise übereinstimmen.

Aufgabe 5.3

Schreiben Sie ein Kalenderprogramm, das Termine für die Jahre 2000 bis 2009 verwaltet. Verwenden Sie hierzu ein vierdimensionales Feld, und berücksichtigen Sie auch Schaltjahre.

Aufgabe 5.4

Schreiben Sie ein Programm, das zuerst Zahlen von der Tastatur einliest, diese dann der Größe nach sortiert und auf dem Bildschirm ausgibt. Setzen Sie dazu folgenden Algorithmus um:

a) Lesen Sie die Anzahl der zu sortierenden Zahlen in die Variable count ein.

b) Erzeugen Sie ein eindimensionales int-Feld zahl mit count Elementen.

c) Lesen Sie die Elemente des Feldes von der Tastatur ein.

d) Verwenden Sie den Befehl Arrays.sort, um das Feld zu sortieren. Heißt das Feld beispielsweise zahlenFeld, ginge dies mit

```
java.util.Arrays.sort(zahlenFeld)
```

e) Geben Sie nun die Elemente des Feldes auf dem Bildschirm aus.

Ein typischer Programmablauf:

```
─────────────────── Konsole ───────────────────
Wie viele Zahlen willst Du sortieren? 6
1. Zahl: 86
2. Zahl: 47
3. Zahl: 22
4. Zahl: 58
5. Zahl: 61
6. Zahl: 12
12 22 47 58 61 86
```

Aufgabe 5.5

Ein magisches Quadrat ist eine Tabelle mit n Zeilen und n Spalten, gefüllt mit den ersten n^2 natürlichen Zahlen (beginnend mit 1), wobei die Summe der Zahlen in jeder Zeile, Spalte und Diagonale gleich ist. Für $n = 5$ ergibt sich zum Beispiel:

3	16	9	22	15
20	8	21	14	2
7	25	13	1	19
24	12	5	18	6
11	4	17	10	23

Schreiben Sie ein Programm, das ein magisches Quadrat der Größe $n \times n$ erzeugt und auf dem Bildschirm ausgibt. Gehen Sie dabei wie folgt vor:

a) Im Eingabeteil soll zunächst eine ganze Zahl in die anfangs mit 0 initialisierte **int**-Variable n eingelesen werden. Dies soll eventuell wiederholt geschehen, bis sichergestellt ist, dass n größer 2, kleiner 10 und ungerade ist.

b) Deklarieren und erzeugen Sie ein zweidimensionales **int**-Feld der Größe n × n.

c) Definieren Sie eine **int**-Variable zeile, und initialisieren Sie diese mit dem (ganzzahligen!) Wert $\frac{n}{2}$.

d) Definieren Sie eine **int**-Variable spalte, und initialisieren Sie diese mit dem Wert $\frac{n}{2} + 1$ (ganzzahlige Division!).

e) Initialisieren Sie eine **int**-Variable i mit dem Wert 1, und wiederholen Sie die folgenden Schritte, solange i kleiner oder gleich n · n ist:

   ■ Weisen Sie dem Element an der Stelle [zeile][spalte] des Feldes quad den Wert i zu.

   ■ Erhöhen Sie spalte um 1, erniedrigen Sie zeile um 1.

- Wenn `zeile` kleiner als 0 ist, weisen Sie `zeile` den Wert n−1 zu.

- Wenn `spalte` gleich n ist, weisen Sie `spalte` den Wert 0 zu.

- Wenn das Element an Stelle `[zeile][spalte]` des Feldes nicht den Wert
  0 hat, führen Sie folgende Schritte durch:

    - Erhöhen Sie `zeile` und `spalte` jeweils um 1.

    - Wenn `zeile` gleich n ist, weisen Sie `zeile` den Wert 0 zu.

    - Wenn `spalte` gleich n ist, weisen Sie `spalte` den Wert 0 zu.

- Erhöhen Sie i um 1.

f) Überlegen Sie sich, wie eine geeignete Bildschirmausgabe des magischen Qua-
drates aussehen könnte, und realisieren Sie diese.

Ein typischer Programmablauf:

```
―――――――――――――――― Konsole ――――――――――――――――
Ungerade Zahl zwischen 1 und 10: 3
   2  7  6
   9  5  1
   4  3  8
```

5.2 Klassen

Neben unserem Terminkalender benötigen wir für die Arbeit am Computer auch
eine funktionierende Adressverwaltung. Zu diesem Zweck wollen wir ein Java-
Programm schreiben, in dem für jede zu verwaltende Person

- Name

- Adresse (Straße und Wohnort)

- E-Mail und

- ein zusätzlicher Kommentar

hinterlegt werden kann.
Für den Anfang wollen wir bis zu zwanzig Adressen verwalten. Mit unserem
Wissen aus Abschnitt 5.1 könnten wir dies mit Hilfe von Feldern realisieren:

```java
String[] name      = new String[20];
String[] strasse   = new String[20];
String[] wohnort   = new String[20];
String[] mail      = new String[20];
String[] kommentar = new String[20];
```

Wollen wir nun etwa in den dritten Datensatz eine Adresse eintragen, so gelingt
dies etwa durch die folgenden einfachen Zuweisungen:

```java
name[2]      = "Klausi Klausenbacher";
strasse[2]   = "Am Hutzenweg 23";
wohnort[2]   = "12345 Musterbach";
mail[2]      = "klausenbacher@musterbach-online.de";
kommentar[2] = "Schwippschwager zweiten Grades";
```

Schon an diesem Punkt müssen wir feststellen, dass durch die Verwaltung *eines* Datensatzes in *mehreren* Feldern viel Übersichtlichkeit verloren geht. Dieser Effekt verstärkt sich sogar noch, wenn wir mit mehreren Datensätzen zugleich operieren müssen. Wollen wir etwa die Datensätze 2 und 7 miteinander vertauschen (weil wir zum Beispiel die Adressen alphabetisch sortieren), so ist dies mit einigem Aufwand verbunden:

```
String zw;                   // Zwischenspeicher
zw=name[2];                  // vertausche den Namen;
name[2]=name[7];
name[7]=zw;
zw=strasse[2];               // vertausche die Strassen
strasse[2]=strasse[7];
strasse[7]=zw;
zw=wohnort[2];               // vertausche Wohnort
wohnort[2]=wohnort[7];
wohnort[7]=zw;
zw=mail[2];                  // vertausche Mail-Adressen
mail[2]=mail[7];
mail[7]=zw;
zw=kommentar[2];             // vertausche Kommentar
kommentar[2]=kommentar[7];
kommentar[7]=zw;
```

Wie wir sehen, sind schon einfache Operationen auf unseren Daten nur mit großem Aufwand zu bewerkstelligen. Dies liegt daran, dass die Daten in verschiedenen Feldern abgespeichert sind. Wir werden aus diesem Grunde ein Konstrukt kennen lernen, mit dem wir *verschiedene Werte* (hier etwa Name, Adresse und Kommentar) zu *einem Datum* zusammenfassen können.

5.2.1 Was sind Klassen?

Unter einer **Klasse** verstehen wir einen selbst definierten Datentyp, der dazu verwendet werden kann, neue Strukturen zu modellieren. Grundsätzlich kann man Klassen als eine Sammlung von Variablen *verschiedener Typen* verstehen. Im Rahmen der objektorientierten Programmierung werden wir später auch Klassen kennen lernen, die neben Variablen auch Methoden (z. B. zur Manipulation des Inhalts dieser Variablen) enthalten.

Klassen können sowohl in eigenständigen Programmdateien als auch innerhalb eines zu schreibenden Programms definiert werden. Wir werden uns in diesem Abschnitt hauptsächlich mit letztgenanntem Prinzip, den so genannten **inneren Klassen**, befassen.

Klassen können also verwendet werden, um verschiedene Variablen (die Komponenten der Klasse) zu bündeln und zu einem Datentyp zusammenzufassen. Wir bezeichnen diese **Komponentenvariablen** in unserem Fall als die so genannten **Instanzvariablen**. Eine konkrete Realisierung einer Klasse (etwa eine Adresse in unserer Adressverwaltung) bezeichnen wir als **Instanz** der Klasse oder als **Objekt**. In den folgenden Abschnitten lernen wir die Definition und den Umgang mit derartigen Objekten kennen.

Adresse	
name:	String
strasse:	String
hausnummer:	int
postleitzahl:	int
wohnort:	String
mail:	String
kommentar:	String

Abbildung 5.13: Die Klasse `Adresse`

Anzumerken bleibt, dass wir eine Komponentenvariable auch so deklarieren können, dass ihr Wert in allen Instanzen (Objekten) der Klasse gleich ist, indem wir sie mit dem Schlüsselwort **`static`** deklarieren. Eine solche Komponentenvariable nennt man **Klassenvariable**. Wir werden uns mit dieser Art von Variablen im Rahmen von Abschnitt 8.3.1 nochmals intensiver beschäftigen.

5.2.2   Deklaration und Instantiierung von Klassen

Wir beginnen damit, unsere obigen Adressdaten in einer Klasse namens `Adresse` zusammenzufassen. Instanzen unserer Klasse sollen

- Name, Straße, Wohnort, Mail und Kommentar in Form von `Strings` und

- Hausnummer und Postleitzahl als ganzzahlige Nummern (**`int`**) speichern.

Wollten wir diese Daten in grafischer Form darstellen, könnte dies wie in Abbildung 5.13 geschehen. Diese Form des grafischen Entwurfs bezeichnet man als **Klassendiagramm**. Es wird in den fortgeschrittenen Kapiteln immer wieder auftauchen. Die Visualisierung zeigt uns die verschiedenen Komponenten, die wir in unserem neuen Datentyp `Adresse` zusammenfassen. Wie realisieren wir dies in Java?
Wenn wir also in unserem Programm (das ja selbst in Form einer Klasse gegeben ist) eine eigene Klasse deklarieren wollen, so können wir dies wie folgt tun:

```
                    ┌─ Syntaxregel ─┐
public static class «KLASSENNAME» { // innere Klasse
   «VARIABLENDEKLARATION»
   ...
   «VARIABLENDEKLARATION»
}
```

In unserem Fall lautet der Klassenname `Adresse`, und die einzelnen Variablen sind im Klassendiagramm angegeben. Unsere Klassendeklaration sieht also wie folgt aus:

```
public static class Adresse {
    public String name;
    public String strasse;
    public int    hausnummer;
    public int    postleitzahl;
    public String wohnort;
    public String mail;
    public String kommentar;
}
```

In der `main`-Methode unseres Programms wollen wir nun mit dieser Klasse arbeiten. Zuerst wollen wir aus dieser Klasse ein einzelnes Objekt erzeugen – man spricht hier von einer **Instantiierung**. Hierbei stellen wir fest, dass sich dieser Vorgang ähnlich wie bei Feldern (siehe 5.1.2) mit Hilfe des **new**-Operators bewerkstelligen lässt:

```
——————————— Syntaxregel ———————————
≪INSTANZNAME≫ = new ≪KLASSENNAME≫ ();
```

Wenn wir in unserem Falle also eine Variable namens `adr` erzeugen und dieser eine Instanz der Klasse `Adresse` zuweisen wollen, gelingt dies mittels folgender Zeilen:

```
Adresse adr;
adr=new Adresse();
```

Der **new**-Operator wird also nicht nur verwendet, um Felder zu erzeugen; er findet seine Anwendung auch bei Klassen.[6] Anstelle der Dimensionsangabe (in den eckigen Klammern) verwenden wir hier jedoch lediglich ein Paar runder Klammern. Wir werden im fortgeschrittenen Teil erfahren, was es mit diesen Klammern auf sich hat.

Grafisch können wir uns die jetzige Situation durch Abbildung 5.14 veranschaulichen. Da es sich bei Klassen wieder um Referenzdatentypen handelt, wird in der Variablen `adr` lediglich eine Referenz auf den Speicherbereich abgelegt, in dem sich in unserem Fall die Namen und die Inhalte der zum instantiierten Objekt gehörenden Variablen befinden.

5.2.3 Komponentenzugriff bei Objekten

Nachdem wir nun aus der reinen Klassenbeschreibung (sozusagen unserem „Bauplan") eine Instanz (bzw. ein Objekt) gebildet haben, wollen wir natürlich auch

---

[6] Tatsächlich ist der Operator für Felder eine spezialisierte Version dieses „neuen" new-Operators, da Felder in Java ebenfalls durch Objekte realisiert werden.

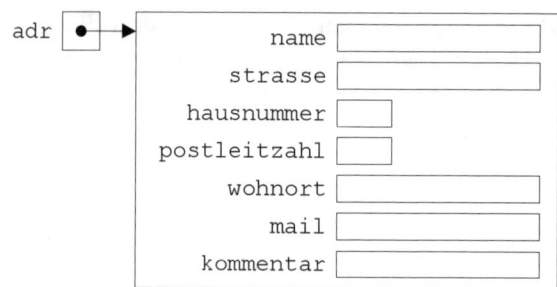

Abbildung 5.14: Erzeugen des durch `adr` referenzierten Objekts

Zugriff auf die einzelnen Instanzvariablen haben. Welchen Sinn hat etwa die Variable `wohnort`, wenn wir in diese nicht den Ort eintragen können, in dem unsere Zielperson wohnt? Wir lernen aus diesem Grund, dass der Zugriff auf Instanzvariablen künftig in der Form

---
Syntaxregel

≪OBJEKTNAME≫.≪VARIABLENNAME≫

---

erfolgt. Wollen wir also unserem Objekt `adr` etwa einen Wohnort zuweisen, so geschieht dies durch die Zeile

```
adr.wohnort="Musterbach";
```

Umgekehrt können wir dieses Datum auch wieder auslesen und etwa auf dem Bildschirm ausgeben:

```
System.out.println(adr.wohnort);
```

Wir erinnern uns an den Zugriff auf die Länge von Feldern durch die „`.length`"-Schreibweise und stellen fest, dass sich diese Form des Zugriffs hiervon nicht unterscheidet.

5.2.4 Ein erstes Adressbuch

Beginnen wir nun, unser Adressbuch in Java zu realisieren. Der Einfachheit halber beginnen wir zuerst mit der Verwaltung *einer* Adresse. Wir werden im weiteren Verlauf des Kapitels sehen, dass die Erweiterung auf mehrere Adressen nur wenig Mehraufwand bedeutet.

Prinzipiell gehen wir wie in 5.1.5 vor, das heißt, wir behandeln die verschiedenen Anwendungsfälle (Adresse eingeben, Adresse auslesen, Programm beenden) in einem **switch**-Block. Die zu verwaltende Adresse sichern wir in einem Objekt namens `adr` durch die Zeile

```
Adresse adr     = new Adresse();
```

Die Zugriffe auf die einzelnen Instanzvariablen erfolgen nun wie im letzten Abschnitt beschrieben, d. h. wir können die Daten direkt von der Tastatur einlesen bzw. auf dem Bildschirm ausgeben. So verläuft die Eingabe einer gültigen Adresse etwa wie folgt:

```
        adr.strasse     =IOTools.readLine   ("Strasse   : ");
        adr.hausnummer  =IOTools.readInteger("Hausnummer: ");
        adr.wohnort     =IOTools.readLine   ("Wohnort   : ");
        adr.postleitzahl=IOTools.readInteger("PLZ       : ");
        adr.mail        =IOTools.readLine   ("E-Mail    : ");
        adr.kommentar   =IOTools.readLine   ("Kommentar : ");
        break;
      case 2: // Adresse ausgeben
        System.out.println(adr.name);
```

Wir sehen, dass wir die einzelnen zu einem Datensatz gehörenden Variablen auch weiterhin problemlos ansprechen können. Unser komplettes Programm sieht in diesem einfachen Fall also wie folgt aus:

```
1   import Prog1Tools.IOTools;
2
3   public class AdressBuch_v1 {
4
5     public static class Adresse { // Adressdaten zusammengefasst
6       public String name;
7       public String strasse;
8       public int    hausnummer;
9       public int    postleitzahl;
10      public String wohnort;
11      public String mail;
12      public String kommentar;
13    }
14
15    public static void main(String[] args) { // Hauptprogramm
16      // Benoetigte Variablen
17      Adresse adr      = new Adresse();
18      boolean fertig=false;
19      // Starte das Programm mit einer huebschen Ausgabe
20      System.out.println("================");
21      System.out.println("Adressverwaltung");
22      System.out.println("================");
23      // Schleifenbeginn
24      while (!fertig) {
25        // Menue
26        System.out.println(" ");
27        System.out.println("1 = Adresseingabe");
28        System.out.println("2 = Adressausgabe");
29        System.out.println("3 = Programm beenden");
30        int auswahl=IOTools.readInteger("Ihre Wahl:");
31        // Fallunterscheidung
32        switch(auswahl) {
33          case 1: // Adresse eingeben
34            adr.name        =IOTools.readLine   ("Name      : ");
35            adr.strasse     =IOTools.readLine   ("Strasse   : ");
36            adr.hausnummer  =IOTools.readInteger("Hausnummer: ");
```

```
37              adr.wohnort      =IOTools.readLine   ("Wohnort    : ");
38              adr.postleitzahl=IOTools.readInteger("PLZ         : ");
39              adr.mail         =IOTools.readLine   ("E-Mail      : ");
40              adr.kommentar    =IOTools.readLine   ("Kommentar : ");
41              break;
42           case 2:  // Adresse ausgeben
43              System.out.println(adr.name);
44              System.out.println(adr.strasse+" "+adr.hausnummer);
45              System.out.println(adr.postleitzahl+" "+adr.wohnort);
46              System.out.println("E-Mail: "+adr.mail);
47              System.out.println("KOMMENTAR: "+adr.kommentar);
48              break;
49           case  3:  // Programm beenden
50              fertig=true;
51              break;
52           default:  // Falsche Zahl eingegeben
53              System.out.println("Eingabefehler!");
54           }
55       } // Schleifenende
56    } // Ende des Hauptprogramms
57 } // Ende des Programms
```

Wir werden in den nächsten Abschnitten versuchen, dieses Prinzip auf die Verwaltung eines ganzen Feldes von Adressen auszuweiten.

5.2.5 Klassen als Referenzdatentyp

Bevor wir unser Programm auf mehr als eine Adresse erweitern, wollen wir zuerst einen Blick auf die Rolle von Klassen als Referenzdatentypen werfen. Wie Felder werden auch Instanzen (Objekte) einer Klasse nicht direkt an einen Variablennamen gebunden. Die Objekt-Variable speichert lediglich eine **Referenz** auf das Objekt. Wenn wir also etwa mit den Zeilen

```
Adresse adr1=new Adresse();
adr1.name="Klausi Klausenbacher";
```

ein Adressobjekt erzeugen und dessen Komponente name auf „Klausi Klausenbacher" setzen, so erhalten wir mit der Variable adr1 also lediglich einen Verweis auf das Objekt (vgl. Abbildung 5.15 (1)). Würden wir eine zweite Variable mit einer Zuweisung in der Form

```
Adresse adr2=adr1;
```

initialisieren, so erhielten wir lediglich einen weiteren Verweis auf *ein und dasselbe Objekt* (siehe Abbildung 5.15 (2)). Der Zuweisungsoperator kopiert also auch hier nur die Referenzen, nicht die tatsächlichen Objekte selbst!
Welche Konsequenz ergibt sich somit für unsere weitere Arbeit? Auf den ersten Blick scheint es keinen sonderlichen Unterschied zu machen, ob unsere Objekte referenziert werden oder nicht. Wie wir im Folgenden jedoch feststellen werden, lassen sich gewisse Abläufe durch den Referenzcharakter wesentlich vereinfachen:

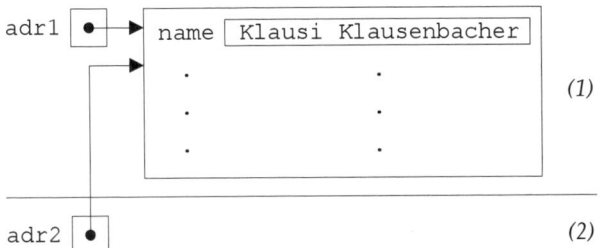

Abbildung 5.15: Klassen als Referenzdatentyp

Wir wollen unser Adressprogramm mit möglichst wenig Aufwand so erweitern, dass es statt einer *zwei* Adressen verwaltet. Hierzu schaffen wir zwei Objekte, die wir durch die Variablennamen `adr0` und `adr1` referenzieren:

```
Adresse adr=adr0;
boolean fertig=false;
```

Nun war es in unserem vorigen Programm (siehe Abschnitt 5.2.4) so, dass sämtliche Operationen (Ein- und Auslesen von Adressen) auf der Variablen `adr` ausgeführt wurden. Wie können wir das Programm so anpassen, dass es sowohl mit `adr0` als auch mit `adr1` arbeitet?

An dieser Stelle kommen uns eben die Referenzen zugute: Um etwa Daten aus dem Objekt `adr0` auszulesen, setzen wir einfach die Referenzen neu:

```
// Starte das Programm mit eines huebschen Ausgabe
```

Auf diese Art verweisen `adr` und `adr0` auf dasselbe Objekt. Wenn wir also zum Beispiel durch den Befehl

```
adr.kommentar =IOTools.readLine ("Kommentar : ");
```

den Postleitzahleintrag von `adr` neu setzen, setzen wir damit automatisch auch den Eintrag von `adr0`. Wollen wir uns stattdessen um die Daten aus `adr1` kümmern, so müssen wir lediglich die Referenz neu setzen:

```
adr=(n==0)?adr0:adr1;
break;
case 4: // Programm beenden
```

Diese Zeilen können wir etwa in den **switch**-Block unseres alten Programms einbauen und unser Menü somit um einen weiteren Auswahlpunkt („aktuelle Adresse wechseln") erweitern. Die anderen Programmteile können wir direkt übernehmen, da sie sich allesamt mit der (von uns angepassten) Referenz `adr` befassen. Unser erweitertes Listing unterscheidet sich somit kaum von den auf Seite 135 dargestellten Zeilen:

```
1  import Prog1Tools.IOTools;
2
3  public class AdressBuch_v2 {
4
```

```
5    public static class Adresse { // Adressdaten zusammengefasst
6      public String name;
7      public String strasse;
8      public int    hausnummer;
9      public int    postleitzahl;
10     public String wohnort;
11     public String mail;
12     public String kommentar;
13   }
14
15   public static void main(String[] args) { // Hauptprogramm
16     // Benoetigte Variablen
17     Adresse adr0=new Adresse();
18     Adresse adr1=new Adresse();
19     Adresse adr=adr0;
20     boolean fertig=false;
21     // Starte das Programm mit eines huebschen Ausgabe
22     System.out.println("================");
23     System.out.println("Adressverwaltung");
24     System.out.println("================");
25     // Schleifenbeginn
26     while (!fertig) {
27       // Menue
28       System.out.println(" ");
29       System.out.println("1 = Adresseingabe");
30       System.out.println("2 = Adressausgabe");
31       System.out.println("3 = aktuelle Adresse wechseln");
32       System.out.println("4 = Programm beenden");
33       int auswahl=IOTools.readInteger("Ihre Wahl:");
34       // Fallunterscheidung
35       switch(auswahl) {
36         case 1: // Adresse eingeben
37           adr.name         =IOTools.readLine    ("Name      : ");
38           adr.strasse      =IOTools.readLine    ("Strasse   : ");
39           adr.hausnummer   =IOTools.readInteger("Hausnummer: ");
40           adr.wohnort      =IOTools.readLine    ("Wohnort   : ");
41           adr.postleitzahl=IOTools.readInteger("PLZ       : ");
42           adr.mail         =IOTools.readLine    ("E-Mail    : ");
43           adr.kommentar    =IOTools.readLine    ("Kommentar : ");
44           break;
45         case 2: // Adresse ausgeben
46           System.out.println(adr.name);
47           System.out.println(adr.strasse+" "+adr.hausnummer);
48           System.out.println(adr.postleitzahl+" "+adr.wohnort);
49           System.out.println("E-Mail: "+adr.mail);
50           System.out.println("KOMMENTAR: "+adr.kommentar);
51           break;
52         case 3: // Adresse wechseln
53           int n=IOTools.readInteger("Neue Adressennummer "
54                              +"(zwischen 0 und 1):");
55           adr=(n==0)?adr0:adr1;
56           break;
57         case 4: // Programm beenden
58           fertig=true;
59           break;
```

```
60        default: // Falsche Zahl eingegeben
61             System.out.println("Eingabefehler!");
62        }
63    } // Schleifenende
64  } // Ende des Hauptprogramms
65 } // Ende des Programms
```

Unsere neuen Objekte `adr0` und `adr1` werden hierbei in den Zeilen 19 und 20 vereinbart.[7] Die Referenz `adr` wird anfangs auf `adr0` gesetzt (Zeile 21). Das Menü wird um einen zusätzlichen Eintrag erweitert (Zeile 33), der in den Zeilen 54 bis 58 implementiert wird. Das restliche Programm stimmt mit dem von Seite 135 überein.

5.2.6 Felder von Klassen

Wir haben im letzten Abschnitt gelernt, dass wir mit nur wenig Mehraufwand unser Adressprogramm von der Verwaltung *einer* Adresse auf die Verwaltung von mehr als einer Adresse ausweiten konnten: durch die Verwendung von Referenzen konnten wir das allgemeine Problem *mehrerer* Adressen (`adr0` und `adr1`) auf die Verwaltung *einer* Adresse (`adr`) zurückführen. Wie können wir unser Programm nun so modifizieren, dass wir auch eine größere Zahl von Datensätzen verarbeiten?

Der Gedanke liegt nahe, hierfür auf unser Wissen aus Abschnitt 5.1 zurückzugreifen. Wir haben eine Vielzahl von Daten (z. B. zwanzig Adresseinträge), die wir etwa in Form einer Tabelle anordnen könnten. Wir nummerieren die Adresseinträge von 0 bis 19 durch und speichern sie in einem Feld namens `adressen`:

```
boolean fertig=false;
```

Dieser einfache Ansatz führt tatsächlich bereits zu dem gewünschten Ergebnis. Es ist nämlich so, dass in Java Felder nicht nur über einfachen Datentypen (**int**, **double**,...), sondern auch über Referenzdatentypen aufgebaut werden können. Hierzu zählen sowohl Felder (siehe Abschnitt 5.1.7 und 5.1.7) als auch sonstige Klassen. Wir haben diesen Umstand unbewusst schon genutzt, indem wir für unseren Terminkalender Felder über Strings bildeten. Nun wollen wir uns diese Eigenschaft von Java jedoch auch bewusst zu Nutze machen.

Abbildung 5.16 zeigt den Zustand unseres Feldes `adressen` nach der Erzeugung mit Hilfe des **new**-Operators. Die Variable `adressen` umfasst insgesamt zwanzig Einträge, das heißt, sie verweist auf die Komponenten `adressen[0]` bis `adressen[19]`, die vom Typ `Adresse` sind. Da es sich hierbei um eine benutzerdefinierte Klasse handelt, also auch um einen Referenzdatentyp, stellt jeder dieser Einträge wieder eine Referenz dar. Diese zeigt zu Anfang „nirgendwohin", d. h. sie referenziert kein spezifisches Objekt. Es handelt sich um die so genannte **Null-Referenz**, die in Java mit **null** bezeichnet wird.

---

[7] Den aufmerksamen Lesern wird hier wahrscheinlich etwas aufgefallen sein: Warum werden die Objekte hier als `adr0` und `adr1` bezeichnet, obwohl es sich doch nur um die Namen der *Referenzen* handelt? Tatsächlich „heißen" die Objekte natürlich nicht `adr0` oder `adr1`; aus Gründen der Übersichtlichkeit wird diese Ungenauigkeit aber üblicherweise in Kauf genommen.

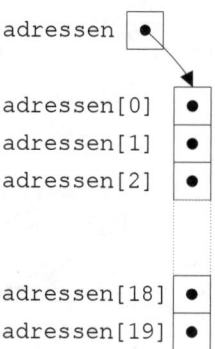

Abbildung 5.16: Grundzustand eines Feldes von Objekten

Um in unserem Programm also tatsächlich mit zwanzig verschiedenen Objekten arbeiten zu können, müssen wir eben zwanzig Objekte neu erzeugen. Wir verwenden hierzu wieder den **new**-Operator, den wir innerhalb einer Schleife anwenden:

```
adr=adressen[0];
// Starte das Programm mit eines huebschen Ausgabe
```

Innerhalb der Schleife weisen wir jeder der Feldkomponenten ein eigenes Objekt zu (vgl. Abbildung 5.17). Unsere Referenz `adr` setzen wir am Anfang auf den ersten Eintrag `adressen[0]`:

```
System.out.println("================");
```

Nach diesen Veränderungen ist unser neues Programm beinahe lauffähig. Wir müssen lediglich noch die Auswahl der aktuellen Adresse anpassen. Dies geschieht im folgenden Listing in den Zeilen 55 bis 59:

```
1  import Prog1Tools.IOTools;
2
3  public class AdressBuch_v3 {
4
5    public static class Adresse { // Adressdaten zusammengefasst
6      public String name;
7      public String strasse;
8      public int    hausnummer;
9      public int    postleitzahl;
10     public String wohnort;
11     public String mail;
12     public String kommentar;
13   }
14
15   public static void main(String[] args) { // Hauptprogramm
16     // Benoetigte Variablen
17     Adresse[] adressen= new Adresse[20];
18     Adresse adr;
19     boolean fertig=false;
20     // Initialisiere das Feld
```

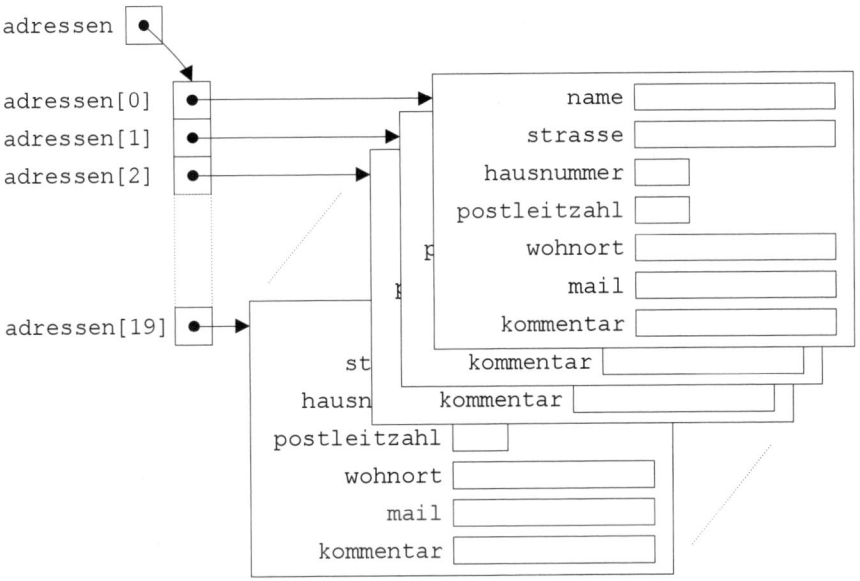

Abbildung 5.17: Initialisiertes Feld von Objekten

```
21      for (int i=0;i<adressen.length;i++)
22        adressen[i]=new Adresse();
23      adr=adressen[0];
24      // Starte das Programm mit eines huebschen Ausgabe
25      System.out.println("================");
26      System.out.println("Adressverwaltung");
27      System.out.println("================");
28      // Schleifenbeginn
29      while (!fertig) {
30        // Menue
31        System.out.println(" ");
32        System.out.println("1 = Adresseingabe");
33        System.out.println("2 = Adressausgabe");
34        System.out.println("3 = aktuelle Adresse wechseln");
35        System.out.println("4 = Programm beenden");
36        int auswahl=IOTools.readInteger("Ihre Wahl:");
37        // Fallunterscheidung
38        switch(auswahl) {
39          case 1: // Adresse eingeben
40            adr.name        =IOTools.readLine   ("Name      : ");
41            adr.strasse     =IOTools.readLine   ("Strasse   : ");
42            adr.hausnummer  =IOTools.readInteger("Hausnummer: ");
43            adr.wohnort     =IOTools.readLine   ("Wohnort   : ");
44            adr.postleitzahl=IOTools.readInteger("PLZ       : ");
45            adr.mail        =IOTools.readLine   ("E-Mail    : ");
46            adr.kommentar   =IOTools.readLine   ("Kommentar : ");
47            break;
48          case 2: // Adresse ausgeben
```

```
49              System.out.println(adr.name);
50              System.out.println(adr.strasse+" "+adr.hausnummer);
51              System.out.println(adr.postleitzahl+" "+adr.wohnort);
52              System.out.println("E-Mail: "+adr.mail);
53              System.out.println("KOMMENTAR: "+adr.kommentar);
54              break;
55            case 3: // Adresse wechseln
56              int n=IOTools.readInteger("Neue Adressennummer "
57                                  +"(zwischen 0 und 19):");
58              adr=adressen[n];
59              break;
60            case 4: // Programm beenden
61              fertig=true;
62              break;
63            default: // Falsche Zahl eingegeben
64              System.out.println("Eingabefehler!");
65          }
66        } // Schleifenende
67      } // Ende des Hauptprogramms
68    } // Ende des Programms
```

5.2.7   Vorsicht, Falle: Kopieren von geschachtelten Referenzdatentypen

In Abschnitt 5.1.8 hatten wir bereits gesehen, dass man sich beim Kopieren von Feldern stets der Tatsache bewusst sein muss, dass man eine „echte" Kopie eines geschachtelten (mehrdimensionalen) Feldes nur durch eine Tiefenkopie, die alle Dimensionen des Feldes vollständig behandelt, erzeugen kann. Dieser Sachverhalt trifft natürlich auch auf geschachtelte Klassen oder Felder von Klassen zu.

Wollen wir also eine Kopie unseres Adressbuches adressen aus dem letzten Abschnitt erstellen, um darin einige Einträge abzuändern, so kann dies nicht einfach nur mit den Anweisungen

```
Adresse[] nochmalAdressen = new Adresse[20];
nochmalAdressen = adressen; // Referenzkopie von adressen
```

erfolgen. Wir erzeugen damit zwar zunächst ein neues Feld, das von nochmalAdressen referenziert wird, überschreiben diese Referenz auf das neue Feld jedoch sogleich mit einer Referenzkopie von adressen. Beide Variablen referenzieren somit dasselbe Feld. Eine nachfolgende Zuweisung der Form

```
nochmalAdressen[1].name = "Susi Sorglos";
```

würde daher nicht nur in unserem vermeintlich neuen, kopierten Adressen-Feld nochmalAdressen unseren ursprünglichen Namen überschreiben, sondern auch den in adressen[1].name gespeicherten. Wir greifen schließlich aufgrund der beiden identischen Referenzen adressen und nochmalAdressen auf den gleichen Speicherplatz zu.

Auch mit einer flachen Kopie in der Form

```
Adresse[] nochmalAdressen = new Adresse[20];
for (int i = 0; i < adressen.length; i++)
    nochmalAdressen[i] = adressen[i];   // Flache Kopie von adressen
```

hat sich an dieser Situation nichts verändert, denn nach wie vor verweisen die Referenzen `nochmalAdressen[i]` und `adressen[i]` auf die gleichen Objekte. Die Zuweisung

```
nochmalAdressen[1].name = "Susi Sorglos";
```

hätte immer noch den „Seiteneffekt", dass auch in `adressen[1].name` der Eintrag `Susi Sorglos` gespeichert wäre.

Erst mit einer Tiefenkopie, die alle Schachtelungen unseres Adressbuches vollständig behandelt, z. B. in der Form

```
Adresse[] nochmalAdressen = new Adresse[20];
for (int i = 0; i < nochmalAdressen.length; i++) {
    nochmalAdressen[i] = new Adresse();
    nochmalAdressen[i].name = ...;
    ...
    nochmalAdressen[i].kommentar = ...;
}
```

schaffen wir die Voraussetzung dafür, dass wir in unserer Adressbuch-Kopie `nochmalAdressen` unter `nochmalAdressen[1].name` einen anderen Wert (z. B. `Susi Sorglos`) abspeichern können, ohne den ursprünglichen Wert von `adressen[1].name` zu verändern.

5.2.8 Auslagern von Klassen

Wir haben in den letzten Abschnitten ein einfaches, aber bereits funktionsfähiges Programm zur Verwaltung von Adressen entwickelt. In drei Schritten haben wir drei lauffähige Programme erstellt, die die Verwaltung von Adressen in unterschiedlichen Formen ermöglichen.

Allen Programmen liegt ein und dieselbe Klasse `Adresse` zugrunde, in der wir die verschiedenen Daten realisiert haben. Diese Klasse wurde stets als innere Klasse realisiert, das heißt, wir haben die Klassenbeschreibung jeweils explizit in die Quellen eingefügt. Dieses Vorgehen hat mehrere gravierende Nachteile:

■ Werfen wir einen Blick in unser aktuelles Arbeitsverzeichnis unseres Rechners mit den übersetzten Klassen, so finden wir eine Vielzahl von `.class`-Dateien:

```
AdressBuch_v1$Adresse.class
AdressBuch_v1.class
AdressBuch_v2$Adresse.class
AdressBuch_v2.class
AdressBuch_v3$Adresse.class
AdressBuch_v3.class
```

Jede dieser Dateien steht für eine vom Compiler übersetzte Klasse, die Klassen mit der Endung `$Adresse.class` stehen hierbei für die inneren Klassen.

Obwohl es sich in allen Fällen um die gleiche Klassendefinition handelt, wird diese in drei verschiedenen Dateien realisiert. Dies ergibt insbesondere bei größeren Softwareprojekten eine äußerst unübersichtliche Dateistruktur, d. h. die Anordnung und der Aufbau der verschiedenen von unseren Programmen benutzten Dateien bringt einige Probleme mit sich.

■ Angenommen, wir stellen zu einem späteren Zeitpunkt fest, dass sich in unsere Klasse `Adresse` ein Fehler eingeschlichen hat. Wir haben zwar eine Möglichkeit gefunden, diesen Fehler zu korrigieren, doch ist es damit noch nicht getan. Anstatt nämlich den Fehler nur an *einer* Stelle korrigieren zu müssen, haben wir eine *Vielzahl* von Programmen zu untersuchen – nämlich all jene Dateien, in denen die Klasse `Adresse` als innere Klasse eingebettet ist.

■ Nehmen wir weiter an, unsere Adressklasse ist inzwischen dermaßen ausgereift und gut, dass wir diese Klasse (*nicht* unser gesamtes Programm) an andere Softwarehäuser weiterverkaufen wollen. Diese Veräußerung so genannter Komponenten stellt in der heutigen Softwarebranche einen wichtigen Markt dar. Wie aber sollen wir eine Klasse verkaufen, die nur innerhalb unseres kompletten Programms funktioniert?

■ Wenn wir ein größeres Softwareprojekt betreuen, müssen wir die Arbeit an mehrere Entwickler delegieren, denn wirklich große Aufgaben können nur in seltenen Fällen von einer einzelnen Person bewerkstelligt werden. In diesem Zusammenhang wird sich unser Programm auch aus weit mehr als einer oder zwei Klassen zusammensetzen. Wollten wir jedoch all diese Klassen als innere Klassen implementieren, müssten wir sie auch alle in ein und demselben Programmtext realisieren. Dieser wird auf diese Weise nicht nur sehr groß, sondern auch sehr unübersichtlich.

Deshalb lernen wir nun, wie man Klassen aus dem Kontext eines Programms herausnimmt und somit nicht als innere, sondern als so genannte **Elementklasse** bzw. **Top-Level-Klasse** definiert. Elementklassen werden im Gegensatz zu inneren Klassen nicht innerhalb einer anderen Klasse (also unseres Hauptprogramms) definiert, sondern in eine eigene Datei ausgelagert. Diese Datei muss den Namen der zu definierenden Klasse tragen (in unserem Fall also `Adresse.java`), und das Schlüsselwort **static** ist aus dem Kopf der Klasse zu streichen:

```
───────────────  Syntaxregel  ───────────────
public class «KLASSENNAME» { // Klasse in eigener Datei
   «VARIABLENDEKLARATION»
   ...
   «VARIABLENDEKLARATION»
}
```

In unserem Fall ändert sich also an der eigentlichen Klassenbeschreibung nichts; die Elementklasse `Adresse` sieht wie folgt aus:

```
1   /** Diese Klasse realisiert eine Adresse einer natuerlichen Person */
2   public class Adresse {
3     public String name;
4     public String strasse;
5     public int    hausnummer;
6     public int    postleitzahl;
7     public String wohnort;
8     public String mail;
9     public String kommentar;
10  }
```

Speichern wir diesen Quelltext in einer Datei `Adresse.java` und compilieren diese, erhalten wir eine Klassendatei namens `Adresse.class`. Diese Datei können wir nun in anderen Programmen verwenden, ohne den Quelltext zur Verfügung stellen zu müssen. Wir können die Datei selbst verwenden oder aber (z. B. zwecks Verkauf) an andere weiterreichen. Die Klasse ist somit eigenständig geworden und nicht mehr an irgendein spezielles Programm gebunden.

5.2.9 Zusammenfassung

Wir haben ein Problem (Adressverwaltung) kennen gelernt, das wir mit konventionellen Mitteln nur mit beträchtlichem Aufwand lösen konnten. In diesem Zusammenhang stellten wir fest, dass es von Nutzen sein kann, verschiedene Daten in einem neuen Datentyp, einer Klasse, zusammenzufassen.

Am Beispiel einer einfachen Klasse zur Verwaltung von Adressen haben wir gelernt, dass sich die Arbeit mit Klassen kaum vom Umgang mit den einfachen Datentypen unterscheidet. Wir mussten zwar beachten, dass es sich bei Klassen immer um Referenzdatentypen handelt, also eine Variable immer nur einen Verweis auf das tatsächliche Objekt darstellt. Diesen Umstand konnten wir uns jedoch zunutze machen, indem wir Elemente aus einem Feld von Objekten durch eine solche schlichte Referenz zur Bearbeitung auswählen konnten.

Auch wenn wir unsere Klasse zu Beginn als innere Klasse realisiert haben, mussten wir schon bald feststellen, dass es in vielen Fällen nützlich ist, Klassenbeschreibungen aus dem Zusammenhang eines Programms auszulagern und als Elementklassen zu realisieren. Wir werden in späteren Kapiteln nur noch von dieser Form der Klassendarstellung Gebrauch machen.

5.2.10 Übungsaufgaben

Aufgabe 5.6

Passen Sie die Adressverwaltung so an, dass sie ohne die Verwendung von inneren Klassen auskommt. Verwenden Sie hierzu die Elementklasse `Adresse`.

Aufgabe 5.7

Wir wollen unsere Adressklasse erweitern. Neben den aktuell vorhandenen Daten soll die Klasse auch die Telefonnummer einer Person abspeichern können.
Erweitern Sie die Elementklasse `Adresse` entsprechend, und entwerfen Sie ein
Programm `AdressBuch_v4`, das diese Erweiterung berücksichtigt.

Aufgabe 5.8

Gegeben sei das folgende Programm:

```
1   public class Komponente {
2     public int wert;
3     public Komponente ref;
4   }
5
6   public class Referenzen {
7     public static void main (String[] args) {
8       int matrNr = 1746050 ; // Hier Ihre Matrikelnummer eintragen!
9       Komponente p, q;
10      int i;
11      p = new Komponente();
12      p.ref = null;
13      p.wert = matrNr % 10;
14      matrNr = matrNr / 10;
15      for (i=2; i <= 3; i++) {
16        q = new Komponente();
17        q.ref = p;
18        p = q;
19        p.wert = matrNr % 10;
20        matrNr = matrNr / 10;
21      }
22      for (i=1; i <= 3; i++) {
23        System.out.print(p.wert);
24        p = p.ref;
25      }
26    }
27  }
```

Weisen Sie an der markierten Stelle der Variablen `matrNr` Ihre Matrikelnummer
zu. Falls Sie keine solche Matrikelnummer besitzen, verwenden Sie einfach die
letzten sechs Ziffern Ihrer Telefonnummer.
Geben Sie an, welche Ausgabe das Programm liefert. Versuchen Sie, das Ergebnis
ohne Zuhilfenahme des Computers zu erhalten.

Kapitel 6

Methoden, Unterprogramme

Wir wollen ein einfaches Problem lösen: Für die Funktion $f(x, n) = x^{2n} + n^2 - nx$ mit positivem ganzzahligem n und reellem x sind Funktionswerte zu berechnen. Folgendes Programm tut genau dies:

```
1   import Prog1Tools.IOTools;
2   public class Eval1 {
3     public static void main(String[] args) { // Hauptprogramm
4       int n = IOTools.readInteger("n=");        // lies n ein
5       double x = IOTools.readDouble("x=");      // lies x ein
6       double produkt = 1.0;                     // Berechnung der Potenz
7       for (int i=0; i < 2*n; i++)               // ...
8         produkt = produkt * x;                  // abgeschlossen
9       double f_x_n = produkt + n*n - n*x;       // Berechnung von f
10      System.out.println("f(x,n)="
11                        + f_x_n);               // Ergebnis
12    }
13  }
```

Nun wollen wir das Problem etwas komplizieren. Statt eines einfachen x soll man einen Bereich angeben können – ein Intervall, in dem $f(x, n)$ wie folgt ausgewertet wird:

1. Werte f am linken Randpunkt l des Intervalls aus.

2. Werte f am rechten Randpunkt r des Intervalls aus.

3. Werte f am Mittelpunkt des Intervalls (berechnet aus (l+r)/2) aus.

4. Gib den Mittelwert der drei Funktionswerte aus.

Wir erweitern unser Programm entsprechend. Hierbei definieren wir für die drei Auswertungen der Funktion jeweils drei eigenständige Variablen, um sie für den späteren Gebrauch zu speichern. Das entstandene Programm sieht nun so aus:

```
1   import Prog1Tools.IOTools;
2   public class Eval2 {
3     public static void main(String[] args) { // Hauptprogramm
4       int n = IOTools.readInteger("n=");       // lies n ein
5       double l = IOTools.readDouble("l=");     // lies l ein
6       double r = IOTools.readDouble("r=");     // lies r ein
7       double produkt = 1.0;                     // Berechnung der Potenz
8       for (int i=0; i < 2*n; i++)               // ...
9         produkt = produkt * l;                  // abgeschlossen
10      double f_l_n = produkt + n*n - n*l;       // Berechnung von f
11      System.out.println("f(l,n)="
12                          + f_l_n);             // Ergebnis
13
14      produkt = 1.0;                            // Berechnung der Potenz
15      for (int i=0; i < 2*n; i++)               // ...
16        produkt = produkt * r;                  // berechnet
17      double f_r_n = produkt + n*n - n*r;       // Berechnung von f
18      System.out.println("f(r,n)="
19                          + f_r_n);             // Ergebnis
20
21      double m = (l + r) / 2.0;                 // Mittelpunkt
22      produkt = 1.0;                            // Berechnung der Potenz
23      for (int i=0; i < 2*n; i++)               // ...
24        produkt = produkt * m;                  // abgeschlossen
25      double f_m_n = produkt + n*n - n*m;       // Berechnung von f(M,n)
26      System.out.println("f(m,n)="             // Ergebnis-
27                          + f_m_n);             // rueckgabe
28      double mitte = (f_l_n + f_l_n + f_m_n) / 3; // Mittelwert
29      System.out.println("Mittelwert=" + mitte);
30    }
31  }
```

Wir sehen, dass unser neues Programm wesentlich länger und leider auch unübersichtlich geworden ist. Der Grund hierfür liegt vor allem an der sich ständig wiederholenden **for**-Schleife. Leider benötigen wir diese aber für die Berechnung der Funktion f. Zu schade, dass wir diese nicht wie den Sinus oder Tangens als einen eigenständigen Befehl zur Verfügung stellen können! Oder etwa doch?

In den folgenden Abschnitten lernen wir, so genannte **Methoden** (oder auch **Routinen**) zu definieren. Dies sind Unterprogramme, die vom Hauptprogramm (der main-Methode) aufgerufen werden und auch Ergebnisse zurückliefern können. Mit ihrer Hilfe werden wir Programme schreiben, die weit komplexer als obiges Beispiel, aber dennoch übersichtlicher sind!

6.1 Methoden

6.1.1 Was sind Methoden?

Durch Methoden wird ausführbarer Code unter einem Namen zusammengefasst. Dieser Code kann unter Verwendung so genannter Parameter formuliert sein, denen später beim Aufruf der Methode Werte übergeben werden. Wie im Abschnitt über Klassen bereits erwähnt, gehören Methoden in der Regel neben den Variablen zum festen Bestandteil von Klassen. Da wir noch nicht objektorientiert programmieren, befassen wir uns nur mit einem Spezialfall. Wir werden den Begriff der Methode später jedoch auf Objekte erweitern.

6.1.2 Deklaration von Methoden

Wir definieren in Java eine Methode stets innerhalb einer Klasse (d. h. nach der ersten sich öffnenden geschweiften Klammer) in der Form

Syntaxregel

```
public static «RUECKGABETYP» «METHODENNAME» («PARAMETERLISTE»)
{
    // Methoden-Rumpf: hier den
    // auszufuehrenden Code einfuegen
}
```

Hierbei ist

- «RUECKGABETYP» der Typ des Ergebnisses, das die Methode zurückliefern soll. Soll die Methode wie in obigem Beispiel das Ergebnis der Funktion $f(x, n) = x^{2n} + n^2 - nx$ zurückgeben, könnte der Rückgabetyp z. B. ein Gleitkommatyp (**double** oder **float**) sein. Soll die Methode keinen Wert zurückgeben, schreiben wir für «RUECKGABETYP» einfach **void**.

- «METHODENNAME» ein Bezeichner, unter dem die Methode von Java erkannt werden soll. Der Methodenname darf selbstverständlich kein reserviertes Wort sein. Wir werden später auf Beispiele für die Bezeichnung von Methoden zu sprechen kommen.

- «PARAMETERLISTE» eine Kommaliste von Variablendeklarationen. Die darin aufgeführten Variablen werden **formale Parameter** oder auch **formale Argumente** genannt und fungieren als Platzhalter für Werte, die an die Methode übergeben werden sollen. Die Deklaration eines solchen formalen Parameters entspricht im Großen und Ganzen der üblichen Vereinbarung einer Variablen (mit dem Unterschied, dass wir keine Initialisierungswerte angeben können). Mehrere Parameter-Deklarationen werden durch Kommata getrennt, d. h. zu jedem Parameter *muss* eine Typbezeichnung angegeben werden.

Wenn wir uns den **Methodenkopf** (die erste Zeile in unserer Syntaxregel) etwas genauer ansehen, erkennen wir eine große Ähnlichkeit mit der bereits bekannten Zeile

```
public static void main(String[] args) {
```

Zufall? Natürlich nicht! Tatsächlich ist die Hauptmethode, die wir bislang immer verwendet haben, nichts anderes als eine Methode. Sie hat als Rückgabetyp **void**, also liefert sie keinen Wert als Ergebnis. Der Methodenname ist main, und die

Parameterliste besteht aus einem Feld von Strings, das den Namen `args` trägt, was wir aber auch `nasenbaer` oder `schoenesFeld` hätten nennen können, weil nur der Typ, nicht aber der Name des Parameters relevant ist.

6.1.3   Parameterübergabe und Ergebnisrückgabe

Wir wollen nun unsere Funktion $f(x, n) = x^{2n} + n^2 - nx$ durch eine Methode berechnen lassen. Wie haben wir diese zu programmieren?

Als Erstes müssen wir uns Gedanken über den Kopf der Methode machen. Welchen Rückgabetyp hat die Methode? Welche Parameter müssen wir übergeben? Und wie sollen wir sie nur benennen?

Letztgenanntes Problem dürfte relativ schnell gelöst sein – wir nennen sie einfach `f`. Dies ist schließlich der Name der Funktion, und es handelt sich hierbei um einen Bezeichner, der kein reserviertes Wort darstellt. Auch der Rückgabetyp ist relativ leicht geklärt. Wir haben in unserem Programm Gleitkommawerte stets durch **double**-Zahlen codiert und werden dies auch weiterhin tun. Als Rückgabetyp legen wir deshalb einfach **double** fest.

Bezüglich der Parameterliste haben wir zwei Werte, die wir der Funktion übergeben müssen:

- einen ganzzahligen Wert `n`, den wir im Hauptprogramm in einer Variable vom Typ **int** abgespeichert hatten und

- eine Gleitkommazahl `x`, die wir durch einen **double**-Wert codieren.

Wir haben somit alle Informationen zusammen, um unseren Methodenkopf zu definieren. Dieser lautet nun wie folgt:

```
public static double f(double x, int n) {
```

Wie wir nun den Funktionswert $f(x, n)$ berechnen, ist klar: auf die gleiche Weise wie in den bisherigen Programmen. Ein entsprechendes Codestück könnte etwa so aussehen:

```
double produkt = 1.0;              // Berechnung der
for (int i=0; i < 2*n; i++)        // Potenz x^n
   produkt = produkt * x;          // abgeschlossen
double ergebnis = produkt + n*n - n*x;  // Berechnung von f(x,n)
```

Wie machen wir Java jedoch klar, dass in der Variable `ergebnis` nun das Ergebnis unserer Methode steht? Wie erkennt das Programm, dass als Ergebnis nicht etwa `produkt` zurückgegeben werden soll? Für diese Ergebnisrückgabe an die aufrufende Umgebung steht das Kommando **return** zur Verfügung.
Durch den Befehl

```
return ergebnis;
```

wird die Ausführung der Methode beendet und der Inhalt der Variable `ergebnis` als Resultat zurückgegeben. Die Variable muss natürlich vom gleichen Typ wie der Rückgabetyp oder durch implizite Typumwandlung in den entsprechenden Typ umwandelbar sein.

Der Befehl **return** funktioniert übrigens nicht nur mit Variablen. Auch Literale, arithmetische Ausdrücke wie a+b oder das Ergebnis anderer Methodenaufrufe kann mit **return** zurückgeliefert werden, wenn der Typ des nach **return** stehenden allgemeinen Ausdrucks zuweisungskompatibel zum Rückgabetyp ist, d. h. wenn beide Typen entweder gleich sind oder eine automatische Typkonvertierung des nach **return** stehenden Ausdrucks in den Rückgabetyp durchgeführt werden kann. Hat die Methode den Rückgabetyp **void**, so steht das Kommando **return**; für das sofortige Beenden der Methode (natürlich ohne die Rückgabe irgendeines Wertes). Ein solches **return** als letzte Anweisung in der Methode kann auch entfallen.

Wir wollen dieses Wissen verwenden und unsere Methode ohne die Verwendung einer Variable ergebnis formulieren.

```
public static double f(double x, int n) {
  double produkt = 1.0;                  // Berechnung der
  for (int i=0; i < 2*n; i++)            // Potenz x^2n
    produkt = produkt * x;               // abgeschlossen
  return produkt + n*n - n*x;            // Berechnung von f(x,n)
}
```

Natürlich kann die Berechnung eines Ergebnisses – abhängig vom Ergebnis verschiedener Fallunterscheidungen – aus mehr als nur *einer* festgelegten Vorgehensweise erhalten werden. Nehmen wir als Beispiel die Berechnung der Fakultät einer ganzen nichtnegativen Zahl n, in mathematischer Schreibweise mit $n!$ bezeichnet. Diese ist

- 1, falls $n = 0$ ist und

- $n \cdot (n-1) \cdot (n-2) \cdot \ldots \cdot 3 \cdot 2 \cdot 1$ in jedem anderen Fall.

Es ist aus diesem Grund möglich, dass mehr als eine **return**-Anweisung in einer Methode benötigt wird. Folgende Methode würde beispielsweise die Fakultät berechnen:

```
public static int fakultaet(int n) {
  if (n == 0)                    // Sonderfall
    return 1;
  for (int i = n-1; i > 0; i--)  // berechne n*(n-1)*...
    n = n * i;                   // fange hierzu bei n-1 an
  return n;
}
```

Wir haben in dieser Methode zwei neue Dinge getan: Wir haben mehr als eine **return**-Anweisung verwendet und den Wert des übergebenen Parameters n verändert. Es stellt sich für uns jedoch die Frage, ob wir dies eigentlich auch *dürfen*. Was ist, wenn das Hauptprogramm den in n gespeicherten Wert noch benötigt? Dürfen wir ihn so einfach überschreiben? Diese Frage werden wir im Zusammenhang mit dem Methodenaufruf beantworten.

6.1.4 Aufruf von Methoden

Zunächst einmal wollen wir uns anschauen, wie wir in Java eine Methode aufrufen können. Der Aufruf erfolgt gemäß der Syntax

---
Syntaxregel

«METHODENNAME» («PARAMETERLISTE»)

---

und stellt einen elementaren Ausdruck dar, der in der Regel einen Wert abliefert, durch ein nachgestelltes Semikolon jedoch wie gewohnt auch zu einer Ausdrucks-Anweisung werden kann. «PARAMETERLISTE» ist wiederum eine Kommaliste von Ausdrücken (**aktuelle Parameter** genannt), deren Werte nun über die Platzhalter aus der Methodenvereinbarung an die Methode übergeben werden.

Wir könnten also beispielsweise in unserer main-Methode nachfolgende Aufrufe verwenden:

```
double y = f(x,n);
double z = f(y,3) + 3*x;
int fak = fakultaet(4);
```

Nach dem Aufruf (also nach Ende der aufgerufenen Methoden) wird jeweils der entsprechende Rückgabewert für den ursprünglichen Methodenaufruf eingesetzt und mit diesem Wert weitergearbeitet (z. B. bei einer Ausdrucksauswertung weitergerechnet).

Um nun zu verstehen, dass wir in unserer Deklaration der Methode fakultaet durch Überschreiben des Werts des Parameters n keinen Fehler begehen, muss uns zuerst klar werden, wie Java Werte an Methoden übergibt. Wie ein Architekt, der seine wertvollen Entwürfe im Safe verstaut, gibt auch Java niemals die originale Variable preis. Vielmehr wird eine *Kopie* des Inhalts erstellt und diese an die aufgerufene Methode übergeben. Wenn wir also in der Methode fakultaet den Inhalt der Variablen n verändern, verändern wir lediglich die Kopie – nicht das Original.

Genauer gesagt, werden bei jedem Methodenaufruf die formalen Parameter (wie auch lokale Variablen der Methode) neu erzeugt und mit den Werten der aktuellen Parameter initialisiert, bevor der Methodenaufruf ausgeführt wird (also die Anweisungen in der Methode ausgeführt werden). Java kennt nur diese Art von Parameterübergabe. Man bezeichnet sie als *Wertaufruf* (englisch: call by value).

Wir wollen dies am folgenden kleinen Beispielprogramm verdeutlichen:

```
1  public class AufrufTest {
2
3    // UNTERPROGRAMM
4    public static void unterprogramm(int n) { // n als formaler
5      n = n * 5;                              // Parameter wird veraendert
6      System.out.println("n=" + n);           // und ausgegeben
7    }
8
9    // UNSER HAUPTPROGRAMM
```

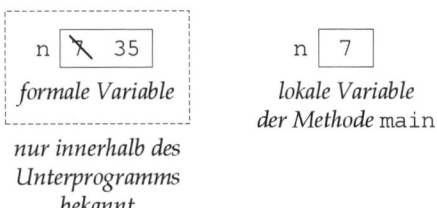

Abbildung 6.1: `main`-Variable n und formale Variable n

```
10    public static void main(String[] args) {
11        int n = 7;                          // Startwert fuer lokales n
12        System.out.println("n= " + n);      // wird ausgegeben
13        unterprogramm(n);                   // Unterprogrammaufruf
14        System.out.println("n= " + n);      // n wird erneut ausgegeben
15    }
16  }
```

Wir übersetzen das Programm und starten es. Hierbei erhalten wir die folgende Ausgabe:

```
───────────────── Konsole ─────────────────
n =  7
n = 35
n =  7
```

Wie wir sehen, hat der Aufruf der Methode den Inhalt der Variable n, die in der `main`-Methode definiert ist, nicht verändert. Wir brauchen uns also keine Sorgen zu machen, dass irgendwelche „namensgleichen" Variablen oder übergebenen Parameter sich gegenseitig beeinflussen. Vielmehr ist der formale Parameter n eine von der Variablen n in unserer `main`-Methode völlig unabhängige Größe. In Abbildung 6.1 ist die Situation nochmals grafisch dargestellt.

Hier kommen die Regeln für die Sichtbarkeit und das Verdecken von Variablen zum Tragen, mit denen wir uns in Abschnitt 6.1.8 beschäftigen werden.

Achtung: Beim Aufruf einer Methode müssen wir sicherstellen, dass der Typ jedes aktuellen Parameters (jedes Arguments) mit dem Typ des entsprechenden formalen Parameters übereinstimmt oder zumindest automatisch in diesen Typ wandelbar ist. In Frage kommen dabei nur die in Abschnitt 4.3.6 beschriebenen automatischen Typwandlungen, die einen kleineren Wertebereich in einen größeren Wertebereich abbilden, sowie die entsprechenden Mechanismen für Referenzen, auf die wir in Abschnitt 9.1.5 noch eingehen werden.

6.1.5   Überladen von Methoden

Wir wollen das Maximum zweier Zahlen vom Typ **int** berechnen und definieren uns deshalb eine Methode `max`:

```
public static int max(int x, int y) {
   return (x>y) ? x : y;
}
```

Im Verlauf unserer weiteren Programmierarbeit stellen wir jedoch fest, dass wir neben einer Maximumsberechnung für **int**-Werte auch eine Maximumsfunktion für Zahlen vom Typ **double** benötigen. Wir schreiben uns also eine weitere Funktion max, die diesen Fall abdeckt:

```
public static double max(double x,double y) {
   return (x>y) ? x : y;
}
```

An dieser Stelle wird den aufmerksamen Leserinnen und Lesern vielleicht ein berechtigter Einwand einfallen: *Dürfen wir zwei Methoden* max *nennen? Wie kann Java die beiden Methoden voneinander unterscheiden?*

Wie Sie wahrscheinlich bereits vermutet haben, lässt sich die erste Frage mit einem entschiedenen *Ja* beantworten. Java bietet dem Programmierer bzw. der Programmiererin die Möglichkeit, Methoden zu **überladen**, d. h. mehrere Methoden mit dem gleichen Namen zu definieren – sofern sie sich in ihrer Parameterliste unterscheiden. Java unterscheidet Methoden gleichen Namens

- anhand der *Zahl* der Parameter,

- anhand des *Typs* der Parameter und

- anhand der *Position* der Parameter.

Im obigen Beispiel ist die Zahl der Parameter in beiden Methoden gleich, aber die Typen von x und y sind verschieden. Weitere zulässige Überladungen wären:

```
public static int max(int x) { ... }                    // Zahl d. Arg.
public static int max(int x, int y, int z) { ... }      // Zahl d. Arg.
public static int max(double x, int y) { ... }          // Typ  d. Arg
public static int max(int y,double x) { ... }           // Pos. d. Arg
```

Die beiden letzten Zeilen sind ein Beispiel für die Möglichkeit, Methoden anhand der Position ihrer Parameter zu unterscheiden. Obwohl beide Methoden die gleiche Zahl und die gleichen Parametertypen (einmal **int** und einmal **double**) besitzen, können sie anhand der unterschiedlichen *Reihenfolge* unterschieden werden.

Nicht korrekt hingegen wären etwa die folgenden Beispiele:

- Es wird nicht nach dem Typ des *Rückgabewertes* unterschieden, also wäre

```
public static double max(int x, int y) { ... }
```

  nicht erlaubt.

- Es wird nicht nach den *Namen* der Parameter unterschieden, folglich wäre

```
public static double max(int x1, int y1) { ... }
```

  oder

```
public static double max(int y, int x) { ... }
```

  nicht erlaubt.

6.1.6   Variable Argument-Anzahl bei Methoden

Ein lästiges Übel beim Erstellen von größeren Programmen bzw. Methodensammlungen stellt das mehrfache Schreiben (Überladen) von Methoden für eine unterschiedliche Anzahl von Parametern des gleichen Typs dar. Wollen wir beispielsweise mit einer Methode `summiere` mal zwei, mal vier oder auch mal zehn Werte aufsummieren lassen, so müssen wir drei entsprechende Überladungen der Methode mit eben diesen zwei, vier und zehn Parametern programmieren.

Java gestattet es, in der Signatur von Methoden *den jeweils letzten Parameter* variabel zu halten. Dies geschieht, indem man diesen variablen formalen Parameter gemäß der Syntax

---

Syntaxregel

≪TYP≫... ≪VARIABLENNAME≫

---

notiert. Dabei kennzeichnen die drei Punkte unmittelbar hinter der Typ-Angabe den Parameter als variables Argument. Er ist dadurch Platzhalter für eine beliebige Anzahl von aktuellen Parametern beim Aufruf der Methode. Der Compiler setzt dies um, indem tatsächlich mit einem Feldparameter mit Komponenten vom angegebenen Typ gearbeitet wird und beim Aufruf der Methode die einzelnen aktuellen Parameter in ein entsprechendes Feld verpackt werden. Aus diesem Grund kann die Methode nicht nur mit einer beliebigen Anzahl von Werten des angegebenen Typs, sondern auch mit einer Referenz auf ein Feld mit entsprechendem Komponenten-Typ aufgerufen werden. Im Rumpf der Methode lassen sich die einzelnen Parameter daher, wie bei Feldern üblich, mit Hilfe der eckigen Klammern ansprechen. Es bietet sich aber an, mit der vereinfachten Schleifen-Notation zu arbeiten, wie wir es auch im nachfolgenden Beispielprogramm getan haben:

```
1   public class Argumente {
2     public static int summiere(int... werte) {
3       int summe = 0;
4       for (int x : werte)
5         summe = summe + x;
6       return summe;
7     }
8
9     public static void main(String[] args) {
10      System.out.println("summiere(1,2): " + summiere(1,2));
11      System.out.println("summiere(1,2,3,4,5): " + summiere(1,2,3,4,5));
12      int[] feld = new int[] {1,2,3,4,5,6,7,8,9};
13      System.out.println("summiere(feld): " + summiere(feld));
14    }
15  }
```

6.1.7   Vorsicht, Falle: Referenzen als Parameter

Wir ändern unser Programm aus Abschnitt 6.1.4 leicht ab und testen es mit einem
Array als Parameter:

```
1   public class AufrufTest2 {
2     // UNTERPROGRAMM
3     public static void unterprogramm(int[] n) {
4       n[0] = n[0] * 5;                    // veraendere Parameter
5       System.out.println("n[0]=" + n[0]); // gib diesen aus
6     }
7     // UNSER HAUPTPROGRAMM
8     public static void main(String[] args) {
9       int n[] = {7};                       // Startwert fuer n[0]
10      System.out.println("n[0]= " + n[0]); // gib diesen aus
11      unterprogramm(n);                    // Unterprogrammaufruf
12      System.out.println("n[0]=" + n[0]);  // gib n erneut aus
13    }
14  }
```

Wir haben die Integer-Variable n durch ein eindimensionales Feld der Länge 1
ersetzt und dieses mit dem Wert 7 initialisiert. Wir geben den Inhalt des Feldes
einmal aus und starten das Unterprogramm. Dieses ändert den Inhalt seines Parameters und gibt den neuen Wert auf dem Bildschirm aus. Wir beenden das Unterprogramm und geben den Inhalt des Arrays n erneut auf dem Bildschirm aus. Da
Unterprogramme mit Kopien der Originalwerte arbeiten, erwarten wir die gleiche
Ausgabe wie im letzten Abschnitt. Zu unserem Erstaunen erhalten wir jedoch

```
──────────────────── Konsole ────────────────────
n[0]= 7
n[0]=35
n[0]=35
```

Was ist geschehen? Um das unerwartete Ergebnis zu verstehen, müssen wir uns
ins Gedächtnis rufen, dass Arrays so genannte Referenzdatentypen sind. Dies bedeutet, dass Variablen eines Array-Typs lediglich auf eine Stelle im Speicher verweisen, an der die eigentlichen Werte abgelegt sind. Wie bei den einfachen Datentypen erstellt Java beim Methodenaufruf auch für Arrays eine Kopie des originalen Wertes – dieser ist jedoch nicht das eigentliche Feld, sondern besagte *Referenz*.
Unsere Kopie enthält somit lediglich einen neuen Verweis, der jedoch auf ein und
dasselbe Feld von Zahlen zeigt: Wir erhalten also wieder unsere bereits erwähnte
Referenzkopie.[1] Somit verweisen die main-Variable n und die formale Variable n
auf den gleichen Speicherplatz. In Abbildung 6.2 ist diese Situation nochmals grafisch dargestellt. Wenn wir dann in der Methode unterprogramm den Inhalt des
Feldes, auf das n zeigt, verändern, so arbeiten wir in Wirklichkeit mit den originalen Feldinhalten (und nicht mit Kopien davon). Diese Situation wird üblicherweise als **Seiteneffekt** bezeichnet, da sich „neben" der eigentlich beabsichtigten
Wirkungen noch weitere Effekte auswirken.

---

[1] In anderen Programmiersprachen ist dies unter dem Begriff *call by reference* bekannt und auch für
elementare Datentypen möglich.

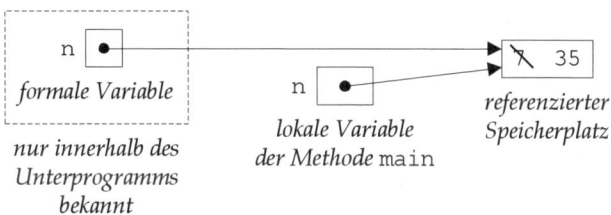

Abbildung 6.2: `main`-Variable n und formale Variable n

Wir wollen uns jetzt noch anschauen, wie wir die Kopie eines Arrays mit Hilfe einer Methode erstellen. Dazu deklarieren wir folgende Methode:

```java
public static int[] arraycopy(int[] n) {
  int[] ergebnis = new int[n.length];  // erzeuge ein neues Feld
                                       // derselben Laenge wie n
  for (int i=0; i < n.length; i++)     // kopiere alle Feldelemente
    ergebnis[i] = n[i];                // in das neue Feld
  return ergebnis;
}
```

Die Methode `arraycopy` erstellt ein neues Feld mit dem Namen `ergebnis`, das mit dem **new**-Operator auf die gleiche Länge wie das als Parameter übergebene Feld gesetzt wird. Die Länge des Feldes erhalten wir über den Wert von `n.length`. Eine anschließende Schleife kopiert Komponente für Komponente von einem Array in das andere. Wie vieles andere ist in Java übrigens auch das Kopieren eines Arrays in verallgemeinerter Form schon vordefiniert; die Methode `System.arraycopy` haben wir ja bereits kennen gelernt.

Wir wollen unser Programm nun so verändern, dass der Aufruf des Unterprogramms den Inhalt unseres Feldes n nicht beeinflusst. Hierzu bauen wir die Methode `arraycopy` in unsere Klasse ein und verwenden sie, um eine Kopie des Feldes zu erzeugen. Wir ersetzen im Hauptprogramm den Aufruf des Unterprogramms durch folgende zwei Zeilen:

```java
int[] kopie = arraycopy(n);  // erzeuge eine Kopie von n
unterprogramm(kopie);        // Unterprogrammaufruf
```

Wir erzeugen also *selbst* ein neues Feld, eine Kopie von n, und übergeben diese statt des Originals beim Aufruf unserer Methode. Da wir mit der Kopie nicht weiterarbeiten wollen, können wir uns übrigens die Vereinbarung einer Variablen namens `kopie` ersparen und das Resultat von `arraycopy` direkt als Parameter übergeben:

```java
1  public class AufrufTest3 {
2    // UNTERPROGRAMM(E)
3    public static void unterprogramm(int[] n) {
4      n[0] = n[0] * 5;                    // veraendere Parameter
5      System.out.println("n[0]=" + n[0]); // gib diesen aus
6    }
7    public static int[] arraycopy(int[] n) {
8      int[] ergebnis = new int[n.length]; // erzeuge ein neues Feld
```

```
 9                                              // derselben Laenge wie n
10      for (int i=0; i < n.length; i++)       // kopiere alle Elemente
11        ergebnis[i] = n[i];                   // in das neue Feld
12      return ergebnis;
13    }
14    // UNSER HAUPTPROGRAMM
15    public static void main(String[] args) {
16      int n[] = {7};                          // Startwert fuer n[0]
17      System.out.println("n[0]= " + n[0]);    // gib diesen aus
18      unterprogramm(arraycopy(n));            // Unterprogramm
19      System.out.println("n[0]= " + n[0]);    // gib n erneut aus
20    }
21  }
```

Übersetzen wir nun unser Programm und lassen dieses laufen, so erhalten wir wie gewünscht als Ergebnis

```
─────────── Konsole ───────────
n[0]= 7
n[0]=35
n[0]= 7
```

Wie wir sehen, haben wir auf diese Weise keine wechselseitige Beeinflussung von Originalwerten und den manipulierten Parametern mehr. Wir sehen aber auch, dass bei der Übergabe von Arrays Vorsicht geboten ist – wenn man vergisst, die Parameter zu kopieren, kann ein syntaktisch vollkommen korrektes Programm völlig falsche Ergebnisse liefern. Eine Alternative wäre somit, dass alle Methoden, die Arrays als Parameter haben und diese verändern, das Kopieren selbst übernehmen. Versuchen Sie es, und ändern Sie obiges Programm so ab, dass der simple Aufruf `unterprogramm(n)` ebenfalls zum richtigen Ergebnis führt.

6.1.8 Sichtbarkeit und Verdecken von Variablen

In Abschnitt 5.2 haben wir bereits gehört, dass wir innerhalb einer Klasse so genannte Klassenvariablen deklarieren und verwenden können. Wir könnten also auch unsere ausführbare Klasse, in der wir unsere `main`-Methode und eventuelle weitere Methoden deklariert haben, mit solchen Klassenvariablen ausstatten und diese in den Methoden verwenden.

Wenn wir dies tun, müssen wir allerdings wissen, nach welchen Regeln diese Klassen-Variablen verwendet werden können. Man spricht in diesem Zusammenhang von **Sichtbarkeit** und **Verdecken**. Wir wollen uns diese Begriffe anhand eines Beispiels klarmachen. Dazu betrachten wir die nachfolgende ausführbare Klasse `VerdeckenTest`.

```
1  public class VerdeckenTest {
2    static int a = 1, b = 2, c = 3;
3    static int m (int a) {
4      int b = 20;
5      System.out.println("a = " + a);
6      System.out.println("b = " + b);
```

```
7        System.out.println("c = " + c);
8        return 100;
9    }
10   public static void main (String[] args) {
11       int a = 1000;
12       System.out.println("a = " + a);
13       System.out.println("b = " + b);
14       System.out.println("m(c)= " + m(c));
15   }
16 }
```

Zunächst wollen wir uns nochmals die verschiedenen Arten von Variablen vor Augen führen, die in diesem Programm auftreten.

- Als *Klassenvariablen* treten die in Zeile 2 deklarierten Variablen a, b und c auf.

- Als *formale Variablen* treten die in Zeile 3 deklarierte Parametervariable a und die in Zeile 10 deklarierte Parametervariable args auf.

- Als *lokale Variablen* treten die in Zeile 4 (lokal in der Methode m) deklarierte Variable b und die in Zeile 11 (lokal in der Methode main) deklarierte Variable a auf.

Die Grundregel für die Sichtbarkeit bzw. das Verdecken besagt nun:

Innerhalb von Methoden verdecken lokale Variablen und formale Variablen die Klassenvariablen gleichen Namens, sodass diese während der Ausführung der Methoden vorübergehend nicht sichtbar und damit auch (zumindest allein über ihren Bezeichner) nicht zugreifbar sind.

Was das für den Programmablauf bedeutet, verstehen wir am besten, wenn wir uns die Ausgabe des Programms ansehen

```
──────────── Konsole ────────────
a = 1000
b = 2
a = 3
b = 20
c = 3
m(c)= 100
```

die wir wie folgt deuten können.

Ausgabe	Begründung
a = 1000	lokales a verdeckt das Klassen-a
b = 2	Klassen-b
a = 3	formales a ist Kopie das Klassen-c
b = 20	lokales b verdeckt das Klassen-b
c = 3	Klassen-c
m(c) = 100	Ergebniswert des Methodenaufrufs wird an die Zeichenkette m(c) = gehängt und ausgegeben

6.1.9 Zusammenfassung

Anhand eines einfachen Beispiels haben wir feststellen müssen, dass auch kleine Probleme sehr schnell unübersichtlich werden können. Wir haben deshalb Methoden kennen gelernt, mit deren Hilfe wir Programme in sinnvolle Teilabschnitte untergliedern konnten. Wir haben gesehen, dass wir durch den Mechanismus des Überladens von Methoden mehrere gleichartige Methoden mit dem gleichen Namen versehen konnten.

Ferner haben wir gelernt, dass Java bei der Parameterübergabe stets nur mit Kopien arbeitet. Wir haben aber auch gesehen, dass dieses System trotzdem bei Referenzdatentypen (z. B. bei Feldern) zu Seiteneffekten führen kann.

6.1.10 Übungsaufgaben

Aufgabe 6.1

Schreiben Sie eine Methode, die den Tangens einer **double**-Zahl, die als Parameter übergeben wird, berechnet. Implementieren Sie den Tangens gemäß der Formel $\tan(x) = \sin(x)/\cos(x)$. Sie dürfen die Methoden `Math.sin` und `Math.cos` zur Berechnung von Sinus und Cosinus verwenden, jedoch innerhalb der Methode keine einzige Variable vereinbaren.

Aufgabe 6.2

Schreiben Sie eine Methode `swappedCopy`, die als Ergebnis den „gespiegelten" Inhalt eines eindimensionalen Arrays a vom Typ **int**[] liefert. Das heißt, das erste Element von a ist das letzte Element von `swappedCopy(a)` und so weiter. Hierbei dürfen keine Seiteneffekte auftreten, die Feldkomponenten von a sollen also unverändert bleiben.

Schreiben Sie eine weitere Methode `swap`, die ebenfalls über diese Funktion verfügt, aber den Rückgabetyp **void** besitzt. Hierzu sollen bewusst Seiteneffekte eingesetzt werden; das Ergebnis soll somit am Ende der Methode in a selbst stehen.

Aufgabe 6.3

Bestimmen Sie die Ausgabe des nachfolgenden Java-Programms:

```java
public class BooleanMethods {
  static boolean test1(int val) {
    System.out.println("test1(" + val + ")");
    System.out.println("result: " + (val < 1));
    return val < 1;
  }
  static boolean test2(int val) {
    System.out.println("test2(" + val + ")");
    System.out.println("result: " + (val < 2));
    return val < 2;
```

```
11      }
12      static boolean test3(int val) {
13        System.out.println("test3(" + val + ")");
14        System.out.println("result: " + (val < 3));
15        return val < 3;
16      }
17      public static void main(String args[]) {
18        if(test1(0) && test2(2) && test3(2)) // ***
19          System.out.println("expression is true");
20        else
21          System.out.println("expression is false");
22      }
23    }
```

Wie verändert sich die Ausgabe des Programms, falls in der mit $\star\star\star$ gekennzeichneten Zeile alle Operatoren && durch & ersetzt werden?

6.2 Rekursiv definierte Methoden

6.2.1 Motivation

Wir haben bislang gelernt, wie man Methoden definiert, wie man mit ihnen Ergebnisse berechnet und wie man diese zurückgibt. Hierbei haben wir festgestellt, dass der Aufruf einer selbst definierten Methode so einfach ist wie etwa der Start von System.out.println oder der Sinusfunktion Math.sin. Wir haben auch gesehen, dass bei der Übergabe der Parameter diese wieder Ergebnis einer Methode sein können; so geschehen etwa in der Zeile

```
unterprogramm(arraycopy(n));        // Unterprogramm
```

in unserem letzten Programm. Wir wissen, dass unsere Hauptmethode main selbst wieder eine Methode ist, dass also Methoden wieder andere Methoden aufrufen können. Kann man diese Aufrufe von Methoden innerhalb von Methoden noch einen Schritt weitertreiben, können Methoden sich auch *selbst* aufrufen? Um diese Frage zu klären, formulieren wir ein kleines Testprogramm.

```
1   public class Unendlichkeit {
2     // UNTERPROGRAMM(E)
3     public static void unterprogramm() {
4       System.out.println("Unterprogramm aufgerufen...");
5       unterprogramm();            // rufe dich selbst auf
6     }
7     // UNSER HAUPTPROGRAMM
8     public static void main(String[] args) {
9       unterprogramm();
10    }
11  }
```

Der einzige Sinn unserer Hauptmethode ist der Aufruf der Methode unterprogramm. Diese gibt eine Meldung auf dem Bildschirm aus und ruft danach die Methode unterprogramm – also sich selbst – auf!

Wie wir sehen, haben wir uns eine Endlosrekursion gebastelt, ähnlich einer Endlosschleife: das Programm wird also niemals terminieren! Wird der Compiler dies
erkennen? Wir übersetzen nun das Programm und erhalten keine Fehlermeldung
– schließlich ist es syntaktisch vollkommen korrekt. Starten wir es auf dem Rechner, so erhalten wir wie erwartet die Ausgabe

```
──────────────── Konsole ────────────────
Unterprogramm aufgerufen...
Unterprogramm aufgerufen...
Unterprogramm aufgerufen...
Unterprogramm aufgerufen...
Unterprogramm aufgerufen...
Unterprogramm aufgerufen...
Unterprogramm aufgerufen...
Unterprogramm aufgerufen...
Unterprogramm aufgerufen...
Unterprogramm aufgerufen...
...
```

Die Ausgabe endet erst, wenn wir das Programm über ein Betriebssystemkom-
mando unseres Rechners abbrechen (z. B. durch Schließen des Konsolenfensters)
oder wenn das Java-System abstürzt. Es stellt sich natürlich die Frage, warum Java
etwas Derartiges nicht verbietet. Warum können Methoden sich selbst aufrufen,
wenn auf diese Weise eine so unschöne Situation entstehen kann?

Die Antwort liegt in dem letzten Wort der Frage: Man *kann* eine Endlosrekursion
produzieren, *muss* aber nicht. Tatsächlich sind so genannte **rekursive Methoden**
oftmals der einfachste Weg, eine Problemstellung zu lösen. Wir erinnern uns etwa
an unsere Methode `fakultaet`, in der wir über eine Fallunterscheidung und eine
for-Schleife zu folgendem Ergebnis gekommen sind:

```java
public static double fakultaet(int n) {
  if (n == 0)                         // Sonderfall
    return 1;
  for (int i = n-1; i > 0; i--)       // berechne n*(n-1)*...
    n = n * i;                        // fange hierzu bei n-1 an
  return n;
}
```

Mit Hilfe einer rekursiven Definition hätten wir uns eine Menge Gedankenarbeit
erspart; aus $n! = n \cdot (n-1) \cdot (n-2) \cdot \ldots \cdot 1 = n \cdot (n-1)!$ können wir nämlich folgern,
dass die Fakultät von n

- 1 ist, falls $n = 0$ gilt und

- $n \cdot (n-1)!$ ist, falls $n \neq 0$ ist.

Die Erkenntnis, dass man die Berechnung der Fakultät von n auf die Berechnung
der Fakultät von $n-1$ zurückführen kann, lässt sich sehr schön in eine rekursive
Methode einbauen:

```
public static int fakultaet(int n) {
  if (n == 0)
    return 1;                    // am Ende der Rekursion angekommen?
  return n * fakultaet(n-1);    // wenn nicht, dann rechne weiter...
}
```

Ein Vergleich mit obigem Programmstück zeigt, um wie viel einfacher rekursiv definierte Methoden gestrickt sein können. Wie überall im Leben erkauft man sich hiermit natürlich auch einige Nachteile:

■ Wir müssen aufpassen, dass unsere Methode **terminiert**, d. h. dass sich die Methode nicht unendlich oft aufruft. So etwas kann auch den professionellsten Programmierern passieren, wenn sie bei der Konstruktion ihrer Algorithmen nicht sorgfältig genug vorgehen. Diese Fehlerquelle tritt jedoch nicht nur bei rekursiven Methodenaufrufen auf, sondern kann auch bei Wiederholungsanweisungen zu Endlos-Schleifen führen.

■ Rekursiv definierte Methoden können erheblich langsamer sein als Methoden, in denen das Problem ohne Rekursion gelöst wurde. Dies liegt daran, dass jeder Aufruf eines Unterprogramms den Computer etwas Rechenzeit kostet.

Rekursiv definierte Methoden werden in den verschiedensten Gebieten angewandt; so wird etwa der bekannte **Quicksort**-Algorithmus im Allgemeinen rekursiv definiert.[2] Wir behandeln im folgenden Abschnitt Beispiele, in denen wir diesen Programmierstil einsetzen.

6.2.2 Gute und schlechte Beispiele für rekursive Methoden

In diesem Abschnitt wollen wir uns mit einigen weiteren Beispielen für rekursive Methoden beschäftigen und – wo nötig – auch eventuell damit verbundene Probleme erläutern.

Zunächst einmal wollen wir darauf hinweisen, dass Rekursionen sowohl direkt als auch indirekt auftreten können. Die direkte Variante, in der eine Methode in ihrem Rumpf sich selber aufruft, kennen wir bereits. Die indirekte Variante ist nicht immer sofort als Rekursion zu erkennen, da in diesem Fall beispielsweise im Rumpf einer Methode m ein Aufruf der Methode a aufritt, im Rumpf der Methode a ein Aufruf der Methode b steht und im Rumpf der Methode b wiederum die Methode m aufgerufen wird. Insbesondere ist es bei solchen indirekten Rekursionen noch schwerer, eine Endlosrekursion am Programmcode zu erkennen, wie nachfolgendes Beispiel demonstriert.

---

[2] Der Quicksort-Algorithmus sortiert eine Menge von Zahlen dadurch, dass man ein Element a der zu sortierenden Menge, das so genannte Pivot-Element, auswählt und die Menge in zwei kleinere Mengen X und Y zerlegt. X enthält dabei alle Elemente der Ausgangsmenge, die kleiner oder gleich a sind, und Y enthält alle Elemente, die größer als a sind. Danach ruft man den Quicksort-Algorithmus für X und Y auf. Die Rekursion bricht ab, wenn die zu sortierenden Mengen klein genug und sortiert sind. Dann fügt man die sortierten kleineren Mengen und die jeweiligen Pivot-Elemente wieder zur größeren Menge zusammen.

```
1  public class IndirekteRekursion {
2    public static void m() {
3      System.out.println("m ruft a!");
4      a();
5    }
6    public static void a() {
7      System.out.println("a ruft b!");
8      b();
9    }
10   public static void b() {
11     System.out.println("b ruft m!");
12     m();
13   }
14   public static void main(String[] args) {
15     m();
16   }
17 }
```

Bei der Formulierung rekursiver Methoden ist besondere Sorgfalt an den Tag zu legen, um nicht versehentlich Endlosrekursionen zu produzieren. Will man zum Beispiel für die Summation aller ganzen Zahlen von 1 bis n eine Methode formulieren, so könnte man leicht versucht sein, die Methode als

```
public static int summeVon1bis(int n) {
  return n + summeVon1bis(n-1);
}
```

zu implementieren. Bei genauem Hinsehen ist aber hier die zur Laufzeit auftretende Endlosrekursion klar zu erkennen, denn wir haben nicht daran gedacht, dass eine Rekursion so programmiert werden muss, dass sie irgendwann auch abbricht. Wir müssen also dafür sorgen, dass ein oder mehrere einfache Fälle gesondert (ohne Rekursion) behandelt werden. Als goldene Grundregel bei der Implementierung sollten wir uns daher vornehmen, immer erst die nichtrekursiven einfachen Fälle und erst danach den Rekursionsschritt zu programmieren.

Im nachfolgenden „guten" Beispiel für eine Rekursion haben wir die mathematische Vorschrift für die ganzzahlige Exponentiation (Potenzfunktion)

$$x^k = \begin{cases} 1 & \text{für } k = 0 \\ x \cdot x^{k-1} & \text{für } k > 0 \\ 1/x^{-k} & \text{für } k < 0 \end{cases}$$

aus unserem Mathematik-Buch korrekt in eine Java-Methode umgesetzt:

```
static double pow(double x, int k) {
  if (k==0) {
    return 1;
  } else if (k > 0) {
    return x * pow (x,k-1);
  } else
    return 1 / pow(x,-k);
}
```

Abschließend wollen wir anhand eines historischen Beispiels demonstrieren, dass man mit einer (naiv konstruierten) Rekursion nicht immer gut bedient ist. Wir wollen uns dazu mit den so genannten Fibonacci-Zahlen und ihrem Zusammenhang mit der Kaninchenvermehrung beschäftigen.

Leonardo Pisano Fibonacci formulierte 1202 folgende Frage: *„Wenn ein neugeborenes Kaninchenpaar nach zwei Monaten ein neues Kaninchenpaar wirft und dann monatlich jeweils ein weiteres Paar, und außerdem jedes neugeborene Paar sich auf die gleiche Art vermehrt, wie viele Kaninchenpaare gibt es dann nach n Monaten, wenn keines der Kaninchen vorher stirbt?"* Die Zahl, die als Antwort auf diese Frage zu nennen ist, wurde nach Fibonacci benannt und heißt die *n*-te Fibonacci-Zahl. Bezeichnen wir die Anzahl der Kaninchenpaare nach n Monaten mit `fib(n)` so lässt sie sich folgendermaßen berechnen:

```
fib(0) = 1
fib(1) = 1
fib(2) = 1 + 1 = 2
fib(3) = 2 + 1 = 3
fib(4) = 3 + 2 = 5
...
fib(n) = fib(n - 1) + fib(n - 2)
```

Die Rekursionsformel in der letzten Zeile legt es nun natürlich nahe, dass wir die Berechnung der *n*-ten Fibonacci-Zahl mit Hilfe einer rekursiven Methode

```
static long fib(long n) {  // Fibonacci-Zahlen rekursiv
   if (n == 0) {
      return 1;
   } else if (n == 1) {
      return 1;
   } else
      return fib(n-1) + fib(n-2);
}
```

durchführen können. Wenn wir diese Methode einsetzen, um etwa die 40. Fibonacci-Zahl zu berechnen, dann stellen wir fest, dass der Methodenaufruf `fib(40)` – abhängig vom jeweiligen Rechner, auf dem unser Programm läuft – einige Sekunden benötigt, bis er den korrekten Wert 165580141 als Ergebnis zurückliefert.

Mit etwas Überlegung können wir erkennen, dass wir die Berechnung der Fibonacci-Zahlen auch ohne Rekursion unter Einsatz einer Schleife und dreier Hilfsvariablen durchführen können

```
static long fib(long n) {  // Fibonacci-Zahlen iterativ
   long fN = 1, fNminus1 = 0, fNminus2;
   for (long i=0; i<n; i++) {
     fNminus2 = fNminus1;
     fNminus1 = fN;
     fN = fNminus1 + fNminus2;
   }
   return fN;
}
```

Erstaunlicherweise kann die so programmierte Methode durch den Aufruf `fib(40)` den Wert 165580141 in weniger als einer Millisekunde liefern! Wie ist das möglich?

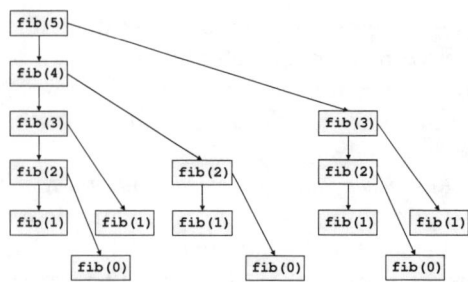

Abbildung 6.3: Der Aufruf der rekursiven Methode `fib` am Beispiel

Nun, leider hat unsere rekursive Implementierung der Methode `fib` den entscheidenden Nachteil, dass viel zu viele Zwischenergebnisse mehrfach berechnet
werden. Abbildung 6.3 macht diesen Sachverhalt für den Aufruf von `fib(5)`, der
1 Aufruf von `fib(4)`, 2 Aufrufe von `fib(3)`, 3 Aufrufe von `fib(2)`, 5 Aufrufe
von `fib(1)` und 3 Aufrufe von `fib(0)` verursacht. Für große Parameterwerte
ist die rekursive Variante der Methode `fib` somit denkbar ungeeignet.

6.2.3 Zusammenfassung

Wir haben in diesem Abschnitt rekursiv definierte Methoden kennen gelernt und
gesehen, dass man durch diesen Ansatz oft mit vergleichsweise wenig Aufwand
Problemlösungen findet. Hierbei kann man beobachten, dass rekursiv definierte
Methoden ein Problem oft viel einfacher formulierbar machen. Der Teufel steckt
dabei oft im Detail. Der Compiler kann beispielsweise nicht von selbst erkennen,
ob der von uns beschriebene Algorithmus auch tatsächlich terminiert.[3]

6.3 Die Methode `main`

Wir haben bereits erfahren, dass unsere Hauptmethode, die Methode `main`, nach
dem gleichen Schema wie jede andere Methode aufgebaut ist. Ihr Rückgabetyp
ist **void**, das heißt, sie liefert kein Ergebnis zurück. Einziger Parameter ist ein
eindimensionales Feld vom Typ `String`, dem wir bislang den Namen `args` gegeben haben. Eine Sache haben wir bislang jedoch noch nicht geklärt: Was *steht*
überhaupt in diesem Array?

---

[3] Hier ist generell anzumerken, dass es sich bei dem Problem, für ein beliebiges Programm zu erkennen, ob dieses terminiert, um ein algorithmisch unlösbares Problem handelt. Für ein solches
Problem existiert bei Zugrundelegung aller derzeit gängigen Algorithmenbegriffe kein Lösungsal-
gorithmus.

6.3.1   Kommandozeilenparameter

Um verstehen zu können, wie die Methode `main` beim Start mit aktuellen Parametern versorgt wird, erinnern wir uns für einen Moment daran, wie wir unsere Programme bislang aufgerufen haben. Hieß unsere Klasse beispielsweise `SchoeneKlasse`, so erfolgte dies mit

```
——————————————— Konsole ———————————————
java SchoeneKlasse
```

Nun kann es jedoch sein, dass wir unserem Programm irgendwelche Parameter auf den Weg geben wollen. Dieser Fall ist gar nicht so ungewöhnlich. Wir kennen ihn vielleicht von anderen Kommandos, die wir auf unserem Rechner schon verwendet haben.

- Mit dem Kommandozeilen-Befehl `cp d1 d2` kopiert man auf einem Rechner mit Unix-Betriebssystem den Inhalt der Datei `d1` in die Datei `d2`. Wir geben diesen Befehl in einer Zeile ein und werden nicht etwa vom Programm selbst zu einer Eingabe aufgefordert. `d1` und `d2` sind also Programm-Parameter.

- Der Befehl `copy d1 d2` hat diese Funktion auf einem Rechner mit MS-Windows-Betriebssystem. Auch hier sind wieder `d1` und `d2` Parameter des Programms `copy`, das wir in der Kommandozeile aufrufen.

Nun kann man natürlich argumentieren, dass diese Befehle keine Java-Programme sind. Wir halten jedoch dagegen, dass auch der `cp`-Befehl oder der `copy`-Befehl irgendwann einmal in einer Programmiersprache geschrieben worden ist. Außerdem müssen Parameter ja nicht unbedingt Dateinamen sein. Falls wir beispielsweise später einmal mit Grafiken arbeiten, möchten wir auf diese Weise vielleicht die Größe eines zu zeichnenden Fensters oder die Hintergrundfarbe angeben. Programm-Parameter können also nützlich sein.

Natürlich lässt Java Sie an dieser Stelle nicht im Stich – Sie können sich schon denken, wo die Parameter in Java abgespeichert werden. Die Antwort liegt auf der Hand: in dem Feld `args`, das der Methode `main` übergeben wird. Die Länge des Feldes entspricht der Anzahl der übergebenen Werte (bislang war dies also immer 0). Wir wollen diesen Umstand anhand eines kurzen Beispielprogramms verdeutlichen. Wir schreiben eine Klasse `GrussWort`, der wir beim Aufruf den Vor- und Nachnamen als Parameter übergeben:

```
——————————————— Konsole ———————————————
java GrussWort Manfred Mustermann
```

Dieses Programm soll Folgendes ausgeben:

```
——————————————— Konsole ———————————————
Hallo, Manfred!
Mustermann ist aber ein schoener Nachname :-)
```

Hierbei versteht sich von selbst, dass Vor- und Nachname von den Parametern abhängen. Da wir nun wissen, wie Parameter an ein Programm übergeben werden, erkennen wir,

- dass der Vorname im ersten Element des Feldes (also `args[0]`) steht und

- dass der Nachname in `args[1]` gespeichert ist.

Wir können obiges Programm also sehr einfach schreiben:

```
1  public class GrussWort {
2    public static void main(String[] args) {
3      System.out.println("Hallo, " + args[0] + "!");
4      System.out.println(args[1] +
5                         " ist aber ein schoener Nachname :-)");
6    }
7  }
```

Wir übersetzen das Programm, starten es mit `java GrussWort` – und erhalten die Fehlermeldung

```
───────────────── Konsole ─────────────────
java.lang.ArrayIndexOutOfBoundsException: 0
        at GrussWort.main(GrussWort.java:3)
```

Was ist passiert? Wir haben „vergessen", dem Programm die erwarteten zwei Parameter zu übergeben; das Feld `args` hat also die Länge 0. Wenn wir versuchen, irgendein Element aus dem Feld zu lesen, schießen wir also automatisch über das Ziel hinaus. Das Programm bricht mit einer Fehlermeldung ab. Das Gleiche passiert übrigens auch, wenn wir dem Programm nur einen Parameter übergeben (nur eine Zeile tiefer, nach der ersten Ausgabe).
Starten wir das Programm aber wie gefordert mit

```
───────────────── Konsole ─────────────────
java GrussWort Manfred Mustermann
```

so erhalten wir auch die beiden gewünschten Zeilen. Hierbei ist es egal, ob wir mehr als die zwei geforderten Parameter anhängen; das Programm greift nur auf `args[0]` und `args[1]` zurück und schenkt den übrigen keinerlei Beachtung.

6.3.2   Anwendung der vereinfachten **for**-Schleifen-Notation

Gerade im Zusammenhang mit den Kommandozeilenparametern, die der Methode `main` übergeben werden, findet die vereinfachte **for**-Schleifen-Notation in Java optimale Anwendung. Wollen wir beispielsweise alle Kommandozeilenparameter auf eine bestimmte Art und Weise behandeln, wissen aber nicht, wie viele Parameter dem Programm später übergeben werden, so genügt es, dies als

```
public static void main (String[] args) {
  for (String p : args) {
    // und jetzt den Parameter p behandeln
    ...
  }
  ...
}
```

zu formulieren. Auch wenn das Programm beim Start gar keine Parameter übergeben bekommt, funktioniert alles ohne Fehler, da in diesem Fall ja das Feld `args` die Länge 0 hat und es somit auch kein `p` in `args` gibt.

6.3.3 Zusammenfassung

Wir haben uns mit einer speziellen Methode beschäftigt, die wir auch schon *vor* diesem Kapitel kannten und verwendeten. Die Methode `main`, deren Definition für uns bislang eher „schwarze Magie" war, ist uns durch diesen Abschnitt nun verständlicher geworden. Wir haben unsere Kenntnisse erweitert und wissen nun, wie wir einem Java-Programm selbst Parameter mit auf den Weg geben können.

6.3.4 Übungsaufgaben

Aufgabe 6.4

Erweitern Sie das Grußwortprogramm so, dass es

■ bei der Eingabe von 0 Parametern den Satz „Bist Du stumm?" ausgibt,

■ bei der Eingabe eines Parameters grüßt und dann den Nachnamen erfragt und

■ bei der Eingabe von mehr als einem Parameter von einem doppelten bzw. mehrfachen Vornamen ausgeht (z. B. Karl Hedwig Mustermann).

Aufgabe 6.5

Schreiben Sie ein Java-Programm in Form einer Klasse `KommandozeilenTest`, das den Übergabemechanismus für die Kommandozeilenargumente an die `main`-Methode testet. Dazu soll in der `main`-Methode zunächst überprüft werden, ob beim Aufruf der Klasse überhaupt Argumente angegeben wurden. Wenn nicht, soll dies per Ausgabe auf dem Bildschirm bestätigt werden. Andernfalls sollen die Kommandozeilenargumente in der Reihenfolge ihres Auftretens genannt werden. Beim Aufruf `java KommandozeilenTest` soll

```
────────── Konsole ──────────
Der Aufruf erfolgte ohne Kommandozeilenargumente
```

ausgegeben werden.
Beim Aufruf `java KommandozeilenTest Ach du lieber Himmel!` soll

```
─────── Konsole ───────
Das 1. Kommandozeilenargument lautet:  Ach
Das 2. Kommandozeilenargument lautet:  du
Das 3. Kommandozeilenargument lautet:  lieber
Das 4. Kommandozeilenargument lautet:  Himmel!
```

ausgegeben werden.

Aufgabe 6.6

Das folgende Programm enthält mehrere Methoden namens `hoppla`:

```
1  public class Signatur {
2    public static void hoppla(long x, double y, double z) {
3      System.out.println("ldd");
4    }
5    public static void hoppla(long x, long y, double z) {
6      System.out.println("lld");
7    }
8    public static void hoppla(long x, long y, long z) {
9      System.out.println("lll");
10   }
11   public static void hoppla(double x, long y, double z) {
12     System.out.println("dld");
13   }
14   public static void main (String[] args) {
15     long a = 333;
16     double b = 4.44;
17     hoppla(a,a,a);  // Aufruf 1     lll
18     hoppla(b,b,b);  // Aufruf 2     falsch
19     hoppla(a,a,b);  // Aufruf 3     lld
20     hoppla(b,b,a);  // Aufruf 4     falsch
21     hoppla(a,b,a);  // Aufruf 5     falsch   ldd
22     hoppla(a,b,b);  // Aufruf 6     ldd
23     hoppla(b,a,b);  // Aufruf 7     dld
24     hoppla(b,a,a);  // Aufruf 8     falsch   dld
25   }
26 }
```

Überlegen Sie, welche der 8 Methoden-Aufrufe unzulässig sind. Geben Sie bei zulässigen Aufrufen an, was auf dem Bildschirm ausgegeben wird.

Aufgabe 6.7

Nehmen Sie einige Ihrer vorigen Übungsprogramme zur Hand, und schreiben Sie ein kurzes Menü, mit dem Sie diese starten können. Verwenden Sie hierzu die `IOTools`, um eine Zahl zwischen eins und drei eingeben zu lassen. Starten Sie bei der Zahl 1 das Grußwortprogramm mit dem Namen *Gustav Gustavson* und bei 2 und 3 je ein weiteres Programm Ihrer Wahl.
Hinweis: Wollen Sie beispielsweise das Grußwortprogramm starten und haben Sie die Klasse wie im Text `GrussWort` genannt, so müssen Sie lediglich die Haupt-

methode dieser Klasse aufrufen. In unserem Beispiel geschieht dies etwa durch den Aufruf

```
GrussWort.main(args);
```

wobei `args` ein beliebiges Feld von Zeichenketten ist (beispielsweise das Feld `args`, das der Hauptmethode Ihres neuen Menüs übergeben wurde).

6.4 Methoden aus anderen Klassen aufrufen

Da man bei der Entwicklung von Programmen rasch feststellt, dass man häufig bestimmte Programmteile, die man bereits als Methoden formuliert und eingesetzt hat, auch in anderen Programmen gebrauchen könnte, liegt es natürlich nahe, diese nicht mehrfach zu programmieren, sondern die Methoden über Klassen- bzw. Programm-Grenzen hinweg wiederzuverwenden. Für die so genannten Klassenmethoden ist dies unter Verwendung des Klassennamens in Verbindung mit dem Methodennamen sehr leicht möglich. Wir wollen uns im Folgenden daher zunächst klarmachen, wodurch eine Methode zur Klassenmethode wird und wie wir sie dann klassenübergreifend aufrufen können. Anschließend wollen wir uns noch etwas genauer mit den Klassenmethoden der hilfreichen Klasse `Math` beschäftigen.

6.4.1 Klassenmethoden

Wenn wir uns die Deklarationen der Methoden in den vorangehenden Abschnitten dieses Kapitels ansehen, so stellen wir fest, dass wir diese alle mit dem Schlüsselwort **static** gekennzeichnet haben. Genau dieses Schlüsselwort sorgt dafür, dass die jeweilige Methode zur Klassenmethode wird und damit unmittelbar mit der Verfügbarkeit der Klasse sowohl für die Klasse selbst als auch für andere Klassen verfügbar ist. Beispielsweise deklarieren wir in der Klasse

```
1  public class MeineMethoden {
2    public static void mal5nehmen(int n) {
3      n = n * 5;
4      System.out.println("n = " + n);
5    }
6    public static int fakultaet(int n) {
7      if (n == 0)
8        return 1;
9      for (int i = n-1; i > 0; i--)
10       n = n * i;
11     return n;
12   }
13   public static void main(String[] args) {
14     int n = 7;
15     mal5nehmen(n);
16     System.out.println("n! = " + fakultaet(n));
17   }
18 }
```

die drei Klassenmethoden `mal5nehmen`, `fakultaet` und `main`. Wollen wir
nun in einem weiteren Programm ebenfalls die Methoden `mal5nehmen` und
`fakultaet` einsetzen, so genügt es, sie mit vorangestelltem Klassennamen
`MeineMethoden` aufzurufen:

```
1  public class TesteMethoden {
2    public static void main(String[] args) {
3      int x = 5;
4      MeineMethoden.mal5nehmen(x);
5      System.out.println(x + "! = " + MeineMethoden.fakultaet(x));
6    }
7  }
```

Der Compiler findet diese dann im bereits compilierten Code der Klasse
`MeineMethoden`, und zur Laufzeit können sie von dort eingebunden und ausgeführt werden. Diese Technik haben wir bereits mehrfach eingesetzt, wenn wir
die Methoden der Klasse `IOTools` (z. B. `readDouble`) für Konsoleneingaben benutzten.

6.4.2   Die Methoden der Klasse `java.lang.Math`

Wer bislang alle Übungsaufgaben bearbeitet hat, wird in diesem Abschnitt schon
einmal auf die Methoden `Math.sin` und `Math.cos` gestoßen sein, mit denen
Sinus und Cosinus einer Zahl berechnet werden.

Diese beiden Methoden gehören zur Klasse mit dem Namen `Math`, die (ähnlich
wie etwa die `IOTools`) mehrere vordefinierte Methoden zur Verfügung stellt. Die
Klasse ist Teil des Pakets `java.lang`, das vom System beim Übersetzen automatisch eingebunden wird. Wir können also die Klasse und ihre Methoden verwenden, ohne sie zuvor mit einer **import**-Anweisung bekannt machen zu müssen
(wie bereits in Abschnitt 4.1.8 erläutert). So gibt beispielsweise die Anweisung

```
System.out.println(Math.sin(1.3));
```

den Sinus von `1.3` auf dem Bildschirm aus. Die Tabelle 6.1 fasst die wichtigsten
Methoden der Klasse zusammen. Wie ist die Tabelle zu lesen? Angenommen, wir
haben eine Zahl `x` vom Typ **double** und wollen die Wurzel dieser Zahl bestimmen. In diesem Fall finden wir in der Tabelle eine Methode `sqrt`, die einen Parameter vom Typ **double** benötigt und besagte Wurzel berechnet. Der Ergebnistyp
entspricht hier immer auch dem Typ des Parameters. Wir erhalten die Wurzel also
durch folgenden Aufruf:

```
double wurzel = Math.sqrt(x);
```

Nun wollen wir die erhaltene Wurzel zweimal quadrieren – also mit der Zahl vier
potenzieren (d. h. also „d hoch 4" berechnen). Wir schlagen in der Tabelle nach
und finden die Methode `pow`. Unser Aufruf sieht nun wie folgt aus:

```
double doppelQuadrat = Math.pow(wurzel,4);
```

Es sollte an dieser Stelle darauf hingewiesen werden, dass die Klasse `Math` mehr
als nur die in der Tabelle aufgeführten Methoden besitzt. Details über diese

Name	Zahl der Parameter	Typ	Kurzbeschreibung	Ergebnis-typ
`abs`	1	`double`	Betrag eines Wertes	`double`
`abs`	1	`float`	Betrag eines Wertes	`float`
`abs`	1	`long`	Betrag eines Wertes	`long`
`abs`	1	`int`	Betrag eines Wertes	`int`
`acos`	1	`double`	Arcus Cosinus	`double`
`asin`	1	`double`	Arcus Sinus	`double`
`atan`	1	`double`	Arcus Tangens	`double`
`ceil`	1	`double`	„runde ganzzahlig auf"	`double`
`cos`	1	`double`	Cosinus	`double`
`exp`	1	`double`	e-Funktion	`double`
`floor`	1	`double`	„runde ganzzahlig ab"	`double`
`log`	1	`double`	Logarithmus zur Basis e	`double`
`max`	2	`double`	Maximum zweier Werte	`double`
`max`	2	`float`	Maximum zweier Werte	`float`
`max`	2	`long`	Maximum zweier Werte	`long`
`max`	2	`int`	Maximum zweier Werte	`int`
`min`	2	`double`	Minimum zweier Werte	`double`
`min`	2	`float`	Minimum zweier Werte	`float`
`min`	2	`long`	Minimum zweier Werte	`long`
`min`	2	`int`	Minimum zweier Werte	`int`
`pow`	2	`double`	Potenzfunktion „a hoch b"	`double`
`random`	0	`double`	Zufallswert zwischen 0 und 1	`double`
`round`	1	`double`	„runde kaufmännisch"	`long`
`sin`	1	`double`	Sinus	`double`
`sqrt`	1	`double`	Quadratwurzel	`double`
`tan`	1	`double`	Tangens	`double`

Tabelle 6.1: Einige Methoden der Klasse `Math`

zusätzlichen Methoden lassen sich der so genannten API-Spezifikation [32] entnehmen. Diese von Sun mit `javadoc` erstellten HTML-Seiten beschreiben den Aufbau jeder in Java standardmäßig enthaltenen Klasse.

6.4.3   Statischer Import

Wir haben gesehen, dass wir Klassenmethoden aus einer anderen Klasse stets mit vorangestelltem Klassennamen angeben müssen. Programmstücke, in denen dies häufig auftritt, werden leicht unübersichtlich. Wollen wir beispielsweise den Wert

$$\frac{\sin x + \cos x \cdot \sqrt{x}}{x \cdot \sinh x - \sqrt{x}}$$

berechnen, so müssten wir eigentlich den Java-Ausdruck

```
(Math.sin(x)+Math.cos(x)*Math.sqrt(x)) / (x*Math.sinh(x)-Math.sqrt(x))
```

programmieren, in dem allein fünf Mal der Name `Math` auftritt.

Hier brachte Java 5.0 eine deutliche Vereinfachung, da es nun möglich ist, statische Komponenten (Variablen oder Methoden) einer Klasse zu importieren. Diese können dann ohne den vorangestellten Klassennamen verwendet werden.

Der statische Import einer einzelnen Komponente wird syntaktisch in der Form

```
———— Syntaxregel ————
import static «PAKETNAME».«KLASSENNAME».«KOMPONENTENNAME»;
```

angegeben. Sollen alle Klassenvariablen und Klassenmethoden einer Klasse importiert werden, so wird dies durch

```
———— Syntaxregel ————
import static «PAKETNAME».«KLASSENNAME».*;
```

angezeigt.

Nachfolgendes Beispielprogramm demonstriert, dass sich unsere mathematische Formel im Programmcode nun wesentlich übersichtlicher darstellen lässt.

```
1  import static java.lang.Math.*;
2  public class StatischeImports {
3    public static void main (String[] args) {
4      double x = 3.12345;
5      double y = (sin(x)+cos(x)*sqrt(x)) / (x*sinh(x)-sqrt(x));
6    }
7  }
```

6.5 Methoden von Objekten aufrufen

In den kommenden Kapiteln über objektorientierte Programmierung werden wir noch sehen, dass häufig Methoden einer Klasse nicht klassenspezifisch deklariert, sondern so gestaltet werden, dass sie für jedes Objekt der Klasse individuelle Bedeutung haben. Diese so genannten Instanzmethoden müssen daher auch stets unter Verwendung des Objektnamens in Verbindung mit dem Methodennamen aufgerufen werden. Wir wollen, ohne den objektorientierten Abschnitten des Buchs groß vorzugreifen, im Folgenden kurz erläutern, wodurch eine Methode zur Instanzmethode wird und wie wir sie dann aufrufen können. Anschließend wollen wir uns noch etwas genauer mit den Instanzmethoden der Klasse `String` beschäftigen.

6.5.1 Instanzmethoden

Lassen wir in der Deklaration einer Methode das Schlüsselwort **static** weg, so wird die Methode zur Instanzmethode. Als solche ist sie nur zusammen mit einem Objekt der Klasse verfügbar. Die Klasse

```
1  public class Multiplizierer {
2    public int faktor = 0;
3    public int mul(int n) {
4      return faktor * n;
5    }
6  }
```

besitzt beispielsweise eine Instanzvariable `faktor` sowie eine Instanzmethode `mul`, die ihr Argument mit dem jeweiligen Wert von `faktor` multipliziert. Wenn wir nun z. B. in einem Programm

```
1  public class TesteMultiplizierer {
2    public static void main(String[] args) {
3      Multiplizierer m7 = new Multiplizierer();
4      Multiplizierer m8 = new Multiplizierer();
5      m7.faktor = 7;
6      m8.faktor = 8;
7      System.out.println("7 * 5 = " + m7.mul(5));
8      System.out.println("8 * 5 = " + m8.mul(5));
9    }
10 }
```

zwei Objekte vom Typ `Multiplizierer` erzeugen und deren Instanzvariable `faktor` auf unterschiedliche Werte (7 und 8) setzen, dann besitzt jedes dieser Objekte seine individuelle Instanzmethode `mul`, die ihr Argument mit dem jeweiligen Wert der eigenen Instanzvariable `faktor` multipliziert. Die entsprechende Methode `mul` müssen wir daher mit vorangestelltem Objektnamen (`m7` oder `m8`) aufrufen, um dem Compiler anzuzeigen, welches Objekt bzw. welche Methode wir meinen.

Auch diese Technik haben wir bereits (ohne es zu wissen) mehrfach eingesetzt, als wir die Methoden des Objekts `out` (eine Instanz der Klasse `PrintStream`) aus der Klasse `System` (z. B. `println`) für Konsolenausgaben benutzten. In einer Anweisung der Form

```
System.out.println("Hallo!");
```

rufen wir nämlich keine Methode der Klasse `System` auf, sondern greifen über den Punkt-Operator auf ihre Klassenvariable `out` zu, und für diese Instanz der Klasse `PrintStream` greifen wir wiederum über den Punkt-Operator auf deren Instanzmethode `println` zu.

6.5.2 Die Methoden der Klasse `java.lang.String`

Zeichenketten werden in Java nicht mittels eines elementaren Datentyps, sondern in Form eines Referenzdatentyps namens `String` dargestellt. Alle Zeichenketten-Literale in Java-Programmen (z. B. `"abc"`) werden implizit als Instanzen dieser Klasse angelegt. Die Werte dieser `String`-Instanzen können nach ihrer Erzeugung nicht mehr verändert werden. Es gibt verschiedene äquivalente Varianten zur Erzeugung von `String`-Objekten:

```
String s1 = "abc";              // Variante 1
```

```
String s2 = new String("abc"); // Variante 2

char[] data = {'a', 'b', 'c'}; // Variante 3
String s3 = new String(data);

byte[] b = {97, 98, 99};       // Variante 4
String s4 = new String(b);

String s5 = new String(s4);    // Variante 5
```

Auf Grund der Tatsache, dass es sich bei Strings um Objekte handelt, sind die Variablen s1 bis s5 Referenzvariablen, die auf *unterschiedliche* String-Objekte verweisen – auch wenn prinzipiell alle fünf String-Objekte die gleiche Zeichenkette (nämlich "abc") darstellen. Somit müssen wir auch hier wiederum beachten, dass ein Vergleich der Referenzvariablen nur die Referenzen und nicht die Objektinhalte vergleicht. Vergleiche der Art s1 == s2 oder s3 == s5 liefern daher stets **false**.

Kommen in einem Programm mehrere identische Zeichenketten-Literale vor, so ist der Java-Compiler in der Lage, dies zu erkennen und für diese nur ein einziges String-Objekt anzulegen. Die Literalkonstanten sind dann quasi Referenzen auf eben dieses Objekt. Wir werden auf diesen Sachverhalt in Abschnitt 12.1.1 nochmals im Detail eingehen.

Die Klasse String beinhaltet Methoden zum

- Zugriff auf einzelne Zeichen der Zeichenkette,
- Vergleich von Zeichenketten,
- Suchen von Teil-Zeichenketten,
- Herausgreifen von Teil-Zeichenketten und
- Wandeln von Groß- in Kleinbuchstaben und umgekehrt,

die über die String-Objekte aufgerufen werden können – es handelt sich also um Instanzmethoden. Außerdem können Strings mit dem Operator + konkateniert (aneinandergehängt) und andere Objekte in String-Objekte umgewandelt werden. Bei allen String-Operationen ist zu beachten, dass alle „Veränderungen" an einem String jeweils ein neues String-Objekt liefern.

Das nachfolgende Programm demonstriert die Verwendung einiger Methoden der Klasse String.

```
1  public class StringTest {
2    public static void main (String[] args) {
3      String s1 = "Weihnachten";
4      String s2 = "Veihnachten";
5      String s3 = "Xeihnachten";
6      String s4 = "WEIHNACHTEN";
7
8      System.out.println(s1);
9      System.out.println(s1.charAt(4));
10     System.out.println(s1.compareTo(s1));
```

```
11        System.out.println(s1.compareTo(s2));
12        System.out.println(s1.compareTo(s3));
13        System.out.println(s1.endsWith("ten"));
14        System.out.println(s1.equals(s2));
15        System.out.println(s1.equalsIgnoreCase(s4));
16        System.out.println(s1.indexOf("n"));
17        System.out.println(s1.indexOf("ach"));
18        System.out.println(s1.length());
19        System.out.println(s1.replace('e','E'));
20        System.out.println(s1.startsWith("Weih"));
21        System.out.println(s1.substring(3));
22        System.out.println(s1.substring(3,7));
23        System.out.println(s1.toLowerCase());
24        System.out.println(s1.toUpperCase());
25        System.out.println(String.valueOf(1.5e2));
26    }
27  }
```

Die Namen der Methoden lassen fast unmittelbar auf deren Bedeutung schließen,
die mittels des nachfolgenden Ausgabeprotokolls relativ klar werden sollte.

```
─────────────────────── Konsole ───────────────────────
Weihnachten
n
0
1
-1
true
false
true
4
5
11
WEihnachtEn
true
hnachten
hnac
weihnachten
WEIHNACHTEN
150.0
```

Natürlich bietet auch die Klasse `String` mehr als nur die im Beispielprogramm
verwendeten Methoden. Um Details über alle Methoden zu erfahren, wird auch
hier ein Blick in die API-Spezifikation [32] empfohlen.

Ganz besonders interessant sind dabei auch die Methoden, die mit der Java-
Version 1.4 in die Klasse `String` aufgenommen wurden. Im Zusammenhang
mit den ebenfalls in der Version 1.4 hinzugekommenen Klassen `Pattern` und
`Matcher` bieten diese die Möglichkeit, nach so genannten regulären Ausdrücken
zu suchen, d. h. eine Zeichenkette daraufhin zu überprüfen, ob sie einem vorge-
gebenem Muster entspricht. Zu diesem Thema haben wir auf der offiziellen Homepage des Buchs [31] ein Ergänzungskapitel bereitgestellt, in dem interessierte

Leserinnen und Leser mehr darüber erfahren können, wie man mit Strings und regulären Ausdrücken umgeht. In Abschnitt 12.1 werden wir aber auf das Thema Zeichenketten nochmals eingehen.

6.6 Übungsaufgaben

Aufgabe 6.8

a) Die nachfolgenden Programmfragmente weisen jeweils einen syntaktischen bzw. semantischen Fehler auf. Streichen Sie diesen an, und begründen Sie kurz.

kein Rückgabetyp → double

```
// 1.
   public void quadrat (double x) {
     return Math.pow(x,2);
   }
// 2.
   double[][] matrix3x3 = {1.0, 2.0, 3.0,          Liste 1D !
                           4.0, 5.0, 6.0,
                           7.0, 8.0, 9.0};
// 3.
   double out = 3.1e5, println = 0.5;
   System.out.println(out+println);
```

b) Die nachfolgenden Programmfragmente sind syntaktisch korrekt, führen aber zu einem fehlerhaften Laufzeitverhalten. Geben Sie die Art des auftretenden Fehlers an, und erklären Sie kurz, wodurch er verursacht wird.

```
// 1.
   public static int komisch (int n) {
     if (n == 0)
       return 1;                          n = 1 fehlt
     else
       return n * komisch(n-1) * komisch(n-2);
   }
// 2.
   public static int sum (int[] z) {
     // berechnet die Summe der Komponenten des Feldes z
     int s = 0, i = 0;
     while (i < z.length)
       s = s + z[++i];      ← Präinkrementierung   Exception
     return s;                → Index out of bounds
   }
```

Aufgabe 6.9

Erläutern Sie den Unterschied zwischen den Methoden `tauscheA` und `tauscheB` im nachfolgenden Java-Programm.

```
1  public class Tausche {
2    public static void tauscheA (int x, int y) {
```

```
 3        int h = x;              Zahlentausch
 4        x = y;
 5        y = h;
 6      }
 7      public static void tauscheB (int[] a, int i, int j) {
 8        int h = a[i];            Platztausch
 9        a[i] = a[j];
10        a[j] = h;
11      }
12      public static void main(String args[]) {
13        int[] feld = {100, 200, 300, 400 };
14        int i;
15        for (i=0; i < 4; i++)
16          System.out.print(feld[i] + " ");
17        System.out.println();
18        System.out.println("tauscheA");
19        tauscheA (feld[1], feld[2]);
20        for (i=0; i < 4; i++)
21          System.out.print(feld[i] + " ");
22        System.out.println();
23        System.out.println("tauscheB");
24        tauscheB (feld, 1, 2);
25        for (i=0; i < 4; i++)
26          System.out.print(feld[i] + " ");
27        System.out.println();
28      }
29    }
```

Aufgabe 6.10

Die nachfolgenden Programmfragmente sind syntaktisch korrekt, führen aber zu einem fehlerhaften Laufzeitverhalten. Geben Sie die Art des auftretenden Fehlers an, und erklären Sie kurz, wodurch er verursacht wird.

```
// 1.
public static int kehrwertFakul (int n) {
  // liefert (1/n) * (1/(n-1)) * ... * (1/3) * 1/2
  return 1 / n * kehrwertFakul(n-1);          kein Sonderfall 0
}                                             → Division durch 0
// 2.
public static int sum (int[] z) {
  // berechnet die Summe der
  // Komponenten des Feldes z
  int s = 0, i = 0;
  while (i < z.length) {
    s = s + z[++i];
    System.out.println("Zwischenergebnis: " + s);
    i--;                    Endlosschleife , + 1 - 1 = 0
  }
  return s;
}
```

Aufgabe 6.11

Schreiben Sie ein Java-Programm, das eine beliebige Anzahl von **double**-Werten einliest und so in ein Feld abspeichert, dass die mehrfach auftretenden Werte unmittelbar hintereinander angeordnet sind. Außerdem sollen die Werte insgesamt so angeordnet sein, dass zunächst die positiven und dann erst die negativen Zahlen im Feld stehen. Gehen Sie wie folgt vor:

a) Schreiben Sie eine Methode `enter` (mit Parametern d, k und dFeld), die den **double**-Wert d vor der k-ten Komponente in das Feld dFeld einfügt und das dabei entstehende (um eine Komponente verlängerte) Feld als Ergebnis zurückliefert.

   Ist k kleiner als 0, so ist d vor der Komponente 0 des Feldes dFeld einzufügen.

   Ist k größer oder gleich der Länge von dFeld, so ist d nach der letzten Komponente des Feldes dFeld einzufügen.

b) Schreiben Sie eine Methode `position` (mit Parametern d und dFeld), die zunächst feststellt, ob der **double**-Wert d in dFeld bereits gespeichert ist. Wenn dies der Fall ist, soll die Position (der Feldindex) zurückgeliefert werden, unter der dieser Wert in dFeld gespeichert ist. Ist d noch nicht in dFeld enthalten, dann soll für positive Werte d die Position 0 und für alle anderen Werte die Position n zurückgeliefert werden, wobei n gerade die Länge des Feldes dFeld ist.

c) Schreiben Sie eine Methode `main`, in der in einer Schleife **double**-Werte eingelesen und diese dann in einem Feld wie gefordert angeordnet werden. Es muss also jeweils zunächst mittels `position` die Position für das Einfügen ermittelt und dann der Wert mittels `enter` an der entsprechenden Stelle eingefügt werden. Die Schleife soll abgebrochen werden, wenn der Wert 0 bearbeitet wurde. Danach soll das komplette Feld ausgegeben werden.

Aufgabe 6.12

Sie sind mit Ihrer Segelyacht in Lissabon aufgebrochen und haben Kurs auf Barbados genommen. In Kenntnis des gefährlichen Reviers, das Sie am Ziel Ihrer Reise erwartet, möchten Sie, bevor Sie den offenen Atlantik erreichen, zu Ihrer Sicherheit die Funktionsweise Ihres Echolots überprüfen. Hierzu lassen Sie schweren Herzens Ihre letzte Flasche Rum über Bord gehen.
Nach dem Loslassen der Flasche an der Wasseroberfläche beobachten Sie, dass die Flasche nach ca. einer Sekunde einen Meter weit abgetaucht ist und nach weiteren neun Sekunden den Meeresboden erreicht hat – das glasklare Wasser, das Ihre Yacht umspült, erlaubt selbst bei einem getrübten Blick solche detaillierten Beobachtungen. Ein Blick auf Ihr Echolot und der Vergleich mit der Ausgabe Ihres selbst geschriebenen Java-Programms sagen Ihnen, dass das Echolot tadellos funktioniert. Welche Tiefe lesen Sie ab?

Ein ganz klein wenig Physik dazu:

Die Sinkbewegung $y(t)$ (die Tiefe y in Abhängigkeit von der Zeit t) eines Körpers der Masse m durch ein flüssiges Medium der Dichte ρ lässt sich bei Anfangsgeschwindigkeit 0 und für kleine Geschwindigkeiten durch die Formel

$$y(t) = \frac{g \cdot (\tilde{x}t + e^{-\tilde{x}t} - 1)}{\tilde{x}^2} \tag{6.1}$$

beschreiben. Hierbei bezeichnet $g = 9.81$ den Wert der Erdbeschleunigung und $\tilde{x} = \frac{\rho}{m}$ den Quotienten aus Dichte und Masse. Um mit dieser Formel den nach $t = 10$ Sekunden zurückgelegten Weg zu berechnen, müssen Sie natürlich zunächst aus Ihrer Beobachtung $y(1) = 1$ den Wert $\tilde{x}$ bestimmen. Dazu müssen Sie (nach ein bisschen Umformung) nichts anderes tun, als die Nullstelle $\tilde{x}$ der Funktion

$$f(x) = x^2 - g \cdot (x - 1 + e^{-x}) \tag{6.2}$$

zu berechnen.

Ein ganz klein wenig Mathematik dazu:

Die Nullstelle einer Funktion $f : \mathbb{R} \to \mathbb{R}$, $x \mapsto f(x)$ lässt sich näherungsweise mit Hilfe des nach *Newton* (1642–1727) benannten Newton-Verfahrens wie folgt bestimmen. Ausgehend von einem geeigneten Startwert x_0 iteriert man gemäß

$$x_k := x_{k-1} - \frac{f(x_{k-1})}{f'(x_{k-1})}, \quad k = 1, 2, 3, \dots \tag{6.3}$$

so lange, bis für ein k gilt $|x_k - x_{k-1}| \leq \varepsilon |x_k|$ oder bis eine maximal vorgegebene Anzahl von Iterationen (kmax) erreicht ist.
Die Formel für die Ableitung $f'(x)$ ist übrigens

$$f'(x) = 2x - g \cdot (1 - e^{-x}). \tag{6.4}$$

Und jetzt das Java-Programm dazu:

Gehen Sie bei der Implementierung eines Verfahrens zur Tiefenberechnung wie folgt vor:

a) Schreiben Sie eine **double**-Methode f mit einem formalen Parameter x vom Typ **double**, die den Funktionswert $f(x)$ an der Stelle x gemäß (6.2) berechnet und als Ergebnis zurückliefert.

b) Schreiben Sie eine **double**-Methode fs (ebenfalls mit einem formalen Parameter x vom Typ **double**), die an der Stelle x den Wert der ersten Ableitung $f'(x)$ gemäß (6.4) berechnet und als Ergebnis zurückliefert.

c) Schreiben Sie eine Methode newton mit zwei formalen **double**-Parametern x0 und eps, die eine Näherung für die Nullstelle $\tilde{x}$ der Funktion f berechnet und zurückliefert. Dabei ist eps die Abbruchkonstante ε. Die Methode soll unter Verwendung der Methoden f und fs ausgehend vom Startwert x0 die Newton-Iteration gemäß der Vorschrift (6.3) und mit kmax = 50 durchführen und den zuletzt berechneten Wert x_k als Ergebnis zurückliefern. Sollte nach den 50 Iterationen die ε-Abbruchbedingung noch nicht erfüllt sein, soll die Methode einen negativen Wert als Ergebnis zurückliefern.

d) Schreiben Sie eine Methode tiefe mit einem **double**-Parameter t und einem **double**-Parameter $\tilde{x}$, die die Meerestiefe y durch Auswertung der Formel (6.1) zum Zeitpunkt t unter Verwendung des Wertes $\tilde{x}$ berechnet und zurückliefert.

e) Schreiben Sie eine main-Methode, in der Sie Werte für x0 und eps einlesen und mittels der Methode newton eine Näherung für den Wert $\tilde{x}$ berechnen. Wurde ein positiver Wert für $\tilde{x}$ geliefert, so soll mittels der Methode tiefe die Meerestiefe nach $t = 10$ Sekunden berechnet und ausgegeben werden. Falls newton keinen positiven Wert liefert, soll eine entsprechende Meldung über das Fehlschlagen der Newton-Iteration ausgegeben werden.

Hinweis: Verwenden Sie **keine Felder!**

Testen Sie Ihr Programm mit x0 = 10 und eps = 10^{-7} sowie mit verschiedenen anderen Werten für x0 und eps.

Teil II

Objektorientiertes Programmieren in Java

In diesem Teil des Buches werden wir uns mit „fortgeschrittenen" Themen befassen. Nachdem Sie sich erfolgreich durch die ersten Kapitel gekämpft haben, besitzen Sie ein fundiertes Grundlagenwissen – nicht nur speziell über Java, sondern über die Möglichkeiten, mit Ihrem Computer zu kommunizieren. Sie haben Schleifen, Bedingungen und Methoden kennen gelernt, konnten mit Hilfe von Feldern und Klassen auch komplexere Daten (wie etwa Tabellen von Werten) handhaben. Ferner wissen Sie, wie man an ein Problem „herangeht", wie man eine Problemstellung aus dem wahren Leben in ein Computerprogramm transferiert. Die nun folgenden Kapitel bauen auf diesem Wissen auf und vermitteln Ihnen Kenntnisse, mit deren Hilfe Sie *noch* schneller und effizienter (insbesondere große) Aufgaben mit Java bewältigen. Sie werden einen völlig neuen Programmierstil kennen lernen: die **objektorientierte Programmierung**. Mit ihrer Hilfe und der grafischen Modellierungssprache **UML** werden Sie in einen der aufregendsten Bereiche der Softwareentwicklung vorstoßen und Methoden und Techniken erlernen, die aus der modernen IT-Branche nicht mehr wegzudenken sind.

Natürlich kann Ihnen ein einziges Buch nicht alles vermitteln, was Sie als erfahrener Java-Programmierer bzw. erfahrene Java-Programmiererin in der Industrie benötigen. Ziel der folgenden Kapitel ist es, Ihnen einen Erfahrungsstand zu verschaffen, mit dem Sie sich nicht zu scheuen brauchen, weiterführende Fachliteratur aufzuschlagen – Sie werden sie verstehen.

Kapitel 7

Die objektorientierte Philosophie

Bereits in Kapitel 5 hatten Sie zum ersten Mal Kontakt mit Klassen. Sie haben diese Klassen als Möglichkeit kennen gelernt, mehrere verschiedene Daten zu einer Einheit zusammenzuschnüren. Klassen waren bislang also nicht mehr als schlichte „Datenspeicher".

Diese Sicht wird in den Klassikern unter den Programmiersprachen oft angenommen.[1] In der objektorientierten Programmierung wird sie erweitert. Objekte sind mehr als reine Datenspeicher – sie führen quasi ein Eigenleben und können Aktionen auslösen oder auf Einflüsse reagieren. Was Sie sich darunter genau vorzustellen haben, erfahren Sie in Form eines Überblicks auf den folgenden Seiten.

7.1 Die Welt, in der wir leben

Erinnern Sie sich an unsere Adresskartei aus Abschnitt 5.2? Wir hatten es mit einem realen Problem zu tun (der Darstellung einer Adresse) und haben dies auf den Computer übertragen. Abbildung 7.1 zeigt diesen Vorgang, den wir im Folgenden als **Modellierung** bezeichnen. In diesem Abschnitt eines Software-Entwicklungsprozesses betrachten wir jenen Ausschnitt aus unserer Welt, den wir in unserem Computer darstellen wollen (in der Abbildung – als Sinnbild für eine Adresse – als Visitenkarte dargestellt). Wir transferieren dieses „Weltbild" auf den Computer, indem wir ein **Modell** unserer Sichtweise erstellen. Dieses Modell (in der Abbildung mit unserem Klassendiagramm aus Abbildung 5.13 dargestellt) realisieren wir in Form von **Klassen**, die wir im Programmablauf instantiieren und aus denen wir somit **Objekte** bilden. Diese Objekte stellen auf dem Rechner

---

[1] Gemeint ist beispielsweise der Datentyp `record` in Pascal.

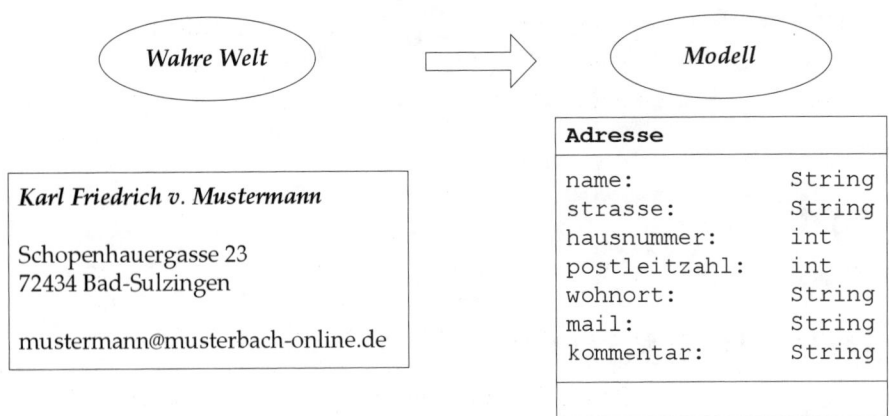

Abbildung 7.1: Modellierung von Klassen

das Äquivalent zu jenen Gegenständen, Eigenschaften oder Personen dar, die wir mit unserem Modell im Computer darstellen wollen.

Auch wenn sich dieses Buch hauptsächlich der Aufgabe verschrieben hat, grundlegende programmiertechnische Fähigkeiten in Java zu vermitteln, darf natürlich auch dieser Aspekt der Softwareentwicklung nicht vernachlässigt werden. Wir werden uns nach und nach anhand verschiedener Beispiele wichtige Basistechniken aus diesem Bereich aneignen.

7.2   Programmierparadigmen – Objektorientierung im Vergleich

Auch ohne Objektorientierung haben wir bislang eine Vielzahl von Aufgaben bewältigt. Meist konnten wir alle Probleme durch einfache Hintereinanderausführung von Befehlen (inklusive Schleifen oder Methodenaufrufe) lösen. Diese Art der Programmierung wird auch als **imperative Programmierung** bezeichnet. Es handelt sich hierbei um eines von mehreren **Paradigmen**, ein Vorgehensmuster für die Erstellung von Software.

Beim imperativen Programmierstil versucht man, den konkreten Ablauf eines Vorganges auf dem Computer nachzubilden. Man entwirft so genannte Prozeduren (in Java als Methoden bekannt) und ruft diese im Hauptprogramm in einer bestimmten Reihenfolge auf. Wichtig ist hierbei also eine gewisse „Vorhersehbarkeit", das heißt: der Programmierer bzw. die Programmiererin weiß, in welcher Form das System abzulaufen hat. Diese Methodik ist an und für sich in Ordnung, birgt aber in sich den einen oder anderen Nachteil:

1. Das zu entwickelnde Programm wird als eine große Gesamtheit betrachtet. Vielen Entwicklern fällt es schwer, diesen gigantischen Moloch in kleine, hand-

habbare Teilkomponenten zu unterteilen. Besonders zu Anfang erscheint der Entwicklungsaufwand somit oft gigantisch und unbezwingbar.

2. Da sich das Programm nur schwer untergliedern lässt, muss der Programmierer oder die Programmiererin oftmals genaue Kenntnisse über das Gesamtwerk besitzen, selbst wenn er nur einen kleinen Teil des Werkes realisiert. Besonders bei großen Projekten, an denen viele Entwickler zugleich sitzen, bedeutet dies einen hohen Abstimmungsaufwand.

3. Soll das Programm später um zusätzliche Funktionalität ergänzt werden, stößt der Entwickler bzw. die Entwicklerin meist auf eine starre Struktur, die sich nur schwer erweitern lässt. Zusätze werden deshalb oft wild und nach Belieben in den vorhandenen Code eingefügt. Diese Wildwucherungen machen ein System im Laufe der Zeit fehleranfälliger und schwerer zu warten.

Die objektorientierte Philosophie umgeht diese Problematik, indem sie schon beim Entwurf ein anderes Herangehen an eine Aufgabe nahelegt: Ein Entwurf wird in viele kleine unabhängige Komponenten (die Objekte) unterteilt, die zusammen das Gesamtsystem bilden. Wie die Einzelteile eines Modellbaukastens werden diese Objekte zu einer Gesamtheit zusammengefügt. Komplexere Objekte werden aus einfacheren Objekten zusammengebaut, die wiederum aus anderen Objekten bestehen können.

Man kann sich das Konzept am Aufbau eines Autos verdeutlichen: Ein Auto besteht aus verschiedenen Komponenten, etwa dem Motor, den Reifen, der Karosserie. Ein Motor ist also ein Objekt, das man zum Aufbau eines Autos benötigt. Der Motor selbst besteht jedoch seinerseits aus diversen Einzelteilen (etwa den Zylindern), die zur Gesamtheit des Motors zusammengesetzt worden sind.

Jeder, der als Kind schon einmal Papas Stereoanlage zerlegt hat, dürfte die Grundidee auf Anhieb verstehen. Die praktische Umsetzung in Java wird Thema der folgenden Kapitel sein. Wir können jedoch bereits an dieser Stelle feststellen, dass eine derartige Vorgehensweise einige der obigen Probleme des imperativen Programmierens beheben kann:

1. Das zu entwerfende System wird in seine Einzelteile zerlegt. Jedes dieser Einzelteile kann (falls es noch zu kompliziert erscheint) weiter unterteilt werden. Die Komplexität des Gesamten wird also durch eine klare Strukturierung beherrschbar gemacht.

2. Die einzelnen Komponenten sind zu einem Großteil unabhängig vom späteren Gesamtsystem. Einzelne Entwickler können sich an ihre Realisierung machen, ohne in jeder Einzelheit wissen zu müssen, was ihre Kollegen tun.

3. Soll das Programm später um weitere Komponenten erweitert werden, so können die Entwickler im Allgemeinen ohne besondere Probleme „anbauen".[2] Spezielle Mechanismen wie etwa die Vererbung (siehe Abschnitt 7.3) machen es Programmierern leicht, diese nachträglichen Erweiterungen vorzunehmen.

---

[2] Dies setzt natürlich immer ein solide entworfenes und durchdachtes Gesamtkonzept voraus.

Zusammengefasst lässt sich also feststellen, dass die Objektorientierung ein Konzept darstellt, das fortgeschrittenen Programmierern (und dies wollen wir ja in den nächsten Kapiteln werden) die Arbeit an mittleren und großen Projekten merklich erleichtert. Obwohl diese Philosophie in den letzten Jahren eine rasant wachsende Zahl von Anhängern gefunden hat, gibt es noch immer „alteingesessene" Entwickler, die (schon alleine wegen der mit dem Umstieg verbundenen Mühe) den traditionellen Programmierstil vorziehen. Da wir uns jedoch ohnehin noch unter den Lernenden befinden, ist es natürlich sinnvoll, uns gleich auf den neuesten Stand der Technik zu befördern.

7.3   Die vier Grundpfeiler objektorientierter Programmierung

Wir werden uns nun mit den vier grundlegenden Prinzipien befassen, auf denen die objektorientierte Philosophie beruht (auch die vier „Grundpfeiler" genannt). Wie sich Abbildung 7.2 entnehmen lässt, basiert die Objektorientierung auf den vier Begriffen **Generalisierung**, **Vererbung**, **Kapselung** und **Polymorphismus**, mit denen wir uns in den folgenden Abschnitten näher beschäftigen wollen.

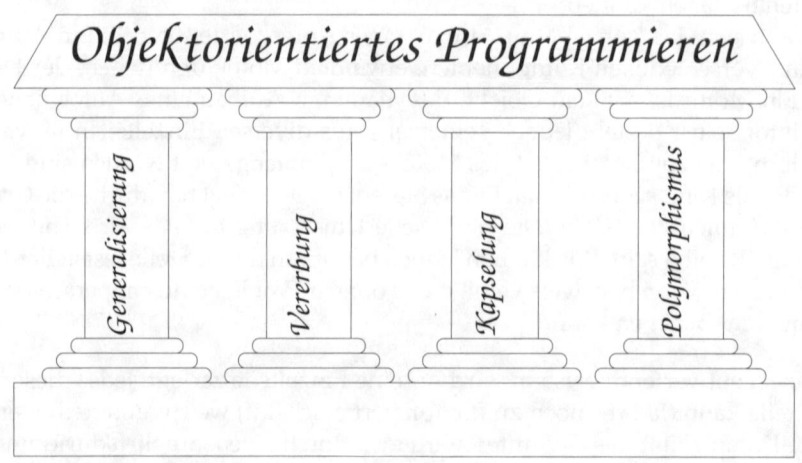

Abbildung 7.2: Grundpfeiler der objektorientierten Programmierung

7.3.1   Generalisierung

Stellen Sie sich vor, Sie wollen mit Hilfe des Computers das Leben und Verhalten verschiedener Tiere simulieren. Jede dieser Tierarten soll durch eine eigenständige Klasse realisiert werden, aus der wir durch Instantiierung Objekte, also die Darstellung einzelner individueller Tiere auf dem Computer erhalten. Sie entwerfen also eine Klasse Hund, die Tiere der Gattung Hund realisieren soll. Katzen werden

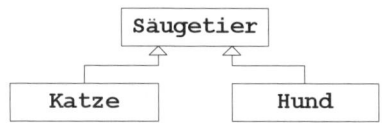

Abbildung 7.3: Generalisierung bei `Hund` und `Katze`

durch eine Klasse `Katze` dargestellt, Zebras durch eine Klasse `Zebra`, Wellensittiche durch eine Klasse `Wellensittich` und so weiter.

Nun haben die verschiedenen Gattungen trotz aller Unterschiede jedoch eine Menge Gemeinsamkeiten. So gehören sowohl Hunde als auch Katzen einer speziellen Kategorie von Tieren an: den Säugetieren.

Beide Klassen, sowohl der Hund als auch die Katze, besitzen somit gewisse Eigenschaften, die sie teilen: Säugetiere gebären ihre Nachkommen und stillen diese mit Milch. Wenn man – unabhängig vom konkreten Tier – einen Hund oder eine Katze auf diese gemeinsamen Eigenschaften reduziert, kann man sie als Spezialfälle einer allgemeineren Klasse `Säugetier` auffassen.

Abbildung 7.3 zeigt diesen Vorgang, der in der Objektorientierung als Generalisierung bezeichnet wird. Objekte mit gemeinsamen Eigenschaften werden zu einer allgemeineren Kategorie, der so genannten **Superklasse**, zusammengefasst. Der Pfeil, den Sie in der Abbildung sehen, stellt eben dieses Zusammenfassen dar. Wir sagen „`Säugetier` ist Superklasse von `Hund`" bzw. „`Säugetier` ist Superklasse von `Katze`". Umgekehrt bezeichnen wir etwa `Hund` als **Subklasse** von `Säugetier`. Wir sagen „`Hund` ist Subklasse von `Säugetier`" oder einfacher „ein `Hund` ist ein `Säugetier`". Wenn Sie also im Diagramm den Pfeilen folgen, so können Sie diesen Pfeil als „ist-ein"-Beziehung lesen.[3]

Natürlich ist es möglich, in unserer Tierhierarchie noch weiter zu generalisieren. Alle Tiere, egal ob Fisch oder Säuger, teilen ebenfalls gewisse Eigenschaften (etwa den Umstand, dass sie leben). Wir können also weiter verallgemeinern und eine Superklasse `Tier` bilden, unter der wir all unsere Tiere zusammenfassen. Abbildung 7.4 zeigt eine derart verallgemeinerte Tierhierarchie.

Wenn wir uns den Blättern dieser baumartigen Struktur zuwenden, so stellen wir fest, dass sich unter der Katze noch weitere Subklassen befinden (`Hauskatze` und `Wildkatze`, `Angora` und `Kartäuser`). Diese Klassen haben wir im Nachhinein in den Baum eingefügt, da sich mit einer allgemeinen Katzenklasse manche Feinheiten (etwa der Unterschied zwischen einem wilden Tiger und einem Schmusekätzchen) nur schwer modellieren lassen. Wir haben unser Modell an dieser Stelle also verfeinert. Diesen der Generalisierung entgegengesetzten Schritt bezeichnet man auch als **Spezialisierung** oder **Erweiterung** einer Klasse. Die Spezialisierung beruht auf dem gleichen Konzept, nur dass man sich im Baum von

---

[3] In der Literatur gibt es weitere Möglichkeiten, Super- und Subklasse zu bezeichnen. Sie werden in entsprechenden Büchern eventuell die Begriffe Eltern- und Kindklasse oder Ober- und Unterklasse lesen. Wir wollen uns auf obige Namen beschränken, da sie sich leicht den englischen Fachbegriffen (superclass und subclass) zuordnen lassen.

oben nach unten statt umgekehrt durcharbeitet. Sie wird deshalb in den Grundprinzipien der Objektorientierung in der gleichen Kategorie angesiedelt.

Die Generalisierung ist ein wichtiges Mittel, um schon in der Phase des Entwurfs
Objekte zu klassifizieren und ihre Gemeinsamkeiten festzustellen. In Kombination mit der Vererbung stellt sie ferner eine Möglichkeit dar, den Programmieraufwand deutlich zu reduzieren (siehe hierzu auch den folgenden Abschnitt).

7.3.2 Vererbung

Werfen wir noch einmal einen Blick auf unsere Tierhierarchie in Abbildung 7.4.
Unter der Rubrik Säugetier haben wir eine Vielzahl von Subklassen definiert:
Angora, Kartäuser, Tiger, Löwe, Luchs, Zwergpinscher, . . .

Jede dieser Klassen teilt sich gewisse Eigenschaften mit ihren „Nachbarn." Da es
sich hier um Säugetiere handelt, gebären sämtliche Tierarten ihre Nachkommen
– anders als etwa Vögel oder Reptilien. Ferner produzieren die Säugetiere Milch,
mit der ihre Kinder (daher eben der Name) gesäugt werden. Wir können diese
Eigenschaften also der Superklasse Säugetier zuschreiben:

■ Ein Säugetier gebiert und stillt seine Nachkommen.

Welchen konkreten Vorteil bringt uns dieser Punkt jedoch in der täglichen Arbeit?
Wir haben bereits erfahren, dass die Generalisierungspfeile im Klassendiagramm
7.4 eine „ist-ein"-Beziehung darstellen. Ein Tiger ist ein Säugetier. Ein Zebra
ist ein Säugetier. Aufgrund dieser Beziehung können wir also unsere speziellen
Subklassen als Ausprägung ihrer Superklasse betrachten und schließen:

■ Ein Tiger gebiert und stillt seine Nachkommen.

■ Ein Zebra gebiert und stillt seine Nachkommen.

Durch ihre Verwandtschaft mit der Superklasse lassen sich also Aussagen, die
man über Säugetiere machen kann, auf verschiedene spezielle Tierarten übertragen. Man sagt, eine Subklasse **erbt** die Eigenschaften ihrer Superklasse, und be-

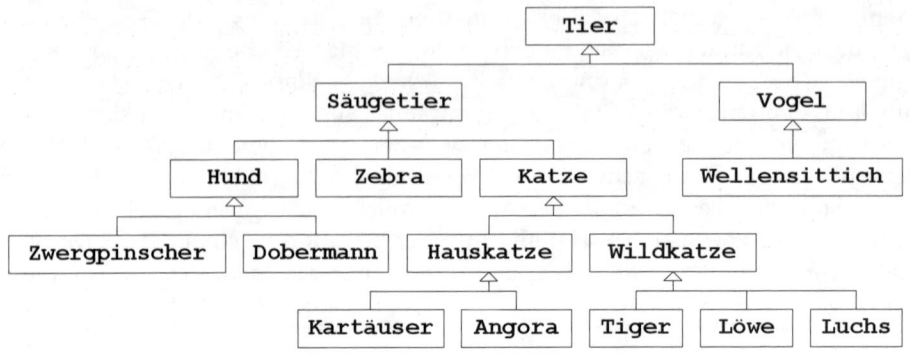

Abbildung 7.4: Generalisierung bei Tierklassen

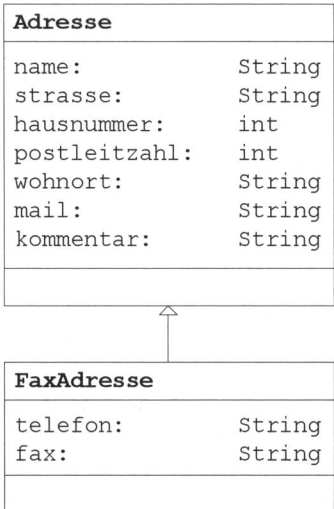

Abbildung 7.5: Spezialisierung der Klasse `Adresse`

zeichnet diesen Vorgang allgemein als **Vererbung**.[4] Durch die Vererbung können wir Eigenschaften für mehrere Klassen zugleich modellieren, indem wir sie ein einziges Mal in der gemeinsamen Superklasse definieren. Wir können davon ausgehen, dass alle Subklassen (auch solche, die wir noch gar nicht definiert haben) eben diese Eigenschaft erhalten werden.

Nehmen wir als konkretes Beispiel unsere Klasse `Adresse` aus Abschnitt 5.2. Wir haben sie bereits in mehreren Programmen verwendet und wollen aus diesem Grund keine Veränderungen an ihrem Inhalt mehr vornehmen. Für eine neue Aufgabe stellen wir jedoch fest, dass wir in unserer Klasse einige wichtige Details vergessen haben – zum Beispiel eine Telefonnummer. Um diesen Missstand zu beseitigen, müssten wir also die Klasse um zusätzliche Funktionalität erweitern – ein Punkt, den zu vermeiden wir uns ja eben vorgenommen hatten. Wie können wir aber unsere Klasse erweitern, ohne den originalen Code anzutasten? Wie so oft liegt auch hier die Antwort in der Frage. Wir *erweitern* unsere Klasse, indem wir eine Subklasse `FaxAdresse` definieren (vgl. Abbildung 7.5). Die so durch Spezialisierung gewonnene Klasse sähe in Java etwa wie folgt aus:

```
1  /** Erweiterung von Adresse um Telefon- und Faxnummer. */
2  public class FaxAdresse extends Adresse {
3    public String telefon;
4    public String fax;
5  }
```

---

[4] Hier wird vielleicht auch klar, warum sich in mancher Literatur die Begriffe Eltern- und Kindklasse etabliert haben. Ein Kind erbt von seinen Eltern.

Auch wenn wir bislang noch nicht über das sprachliche Wissen verfügen, um diese Zeilen vollständig zu verstehen (der Vererbung ist mit Kapitel 9 ein eigener Teil dieses Buches gewidmet), so lässt sich doch relativ einfach nachvollziehen, was sie zu bedeuten haben:

- Die Klasse `FaxAdresse` stellt eine Subklasse von `Adresse` dar. Sie spezialisiert oder *erweitert* also die eigentliche Adresse – im Englischen erklärt dies das Schlüsselwort **extends**.

- Als Subklasse von `Adresse` *ist* eine `FaxAdresse` automatisch auch eine `Adresse`. Sie *erbt* sämtliche Eigenschaften ihrer Superklasse, sodass wir die Instanzvariablen `name` oder `hausnummer` nicht erneut definieren müssen. Sie sind dank der verwandtschaftlichen Beziehung automatisch vorhanden!

- Da der größte Teil unserer Arbeit bereits mit der Klasse `Adresse` erledigt wurde, können wir uns auf jene neuen Aspekte beschränken, die wir unserer Subklasse hinzufügen wollen. In diesem Fall bedeutet dies die Definition zweier neuer Variablen in den Zeilen 4 und 5.

Wie wir sehen, kann uns die Kombination von Generalisierung und Vererbung in der Programmierung eine Menge Schreibarbeit ersparen. Dies ist jedoch nicht der einzige Vorteil, den uns diese beiden Grundpfeiler der Objektorientierung bieten:

- Weil wir durch Vererbung gemeinsame Eigenschaften nur einmal modellieren müssen, brauchen wir diese Eigenschaften auch nur an einer Stelle zu testen. Wir haben nur eine Möglichkeit, Programmierfehler einzubauen, und somit auch nur eine Stelle, an der wir diese korrigieren müssen. Würden wir etwa den Vorgang des Milchgebens bei jedem Tier einzeln realisieren, so müssten wir jede dieser neu geschriebenen Methoden auf Fehler überprüfen.

- Algorithmen, die gewisse Spezialeigenschaften einer Subklasse nicht benötigen, können für die allgemeinere Superklasse definiert werden. Auf diese Weise können sie auch automatisch auf die verschiedensten Subklassen angewendet werden. So kann Java beispielsweise alle Objekte sortieren, die sich auf eine bestimmte Art und Weise miteinander vergleichen lassen („größer als", „kleiner als"). Wollten wir also unsere Adressen sortieren, müssten wir lediglich dafür sorgen, dass sich unsere Objekte auf die richtige Art und Weise miteinander vergleichen lassen – den Rest erledigt eine vordefinierte Methode.

Vererbung hilft Programmierern also nicht nur, Fehler zu vermeiden. Sie erlaubt es den Entwicklern auch, sich im Laufe der Zeit ganze Bibliotheken von vorgefertigten Objekten für jeden Zweck zusammenzustellen, die sie bei Bedarf einfach um zusätzliche Funktionalität erweitern. Auf diese Weise lassen sich Softwareprodukte schneller und günstiger auf den Markt bringen als mit konventionellen Programmiersprachen.

7.3.3 Kapselung

Die Grundidee beim dritten der vier Grundpfeiler des objektorientierten Programmierens, der **Kapselung**, ist Ihnen wahrscheinlich im „wahren" Leben bereits begegnet. Wenn Sie beispielsweise einen Blick auf die Rückseite Ihres Monitors oder Fernsehers werfen, werden Sie einen Hinweis der Form „Gerät steht unter Spannung und darf nur vom Fachmann geöffnet werden" finden. Diese Hinweise werden aus zwei wichtigen Gründen angebracht:

1. Das Öffnen des Geräts ist für Unbefugte nicht ungefährlich und kann sowohl Sach- als auch Personenschaden herbeiführen. Oder wollten *Sie* sich umgekehrt von einem Fernsehmechaniker am Blinddarm operieren lassen?

2. Normale Benutzer sollten nicht wissen müssen, wie der Fernseher intern funktioniert. Sie sollten wissen, wie man ihn ein- und ausschaltet, wie man das Programm wechselt und die Lautstärke ändert. Hierzu gibt es an der Außenseite eine Vielzahl von Knöpfen, die so genannte **Schnittstelle** zur Außenwelt. Über die Schnittstelle kann das Gerät benutzt werden – unabhängig davon, ob sich im internen Aufbau des Gerätes etwas geändert hat.[5]

Ähnlich versteht sich auch die Datenkapselung beim objektorientierten Programmieren. Bisher haben wir uns über den Zugriff auf unsere Daten keinerlei Gedanken gemacht. Objekte waren für uns lediglich Datenspeicher, auf deren Komponenten die Benutzer ungehindert zugreifen können. In Zukunft werden wir unsere Instanzvariablen vor den Benutzern „verstecken". Dieser Prozess wird in der Fachsprache auch als **data hiding** bezeichnet.

Wenn wir aber unsere Variablen vor den Benutzern verstecken, wie können diese dann aus ihnen entsprechende Werte ein- oder auslesen? Um diese Frage zu beantworten, werden wir im nächsten Kapitel analog zu den Instanzvariablen die so genannten **Instanzmethoden** einführen. Hierbei handelt es sich um Methoden, die – wie die entsprechenden Variablen – einem speziellen Objekt zugeordnet sind. Die Instanzmethoden haben Zugriff auf sämtliche Teile des Objekts und können somit auch auf die versteckten Variablen zugreifen. Wir werden diesen Mechanismus nutzen, um unsere Variablen zu setzen und zu lesen.

Welchen Vorteil aber soll es eigentlich haben, unsere Variablen nicht direkt ansprechen zu können? Denken Sie zu diesem Zweck am besten wieder an das Beispiel mit dem Fernseher: Wir wissen, dass wir ihn anschalten, indem wir einen bestimmten Knopf drücken. Intern kann das Drücken dieses Knopfes jedoch verschiedene Vorgänge auslösen. Bei älteren Fernsehgeräten stellt der Knopf einen Schalter dar; das Drücken des Ein-Knopfes stellt eine elektrische Verbindung her, sodass Strom fließt. Neuere Geräte haben aber meistens einen Standby-Modus; der Strom fließt also innerhalb des Geräts die ganze Zeit. Das Drücken des Schalters stellt hier also keinen Stromfluss her, sondern weist ein bestimmtes Relais (oder einen Chip) an, vom Standby-Modus in den normalen Betrieb zu schalten.

---

[5] Zum Beispiel weil die Firma beschlossen hat, in einer neuen Produktionsserie billigere Transistoren aus Taiwan zu verwenden.

Ob wir intern einen Standby-Modus haben oder nicht – wir wissen, dass das Betätigen der Ein-Taste den Fernseher anschaltet. Auch wenn sich im Laufe der Jahre die innere Struktur der Geräte drastisch verändert hat, sind die Bedienelemente nach außen (die Schnittstelle also) immer gleich geblieben.

Diese Idee liegt auch der Datenkapselung im objektorientierten Programmieren zugrunde. In größeren Softwareprojekten ist es gang und gäbe, dass sich die interne Struktur einer bereits vordefinierten Klasse mehrmals ändert. Dies kann verschiedenste Gründe haben, etwa

- weil Programmierer einen Weg gefunden haben, die Abwicklung in einer Klasse effizienter zu gestalten, oder

- weil das Objekt die Daten nicht in Instanzvariablen speichert, sondern in einer so genannten Datenbank hält. Diese mag jedoch in der Anfangsphase (etwa bei der Entwicklung eines ersten Prototyps) noch nicht so gewesen sein.

Grundsätzlich sollen aber andere Entwickler, die mit diesen Klassen arbeiten, von derartigen Änderungen nicht behelligt werden. Die Software dieser Programmierer soll funktionieren, egal ob sie mit der alten oder der neuen Version ihrer Klassen arbeiten. Aus diesem Grund gibt man nur eine gewisse Schnittstelle nach außen preis – sozusagen die Knöpfe auf der Fernbedienung. Die interne Realisierung bleibt jedoch ein Geheimnis.

7.3.4   Polymorphismus

Wir kommen nun zum vierten und letzten Grundprinzip des objektorientierten Programmierens: dem **Polymorphismus**. Dieser Begriff ist nicht ganz einfach zu erklären. Sie werden vielleicht erst an Beispielen erkennen, was man sich unter diesem Prinzip vorzustellen hat. Dennoch sollten Sie an dieser Stelle zumindest eine grundlegende Idee dazu erhalten.

Polymorphismus (deutsch: „Vielgestalt") befasst sich mit dem so genannten **Überschreiben von Methoden**. Wir haben im ersten Teil (vgl. 6.1.5) bereits das so genannte Überladen von Methoden kennen gelernt. Hierbei haben wir verschiedene Methoden definiert, die alle den gleichen Namen, aber eine unterschiedliche Liste von Argumenten hatten. Beim Überschreiben von Methoden werden wir diese Bedingung nun fallen lassen, d. h., wir definieren zwei Methoden mit identischem Rückgabetyp und identischer Argumentliste. Dies tun wir allerdings nicht in ein- und derselben Klasse, sondern in einer Sub- und einer Superklasse.

Welchen Sinn mag es jedoch haben, in zwei Klassen ein- und dieselbe Methode zu definieren? In Abschnitt 7.3.2 haben wir schließlich erfahren, dass eine Kindklasse von ihrer Elternklasse sämtliche Eigenschaften erbt. Aufgrund der Vererbung wird die Subklasse somit ohnehin sämtliche Methoden der Superklasse besitzen. Tatsächlich scheint dieses Vorgehen im Widerspruch zum Prinzip der Vererbung zu stehen – doch nur scheinbar. Würden wir in der Subklasse keine Methode definieren, würde diese von ihrer Superklasse die Original-Methode erben. Da wir aber die Methode neu definieren, sie also **überschreiben**, ersetzen wir in Instanzen unserer Subklasse die allgemeine Methode durch eine spezielle Fassung, die besonders auf den Fall unserer spezialisierten Kindklasse eingehen mag.

Als Beispiel hierzu kann unsere Tierhierarchie aus Abbildung 7.4 dienen. Ein Tier ernährt sich in der einen oder anderen Form. Wollten wir diesen Vorgang in unserem Klassenmodell berücksichtigen, könnten wir etwa eine Methode namens `friss` vorsehen, mit der sich ein Tier ernähren kann.

Nun frisst natürlich nicht jedes Tier auf die gleiche Weise. Ein Zebra, das gemütlich auf der Wiese grast, frisst sicher anders als ein Löwe, der sich von eben diesen Zebras ernährt. Von einem Tierobjekt, das Instanz der Subklasse `Zebra` ist, erwarten wir, dass es sich auf eine ganz bestimmte Art und Weise verhält. Wir werden die Original-Methode aus diesem Grund überschreiben und durch eine spezielle Methode `friss` für das `Zebra` ersetzen. Handelt es sich bei einem Objekt also um ein Zebra, wird dessen spezielle Methode aufgerufen.

Das Überschreiben von Methoden ermöglicht es, in Kombination mit den anderen Prinzipien der objektorientierten Programmierung, Verfahren auf allgemeinen Klassen zu realisieren, ohne sich um spezielle Ausprägungen ihrer Subklassen kümmern zu müssen. Wenn wir beispielsweise einen ganzen Zoo von Tieren realisieren und wissen, dass jedes Tier einmal am Tag gefüttert wird, können wir für jedes Tier die `friss`-Methode aufrufen, ohne sie für jede Tierart implementieren zu müssen, denn die Subklassen erben von ihrer Superklasse. Benötigen wir jedoch für ein spezielles Tier eine besondere Ausprägung, so können wir die allgemeine Methode einfach durch eine Spezialisierung ersetzen.

7.3.5 Weitere wichtige Grundbegriffe

Neben den vier Grundpfeilern des objektorientierten Programmierens gibt es eine Vielzahl weiterer Begriffe, die Ihnen in der Fachliteratur begegnen können. Diese Begriffe hängen teilweise vom Autor und seinem „Herangehen" an das Thema ab,[6] teilweise handelt es sich um Bezeichnungen, die sich im Laufe der Arbeit mit diversen Hilfsmitteln wie UML oder Entwurfsmustern (vgl. Abschnitt 7.4) nachträglich entwickelt haben. Wir können an dieser Stelle nicht auf jede dieser Vokabeln eingehen, möchten aber exemplarisch einige der häufig auftretenden Worte näher erläutern. Hierbei handelt es sich um die Beziehungen, in denen Objekte zueinander stehen können:

- Wir haben am Beispiel eines Autos die objektorientierte Philosophie verdeutlicht. Ein Auto wird aus den verschiedensten Komponenten, wie etwa Vergaser, Motor und Reifen, zusammengesetzt. Diese Einzelteile sind ebenfalls wieder Objekte. Wir setzen also mehrere Objekte zusammen, um aus diesen Einzelteilen eine neue Gesamtheit zu bilden. Dieser Vorgang wird in der Objektorientierung auch als **Komposition** bezeichnet.

---

[6] In welchen Sprachen hat er beispielsweise früher programmiert? Welche Spezialkenntnisse besitzt er? Ist er Theoretiker oder eher praxisorientiert?

- Mitunter kommt es vor, dass Objekte zwar miteinander verbunden werden, dieser Verbund aber nicht so fest wie bei der Komposition anzusehen ist. Bei einem Auto „verschmelzen" die einzelnen Komponenten zu einer untrennbaren Einheit (es sei denn, man ist Mechaniker). Wenn man aber etwa einen Schwarm von Vögeln modellieren will, die gen Süden ziehen, so behält jeder Vogel doch weiterhin seine Individualität. Eine derart lockere Bindung bezeichnet man daher nicht als Komposition, sondern als **Aggregation**.[7]

- Mitunter kann es vorkommen, dass zwei Objekte zueinander in einer Beziehung stehen, ohne dass wir diese an einer konkreten Komposition oder Aggregation festmachen können. So mag ein Zebra vielleicht als Beute eines Löwen gefressen worden sein; dennoch würde man nicht sagen, dass sich ein Löwe aus verschiedenen Zebras „zusammensetzt".

  Innerhalb des Modellierungsprozesses wird man auf viele derartige Situationen stoßen. Man sagt, ein Zebra „ist ein Beutetier" des Löwen; ein Auto „ist ein Transportmittel" für Menschen. Wir sehen uns der Situation gegenüber, dass eine Klasse bezüglich einer anderen Klasse eine bestimmte Rolle übernimmt. Diese Rolle muss sich nicht unbedingt in einer bestimmten Weise im Java-Programm widerspiegeln; sie hilft uns aber, den Zusammenhang verschiedener Klassen besser zu verstehen.

7.4 Modellbildung – von der realen Welt in den Computer

Der erste Schritt beim Entwurf eines objektorientierten Programms ist die so genannte Modellierungsphase. Man analysiert die Situation, die es mit dem Programm zu realisieren gilt. Anschließend versucht man, die Anforderungen an das Programm als so genannte Anwendungsfälle (englisch: use cases) zu formulieren. Mit Hilfe dieser Anwendungsfälle versucht man nun, ein System von Klassen zu erstellen, das den Anforderungen gerecht wird.
Um in den verschiedenen Phasen des Entwurfs den Überblick zu behalten, gibt es verschiedene Hilfsmittel, die die objektorientierte Arbeit erleichtern. Drei der wichtigsten Hilfsmittel wollen wir kurz vorstellen.

7.4.1 Grafisches Modellieren mit UML

Erinnern Sie sich noch an Abbildung 7.3, in der wir die Generalisierung am Beispiel von Hund und Katze dargestellt haben? Bei dieser Art, Klassen und ihre Beziehungen (z. B. Generalisierung oder Komposition) untereinander grafisch

---

[7] Wie Sie sehen, sind die Grenzen zwischen diesen beiden Fachbegriffen etwas schwammig. Auch bei einem Auto lassen sich die Reifen schließlich wieder entfernen, ohne dass das Auto aufhört zu existieren. Sie sollten sich an dieser Stelle deshalb bewusst machen, dass es sich bei den Begriffen nicht um dogmatisch festgelegte Terminologien handelt. Es sind vielmehr Hilfsmittel, mit denen sich zwei Programmierer untereinander verständigen können.

darzustellen, handelt es sich um ein so genanntes **Klassendiagramm**. Klassendiagramme sind Teil der **Unified Modeling Language** – abgekürzt **UML**. Die UML stellt eine Sammlung von Diagrammtypen dar, mit deren Hilfe Entwickler die Zusammensetzung von objektorientierten Systemen in übersichtlicher Form beschreiben können.

Neben dem Klassendiagramm, das wir bereits seit Kapitel 5.2 erfolgreich einsetzen, gibt es eine Fülle weiterer Diagramme. Hierzu gehören etwa die **Use-Case-Diagramme**, mit deren Hilfe sich Anwendungsfälle in einem Bild skizzieren lassen. Abläufe innerhalb von Klassen (welche Methode ruft wann welche andere Methode auf) lassen sich etwa in Form von **Sequenzdiagrammen** übersichtlich darstellen. Wer mit einem verteilten System arbeitet (etwa eine Internetanwendung, die teilweise auf einem Web-Server läuft), wird vielleicht die **Verteilungsdiagramme** schätzen, mit denen sich darstellen lässt, welche Komponente auf welchem Rechner beheimatet ist.

Mit dem Siegeszug des objektorientierten Programmierens ist es mehr als nur wahrscheinlich, dass sich auch UML unter den Entwicklern durchsetzen wird. Schon jetzt gibt es eine Vielzahl visueller Entwicklungsumgebungen, in denen man seine Klassen mit UML-Diagrammen entwirft und sich aus diesen im Nachhinein den Java-Code generieren lässt.[8]

Wir werden in diesem Buch ausschließlich mit Klassendiagrammen arbeiten. Dies bedeutet nicht, dass die anderen Diagramme für professionelle Entwickler nicht wichtig seien. Es ist jedoch nicht Absicht dieses Buches, Ihnen UML beizubringen. Interessierten Leserinnen und Lesern sei als weiterführende Literatur das Buch von Fowler (siehe [9]) empfohlen.

7.4.2   Entwurfsmuster

Entwurfsmuster (englisch: design patterns) sind heutzutage neben UML wohl das wichtigste Hilfsmittel im objektorientierten Entwurf. So wie man sich im wahren Leben lieber in die Hände eines erfahrenen Zahnarztes als eines Studenten im zweiten Semester begibt, hängt die Qualität eines objektorientierten Entwurfs oft auch vom Erfahrungsstand der einzelnen Entwickler ab. Je mehr Erfahrung ein Programmierer bzw. eine Programmiererin hat, desto geschicktere Lösungsansätze wird er bzw. sie für gewisse Probleme finden, die in der Entwicklungsphase zwangsläufig auftreten.

Nun ist es im Allgemeinen nicht ganz einfach, sich als alter Hase mit seinen jüngeren Kollegen auszutauschen. Man kann nicht einfach sagen: „Ich möchte diesen Teil so ähnlich modellieren wie vor zwei Jahren in einem anderen Projekt." Im Allgemeinen wird der entsprechende Entwickler vor zwei Jahren noch gar nicht in der Firma gewesen sein, sodass er keinerlei Ahnung von dem entsprechenden

---

[8]   Natürlich ersetzen diese Programme nicht die Arbeit guter Java-Programmierer. Sie erstellen lediglich das Grundskelett, das die Entwickler im Nachhinein mit Fleisch zu füllen haben. Dadurch beschleunigen sie jedoch merklich den Übergang von der Entwurfsphase (Design) zur Implementierungsphase, in der der eigentliche Code geschrieben wird.

Projekt hat. Wie soll man ihm aber dann die Idee vermitteln, die hinter einem ganz bestimmten Lösungsansatz steckt?

Mit ebendiesem Problem beschäftigen sich die Autoren der so genannten Entwurfsmuster oder Patterns. Hinter vielen Speziallösungen steckt eine allgemeine Idee, die sich in vielen Situationen anwenden lässt. Ein Pattern ist eine formale Beschreibung dieser allgemeinen Idee, das heißt, der Autor gibt seiner Idee einen Namen. Entwickler, die dieses Pattern unter diesem Namen kennen, kennen somit auch die Idee, die hinter einem gewissen Muster steht. Dies bringt der Gruppe von Entwicklern zwei entscheidende Vorteile:

- Erfahrene Programmierer können auf einen riesigen Fundus von Ideen zurückgreifen, die sie in ihre Projekte einbringen. Diese Ideen können sie anderen mit nur wenigen Worten verständlich machen, indem sie Sätze wie *„Ich möchte hier das XYZ-Pattern einsetzen"* sagen. Jeder, der das Pattern kennt, weiß nun, was gemeint ist.

- Unerfahrene Programmierer können ein Pattern, das sie noch nicht kennen, in der Literatur nachschlagen. Auf diese Weise erfahren sie nicht nur, wovon der Kollege eigentlich spricht. Sie sammeln auch wertvolle Erfahrungen, die sie zu besseren Softwareentwicklern machen. Manche Firmen veranstalten sogar regelrechte Workshops, in denen derartige Patterns vorgestellt und diskutiert werden. Auf diese Weise profitieren viele von der Erfahrung anderer, und auch die alten Hasen lernen in der Debatte oft etwas dazu.

Als Softwareentwickler in einer solchen Firma kommen Sie also füher oder später um Entwurfsmuster nicht herum. Dieses Buch ist natürlich ein Java-Buch und kein Buch über Patterns. Wir wollen an dieser Stelle aber noch auf zwei gute Bücher, nämlich [10] und [11], verweisen. Es lohnt sich sicher, wenn Sie nach Abschluss Ihres Grundkurses Java mal einen Blick hinein werfen.

7.5 Zusammenfassung

In diesem Kapitel haben wir das objektorientierte Programmierparadigma kennengelernt, das auf vier grundlegenden Prinzipien beruht:

1. Generalisierung, die Kunst, gemeinsame Strukturen von Objekten zu erkennen und diese in so genannten Superklassen zu verallgemeinern.

2. Vererbung, das Prinzip, nach dem sich Eigenschaften von der Superklasse automatisch auf die Subklasse übertragen.

3. Datenkapselung, das Verbinden von Variablen und Methoden im Objekt.

4. Polymorphismus, ein Mechanismus zur individuellen Gestaltung von Methoden einer Klasse, die allgemeiner von der Superklasse geerbt wurden.

Wir haben ferner den objektorientierten mit dem imperativen Programmierstil verglichen und erfahren, dass ein konsequentes Festhalten an der Objektorientierung in einem strukturierten und verständlichen Design resultiert, das sich leicht wiederverwenden, erweitern und warten lässt. Ferner haben wir mit UML und Design Patterns zwei wichtige Hilfswerkzeuge in der objektorientierten Softwareentwicklung kennen gelernt.

7.6 Übungsaufgaben

Aufgabe 7.1

Bringen Sie die Klassen in Abbildung 7.6 in eine sinnvolle Hierarchie, indem Sie die Generalisierungspfeile („ist ein") in das Klassendiagramm einzeichnen.

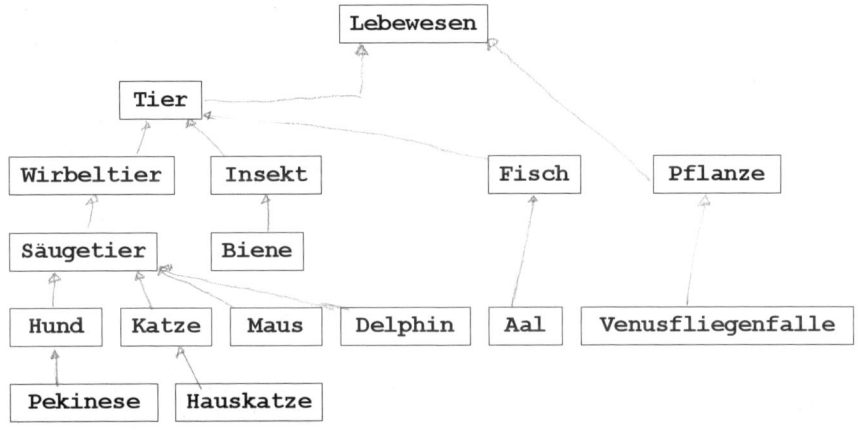

Abbildung 7.6: Übungsaufgabe: Generalisierung (1)

Aufgabe 7.2

Füllen Sie die Lücken im Klassendiagramm aus Abbildung 7.7. Welche Probleme könnten sich bei der Umsetzung dieses Designs in Java ergeben? (Tipp: Werfen Sie einen Blick auf die Klasse Holztür!)

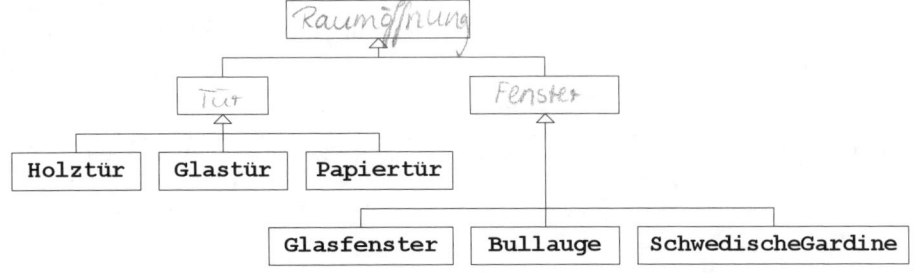

Abbildung 7.7: Übungsaufgabe: Generalisierung (2)

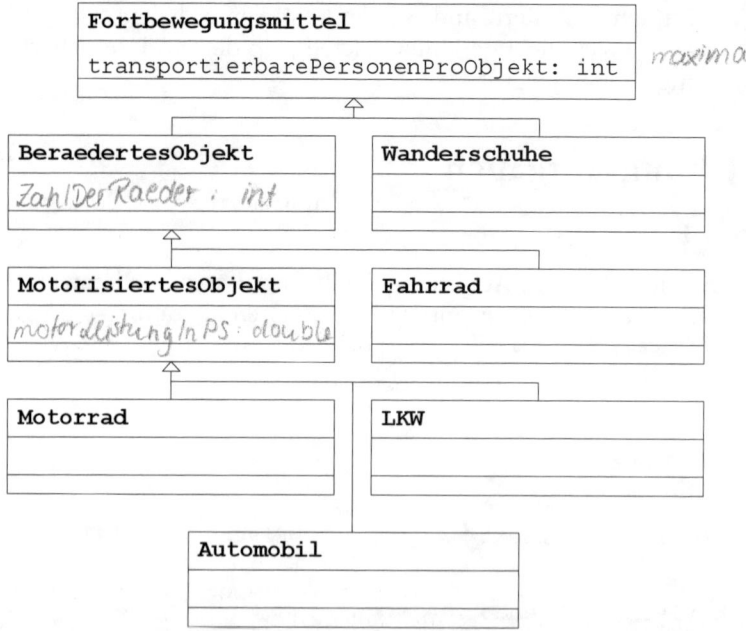

Abbildung 7.8: Übungsaufgabe: Vererbung

Aufgabe 7.3

Abbildung 7.8 zeigt eine Hierarchie von Fortbewegungsmitteln. In die oberste Klasse `Fortbewegungsmittel` haben wir eine Instanzvariable namens `transportierbarePersonenProObjekt` eingetragen, die mittels eines **int**-Wertes die maximale Zahl von Personen darstellt, die in einem speziellen Fahrzeugobjekt transportiert werden können. Da sich alle anderen Klassen von der Superklasse ableiten,[9] erben sie diese Variable automatisch, sodass wir sie nicht in jeder Klasse erneut definieren müssen. Tragen Sie in diesem Sinne die drei folgenden Instanzvariablen an der richtigen Stelle ins UML-Diagramm ein:

- eine Variable `maximaleGeschwindigkeit` vom Typ **int**, die die maximale Geschwindigkeit in Metern pro Sekunde codiert, die man mit diesem Fortbewegungsmittel erreichen kann,

- eine Variable `zahlDerRaeder` vom Typ **int** und

- eine **double**-Zahl namens `motorLeistungInPS`, die die Leistung eines Motors codiert.

---

[9]   Das heißt, sie sind Subklassen der Klasse `Fortbewegungsmittel`.

Kapitel 8

Der grundlegende Umgang mit Klassen

Im letzten Kapitel haben wir erfahren, dass sich die objektorientierte Philosophie aus den vier Konzepten Generalisierung, Vererbung, Kapselung und Polymorphismus zusammensetzt. Wir haben jeden dieser Begriffe – in der Theorie – erklärt und uns die Idee klar zu machen versucht, die hinter der Objektorientierung steht. Wir haben jedoch noch nicht gelernt, diese Konzepte in Java umzusetzen.

In diesem und dem folgenden Kapitel soll dieser Mangel behoben werden. Anhand einfacher Beispiele werden wir lernen, wie sich Klassen auch in Java zu mehr als nur einfachen Datenspeichern mausern.

8.1 Vom Referenzdatentyp zur Objektorientierung

In diesem Kapitel werden wir versuchen, verschiedene Aspekte im Leben eines *Studierenden* zu modellieren. Wir beginnen hierbei mit einer einfachen Klasse, wie wir sie schon aus den vorigen Kapiteln kennen:

```
1  /** Diese Klasse simuliert einen Studenten */
2  public class Student {
3
4      /** Der Name des Studenten */
5      public String name;
6
7      /** Die Matrikelnummer des Studenten */
8      public int nummer;
9  }
```

Wie Sie sehen, haben wir die Klasse allerdings nicht Studierender genannt, was dem aktuellen geschlechtsneutralen Sprachgebrauch an den Hochschulen eher entsprechen würde. Der Einfachheit (und Kürze) halber haben wir uns dazu ent-

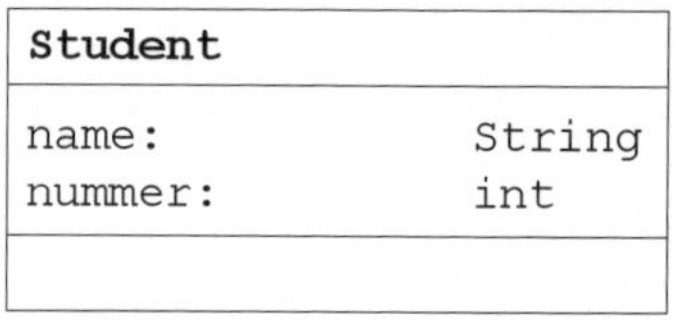

Student	
name:	String
nummer:	int

Abbildung 8.1: Die Klasse `Student`, erste Version

schlossen, die Klasse `Student` zu nennen. Natürlich soll diese Klasse aber sowohl weibliche als auch männliche Student(inn)en modellieren.[1]

Abbildung 8.1 zeigt diesen einfachen Klassenaufbau im UML-Klassendiagramm. Unsere Klasse setzt sich aus zwei Instanzvariablen namens `name` und `nummer` zusammen. Erstgenannte speichert den Namen des Studierenden, Letztere die Matrikelnummer.[2] Wir können diese Klasse nun wie gewohnt instantiieren (d. h. Objekte aus ihr erzeugen) und diese dann mit Werten belegen:

```
Student studi = new Student();
studi.name = "Karla Karlsson";
studi.nummer = 12345;
```

Bis zu diesem Punkt haben wir an unserer Klasse keine Arbeiten vorgenommen, die wir nicht aus Kapitel 5 schon zu Genüge kennen. Wir wollen diesen Entwurf nun bezüglich unserer vier Grundprinzipien überprüfen:

- Bei unserer Klasse `Student` handelt es sich um eine einzelne Klasse, nicht um eine Hierarchie. Wir haben somit keine weiteren Klassen und können damit keine Eigenschaften in Superklassen auslagern. Das Thema Generalisierung ist also in diesem Beispiel nicht weiter wichtig.

- Ähnliches gilt für die Bereiche Vererbung und Polymorphismus. Beide Begriffe spielen erst bei der Arbeit mit mehr als einer Klasse eine wichtige Rolle. Hiermit beschäftigen wir uns aber erst im nächsten Kapitel näher.

- Bleibt also die Frage, ob wir uns bezüglich der Kapselung für ein gutes Modell entschieden haben. Haben wir die interne Struktur unserer Klasse von der Schnittstelle nach außen getrennt? Könnten wir die Instanzvariablen einfach verändern, ohne hiermit Probleme zu verursachen?

An dieser Stelle müssen wir den letzten Punkt leider klar und deutlich verneinen. Unsere Instanzvariablen sind von außen her überall zugänglich. Wir schreiben unsere Werte direkt in sie hinein und lesen sie aus ihnen direkt wieder aus. Wenn wir die Matrikelnummer später in einem `String` ablegen wollen (z. B. weil wir eine Datenbank benutzen, die keine einfachen Datentypen versteht), müssen wir sämtliche Programme überarbeiten, die diese Variablen benutzen. Wir werden deshalb

---

[1] Wir hoffen, dass unsere *Leserinnen* aufgrund dieser Namenswahl das Buch jetzt nicht empört aus der Hand legen. Wir werden in Übungsaufgabe 8.2 dafür sorgen, dass man sogar explizit zwischen weiblichen und männlichen Studierenden unterscheiden kann.

[2] Eine von der Verwaltung der Hochschule vergebene eindeutige Nummer, unter der die Daten eines Studierenden hinterlegt werden.

im nächsten Abschnitt erfahren, wie wir mit Hilfe so genannter **Zugriffsmethoden** eine bessere Form der Datenkapselung erreichen.

8.2 Instanzmethoden

8.2.1 Zugriffsrechte

Wir beginnen damit, unsere Daten vor der Außenwelt zu „verstecken." Gemäß der Idee des **data hiding** sorgen wir dafür, dass niemand außerhalb der Klasse auf unsere Instanzvariablen zugreifen kann.

Um dieses Ziel zu erreichen, ändern wir die so genannten **Zugriffsrechte** für die einzelnen Variablen. Momentan haben unsere Variablen die Zugriffsrechte **public**, das heißt, sie sind *öffentlich zugänglich*. Konkret bedeutet es, dass jede andere Klasse auf die Variablen lesenden und schreibenden Zugriff hat. Genau das wollen wir jedoch verhindern!

Um dieses Ziel zu erreichen, setzen wir die Zugriffsrechte von **public** auf **private**. Privater Zugriff ist das genaue Gegenteil von öffentlichem Zugriff: während bei Ersterem *jede* Klasse auf die Variablen Zugriff hat, kann nun *keine* Klasse mehr auf die Variablen zugreifen, nicht einmal eigene Subklassen. Eine Ausnahme stellt natürlich eben jene Klasse dar, in der die Instanzvariablen definiert sind. Es handelt sich hierbei also wirklich um ihre *privaten* Variablen, die nur der Klasse selbst „gehören".

Abbildung 8.2 zeigt diese Modifikation im UML-Diagramm. Wir sehen, dass private Variablen durch ein Minuszeichen vor dem Variablennamen markiert werden. Fehlt dieses Symbol oder ist es durch ein Pluszeichen ersetzt, geht man von öffentlichen Zugangsrechten aus.[3]

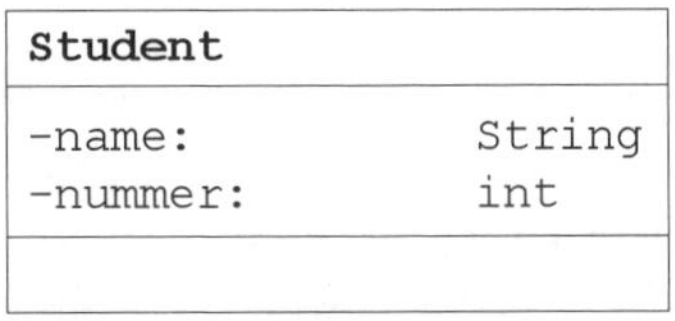

Student	
-name:	String
-nummer:	int

Abbildung 8.2: Die Klasse `Student`, zweite Version

Die entsprechende Umsetzung in unserem Java-Programm ist relativ einfach: Wir ersetzen lediglich das Schlüsselwort **public** bei den entsprechenden Variablen durch das Schlüsselwort **private**:

```
1  /** Diese Klasse simuliert einen Studenten */
2  public class Student {
3
4     /** Der Name des Studenten */
```

---

[3] Neben öffentlichem und privatem Zugriff gibt es zwei weitere Formen des Zugriffs (siehe Abschnitt 9.8.2).

```
5    private String name;
6
7    /** Die Matrikelnummer des Studenten */
8    private int nummer;
9  }
```

Wenn wir nun (z. B. in einer Klasse namens `Schnipsel`) wie im vorigen Abschnitt die Instanzvariablen durch einfache Zugriffe der Form

```
studi.name = "Karla Karlsson";
studi.nummer = 12345;
```

setzen wollen, erhalten wir beim Übersetzen eine Fehlermeldung der Form

```
──────────────── Konsole ────────────────
Variable name in class Student not accessible
    from class Schnipsel.
```

Das heißt: die Zugriffe wurden verweigert.

8.2.2   Was sind Instanzmethoden?

Wie können wir aber nun Daten aus einer Klasse auslesen oder sie setzen, wenn wir hierzu überhaupt nicht berechtigt sind?
Die Antwort haben wir im vorigen Kapitel bereits angedeutet: Wir fügen der Klasse so genannte **Instanzmethoden** hinzu. Diese Methoden werden ähnlich wie in Kapitel 6 definiert:

```
──────────────── Syntaxregel ────────────────
public «RUECKGABETYP» «METHODENNAME» ( «PARAMETERLISTE» )
{
    // hier den auszufuehrenden Code einfuegen
}
```

Wenn Sie dies mit der Syntaxregelbox auf Seite 149 vergleichen, stellen Sie als einzigen Unterschied das Wörtchen **static** fest, das unserer Methodendefinition nun fehlt. Durch Weglassen dieses Wortes wird eine Methode an ein spezielles Objekt gebunden, das heißt, sie existiert nur in Zusammenhang mit einer speziellen *Instanz*. Da die Methode aber nun zu einem bestimmten Objekt gehört, hat sie auch Zugriff auf dessen spezielle Eigenschaften – also seine Instanzvariablen.
Abbildung 8.3 zeigt eine entsprechende Erweiterung unseres Klassenmodells im UML-Diagramm. Wir tragen in das untere, bislang leer gebliebene Kästchen unsere Methoden ein. Hierbei verwenden wir als Schreibweise

```
+ «METHODENNAME» ( «PARAMETERLISTE» ) : «RUECKGABETYP»
```

wobei das Pluszeichen wie bei den Instanzvariablen für öffentlichen Zugriff (**public**) steht. Wir definieren also folgende vier Methoden:

Student	
-name:	String
-nummer:	int
+getName():	String
+setName(String):	void
+getNummer():	int
+setNummer(int):	void

Abbildung 8.3: Die Klasse `Student`, dritte Version

■ Die Methode

```
public String getName()
```

soll den Inhalt der Instanzvariablen `name` auslesen und als Resultat der Methode zurückliefern. Unser ausformulierter Java-Code lautet wie folgt:

```
/** Gib den Namen des Studenten als String zurueck */
public String getName() {
  return this.name;
}
```

Achten Sie darauf, dass wir die Instanzvariable durch **this**.`name` angesprochen haben. Das Schlüsselwort **this** liefert innerhalb eines Objektes immer eine Referenz auf das Objekt selbst. Jedes Objekt hat somit quasi eine Komponentenvariable **this**, die eine Referenz auf das Objekt selbst enthält. Wir können also sämtliche Instanzvariablen in der aus Abschnitt 5.2.3 bekannten Form

```
┌──────────── Syntaxregel ────────────┐
│                                      │
│  ≪OBJEKTNAME≫.≪VARIABLENNAME≫        │
│                                      │
└──────────────────────────────────────┘
```

erreichen, indem wir für den Platzhalter ≪OBJEKTNAME≫ schlicht und ergreifend **this** einsetzen. Abbildung 8.4 verdeutlicht nochmals die Bedeutung der **this**-Referenz.

■ Die Methode

```
public void setName(String name)
```

soll nun den Inhalt der Instanzvariablen `name` durch das übergebene `String`-Argument ersetzen:

```
/** Setze den Namen des Studenten auf einen bestimmten Wert */
public void setName(String name) {
  this.name = name;
}
```

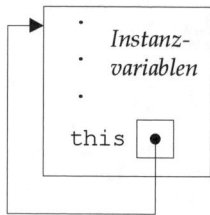

Abbildung 8.4: Die this-Referenz

Obwohl der Parameter name und die Instanzvariable name den gleichen Bezeichner haben, gibt es an dieser Stelle keinerlei Konflikte. Der Compiler kann beide Variablen voneinander unterscheiden, da wir die Instanzvariable mit Hilfe der **this**-Referenz ansprechen.

■   Die Methode

```
public int getNummer()
```

liest nun den Inhalt unserer nummer aus und gibt ihn, genau wie bei der Methode getName, als Ergebnis zurück.[4] Ausformuliert lautet das wie folgt:

```
/** Gib die Matrikelnummer des Studenten als Integer zurueck */
public int getNummer() {
   return nummer;
}
```

An dieser Stelle ist zu erwähnen, dass wir in der Methode bewusst auf das Schlüsselwort **this** verzichtet haben. Dennoch lässt sich das Programm übersetzen. Der Grund dafür liegt darin, dass der Übersetzer in einem gewissen Ausmaß „mitdenkt". Findet er in der Methode oder den übergebenen Parametern keine Variable, die den Namen nummer besitzt, sucht er diese unter den Instanzvariablen.

■   Zuletzt formulieren wir eine Methode

```
public void setNummer(int n)
```

zum Setzen der Instanzvariablen. Auch hier wollen wir auf die Verwendung der **this**-Referenz verzichten. Um mögliche Namenskonflikte zu vermeiden, haben wir dem übergebenen Parameter einen anderen Namen (n statt nummer) gegeben:

```
/** Setze die Matrikelnummer des Studenten auf einen
    bestimmten Wert */
public void setNummer(int n) {
```

---

[4] Hierbei mag unsere deutsch-englische Namensgebung etwas belustigend klingen, aber wir wollen von Anfang an den bestehenden Konventionen folgen, wonach Methoden, die dem Auslesen von Werten dienen, als **get-Methoden** und Methoden, die Werte einer Instanzvariablen setzen, als **set-Methoden** bezeichnet werden.

```
        nummer = n;
    }
```

Wir haben unsere Klasse `Student` nun bezüglich des Prinzips der Datenkapselung überarbeitet, indem wir sämtliche Instanzvariablen vor der Außenwelt ver-
steckt (data hiding) und den Zugriff von außen nur noch durch get- und set-
Methoden ermöglicht haben.

Am Ende dieses Abschnitts könnte man leicht vermuten, dass Instanzmethoden
nicht viel mehr als einfachste Schreib/Lesemethoden sind. Wozu also das Prinzip
der Datenkapselung? Steckt denn wirklich nicht mehr dahinter?

Wie so oft steckt der Teufel natürlich auch hier wieder einmal im Detail. Instanzmethoden können viel mehr als nur Werte schreiben und lesen. Wir könnten sämtliche bisher definierten Unterprogramme (vgl. Kapitel 6) als Instanzmethoden
definieren, wenn wir das Wort **static** weglassen und sie somit an ein Objekt
binden[5] – doch das verschafft uns natürlich keinen Vorteil. Die beiden folgenden
Abschnitte zeigen jedoch spezielle Anwendungen, die uns die wahre Macht von
Instanzmethoden demonstrieren.

8.2.3   Instanzmethoden zur Validierung von Eingaben

Die Matrikelnummer eines Studierenden ist eine von der Universitätsverwaltung
vergebene Nummer, die einen Studierenden mit seiner „Akte" identifiziert. Jeder
Student bzw. jede Studentin erhält hierbei eindeutig eine solche Nummer zugeordnet. Umgekehrt ist jedoch nicht jede Zahl auch eine gültige Matrikelnummer.
Um zu verhindern, dass sich Schreibfehler einschleichen oder ein Student (etwa bei Prüfungsanmeldungen) eine falsche Matrikelnummer angibt, müssen die
Nummern gewisse Anforderungen, etwa bezüglich der Quersumme ihrer Ziffern,
erfüllen. Eine einfache Form der Prüfung wäre etwa folgende:

> *Eine Matrikelnummer ist genau dann gültig, wenn sie fünf Stellen sowie keine
> führenden Nullen hat und ungerade ist.*

Um also eine ganze Zahl vom Typ **int** auf ihre Gültigkeit zu überprüfen, müssen
wir lediglich testen,

- ob die Zahl zwischen 10000 und 99999 liegt und

- ob bei Division durch 2 ein Rest verbleibt, also `n % 2 != 0` gilt.

Diese Prüfung in eine Methode zu gießen, ist eine eher leichte Übung. Wir formulieren eine Instanzmethode `validateNummer`, wobei das Wort `validate` für
„Überprüfung" steht. Unsere Methode liefert einen **boolean**-Wert zurück. Ist dieser Wert **true**, so war die Validierung erfolgreich, d. h. wir haben eine gültige
Matrikelnummer. Ist der Wert jedoch **false**, so haben wir eine ungültige Matrikelnummer vorliegen:

---

[5]   In diesem Fall *müssen* wir allerdings immer ein Objekt erzeugen, um die entsprechenden Methoden
aufzurufen.

```
/** Pruefe die Matrikelnummer des Studenten
    auf ihre Gueltigkeit */
public boolean validateNummer() {
  return
    (nummer >= 10000 && nummer <= 99999 && nummer % 2 != 0);
}
```

Wir können nun also unserem Studenten nicht nur eine Matrikelnummer zuweisen, sondern auch anschließend überprüfen, ob diese Nummer überhaupt gültig war. Hier stellt sich natürlich die Frage, ob unsere Klasse das nicht auch *automatisch* tun kann? Können wir nicht einfach festlegen, dass wir in unserer Klasse nur gültige Matrikelnummern hinterlegen dürfen?

Die Antwort auf diese Frage lautet wieder einmal: *Ja, das lässt sich machen!* Wir werden unsere set-Methode einfach so modifizieren, dass sie den eingegebenen Wert automatisch überprüft:

```
/** Setze die Matrikelnummer des Studenten auf einen best. Wert */
public void setNummer(int n) {
  int alteNummer = nummer;
  nummer = n;
  if (!validateNummer()) { // neue Nummer ist nicht gueltig
    nummer = alteNummer;
  }
}
```

Unsere angepasste Methode durchläuft die Prüfung in mehreren Schritten. Zuerst setzt sie die Matrikelnummer des Studenten auf den neuen Wert, speichert aber den alten Wert in der Variable `alteNummer` ab. Anschließend ruft sie die validate-Methode `validateNummer` auf. War die Validierung erfolgreich, d. h. haben wir eine gültige Matrikelnummer, so wird die Methode beendet. Andernfalls wird die alte Nummer aus `alteNummer` ausgelesen und wieder in die Instanzvariable zurückgeschrieben.

Mit unserer neuen Zugriffsmethode haben wir eine Funktionalität erreicht, die ohne Datenkapselung nicht möglich gewesen wäre. Wir weisen unserem Studenten-Objekt nicht einfach mehr eine Matrikelnummer zu, sondern überprüfen diese automatisch auf ihre Korrektheit. Eine solche Validierung kann uns in vielerlei Hinsicht von Nutzen sein; etwa, um Eingabefehler über die Tastatur zu erkennen. Das Wichtigste bei der ganzen Sache ist allerdings, dass wir für diese Erweiterung keine Veränderung an der alten Schnittstelle vornehmen mussten. Benutzer sind weiterhin in der Lage, Matrikelnummern mit `getNummer` und `setNummer` aus- und einzulesen. Programme, die vielleicht schon für die alte Klasse geschrieben waren, sind auch weiterhin lauffähig – obwohl zum Zeitpunkt der Entwicklung mit einer älteren Version gearbeitet wurde!

8.2.4 Instanzmethoden als erweiterte Funktionalität

Neben dem reinen Setzen und Auslesen von Werten können wir Instanzmethoden auch nutzen, um unseren Klassen zusätzliche Eigenschaften und Fähigkeiten zu verleihen, die sie bislang nicht besaßen.

So wollen wir etwa in diesem Abschnitt erreichen, dass Instanzen unserer Klasse eine Beschreibung ihrer selbst ausgeben können. Eine Studentin namens „Susi Sorglos" mit der Matrikelnummer 92653 soll sich etwa in der Form

```
—————————————— Konsole ——————————————
Susi Sorglos (92653)
```

auf dem Bildschirm darstellen lassen.

Um diesen Zweck zu erfüllen, schreiben wir eine Methode namens toString, in der wir aus den Instanzvariablen eine textuelle Beschreibung generieren:

```
/** Gib eine textuelle Beschreibung dieses Studenten aus */
public String toString() {
  return name + " (" + nummer + ')';
}
```

Diese Methode kombiniert die Variablen name und nummer und erzeugt aus ihnen einen String. Instantiieren wir nun in unserem Hauptprogramm ein Objekt der Klasse Student,

```
Student studi = new Student();
studi.setName("Karla Karlsson");
studi.setNummer(12345);
```

können wir dieses Objekt durch die einfache Zeile

```
System.out.println(studi.toString());
```

auf dem Bildschirm ausgeben. Unsere Klasse ist somit in der Lage, aus ihrem inneren Zustand selbstständig eine neue Information (hier etwa eine Textbeschreibung) zu erzeugen. Unser reiner Datencontainer hat auf diese Weise ein gewisses Maß an Selbstständigkeit erreicht!

In Abschnitt 9.4 werden wir übrigens feststellen, dass für obige Bildschirmausgabe auch die Zeile

```
System.out.println(studi);
```

ausgereicht hätte. Grund hierfür ist der Umstand, dass jedes Objekt eine Methode toString besitzt. Wenn wir ein Objekt mit der println-Methode auszugeben versuchen, ruft das druckende Objekt[6] genau diese toString-Methode auf. In unserer Klasse Student haben wir diese Methode überschrieben, das heißt, wir haben mit Hilfe des Polymorphismus eine maßgeschneiderte Ausgabe für unsere Klasse modelliert.

8.3 Statische Komponenten einer Klasse

Wir haben im letzten Abschnitt mit den Instanzvariablen und -methoden ein wichtiges Gebiet des objektorientierten Programmierens kennen gelernt. Die

---

[6] Auch die Methode println ist Instanzmethode eines Objektes, des so genannten Ausgabestroms. Das Objekt System.out ist ein solcher Strom.

Möglichkeit, Variablen oder sogar ganze Methoden einem bestimmten Objekt zuordnen zu können, hat uns Perspektiven erschlossen, die wir mit unseren bisherigen Programmiererfahrungen nicht sahen.

Hier stellt sich jedoch die Frage, wie sich das früher Gelernte mit diesen neuen
Technologien vereinbaren lässt. Instanzmethoden ähneln vom Aufbau her zwar
unseren Methoden aus Kapitel 6, sind aber schon insofern vollkommen verschieden, als sie zu einem speziellen Objekt gehören. Müssen wir also unser ganzes
Wissen über Bord werfen?

Natürlich nicht! Aus objektorientierter Sicht handelt es sich bei unseren früher
verwendeten Methoden um die so genannten **Klassenmethoden**, auch **statische
Methoden** genannt. In diesem Kapitel haben wir bisher nur Instanzmethoden definiert – also Methoden, die einer ganz bestimmten *Instanz* einer Klasse gehören.
Klassenmethoden wiederum folgen dem gleichen Schema. Statt einer einzelnen
Instanz gehören sie allerdings der gesamten *Klasse*, das heißt, alle Objekte teilen
sich eine einzige Methode. Diese Methode existiert vielmehr sogar, wenn *kein einziges Objekt* zu unserer Klasse existiert.

Unsere früheren Programme haben diesen Umstand ausgenutzt, um Ihnen als
Anfänger die objektorientierte Sichtweise zu ersparen. Wir haben Klassen defi-
niert (jedes unserer Programme war eine Klassendefinition) und diese nur mit
Klassenmethoden gefüllt. Obwohl wir nie eine Instanz dieser Klassen erzeugt ha-
ben, konnten wir die einzelnen Methoden problemlos aufrufen. Jetzt, da Sie im
Begriff sind, ein OO-Profi zu werden, wissen Sie es natürlich besser. Nehmen Sie
eines Ihrer alten Programme, und versuchen Sie, mit Hilfe des **new**-Operators eine
Instanz zu bilden. Es wird Ihnen gelingen.

8.3.1   Klassenvariablen und -methoden

Am ehesten wird der Nutzen von statischen Komponenten deutlich, wenn wir
mit einem konkreten Anwendungsfall beginnen. Unsere Klasse `Student` besitzt
momentan zwei Datenelemente, nämlich den Namen und die Matrikelnummer
des Studenten bzw. der Studentin.

Aus statistischer Sicht mag es vielleicht interessant sein, die Zahl der instantiierten
Studentenobjekte zu zählen. Wird beispielsweise eine neue Universität eröffnet
und verwendet diese von Anfang an unsere Studentenverwaltung, so könnte man
aus dieser Variablen erfahren, wie viele Studierende es im Laufe der Geschichte
an dieser Universität gegeben hat.

Nun stehen wir jedoch vor dem Problem, dass wir diese Variable – wir wollen
sie der Einfachheit halber einmal `zaehler` nennen – keiner speziellen Instanz
unserer Klasse zuordnen können. Vielmehr handelt es sich hierbei um eine Eigenschaft, die zu der Gesamtheit *aller* Studentenobjekte gehört. Die Anzahl aller
Studenten macht keine Aussage über einen speziellen Studenten, sondern über
die Studenten an sich. Sie sollte daher *allen* Studenten angehören, sprich, eine **statische Komponente** der Klasse `Student` sein.

Wir erzeugen deshalb eine Variable, die keiner bestimmten Instanz, sondern der gesamten Klasse gehört, gemäß der folgenden Regel:[7]

```
———————— Syntaxregel ————————
private static «TYP» «VARIABLENNAME» = «INITIALWERT»;
```

Wir stellen fest, dass sich die Definition von Klassenvariablen nicht sehr von dem unterscheidet, was wir in Abschnitt 5.2 über Instanzvariablen gelernt haben. Mit Hilfe des Wortes **private** schützen wir unsere Variable vor Zugriffen von außerhalb. Typ, Variablenname und Initialwert sind uns ebenfalls bekannt und würden im Fall unseres Zählers zu folgender Definition führen:

```
private static int zaehler = 0;
```

Neu ist für uns an dieser Stelle lediglich das Schlüsselwort **static**, das wir bislang nur aus unseren Methoden im ersten Teil des Buches kannten. Dieses Wort weist eine Variable oder Methode als statische Komponente einer Klasse aus. Wenn wir eine Variable also als **static** beschreiben, gehört sie allen Instanzen einer Klasse zugleich. Wir können den Inhalt der Variablen auslesen, indem wir eine entsprechende get-Methode definieren:

```
/** Gib die Zahl der erzeugten Studentenobjekte zurueck */
public static int getZaehler() {
    return zaehler;
}
```

Beachten Sie hierbei, dass wir auch bei dieser Methode das Schlüsselwort **static** verwendet haben, die Methode also der Klasse, nicht den Objekten zugeordnet haben. Die Methode getZaehler ist also eine Klassenmethode, die wir etwa durch einen Aufruf der Form

```
System.out.println(Student.getZaehler());
```

aus jedem beliebigen Programm aufrufen können, ohne eine konkrete Referenz auf ein Studentenobjekt zu besitzen.

Wie können wir aber nun ein Objekt so erzeugen, dass der interne (private) Zähler korrekt erhöht wird? Zu diesem Zweck entwerfen wir eine Methode createStudent, die uns ein neues Studentenobjekt erzeugt. Auch diese Methode müssen wir statisch machen, da sie schließlich gerade zum Erzeugen von Objekten benutzt werden soll, also nicht aus einem Objekt heraus aufgerufen wird:

```
/** Erzeugt ein neues Studentenobjekt */
public static Student createStudent() {
    zaehler++; // erhoehe den Zaehler
    return new Student();
}
```

Unsere Methode zählt bei Aufruf zuerst die Variable zaehler hoch und aktualisiert somit deren Stand. Im zweiten Schritt wird mit Hilfe des **new**-Operators ein

---

[7] Der initiale Wert könnte an dieser Stelle auch wegfallen.

Student	
-name:	String
-nummer:	int
-zaehler:	int
+getName():	String
+setName(String):	void
+getNummer():	int
+setNummer(int):	void
+validateNummer():	boolean
+toString():	String
+getZaehler():	int
+createStudent():	Student

Abbildung 8.5: Die Klasse `Student`, mit Objektzähler

neues Objekt erzeugt und dieses als Ergebnis zurückgegeben. Nun können wir in unseren Programmen Studentenobjekte durch einen einfachen Methodenaufruf erzeugen lassen und somit den Zähler korrekt aktualisieren:

```
Student studi = Student.createStudent();
System.out.println(Student.getZaehler());
```

Leider hat diese Methode, neue Studentenobjekte zu erzeugen, einen gewaltigen Pferdefuß: bei älteren Programmen, die ihre Objekte noch mit Hilfe des **new**-Operators erzeugen, funktioniert der Zähler nicht korrekt. Wir laufen auch immer Gefahr, dass andere Programmierer, die unsere Klasse `Student` benutzen, den Fehler begehen, Objekte direkt zu erzeugen. Wir werden in Abschnitt 8.4.1 jedoch eine Methode kennen lernen, diese Probleme auf elegante Art und Weise zu lösen.

Jetzt werfen wir noch einen Blick auf unsere gewachsene Klasse `Student` im UML-Klassendiagramm (Abbildung 8.5). Klassenmethoden und Klassenvariablen werden im UML-Diagramm durch Unterstreichung gekennzeichnet. Wir stellen fest, dass wir – obwohl unsere Klasse inzwischen beträchtlich gewachsen ist – durch die Grafik noch immer einen schnellen Überblick über die Komponenten erhalten, aus denen sich die Klasse zusammensetzt. Oft ist es sinnvoll, private Variablen nicht in das UML-Diagramm einzuzeichnen, denn für den Entwurf eines Systems von Klassen (hierzu dient uns UML) ist es letztendlich ausreichend zu wissen, welche Schnittstelle eine Klasse nach außen zu bieten hat. Dadurch lassen sich große Klassen übersichtlicher gestalten. Auch wir wollen nachfolgend gelegentlich von dieser Regel Gebrauch machen.

8.3.2   Klassenkonstanten

Wie wir aus Abschnitt 4.4.1 wissen, ist es möglich, mit Hilfe des Schlüsselwortes **final** aus „normalen" Variablen **final**-Variablen zu machen, sie also zu symbolischen Konstanten werden zu lassen. Das gilt natürlich nicht nur für lokale Variablen innerhalb einer Methode, sondern auch für Klassenvariablen, die durch das vorangestellte **final** zu Klassenkonstanten werden.

Konstanten werden in Java häufig dann eingesetzt, wenn man eine nichtssagende Codierung durch eine selbst erklärende Begrifflichkeit erklären will oder wenn man schwer zu merkende Werte wie etwa den Wert der mathematischen Konstanten π (gesprochen „pi", etwa $3.14\ldots$) benennen will. Hierbei gilt ja als Konvention, dass wir Konstanten in unseren Programmen immer groß schreiben. Im Falle von π verwendet Java die Bezeichnung `PI`. Da diese Konstante in der Klasse `Math` deklariert ist, können wir sie bekanntlich über `Math.PI` ansprechen.

8.4 Instantiierung und Initialisierung

In diesem Abschnitt beschäftigen wir uns mit der Frage, wie wir Einfluss auf den Erzeugungsprozess eines Objektes nehmen können. Bereits auf Seite 212 hatten wir festgestellt, dass es uns gelingen müsste, in irgendeiner Form Einfluss auf den **new**-Operator zu nehmen. Unsere Methode `createStudent` und der besagte Operator taten schließlich nicht mehr das Gleiche; nur die `create`-Methode zählte unseren Zähler korrekt hoch.

Nun lernen wir Mittel und Wege kennen, unser Vorhaben in die Tat umzusetzen.

8.4.1 Konstruktoren

Erinnern wir uns: Bevor wir die Methode `createStudent` erschufen, hatten wir unsere Objekte durch eine Zeile der Form

```
Student studi = new Student();
```

instantiiert, wobei der so genannte **new**-Operator (wie bereits auf Seite 133 beschrieben) nach der Regel

```
                    Syntaxregel
  «INSTANZNAME» = new «KLASSENNAME» ();
```

angewendet wurde.

Wenn wir uns diese Zeile etwas genauer ansehen, so fallen uns die runden Klammern am Ende auf. Diese Klammern kennen wir bislang nur vom Aufruf von Methoden her! Ruft die Verwendung des **new**-Operators etwa ebenfalls eine Methode auf?

Tatsächlich ist der Vorgang des „Erbauens" eines Objektes etwas komplizierter. In Abschnitt 8.4.4 gehen wir auf die tatsächlichen Mechanismen näher ein. Wir können aber an dieser Stelle schon vereinfacht sagen, dass am Ende dieses Vorganges tatsächlich eine Art von Methode aufgerufen wird: der so genannte **Konstruktor**.

Konstruktoren sind keine Methoden im eigentlichen Sinn, da sie nicht – wie etwa Klassen- oder Instanzmethoden – explizit aufgerufen werden. Sie haben auch
keinen Rückgabetyp (nicht einmal **void**). Die Definition des Konstruktors erfolgt
nach dem Schema:[8]

Syntaxregel

```
public «KLASSENNAME» ( «PARAMETERLISTE» )
{
    // hier den auszufuehrenden Code einfuegen
}
```

Aus dieser Regel schließen wir zwei wichtige Dinge:

1. Der Konstruktor heißt immer so wie die Klasse.

2. Der Konstruktor verfügt über eine Parameterliste, in der wir Argumente vereinbaren können (was wir im nächsten Abschnitt auch tun werden).

Mit dieser einfachen Regel können wir nun also Einfluss auf die Erzeugung unseres Objektes nehmen – genau das wollen wir auch tun. Wir beginnen mit dem
einfachsten Fall: einem Konstruktor, der keinerlei Argumente besitzt und absolut
nichts tut:

```
public Student() {}
```

Dieser Konstruktor, manchmal auch als **Standard-Konstruktor** oder **Default-
Konstruktor** bezeichnet, wurde bisher vom Übersetzer automatisch erzeugt. Er
wird vom System aufgerufen, wenn wir z. B. mit

```
Student studi = new Student();
```

ein Objekt instantiieren. Der Standardkonstruktor wird nur angelegt, wenn man
keine eigenen Konstruktoren anlegt – und nur dann! Wenn wir also im Folgenden
eigene Konstruktoren für unsere Klassen definieren, wird für diese vom System
kein Standardkonstruktor mehr angelegt.
Der folgende Konstruktor aktualisiert unsere Klassenvariable `zaehler`, indem er
sie automatisch um den Wert 1 erhöht:

```
/** Argumentloser Konstruktor */
public Student() {
  zaehler++;
}
```

Wenn wir nun mit Hilfe des **new**-Operators ein Studentenobjekt erzeugen, so
wird durch den Aufruf des Konstruktors der Zähler automatisch aktualisiert. Wir
können uns also die zusätzliche Erhöhung in unserer `createStudent`-Methode
sparen:

---
[8] Hierbei kann man statt **public** natürlich auch andere Zugriffsrechte vergeben.

```
/** Erzeugt ein neues Studentenobjekt */
public static Student createStudent() {
  return new Student();
}
```

Tatsächlich stellen wir fest, dass es nun wieder keinen Unterschied mehr bedeutet, ob wir unsere Objekte mit **new** oder mit `createStudent` erzeugen. Der Prozess der Instantiierung wurde somit vereinheitlicht, die auf Seite 212 angemahnte Abwärtskompatibilität[9] wiederhergestellt.

8.4.2 Überladen von Konstruktoren

Wir wollen neben den bisher vorhandenen Daten eine weitere Instanzvariable definieren: In der ganzzahligen Variable `geburtsjahr` möchten wir das Jahr hinterlegen, in dem der betreffende Student bzw. die betreffende Studentin geboren wurde.

```
/** Geburtsjahr eines Studenten */
private int geburtsjahr;
```

Die Variable `geburtsjahr` soll im Gegensatz zu unseren bisherigen Instanzvariablen jedoch eine Besonderheit besitzen. Wir definieren zwar eine get-Methode, mit der wir den Wert der Variablen auslesen können

```
/** Gib das Geburtsjahr des Studenten als Integer zurueck */
public int getGeburtsjahr() {
  return geburtsjahr;
}
```

formulieren aber keine set-Methode, um den entsprechenden Wert zu setzen bzw. zu verändern. Der Grund hierfür ist relativ einfach. Alle bisher definierten Werte können sich ändern. Der Student bzw. die Studentin kann heiraten und den Namen seines Partners annehmen. Er kann sein Studienfach oder die Universität wechseln, was den Inhalt der Variablen `fach` und `nummer` beeinflussen würde. Nur eines kann unser(e) Student(in) niemals verändern: das Jahr, in dem er bzw. sie geboren wurde.
Wir wollen also den Inhalt der Variablen beim Erzeugen festlegen. Danach soll diese Variable von außen nicht mehr verändert werden können. Im Fall unseres argumentlosen Konstruktors sähe dies etwa wie folgt aus:

```
/** Argumentloser Konstruktor */
public Student() {
  zaehler++;
  geburtsjahr = 1970;
}
```

Wir setzten also den Inhalt unserer Variablen auf einen Standardwert, das Jahr 1970, was natürlich insbesondere deshalb unbefriedigend ist, weil nur ein geringer Teil der heute Studierenden in diesem Jahr geboren wurde. Deshalb definieren

---

[9] Dies bedeutet, dass Programme, die für ältere Versionen unserer Klasse `Student` geschrieben wurden, auch mit unserer neuen Version funktionieren.

wir einen zweiten Konstruktor, in dem wir das Geburtsjahr als einen Parameter übergeben:

```
/** Konstruktor, bei dem sich das Geburtsjahr setzen laesst. */
public Student(int geburtsjahr) {
  zaehler++;
  this.geburtsjahr = geburtsjahr;
}
```

Wir haben unseren Konstruktor also **überladen**, wie wir es schon in Abschnitt 6.1.5 mit Methoden gemacht haben. Analog dazu unterscheidet Java auch die Konstruktoren einer Klasse

- anhand der *Zahl* der Argumente,

- anhand des *Typs* der Argumente und

- anhand der *Position* der Argumente.

Wir können beim Überladen also den gleichen Regeln folgen – unsere Definition des zweiten Konstruktors war somit korrekt – und ihn wie gewohnt verwenden, indem wir das Geburtsjahr innerhalb der Klammern des **new**-Operators mit aufführen. So generiert etwa die folgende Zeile einen im Jahr 1982 geborenen Studenten:

```
Student studi = new Student(1982);
```

In den Übungsaufgaben beschäftigen wir uns noch einmal mit dem Überladen von Konstruktoren. Da Sie diesen Mechanismus jedoch bereits von den Methoden her kennen, stellt er bei Weitem kein Hexenwerk mehr dar.
An diesem Punkt jedoch noch eine kleine Anmerkung, die die Programmierung insbesondere von vielen Konstruktoren in einer Klasse vereinfacht. Wenn wir einen Blick auf unsere beiden Konstruktoren werfen, so stellen wir fest, dass sich diese in ihrer Struktur sehr ähneln:

```
/** Argumentloser Konstruktor */
public Student() {
  zaehler++;
  geburtsjahr = 1970;
}

/** Konstruktor, bei dem sich das Geburtsjahr setzen laesst. */
public Student(int geburtsjahr) {
  zaehler++;
  this.geburtsjahr = geburtsjahr;
}
```

Beide Konstruktoren erhöhen zuerst den Zähler und setzen dann die Variable `geburtsjahr` auf einen vorbestimmten Wert. Unser argumentloser Konstruktor ist hierbei gewissermaßen ein „Spezialfall" des anderen Konstruktors, da er das Geburtsjahr nicht übergeben bekommt, sondern auf einen festen Wert setzt. Wir können diesen Konstruktor also einfacher formulieren, indem wir ihn auf seinen „großen Bruder" zurückführen:

```
public Student() {
  this(1970);
}
```

Hierbei verwenden wir das Schlüsselwort **this**, um einen Konstruktor aus einem anderen Konstruktor heraus aufzurufen. Dieser Vorgang kann nur innerhalb von Konstruktoren und auch dort nur einmal geschehen – nämlich *als allererster Befehl innerhalb des Konstruktors*. Dieser eine erlaubte Aufruf gestattet es uns jedoch, nicht jede einzelne Codezeile doppelt formulieren zu müssen. Insbesondere bei großen und aufwendigen Konstruktoren erspart uns das eine Menge Arbeit.

8.4.3 Der statische Initialisierer

Spätestens seit Gaston Leroux' Erfolgsroman wissen wir es alle: eine wirklich erfolgreiche Institution benötigt ein *Phantom*. Angefangen mit dem Phantom der (Pariser) Oper übertrug sich dieser Trend mittels Hollywoodstreifen auf Filmstudios, Krankenhäuser und sonstige öffentliche Gebäude.
Wir wollen dieser Entwicklung Rechnung tragen und auch unserer Universität ein Phantom spendieren. Dieses Phantom soll eine konstante Klassenvariable sein und unter dem Namen Student.PHANTOM angesprochen werden können:

```
/** Diese Konstante repraesentiert
    das Phantom des Campus */
public static final Student PHANTOM;
```

Unser Phantom soll die Matrikelnummer -12345 besitzen, auf den Namen „Erik le Phant" hören und im Jahr 1735 geboren sein. Ferner soll er offiziell gar nicht existieren, das heißt, seine Existenz soll den Studentenzähler nicht beeinflussen. An dieser Stelle bekommen wir mit der Initialisierung unserer Konstanten anscheinend massive Probleme:

1. Die Konstante Student.PHANTOM soll zusammen mit der Klasse existieren, ohne dass wir sie in unserem Hauptprogramm erst in irgendeiner Form initialisieren müssen.

2. Die Zahl -12345 ist keine gültige Matrikelnummer. Unsere setNummer-Methode würde diesen Wert nicht als gültige Eingabe akzeptieren. Wir können diesen Wert also von außen nicht setzen.

3. Jedes Mal, wenn wir mit dem **new**-Operator ein Objekt erzeugen, wird die interne Variable zaehler automatisch hochgezählt. Da wir aber von außen nur lesenden Zugriff auf den Zähler haben, können wir diesen Umstand nicht rückgängig machen.

Wie wir sehen, kommen wir an dieser Stelle mit einer Initialisierung „von außen" nicht weiter. Wir benötigen eine Möglichkeit, statische Komponenten einer Klasse beim Systemstart[10] automatisch zu initialisieren. Hierfür verwenden wir den so

---

[10] Genauer gesagt, wenn wir die Klasse zum ersten Mal verwenden.

genannten **statischen Initialisierer**, umgangssprachlich oft einfach **static**-Block genannt.[11]

Statische Initialisierer werden nach folgender Regel erschaffen:

```
                    ┌── Syntaxregel ──┐
┌──────────────────────────────────────────────────────┐
│ static                                                 │
│ {                                                      │
│     // hier den auszufuehrenden Code einfuegen         │
│ }                                                      │
└──────────────────────────────────────────────────────┘
```

In einer Klasse können beliebig viele static-Blöcke auftreten. Sobald die Klasse dem Java-System bekannt gemacht wird (das so genannte Laden der Klasse), werden die static-Blöcke in der Reihenfolge ausgeführt, in der sie im Programmcode auftauchen. Hierbei gelten die folgenden wichtigen Regeln:

■ *Statische Initialisierer haben nur Zugriff auf statische Komponenten einer Klasse.* Sie können keine Instanzvariablen manipulieren, da diese nur innerhalb von Objekten existieren. Natürlich mit der Ausnahme, dass Sie innerhalb des static-Blocks ein Objekt, mit dem Sie arbeiten wollen, erzeugt haben.

■ *Statische Initialisierer haben Zugriff auf alle (auch private) Teile einer Klasse.* Im Gegensatz zu einer Initialisierung „von außen" befinden wir uns beim static-Block innerhalb der Klasse. Wir können selbst die für andere unsichtbaren Bereiche einsehen und manipulieren.

■ *Statische Initialisierer haben nur Zugriff auf statische Komponenten, die im Programmcode* vor *ihnen definiert wurden.* Wenn Sie also eine statische Variable durch einen static-Block initialisieren wollen, muss der static-Block *nach* der Definition der Klassenvariable erfolgen.

Wir wollen diese Regeln nun berücksichtigen und unsere Konstante initialisieren. Hierzu erzeugen wir einen static-Block, den wir (um bezüglich der Reihenfolge auf Nummer sicher zu gehen) an das Ende unserer Klassendefinition setzen:

```
/* ==========================
   STATISCHE INITIALISIERUNG
   ==========================
*/

static {
    // Erzeuge das PHANTOM-Objekt
    PHANTOM = new Student(1735);
    PHANTOM.setName("Erik le Phant");
    PHANTOM.nummer = -12345;
    // Setze den Zaehler wieder zurueck
    zaehler = 0;
}
```

---

[11] Die offizielle englischsprachige Bezeichnung aus der Java Language Specification ist übrigens **static initializer**.

Gehen wir nun die einzelnen Zeilen unseres statischen Initialisierers genauer durch. In der ersten Zeile

```
PHANTOM = new Student(1735);
```

haben wir mit Hilfe des **new**-Operators ein neues Studentenobjekt (mit Geburtsdatum 1735) erzeugt und der Konstanten PHANTOM zugewiesen. Unsere Konstante ist somit belegt und kann nicht mehr verändert werden.

In der folgenden Zeile werden wir nun anscheinend gegen diesen Grundsatz verstoßen. Wir nutzen unseren direkten Zugriff auf die private Instanzvariable name aus und setzen ihren Inhalt auf den Namen „Erik le Phant":

```
PHANTOM.setName("Erik le Phant");
```

Haben wir somit gegen das Gesetz, finale Variablen nicht mehr verändern zu können, verstoßen? Die Antwort lautet *nein*, und ihre Begründung liegt wieder einmal in dem Umstand, dass es sich bei Klassen um Referenzdatentypen handelt. In unserer finalen Variablen PHANTOM steht nämlich nicht das Objekt selbst, sondern eine *Referenz*, also ein Verweis auf das tatsächliche Objekt. Diese Referenz ist konstant, das heißt, unsere Variable wird immer auf ein und dasselbe Studentenobjekt verweisen. Das Objekt selbst ist jedoch ein ganz „normaler" Student und kann als solcher von uns auch manipuliert[12] werden.

In der folgenden Zeile nutzen wir unseren Zugriff auf private Komponenten aus, um den Wert der Matrikelnummer auf -12345 zu setzen:

```
PHANTOM.nummer = -12345;
```

Da wir hierbei den Wert der Variablen direkt setzen, also nicht über die set-Methode gehen, wird die validate-Methode für unsere Variable nummer nicht aufgerufen. Wir können den Inhalt unserer Variablen somit ungestört auf einen (eigentlich nicht erlaubten) Wert setzen.

Nun kümmern wir uns noch um den statischen Objektzähler. Dass der **new**-Operator unsere Variable zaehler auf den Wert 1 gesetzt hat, konnten wir nicht verhindern. Wir machen dies im Nachhinein jedoch wieder rückgängig, indem wir unseren Objektzähler einfach wieder auf null setzen:

```
zaehler = 0;
```

Wir haben innerhalb weniger Zeilen einen statischen Initialisierer geschaffen, der

1. die Konstante Student.PHANTOM automatisch initialisiert, sobald die Klasse benutzt wird,

2. die Matrikelnummer auf den (eigentlich inkorrekten) Wert -12345 setzt und somit die automatische Prüfung umgeht und

3. den zaehler wieder zurücksetzt, sodass unser Phantom in der Objektzählung nicht erscheint.

Unsere Probleme sind also gelöst.

---

[12] Natürlich lehnen wir jegliche Manipulation von Studierenden grundsätzlich ab. Das Beispiel dient lediglich zu Ausbildungszwecken und erfolgt auch nur an unserem Phantom.

8.4.4   Der Mechanismus der Objekterzeugung

Wir haben in den letzten Abschnitten verschiedene Mechanismen kennen gelernt, um Klassen- und Instanzvariablen mit Werten zu belegen. Unsere Konstruktoren spielen hierbei eine wichtige Rolle, sind aber nicht die einzigen wichtigen Bestandteile des Instantiierungsprozesses. Wenn wir beispielsweise unserer Variablen `name` in ihrer Definition

```
private String name = "DummyStudent";
```

einen Initialisierer hinzufügen und ferner im Konstruktor die Zeile

```
this.name = "Namenlos";
```

hinzufügen – auf welchen Wert wird unser Studentenname bei der Initialisierung dann gesetzt? Ist er dann „Namenlos" oder ein „DummyStudent"?

Um diese Frage beantworten zu können, sollte man (zumindest in groben Zügen) den Mechanismus verstehen, mit dem unsere Objekte erzeugt werden. Wir werden uns deshalb in diesem Abschnitt näher damit beschäftigen. Zu diesem Zweck betrachten wir zwei einfache Klassen, die in Abbildung 8.6 skizziert sind.

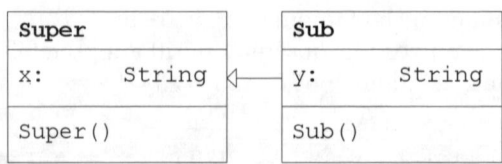

Abbildung 8.6: Beispielklassen für Abschnitt 8.4.4

Die Klassen `Super` und `Sub` stehen in einer verwandtschaftlichen Beziehung zueinander: `Sub` ist die Subklasse von `Super`. Sie erbt somit deren Eigenschaften, das heißt, in diesem Fall die öffentliche Instanzvariable x. Ferner wird in `Sub` eine zweite Instanzvariable namens y definiert, die also die Funktionalität der Superklasse um ein weiteres Datum ergänzt. Im Folgenden werden wir uns mit der Frage beschäftigen, welche Aktionen innerhalb des Systems beim Aufruf eines Konstruktors[13] der Subklasse in der Form

```
new Sub();
```

ausgelöst werden.

Wir betrachten erst einmal die Theorie. Ein Objekt wird vom System in den folgenden Schritten angelegt:

1. Das System organisiert Speicherplatz, um den Inhalt sämtlicher Instanzvariablen abspeichern zu können, die innerhalb des Objektes benötigt werden. In unserem Fall wären das für ein `Sub`-Objekt also die Variablen x

---

[13] Die Konstruktoren werden im UML-Diagramm wie Methoden dargestellt, allerdings lässt man den Rückgabetyp weg. Jede unserer beiden Klassen besitzt also einen argumentlosen Konstruktor.

und y. Sollte nicht genug Speicher vorhanden sein, entsteht ein so genannter `OutOfMemory`-Fehler, der das gesamte Java-System zum Absturz bringen kann. In Ihren Programmen wird dies aber normalerweise nicht der Fall sein.

2. Die Instanzvariablen werden mit ihren Standardwerten (Default-Werten, gemäß Tabelle 8.1) belegt.

Datentyp	Standardwert
byte	**(byte)** 0
short	**(short)** 0
int	0
long	0L
float	0.0f
double	0.0d
char	**(char)** 0
boolean	false
Referenzdatentyp	null

Tabelle 8.1: Default-Werte von Instanzvariablen

3. Der Konstruktor wird mit den übergebenen Werten aufgerufen. Hierbei wird in Java nach dem folgenden System vorgegangen:

   (a) Ist die erste Anweisung des Konstruktorrumpfes *kein* Aufruf eines anderen Konstruktors (also weder **this**(...) noch **super**(...)), so wird implizit der Aufruf des Standard-Konstruktors der direkten Superklasse **super**() ergänzt und auch aufgerufen. Unmittelbar nach diesem impliziten Aufruf werden alle in der Klasse mit Initialisierern deklarierten Instanzvariablen mit den entsprechenden Werten initialisiert. Haben wir etwa in unserer Klasse Sub die Variable y in der Form

```
public String y = "vor Sub-Konstruktor";
```

   definiert, lautet der Wert von y nun also vor Sub-Konstruktor. Erst danach werden die restlichen Anweisungen des Konstruktorrumpfes ausgeführt. Auf das Schlüsselwort **super** gehen wir im nächsten Kapitel noch genauer ein.

   (b) Ist die erste Anweisung innerhalb des Konstruktorrumpfes von der Form **super**(...), wird der entsprechende Konstruktor der direkten Superklasse aufgerufen. Danach werden alle in der Klasse mit Initialisierern deklarierten Instanzvariablen mit den entsprechenden Werten initialisiert und die restlichen Anweisungen des Konstruktorrumpfes ausgeführt.

   (c) Ist die erste Anweisung innerhalb des Konstruktorrumpfes von der Form **this**(...), wird der entsprechende Konstruktor derselben Klasse aufgerufen. Danach sind alle in der Klasse mit Initialisierern deklarierten Instanzvariablen bereits initialisiert, und es werden nur noch die restlichen Anweisungen des Konstruktorrumpfes ausgeführt.

Wir werden diese Regeln nun an unserem konkreten Beispiel anzuwenden versuchen. Hierfür werfen wir zunächst einen Blick auf die Definition unserer beiden Klassen in Java:

```java
public class Super {

    /** Eine oeffentliche Instanzvariable */
    public String x = "vor Super-Konstruktor";

    /** Ein argumentloser Konstruktor */
    public Super() {
        System.out.println("Super-Konstruktor gestartet.");
        System.out.println("x = " + x);
        x = "nach Super-Konstruktor";
        System.out.println("Super-Konstruktor beendet.");
        System.out.println("x = " + x);
    }
}
```

Unsere Klasse Sub leitet sich hierbei von der Klasse Super ab, was wir in Java durch das Schlüsselwort **extends** zum Ausdruck bringen. Der restliche Aufbau der Klasse ergibt sich auch aus dem dazugehörigen UML-Diagramm 8.6:

```java
public class Sub extends Super {

    /** Eine weitere oeffentliche Instanzvariable */
    public String y = "vor Sub-Konstruktor";

    /** Ein argumentloser Konstruktor */
    public Sub() {
        System.out.println("Sub-Konstruktor gestartet.");
        System.out.println("x = " + x);
        System.out.println("y = " + y);
        x = "nach Sub-Konstruktor";
        y = "nach Sub-Konstruktor";
        System.out.println("Sub-Konstruktor beendet.");
        System.out.println("x = " + x);
        System.out.println("y = " + y);
    }
}
```

Wenn wir nach dem allgemeinen Muster vorgehen, unterteilt sich der Instantiierungsvorgang in verschiedene Schritte. Wir haben den Ablauf in neun Einzelschritte zerlegt, die in Abbildung 8.7 grafisch dargestellt sind:

1. Im Speicher wird Platz für ein Objekt der Klasse Sub reserviert. Es werden die Instanzvariablen x und y angelegt und mit den Default-Werten initialisiert.

2. Der Konstruktor wird aufgerufen. Da wir in unserem Code nicht explizit mit **super** gearbeitet haben, ruft das System automatisch den argumentlosen Konstruktor der Superklasse auf. Bei dessen Ablauf wird zunächst (automatisch) die Variable x initialisiert.

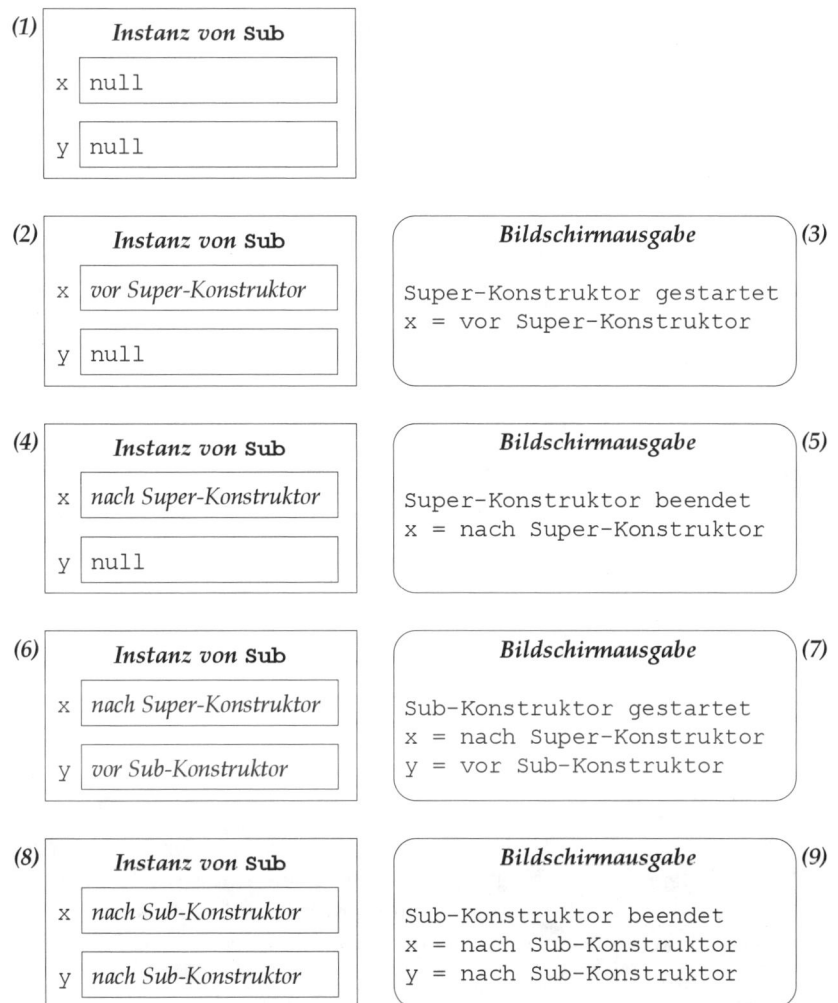

Abbildung 8.7: Instantiierungsprozess von Sub- und Superklasse

3. Im weiteren Ablauf des Super-Konstruktors wird eine Meldung auf dem Bildschirm ausgegeben (durch Zeile 8 und 9 im Programmcode).

4. Danach wird der Inhalt der Variable x auf den Wert „nach Super-Konstruktor" gesetzt.

5. Bevor der Konstruktor der Superklasse beendet wird, gibt er eine entsprechende Meldung auf dem Bildschirm aus (Zeile 11 bis 13). Der Konstruktor der Super-Klasse wurde ordnungsgemäß beendet.

6. Nun wird der Konstruktor der Klasse Sub fortgesetzt mit der (automatischen) Initialisierung von y, d. h. die Variable wird auf „vor Sub-Konstruktor" gesetzt.

7. Nun erfolgt die eigentliche Ausführung unseres Konstruktors der Klasse Sub. Zu Beginn des Konstruktors wird eine entsprechende Meldung ausgegeben; die Variablen x und y haben die Werte „nach Super-Konstruktor" bzw. „vor Sub-Konstruktor".

8. Zuletzt werden die Variablen x und y wiederum auf einen neuen Wert gesetzt (Zeile 11 und 12 im Programmtext der Klasse Sub).

9. In der anschließenden Bildschirmausgabe wird uns diese Veränderung bestätigt.

Die komplette Ausgabe unseres Programms lautet also wie folgt:

```
———————————————— Konsole ————————————————
Super-Konstruktor gestartet.
x = vor Super-Konstruktor
Super-Konstruktor beendet.
x = nach Super-Konstruktor

Sub-Konstruktor gestartet.
x = nach Super-Konstruktor
y = vor Sub-Konstruktor
Sub-Konstruktor beendet.
x = nach Sub-Konstruktor
y = nach Sub-Konstruktor
```

Wie wir sehen, haben unsere Variablen während des Instantiierungsprozesses bis zu drei verschiedene Werte angenommen. Wir können diese Zahl beliebig steigern, indem wir die Zahl der sich voneinander ableitenden Klassen erhöhen. In jeder Superklasse können wir einen Konstruktor definieren, der den Wert einer Instanzvariable verändert.

Im Allgemeinen ist es natürlich nicht sinnvoll, seine Programme auf diese Weise zu verfassen – der Quelltext wird dann unleserlich und ist schwer nachzuvollziehen. Das Wissen um den Instantiierungsprozess hilft uns jedoch weiter, um etwa die Eingangsfrage unseres Abschnitts bezüglich der Klasse Student beantworten zu können. Machen Sie sich anhand der Regeln klar, warum die richtige Antwort „Namenlos" lautet.

8.5   Zusammenfassung

Wir haben anhand eines einfachen Anwendungsfalles – der Klasse Student – die grundlegenden Mechanismen kennen gelernt, um in Java mit Klassen umzugehen. Wir haben Instanzvariablen und Instanzmethoden kennen gelernt – Variablen und Methoden also, die direkt einem Objekt zugeordnet sind. Dieses neue

Konzept stand im Gegensatz zu unserer bisherigen Vorgehensweise, Methoden als statische Komponenten einer Klasse zu erklären. Die Verwendung dieser statischen Komponenten, also Klassenvariablen und Klassenmethoden, haben wir dennoch nicht vollständig verworfen, sondern anhand eines einfachen Beispiels (der Variablen `zaehler`) ihren praktischen Nutzen in der Objektorientierung demonstriert.

Wir haben die Schlüsselworte **public** und **private** kennen gelernt, mit deren Hilfe wir Teile einer Klasse öffentlich machen oder vor der Außenwelt verstecken konnten. Dabei haben wir gelernt, wie man dem Prinzip der Datenkapselung entspricht, indem wir Variablen privat deklariert und Lese- und Schreibzugriff über entsprechende (öffentliche) Methoden gewährt haben. Auf diese Weise war es uns beispielsweise möglich, Benutzereingaben wie die Matrikelnummer automatisch auf ihre Gültigkeit zu überprüfen.

Zum Schluss haben wir uns in diesem Kapitel sehr intensiv mit dem Entstehungsprozess eines Objektes beschäftigt. Wir haben gelernt, wie man mit Konstruktoren dynamische Teile eines Objektes initialisiert und wie man **static**-Blöcke einsetzt, um statische Komponenten und Konstanten mit Werten zu belegen. Ferner haben wir uns mit dem Überladen von Konstruktoren befasst und an einem konkreten Beispiel erfahren, wie das Zusammenspiel von Initialisierern und Konstruktoren in Sub- und Superklasse funktioniert.

8.6 Übungsaufgaben

Aufgabe 8.1

Fügen Sie der Klasse `Student` einen weiteren Konstruktor hinzu. In diesem Konstruktor soll man in der Lage sein, alle Instanzvariablen (Name, Nummer, Fach, Geburtsjahr) als Argumente zu übergeben. Erhöhen Sie den Zähler hierbei nicht selbst, sondern verwenden Sie das Schlüsselwort **this**, um einen der bereits vorhandenen Konstruktoren aufzurufen. Übergeben Sie diesem Konstruktor auch das gewünschte Geburtsjahr.

Aufgabe 8.2

Fügen Sie der Klasse `Student` eine weitere private Instanzvariable `geschlecht` sowie finale Klassenvariablen `WEIBLICH` und `MAENNLICH` hinzu, sodass beim Arbeiten mit Objekten der Klasse `Student` explizit zwischen weiblichen und männlichen Studierenden unterschieden werden kann. Fügen Sie der Klasse `Student` weitere Konstruktoren hinzu, die diese neuen Variablen berücksichtigen. Verwenden Sie auch hier mit Hilfe des Schlüsselworts **this** bereits vorhandene Konstruktoren.

Aufgabe 8.3

Wir nehmen an, dass alle Karlsruher Hochschulen über ein besonderes System verfügen, um Matrikelnummern auf Korrektheit zu überprüfen:

- Zuerst wird die (als siebenstellig festgelegte) Zahl in ihre Ziffern $Z_1, Z_2 \ldots Z_7$ aufgeteilt; für die Matrikelnummer 0848600 wäre also etwa

$$Z_1 = 0, \ Z_2 = 8, \ Z_3 = 4, \ Z_4 = 8, \ Z_5 = 6, \ Z_6 = 0, \ Z_7 = 0.$$

- Nun wird eine spezielle „gewichtete Quersumme" Σ der Form

$$\Sigma = Z_1 \cdot 2 + Z_2 \cdot 1 + Z_3 \cdot 4 + Z_4 \cdot 3 + Z_5 \cdot 2 + Z_6 \cdot 1$$

gebildet.

- Die Matrikelnummer ist genau dann gültig, wenn die letzte Ziffer der Matrikelnummer (also Z_7) mit der letzten Ziffer der Quersumme Σ übereinstimmt.

Sie sollen nun eine spezielle Klasse `KarlsruherStudent` entwickeln, die lediglich Zahlen als Matrikelnummern zulässt, die diese Prüfung bestehen. Beginnen Sie zu diesem Zweck mit folgendem Ansatz:

```
1   /** Ein Student einer Karlsruher Hochschule */
2   public class KarlsruherStudent extends Student {
3
4   }
```

Die Klasse leitet sich wegen des Schlüsselworts **extends** von unserer allgemeinen Klasse `Student` ab, erbt somit also auch alle Variablen und Methoden. Gehen Sie nun in zwei Schritten vor, um unsere Klasse zu vervollständigen:

a) Im Moment haben wir bei der neuen Klasse nicht die Möglichkeit, das Geburtsjahr zu setzen (machen Sie sich klar, warum). Aus diesem Grund verfassen Sie einen Konstruktor, dem man das Geburtsjahr als Argument übergeben kann. Da Sie keinen Zugriff auf die privaten Instanzvariablen haben, müssen Sie hierzu den entsprechenden Konstruktor der Superklasse aufrufen.

b) Überschreiben Sie die `validateNummer`-Methode so, dass diese die Prüfung gemäß dem Karlsruher System durchführt. Aufgrund des Polymorphismus wird die neue Methode das Original in allen Karlsruher Studentenobjekten ersetzen. Da die set-Methode jedoch die Validierung verwendet, haben wir die Wertzuweisung automatisch dem neuen System angepasst.

Hinweis: Das Aufspalten einer Zahl in ihre Einzelziffern haben wir in diesem Buch schon an mehreren Stellen besprochen. Verwenden Sie bereits vorhandene Algorithmen, und sparen Sie sich somit den Aufwand einer Neuentwicklung.

Aufgabe 8.4

Vervollständigen Sie den nachfolgenden Lückentext mit Angaben, die sich auf die Klassen Klang, Krach und Musik beziehen, die am Ende dieser Aufgabe angegeben sind:

a) Die Klasse ... *Klang* ist Superklasse der Klasse . *Krach*

b) Die Klasse ... *Krach* erbt von der Klasse ... *Klang* die Variable(n) *baesse, hoehen*

c) In den drei Klassen gibt es die Instanzvariable(n) . *baesse, hoehen, rauschen, lautstaerke*

d) In den drei Klassen gibt es die Klassenvariable(n) . *grundRauschen*

e) Auf die Variable(n) ... *baesse, hoehen* der Klasse Klang kann in der Klasse Krach und in der Klasse Musik zugegriffen werden.

f) Auf die Variable(n) ... *rauschen, lautstaerke* der Klasse Krach hat keine andere Klasse Zugriff.

g) Die Variable(n) ... *grundRauschen* hat/haben in allen Instanzen der Klasse Krach den gleichen Wert.

h) Der Konstruktor der Klasse Klang wird in den Zeilen . *18* . aufgerufen.

i) Die Methode mehrPower der Klasse Klang wird in den Zeilen . *22* bis . *27* überschrieben und in den Zeilen *28* . bis . *32* überladen.

j) Die Methode mehrPower, die in den Zeilen . *22* bis . *27* definiert ist, wird in Zeile *30* und in Zeile . *38* aufgerufen.

k) Die Methode mehrPower, die in den Zeilen . *28* bis . *32* definiert ist, wird in Zeile *39* aufgerufen.

l) Die Methode mehrPower, die in den Zeilen . *10* bis *13* definiert ist, wird in . / aufgerufen.

m) Die Methode toString, die in den Zeilen 7 bis 9 definiert ist, wird in . *37* aufgerufen.

n) Die Methoden ... *toString, mehrPower* sind Instanzmethoden.

Auf die nachfolgenden Klassen sollen sich Ihre Antworten beziehen:

```java
1   public class Klang {
2     public int baesse, hoehen;
3     public Klang(int b, int h) {
4       baesse = b;
5       hoehen = h;
6     }
7     public String toString () {
8       return "B:" + baesse + " H:" + hoehen;
9     }
```

```
10    public void mehrPower (int b) {
11       baesse += b;
12    }
13  }
14  public class Krach extends Klang {
15    private int rauschen, lautstaerke;
16    public static int grundRauschen = 4;
17    public Krach (int l, int b, int h) {
18       super(b,h);
19       lautstaerke = l;
20       rauschen = grundRauschen;
21    }
22    public void mehrPower (int b) {
23       baesse += b;
24       if (baesse > 10) {
25          lautstaerke -= 1;
26       }
27    }
28    public void mehrPower (int l, int b) {
29       lautstaerke += l;
30       this.mehrPower(b);
31    }
32  }
33  public class Musik {
34    public static void main (String[] args) {
35       Klang k = new Klang(1,5);
36       Krach r = new Krach(4,17,30);
37       System.out.println(r);
38       r.mehrPower(3);
39       r.mehrPower(2,2);
40    }
41  }
```

Aufgabe 8.5

Gegeben seien die folgenden Java-Klassen:

```
1   class Maus {
2     Maus() {
3        System.out.println("Maus");
4     }
5   }
6
7   class Katze {
8     Katze() {
9        System.out.println("Katze");
10    }
11  }
12
13  class Ratte extends Maus {
14    Ratte() {
15       System.out.println("Ratte");
16    }
17  }
18
```

```
19   class Fuchs extends Katze {
20     Fuchs() {
21       System.out.println("Fuchs");
22     }
23   }
24
25   class Hund extends Fuchs {
26     Maus m = new Maus();              → „Maus"
27     Ratte r = new Ratte();            → „Ratte"
28     Hund() {
29       System.out.println("Hund");
30     }
31     public static void main(String[] args) {
32       new Hund();
33     }
34   }
```

Geben Sie an, was beim Start der Klasse Hund ausgegeben wird.

Aufgabe 8.6

Gegeben seien die folgenden Klassen:

```
1    class Eins {
2      public long f;
3      public static long g = 2;
4      public Eins (long f) {
5        this.f = f;
6      }
7      public Object clone() {           clone ist um 2 größer!
8        return new Eins(f + g);
9      }                    2
10   }
11
12   class Zwei {
13     public Eins h;
14     public Zwei (Eins eins) {
15       h = eins;
16     }
17     public Object clone() {
18       return new Zwei(h);
19     }
20   }
21
22   public class TestZwei {
23     public static void main (String[] args) {
24       Eins e1 = new Eins(1), e2;          ▷ f = 1
25       Zwei z1 = new Zwei(e1), z2;         ▷ h = eins
26       System.out.print   (Eins.g + "-");  → 2 -
27       System.out.println(z1.h.f);         → 1
28       e2 = (Eins) e1.clone();             → 3
29       z2 = (Zwei) z1.clone();             →
30       e1.f = 4;
31       Eins.g = 5;
32       System.out.print   (e2.f + "-");   3
33       System.out.print   (e2.g + "-");   5
```

```
34        System.out.print  (z1.h.f + "-");     4
35        System.out.print  (z2.h.f + "-");     4
36        System.out.println(z2.h.g);           5
37    }
38  }
```

Geben Sie an, was beim Aufruf der Klasse `TestZwei` ausgegeben wird.

Aufgabe 8.7

Die folgenden sechs Miniaturprogramme haben alle ein und denselben Sinn. Sie
definieren eine Klasse, die eine private Instanzvariable besitzt, die bei der Instantiierung gesetzt werden soll. Mit Hilfe einer `toString`-Methode kann ein derart
erzeugtes Objekt (in der `main`-Methode) auf dem Bildschirm ausgegeben werden.
Von diesen sechs Programmen sind zwei jedoch dermaßen verkehrt, dass sie beim
Übersetzen einen Compilerfehler erzeugen. Drei weitere Programme beinhalten
logische Fehler, die der Compiler zwar nicht erkennen kann, die aber bei Ablauf
des Programms zutage treten. Finden Sie das eine funktionierende Programm,
ohne die Programme in den Computer einzugeben. Begründen Sie bei den anderen
Programmen jeweils, warum sie nicht funktionieren:

```
 1  public class Fehler1 {
 2
 3    /** Private Instanzvariable */
 4    private String name;
 5
 6    /** Konstruktor */
 7    public Fehler1(String name) {          logischer Fehler
 8    this.name = name;
 9    }
10
11    /** String-Ausgabe */
12    public String toString() {
13      return "Name = " + name;
14    }
15
16    /** Hauptprogramm */
17    public static void main(String[] args) {
18      System.out.println(new Fehler1("Testname"));
19    }
20
21  }
```

```
 1  public class Fehler2 {
 2
 3    /** Private Instanzvariable */
 4    private String name;
 5
 6    /** Konstruktor */
 7    public Fehler2(String name) {
 8      this.name = name;
 9    }
10
```

```
11    /** String-Ausgabe */
12    public String toString() {
13      return "Name = " + name;
14    }
15
16    /** Hauptprogramm */
17    public static void main(String[] args) {
18      System.out.println(new Fehler2("Testname"));
19    }
20
21  }
```

```
1   public class Fehler3 {
2
3     /** Private Instanzvariable */
4     private String name;
5
6     /** Konstruktor */
7     public Fehler3(String nom) {
8       name = nom;
9     }
10
11    /** String-Ausgabe */
12    public String toString() {
13      return "Name = " + name;
14    }
15
16    /** Hauptprogramm */
17    public static void main(String[] args) {
18      System.out.println(new Fehler3("Testname"));
19    }
20
21  }
```

```
1   public class Fehler4 {
2
3     /** Private Instanzvariable */
4     private String name;
5
6     /** Konstruktor */
7     public Fehler4(String nom) {
8       name = nom;
9     }
10
11    /** String-Ausgabe */
12    public String toString() {
13      return "Name = " + name;
14    }
15
16    /** Hauptprogramm */
17    public static void main(String[] args) {
18      System.out.println(new Fehler4("Testname"));
19    }
20
21  }
```

korrekt

```
1   public class Fehler5 {
2
3     /** Private Instanzvariable */
4     private String name;
5
6     /** Konstruktor */
7     public void Fehler5(String name) {
8       this.name = name;
9     }
10
11    /** String-Ausgabe */
12    public String toString() {
13      return "Name = " + name;
14    }
15
16    /** Hauptprogramm */
17    public static void main(String[] args) {
18      System.out.println(new Fehler5("Testname"));
19    }
20
21  }
```

kein Rückgabetyp ✓

```
1   public class Fehler6 {
2
3     /** Private Instanzvariable */
4     private String name;
5
6     /** Konstruktor */
7     public Fehler6(String nom) {
8       name = nom;
9     }
10
11    /** String-Ausgabe */
12    public String toString() {
13      return "Name = " + name;
14    }
15
16    /** Hauptprogramm */
17    public static void main(String[] args) {
18      Fehler6 variable = new Fehler6();        ← default - Konstruktor
19      variable.name = "Testname";
20      System.out.println(variable);
21    }
22
23  }
```

Aufgabe 8.8

Es sei folgende einfache Klasse gegeben, die zur Speicherung von Daten über Tennisspieler (zum Beispiel bei einem Turnier) verwendet werden könnte.

```
1   public class TennisSpieler {
2     public String name;          // Name des Spielers
3     public int alter;            // Alter in Jahren
```

```
4    public int altersDifferenz (int alter) {
5      return Math.abs(alter - this.alter);
6    }
7  }
```

a) Erläutern Sie den Aufbau der Klasse grafisch.

b) Was passiert durch die nachfolgenden Anweisungen?

```
TennisSpieler maier;
maier = new TennisSpieler();
```
neues Tennisspieler Objekt erzeugt!

Warum benötigt man die zweite Anweisung überhaupt?

c) Erläutern Sie die Bedeutung der `this`-Referenz grafisch und anhand der Methode `altersDifferenz`. *Selbstreferenz* *alter = lokale Variable*

d) Wie erfolgt der Zugriff auf die Daten (Variablen) und Methoden der Klasse?

e) Was versteht man unter einem Konstruktor, und wie würde ein geeigneter Konstruktor für die Klasse `TennisSpieler` aussehen? Wenn Sie die Klasse um diesen Konstruktor ergänzen, ist dann die Anweisung

```
TennisSpieler maier = new TennisSpieler();
```

noch zulässig?

f) Erläutern Sie den Unterschied zwischen Instanzvariablen und Klassenvariablen. *an Objekt gebunden*

g) Erweitern Sie die Klasse `TennisSpieler` um eine Instanzvariable namens `verfolger`, die eine Referenz auf einen weiteren Tennisspieler (den unmittelbaren Verfolger in der Weltrangliste) darstellt, und um eine Instanzvariable `startNummer`, die es ermöglicht, allen Tennisspielern (z. B. bei der Erzeugung eines neuen Objektes für eine Teilnehmerliste eines Turniers) eine (eindeutige) ganzzahlige Nummer zuzuordnen.

h) Erweitern Sie die Klasse `TennisSpieler` um eine Klassenvariable namens `folgeNummer`, die die jeweils nächste zu vergebende Startnummer enthält.

i) Modifizieren Sie den Konstruktor der Klasse `TennisSpieler` so, dass er jeweils eine entsprechende Startnummer vergibt und die Klassenvariable `folgeNummer` jeweils erhöht. Geben Sie auch eine Überladung dieses Konstruktors an, die es ermöglicht, bei der Objekterzeugung auch noch den Verfolger in der Weltrangliste anzugeben.

j) Wie verändert sich der Wert der Variablen `startNummer` und `folgeNummer` in den Objekten `maier`, `schmid` und `berger` mit den nachfolgenden Anweisungen?

```
TennisSpieler maier  = new TennisSpieler("H. Maier", 68);
TennisSpieler schmid = new TennisSpieler("G. Schmid", 45, maier);
TennisSpieler berger = new TennisSpieler("I. Berger", 36, schmid);
```

k) Erläutern Sie den Unterschied zwischen Instanzmethoden und Klassenmethoden.

l) Erweitern Sie die Klasse `TennisSpieler` um eine Instanzmethode namens `istLetzter`, die genau dann den Wert **true** liefert, wenn das Tennisspieler-Objekt keinen Verfolger in der Weltrangliste hat.

m) Erweitern Sie die Klasse `TennisSpieler` um die Instanzmethode

```
public String toString () {
  String printText = name + " (" + startNummer + ")";
  if (verfolger != null)
    printText = printText + " liegt vor " + verfolger.toString ();
  return printText;
}
```

die es ermöglicht, dass man Objekte der Klasse innerhalb von Zeichenketten-ausdrücken (also auch in Ausgabeanweisungen) mit + verknüpfen bzw. automatisch nach String wandeln lassen kann. Was würden die Zeilen

```
System.out.println(maier);
System.out.println(schmid);
System.out.println(berger);
```

ausgeben?

n) Wie kann man vermeiden, dass ein(e) Programmierer(in) bei der Bearbeitung der Objekte der Klasse `TennisSpieler` die (von den Konstruktoren automatisch generierten) Startnummern überschreibt? Wie lässt sich dann trotzdem lesender Zugriff auf die Startnummern ermöglichen?

Aufgabe 8.9

Schreiben Sie eine Klasse `Mensch`, die *private* Instanzvariablen beinhaltet, um eine laufende Nummer (**int**), den Vornamen (`String`), den Nachnamen (`String`), das Alter (**int**) und das Geschlecht (**boolean**, mit **true** für männlich) eines Menschen zu speichern. Außerdem soll die Klasse eine private Klassenvariable namens `gesamtZahl` (zur Information über die Anzahl der bereits erzeugten Objekte der Klasse) beinhalten, die mit dem Wert 0 zu initialisieren ist.
Statten Sie die Klasse mit einem Konstruktor aus, der als Parameter das Alter als **int**-Wert, das Geschlecht als **boolean**-Wert und den Vor- und Nachnamen als `String`-Werte übergeben bekommt und die entsprechenden Instanzvariablen des Objekts mit diesen Werten belegt. Außerdem soll der Objektzähler `gesamtZahl` um 1 erhöht und danach die laufende Nummer des Objekts auf den neuen Wert von `gesamtZahl` gesetzt werden.
Statten Sie die Klasse außerdem mit folgenden Instanz-Methoden aus:

a) **public int** `getAlter()`
Diese Methode soll das Alter des Objekts zurückliefern.

b) **public void** setAlter(**int** neuesAlter)
Diese Methode soll das Alter des Objekts auf den Wert neuesAlter setzen.

c) **public boolean** getIstMaennlich()
Diese Methode soll den **boolean**-Wert (die Angabe des Geschlechts) des Objekts zurückliefern.

d) **public boolean** aelterAls(Mensch m)
Wenn das Alter des Objekts größer ist als das Alter von m, soll diese Methode den Wert **true** zurückliefern, andernfalls den Wert **false**.

e) **public** String toString() Diese Methode soll eine Zeichenkette zurückliefern, die sich aus dem Vornamen, dem Nachnamen, dem Alter, dem Geschlecht und der laufenden Nummer des Objekts zusammensetzt.

Zum Test Ihrer Klasse Mensch können Sie eine einfache Klasse TestMensch schreiben, die mit Objekten der Klasse Mensch arbeitet und den Konstruktor und alle Methoden der Klasse Mensch testet. Testen Sie dabei auch,

■ ob der Compiler wirklich Zugriffe auf die privaten Instanzvariablen verweigert und

■ ob der Compiler für ein Objekt m der Klasse Mensch tatsächlich bei einer Anweisung

```
System.out.println(m);
```

automatisch die toString()-Methode aufruft!

Aufgabe 8.10

Ein Punkt p in der Ebene mit der Darstellung $p = (x_p, y_p)$ besitzt die x-Koordinate x_p und die y-Koordinate y_p. Die Strecke $\overline{pq}$ zwischen zwei Punkten $p = (x_p, y_p)$ und $q = (x_q, y_q)$ hat nach Pythagoras die Länge $L(\overline{pq}) = \sqrt{(x_q - x_p)^2 + (y_q - y_p)^2}$ (siehe auch Abbildung 8.8).

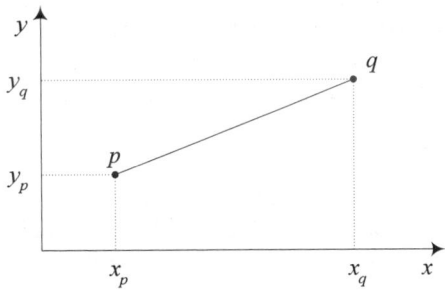

Abbildung 8.8: Definition einer Strecke

Unter Verwendung der objektorientierten Konzepte von Java soll in einem Programm mit solchen Punkten und Strecken in der Ebene gearbeitet werden. Dazu sollen

■ eine Klasse `Punkt` zur Darstellung und Bearbeitung von Punkten,

■ eine Klasse `Strecke` zur Darstellung und Bearbeitung von Strecken und

■ eine Klasse `TestStrecke` für den Test bzw. die Anwendung dieser beiden Klassen

implementiert werden. Gehen Sie wie folgt vor.

a) Implementieren Sie die Klasse `Punkt` mit zwei privaten Instanzvariablen x und y vom Typ **double**, die die x- und y-Koordinaten eines Punktes repräsentieren, und statten Sie die Klasse `Punkt` mit Konstruktoren und Instanzmethoden aus. Schreiben Sie

   ■ einen Konstruktor mit zwei **double**-Parametern (die x- und y-Koordinaten des Punktes),

   ■ eine Methode `getX()`, die die x-Koordinate des Objekts zurückliefert,

   ■ eine Methode `getY()`, die die y-Koordinate des Objekts zurückliefert,

   ■ eine **void**-Methode `read()`, die die x- und y-Koordinaten des Objekts einliest, und

   ■ eine `String`-Methode `toString()`, die die `String`-Darstellung des Objekts in der Form (xStr, yStr) zurückliefert, wobei xStr und yStr die `String`-Darstellungen der Werte von x und y sind.

b) Implementieren Sie die Klasse `Strecke` mit zwei privaten Instanzvariablen p und q vom Typ `Punkt`, die die beiden Randpunkte einer Strecke repräsentieren, und statten Sie die Klasse `Strecke` mit Konstruktoren und Instanzmethoden aus. Schreiben Sie

   ■ einen Konstruktor mit zwei `Punkt`-Parametern (die Randpunkte der Strecke),

   ■ eine **void**-Methode `read()`, die die beiden Randpunkte p und q des Objekts einliest (verwenden Sie dazu die Instanzmethode `read` der Objekte p und q),

   ■ eine **double**-Methode `getLaenge()`, die (unter Verwendung der Instanzmethoden `getX` und `getY` der Randpunkte) die Länge des Strecken-Objekts berechnet und zurückliefert,

   ■ eine `String`-Methode `toString()`, die die `String`-Darstellung des Objekts in der Form pStr_qStr zurückliefert, wobei pStr und qStr die `String`-Darstellungen für die Instanzvariablen p und q des Objekts sind.

c) Testen Sie Ihre Implementierung mit der folgenden Klasse:

```
1   public class TestStrecke {
2     public static void main(String[] args) {
3       Punkt ursprung = new Punkt(0.0,0.0);
4       Punkt endpunkt = new Punkt(4.0,3.0);
5       Strecke s = new Strecke(ursprung,endpunkt);
6       System.out.println("Die Laenge der Strecke " + s +
7                           " betraegt " + s.getLaenge() + ".");
8       System.out.println();
9       System.out.println("Strecke s eingeben:");
10      s.read();
11      System.out.println();
12      System.out.println("Die Laenge der Strecke " + s +
13                          " betraegt " + s.getLaenge() + ".");
14    }
15  }
```

Aufgabe 8.11

Gegeben sei die folgende Klasse:

```
1   public class AchJa {
2
3     public int x;
4     static int ach;
5
6     int ja (int i, int j) {
7       int y;
8       if ((i <= 0) || (j <= 0) || (i % j == 0) || (j % i == 0)) {
9         System.out.print(i+j);
10        return i + j;
11      }
12      else {
13        x = ja(i-2,j);
14        System.out.print(" + ");
15        y = ja(i,j-2);
16        return x + y;
17      }
18    }
19
20    public static void main (String[] args) {
21      int n = 5, k = 2;
22      AchJa so = new AchJa();
23      System.out.print("ja(" + n + "," + k + ") = ");
24      ach = so.ja(n,k);
25      System.out.println(" = " + ach);
26    }
27  }
```

a) Geben Sie an, um welche Art von Variablen es sich bei den in dieser Klasse
verwendeten Variablen x in Zeile 2, ach in Zeile 3, j in Zeile 4, y in Zeile 5, n
in Zeile 18 und so in Zeile 19 jeweils handelt. Verwenden Sie (sofern diese zu-
treffen) die Bezeichnungen Klassen-Variable, Instanz-Variable, lokale Variable
und formale Variable (bzw. formaler Parameter).

b) Geben Sie an, was das Programm ausgibt.

c) Angenommen, die Zeile 21 würde in der Form

```
ach = ja(n,k);
```

gegeben sein. Würde der Compiler das Programm trotzdem übersetzen? Wenn nein, warum nicht?

Aufgabe 8.12

Es sei folgende einfache Klasse gegeben, die zur Speicherung von Daten über Patienten in der Aufnahme einer Arztpraxis verwendet werden könnte.

```
1  public class Patient {
2    public String name;          // Name des Patienten
3    public int alter;            // Alter (in Jahren)
4    public int altersDifferenz (int alter) {
5      return Math.abs(alter - this.alter);
6    }
7  }
```

a) Erläutern Sie den Aufbau der Klasse grafisch.

b) Was passiert durch die nachfolgenden Anweisungen?

```
Patient maier;
maier = new Patient();
```

c) Wie würde ein geeigneter Konstruktor für die Klasse Patient aussehen? Wenn Sie die Klasse um diesen Konstruktor ergänzen, ist dann die Anweisung

```
Patient maier = new Patient();
```

noch zulässig?

d) Erweitern Sie die Klasse Patient um eine Instanzvariable vorherDran, die eine Referenz auf einen weiteren Patienten darstellt, und um eine Instanzvariable nummer, die es ermöglicht, allen Patienten (z. B. bei der Erzeugung eines neuen Objektes für eine Warteliste einer Praxis) eine (eindeutige) ganzzahlige Nummer zuzuordnen.

e) Erweitern Sie die Klasse Patient um eine Klassenvariable folgeNummer, die die jeweils nächste zu vergebende Nummer enthält.

f) Modifizieren Sie den Konstruktor der Klasse Patient so, dass er jeweils eine entsprechende Nummer vergibt und die Klassenvariable folgeNummer jeweils erhöht. Geben Sie auch eine Überladung dieses Konstruktors an, die es ermöglicht, auch noch den Vorgänger in der Warteliste anzugeben.

g) Wie verändert sich der Wert der Variablen nummer und folgeNummer in den Objekten maier, schmid und berger mit den nachfolgenden Anweisungen?

```
Patient maier  = new Patient("H. Maier", 68);
Patient schmid = new Patient("G. Schmid", 45, maier);
Patient berger = new Patient("I. Berger", 36, schmid);
```

h) Erweitern Sie die Klasse `Patient` um eine Instanzmethode `istErster`, die genau dann den Wert **true** liefert, wenn das Patienten-Objekt keinen Vorgänger in der Warteliste hat.

i) Erweitern Sie die Klasse `Patient` um die Instanzmethode

```
public String toString () {
  String printText = name + " (" + nummer + ")";
  if (vorherDran != null)
    printText = printText + " kommt nach " + vorherDran.toString();
  return printText;
}
```

die es ermöglicht, dass man Objekte der Klasse innerhalb von Zeichenkettenausdrücken (also auch in Ausgabeanweisungen) mit + verknüpfen kann. Was würden die Zeilen

```
System.out.println(maier);
System.out.println(schmid);
System.out.println(berger);
```

ausgeben?

j) Wie vermeidet man, dass ein(e) Programmierer(in) bei der Bearbeitung der Objekte der Klasse `Patient` die (von den Konstruktoren automatisch generierten) Nummern überschreibt? Wie ermöglicht man dann trotzdem lesenden Zugriff auf die Identifikationsnummern?

Aufgabe 8.13

Sie sollen verschiedene Fahrzeuge mittels objektorientierter Programmierung simulieren. Dazu ist Ihnen folgende Klasse vorgegeben:

```
1  public class Reifen {
2
3    /** Reifendruck */
4    private double druck;
5
6    /** Konstruktor */
7    public Reifen (double luftdruck) {
8      druck = luftdruck;
9    }
10
11   /** Zugriffsfunktion fuer Reifendruck */
12   public double aktuellerDruck () {
13     return druck;
14   }
15 }
```

Schreiben Sie eine Klasse `Fahrzeug`, die die Klasse `Reifen` verwendet und Folgendes beinhaltet:

a) **private** Instanzvariablen

- name vom Typ String (für die Bezeichnung des Fahrzeugs),
- anzahlReifen vom Typ **int** (für die Anzahl der Reifen des Fahrzeugs),
- reifenArt vom Typ Reifen (für die Angabe des Reifentyps des Fahrzeugs) und
- faehrt vom Typ **boolean** (für die Information über den Fahrzustand des Fahrzeugs);

b) einen Konstruktor, der mit Parametern für Bezeichnung, Reifenanzahl und Reifendruck ausgestattet ist, in seinem Rumpf die entsprechenden Komponenten des Objekts belegt und außerdem das Fahrzeug in den Zustand „fährt nicht" versetzt;

c) eine öffentliche Instanzmethode fahreLos(), die die Variable faehrt des Fahrzeug-Objektes auf **true** setzt;

d) eine öffentliche Instanzmethode halteAn(), die die Variable faehrt des Fahrzeug-Objektes auf **false** setzt;

e) eine öffentliche Instanzmethode status(), die einen Informations-String über Bezeichnung, Fahrzustand, Reifenzahl und Reifendruck des Fahrzeug-Objektes auf den Bildschirm ausgibt.

Aufgabe 8.14

Schreiben Sie ein Testprogramm, das in seiner main-Methode zunächst ein Fahrrad (verwenden Sie Reifen mit 4.5 bar) und ein Auto (verwenden Sie Reifen mit 1.9 bar) in Form von Objekten der Klasse Fahrzeug erzeugt und anschließend folgende Vorgänge durchführt:

1. mit dem Fahrrad losfahren,

2. mit dem Auto losfahren,

3. mit dem Fahrrad anhalten,

4. mit dem Auto anhalten.

Unmittelbar nach jedem der vier Vorgänge soll jeweils mittels der Methode status() der aktuelle Fahrzustand *beider* Fahrzeuge ausgegeben werden.
Eine Ausgabe des Testprogramms sollte also etwa so aussehen:

```
──────────────────── Konsole ────────────────────
Zustand 1:
Fahrrad1 faehrt auf 2 Reifen mit je 4.5 bar
Auto1 steht auf 4 Reifen mit je 1.9 bar
Zustand 2:
```

```
Fahrrad1 faehrt auf 2 Reifen mit je 4.5 bar
Auto1 faehrt auf 4 Reifen mit je 1.9 bar
Zustand 3:
Fahrrad1 steht auf 2 Reifen mit je 4.5 bar
Auto1 faehrt auf 4 Reifen mit je 1.9 bar
Zustand 4:
Fahrrad1 steht auf 2 Reifen mit je 4.5 bar
Auto1 steht auf 4 Reifen mit je 1.9 bar
```

Aufgabe 8.15

Gegeben seien die folgenden Klassen:

```
1   public class IntKlasse {
2     public int a;
3     public IntKlasse (int a) {
4       this.a = a;
5     }
6   }
7   public class RefIntKlasse {
8     public IntKlasse x;
9     public double y;
10    public RefIntKlasse(int u, int v) {
11      x = new IntKlasse(u);
12      y = v;
13    }
14  }
15  public class KlassenTest {
16    public static void copy1 (RefIntKlasse f, RefIntKlasse g) {
17      g.x.a = f.x.a;
18      g.y   = f.y;
19    }
20    public static void copy2 (RefIntKlasse f, RefIntKlasse g) {
21      g.x = f.x;
22      g.y = f.y;
23    }
24    public static void copy3 (RefIntKlasse f, RefIntKlasse g) {
25      g = f;
26    }
27    public static void main (String args[]) {
28      RefIntKlasse p = new RefIntKlasse(5,7);
29      RefIntKlasse q = new RefIntKlasse(1,2); // Ergibt das Ausgangsbild
30      // HIER FOLGT NUN EINE KOPIERAKTION:
31      ... //***
32    }
33  }
```

Das Ausgangsbild (mit Referenzen und Werten), das sich zur Laufzeit unmittelbar vor der Kopieraktion ergibt, sieht wie in Abbildung 8.9 beschrieben aus.

a) Welches Bild würde sich ergeben, wenn unmittelbar vor //***

```
copy1(p,q);
```

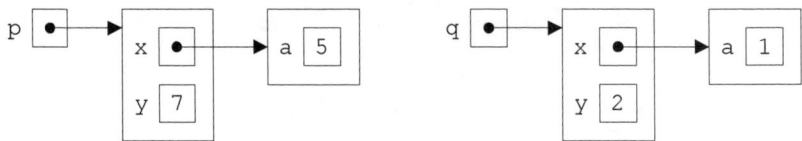

Abbildung 8.9: Ausgangsbild Aufgabe 8.15

stehen würde? Zeichnen Sie den Zustand inklusive der Referenzen und Werte nach der Kopieraktion.

b) Welches Bild würde sich ergeben, wenn unmittelbar vor //***

```
copy2 (p,q);
```

stehen würde? Zeichnen Sie die Referenzen und Werte nach der Kopieraktion.

c) Welches Bild würde sich ergeben, wenn unmittelbar vor //***

```
copy3 (p,q);
```

stehen würde? Zeichnen Sie die Referenzen und Werte nach der Kopieraktion.

d) Welches Bild würde sich ergeben, wenn unmittelbar vor //***

```
q = p;
```

stehen würde? Zeichnen Sie die Referenzen und Werte nach der Kopieraktion.

Aufgabe 8.16

Gegeben sei folgende Klasse zur Darstellung und Bearbeitung von runden Glasböden:

```
1  public class Glasboden {
2    private double radius;
3    public Glasboden (double r) {
4      radius = r;
5    }
6    public void verkleinern (double x) {
7      // verkleinert den Radius des Glasboden-Objekts um x
8      radius  = radius - x;
9    }
10   public double flaeche () {
11     // liefert die Flaeche des Glasboden-Objekts
12     return Math.PI * radius * radius;
13   }
14   public double umfang () {
15     // liefert den Umfang der Glasboden-Objekts
16     return 2 * Math.PI * radius;
17   }
18   public String toString() {
19     // liefert die String-Darstellung des Glasboden-Objekts
```

```
20        return "B(r=" + radius + ")";
21    }
22 }
```

a) Ergänzen Sie die fehlenden Teile der Klasse `TrinkGlas`, die ein Trinkglas durch jeweils einen Glasboden und durch eine Füllstands-Angabe darstellt:

- Ergänzen Sie zwei private Instanzvariablen `boden` vom Typ `Glasboden` und `fuellStand` vom Typ **double** (der Boden und der Füllstand des Glases).
- Vervollständigen Sie den Konstruktor.
- Vervollständigen Sie die Methode `verkleinern`, die die Größe des `TrinkGlas`-Objekts verändert, indem der Glasboden um den Wert `x` verkleinert und der Füllstand des Glases um den Wert `x` verringert wird.
- Vervollständigen Sie die Methode `flaeche()`, die die Innenfläche (siehe Hinweis) des `TrinkGlas`-Objekts berechnet und zurückliefert.
- Vervollständigen Sie die Methode `fuellMenge()`, die die Füllmenge (siehe Hinweis) des `TrinkGlas`-Objekts berechnet und zurückliefert.
- Vervollständigen Sie die Methode `toString()`, die die `String`-Darstellung des Objekts in der Form `G(xxx,s=yyy)` zurückliefert, wobei `xxx` für die `String`-Darstellung der Instanzvariable `boden` und `yyy` für den Wert des Füllstandes des Trinkglases stehen sollen.

Hinweis: Bezeichnen F die Glasboden-Fläche, U den Glasboden-Umfang und s den Füllstand eines Trinkglases, so sollen die Innnenfläche I und die Füllmenge M dieses Trinkglases durch

$$I = F + U \cdot s \qquad \text{und} \qquad M = F \cdot s$$

berechnet werden.

```
public class TrinkGlas {
    private Glasboden boden;
    private double fuellstand;
    .
    .
    .
    public TrinkGlas (double fuellStand, Glasboden boden) {
        this.fuellstand = fuellstand;
        this.boden = boden;
        .
        .
    }
    public void verkleinern (double x) {
        boden.verkleinern(x);
        fuellstand = fuellstand - x;
        .
        .
    }
```

```java
public double flaeche() {
    return (Math.PI +  2 * Math.PI * radius · fuellstand;)
           ( * radius * radius

}       boden.umfang () * fuellstand + boden · flaeche ();
public double fuellMenge() {
    return ( Math.PI * radius * radius * fuellstand; )


}       boden.flaeche () * fuellstand;
public String toString() {
    return "G(" + boden + ", s = " + fuellstand + ")";




    }
}
```

b) Ergänzen Sie die nachfolgende Klasse `TesteTrinkGlas`. In deren main-Methode soll zunächst ein Trinkglas g aus einem Glasboden b mit Radius 100 und Füllstand 50 konstruiert werden. Danach soll in einer Schleife das Trinkglas jeweils um den Wert 5 verkleinert und das aktuelle Trinkglas, seine bedeckte Innenfläche und seine Füllmenge ausgegeben werden.

Die Schleife soll nur durchlaufen werden, falls bzw. solange für die Innenfläche I und die Füllmenge M des Trinkglases gilt

$$I < \frac{M}{8}.$$

```java
public class TesteTrinkGlas {
    public static void main(String[] args) {
        Glasboden  b = new Glasboden (100;
        TrinkGlas   g = new TrinkGlas (50, b);
        while ( g.flaeche() < g.fuellMenge()/8) {
            g.verkleinern (5);
            System.out.println ("J.flaeche:" + g.flaeche()+
                                "fuellmenge" + g.fuellMenge()),






        }
}
```

Kapitel 9

Vererbung und Polymorphismus – der fortgeschrittene Umgang mit Klassen in Java

Im Umgang mit Klassen unter Java haben wir bisher Instanzmethoden und -variablen definiert, mit Konstruktoren gearbeitet und statische Komponenten erzeugt und initialisiert. In geringem Maße sind wir auch schon mit den Prinzipien **Vererbung** und **Polymorphismus** in Berührung gekommen. Wir haben mit Hilfe des Schlüsselwortes **extends Subklassen** erzeugt und – insbesondere, wenn Sie die Übungsaufgaben bearbeitet haben – bereits erste Methoden überschrieben. Ein Beispiel hierfür wäre die Methode `toString`, die wir durch eigene Methoden ersetzten, um die Bildschirmausgabe zu steuern.

In diesem Kapitel beschäftigen wir uns näher mit Klassenhierarchien. Wir werden erfahren, welchen Nutzen wir hieraus für unsere Programmiertätigkeit ziehen können – und auf welche Stolpersteine wir beim Entwickeln von Software besonders zu achten haben.

9.1 Wozu braucht man Vererbung?

9.1.1 Aufgabenstellung

Eine internationale Hotelkette lässt für die Finanzbuchhaltung ein neues Softwaresystem entwickeln. Das Unternehmen ist in vielen Ländern vertreten und muss deshalb in vielen Währungen rechnen. Es soll ein System entworfen werden, mit dem in den verschiedenen Währungen problemfrei gerechnet werden kann.

9.1.2 Analyse des Problems

Auf welcher Grundlage sollen die verschiedenen Währungen miteinander verglichen werden? Die Hotelkette hat sich für eine Abrechnung in US-Dollar entschieden; die verschiedenen Geldbeträge sollen also in dieser Form miteinander abgerechnet werden.

An dieser Stelle ergibt sich jedoch ein kleines Problem: der Dollarkurs ändert sich jeden Tag. Das Haus in Tokyo habe nun einen gewissen Betrag in Yen im Safe deponiert – im Buchhaltungsprogramm werde dieser mit einem Wert von $ 25000 geführt. Am nächsten Tag steigt der Yen an der Börse um 10 Prozent. Das Hotel besitzt aber noch immer die gleiche Geldmenge, im Buchungsprogramm muss der Wert allerdings auf $ 27500 korrigiert werden. Wie lässt sich dies am besten automatisieren?

9.1.3 Ein erster Ansatz

Gemäß dem Prinzip der Generalisierung werden wir gemeinsame Eigenschaften der verschiedenen Währungen zusammenfassen, indem wir sie einer allgemeineren Superklasse zuordnen. Zu diesem Zweck entwerfen wir eine Klasse namens Waehrung, die beliebiges Geld (z. B. Dollar, Yen oder Euro) repräsentiert:

```
1  /** Diese Klasse symbolisiert eine beliebige Waehrung */
2  public abstract class Waehrung {
3
4      /** Gibt den Wert des Objekts in US-Dollar zurueck */
5      public abstract double dollarBetrag();
6
7  }
```

Welche gemeinsamen Eigenschaften gibt es jedoch, die sich in einer solch allgemeinen Klasse formulieren lassen? In diesem Stadium der Entwicklung wissen wir auf diese Frage noch keine Antwort; die verschiedenen Zahlungsmittel sind anscheinend viel zu unterschiedlich. Wir wissen lediglich, dass wir den US-Dollar als Berechnungsgrundlage nehmen wollen – das heißt, unsere Instanzen sollen ihren Wert in Dollar zurückgeben können. Da wir uns noch nicht entschieden haben, wie eine spezielle Währungsklasse beschaffen sein soll, geben wir der Superklasse so wenig Informationen wie möglich: Instanzen der Klasse Waehrung sollen eine Instanzmethode dollarBetrag besitzen, die den Geldwert der Instanz (in Dollar) als **double**-Variable zurückgibt. Wie diese Methode aufgebaut ist, wissen wir noch nicht. Wir markieren die Klasse deshalb mit dem Schlüsselwort **abstract** und teilen dem Compiler so mit, dass diese Klasse noch keinen kompletten „Bauplan" liefert und nicht instantiierbar sein soll. Auch die Methode selbst wird mit dem Schlüsselwort versehen, da wir, wie gesagt, den Rumpf der Methode weglassen wollen.

Abbildung 9.1 zeigt unseren Entwurf im UML-Klassendiagramm. Sie werden feststellen, dass sowohl Klassen- als auch Methodenbeschreibung innerhalb von

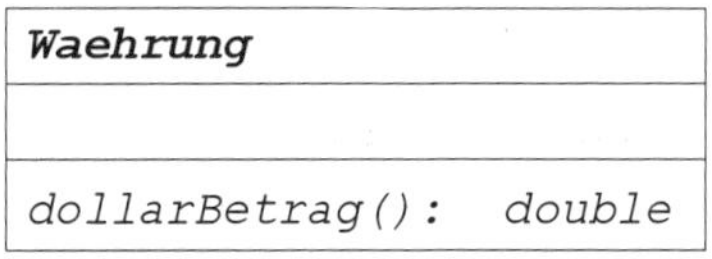

Waehrung
dollarBetrag(): double

Abbildung 9.1: Die abstrakte Klasse `Waehrung`

`Waehrung` in kursiver Schrift verfasst sind. Wir merken uns, dass auf diese Weise abstrakte Klassen bzw. abstrakte Teile einer Klasse markiert werden können.

Wozu aber eine Klasse, zu der man keine Instanzen bilden kann? Die Antwort liegt in der Vererbung. Wir können bekanntlich neue Klassen erzeugen, so genannte **Kind-Klassen** oder **Sub-Klassen** der Klasse `Waehrung`. Jede dieser Klassen erbt die Eigenschaften der **Eltern-Klasse** oder **Super-Klasse** – das heißt, wir garantieren, dass sie eine Methode namens `dollarBetrag` besitzt. Hierzu ein Beispiel:

```
1   /** Diese Klasse modelliert die amerikanische
2       Waehrung. */
3   public class USDollar extends Waehrung {
4
5       /** Instanzvariable: Wert in Dollar */
6       private double wert;
7
8       /** Konstruktor */
9       public USDollar(double wert) {
10          this.wert=wert;
11      }
12
13      /** Fuer Dollar ist diese Methode nicht mehr abstrakt */
14      public double dollarBetrag() {
15          return wert;
16      }
17
18  }
```

Die wohl am einfachsten zu realisierende Währung ist der US-Dollar. Wir entwerfen eine Klasse `USDollar` als Subklasse von `Waehrung`. Diese Verwandtschaft machen wir mit dem Schlüsselwort **extends** deutlich. Wir vereinbaren eine private Instanzvariable `wert`, der wir im Konstruktor einen Wert zuweisen. Um den gespeicherten Wert in Dollar auszugeben, ist natürlich keine Umrechnung notwendig. Die Methode `dollarBetrag` ist somit schnell definiert.

9.1.4   Eine Klasse für sich

Wir haben jetzt also eine Superklasse `Waehrung` und eine Subklasse `USDollar` definiert. Es stellt sich die Frage nach dem *Warum*.

Um sie beantworten zu können, wollen wir eine weitere Klasse definieren:

```
 1    /** Die japanische Landeswaehrung */
 2    public class Yen extends Waehrung {
 3
 4      /** Ein Yen ist soviel Dollar wert */
 5      private static double kurs;
 6
 7      /** Instanzvariable: Wert in Yen */
 8      private double wert;
 9
10      /** Konstruktor */
11      public Yen(double wert) {
12        this.wert = wert;
13      }
14
15      /** Deklaration der sonst abstrakten Methode dollarBetrag */
16      public double dollarBetrag() {
17        return wert*kurs;
18      }
19
20      /** Zugriff auf die private Klassenvariable */
21      public static void setKurs(double Kurs) {
22        kurs=Kurs;
23      }
24
25    }
```

Im Gegensatz zur Klasse `USDollar` speichert hier die Instanzvariable `wert` nicht den Wert des Objekts in Dollar, sondern in Yen. Erst beim Aufruf der Methode `dollarBetrag` findet eine Umrechnung in die Referenzwährung Dollar statt, die sich nach dem aktuellen Kurs richtet. Dieser wird in der Klassenvariable `kurs` abgespeichert, die mit der Methode `setKurs` für alle Instanzen der Klasse `Yen` abgeändert werden kann.

Kommen wir auf unser Beispiel mit der Hotelkette zurück. Die Tokyoter Filiale habe zwei Millionen Yen (je nach Kurs etwa $ 15000) in ihrem Safe. In dem Finanzprogramm könnte ein solcher Betrag z. B. in der Form

```
Yen safeInhalt = new Yen(2000000);
```

gespeichert sein. Ändert sich nun der Kurs (etwa auf 130 Yen/Dollar), lässt sich dies mit nur einer Programmzeile bewerkstelligen:

```
Yen.setKurs(1.0/130);
```

Nach Ausführung dieser Zeile ist der Dollarkurs für *alle* Währungen, die vom System in Yen gespeichert wurden, geändert.

9.1.5 Stärken der Vererbung

Im letzten Abschnitt haben wir gezeigt, wie die Verwendung mehrerer Subklassen die Verwaltung verschiedener Währungen vereinheitlichen kann. Nun könnte man jedoch auch argumentieren, dies sei ohne Vererbung ebenfalls möglich gewesen – man hätte ja nur verschiedene Klassen definieren und jeder einzelnen die Methode `dollarBetrag` spendieren müssen. Wozu also die Vererbung?

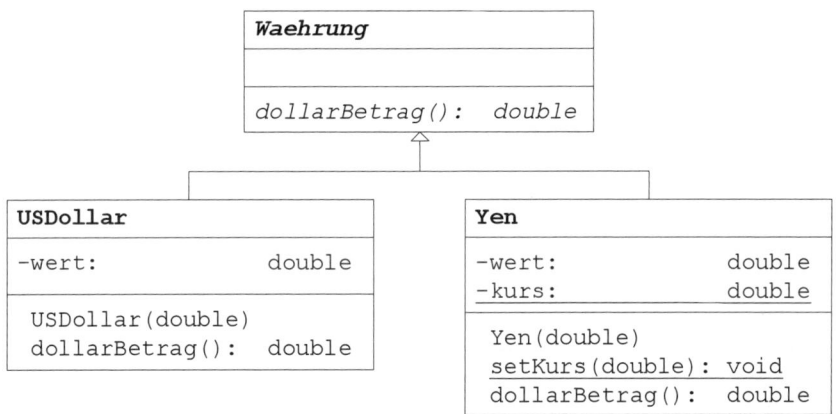

Abbildung 9.2: Hierarchie der Währungsklassen `USDollar` und `Yen`

Unsere Finanzbuchhaltung soll die verschiedensten Aufgaben erfüllen – unter anderem soll sie auch für die Steuererklärung zuständig sein. Betrachten wir folgendes Szenario: Unsere Hotelkette wird in den USA veranlagt und muss auf das gesamte Barvermögen eine Steuer von 8% zahlen.[1] Unser Währungssystem ist inzwischen gewachsen; es sind insgesamt zwanzig verschiedene Währungen definiert. Wie errechnet man am besten 8% dieses Vermögens (und zwar in Dollar)? Wir betrachten zuerst den allgemeinen Fall und nehmen an, dass alle verwendeten Objekte Instanzen der Klasse `Waehrung` seien und in einem eindimensionalen Array abgelegt sind. Dann könnte man leicht eine entsprechende Methode entwerfen:

```
/** Berechne 8 Prozent des im Feld gespeicherten Geldes */
public static double berechneSteuer(Waehrung[] geld) {
  double summe=0;              // der Gesamtbetrag
  for (Waehrung w : geld)      // wird in einer Schleife
    summe+=w.dollarBetrag();   // summiert und anschliessend
  return summe*0.08;           // mit 8% (=0.08) multipliziert
}
```

Würden wir nur mit Instanzen der Klasse `Waehrung` rechnen, wären wir nun fertig. Wie sieht es jedoch mit Objekten vom Typ `USDollar` oder `Yen` aus? Müssen wir für diese Klassen die Methode erneut definieren?
Die freudige Nachricht: *Wir müssen nicht!* Wir erinnern uns an den Zusammenhang zwischen Eltern- und Kindklasse (bzw. Super- und Subklasse): *Jede der Subklassen erbt die Eigenschaften der Superklasse.* Hierzu gehören nicht nur Variablen und Methoden, so wie im wahren Leben ein Kind von seinen Eltern auch meistens mehr erbt als nur Muttermale und Stirnpartie. *Instanzen von Kindklassen können*

---

[1] Wirtschaftswissenschaftler und Steuerberater mögen das laienhafte Beispiel verzeihen.

auch stets als Instanzen der Elternklassen aufgefasst werden.[2] Dies bedeutet, dass also beispielsweise ein Objekt vom Typ `Yen` auch als Instanz der Klasse `Waehrung` betrachtet werden kann. Aufgrund der Vererbung ist also garantiert, dass jede Subklasse die Methode `dollarBetrag` auch wirklich besitzt (machen Sie sich diesen Umstand anhand von Abbildung 9.2 noch einmal klar). Aufgrund des Polymorphismus können die verschiedenen, durch den Aufruf der Methode ausgelösten Aktionen jedoch vollkommen unterschiedlich sein. Dies ist bei den Klassen `USDollar` (= reine Rückgabe eines gespeicherten Werts) und `Yen` (= Umrechnung anhand eines Wechselkurses) der Fall.

Die Methode `berechneSteuer` funktioniert also auch für `Yen`, `USDollar` und sämtliche anderen Subklassen von `Waehrung`. Welche Konsequenzen hat dies für unsere Finanzverwaltung? Angenommen, wir wollen unsere sämtlichen Währungsobjekte in nur einem Array speichern. Dank der gemeinsamen Superklasse `Waehrung` ist dies problemlos möglich – das Codestück

```
Waehrung[] Geld = new Waehrung[3];
Geld[0] = new USDollar(2500);
Geld[1] = new Yen(200000);
Geld[2] = new USDollar(20);
```

ist also nicht nur syntaktisch völlig korrekt – wir können Methoden wie

```
double steuer = berechneSteuer(Geld);
```

problemlos auf das „gemischte" Feld anwenden, um die gewünschten Ergebnisse zu erzielen. Hierbei ist es der Methode `berechneSteuer` egal, ob die übergebenen Objekte `Yen` oder `USDollar` sind. Beides sind schließlich Subklassen von `Waehrung` und haben als solche garantiert die benötigte Methode `dollarBetrag`.

Achtung: Möglicherweise haben Sie sich etwas weiter oben gefragt, wieso beispielsweise die Anweisung

```
Geld[0] = new USDollar(2500);
```

tatsächlich zulässig ist. Immerhin ist die Variable auf der linken Seite der Zuweisung vom Typ `Waehrung`, und auf der rechten Seite haben wir es mit einem Wert (einer Referenz) vom Typ `USDollar` zu tun. Hier unterstützt uns einmal mehr der Compiler mit einer automatischen Typumwandlung, die immer dann durchgeführt wird, wenn der Typ der Variablen auf der linken Seite in der Vererbungs-Hierarchie weiter oben liegt als der Typ der rechten Seite der Zuweisung. Erbt also die Klasse `SpezielleKlasse` in irgendeiner Form (also auch über mehrere Ebenen hinweg) von der Klasse `AllgemeineKlasse`, dann wäre für s vom Typ `SpezielleKlasse` und a vom Typ `AllgemeineKlasse` die Zuweisung

```
a = s;
```

stets möglich. Dies liegt darin begründet, dass das von s referenzierte Objekt vom Typ `SpezielleKlasse` alle Komponenten besitzt, über die auch ein Objekt vom

---

[2] Wie so oft gilt natürlich auch hier der Grundsatz, dass man es mit diesen Analogien nicht zu weit treiben darf. So hat ein Kind normalerweise immer zwei Elternteile, eine Subklasse jedoch hat – zumindest in Java – immer nur eine Superklasse.

Typ `AllgemeineKlasse` verfügt. Jedes `SpezielleKlasse`-Objekt ist also auch
ein `AllgemeineKlasse`-Objekt.
Umgekehrt wäre in

```
AllgemeineKlasse a = new AllgemeineKlasse();
SpezielleKlasse s = a;                          // unzulaessig!
```

die zweite Anweisung unzulässig, da hier der in der Hierarchie weiter unten
stehende Typ auf der linken Seite steht. Wenn wir tatsächlich die Referenz a in
der Variable s speichern wollten, müssten wir eine explizite Typwandlung in der
Form

```
SpezielleKlasse s = (SpezielleKlasse) a;
```

ergänzen. Damit ließe sich diese Anweisung zwar compilieren, würde aber dennoch zur Laufzeit einen Fehler (vom Typ `ClassCastException`) verursachen,
da das von a referenzierte Objekt nicht vom Typ `SpezielleKlasse` ist. Hingegen wäre die Anweisungsfolge

```
AllgemeineKlasse a = new SpezielleKlasse();
SpezielleKlasse s = (SpezielleKlasse) a;
```

korrekt (auch zur Laufzeit), weil nun die Referenzvariable a zwar vom Typ
`AllgemeineKlasse` deklariert ist, aber tatsächlich auf ein Objekt vom Typ
`SpezielleKlasse` verweist.
Auch für den Aufruf von Methoden, die Referenzen als Parameter zulassen, haben diese Regeln der automatischen Typumwandlung Bedeutung. Wie bei Parametern in Form von einfachen Datentypen müssen wir stets sicherstellen, dass
der Typ jedes aktuellen Parameters (jedes Arguments beim Aufruf) mit dem Typ
des entsprechenden formalen Parameters der Methode übereinstimmt oder zumindest wie oben beschrieben automatisch in diesen Typ wandelbar ist.

9.1.6   Vererbung verhindern durch `final`

Nicht unerwähnt lassen wollen wir die Möglichkeit, eine Klasse gegen weitere
Vererbungen – oder anders gesagt – Erweiterungen zu schützen. Hierfür können
wir das bereits bekannte Schlüsselwort **final** einsetzen. Ähnlich der Vorgehensweise bei der Markierung von Variablen, die wir schon einige Male durch das vorangestellte **final** zu Konstanten gemacht haben, können wir eine Klasse durch
den Modifizierer **final** sozusagen „endgültig" machen. Definieren wir also eine
Klasse

```
1  public final class NoKidsPlease {
2     int a;
3  }
```

und versuchen anschließend die Klasse

```
1  public class Kid extends NoKidsPlease {
2     int b;
3  }
```

zu compilieren, erhalten wir

```
─────────────────── Konsole ───────────────────
Kid.java:1: cannot inherit from final NoKidsPlease
public class Kid extends NoKidsPlease {
                  ^
```

als Fehlermeldung vom Compiler. In der Java-Klassenbibliothek finden sich einige solche finale Klassen, wie zum Beispiel `String` oder `Math`, für die somit sichergestellt ist, dass es keine Spezialformen dieser Klassen geben kann und das Verhalten der zugehörigen Objekte eindeutig festgelegt ist.

9.1.7 Übungsaufgaben

Aufgabe 9.1

Gegeben ist die folgende Klasse `Euro`, die die gleichnamige Währung repräsentiert:

```
1  /** Die Waehrung Europas */
2  public class Euro extends Waehrung {
3
4    /** Ein Euro ist soviel Dollar wert */
5    private static double kurs=1;
6
7    /** Instanzvariable: Wert in Euro */
8    private double wert;
9
10   /** Konstruktor */
11   public Euro(double wert) {
12     this.wert=wert;
13   }
14
15   /** Deklaration der sonst abstrakten Methode dollarBetrag */
16   public double dollarBetrag() {
17     return wert*kurs;
18   }
19
20   /** Gibt den Wert der Waehrung in Euro zurueck */
21   public double euroBetrag() {
22     return wert;
23   }
24
25   /** Zugriff auf die private Klassenvariable */
26   public static void setEuroKurs(double Kurs) {
27     kurs=Kurs;
28   }
29
30 }
```

Aufgrund der Währungsunion können eine Vielzahl von anderen Währungen (wie etwa DM, Lire oder Franc) durch den Euro ausgedrückt werden. Die feststehenden Wechselkurse entnehmen Sie folgender Tabelle:

Währung	Ein Euro kostet...
DM	1,95583
Lire	1936,27
Franc	6,55957

Schreiben Sie drei Klassen DM, Lire und Franc, die sich wie folgt von der Klasse Euro ableiten:

a) Schreiben Sie einen Konstruktor, der als Argument einen Geldbetrag in der *entsprechenden Währung* erhält. Verwenden Sie den Konstruktor der Superklasse Euro, indem Sie diesen in der Form

   ```
   super(x);
   ```

   aufrufen, wobei x hier für den Wert des Geldbetrags *in Euro* steht (vgl. auch Abschnitt 9.2).

b) Schreiben Sie einen Konstruktor, der statt des **double**-Arguments eine Instanz der Klasse Euro erhält. Verwenden Sie erneut den Konstruktor der Superklasse und die Methode euroBetrag, um die Aufgabe zu bewältigen.

c) Schreiben Sie eine Methode waehrungsBetrag(), die den Wert des Geldbetrags in der eigentlichen Währung ausgibt. Rechnen Sie hierzu den über die Methode euroBetrag gegebenen Wert anhand der Formeln aus der Tabelle um.

Hinweis: Die Klassen DM, Lire und Franc benötigen keinerlei neue Klassen- oder Instanzvariablen!

Aufgabe 9.2

Verwenden Sie die Klassen DM, Lire und Franc, um einen Währungskalkulator zu schreiben. Das Programm soll einen Geldbetrag in DM einlesen und seinen Wert in Euro, Lire und Franc zurückgeben.
Hinweis: Denken Sie bei der Programmierung an den letzten Abschnitt vor dieser Übungsaufgabe. Ein DM-Objekt kann auch als Euro-Objekt betrachtet werden. Die Zeilen

```
DM   dm = new DM  (13.20);
Lire l  = new Lire(dm);
```

wären somit vollkommen korrekt.

9.2   Die **super**-Referenz

Wenn Sie die letzten Übungsaufgaben bearbeitet haben, wird Ihnen bereits ein Konstruktor ähnlich dem folgenden begegnet sein:

```
public Lire(double wert) {
  super(wert/1936.27);
}
```

Der Konstruktor der Klasse `Lire` ruft hierbei den Konstruktor der Superklasse auf. Dies geschieht über das Kommando **super**(wert/1936.27), das
den Compiler anweist, den Konstruktor der Klasse `Euro` mit dem Argument
`wert/1936.27` zu starten (vgl. Abschnitt 8.4.4). Das Schlüsselwort **super** steht
hierbei für die Elternklasse.

Gewisse Ähnlichkeiten zum Schlüsselwort **this** sind dabei nicht rein zufällig.
So wie im letzten Kapitel **this** innerhalb von Instanzmethoden für das aktuelle
Objekt stand, steht **super** ebenfalls für das aktuelle Objekt – *jedoch aufgefasst als
Instanz seiner Superklasse*. **super** ermöglicht uns hierbei Zugriff auf sämtliche Me-
thoden und Variablen der Superklasse, die nicht mit dem Schlüsselwort **private**
versehen sind.

Wo liegt nun der Unterschied? Angenommen, wir verfassen eine weitere Klasse
`NonsensDollar`, die sich von `USDollar` ableitet:

```
1   public class NonsensDollar extends USDollar {
2
3     /** Uebernehme den Konstruktor der Superklasse unveraendert. */
4     public NonsensDollar(double wert) {
5       super(wert);
6     }
7
8     /** Gib beim Dollarbetrag etwas vollkommen UNSINNIGES aus */
9     public double dollarBetrag() {
10      return Math.random();
11    }
12
13  }
```

Die Klasse definiert eine neue Methode `dollarBetrag`, die anstelle des echten
Geldwertes einfach eine Zufallszahl ausgibt. Dieses Vorgehen ist (syntaktisch)
vollkommen korrekt, obwohl die Superklasse bereits eine gleichnamige Methode besitzt. Wie bereits bekannt, bezeichnet man diesen Vorgang als Überschreiben
von Methoden – das heißt, in Objekten der Klasse `NonsensDollar` wird stets mit
der neu definierten Methode `dollarBetrag` anstelle des Originals gearbeitet.

Wie sieht es jedoch aus, wenn wir auf die originale Methode zurückgreifen
müssen? Da wir die Methode überschrieben haben, wird beim Aufruf von
`dollarBetrag` immer die völlig unsinnige Zufallsausgabe aufgerufen – ganz
gleich, ob wir die Klasse nun als `NonsensDollar` oder als Instanz ihrer Superklasse `USDollar` auffassen. Arbeitet an dieser Stelle also der Polymorphismus
gegen uns?

Um dieser Problematik Herr zu werden, schreiben wir eine Instanzmethode
`jetztMalImErnst`, die eben diesen Zugang an die originale Methode bewerkstelligt. Hierzu benötigen wir das Schlüsselwort **super**, das es uns ermöglicht,
das Objekt so zu behandeln, als wäre es ein Objekt der Superklasse:

```java
/** Gib den tatsaechlichen Dollarbetrag aus */
public double jetztMalImErnst() {
  return super.dollarBetrag();
}
```

9.3 Überschreiben von Methoden und Variablen

9.3.1 Dynamisches Binden

Kommen wir noch einmal zu unserer Klasse `NonsensDollar`. Wir haben am Beispiel der Methode `dollarBetrag` bereits gesehen, dass das Überschreiben von Methoden problemlos möglich ist. Wie sieht es jedoch mit Variablen aus?
Wir schreiben zwei neue Klassen `Vater` und `Sohn`:

```java
public class Vater {

  /** Eine oeffentliche Variable var */
  public int var;

  /** Konstruktor */
  public Vater() {
    var=1;
  }

  /** Ausgabe des Variableninhalts */
  public void zeigeVar() {
    System.out.println("VATER: "+var);
  }

}
```

```java
public class Sohn extends Vater{

  /** Eine oeffentliche Variable var */
  public int var;

  /** Konstruktor */
  public Sohn() {
    var=2;
  }

  /** Ausgabe des Variableninhalts */
  public void zeigeVar() {
    System.out.println("SOHN:  "+var);
  }

}
```

Beide Klassen besitzen eine Variable `var`, die vom Konstruktor der Klasse `Vater` auf 1 und von `Sohn` auf 2 gesetzt wird. Wir wollen nun überprüfen, wie sich ein `Sohn`-Objekt unter verschiedenen Bedingungen verhält:

1. Was passiert, wenn wir die Methode `zeigeVar` aufrufen?

2. Was passiert, wenn wir die Methode `zeigeVar` aufrufen, nachdem wir die Referenz auf das `Sohn`-Objekt in eine `Vater`-Referenz umgewandelt haben?

3. Welcher Wert wird ausgegeben, wenn wir die Instanzvariable `var` direkt ansprechen?

4. Welcher Wert wird nach der Umwandlung der Referenz ausgegeben?

Um diese Punkte zu klären, ergänzen wir unsere Klasse `Sohn` um eine `main`-Methode:

```
public static void main(String[] args) {
    // Erzeuge eine Instanz der Klasse Sohn
    Sohn   s=new Sohn();
    // 1. Zeige zuerst den Inhalt von s
    s.zeigeVar();
    // 2. nun dasselbe, jedoch nach einer Typumwandlung
    ((Vater)s).zeigeVar();
    // 3. jetzt gib die Instanzvariable von Hand aus
    System.out.println("SOHN:  "+s.var);
    // 4. und tue dasselbe erneut nach einer Typumwandlung
    System.out.println("VATER: "+((Vater) s).var);
}
```

Übersetzen wir das Programm und starten es, so erhalten wir folgende Ausgabe:

```
────────── Konsole ──────────
SOHN:   2
SOHN:   2
SOHN:   2
VATER:  1
```

Dies bedeutet für unsere Fragestellung:

1. Beim Aufruf der Methode `zeigeVar` für das `Sohn`-Objekt wird die in der Klasse `Sohn` deklarierte Methode aufgerufen. Diese gibt die zugehörige Variable des `Sohn`-Objekt aus – deshalb die 2.

2. Auch nach der Umwandlung der Referenz in den Typ `Vater` wird die gleiche Methode aufgerufen, denn die Referenz zeigt weiterhin auf ein `Sohn`-Objekt, und es wird die überschriebene Methode aufgerufen. Diese bezieht sich ebenfalls wieder auf **this**.`var` und gibt deshalb erneut als Ergebnis 2 zurück. Das liegt darin begründet, dass der Compiler nicht schon zur Übersetzungszeit abhängig vom Typ der Referenz entscheidet, welche Version einer überschriebenen Methode aufgerufen wird. Er erzeugt vielmehr Code dafür, dass erst zur Laufzeit abhängig vom Typ des Objekts, auf das die Referenz zeigt, entschieden wird, welche Methode auszuführen ist. Man bezeichnet dies auch als dynamisches Binden.

3. Geben wir die Variable `s.var` direkt aus, so erhalten wir wie erwartet erneut die 2 als Ergebnis.

4. Führen wir jedoch eine Umwandlung der Referenz in den Typ `Vater` durch, so erhalten wir völlig überraschend als Ergebnis die 1. Das liegt nun daran, dass für Variablen keine dynamische Bindung ins Spiel kommt, sondern der Compiler bereits zur Übersetzungszeit abhängig vom Typ der Referenz entscheidet, auf welche der Variablen zugegriffen wird.

Was wollte uns dieser Abschnitt also sagen? Das Prinzip des Polymorphismus bzw. das dynamische Binden greift lediglich bei Methoden, *nicht* bei Variablen.

9.3.2 Überschreiben von Methoden verhindern durch `final`

Wollen wir dafür sorgen, dass eine Methode in allen Unterklassen in der gleichen Version vorliegt, die Polymorphie also ausschalten, können wir wiederum das Schlüsselwort **final** einsetzen. Ähnlich der Vorgehensweise bei der Markierung von ganzen Klassen, die nicht mehr erweitert werden können, verhindert der Modifizierer **final** vor einer Methoden-Deklaration das Überschreiben dieser Methode in einer Unterklasse. Definieren wir also eine Klasse

```
1  public class Papa {
2    public final void singe() {
3      System.out.println("La la la la la ...");
4    }
5  }
```

und versuchen anschließend in der Klasse

```
1  public class Kind extends Papa {
2    public void singe() {
3      System.out.println("Do Re Mi Fa So ...");
4    }
5  }
```

die Methode `singe` zu überschreiben, erhalten wir beim Compilieren

```
─────────────────── Konsole ───────────────────
Kind.java:2: singe() in Kind cannot override singe() in Papa;
  overridden method is final
    public void singe() {
                ^
```

als Fehlermeldung vom Compiler. Auf einige Beispiele solcher finalen Methoden kommen wir in Kapitel 18 noch zu sprechen. Sie finden sich in der Klasse `Object`, auf die wir im folgenden Abschnitt eingehen. Durch die **final**-Deklaration dieser Methoden ist sichergestellt, dass bei diesen Methoden alle Java-Objekte das gleiche Verhalten aufweisen. Außerdem ist der entsprechende compilierte Programmcode effizienter, weil kein dynamisches Binden mehr durchgeführt werden muss.

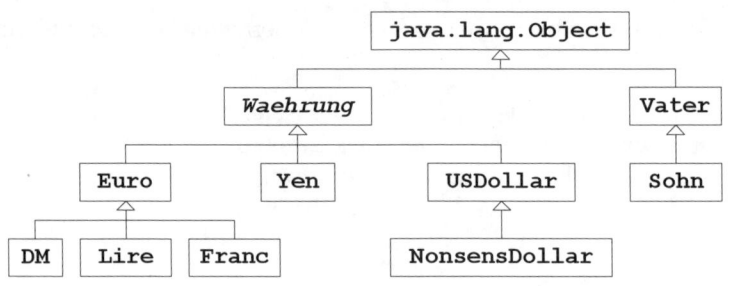

Abbildung 9.3: Klassenstammbaum

9.4 Die Klasse `java.lang.Object`

Werfen wir einen Blick auf den „Stammbaum" aller in diesem Kapitel definierten Objekte in Abbildung 9.3. Wir entdecken darin eine zusätzliche Klasse, die nicht von uns stammt: die Klasse `java.lang.Object`. Diese Klasse stellt quasi die „Urmutter" aller Klassen dar – jede andere Klasse leitet sich von ihr ab. Wann immer wir also bislang eine Klasse definiert haben, ohne sie mit dem Zusatz `extends` von einer anderen Klasse abzuleiten, war `java.lang.Object` stets die vom Compiler automatisch verwendete Superklasse.

Der Umstand, dass die Klasse `Object` Superklasse aller anderen definierten Klassen ist, kann von Programmierern auf verschiedenste Art und Weise ausgenutzt werden. So gibt es beispielsweise im Paket `java.util` eine Reihe von Klassen, die verschiedene Formen von Datenspeichern darstellen (die so genannten `Collection`-Klassen). Diese bieten bei der Verwaltung großer Datenmengen mehr Möglichkeiten als gewöhnliche Arrays. Da mit den Klassen beliebige Objekte gespeichert werden sollen, verlangen die entsprechenden Methoden zur Ein- und Ausgabe jeweils Instanzen der Klasse `java.lang.Object` als Parameter und Rückgabewert. Da, wie gesagt, jede Klasse Kind von `Object` ist, kann also jede Instanz als solche aufgefasst und abgelegt werden. Wir werden auf diese Klassen in einem späteren Kapitel näher eingehen.

Neben der oben vorgestellten Möglichkeit, die Klasse `Object` zu verwenden, gibt es einen weiteren Punkt, der diese Klasse wichtig macht. So wie wir mit unserer Klasse `Waehrung` garantierten, dass alle Kindklassen die Methode `dollarBetrag` besitzen, stellt auch die Klasse `Object` einige Methoden bereit, die somit *alle* Subklassen besitzen. Einige dieser Methoden sind für uns besonders interessant:

■ Die Methode

```
public String toString()
```

liefert eine textuelle Beschreibung eines Objekts. Wann immer ein Objekt (etwa bei der Ausgabe mit `System.out.println`) in einen String umgewandelt werden soll, geschieht dies mit der `toString`-Methode. Diese Methode

„weiß" natürlich standardmäßig nicht, wie unsere selbst geschriebenen Klassen als Text wiedergegeben werden sollen. Aus diesem Grund können (und sollen) wir die Methode einfach überschreiben. Bauen wir beispielsweise die Methode

```java
/** Gibt den Wert der Waehrung in Dollar als String zurueck */
public String toString() {
  return "$"+dollarBetrag();
}
```

in unsere Klasse `Waehrung` ein, wird in Zukunft bei der Ausgabe unserer Währungen mit `System.out.println` der jeweilige Wert in Dollar mit einem vorstehenden Dollarzeichen ($) ausgegeben.

- Die Methode

```java
public boolean equals(Object obj)
```

vergleicht zwei Objekte auf Gleichheit. Wir erinnern uns – für zwei Objekte `o1` und `o2` liefert der Vergleich `o1==o2` genau dann **true**, wenn beide Referenzen auf das gleiche Objekt zeigen. Die Methode `equals` macht standardmäßig genau das Gleiche, kann aber im Gegensatz zum Operator überschrieben werden. Nehmen wir zum Beispiel an, zwei `Waehrung`-Objekte sollen genau dann gleich sein, wenn ihr Geldwert in Dollar identisch ist. Wie müssen wir also unsere Klasse `Waehrung` erweitern?

Falls unser zweites Objekt ebenfalls Instanz der Klasse `Waehrung` ist, können wir den Vergleich über die Methode `dollarBetrag` durchführen. Für ein beliebiges Objekt ist diese Methode natürlich nicht definiert, sodass wir bei deren Aufruf zur Laufzeit einen Fehler erhalten würden. Wir müssen also unterscheiden können, ob ein Objekt Instanz einer bestimmten Klasse ist. Hierzu existiert in Java der Operator `instanceof`. Die Abfrage

```java
obj instanceof Waehrung
```

liefert genau dann **true**, wenn das Objekt `obj` Instanz der Klasse `Waehrung` (oder einer ihrer Subklassen) ist. Wir können die Methode also wie folgt definieren:

```java
/** Vergleicht zwei Objekte auf Gleichheit */
public boolean equals(Object obj) {
  // Vergleiche zwei Waehrungs-Objekte
  // bzgl. des Dollar-Betrages
  if (obj instanceof Waehrung)
    return this.dollarBetrag()==
           ((Waehrung)obj).dollarBetrag();
  // Ist obj keine Waehrung, dann verwende
  // die equals-Methode der Superklasse Object
  else
    return super.equals(obj);
}
```

■ Es gibt in Java „ungeschriebene Gesetze", d. h. es gibt Dinge, die zwar sprachlich korrekt sind, die man aber unter keinen Umständen tut. Wenn wir unsere
Klasse `Waehrung` um obige `equals`-Methode erweitern und übersetzen, so
erhalten wir keinen einzigen Compilerfehler. Wir hätten aber gegen eine dieser goldenen Regeln verstoßen, die da lautet:

> *Wenn Du die* `equals`-*Methode überschreibst, dann musst Du auch die*
> `hashCode`-*Methode überschreiben.*

Was aber ist das für eine Methode? Die Methode

```
public int hashCode()
```

berechnet den so genannten **Hashcode** eines Objekts. Hierbei handelt es sich
um eine ganze Zahl, die von speziellen Datenspeichern (den so genannten
Hashtabellen) verwendet wird, um das Objekt in ihrem Speicher abzulegen.
Mit Hilfe des Hashcodes können diese Objekte später aus der Tabelle wieder
sehr schnell herausgelesen werden.

Was hat das Ganze jedoch mit unserer `equals`-Methode zu tun? Wir haben
zwei Objekte als gleich betrachtet, wenn sie den gleichen Wert in Dollar besitzen. Nun steht in einer Hashtabelle jedoch das gleiche Objekt nie zweimal
eingetragen. Wenn jedoch zwei (laut `equals`-Methode) gleiche Objekte einen
unterschiedlichen Hashcode besitzen (etwa das eine mit der Nummer 17 und
das andere mit der 23), so kann der Datenspeicher dies nicht erkennen und
hinterlegt das Objekt sozusagen doppelt.

Auch wenn wir in diesem Buch nicht mit Hashtabellen arbeiten, wollen wir
uns doch an die Konvention halten. Zwei Objekte, die laut `equals`-Methode
gleich sind, sollen den gleichen Hashcode zurückliefern. Zu diesem Zweck
nehmen wir einfach den Wert des Objekts (in Dollar) und liefern die Ziffern
bis zur zweiten Nachkommastelle als Ergebnis. Ein Objekt im Wert von 23.547
Dollar hätte also den Hashcode 2354:

```
/** Liefert den Hashcode eines Objekts */
public int hashCode() {
  return (int)(dollarBetrag()*100);
}
```

Die Klasse `Object` besitzt noch eine Vielzahl weiterer Methoden (darunter auch
einige finale Methoden), die an dieser Stelle jedoch noch nicht von Bedeutung für
uns sind.

9.5 Übungsaufgaben

Aufgabe 9.3

Überschreiben Sie die `toString`-Methode der Klasse `Euro`. Anstelle von Dollar soll für diese Objekte der Wert in der europäischen Währung ausgegeben werden. Wie sieht nun die Stringausgabe für ein Objekt der Klasse `Lire` aus?

Aufgabe 9.4

Welche Ausgabe liefert das folgende Codestück?

```
Vater vaeterchen = new Vater();
Sohn  soehnchen  = new Sohn ();
System.out.println(vaeterchen instanceof Sohn);
System.out.println(vaeterchen instanceof Vater);
System.out.println(vaeterchen instanceof Waehrung);
System.out.println(vaeterchen instanceof Object);
System.out.println(soehnchen  instanceof Sohn);
System.out.println(soehnchen  instanceof Vater);
System.out.println(soehnchen  instanceof Waehrung);
System.out.println(soehnchen  instanceof Object);
```

Aufgabe 9.5

Um auch einfache Datentypen (**byte**, **boolean**, **int**, **double**,...) als Objekte behandeln zu können, stellt Java so genannte **Wrapper-Klassen** (deutsch: **Hüllklassen**) zur Verfügung, d. h. Klassen, die den entsprechenden Datentyp in ein Objekt „einpacken". Wir werden uns mit diesen Klassen in Abschnitt 12.2 noch im Detail beschäftigen. Diese Klassen schreiben sich genau wie der entsprechende elementare Datentyp (mit der Ausnahme, dass der erste Buchstabe groß geschrieben wird). Um also etwa die **double**-Zahl 3.14 als Objekt zu verwenden, genügt folgendes Codestück:

```
Double d=new Double(3.14);
```

Nehmen wir einmal an, wir besitzen ein solches `Double`-Objekt. Wie finden wir heraus, ob die im Objekt gespeicherte Zahl den Wert 0 hat?

9.6 Abstrakte Klassen und Interfaces

Gehen wir noch einmal an den Anfang dieses Kapitels zurück und betrachten die Klasse `Waehrung`:

```
1  /** Diese Klasse symbolisiert eine beliebige Waehrung */
2  public abstract class Waehrung {
3
4      /** Gibt den Wert des Objekts in US-Dollar zurueck */
5      public abstract double dollarBetrag();
```

```
 6
 7    /** Gibt den Wert der Waehrung in Dollar als String zurueck */
 8    public String toString() {
 9      return "$"+dollarBetrag();
10    }
11
12    /** Vergleicht zwei Objekte auf Gleichheit */
13    public boolean equals(Object obj) {
14      // Vergleiche zwei Waehrungs-Objekte
15      // bzgl. des Dollar-Betrages
16      if (obj instanceof Waehrung)
17        return this.dollarBetrag()==
18              ((Waehrung)obj).dollarBetrag();
19      // Ist obj keine Waehrung, dann verwende
20      // die equals-Methode der Superklasse Object
21      else
22        return super.equals(obj);
23    }
24
25    /** Liefert den Hashcode eines Objekts */
26    public int hashCode() {
27      return (int)(dollarBetrag()*100);
28    }
29
30  }
```

Zu Beginn unserer Arbeit wussten wir noch nichts darüber, wie die Methode dollarBetrag genau aufgebaut sein soll. Wir wollten dem Compiler lediglich mitteilen, dass unsere Klasse (und alle ihre Nachkommen) eine solche Methode besitzen soll. Wir haben dem Compiler deshalb nur die so genannte **Schnittstelle** mitgeteilt, also die Struktur, die unsere Klasse hinsichtlich ihrer Methoden und Variablen besitzen soll. Dinge, die wir nicht konkret ausformulieren wollten, haben wir mit dem Schlüsselwort **abstract** markiert. Im späteren Verlauf haben wir zwar andere Methoden (equals, toString und hashCode) hinzugefügt, doch die konkrete Ausformulierung von dollarBetrag weiterhin den Subklassen überlassen.

Bei der von uns hiermit geschaffenen Struktur handelt es sich um eine so genannte **abstrakte Klasse**. Abstrakte Klassen werden bei der Klassendeklaration mit dem Wort **abstract** gekennzeichnet und können nicht instantiiert werden. Mit ihrer Hilfe können wir sicherstellen, dass für eine Ansammlung anderer Klassen die Existenz gewisser Methoden garantiert ist. Jede unserer Klassen Yen, Euro oder Lire besaß somit als Subklasse von Waehrung zwangsläufig eine Methode dollarBetrag. Wir konnten also allgemeine Methoden wie berechneSteuer für beliebige Währungsklassen definieren, ohne besondere Fallunterscheidungen für die verschiedenen Währungen einbauen zu müssen.

Doch zurück zu unserem Anwendungsbeispiel. Neben Barvermögen gehören unserer Hotelkette noch diverse andere Wertgegenstände. Hierzu zählen Grundstücke, Aktien, Firmenbeteiligungen etc. Jeder dieser Wertgegenstände besitzt wiederum völlig unterschiedliche Eigenschaften, sodass es schwer ist, für sie eine allgemeine Klasse zu definieren. Wie können wir trotzdem sichergehen, dass jeder Wertgegenstand seinen Gegenwert in Dollar (oder Yen, Euro, DM, …) nennen kann?

Im Endeffekt wollen wir auch hier nichts weiter tun, als unseren Klassen erneut eine Schnittstelle vorzugeben. Unsere Klassen sollen allesamt eine Methode `wert` besitzen, die den aktuellen Wert (z. B. unserer Immobilie) in einer beliebigen Währung zurückgibt.[3]

Wir formulieren diese Anforderung als eine Schnittstellenbeschreibung, ein so genanntes **Interface**:

```
1   /** Ein beliebiger Wertgegenstand */
2   public interface Wertgegenstand {
3
4     /** Gib den Wert des Objekts als Waehrung zurueck */
5     public Waehrung wert();
6
7   }
```

Interfaces sind im Gegensatz zu abstrakten Klassen *keine* Klassen im eigentlichen Sinne, d. h. es existieren keine Kindklassen, die ein Interface mit Hilfe des Schlüsselwortes **extends** beerben. Das entsprechende Wort für Interfaces heißt stattdessen **implements**:

```
1   /** Ein Goldbarren (= Wertgegenstand) */
2   public class Goldbarren implements Wertgegenstand {
3
4     /** Wie viel ist Gold heutzutage eigentlich wert? */
5     public static double preisProGrammInDollar=60;
6
7     /** Das Gewicht des Barrens */
8     private double gewicht;
9
10    /** Konstruktor - das Gewicht ist in Gramm anzugeben */
11    public Goldbarren(double gewichtInGramm) {
12      gewicht = gewichtInGramm;
13    }
14
15    /** Implementierung des Interfaces */
16    public Waehrung wert() {
17      return new USDollar(gewicht * preisProGrammInDollar);
18    }
19
20  }
```

Unsere Klasse `Goldbarren` setzt das Interface `Wertgegenstand` in einer Klasse um und macht dies dem Compiler durch die Worte **implements** `Wertgegenstand` klar. Um nun eine gültige Klassendefinition zu erzeugen, *müssen* wir eine entsprechende Methode `wert` definieren (sonst erhalten wir beim Übersetzen eine Fehlermeldung). Hierbei errechnen wir den Wert unseres Barrens in Dollar aus dem Gewicht und geben diesen als `USDollar`-Objekt zurück. Dieses Vorgehen ist erlaubt, da `USDollar` Subklasse von `Waehrung` ist.

---

[3] Welche Währung dies ist, kann uns, wie gesagt, völlig egal sein. Jedes Währungsobjekt besitzt schließlich die Methode `dollarBetrag`.

Wie können wir nun unser Interface gewinnbringend einsetzen? Angenommen, wir wollen den Gesamtwert unserer Objekte in Dollar berechnen. Hier können wir ähnlich wie in der Methode `berechneSteuer` vorgehen:

```
/** Berechne den Gesamtwert einer Menge von Wertgegenstaenden */
public static Waehrung gesamtwert(Wertgegenstand[] objekte) {
  double summe = 0;
  for (Wertgegenstand w : objekte)
    summe += w.wert().dollarBetrag();
  return new USDollar(summe);
}
```

In der Schleife werden die verschiedenen Geldbeträge über die Methode `wert()` ausgelesen. Weil das Resultat dieser Methode jeweils ein Währungsobjekt ist, muss der Dollarbetrag noch über die Methode `dollarBetrag()` ausgelesen werden. Wie bei der abstrakten Klasse muss hier nicht zwischen `Goldbarren`, `Grundstueck` oder anderen Klassen unterschieden werden. Sofern die Objekte das Interface implementieren, können sie als `Wertgegenstand` aufgefasst werden.

Worin besteht nun der Unterschied zu abstrakten Klassen? Während bei Letzteren einzelne Methoden durchaus ausformuliert sein können (siehe etwa die `toString`-Methode bei `Waehrung`), sind die Methoden in Interfaces alle abstrakt – sie taugen somit wirklich ausschließlich als Schnittstellenvorgabe. Im Gegensatz zur „normalen" Klasse haben Interfaces jedoch einen nicht zu unterschätzenden Vorteil: sie ermöglichen **Mehrfachvererbung**. Eine Klasse darf nämlich zwar *nur eine Superklasse* besitzen; sie darf jedoch *beliebig viele Interfaces* implementieren!

Unsere Hotelkette habe beispielsweise einen gewissen Betrag in Krügerrand investiert, eine Goldmünze, die sowohl eine Wertanlage als auch ein gültiges Zahlungsmittel darstellt. Wären `Waehrung` und `Wertgegenstand` Klassen (die sich nicht voneinander ableiten), so könnte die zu entwerfende Klasse `Kruegerrand` nicht Kind von beiden sein. Da `Wertgegenstand` jedoch ein Interface ist, haben wir hiermit kein Problem:

```
1   /** Das beruehmte goldene Zahlungsmittel */
2   public class Kruegerrand extends Waehrung
3                            implements Wertgegenstand {
4
5     /** Ein Kruegerrand ist soviel Dollar wert */
6     private static double kurs;
7
8     /** Instanzvariable: Wert in Kruegerrand */
9     private double wert;
10
11    /** Konstruktor */
12    public Kruegerrand(double wert) {
13      this.wert = wert;
14    }
15
16    /** Deklaration der sonst abstrakten Methode dollarBetrag */
17    public double dollarBetrag() {
18      return wert * kurs;
```

```
19      }
20
21      /** Zugriff auf die private Klassenvariable */
22      public static void setKurs(double kurs) {
23        kurs = kurs;
24      }
25
26      /** Implementierung des Interfaces:
27          das Objekt ist selbst schon Waehrung */
28      public Waehrung wert() {
29        return this;
30      }
31
32    }
```

Interfaces finden in Java an den verschiedensten Stellen Anwendung. In den Übungsaufgaben stellen wir einige Beispiele vor.

9.7 Übungsaufgaben

Aufgabe 9.6

Die Klasse `java.lang.Math` stellt eine Sammlung von mathematischen Standardfunktionen dar, die allesamt als **static** definiert sind. Weil die Klasse über keine Instanzmethoden oder -variablen verfügt, wäre eine Erzeugung von Objekten dieser Klasse recht unsinnig. Um dies zu verhindern, haben die Programmierer von Sun einen Trick angewendet. Wie konnten sie eine Instantiierung verhindern, *ohne* die Klasse abstrakt zu definieren?

Aufgabe 9.7

Java bietet viele Möglichkeiten zur Erstellung grafischer Applikationen. Wir wollen (auf einfache Art und Weise) nun zum ersten Mal mit Grafiken arbeiten.
In der Geometrie gibt es verschiedene Möglichkeiten, eine Kurve zu beschreiben. Eine davon ist die Verwendung einer Parameterdarstellung in der Form

$$t \longmapsto \left(\begin{array}{c} x(t) \\ y(t) \end{array} \right),$$

wobei der Parameter t im Intervall $[t_{\text{links}}, t_{\text{rechts}}]$ liegt.
Um derartige Kurven auf dem Bildschirm darstellen zu können, befindet sich im Paket `Prog1Tools` die Klasse `Plotter`. Die mit Javadoc erstellte Schnittstellenbeschreibung der Klasse finden Sie auf den Seiten 266 und 267.
Der Konstruktor der Klasse benötigt neben einem String, der den Titel der zu zeichnenden Kurve darstellt, ein Objekt p, das im Konstruktor als `Plottable` bezeichnet wurde. Es handelt sich hierbei um ein Interface, das eine zeichenbare Kurve repräsentiert:

Prog1Tools
Class Plotter

```
java.lang.Object
  |
  +--Prog1Tools.Plotter
```

public class **Plotter**
extends java.lang.Object

Ein zweidimensionaler Funktionsplotter. Zu plottende Objekte müssen das Plottable-Interface implementieren.

Constructor Summary

Plotter(Prog1Tools.Plottable p, java.lang.String title)
    Erzeugt einen neuen Plot.

Method Summary

void	**adjustGrid**(double x, double y) Legt fest, in welchen Zwischenabständen Markierungen in das Gitter eingefügt werden sollen.
void	**dispose**() Diese Methode ist aufzurufen, wenn der Plotter nicht mehr gebraucht wird.
java.awt.Canvas	**getCanvas**() Liefert die Zeichenfläche der Klasse.
void	**repaint**() Zeichnet die Funktion neu.
void	**setNumOfPoints**(int num) Setzt die Anzahl der Zwischenpunkte, mit denen die Kurve gezeichnet werden soll.
void	**setVisible**(boolean flag) Macht den Plot sichtbar oder unsichtbar.
void	**showGrid**(boolean flag) Macht das Koordinatensystem sichtbar oder unsichtbar.

Methods inherited from class java.lang.Object

clone, equals, finalize, getClass, hashCode, notify, notifyAll, toString, wait, wait, wait

Constructor Detail

Plotter

public **Plotter**(Prog1Tools.Plottable p, java.lang.String title)

    Erzeugt einen neuen Plot.

Method Detail

dispose

public void **dispose**()

    Diese Methode ist aufzurufen, wenn der Plotter nicht mehr gebraucht wird.

Abbildung 9.4: Dokumentation der Klasse `Plotter` (Seite 1)

setVisible

```
public void setVisible(boolean flag)
```

Macht den Plot sichtbar oder unsichtbar.

Parameters:
flag - sichtbar=true, unsichtbar=false

showGrid

```
public void showGrid(boolean flag)
```

Macht das Koordinatensystem sichtbar oder unsichtbar.

Parameters:
flag - sichtbar=true, unsichtbar=false

adjustGrid

```
public void adjustGrid(double x, double y)
```

Legt fest, in welchen Zwischenabständen Markierungen in das Gitter eingefügt werden sollen.

Parameters:
x - Zwischenabstände in x-Richtung
y - Zwischenabstände in y-Richtung

getCanvas

```
public java.awt.Canvas getCanvas()
```

Liefert die Zeichenfläche der Klasse.

setNumOfPoints

```
public void setNumOfPoints(int num)
```

Setzt die Anzahl der Zwischenpunkte, mit denen die Kurve gezeichnet werden soll. Je höher die Anzahl der Zwischenpunkte, desto genauer die Zeichnung. Standardwert ist 500.

repaint

```
public void repaint()
```

Zeichnet die Funktion neu. Diese Methode muss aufgerufen werden, falls Änderungen am übergebenen Plottable-Objekt vorgenommen wurden.

Class Tree Deprecated Index Help

PREV CLASS   NEXT CLASS
SUMMARY: INNER | FIELD | CONSTR | METHOD

FRAMES NO FRAMES
DETAIL: FIELD | CONSTR | METHOD

Abbildung 9.5: Dokumentation der Klasse `Plotter` (Seite 2)

```
1  package Prog1Tools;
2  /** Klassen, die dieses Interface implementieren, koennen mit dem
3   Funktionsplotter gezeichnet werden. Kurvenpunkte werden
4   bezueglich der X- und Y-Koordinate eines bestimmten
5   Parameterbereichs angegeben. */
6  public interface Plottable {
7
8     /** Ab diesem Wert beginnt der Parameterbereich */
9     public double inf();
10
11     /** Bis zu diesem Wert geht der Parameterbereich */
12     public double sup();
13
14     /** X-Koordinate x(t) zum Parameter t aus [inf,sup] */
15     public double x(double t);
16
17     /** Y-Koordinate y(t) zum Parameter t aus [inf,sup] */
18     public double y(double t);
19  }
```

Klassen, die dieses Interface implementieren, müssen über vier Methoden verfügen:

1. Die Methode `inf` gibt den Startwert t_{links} des Parameterbereichs zurück.

2. Die Methode `sup` gibt den Endwert t_{rechts} des Parameterbereichs zurück.

3. Die Methode `x` stellt die Funktion `x(t)` dar.

4. Die Methode `y` stellt die Funktion `y(t)` dar.

Ein Programmierer möchte die Klasse `Plotter` verwenden, um einen Kreis auf dem Bildschirm darzustellen. Er verwendet hierzu die übliche Abbildungsvorschrift

$$t \longmapsto \left(\begin{array}{c} \sin(t) \\ \cos(t) \end{array} \right),$$

Er formuliert aus diesem Grund folgende Klasse:

```
1  import Prog1Tools.*;
2
3  /** Diese Klasse soll einen Kreis zeichnen. Leider war der
4      Autor zu faul die Klasse zu kommentieren ;-) */
5  public class KreisPlot implements Plottable {
6
7    public double inf() {return 0;}
8
9    public double sup() {return 2*Math.PI;}
10
11   public double x(double t) {return Math.sin(t);}
12
13   public double y(double t) {return Math.cos(t);}
14
15   public static void main(String[] args) {
16     Plotter p=new Plotter(new KreisPlot(),"Kreisplot");
```

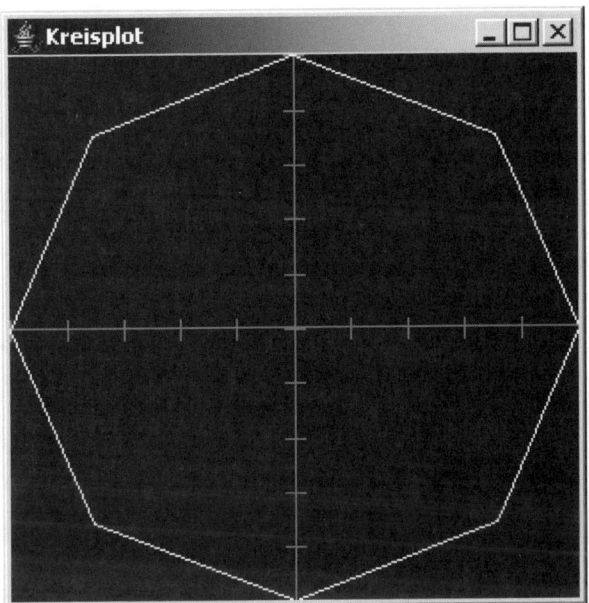

Abbildung 9.6: Ein missglückter Kreis

```
17      p.adjustGrid(0.2,0.2);
18      p.showGrid(true);
19      p.setNumOfPoints(9);  ← erhöhen, um runderen Kreis zu erhalten
20      p.setVisible(true);
21      System.out.print("zum Beenden bitte das ");
22      System.out.println("Grafikfenster schliessen.");
23    }
24
25  }
```

Machen Sie sich mit der Klasse Plotter und dem Interface Plottable vertraut, indem Sie jede Zeile des Programms kommentieren (Leerzeilen und sich schließende Klammern sind natürlich ausgenommen). Übersetzen Sie das Programm, und führen Sie es aus. Warum erhalten Sie statt des Kreises nur das in Bild 9.6 dargestellte Achteck?

Korrigieren Sie das Programm, sodass der Kreis auch wie ein Kreis aussieht. Sie können dabei davon ausgehen, dass der Fehler in der main-Methode steckt.

Aufgabe 9.8

Wer sich noch an seine Schulzeit erinnert, der hat wohl weniger die zweidimensionalen Funktionen im Hinterkopf. Aufgabe war dort viel öfter das Zeichnen einer eindimensionalen Funktion f der Form

$$t \longmapsto f(t).$$

Auch hier können wir unsere Klasse `Plotter` anwenden, indem wir die Funktion als Kurve

$$t \longmapsto \begin{pmatrix} t \\ f(t) \end{pmatrix},$$

auffassen. Schreiben Sie eine Klasse `Funktionsplotter`, die zum Plotten eindimensionaler Funktionen verwendet werden kann. Die Klasse besitze folgende Eigenschaften:

- Die Werte t_{links} und t_{rechts}, in denen die Funktion geplottet werden soll, werden in Klassenvariablen `tlinks` und `trechts` gespeichert.

- Die Klasse soll das Interface `Plottable` implementieren, wobei sich die Methoden `inf` und `sup` aus den Variablen `tlinks` und `trechts` ergeben. Die Methoden `x` und `y` ergeben sich aus obiger Formel, wobei $f(t) = \sin(t)$ gelten soll.

- Die Klasse soll über eine `main`-Methode verfügen. Hier werden die Werte `tlinks` und `trechts` über die Tastatur eingelesen und die Funktion anschließend geplottet.

Starten Sie Ihr Programm mit $t_{\text{links}} = -3.14$ und $t_{\text{rechts}} = +3.14$. Wie können Sie Ihre Klasse verwenden, um auch andere Funktionen zu plotten, *ohne* jedoch Änderungen an der Klasse `Funktionsplotter` vorzunehmen?

9.8 Weiteres zum Thema Objektorientierung

9.8.1 Erstellen von Paketen

Ein Paket (englisch: package) stellt eine Sammlung von Klassen dar. Ein Beispiel hierfür ist das Paket `java.lang`, das gewisse Standardklassen (wie etwa `String`) enthält. Es handelt sich um das einzige Paket, das vom System automatisch eingebunden wird.

Ein weiteres Paket, das wir schon seit Langem benutzen, sind die `Prog1Tools`. Diese Klassensammlung enthält unter anderem die `IOTools`, die wir für die Eingabe von der Tastatur verwenden. Weil das Paket nicht von der Firma Sun stammt und bei der Java-Installation nicht dabei war, haben wir es nachträglich installieren müssen.

Wollen wir ein eigenes Paket definieren – im Folgenden nennen wir es der Einfachheit halber `mypackage` –, gehen wir am einfachsten wie folgt vor:

1. Wir erstellen in unserem Arbeitsverzeichnis ein Unterverzeichnis namens `mypackage`. In diesem Verzeichnis speichern wir alle Dateien mit der Endung `java`, die Klassen dieses Pakets beschreiben.

2. Wollen wir eine neue Klasse `myclass` erstellen, die zum Paket `mypackage` gehören soll, erzeugen wir im Unterverzeichnis `mypackage` eine Datei namens `myclass.java`. Wir schreiben in die erste Zeile

```
package mypackage;
```

und teilen dem Compiler insofern mit, zu welchem Paket unsere Klasse
gehört. Sie haben diese Zeile vielleicht schon einmal gesehen, wenn Sie die
Übungsaufgabe auf Seite 265 bearbeitet haben. Sämtliche sonstigen Java-
Instruktionen (`import`-Anweisungen, die Klassendefinition) müssen *nach* der
package-Anweisung stehen. Vor der Anweisung dürfen sich allerhöchstens
Kommentare befinden.

3. Wir übersetzen unsere Klasse vom *Arbeitsverzeichnis* aus – nicht vom Unterverzeichnis! Der Aufruf

```
———————————— Konsole ————————————
javac  -d  .  mypackage/myclass.java
```

unter Unix bzw.

```
———————————— Konsole ————————————
javac  -d  .  mypackage\myclass.java
```

unter Windows erzeugt eine Datei `myclass.class` und speichert diese im
Verzeichnis `mypackage`. Wenn wir in anderen Programmen die Klasse durch
die Anweisung

```
import mypackage.myclass;
```

einbinden wollen, weiß das System dank der Verzeichnisstruktur, wo es die
`class`-Datei zu suchen hat.

Wird (wie in all unseren früheren Programmen) die **package**-Anweisung weg-
gelassen, so gehört die Klasse zu einem nicht benannten Paket, dem so genannten `Standardpaket`. Für unsere kleinen Übungsaufgaben war es natürlich nicht
nötig, ein besonderes Paket zu definieren. Wenn wir uns jedoch überlegen, dass
Millionen von Menschen Java benutzen, können wir uns vorstellen, dass Klassennamen wie `test`, `myprog` oder `foo` sicherlich mehr als einmal verwendet werden. Pakete ermöglichen uns eine präzise Unterscheidung.
Auch für die Benennung von Paketen gibt es üblicherweise gewisse Konventionen (vgl. [33]). Mit unserem Paketnamen `Prog1Tools` haben wir beispielsweise
gegen diese verstoßen, da die Web-Adresse des Programmierers aus ihm nicht zu
ersehen ist. Diese Konventionen sind jedoch für den Programmier-Anfänger mit
mehr Aufwand als Nutzen behaftet und werden deshalb an dieser Stelle nicht
umgesetzt.

9.8.2   Zugriffsrechte

Wir haben bereits an verschiedenen Stellen die Modifikatoren **private** und
public verwendet, um Methoden und Variablen einer Klasse für andere Klassen zugreifbar oder nicht zugreifbar zu machen. Private Komponenten waren nur

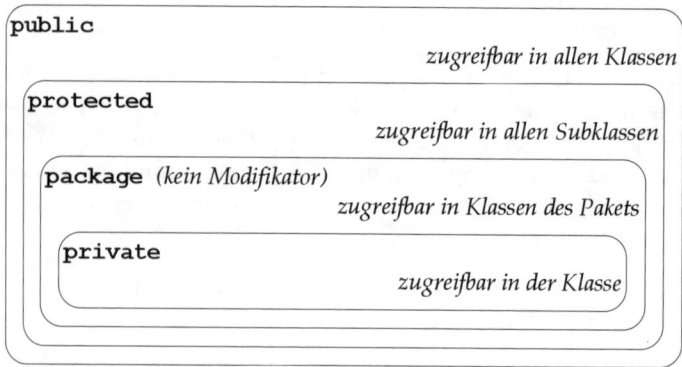

Abbildung 9.7: „Reichweite" der einzelnen Zugriffsrechte

für die Klasse selbst zugänglich, öffentliche Komponenten konnten von allen anderen Klassen verwendet werden.

Zwischen **private** und **public** existieren in Java zwei weitere Stufen für Zugriffsrechte, die wir im Folgenden kurz erwähnen wollen:

- Steht vor einer Komponente kein Modifikator (also weder **public** noch **private** noch das nachfolgend erklärte **protected**), dann besteht für unsere Komponente das so genannte **package**-Zugriffsrecht. Dieses Zugriffsrecht erlaubt **allen Klassen desselben Pakets** den Zugriff auf eine Komponente. Gehört eine Klasse also zu einem anderen Paket, kann diese auf die entsprechende Methode oder Variable nicht zugreifen – selbst wenn sie Kindklasse ist! Das UML-Symbol für das **package**-Zugriffsrecht ist die Tilde ($\sim$).[4]

- Der Modifikator **protected** erlaubt für ein Element *den Zugriff für die Klasse selbst und alle ihre Subklassen, sowie für Klassen im gleichen Paket.* Für andere Klassen ist das entsprechende Element nicht zugreifbar. Das UML-Symbol für als **protected** markierte Elemente ist das Lattenkreuz (#).

Wie Sie in Abbildung 9.7 sehen, sind die verschiedenen Zugriffsrechte Teilmengen voneinander. Beispielsweise haben öffentlich zugreifbare Komponenten auch Paket-Zugreifbarkeit.

9.8.3 Innere Klassen

Neben Methoden und Variablen können wir auch *Klassen* innerhalb von Klassen definieren. Wenn wir innerhalb einer Klasse eine weitere Klasse definieren, wird diese als **innere Klasse** bezeichnet.

Innere Klassen finden innerhalb der Programmierung mit grafischen Oberflächen häufig Anwendung, da etwa für die Behandlung von Tastatureingaben oder

---

[4] Zur Erinnerung: **public** wurde durch ein Plus-, **private** durch ein Minuszeichen symbolisiert.

Mausklicks spezielle Klassen geschrieben werden, die sich außerhalb des speziellen grafischen Elements ohnehin nicht wiederverwerten lassen. Prinzipiell gibt es zwei Formen von inneren Klassen:

1. **Statische innere Klassen** werden innerhalb einer Klasse definiert und gehören eben dieser Klasse an. Sie haben diese Form der Klasse bereits in Abschnitt 5.2.2 kennen gelernt.

2. Lässt man in der Klassendefinition das Schlüsselwort **static** weg, so ergibt sich eine andere Variante der inneren Klasse. Diese Form ist nicht an eine Klasse, sondern an eine spezielle Instanz gebunden. Dies bedeutet, dass man stets ein Objekt der umschließenden Klasse benötigt, um die innere Klasse zu instantiieren.

   Innere Klassen dieser Art haben auf den ersten Blick den Nachteil, dass man sie nicht einfach aus statischen Methoden (etwa der main-Methode) heraus erzeugen kann. Dieses Manko machen sie durch die verblüffende Eigenschaft wett, dass sie Zugriff auf sämtliche Instanzvariablen und -methoden der sie umschließenden Klasse haben. Sie können also sowohl auf öffentliche als auch auf private Komponenten zugreifen, so als wären diese Bestandteil der eigenen Klasse.

Wir wollen letztgenannte Klassen an einem Beispiel verdeutlichen. Ein Objekt der folgenden Klasse Aufzaehlung speichert ein Feld von Zufallszahlen, die man mit Hilfe einer get-Methode auslesen kann:

```
1    /** Diese Klasse erzeugt eine Reihe von Zufallszahlen,
2     * die man in Form einer Folge durchlaufen kann.
3     **/
4    public class Aufzaehlung {
5
6      /** Feld von Zufallszahlen */
7      private double[] zahlen;
8
9      /** Konstruktor. Erzeugt ein Objekt mit n Zufallszahlen */
10     public Aufzaehlung(int n) {
11       zahlen = new double[n];
12       for (int i = 0; i < n; i++)
13         zahlen[i] = Math.random();
14     }
15
16     /** Gibt die Anzahl der gespeicherten Zahlen aus */
17     public int length() {
18       return zahlen.length;
19     }
20
21     /** Gibt die i-te Zufallszahl zurueck */
22     public double getZahl(int i) {
23       return zahlen[i];
24     }
25
26     /** Main-Methode. Erzeugt ein Zahlenfeld der
```

```
27        * Laenge 10 und gibt die Zahlen aus.
28        */
29       public static void main(String[] args) {
30         Aufzaehlung zahlen = new Aufzaehlung(10);
31         for (int i = 0; i < zahlen.length(); i++) {
32           System.out.println(zahlen.getZahl(i));
33         }
34       }
35
36   }
```

Unser Hauptprogramm (die Methode `main`) erzeugt nun ein solches Objekt und gibt die darin gespeicherten Zahlen hintereinander aus. Hierzu bedienen wir uns einer **for**-Schleife, mit der wir die Elemente in der Reihenfolge von 0 bis `zahlen.length()` durchgehen.

Dieser Vorgang, eine Menge von Elementen in ihrer gegebenen Reihenfolge durchzugehen, ist schon in vielen Programmen aufgetaucht. Hierbei hatten wir immer einen gewissen Programmieraufwand, da wir mit Hilfe eines Zählers i die Reihenfolge der Objekte selbst verwalten mussten.

Um diesen Vorgang zu vereinfachen, haben die Entwickler von Java verschiedene standardisierte Möglichkeiten vorgesehen. Eine davon ist das Interface `Iterator`, das sich im Paket `java.util` befindet. Ein Iterator steht für ein Objekt, das eine Liste von Elementen in einer gewissen Reihenfolge durchgehen kann. Konkrete Realisierungen dieses Interfaces müssen bestimmte Methoden implementieren, die das Interface vorschreibt. Weil das Interface in seiner aktuellen Fassung in der neuesten Java-Version mit dem Konzept der generischen Programmierung arbeitet, auf das wir erst in Kapitel 11 eingehen werden, wollen wir hier auf dieses Interface verzichten.

Wir wollen daher die Funktionalität des Interface `Iterator` mit einem eigenen Interface `Folge` in der Form

```
 1   /** Interface, das Methoden festlegt, die es ermoeglichen, eine
 2     * Sammlung von Elementen elementweise abzuarbeiten
 3     */
 4   interface Folge {
 5     /** Liefert genau dann true, wenn weitere Elemente
 6       * verfuegbar sind
 7       */
 8     boolean elementeVerfuegbar();
 9
10     /** Liefert das naechste Element zurueck */
11     Object naechstesElement();
12   }
```

nachbilden. Wie Sie sehen, schreibt unser Interface zwei Methoden vor:

■ Die Methode

```
     boolean elementeVerfuegbar()
```

prüft, ob die durchzugehende Liste noch weitere Elemente enthält.

■ Die Methode

```
Object naechstesElement()
```

gibt das jeweils nächste Element in Form einer Referenz auf ein Objekt zurück.

Wir wollen unserer Klasse `Aufzaehlung` nun eine Methode namens `folge` spendieren, die ein Objekt liefert, das diese Schnittstelle implementiert. Hierzu definieren wir eine innere Klasse

```
private class Aneinanderreihung implements Folge {
```

in der wir das Interface implementieren. Wir verwenden hierbei eine Zählervariable

```
private int zaehler = 0;
```

und erhöhen diese nach und nach, um durch die Elemente unserer Klasse zu wandern. Wenn wir also beispielsweise herausfinden wollen, ob wir bereits am Ende unserer Folge angekommen sind, verwenden wir die Methode `elementeVerfuegbar`:

```
/** Zeigt an, ob es noch mehr Elemente gibt */
public boolean elementeVerfuegbar() {
  return zaehler < zahlen.length;
}
```

Achten Sie darauf, dass die Methode die *private* Instanzvariable `zahlen` verwenden kann. Der Grund hierfür liegt darin, dass wir uns *innerhalb* der umschließenden Klasse `Aufzaehlung` befinden. Weil der Zugriff somit nicht von außerhalb erfolgt, verstoßen wir in keiner Weise gegen die Prinzipien der Kapselung und des Data Hiding.

Kommen wir nun zur letzten Methode, die unsere innere Klasse zur Realisierung des Interfaces erfüllen muss. Unsere Methode `naechstesElement` gibt die jeweils nächste Zufallszahl als Objekt zurück. Wir verwenden hierzu die Wrapperklasse `java.lang.Double`, die Ihnen bereits aus den Übungen (vgl. Abschnitt 9.5) bekannt sein dürfte:

```
/** Gibt das naechste Element zurueck und erhoeht den Zaehler.
  */
public Object naechstesElement() {
  // Wandle die double-Zahl in ein Objekt um
  Double res = new Double(zahlen[zaehler]);
  // Erhoehe den Zaehler
  zaehler++;
  // Gib das Ergebnis zurueck
  return res;
}
```

Wir gehen innerhalb der Methode in drei Schritten vor. Zuerst erzeugen wir unser Ergebnisobjekt, indem wir das Feld `zahlen` unserer umschließenden Klasse auslesen. Im zweiten Schritt erhöhen wir den `zaehler`, damit wir im Zuge der `Folge` weiter vorankommen. Mit der **return**-Anweisung geben wir schließlich unser Objekt zurück.

Die folgende `main`-Methode verwendet nun unsere `Folge`, um die im Objekt gespeicherten Werte hintereinander auszugeben. Die `Folge` wird hierbei durch eine Methode der Klasse `Aufzaehlung` erzeugt, die lediglich den Standardkonstruktor unserer inneren Klasse aufruft:[5]

```
/** Erzeuge eine Folge, die den Inhalt repraesentiert.
 */
public Folge folge() {
  return new Aneinanderreihung();
}


/** Main-Methode. Erzeugt ein Zahlenfeld der
 * Laenge 10 und gibt die Zahlen aus.
 */
public static void main(String[] args) {
  Aufzaehlung zahlen = new Aufzaehlung(10);
  for (Folge f = zahlen.folge(); f.elementeVerfuegbar(); ) {
    System.out.println(f.naechstesElement());
  }
}
```

Der Vorteil unserer neuen `main`-Methode liegt auf der Hand. Weil sich die `Folge` um die Abwicklung der Reihenfolge kümmert, müssen wir in unserer **for**-Schleife keinen Zähler mehr mitführen. So setzen wir uns nicht der Gefahr aus, in die Abwicklung der Schleife einen Fehler einzubauen (weil wir vielleicht bei der Durchführbedingung ein < mit einem <= verwechselt haben).

Ein weiterer Vorteil unserer inneren Klasse besteht natürlich auch darin, dass die Benutzer keinerlei Ahnung haben müssen, wie die interne Struktur der Klasse beschaffen ist. Sie müssen lediglich wissen, wie die Schnittstelle des Interfaces aussieht.

Der Nachteil dieser Programmierweise wird jedoch offensichtlich, wenn man einen Blick auf das komplette Programm wirft:

```
1  /** Diese Klasse erzeugt eine Reihe von Zufallszahlen,
2   * die man in Form einer Folge durchlaufen kann.
3   **/
4  public class Aufzaehlung {
5
6    /** Feld von Zufallszahlen */
7    private double[] zahlen;
8
9    /** Konstruktor. Erzeugt ein Objekt mit
10    * n Zufallszahlen
11    */
12   public Aufzaehlung(int n) {
13     zahlen = new double[n];
14     for (int i = 0; i < n; i++)
15       zahlen[i] = Math.random();
16   }
17
```

---

[5] Machen Sie sich noch einmal klar, warum die Klasse `Aneinanderreihung` einen solchen Standardkonstruktor besitzt.

```
18    /** Gibt die Anzahl der gespeicherten Zahlen aus */
19    public int length() {
20      return zahlen.length;
21    }
22
23    /** Gibt die i-te Zufallszahl zurueck */
24    public double getZahl(int i) {
25      return zahlen[i];
26    }
27
28    /** Erzeuge eine Folge, die den Inhalt repraesentiert.
29      */
30    public Folge folge() {
31      return new Aneinanderreihung();
32    }
33
34    /** Innere Klasse: Definiert eine Folge auf den
35      * Zufallsdaten.
36      */
37    private class Aneinanderreihung implements Folge {
38
39      /** Ein Zaehler zeigt an, bei welchem Element wir sind */
40      private int zaehler = 0;
41
42      /** Zeigt an, ob es noch mehr Elemente gibt */
43      public boolean elementeVerfuegbar() {
44        return zaehler < zahlen.length;
45      }
46
47      /** Gibt das naechste Element zurueck und erhoeht den Zaehler.
48        */
49      public Object naechstesElement() {
50        // Wandle die double-Zahl in ein Objekt um
51        Double res = new Double(zahlen[zaehler]);
52        // Erhoehe den Zaehler
53        zaehler++;
54        // Gib das Ergebnis zurueck
55        return res;
56      }
57    }
58
59    /** Main-Methode. Erzeugt ein Zahlenfeld der
60      * Laenge 10 und gibt die Zahlen aus.
61      */
62    public static void main(String[] args) {
63      Aufzaehlung zahlen = new Aufzaehlung(10);
64      for (Folge f = zahlen.folge(); f.elementeVerfuegbar(); ) {
65          System.out.println(f.naechstesElement());
66      }
67    }
68  }
```

Durch die Verwendung einer inneren Klasse haben wir eine Schachtelung von Methoden und Variablen in unserem Programmcode. Einige der definierten Methoden gehören zur äußeren, andere wiederum nur zur inneren Klasse. Hierbei kann man leicht die Übersicht verlieren, denn selbst dieses relativ kleine Beispiel gerät durch die Schachtelung von Klassen bereits reichlich verwirrend. Sie sollten sich deshalb stets genau überlegen, ob Sie diesen Preis zu zahlen bereit sind.

9.8.4 Anonyme Klassen

Im letzten Beispiel haben wir gesehen, wie wir mit Hilfe von inneren Klassen zusätzliche, durch allseits bekannte Interfaces gegebene Funktionalität in unsere Klasse bringen konnten – ohne deren konkrete Realisierung offenzulegen. Die Verwendung dieser Klassen machte unser Programm jedoch unübersichtlicher, sodass sich die Lesbarkeit (und damit die Handhabbarkeit unseres Codes bei späteren Erweiterungen) drastisch verschlechterte.
Sind innere Klassen somit das Sinnbild für einen unlesbaren Programmierstil? Die Antwort lautet nein, denn wie so oft im Leben gibt es auch in Java eine Form der Steigerung: die so genannten **anonymen Klassen**.
Anonyme Klassen stellen eine Spezialform der inneren Klassen dar. Sie können quasi an jeder Stelle definiert werden – sogar innerhalb von Methodenaufrufen oder in Wertzuweisungen – und zeichnen sich dadurch aus, dass sie *keinen eigenen Klassennamen* besitzen. Man definiert anonyme Klassen nach folgendem Schema:

Syntaxregel

```
new «NAME DER SUPERKLASSE ODER DES INTERFACES»() {
  // hier Code einfuegen
}
```

Wie Sie sehen, steht die Definition der anonymen Klasse in direktem Zusammenhang mit einem Konstruktoraufruf. Wir definieren eine Klasse, die ein spezielles Interface implementiert oder eine bestimmte Klasse erweitert. Anschließend erzeugen wir genau eine Instanz dieser Klasse – und vergessen dann ihre Definition.
Anonyme Klassen werden hauptsächlich für die Definition von „Wegwerfklassen" verwendet, Klassen also, die nur ein einziges Mal im gesamten Programm verwendet werden. Unsere innere Klasse wäre hierfür ein idealer Kandidat, da sie nur als Rückgabewert der Methode `folge` verwendet wird. Urteilen Sie selbst, wie sich die Lesbarkeit des Programmcodes auf diese Weise weiter verschlechtert:

```
1   /** Diese Klasse erzeugt eine Reihe von Zufallszahlen,
2    * die man in Form einer Folge durchlaufen kann.
3    **/
4   public class Aufzaehlung {
5
6     /** Feld von Zufallszahlen */
7     private double[] zahlen;
8
9     /** Konstruktor. Erzeugt ein Objekt mit
10     * n Zufallszahlen
```

```java
11       */
12      public Aufzaehlung(int n) {
13        zahlen = new double[n];
14        for (int i = 0; i < n; i++)
15          zahlen[i] = Math.random();
16      }
17
18      /** Gibt die Anzahl der gespeicherten Zahlen aus */
19      public int length() {
20        return zahlen.length;
21      }
22
23      /** Gibt die i-te Zufallszahl zurueck */
24      public double getZahl(int i) {
25        return zahlen[i];
26      }
27
28      /** Erzeuge eine Folge, die den Inhalt
29       * repraesentiert.
30       */
31      public Folge folge() {
32        return new Folge() {
33          /** Ein Zaehler zeigt an, bei welchem Element wir sind */
34          private int zaehler = 0;
35
36          /** Zeigt an, ob es noch mehr Elemente gibt */
37          public boolean elementeVerfuegbar() {
38            return zaehler < zahlen.length;
39          }
40
41          /** Gibt das naechste Element zurueck
42           * und erhoeht den Zaehler
43           */
44          public Object naechstesElement() {
45            // Wandle die double-Zahl in ein Objekt um
46            Double res = new Double(zahlen[zaehler]);
47            // Erhoehe den Zaehler
48            zaehler++;
49            // Gib das Ergebnis zurueck
50            return res;
51          }
52        }; // Ende der anonymen Klasse
53      }
54
55
56      /** Main-Methode. Erzeugt ein Zahlenfeld der
57       * Laenge 10 und gibt die Zahlen aus.
58       */
59      public static void main(String[] args) {
60        Aufzaehlung zahlen = new Aufzaehlung(10);
61        for (Folge f = zahlen.folge(); f.elementeVerfuegbar(); ) {
62          System.out.println(f.naechstesElement())
63        }
64      }
65    }
```

9.9   Zusammenfassung

In diesem Kapitel haben wir gelernt, wie Vererbung und Polymorphismus in Java angewendet werden. Wir haben mit Hilfe des Schlüsselworts **extends** Subklassen einer allgemeinen Währungsklasse gebildet, in denen wir spezielle Methoden (`dollarBetrag`) überschrieben. Anschließend haben wir allgemeine Methoden definiert, die auf der allgemeinen Superklasse operierten. Dank des Polymorphismus konnten wir sie jedoch genauso auf die verschiedenen Kindklassen anwenden.

Neben allgemeinen Prinzipien lernten wir in diesem Kapitel auch diverse „Spezialitäten" von Java kennen. So erfuhren wir, wie sich mit Hilfe abstrakter Klassen oder Interfaces die Schnittstelle einer Vielzahl von Klassen festlegen lässt, um die Existenz gewisser Methoden garantieren zu können. Hierbei stellten wir insbesondere fest, dass es sich bei Interfaces um die einzige Möglichkeit handelt, Mehrfachvererbung in Java zu realisieren.

Außerdem sind wir auf einige ganz besondere Spezialitäten von Java eingegangen: die inneren und anonymen Klassen. Anhand der Implementierung eines Interface haben wir hierbei gesehen, welche Vorteile diese Form für eine schnelle und einfache Entwicklung bringen kann – wir haben aber auch deutlich erkannt, wie unleserlich und schwer verständlich unser Code hierdurch wird. Wir werden deshalb als Fazit mit auf den Weg nehmen, dass man innere Klassen möglichst vermeiden sollte.

9.10   Übungsaufgaben

Aufgabe 9.9

Innerhalb eines Pakets `mypackage` werden zwei Klassen `Vater` und `Sohn` definiert. `Sohn` ist eine Subklasse der Klasse `Vater`. Beide verfügen über eine Methode `Familienbande`, die *nur für Kindklassen innerhalb des Pakets* zugänglich sein soll.

Welcher Modifikator ist also für die Methode zu nehmen: **public**, **protected**, **private** oder der Standardmodifikator?

Aufgabe 9.10

a) Schreiben Sie folgende Klassen:

- eine Klasse A und eine Klasse B, die jeweils einen Default-Konstruktor (ohne Parameter) haben, in dem nur ausgegeben wird, dass der entsprechende Konstruktor aufgerufen wurde;
- eine direkte Subklasse C von A, die keinen Konstruktor und nur ein Attribut vom Typ B hat und dieses instantiiert;

- eine Klasse `TestABC`, die nur aus einer `main`-Methode besteht, in der ein Objekt der Klasse `C` instantiiert wird.

b) Bestimmen Sie die Ausgabe von `TestABC`.

c) Modifizieren Sie die Konstruktoren so, dass sie einen Parameter vom Typ `int` haben. Geben Sie einen solchen Konstruktor, der alle notwendigen Initialisierungen der Klasse `C` durchführt, auch für die Klasse `C` an.

d) Wieso benötigt man im Konstruktor der Klasse `C` einen `super`-Aufruf?

Aufgabe 9.11

Sie sollen die Herstellung gelochter Metallplatten mittels objektorientierter Programmierung simulieren. Dazu ist Ihnen die Klasse `MetallPlatte` vorgegeben, die wie folgt definiert ist:

```
 1  public class MetallPlatte {
 2
 3    /** Laenge der Platte */
 4    public double laenge;
 5
 6    /** Breite der Platte */
 7    public double breite;
 8
 9    /** Konstruktor */
10    public MetallPlatte (double laenge, double breite) {
11      this.laenge = laenge;
12      this.breite = breite;
13    }
14
15    /** Berechnet die Flaeche der Platte */
16    public double flaeche() {
17      return laenge * breite;
18    }
19
20    /** Vergleicht das Gewicht dieser Platte mit dem
21     einer anderen MetallPlatte */
22    public boolean schwererAls (MetallPlatte p) {
23      return (this.flaeche() > p.flaeche());
24    }
25  }
```

a) Schreiben Sie nun eine Klasse `GelochtePlatte`, die von der Klasse `MetallPlatte` erbt und die folgenden zusätzlichen Komponenten bzw. Überladungen enthält:

- **private** Instanzvariablen

  - `anzahlLoecher` (für die Anzahl der aktuell in die Platte eingestanzten Löcher),

- ◼ `lochLaenge` und `lochBreite` (für die Länge und Breite der eingestanzten Löcher) und
- ◼ `loch` vom Typ `MetallPlatte[]` (für die Speicherung der Informationen über die herausgestanzten Teile (Löcher) der Platte),

- ◼ einen Konstruktor, der mit Parametern für Länge und Breite der Platte sowie für die maximal zulässige Zahl m von Löchern ausgestattet ist und
  in seinem Rumpf mittels Konstruktor der Superklasse ein Platten-Objekt
  sowie das Feld `loch` in geeigneter Länge (m) erzeugt und die Länge bzw.
  Breite der Löcher auf $\frac{1}{m}$ der Platten-Länge bzw. -Breite festlegt,
- ◼ eine öffentliche Instanzmethode `neuesLochStanzen()`, die (falls noch
  Platz für ein weiteres Loch vorhanden ist) ins Platten-Objekt ein weiteres Loch stanzt, indem im Feld `loch` ein neues Objekt der Klasse
  `MetallPlatte` erzeugt wird, die Anzahl der aktuell gestanzten Löcher
  um 1 erhöht und die Aktion auf dem Bildschirm protokolliert wird, sowie
- ◼ eine öffentliche Instanzmethode `flaeche()`, die zunächst mittels der entsprechenden Methode der Superklasse die Fläche der kompletten Platte
  berechnet, davon die Fläche der Löcher abzieht und den so berechneten
  Wert als Ergebnis zurückliefert.

b) Schreiben Sie außerdem eine Test-Klasse, die die Klassenmethoden `lochen`
   und `main` enthält.

   Die Methode `lochen` soll einen Parameter `mp` vom Typ `MetallPlatte` aufweisen und

- ◼ eine gelochte Platte (so groß wie `mp` und mit maximal 10 Löchern) generieren,
- ◼ die Anzahl der tatsächlich zu stanzenden Löcher einlesen,
- ◼ entsprechend viele Löcher in die Platte stanzen und
- ◼ die gelochte Platte als Ergebnis zurückgeben.

   Die `main`-Methode soll

- ◼ Längen und Breiten für zwei Metallplatten einlesen,
- ◼ entsprechende `MetallPlatte`-Objekte erzeugen,
- ◼ unter Verwendung der Instanzmethoden `schwererAls` feststellen, welche Platte die schwerere ist bzw. ob beide Platten gleich schwer sind, und
  eine Information darüber auf dem Bildschirm ausgeben,
- ◼ die beiden Platten mittels `lochen` in gelochte Platten verwandeln und
- ◼ den Gewichtsvergleich nochmals für die gelochten Platten durchführen.

Wieso lässt sich der letzte Punkt realisieren, ohne dass die abgeleitete Klasse
`GelochtePlatte` eine Instanzmethode `schwererAls` enthält?

Aufgabe 9.12

Gegeben seien die Klassen `SpielFigur` und `Bildschirm`, die Sie auf Ihrem Rechner compilieren müssen:

```java
public class Bildschirm {
  /** Schreibt 100 Leerzeilen auf den Bildschirm */
  public static void loeschen() {
    for (int i=0; i<100; i++)
      System.out.println();
  }
}
```

Die Klasse `Bildschirm` stellt lediglich die Klassenmethode `loesche()` zur Verfügung, die es erlaubt, eine gerade auf dem Bildschirm stehende Information „verschwinden" zu lassen.

```java
/** Beliebige Spielfigur auf einem Schachbrett */
public class SpielFigur {
  /** x-Koordinate (A - H) der Position der Figur */
  private char xPos;

  /** y-Koordinate (1 - 8) der Position der Figur */
  private int yPos;

  /** Farbe der Spielfigur */
  private String farbe;

  /** Konstruktor */
  public SpielFigur (char x, int y, String f) {
    xPos = x;              // belege x-Position
    yPos = y;              // belege y-Position
    farbe= f;              // belege Farbe
    // korrigiere eventuell falsche Positionsangaben
    korrigierePosition();
  }

  /** korrigiert die Positionsangaben */
  private void korrigierePosition () {
    if (xPos < 'A')
      xPos = 'A';
    else if (xPos > 'H')
      xPos = 'H';
    if (yPos < 1)
      yPos = 1;
    else if (yPos > 8)
      yPos = 8;
  }

  /** liefert den Wert der Instanzvariable xPos */
  public char getXpos () {
    return xPos;
  }

  /** liefert den Wert der Instanzvariable yPos */
  public int getYpos () {
```

```
40       return yPos;
41     }
42
43     /** liefert den Wert der Instanzvariable farbe */
44     public String getFarbe () {
45       return farbe;
46     }
47
48     /** bewegt die Figur
49      *  um xF Felder nach rechts (< 0 nach links) und
50      *  um yF Felder nach oben (< 0 nach unten)
51      **/
52     public void ziehe (int xF, int yF) {
53       xPos = (char) (xPos + xF);
54       yPos = yPos + yF;
55       // korrigiere eventuell falsche Positionsangaben
56       korrigierePosition();
57     }
58
59     /** liefert String-Darstellung des SpielFigur-Objekts */
60     public String toString() {
61       return farbe + "e Figur auf Feld " + xPos + yPos;
62     }
63   }
```

Die Klasse SpielFigur modelliert eine einfache Spielfigur auf einem Schachbrett mit Feldern A1 bis H8, indem die Position der Figur auf dem Brett und die Farbe der Figur in privaten Instanzvariablen gespeichert werden. Mit Hilfe der Instanzmethode ziehe kann eine Spielfigur auf dem Brett beliebig bewegt werden. Um sicherzustellen, dass beim Erzeugen oder beim Bewegen eines Objekts der Klasse keine falsche Position (außerhalb von A1 bis H8) erzeugt wird, wird die private Instanzmethode korrigierePosition eingesetzt. Die Methode toString liefert (wie üblich) eine String-Darstellung für das SpielFigur-Objekt.

Sie sollen nun eine spezialisierte Spielfigur-Klasse implementieren, die einige speziellere Eigenschaften (nämlich die einer Dame-Figur) aufweist.

Gehen Sie dabei wie folgt vor:

a) Schreiben Sie eine Klasse DameFigur, die von der Klasse SpielFigur erbt.

b) Statten Sie die Klasse DameFigur mit einer privaten Instanzvariable name aus, die (unveränderlich) die Zeichenkette "Dame" enthält.

c) Schreiben Sie (als öffentliche Instanzmethode) eine Überladung für die von der Klasse SpielFigur geerbte Methode ziehe. Die neue Methode soll einen **char**-Parameter richtung und einen **int**-Parameter anzahl aufweisen und einen Dame-Zug für das Objekt ausführen. Das heißt: Wenn richtung den Wert '-' hat, soll horizontal gezogen werden, wenn richtung den Wert '|' hat, soll vertikal gezogen werden und wenn richtung den Wert '/' oder den Wert '\' hat, soll diagonal gezogen werden, und zwar jeweils um anzahl Felder.

Sie können bzw. müssen dabei auf die geerbte Methode ziehe zurückgreifen!

d) Implementieren Sie (als öffentliche Instanzmethode) eine **boolean**-Methode `trifft` mit einem `DameFigur`-Parameter, die genau dann den Wert **true** zurückliefert, wenn sowohl die x- als auch die y-Position des Objekts, für das die Methode gerade ausgeführt wird, und des Parameter-Objekts übereinstimmen (d. h., wenn beide Figuren auf dem gleichen Schachbrettfeld stehen).

e) Überschreiben Sie die Methode `toString` zur Erzeugung einer `String`-Darstellung des Objekts in der Form

```
───────────────── Konsole ──────────────────
...e Dame auf Feld XY
```

wobei ... für die Farbe des Objekts und X bzw. Y für die x- und y-Position des Objekts stehen sollen.

Aufgabe 9.13

Sie sollen unter Verwendung der Klassen `DameFigur` und `Bildschirm` eine Klasse `DSpiel` schreiben, die ein sehr einfaches Beute-Jäger-Spiel für zwei Personen realisiert. Bei diesem Spiel stellt ein Spieler eine Dame (die Beute) auf ein beliebiges Feld auf dem Schachbrett (diese Beute bleibt jedoch für den Gegner unsichtbar). Danach setzt der Gegner ebenfalls eine Dame (den Jäger) auf ein beliebiges Feld auf dem Schachbrett und versucht, auf dem Feld mit der Beute zu landen. Trifft er nicht bereits mit dem Setzen seiner Dame auf die Beute, so hat er insgesamt 10 Versuche, um mit einem Dame-Zug (beliebig viele Felder in einer Richtung, entweder horizontal, vertikal oder diagonal) auf dem Feld mit der Beute zu landen.
In der `main`-Methode Ihrer Klasse `DSpiel` soll also Folgendes ablaufen:

■ Der erste Spieler gibt die Position und die Farbe seiner Beute-Figur ein, ein entsprechendes Objekt wird erzeugt und der Bildschirm (mit Hilfe der Klasse `Bildschirm`) gelöscht.

■ Der Gegner gibt die Start-Position und die Farbe seiner Jäger-Figur ein. Dann wird ein entsprechendes Objekt erzeugt.

■ Mit Hilfe der Instanzmethode `trifft` wird überprüft, ob der Jäger die Beute bereits getroffen hat. Wenn ja, wird eine entsprechende Siegesmeldung ausgegeben.

■ Andernfalls führt der Jäger in einer 10 mal zu durchlaufenden Schleife jeweils nach Eingabe der Richtung und der Felderanzahl mit Hilfe der Methode `ziehe` einen Dame-Zug durch. Die Schleife wird (nach Ausgabe einer entsprechenden Siegesmeldung) vorzeitig abgebrochen, wenn die Beute getroffen wurde.

■ Wenn der Jäger die Beute in den 10 Versuchen nicht erlegt, wird der Beute-Spieler zum Sieger erklärt.

Ein Beispiel-Programmablauf:

```
───────────────── Konsole ─────────────────
Positionieren Sie die Beute
Spalte (A bis H) Ihrer Figur? E
Zeile (1 bis 8) Ihrer Figur? 5
Farbe Ihrer Figur? blau


  - Der Bildschirm wird geloescht -


Die Beute steht. Positionieren Sie den Jaeger
Spalte (A bis H) Ihrer Figur? B
Zeile (1 bis 8) Ihrer Figur? 3
Farbe Ihrer Figur? gelb
Die Beute-Figur steht woanders!
Sie haben nun 10 Dame-Zuege, um die Beute-Figur zu treffen.
Bewegen Sie Ihre gelbe Dame auf Feld B3
Wollen Sie waagrecht (-), senkrecht (|)
  oder diagonal (/, \) ziehen? /
Wie viele Felder ziehen? (> 0 nach rechts oben,
  < 0 nach links unten) 3
Leider kein Treffer!
Bewegen Sie Ihre gelbe Dame auf Feld E6
Wollen Sie waagrecht (-), senkrecht (|)
  oder diagonal (/, \) ziehen? -
Wie viele Felder ziehen? (> 0 nach rechts oben,
  < 0 nach links unten) 1
Leider kein Treffer!
Bewegen Sie Ihre gelbe Dame auf Feld F6
Wollen Sie waagrecht (-), senkrecht (|)
  oder diagonal (/, \) ziehen? /
Wie viele Felder ziehen? (> 0 nach rechts oben,
  < 0 nach links unten) -1
Treffer! Sie (als Jaeger) haben gewonnen
```

Aufgabe 9.14

a) Gegeben Sei das Programm

```
1  class Mahlzeit {
2    Mahlzeit() { System.out.println("Mahlzeit()"); }
3  }
4
5  class Brot {
6    Brot() { System.out.println("Brot()"); }
7  }
8
9  class Wurst {
10   Wurst() { System.out.println("Wurst()"); }
11 }
```

```
12
13   class Salat {
14     Salat() { System.out.println("Salat()"); }
15   }
16
17   class Mittagessen extends Mahlzeit {
18     Mittagessen() { System.out.println("Mittagessen()"); }
19   }
20
21   class Vesper extends Mittagessen {
22     Vesper() { System.out.println("Vesper()"); }
23   }
24
25   class Sandwich extends Vesper {
26     Brot   b = new Brot();
27     Wurst  w = new Wurst();
28     Salat  s = new Salat();
29     Sandwich() { System.out.println("Sandwich()"); }
30     public static void main(String[] args) {
31       new Sandwich();
32     }
33   }
```

Bestimmen Sie dessen Ausgabe.   *Mahlzeit, Mittagessen, Vesper, Brot, Wurst, Salat, Sandwich*

b) In welcher Reihenfolge werden – ganz allgemein – Konstruktoren aufgerufen?
   Begründen Sie Ihre Antwort.   *erst Superklasse*

Aufgabe 9.15

a) Bestimmen Sie die Ausgabe des Programms

```
class Fahrzeug {
  void fahre() { System.out.println("Das Fahrzeug faehrt"); }
}

class Auto extends Fahrzeug {
  void fahre() { System.out.println("Das Auto faehrt"); }
}

class AutoTest {
  public static void main(String[] args) {
    Fahrzeug f;
    Auto a = new Auto();
    f = a;
    f.fahre();
  }
}
```
Das Auto faehrt

b) Bestimmen Sie die Ausgabe des Programms

```
class AKlasse {
  public int wert = 0;
  public int wert() {
    return this.wert;
```

```
          }
        }

        class CKlasse extends AKlasse {
          public int wert = 1;
          public int wert() {
            return this.wert;
          }
        }

        public class ElchTest {
          public static void main(String argv[]) {
            AKlasse a = new AKlasse();
            System.out.println("Wert von a ist: " + a.wert);          0
            System.out.println("Wert von a ist: " + a.wert());        0
            CKlasse b = new CKlasse();
            System.out.println("Wert von b ist: " + b.wert);          1
            System.out.println("Wert von b ist: " + b.wert());        1
            AKlasse c = b;
            System.out.println("Wert von c ist: " + c.wert);          0
            System.out.println("Wert von c ist: " + c.wert());        1
          }
        }
```

Aufgabe 9.16

Gegeben seien die folgenden Klassen, die teilweise überschriebene Methoden tell enthalten bzw. aufrufen:

```
1  public class A {
2    private void tell() {
3      System.out.println("AAAA");
4    }
5  }
6
7  public class B extends A {
8    public void tell() {
9      System.out.println("BBBB");
10   }
11 }
12
13 public class C extends B {
14 }
15
16 public class D extends C {
17   public void tell() {
18     System.out.println("DDDD");
19   }
20 }
21
22 public class ABCD {
23   public static void main (String[] args) {
24     A a = new A();
25     a.tell();   // Aufruf 1   → geht nicht
26     B b = new B();
```

```
27        b.tell();  // Aufruf 2
28        C c = new C();
29        c.tell();  // Aufruf 3
30        D d = new D();
31        d.tell();  // Aufruf 4
32     }
33  }
```

Welche der 4 Methoden-Aufrufe sind unzulässig? Geben Sie bei zulässigen Aufrufen an, was auf dem Bildschirm ausgegeben wird.

Aufgabe 9.17

Gegeben sei folgende Klasse zur Darstellung und Bearbeitung von Punkten in der Ebene:

```
1   /** Klasse fuer Punkte (x,y) in der Ebene */
2   public class Point {
3     private double x;
4     private double y;
5
6     public Point (double x, double y) {
7       this.x = x;
8       this.y = y;
9     }
10
11    public double getX() {
12      return x;
13    }
14
15    public double getY() {
16      return y;
17    }
18
19    public void turn(double phi) {
20      // dreht das Point-Objekt um den Winkel phi
21      double xAlt = x;
22      x = xAlt * Math.cos(phi) - y * Math.sin(phi);
23      y = xAlt * Math.sin(phi) + y * Math.cos(phi);
24    }
25
26    public static double distance (Point p, Point q) {
27      // liefert den Abstand zwischen p und q
28      double xdiff = p.getX() - q.getX();
29      double ydiff = p.getY() - q.getY();
30      return Math.sqrt(xdiff * xdiff + ydiff * ydiff);
31    }
32
33    public String toString() {
34      // liefert die String-Darstellung des Point-Objekts
35      return "(" + x + "," + y + ")";
36    }
37  }
```

Ergänzen Sie auf der nachfolgenden Seite die fehlenden Teile der Klasse `Strecke` (zur Darstellung und Bearbeitung von Strecken in der Ebene) unter Verwendung der Klasse `Point`.

a) Führen Sie zwei private Instanzvariablen `p` und `q` (die beiden Endpunkte der Strecke) ein.

b) Vervollständigen Sie den Konstruktor (die beiden Parameter stellen gerade die Endpunkte der Strecke dar).

c) Vervollständigen Sie die Methode `toString()`, die die `String`-Darstellung des Streckenobjekts in der Form `pStr_qStr` zurückliefert, wobei `pStr` und `qStr` gerade die `String`-Darstellungen für die Instanzvariablen `p` und `q` sind.

d) Vervollständigen Sie die Methode `getLaenge()`, die (unter Verwendung der Klassenmethode `distance` der Klasse `Point`) die Länge (siehe Hinweis) des `Strecke`-Objekts berechnet und zurückliefert.

e) Vervollständigen Sie die Methode `turn`, die das `Strecke`-Objekt um den Winkel `phi` um den Ursprung dreht, indem für die beiden Endpunkte der Strecke die Instanzmethode `turn` für `Point`-Objekte aufgerufen wird.

Hinweis: Die Länge der von den Punkten p und q gebildeten Strecke ist gerade der Abstand (distance) der beiden Punkte p und q in der Ebene.

Aufgabe 9.18

Schreiben Sie eine Klasse `RunStrecke`, in deren `main`-Methode **unter Verwendung der Methoden** `getLaenge` und `turn` der Klasse `Strecke`

■ zwei Punkte $a = (1, 1)$ und $b = (3, 3)$ konstruiert werden,

■ eine Strecke aus den Punkten a und b konstruiert wird,

■ die Strecke ausgegeben wird,

■ ein Drehwinkel ϕ (als **double**-Wert) eingelesen wird,

■ die Strecke um diesen Winkel gedreht wird und

■ die Länge der gedrehten Strecke berechnet und ausgegeben wird.

Kapitel 10

Exceptions und Errors

Wir schreiben ein einfaches Java-Programm, das zwei Zahlen a und b von der Tastatur einliest und das Ergebnis der ganzzahligen Division (ohne Rest) ausgibt:

```
1   import Prog1Tools.IOTools;
2
3   public class Excep1 {
4
5     public static void main(String[] args) {
6       int a = IOTools.readInteger("a=");
7       int b = IOTools.readInteger("b=");
8       System.out.println("a/b="+(a/b));
9     }
10  }
```

Das Programm lässt sich problemlos übersetzen und ausführen. Geben wir jedoch als Wert für b die Zahl 0 ein, so bricht das Programm mit einer Fehlermeldung ab:

```
───────────── Konsole ─────────────
java.lang.ArithmeticException: / by zero
        at Excep1.main(Excep1.java:8)
```

Nun lässt sich bei diesem einfachen Programm natürlich ein solches Problem vermeiden – wir müssten lediglich überprüfen, ob für b eine Null eingegeben wurde. Es gibt jedoch Situationen, in denen sich das Auftreten einer problematischen, „absturzgefährdeten" Situation nicht vermeiden lässt. Hierzu einige Beispiele:

- Ihr Java-Programm will Daten aus dem Internet herunterladen. Mitten im Download wird jedoch die Verbindung unterbrochen.

- Das Programm lagert Daten auf einer Festplatte aus. Beim Versuch, auf den Datenträger zu schreiben, stößt das Programm auf einen defekten Cluster, d. h., die Platte weist einen physikalischen Schaden auf.

- Das Programm führt eine Berechnung durch, die komplizierter ist als a/b. Es besteht die Möglichkeit einer illegalen Operation (wie der Division durch null), Sie können jedoch nicht genau abschätzen, *wann* und *ob überhaupt* dieser Fall jemals auftritt.

Die Liste der Beispiele ließe sich weiter fortsetzen. Zusammenfassend lässt sich sagen, dass wir nicht immer im Voraus wissen können, welche Probleme in unseren Programmen möglicherweise auftreten. Wie ist in solchen Fällen ein Absturz zu vermeiden?

Um diesen Punkt besser zu verstehen, befassen wir uns in diesem Kapitel mit den so genannten **Exceptions**. Wir werden lernen, wie der Fehlerbehandlungsmechanismus in Java funktioniert und wie wir ihn für unsere Zwecke verwenden können.

10.1   Eine Einführung in Exceptions

10.1.1   Was ist eine Exception?

Das Wort Exception (deutsch: Ausnahme) leitet sich von einer Ausnahmesituation her – also einer Situation, die normalerweise im Programm nicht auftauchen sollte. Typische Beispiele für solche Ausnahmesituationen sind die oben genannte gestörte Übertragung im Netzwerk oder eine längere Berechnung, in der eine Division durch null auftritt.

Um diese Fälle zu behandeln, haben die Entwickler von Java die Klasse `java.lang.Exception` entwickelt. Eine Instanz dieser Klasse (bzw. ihrer Kindklassen) repräsentiert jeweils eine Ausnahmesituation, die im Programm aufgetreten ist. Wir erinnern uns an die letzte Fehlermeldung:

```
──────────── Konsole ────────────
java.lang.ArithmeticException: / by zero
        at Excep1.main(Excep1.java:8)
```

Auch in diesem Kontext taucht das Wort Exception auf – und zwar in Form einer `java.lang.ArithmeticException`. Diese Klasse ist Kind der ursprünglichen Klasse `Exception`. Ihre Instanzen repräsentieren das Auftreten einer Ausnahmesituation bei der Auswertung eines arithmetischen Ausdrucks – also einer Berechnung. In unserem Fall ist eine Division durch null in Zeile 8 unseres Programms aufgetreten. Java meldet uns dies wie folgt:

- Sämtliche arithmetische Ausnahmesituationen werden durch Objekte der Klasse `ArithmeticException` repräsentiert. Das Auftreten einer solchen Situation wird in der Ausgabe durch den Namen der Klasse angezeigt, der somit den Typ der Ausnahmesituation beschreibt.

- Es können verschiedene Formen arithmetischer Ausnahmesituationen auftreten. Genauere Informationen über den tatsächlichen Grund für die Exception liefert daher der Text, den man als Fehlermeldung (englisch: error message) bezeichnet. In unserem Fall also

```
──────────────────── Konsole ────────────────────
/ by zero
```

Ist `excep` eine Instanz der Klasse `Exception`, so haben wir durch den Befehl

```
excep.getMessage()
```

Zugriff auf die Fehlermeldung. Die Methode `getMessage` liefert die Meldung in Form eines `String` zurück.

■ Falls die Ausnahme durch einen Programmierfehler aufgetreten ist, möchte man natürlich gerne wissen, wo genau der Fehler entstanden ist. Aus diesem Grund gibt das System vor dem Absturz die genaue Position an, an der das Problem entstanden ist. Dies geschieht in der Form

```
at «KLASSENNAME».«METHODENNAME»(«DATEINAME»:«ZEILENNUMMER»)
```

In unserem Fall ist der Name der Klasse `Excep1`, und das Problem trat in der Methode `main` auf. Wir hatten den Quellcode in der Datei `Excep1.java` gespeichert, und der Fehler trat in Zeile 8 auf. Somit erklärt sich die Zeile

```
──────────────────── Konsole ────────────────────
        at Excep1.main(Excep1.java:8)
```

Wenn wir mit einem `Exception`-Objekt arbeiten (nennen wir es wieder `excep`), so können wir die gesamte Information darüber, wo und wann die Exception ausgelöst wurde, durch den Befehl

```
excep.printStackTrace();
```

auf dem Bildschirm ausgeben lassen.

Abbildung 10.1 fasst die verschiedenen Informationen, die in einer Instanz der Klasse `Exception` gespeichert sind, zusammen. Im nächsten Teilabschnitt beschäftigen wir uns mit der Frage, wie wir das Auftreten von Ausnahmesituationen in unserem Programm behandeln können.

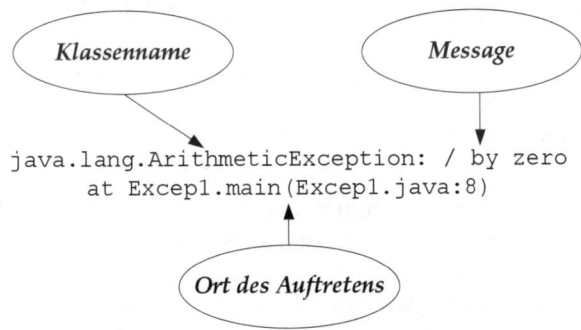

Abbildung 10.1: In einer `Exception` gespeicherte Informationen

10.1.2   Übungsaufgaben

Aufgabe 10.1

Die Klasse `java.lang.NullPointerException` beschreibt den Versuch, auf eine Referenzvariable zuzugreifen, in der statt eines Objektes die Referenz **null** abgelegt ist. Welche Informationen können Sie also *ohne* Kenntnis des genauen Programmcodes aus folgendem Programmabsturz beziehen:

```
―――――――――― Konsole ――――――――――
java.lang.NullPointerException
        at Problem.problem(Problem.java:6)
        at Problem.main(Problem.java:10)
```

10.1.3   Abfangen von Exceptions

Wenn in einem Programm eine Ausnahmesituation auftritt, wird ein Objekt einer bestimmten `Exception`-Klasse (zum Beispiel `ArithmeticException`) erzeugt. Die Ausführung des momentanen Befehls wird abgebrochen und die im Programm festgelegte Methode zur Fehlerbehandlung ausgelöst. Diesen Vorgang – das Erzeugen einer Exception – bezeichnen Programmierer als das **Werfen** einer Exception (englisch: **throw**). Im Gegenzug bezeichnen wir das logische Gegenstück – die ausgelöste Behandlung einer Exception – als das **Fangen** oder **Abfangen** einer Exception (englisch: **catch**). Wie der Mechanismus des Werfens vonstatten geht, soll uns im Moment nicht weiter kümmern – wir wollen uns zunächst damit beschäftigen, wie man eine Ausnahme in Java abfängt.

Kehren wir zu unserem Beispielprogramm zurück. In diesem war ja eine `ArithmeticException` geworfen worden. Wir wollen unser Programm nun nicht mehr einfach abstürzen lassen – wir wollen dem Benutzer bzw. der Benutzerin mitteilen, dass er bzw. sie etwas Falsches eingegeben hat.

Wie wir wissen, tritt die Exception in Zeile 8 bei der Division auf:

```
System.out.println("a/b="+(a/b));
```

Im Allgemeinen wird dieser Befehl ohne weitere Probleme ausführbar sein. Wir teilen also dem Programm mit, dass es *versuchen* soll, die Zeile ganz normal auszuführen. Dieser Versuch wird durch das Schlüsselwort **try** bekannt gegeben:

```
try {
   System.out.println("a/b = "+(a/b));
}
```

Die Befehle, bei denen eine Exception auftreten kann, werden mit den geschweiften Klammern zu einem Block zusammengefasst. Lassen sie sich im Programmverlauf ohne Schwierigkeiten durchführen, verläuft unser Programm wie gehabt. Wird jedoch eine Exception geworfen, so „weiß" Java nun, dass in diesen Zeilen so etwas passieren kann. Wir können die aufgetretene Ausnahme im Anschluss an den Block abfangen:

```
catch (ArithmeticException e) {
  System.out.println("Achtung - Sie haben eine "+
                     "ArithmeticException ausgeloest!");
  System.out.println("Es gab folgendes Problem: "+
                     e.getMessage());
  System.out.println("Seien Sie in Zukunft etwas "+
                     "vorsichtiger!");
}
```

Das Schlüsselwort **catch** zeigt an, dass die nachfolgenden Zeilen eine Ausnahmesituation abfangen wollen. In den runden Klammern muss dabei der Typ der abzufangenden Exception und ein Bezeichner festgelegt werden, unter dem wir das Exception-Objekt im Folgenden ansprechen wollen. In unserem Fall haben wir als Klassenname ArithmeticException und als Bezeichner e gegeben.

Der eigentliche Code zur Behandlung der Ausnahme wird wiederum mit geschweiften Klammern in einem Block zusammengefasst. In unserem Fall bedeutet dies eine kleine Fehlermeldung. Starten wir das Programm, so erhalten wir statt des bisherigen Verhaltens folgende Ausgabe:

──────── *Konsole* ────────
```
a = 1
b = 0
Achtung - Sie haben eine ArithmeticException ausgeloest!
Es gab folgendes Problem: / by zero
Seien Sie in Zukunft etwas vorsichtiger!
```

Hier noch einmal der komplette Programmtext:

```
1  import Prog1Tools.IOTools;
2  public class Excep2 {
3    public static void main(String[] args) {
4      int a = IOTools.readInteger("a=");
5      int b = IOTools.readInteger("b=");
6      try {
7        System.out.println("a/b=" + (a/b));
8      }
9      catch (ArithmeticException e) {
10       System.out.println("Achtung - Sie haben eine "+
11                          "ArithmeticException ausgeloest!");
12       System.out.println("Es gab folgendes Problem: "+
13                          e.getMessage());
14       System.out.println("Seien Sie in Zukunft etwas "+
15                          "vorsichtiger!");
16     }
17   }
18  }
```

10.1.4   Ein Anwendungsbeispiel

Wir wollen uns mit einem Java-Programm den Inhalt einer Textdatei anzeigen lassen, die auf der Festplatte bereitsteht. Ein Programmablauf soll zum Beispiel wie folgt aussehen:

```
──────────────────── Konsole ────────────────────
Dateiname: tonarten.txt
In der Datei tonarten.txt steht
Geh
Du
Alter
Esel
Hol
Fische
```

Für unser Programm brauchen wir eine Klasse aus dem Paket `java.io`, auf das wir in Kapitel 19 ausführlich eingehen. Es geht um die Klasse `FileReader`, mit der wir durch die Programmzeile

```
FileReader f=new FileReader("blabla.txt");
```

beispielsweise ein Objekt namens `f` erzeugen können, das mit der Methode `read` die einzelnen Zeichen aus der Datei `blabla.txt` lesen kann. Ein erster Entwurf für unser Programm sieht nun wie folgt aus:

```
1  import java.io.*;
2  import Prog1Tools.*;
3  public class LiesDatei {
4    public static void main(String[] args) {
5      // Lies den Dateinamen ein:
6      String dateiname = IOTools.readString("Dateiname: ");
7      // Oeffne die Datei zum Lesen:
8      FileReader dateileser = new FileReader(dateiname);
9      // Lies alle Zeichen aus der Datei ein (read liefert int)
10     // bis das Dateiende erreicht wird (signalisiert durch -1)
11     // und gib sie (wieder als Buchstabe) auf den Bildschirm aus:
12     System.out.println("In der Datei tonarten.txt steht");
13     while (true) {
14       int gelesen = dateileser.read();
15       if (gelesen == -1)
16         break;
17       System.out.print((char) gelesen);
18     }
19   }
20 }
```

Wenn wir das Programm übersetzen, erhalten wir folgende Fehlermeldungen:

```
──────────────────── Konsole ────────────────────
LiesAusDatei.java:8: unreported exception
  java.io.FileNotFoundException; must be caught or declared
  to be thrown
    FileReader dateileser = new FileReader(dateiname);
                                ^

LiesAusDatei.java:14: unreported exception java.io.IOException;
  must be caught or declared to be thrown
      int gelesen = dateileser.read();
                                ^
```

Was ist geschehen? Übersetzen wir die Fehlermeldungen in eine für uns verständliche Form:

1. In Zeile 8 kann möglicherweise eine `FileNotFoundException` auftreten. Mit dieser Ausnahme zeigt das System an, dass eine zu öffnende Datei nicht gefunden wurde – etwa aufgrund eines Eingabefehlers bei der Festlegung des Dateinamens. Diese Ausnahmesituation muss vom Programm in irgendeiner Form behandelt werden.

2. In Zeile 14 kann beim Einlesen der Werte möglicherweise eine `IOException` auftreten. Die `IOException` ist ein nicht näher definierter Ein- bzw. Ausgabefehler, der ebenfalls von uns abgefangen werden muss.

Um unser Programm also erfolgreich übersetzen zu können, müssen wir zwei Exceptions behandeln. Die einfachste Möglichkeit, dies zu tun, ist eine Hinzunahme in die so genannte **throws**-Klausel des Methodenkopfes:

```
public static void main(String[] args)
    throws FileNotFoundException, IOException {
```

Mit der **throws**-Klausel im Methodenkopf wird darauf hingewiesen, dass eine aufgetretene Exception „weitergeworfen" wird. Tritt in der Methode nun eine `FileNotFoundException` oder eine `IOException` auf, wird die Methode abgebrochen und die Exception eine Ebene nach oben weitergeleitet. Ist die Methode von einer anderen Methode aufgerufen worden, so ist ebendiese Methode als besagte Ebene zu verstehen. Da wir uns jedoch in der `main`-Methode befinden, also keine höhere Ebene dieser Form besitzen, würde die Exception an das Java-Laufzeitsystem weitergeleitet. Unser Programm ließe sich mit diesem Zusatz nun also übersetzen. Wenn wir es allerdings starten und einen nicht existierenden Dateinamen eingeben, stürzt es ab mit einer `java.io.FileNotFoundException`. Nun wollen wir ja gerade diese kryptischen Fehlermeldungen vermeiden. Deshalb werden wir die Exceptions nicht weiterleiten. Wir betten daher den bisherigen Code unserer `main`-Methode in eine Art Versuchsblock ein (mit dem Schlüsselwort **try**), fangen die darin eventuell auftretenden Exceptions ab (mit dem Schlüsselwort **catch**) und geben eine „verständliche" Meldung zurück:

```
public static void main(String[] args) {
  try {
    // Lies den Dateinamen ein:
    String dateiname = IOTools.readString("Dateiname: ");
    // Oeffne die Datei zum Lesen:
    FileReader dateileser = new FileReader(dateiname);
    // Lies alle Zeichen aus der Datei ein (read liefert int)
    // bis das Dateiende erreicht wird (signalisiert durch -1)
    // und gib sie (wieder als Buchstabe) auf den Bildschirm aus:
    System.out.println("In der Datei " + dateiname + " steht");
    while (true) {
      int gelesen = dateileser.read();
      if (gelesen == -1)
        break;
      System.out.print((char) gelesen);
```

```
        }
      }
      catch(FileNotFoundException ex) {
        System.out.println("Diese Datei existiert nicht!");
      }
      catch(IOException ex) {
        System.out.println("Fehler beim Lesen: "+ex.getMessage());
      }
    }
```

Wenn wir nun einen falschen Dateinamen eingeben, so erhalten wir statt der obigen verwirrenden Nachricht die klar verständliche Mitteilung

—————————— *Konsole* ——————————
```
Diese Datei existiert nicht!
```

und müssen keinen Programmierfehler vermuten.

10.1.5 Die RuntimeException

Wir sind nun in der Lage, Exceptions abzufangen und so gewisse Fehlermeldungen zu vermeiden. Auf diese Weise können wir mit Klassen wie etwa der FileReader-Klasse, deren Methoden das Abfangen von Exceptions vorschreiben, arbeiten.

Spätestens an dieser Stelle dürfte jedoch manche Leserin oder mancher Leser stutzig werden. In unserem letzten Beispiel ließ sich das Programm zuerst nicht übersetzen, da die Ausnahmen FileNotFoundException und IOException nicht abgefangen wurden. Wieso lässt sich dann folgendes Programm übersetzen, obwohl wir mit ihm bereits eine ArithmeticException erzeugt haben?

```
1  import Prog1Tools.IOTools;
2  public class Excep1 {
3    public static void main(String[] args) {
4      int a=IOTools.readInteger("a=");
5      int b=IOTools.readInteger("b=");
6      System.out.println("a/b="+(a/b));
7    }
8  }
```

Um diesen Punkt verstehen zu können, benötigen wir wiederum ein wenig theoretisches Wissen. Java unterscheidet nämlich prinzipiell zwischen zwei Arten von Ausnahmesituationen:

1. Die „gewöhnliche" Exception leitet sich von der Klasse Exception ab. Generell lässt sich sagen, dass jede Exception dieser Form abgefangen und behandelt bzw. in die **throws**-Klausel übernommen werden muss.

2. Die spezielle RuntimeException leitet sich zwar ebenfalls von der Klasse Exception ab, muss im Gegensatz zur gewöhnlichen Ausnahmesituation jedoch nicht explizit behandelt werden. Dies gilt auch für sämtliche Kindklassen von RuntimeException.

Es gibt also spezielle Ausnahmen, die nicht explizit aufgefangen werden müssen – die des Typs `RuntimeException`. Zu diesen Klassen zählen unter anderem die `ArrayIndexOutOfBoundsException`, die `NullPointerException` und die `ArithmeticException`.

Ausnahmen vom Typ `RuntimeException` werden in Java hauptsächlich dazu verwendet, besonders häufig auftretende Ausnahmesituationen zu modellieren. Eine `ArithmeticException` kann in der Theorie etwa in praktisch jeder Berechnung mit Integer-Werten vorkommen (das Rechnen mit Gleitkommazahlen erzeugt im Allgemeinen keine Exception). Sie jedes Mal abfangen zu müssen, wäre demnach ziemlich lästig. Ähnliches gilt für die `NullPointerException`. Diese kann in fast jeder Zeile auftreten, in der mit Objekten gearbeitet wird. Die `RuntimeException` erspart beim Programmieren also eine Menge Arbeit.

10.1.6 Übungsaufgaben

Aufgabe 10.2

Die folgenden Programme sollen jeweils ihren Quellcode einlesen und auf dem Bildschirm ausgeben. Nur eines der Programme funktioniert korrekt – welches?

Listing 1

```java
 1  import java.io.*;
 2  public class Exueb1 {
 3    public static void main(String[] args) {
 4      FileReader f=new FileReader("Exueb1.java");
 5      while (true) {
 6        int c=f.read();
 7        if (c<0)
 8          return;
 9        System.out.print((char)c);
10      }
11    }
12  }
```

Listing 2

```java
 1  import java.io.*;
 2  public class Exueb2 {
 3    public static void main(String[] args) {
 4      FileReader f=new FileReader("Exueb2.java");
 5      try {
 6        while (true) {
 7          int c=f.read();
 8          if (c<0)
 9            return;
10          System.out.print((char)c);
11        }
12      }
13      catch(IOException e,FileNotFoundException f) {}
14    }
15  }
```

Listing 3

```
1   import java.io.*;
2   public class Exueb3 {
3     public static void main(String[] args) {
4       FileReader f=new FileReader("Exueb3.java");
5       try {
6         while (true) {
7           int c=f.read();
8           if (c<0)
9             return;
10          System.out.print((char)c);
11        }
12      }
13      catch(FileNotFoundException e) {}
14      catch(IOException e) {}
15    }
16  }
```

Listing 4

```
1   import java.io.*;
2   public class Exueb4 {
3     public static void main(String[] args)
4       throws FileNotFoundException,IOException {
5       FileReader f=new FileReader("Exueb4.java");
6       try {
7         while (true) {
8           int c=f.read();
9           if (c<0)
10            return;
11          System.out.print((char)c);
12        }
13      }
14    }
15  }
```

Listing 5

```
1   import java.io.*;
2   public class Exueb5 {
3     public static void main(String[] args)
4       throws FileNotFoundException {
5       try {
6         FileReader f=new FileReader("Exueb5.java");
7         while (true) {
8           int c=f.read();
9           if (c<0)
10            return;
11          System.out.print((char)c);
12        }
13      }
14      catch(IOException e) {}
15      catch(FileNotFoundException e) {}
16    }
17  }
```

Listing 6

```
1   import java.io.*;
2   public class Exueb6 {
3     public static void main(String[] args)
4       throws FileNotFoundException {
5       FileReader f=new FileReader("Exueb6.java");
6       try {
7         while (true) {
8           int c=f.read();
9           if (c<0)
10            return;
11          System.out.print((char)c);
12        }
13      }
14      catch(IOException e) {}
15    }
16  }
```

Listing 7

```
1   import java.io.*;
2   public class Exueb7 {
3     public static void main(String[] args) {
4       {
5         FileReader f=new FileReader("Exueb7.java");
6         while (true) {
7           int c=f.read();
8           if (c<0) return;
9           System.out.print((char)c);
10        }
11      }
12      catch(IOException e) {}
13    }
14  }
```

10.2 Exceptions für Fortgeschrittene

10.2.1 Definieren eigener Exceptions

Im ersten Teil dieses Kapitels haben wir zum ersten Mal mit Exceptions gearbeitet. Wir haben gelernt, dass es sich bei den Exceptions um einfache Objekte handelt, die sich von der Klasse Exception ableiten. Wir haben gelernt, diese entweder abzufangen oder mit der **throws**-Klausel eine Ebene höher zu werfen.
Wie verhalten sich die Exceptions jedoch im Hinblick auf Vererbung? Können wir – wie bei jeder anderen Klasse auch – Subklassen von Exceptions erzeugen? Lassen sich diese neuen Klassen ebenso werfen, abfangen und weiterleiten?
Wie so viele Fragen kann man auch diese am besten mit Hilfe eines Beispiels beantworten. Wir wollen in unserem Dateileser-Beispiel mit Hilfe einer selbst geschriebenen Exception-Klasse signalisieren, wenn in unserer Datei eine Ziffer vorkommt. Dazu definieren wir uns zunächst eine neue Ausnahmeklasse:

```
public class DigitException extends RuntimeException {
}
```

Die Klasse `DigitException` ist also Subklasse der oben beschriebenen Klasse
`RuntimeException` und muss als solche nicht explizit abgefangen werden. Daher können wir auch problemlos eine einfache Methode

```
// Methode zum Pruefen, ob der Unicode-int-Wert z eine Ziffer
// darstellt. Ist dies der Fall, wird eine Exception geworfen.
public static void check(int z) {
  if (z >= '0' && z <= '9') {
    DigitException de = new DigitException();
    throw de;
  }
}
```

formulieren, in der wir, sobald eine Ziffer entdeckt wurde, ein neues Exception-
Objekt der Klasse `DigitException` erzeugen und dieses selbst werfen, indem
wir den Befehl **throw** verwenden.
Diese Methode lässt sich nun dazu einsetzen, unsere aus der Datei gelesenen Zeichen zu überprüfen. Um auf die entsprechende Ausnahme reagieren zu können,
haben wir natürlich die Möglichkeit, einen weiteren `catch`-Block in unsere `main`-
Methode einzubauen, was wir im nachfolgenden Programm auch getan haben.

```
import java.io.*;
import Prog1Tools.*;
public class LiesAusDatei_3 {
  // Methode zum Pruefen, ob der Unicode-int-Wert z eine Ziffer
  // darstellt. Ist dies der Fall, wird eine Exception geworfen.
  public static void check(int z) {
    if (z >= '0' && z <= '9') {
      DigitException de = new DigitException();
      throw de;
    }
  }
  public static void main(String[] args) {
    try {
      // Lies den Dateinamen ein:
      String dateiname = IOTools.readString("Dateiname: ");
      // Oeffne die Datei zum Lesen:
      FileReader dateileser = new FileReader(dateiname);
      // Lies alle Zeichen aus der Datei ein (read liefert int)
      // bis das Dateiende erreicht wird (signalisiert durch -1)
      // und gib sie (wieder als Buchstabe) auf den Bildschirm aus:
      System.out.println("In der Datei " + dateiname + " steht");
      while (true) {
        int gelesen = dateileser.read();
        if (gelesen == -1)
          break;
        check(gelesen);
        System.out.print((char) gelesen);
      }
    }
    catch(FileNotFoundException fe) {
      System.out.println("Diese Datei existiert nicht!");
```

```
      }
    catch(IOException ie) {
      System.out.println("Fehler beim Lesen: "+ie.getMessage());
    }
    catch(DigitException de) {
      System.out.println();
      System.out.println("Fehler beim Lesen: Ziffer aufgetreten!");
    }
  }
}
```

10.2.2 Übungsaufgaben

Aufgabe 10.3

Objekte der Klasse `DigitException` liefern noch keine vernünftige Fehlermeldung. Üblicherweise wird in Java die Message an eine Exception übergeben, indem man diese als `String` an den Konstruktor übergibt. Dieses tun wir auch bei unserer Exception, indem wir ihr einen Konstruktor spendieren:

```
public DigitException(String message) {
  super(message);
}
```

Wenn wir nun jedoch unsere Klasse `LiesAusDatei_3` übersetzen wollen, bricht der Compiler mit der Fehlermeldung

```
────────────── Konsole ──────────────
LiesAusDatei_3.java:9: No constructor matching DigitException()
              found in class DigitException.
    DigitException de = new DigitException();
                          ^
```

ab. Warum? Beheben Sie das Problem.

10.2.3 Vererbung und Exceptions

Wir haben bereits festgestellt, dass Exceptions – wie alle anderen Klassen auch – in einer „verwandtschaftlichen Beziehung" zueinander stehen. Können sich diese durch Vererbung entstandenen Beziehungen auch auf die Behandlung von Ausnahmesituationen auswirken? Wir untersuchen dies mit drei neuen Exceptions:

```
public class PingPongException extends Exception {}
public class PingException     extends PingPongException {}
public class PongException      extends PingPongException {}
```

Abbildung 10.2 zeigt die Hierarchie der neu entstandenen Klassen. Demnach kann etwa ein Objekt der Klasse `PongException` auch als `PingPongException` betrachtet werden. Eine `PingPongException` ist somit auch eine `Exception` und so weiter. Wir wollen nun mit Hilfe eines kleinen Programms das Verhältnis der verschiedenen Ausnahmen zueinander testen:

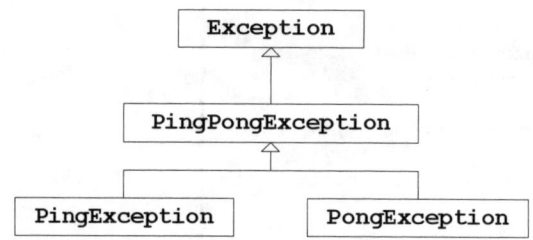

Abbildung 10.2: Verwandtschaft unter den PingPong-Exceptions

```
1   import Prog1Tools.*;
2   /** Ein einfaches Programm, dass das Verhalten beim Fangen von
3    Exceptions testet, die in einer verwandtschaftlichen
4    Beziehung stehen. */
5   public class PingPong {
6     /** Wirft eine PingException */
7     public static void Ping() throws PingException {
8       System.out.println("Ping aufgerufen!");
9       throw new PingException();
10    }
11
12    /** Wirft eine PongException */
13    public static void Pong() throws PongException {
14      System.out.println("Pong aufgerufen!");
15      throw new PongException();
16    }
17
18    /** Wirft eine PingPongException */
19    public static void PingPong() throws PingPongException {
20      System.out.println("PingPong aufgerufen!");
21      throw new PingPongException();
22    }
23
24    /** Fragt den Benutzer, welche Exception ausgeloest werden
25     soll, und ruft die entsprechende Methode auf. */
26    public static void Hauptprogramm()
27      throws PingException, PongException, PingPongException {
28      System.out.println("1 = Ping");
29      System.out.println("2 = Pong");
30      System.out.println("3 = PingPong");
31      System.out.println("");
32      int choice=IOTools.readInteger("Ihre Wahl:");
33      switch(choice) {
34        case 1: Ping()     ;break;
35        case 2: Pong()     ;break;
36        case 3: PingPong();break;
37      default:System.out.println("Eingabefehler!");
38      }
39    }
40
41    public static void main(String[] args) {
42      try {
```

```
43          Hauptprogramm();
44        }
45      catch (PingException ex) {
46          System.out.println("PingException aufgetreten");
47      }
48      catch (PongException ex) {
49          System.out.println("PongException aufgetreten");
50      }
51      catch (PingPongException ex) {
52          System.out.println("PingPongException aufgetreten");
53      }
54    }
55  }
```

Unser Programm verfügt über drei Methoden: `Ping`, `Pong` und `PingPong` (Zeile 7, 13 und 19). Jede dieser Methoden wirft eine unserer drei Exceptions, gibt vorher aber noch auf dem Bildschirm aus, welche der Methoden aufgerufen wurde. Der Benutzer bzw. die Benutzerin ist in einem einfachen Menü in der Lage, die zu werfende Methode auszuwählen (`Hauptprogramm`). Die geworfene Exception wird in der `main`-Methode abgefangen und mit einer entsprechenden Bildschirmausgabe bestätigt.

Wir starten das Programm nun dreimal, um sein Verhalten bei den verschiedenen Exceptions auszutesten:

1. Wir beginnen mit dem Fall 1: dem Werfen einer `PingException`. Wir erhalten folgende Bildschirmausgabe:

```
─────────────── Konsole ───────────────
1 = Ping
2 = Pong
3 = PingPong

Ihre Wahl:1
Ping aufgerufen!
PingException aufgetreten
```

Wie erwartet, wurde die Methode `Ping` aufgerufen, eine `PingException` geworfen und vom entsprechenden **catch**-Block (Zeile 48-50) abgefangen.

2. Fall 2, die `PongException`, wird auf die gleiche Weise behandelt:

```
─────────────── Konsole ───────────────
1 = Ping
2 = Pong
3 = PingPong

Ihre Wahl:2
Pong aufgerufen!
PongException aufgetreten
```

Die `PongException` wird vom **catch**-Block in Zeile 51 bis 53 abgewickelt.

3. Der dritte und letzte Fall, die `PingPongException`, wird wie erwartet vom dritten und letzten der Blöcke behandelt:

```
———————————— Konsole ————————————
1 = Ping
2 = Pong
3 = PingPong

Ihre Wahl:3
PingPong aufgerufen!
PingPongException aufgetreten
```

Was würde nun aber passieren, wenn wir etwa die beiden ersten **catch**-Blöcke weglassen:

```
/** Hauptprogramm. */
public static void main(String[] args) {
  try {
    Hauptprogramm();
  }
  catch (PingPongException ex) {
    System.out.println("PingPongException aufgetreten");
  }
}
```

Lässt sich unser Programm nun überhaupt noch übersetzen, obwohl die Exceptions `PingException` und `PongException` nicht mehr abgefangen werden?
Die Antwort lautet *ja*, und der Grund hierfür lässt sich in Abbildung 10.2 ersehen: sowohl `PingException` als auch `PongException` sind Subklassen der `PingPongException`. Sie stehen also in einer „ist-ein"-Beziehung. Eine `PingException` etwa ist demnach auch eine `PingPongException`, d. h. bei Auftreten einer `PingException` tritt somit auch eine `PingPongException` auf. Unser verbliebener **catch**-Block ist daher in der Lage, jede einzelne unserer drei Exception-Klassen abzufangen, da er sich generell mit ihrer Superklasse beschäftigt. Rufen wir das Programm beispielsweise für die `PingException` auf, erhalten wir folgende Ausgabe:

```
———————————— Konsole ————————————
1 = Ping
2 = Pong
3 = PingPong

Ihre Wahl:1
Ping aufgerufen!
PingPongException aufgetreten
```

Wir waren also in der Lage, drei Fliegen mit einer Klappe zu schlagen. Wozu dann aber die unterschiedlichen **catch**-Blöcke in unserem ursprünglichen Programm?

Der Grund hierfür liegt in der Möglichkeit, spezielle Exceptions mit speziellen Ausnahmebehandlungen zu versehen. Theoretisch könnten wir jede auftretende Ausnahme (inklusive aller `RuntimeExceptions`) mit einem einfachen

```
catch(Exception e)
```

abfangen. Im Allgemeinen wollen wir aber natürlich nicht jede Exception gleich behandeln. Eine `FileNotFoundException` steht schließlich für ein anderes Problem als etwa eine `NullPointerException`. Aus diesem Grund können wir unsere Spezialfälle dadurch abdecken, dass wir spezielle **catch**-Blöcke für diese Klassen definieren.

10.2.4 Vorsicht, Falle!

Nachdem wir die Behandlung aller drei Exceptions durch einen **catch**-Block behandelt haben, wollen wir uns nun wieder spezialisieren. Tritt eine `PongException` auf, soll das Programm in Zukunft das Wort „PONG" auf dem Bildschirm ausgeben. Wir modifizieren unsere Methode entsprechend:

```java
/** Hauptprogramm. */
public static void main(String[] args) {
  try {
    Hauptprogramm();
  }
  catch (PingPongException ex) {
    System.out.println("PingPongException aufgetreten");
  }
  catch (PongException e){
    System.out.println("PONG");
  }
}
```

Wenn wir nun versuchen, unser Programm zu übersetzen, erhalten wir jedoch eine Fehlermeldung:

```
──────────── Konsole ────────────
PingPong.java:51: exception PongException has already been
caught
    catch (PongException e){
    ^
```

Was ist geschehen? Uns ist ein klassischer Fehler unterlaufen, wir haben einen **catch**-Block definiert, der niemals erreicht wird. Prinzipiell gibt es zwei Möglichkeiten, diesen Standardfehler zu begehen:

1. Man versucht, eine Exception zu fangen, die überhaupt nicht auftreten kann. Würden wir also beispielsweise versuchen, in unserem Programm eine `FileNotFoundException` abzufangen (obwohl diese in unserem Fall niemals auftritt), so erhielten wir eine Fehlermeldung der Form

```
—————— Konsole ——————
PingPong.java:51: exception java.io.FileNotFoundException is
never thrown in body of corresponding try statement
    catch (java.io.FileNotFoundException e){
        ^
```

2. Man definiert die abzufangenden Exceptions in der falschen Reihenfolge. Java geht seine **catch**-Blöcke nämlich immer von oben nach unten durch. Sobald ein **catch**-Block gefunden wird, dessen Klassenbezeichnung auf die Exception passt, wird dieser ausgeführt. Weitere **catch**-Blöcke werden nicht mehr in Betracht gezogen.

Werfen wir nun also einen Blick auf unser Programm. Wir haben zwei **catch**-Blöcke, die in folgender Reihenfolge definiert sind:

1. Der erste **catch**-Block behandelt alle Exceptions, die Instanz der Klasse `PingPongException` sind. Hierzu zählen die Klasse `PingPongException` sowie ihre Subklassen `PingException` und `PongException`.

2. Der zweite **catch**-Block behandelt Exceptions, die Instanzen der Klasse `PongException` sind. Diese Exception wird allerdings auch schon durch den ersten Block abgefangen.

Wir haben demnach zwei Blöcke, die die gleiche Exception behandeln. Da wie oben beschrieben immer nur der erste Treffer behandelt wird, springt das Programm niemals in den zweiten **catch**-Block. Das **catch** wird also niemals erreicht, was eben die deutsche Übersetzung des Compilerfehlers „catch not reached" ist.

Warum lässt sich aber das Programm übersetzen, sobald wir die Reihenfolge der Blöcke wie folgt miteinander vertauschen?

```
/** Hauptprogramm. */
public static void main(String[] args) {
  try {
    Hauptprogramm();
  }
  catch (PongException e){
    System.out.println("PONG");
  }
  catch (PingPongException ex) {
    System.out.println("PingPongException aufgetreten");
  }
}
```

Tatsächlich ist es nun so, dass unser spezieller **catch**-Block, der die Ausnahme vom Typ `PongException` abfängt, in dieser Zusammenstellung natürlich erreicht wird – er steht schließlich an erster Stelle.

Aber der zweite **catch**-Block ist ebenfalls alles andere als überflüssig. Auch wenn die `PongException` nicht mehr von ihm bearbeitet wird, ist er sinnvoll, um die verbleibende `PingException` und die `PingPongException` zu behandeln. Jeder unserer Blöcke hat also seine spezielle Aufgabe.

10.2.5 Der `finally`-Block

Nehmen wir einmal an, wir wollen das Auftreten einer `PingPongException` in Zukunft nicht mehr behandeln. Wir schließen sie deshalb in die **throws**-Klausel unserer `main`-Methode ein:

```
/** Hauptprogramm. */
public static void main(String[] args) throws PingPongException {
  try {
    Hauptprogramm();
  }
  catch (PongException e){
    System.out.println("PONG");
  }
}
```

Abgesehen davon, wollen wir unser Testprogramm aber verständlicher für die Leserin bzw. den Leser machen. Sobald der **try**-Block – also der „kritische Bereich", in dem Exceptions auftreten können – betreten wird, wollen wir eine Meldung auf dem Bildschirm ausgeben. Wird der Block wieder verlassen, soll der Benutzer bzw. die Benutzerin dies ebenfalls erfahren:

```
/** Hauptprogramm. */
public static void main(String[] args) throws PingPongException {
  System.out.println("Betrete kritischen Bereich.");
  try {
    Hauptprogramm();
  }
  catch (PongException e){
    System.out.println("PONG");
  }
  System.out.println("Verlasse kritischen Bereich.");
}
```

Im Falle einer `PongException` verläuft unser Programm wie geplant. Zu Beginn des Programms wird die Meldung „Betrete kritischen Bereich" ausgegeben; beim Verlassen erhalten wir „Verlasse kritischen Bereich":

```
——————————————— Konsole ———————————————
Betrete kritischen Bereich.
1 = Ping
2 = Pong
3 = PingPong

Ihre Wahl:2
Pong aufgerufen!
PONG
Verlasse kritischen Bereich.
```

Wie sieht es aber aus, wenn wir es etwa mit einer `PingException` zu tun haben? Da in unseren **catch**-Blöcken keine Ausnahmebehandlung dieser speziellen Exception vorgesehen ist, wird diese Ausnahme als Instanz von `PingPongException` aufgefasst und gemäß der **throws**-Klausel weitergeleitet. Die Methode `main` wird unterbrochen, bevor wir die entsprechende Zeile für die Bildschirmausgabe erreicht haben:

```
———————————————— Konsole ————————————————
Betrete kritischen Bereich.
1 = Ping
2 = Pong
3 = PingPong

Ihre Wahl:1
Ping aufgerufen!
Exception in thread "main" PingException
        at PingPong.Ping(PingPong.java:11)
        at PingPong.Hauptprogramm(PingPong.java:36)
        at PingPong.main(PingPong.java:47)
```

Wie können wir also die Bildschirmausgabe erzwingen, selbst wenn die Methode an dieser Stelle verlassen wird?

Wir wollen versuchen, eine Lösung des Problems mit unserem bisherigen Wissen zu finden:

1. Ein erster Ansatz wäre es, die Bildschirmausgabe innerhalb des **try**-Blocks anzusiedeln:

```java
/** Hauptprogramm. */
public static void main(String[] args)
                            throws PingPongException {
  System.out.println("Betrete kritischen Bereich.");
  try {
    Hauptprogramm();
    System.out.println("Verlasse kritischen Bereich.");
  }
  catch (PongException e){
    System.out.println("PONG");
  }
}
```

Wie man sich allerdings leicht verdeutlichen kann, haben wir mit diesem Ansatz leider nichts gewonnen. Da die Ausnahmesituation stets in unserer Methode `Hauptprogramm` auftritt, wird die Ausführung schon vor der Bildschirmausgabe abgebrochen. Im Gegenteil, die gewünschte Ausgabe verschwindet jetzt sogar bei der `PongException`.

2. Eine zweite Möglichkeit wäre es, das Auftreten jeder weiteren möglichen Ausnahmesituation (also jeder `Exception`) abzufangen:

```java
/** Hauptprogramm. */
public static void main(String[] args)
                          throws PingPongException {
  System.out.println("Betrete kritischen Bereich.");
  try {
    Hauptprogramm();
  }
  catch (PongException e){
    System.out.println("PONG");
  }
  catch (Exception e) {
    System.out.println("Verlasse kritischen Bereich.");
    throw e;
  }
  System.out.println("Verlasse kritischen Bereich.");
}
```

Wenn wir jedoch versuchen, dieses Programm zu übersetzen, so erhalten wir die folgende Fehlermeldung:

```
———————————— Konsole ————————————
PingPong.java:55: unreported exception java.lang.Exception;
must be caught or declared to be thrown
    throw e;
    ^
```

Der Compiler beschwert sich also (zu Recht), dass unsere neue Methode theoretisch jede nur mögliche Exception werfen kann. Wir können dieses Problem auf verschiedene Weise umgehen, machen unseren Code dadurch aber nur noch unübersichtlicher.

Bevor wir uns also weiter in allzu komplizierte Lösungsansätze verstricken, wollen wir ein neues Konstrukt kennen lernen, das unser Problem auf einfache und elegante Weise löst:

```java
/** Hauptprogramm. */
public static void main(String[] args)
                          throws PingPongException {
  System.out.println("Betrete kritischen Bereich.");
  try {
    Hauptprogramm();
  }
  catch (PongException e){
    System.out.println("PONG");
  }
  finally { // NEU: der finally-Block!!!
    System.out.println("Verlasse kritischen Bereich.");
  }
}
```

Wenn Sie einen Blick auf die neue Position unserer Bildschirmausgabe werfen, stellen Sie Folgendes fest: Der println-Befehl befindet sich nun in einem eigenen

Block, dem so genannten **finally-Block**.In diesem Block befinden sich Befehle, die in der Behandlung einer Exception auf jeden Fall ausgeführt werden sollen – egal, *ob* eine Exception aufgetreten ist und *welche* Exception aufgetreten ist.

Gehen wir anhand unseres Beispiels die verschiedenen Varianten durch, die in der Behandlung unserer Ausnahmesituation auftreten können:

1. Betrachten wir den Fall, dass keine Exception geworfen wird (in unserem Programm bei Eingabefehlern). Der **try**-Block wird also ohne Probleme ausgeführt. Da also keine Exception auftrat, werden die **catch**-Blöcke vom System ignoriert. Das Programm springt sofort in den **finally**-Block und gibt die Nachricht auf dem Bildschirm aus:

```
─────────────── Konsole ───────────────
Betrete kritischen Bereich.
1 = Ping
2 = Pong
3 = PingPong

Ihre Wahl:4
Eingabefehler!
Verlasse kritischen Bereich.
```

2. Im zweiten Fall kommt es zu einer PongException. Die Ausführung des **try**-Blocks wird unterbrochen, und das Programm springt automatisch in den dazugehörigen **catch**-Block (Ausgabe von „PONG" auf dem Bildschirm). Anschließend wird wiederum der **finally**-Block ausgeführt:

```
─────────────── Konsole ───────────────
Betrete kritischen Bereich.
1 = Ping
2 = Pong
3 = PingPong

Ihre Wahl:2
Pong aufgerufen!
PONG
Verlasse kritischen Bereich.
```

3. Kommen wir nun zu dem Fall, der uns bisher Probleme bereitet hat: eine PingException wird ausgelöst. Unser Programm verfügt über keinen passenden **catch**-Block, d. h. die Ausführung der main-Methode wird abgebrochen. Trotzdem springt auch hier das Programm zuerst in den **finally**-Block und wir erhalten die gewünschte Bildschirmausgabe:

```
─────────────── Konsole ───────────────
Betrete kritischen Bereich.
1 = Ping
2 = Pong
```

```
3 = PingPong

Ihre Wahl:1
Ping aufgerufen!
Verlasse kritischen Bereich.
Exception in thread "main" PingException
        at PingPong.Ping(PingPong.java:11)
        at PingPong.Hauptprogramm(PingPong.java:36)
        at PingPong.main(PingPong.java:48)
```

Wir haben also den **finally**-Block verwendet, um Befehle zu definieren, die das System *auf jeden Fall* ausführen muss. Welchen Sinn hat ein solcher Block aber in der Praxis?

Stellen wir uns einmal vor, wir laden Daten aus dem Internet. Hierzu haben wir eine Methode ladeDaten definiert, die anhand einer von uns vorher erstellten Verbindung Daten herunterlädt. Unsere Daten liegen in einem speziellen Format wie etwa PDF vor und unsere Methode testet entsprechend, ob die übertragenen Daten in diesem Format abgespeichert sind. Wenn nicht, bricht der Ladevorgang mit einer Exception ab.

Wir haben also die Situation, dass das Laden der Daten erfolgreich verlaufen (keine Exceptions) oder aber mit einem Fehler abbrechen kann (Auftreten einer Exception). Obwohl natürlich beide Situationen ein völlig anderes Verhalten im Programm nach sich ziehen, haben sie dennoch einiges gemeinsam. So muss etwa in beiden Fällen die Verbindung zur Datenquelle beendet werden. Hätten wir keinen **finally**-Block zur Verfügung, müssten wir dies sowohl in der Behandlung der Exception als auch im „normalen" Ablauf bewerkstelligen – das wäre also doppelte Arbeit!

Mit Hilfe des **finally**-Blocks können wir uns diesen Mehraufwand ersparen: wir schließen die Verbindung einfach mit Hilfe dieses Konstrukts. Auf diese Weise ersparen wir uns diverse Fallunterscheidungen – und machen unseren Code einfacher und besser lesbar.

10.2.6   **Die Klassen** Throwable **und** Error

Bevor wir dieses Kapitel über die Behandlung von Ausnahmesituationen beenden, wollen wir nicht verschweigen, dass es neben den Exceptions eine zweite Klasse gibt, die innerhalb des Systems geworfen und gefangen werden kann: die Klasse Error.

Werfen wir einen Blick auf die Beziehung, in der die Klassen Error und Exception zueinander stehen. Wie Abbildung 10.3 verdeutlicht, leiten sich beide Klassen von einer gemeinsamen Superklasse ab – der Klasse Throwable. Objekte, die sich von Throwable ableiten, können mit Hilfe des Befehls **throw** geworfen und mit Hilfe eines **catch**-Blocks abgefangen werden.

Während Throwable lediglich die gemeinsame Superklasse von Exception und Error darstellt und in Java üblicherweise nicht direkt instantiiert wird,

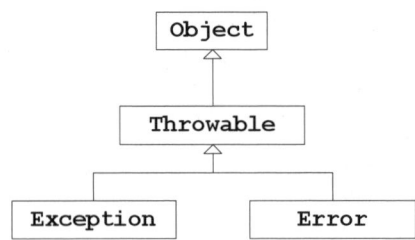

Abbildung 10.3: Stammbaum der Klassen `Exception` und `Error`

können Subklassen von `Error` durchaus bei der Ausführung eines Programms auftreten. Sie stellen aber normalerweise schwerwiegende Ausnahmesituationen im zugrunde liegenden Java-System dar und sollten deshalb nicht vom Benutzer für eigene Zwecke „missbraucht" werden.

Was aber genau kann so eine Situation sein, in der ein Error geworfen wird? Wir wollen in einer kleinen Übung das Auftreten eines solchen Fehlers provozieren: Übersetzen Sie unser PingPong-Programm auf Ihrem eigenen PC. Öffnen Sie nun ein Dateiverwaltungsprogramm (etwa den Windows-Explorer), und gehen Sie in das Verzeichnis, in dem sich Ihre übersetzten Dateien (die `.class`-Dateien) befinden. Löschen Sie hier die Datei `PongException.class`, und versuchen Sie anschließend, das Programm zu starten.

Sie werden nun eine Fehlermeldung erhalten, die in etwa der folgenden Bildschirmausgabe entspricht:

```
──────────────────── Konsole ────────────────────
Exception in thread "main"
  java.lang.NoClassDefFoundError: PongException
```

Was ist hier geschehen? In den `class`-Dateien befinden sich die übersetzten Klassen, die unser Java-Compiler erzeugt. Wenn das System eine bestimmte Klasse verwenden will, muss es die dazugehörige `class`-Datei von der Festplatte laden. Findet es diese Datei nicht, kann das Programm nicht weiterarbeiten. Java wird mit einem entsprechenden Fehler beendet.

Sie können sich vorstellen, dass es in dieser Situation nicht sinnvoll wäre, das Programm ohne die notwendigen Klassen auszuführen. Tatsächlich beschreiben so gut wie alle `Error`-Klassen derart kritische Situationen. Ein `OutOfMemoryError` zeigt beispielsweise an, dass Java nicht über genügend Hauptspeicher verfügt, um das Programm auszuführen. Ein `VirtualMachineError` zeigt einen Defekt der virtuellen Maschine (des Herzstücks von Java) an, der sich natürlich nicht durch Ihren selbst geschriebenen Java-Code beheben lässt. Kurz gesagt: Wenn eine Instanz der Klasse `Error` geworfen wird, ist ein Programm in den meisten Fällen schon so gut wie erledigt.

Wenn aber ein `Error` ein derart schwerwiegendes Problem darstellt, ist es im Allgemeinen unsinnig, ihn im eigenen Programm gezielt einzusetzen. Die selbst geschaffenen Ausnahmesituationen stellen im Allgemeinen wesentlich harmlosere Fälle dar – unsere virtuelle Maschine wird normalerweise nicht sofort abstürzen, nur weil wir irgendwo eine kleine Exception werfen. Sie sollten daher zwar wissen, dass die Klasse Error existiert, sie in eigenen Programmen aber niemals einsetzen.

10.2.7 Zusammenfassung

Wir haben in diesem Abschnitt erfahren, dass es uns möglich ist, beliebige eigene Exceptions zu erzeugen. Wir erreichen dies, indem wir diese von den Klassen Exception oder RuntimeException durch Vererbung ableiten.

In diesem Zusammenhang haben wir uns speziell mit dem Thema „Vererbung und Exceptions" befasst und festgestellt, dass die Reihenfolge der **catch**-Blöcke in einer Ausnahmebehandlung entscheidend dafür sein kann, ob sich eine Klasse vom Compiler übersetzen lässt. Schließlich haben wir mit dem **finally**-Block ein Konstrukt kennen gelernt, das sich hervorragend für Programmteile eignet, die unabhängig davon auszuführen sind, ob eine Exception aufgetreten ist oder nicht. Anhand unseres PingPong-Programms, das sich durch den kompletten Abschnitt zog, haben wir die verschiedenen Prinzipien und Eigenschaften der neu hinzugekommenen Bereiche jeweils verdeutlicht.

Am Ende haben wir (wenn auch eher der Vollständigkeit halber) die Klassen Throwable und Error erwähnt, bei denen es sich um weitere Klassen handelt, die sich werfen und abfangen lassen. Es sei an dieser Stelle jedoch noch einmal davon abgeraten, für die eigene Fehlerbehandlung etwas anderes als Subklassen von Exception zu verwenden.

10.2.8 Übungsaufgaben

Aufgabe 10.4

Das folgende Programm soll eine Zufallszahl zwischen 0 und 0.5 auf dem Bildschirm ausgeben:

```
1   public class Exueb8 {
2
3     /** Bestimme eine Zufallszahl zwischen 0 und 0.5 */
4     public static double gibZufallszahlBisEinhalb()
5     throws Exception {
6       double res = Math.random();
7       if (res > 0.5)
8         throw new Exception("Zahl zu gross");
9       return res;
10    }
11
12    /** Hauptprogramm */
13    public static void main(String[] args) {
14      // Bestimme eine Zufallszahl zwischen 0 und 0.5
15      try {
```

```
16        double zahl = gibZufallszahlBisEinhalb();
17      }
18    // Falls etwas schief geht (Exception)
19    // verwende die Zahl 0.5
20    catch(Exception e) {
21      zahl = 0.5;
22    }
23    // gib die Zahl auf dem Bildschirm aus
24    System.out.println(zahl);
25  }
26
27 }
```

Leider funktioniert das Programm nicht. Warum? Passen Sie das Programm entsprechend an.

Aufgabe 10.5

Stellen Sie sich vor, Sie wollen an einer Stelle Ihres Programms alle möglichen auftretenden Exceptions und RuntimeExceptions behandeln. Welche von beiden Ausnahmen müssen Sie zuerst abfangen – die vom Typ Exception oder die vom Typ RuntimeException?

10.3   Assertions

Seit Version 1.4 bietet Java eine elegante Lösung für die Überprüfung von Vor- oder Nachbedingungen für bestimmte Teile des Codes zur Laufzeit eines Programms. Man spricht dabei auch von **Zusicherungen** oder **Assertions**.

10.3.1   Zusicherungen im Programmcode

Die Überprüfung bzw. Zusicherung einer Bedingung erfolgt im Java-Programmcode mit dem Schlüsselwort **assert**, gefolgt von der Bedingung, die während der Laufzeit des Programms zugesichert werden soll, gemäß der Syntax

Syntaxregel

```
assert «AUSDRUCK» ;
```

wobei der Ausdruck vom Typ **boolean** sein muss. Hat dieser Ausdruck während des Programmablaufs den Wert **true**, wird das Programm ordnungsgemäß fortgesetzt. Wird jedoch festgestellt, dass sein Wert **false** ist, wird ein Objekt vom Typ AssertionError geworfen. Der Message-String dieses Error-Objekts (also die Fehlermeldung, die wir zum Beispiel beim Abbruch des Programms erhalten würden) ist allerdings leer. Wollen wir diesen Text selbst festlegen, so können wir die **assert**-Anweisung auch in der Variante

```
                    ─── Syntaxregel ───
  assert «AUSDRUCK» : «AUSDRUCK» ;
```

verwenden. Hier ist der Ausdruck nach dem Doppelpunkt in Form einer Zeichenkette anzugeben, die beim Erzeugen des `AssertionError`-Objekts als dessen Message-String verwendet wird.

In unserem Beispielprogramm

```
1   import Prog1Tools.IOTools;
2   public class AssertionTest {
3
4     public static double kehrwert (double x) {
5       assert x != 0 : "/ by 0";
6       return 1/x;
7     }
8
9     public static void main (String[] summand) {
10      double x = IOTools.readDouble("x = ");
11      try {
12        System.out.println(kehrwert(x));
13      }
14      catch (AssertionError e) {
15        System.out.println (e.getMessage());
16      }
17    }
18  }
```

haben wir diese zweite Variante eingesetzt, um zu Beginn der Methode `kehrwert` sicherzustellen, dass wir in der anschließenden Anweisung nicht durch den Wert 0 dividieren (auch wenn dies für **double**-Werte natürlich durchaus mit dem Ergebniswert `Infinity` möglich wäre).

10.3.2 Compilieren des Programmcodes

Um mit Assertions überhaupt arbeiten zu können, benötigen wir natürlich eine Java-Installation der Version 1.4 oder höher. Wenn wir damit die Klasse `AssertionTest` compilieren, so erhalten wir dennoch folgende Fehlermeldung:

```
                 ─── Konsole ───
AssertionTest.java:5: warning: as of release 1.4, assert is a
keyword, and may not be used as an identifier
    assert x != 0 : "/ by 0";
    ^
AssertionTest.java:5: ';' expected
    assert x != 0 : "/ by 0";
          ^
1 error
1 warning
```

Dies liegt darin begründet, dass für die neueren Java-Versionen die Kompatibilität zu älteren Versionen, in denen **assert** noch kein Schlüsselwort war, sichergestellt sein muss. Daher geht der Compiler standardmäßig zunächst einmal davon aus, dass das Wort **assert** als Bezeichner verwendet werden soll und deswegen syntaktisch falsch platziert wurde.

Die Assertions müssen für den Compiler daher erst per Option aktiviert werden. Starten wir die Compilierung unserer Klasse `AssertionsTest` in der Form

```
——————————————————— Konsole ———————————————————
javac -source 1.4 AssertionsTest.java
```

so kann der Compiler nun durch die Option `-source 1.4` das Programm fehlerfrei übersetzen.

10.3.3   Ausführen des Programmcodes

Die Assertions sind auch im Interpreter standardmäßig deaktiviert. Starten wir unser Programm also wie normalerweise üblich, so ergibt sich der Ablauf

```
——————————————————— Konsole ———————————————————
java AssertionTest
x = 0
Infinity
```

weil die Assertions noch nicht greifen und die Kehrwertbildung ausgeführt wird, obwohl die Methode `kehrwert` mit dem Wert 0 aufgerufen wurde. Um die Assertions zur Laufzeit zu aktivieren, müssen wir mit der Interpreter-Option `-ea` (für „enable assertions") arbeiten. Damit ergibt sich nun auch der von uns gewünschte Ablauf

```
——————————————————— Konsole ———————————————————
java -ea AssertionTest
x = 0
/ by 0
```

da nun in der **assert**-Anweisung das Fehler-Objekt geworfen und im **catch**-Block der `main`-Methode gefangen wird, wo schließlich eine entsprechende Ausgabe des Message-String auf die Konsole erfolgt.

10.3.4   Zusammenfassung

Wir haben in diesem Abschnitt etwas über das seit Version 1.4 in Java integrierte Assertion-Konzept erfahren. Mit Assertions ist es möglich, innerhalb eines Programms Vor- oder Nachbedingungen abzusichern und dieses so zuverlässiger zu machen, ohne dass die Lesbarkeit des Programmcodes zu sehr darunter leidet. Insbesondere können Assertions auch bereits in der Entstehungsphase von Programmen hilfreich bei der Fehlersuche sein.

Kapitel 11

Fortgeschrittene objektorientierte Programmierung

Aufgrund der zunehmenden praktischen Bedeutung von Java als Programmiersprache wurden auch Mechanismen notwendig, die es ermöglichen, die Sprache kontinuierlich weiterzuentwickeln. Anwenderinnen und Anwender können daher im so genannten **Java community process** (JCP) ihre Erweiterungs- oder Verbesserungsvorschläge einbringen und auf einen so genannten **Java specification request** (JSR) hoffen, der bei genügend großem Interesse an solchen Vorschlägen ins Leben gerufen wird. Nach der Erstellung einer Spezifikation und einer entsprechenden prototyphaften Java-Modifikation wird darüber öffentlich diskutiert, bis keine Einwände mehr vorliegen und die vorgeschlagene Neuerung in die kommende Java-Version integriert werden kann.

Zahlreiche solche JSRs fanden Einzug in die unter dem Codenamen **Tiger** entwickelte Version 5 der Java Platform, Standard Edition, die sich zum Zeitpunkt der Drucklegung dieses Buchs mit mehreren Updates und schließlich als aktuelle Version 6 (JDK 6) etabliert hat. Neben Performance-Verbesserungen zielte das Tiger-Release darauf ab, die Programmierung zu vereinfachen. Dazu wurde die Programmiersprache Java in vielfältiger Weise erweitert – es gab sogar Überlegungen, mit diesem Release den Grundstock für die Java 3 Platform zu legen.[1]

So integriert nun das aktuelle JDK, wie bereits weiter vorne im Buch beschrieben, die modifizierte `for`-Schleifen-Notation, die statische Import-Möglichkeit oder Methoden mit variabler Argumentanzahl. Darüber hinaus hielten aber auch völlig neue Konzepte wie Aufzählungstypen und generische Datentypen Einzug mit der Version 5. Dennoch wurde wie gewohnt auch der Kompatibilität Rechnung getragen, sodass alte Programme nach wie vor funktionsfähig bleiben.

---

[1] Letztendlich wurde jedoch lediglich aus der ursprünglich geplanten Versionsnummer 1.5 eine 5.

Weil der „Java-Tiger" gerade mit den Aufzählungstypen und den generischen Datentypen wirklich interessante Erweiterungen im Hinblick auf die fortgeschrittene objektorientierte Programmierung brachte, wollen wir im Folgenden speziell auf diese beiden Features genauer eingehen. Auf eine ausführliche Behandlung *aller* Details und Möglichkeiten, die sich insbesondere durch die generische Programmierung eröffnen, müssen wir natürlich verzichten, da dies den Rahmen dieses Buchs sprengen würde. Wer mehr über dieses Thema erfahren möchte, kann weitere Informationen aus den Dokumentationen der Firma Sun [32] erhalten.

11.1   Aufzählungstypen

Unter einem Aufzählungstyp versteht man üblicherweise einen selbst definierten Datentyp, der nur eine ganz bestimmte (endliche) Menge von Werten umfasst. Diese Art von Datentyp war bisher in Java nur mit Hilfe einer Reihe von statischen, durchnummerierten Konstanten (meist vom Typ `int`) zu realisieren. Allerdings handelt es sich in diesem Fall um keinen echten Datentyp, sodass auch der Compiler nicht überprüfen kann, ob ein bestimmter Wert zu dieser „Aufzählung" gehört oder nicht. Java ermöglicht die Deklaration eigener Aufzählungstypen unter Verwendung des neuen Schlüsselworts `enum`.

11.1.1   Deklaration eines Aufzählungstyps

Syntaktisch ähnelt die Deklaration eines Aufzählungstyps der einer Klasse

```
                  ───── Syntaxregel ─────
≪MODIFIZIERER≫ enum ≪AUFZAEHLUNGSNAME≫ {
  ≪KONSTANTENLISTE≫;
}
```

wobei in ≪KONSTANTENLISTE≫ lediglich die verfügbaren Werte des neu definierten Datentyps als Kommaliste von Konstanten (die so genannten **enum**-Konstanten) aufgezählt werden. Mit der Deklaration

```
1  package typen;
2  public enum Jahreszeit {
3    FRUEHLING, SOMMER, HERBST, WINTER;
4  }
```

könnten wir beispielsweise einen Aufzählungstyp für die vier Jahreszeiten vereinbaren, der aus den vier Konstanten FRUEHLING, SOMMER, HERBST und WINTER besteht.

Hinter diesen Konstanten verbergen sich jedoch genau genommen einzelne Objekte (**enum**-Objekte), die mit einigen interessanten Eigenschaften ausgestattet sind. So dürfen die **enum**-Konstanten z. B. in **switch**-Anweisungen verwendet werden, weil die Objekte intern auch über eine `int`-Zahl (die Ordinalzahl) identifizierbar sind, die der Compiler an den entsprechenden Stellen einsetzen kann.

11.1.2 Instanzmethoden der enum-Objekte

Jedes durch die Deklaration eines Aufzählungstyps festgelegte **enum**-Objekt besitzt automatisch die Instanzmethoden

- `toString()`
  liefert den Namen der **enum**-Konstante als Zeichenkette;

- `equals(Object o)`
  liefert **true**, wenn o und die **enum**-Konstante übereinstimmen, andernfalls **false**;

- `ordinal()`
  liefert die Ordinalzahl der **enum**-Konstante.

Außerdem steht dem Aufzählungstyp und somit seinen Konstanten (als eine Art „Klassenmethode") die Methode `values` zur Verfügung, die eine Liste aller **enum**-Konstanten liefert. Diese Liste kann man zum Beispiel geschickterweise mit einer **for**-Schleife in der vereinfachten Notation abarbeiten.
In unserem Programm

```
 1  import typen.Jahreszeit;
 2  import static typen.Jahreszeit.*;
 3  public class Aufzaehlungen {
 4    public static void main(String[] args) {
 5      Jahreszeit x = HERBST;
 6      System.out.println(x);
 7
 8      for (Jahreszeit jz : Jahreszeit.values())
 9        System.out.println(jz + " hat den Wert " + jz.ordinal());
10    }
11  }
```

werden zunächst über einen statischen Import alle Konstanten des Typs `Jahreszeit` bekannt gemacht. Der weitere Verlauf des Programms demonstriert den impliziten Aufruf der `toString`-Methode und die Verwendung der Methoden `values` und `ordinal`. Die Ausgabe sieht wie folgt aus:

```
─────────────── Konsole ───────────────
HERBST
FRUEHLING hat den Wert 0
SOMMER hat den Wert 1
HERBST hat den Wert 2
WINTER hat den Wert 3
```

11.1.3 Selbstdefinierte Instanzmethoden für enum-Objekte

Besonders interessant bei Aufzählungstypen ist die Tatsache, dass es möglich ist, eigene Methoden zu definieren. Für den Aufzählungstyp

```
1  package typen;
2  public enum Noten {
3    C, CIS, D, DIS, E, F, FIS, G, GIS, A, AIS, H;
4
5    public boolean liegtAufSchwarzerTaste() {
6      switch (this) {
7        case CIS:
8        case DIS:
9        case FIS:
10       case GIS:
11       case AIS:
12         return true;
13       default:
14         return false;
15     }
16   }
17 }
```

haben wir z. B. eine Methode `liegtAufSchwarzerTaste` ergänzt, die genau dann den Wert **true** zurückliefert, wenn es sich bei der **enum**-Konstante bzw. dem **enum**-Objekt, für die bzw. für das die Methode ausgeführt wird, um eine Note handelt, die am Klavier auf einer schwarzen Taste liegt. Verwenden wir diesen Aufzählungstyp, liefert das Programm

```
1  import typen.Noten;
2  import static typen.Noten.*;
3  public class Enumerations {
4    public static void main(String[] args) {
5      for (Noten n : Noten.values())
6        if (n.liegtAufSchwarzerTaste())
7          System.out.println(n + " liegt auf einer schwarzen Taste");
8        else
9          System.out.println(n + " liegt auf einer weissen Taste");
10   }
11 }
```

folgende Ausgabe:

```
──────────────── Konsole ────────────────
C liegt auf einer weissen Taste
CIS liegt auf einer schwarzen Taste
D liegt auf einer weissen Taste
DIS liegt auf einer schwarzen Taste
E liegt auf einer weissen Taste
F liegt auf einer weissen Taste
FIS liegt auf einer schwarzen Taste
G liegt auf einer weissen Taste
GIS liegt auf einer schwarzen Taste
A liegt auf einer weissen Taste
AIS liegt auf einer schwarzen Taste
H liegt auf einer weissen Taste
```

11.1.4 Übungsaufgaben

Aufgabe 11.1

Die in Kapitel 8 beschriebene Klasse Student wird in Abschnitt 8.3.2 mit Konstanten ausgestattet, die das jeweilige Studienfach des Studenten repräsentieren. Schreiben Sie die Klasse Student nun so um, dass statt der Deklaration einzelner Konstanten innerhalb der Klasse Student ein eigener Aufzählungstyp verwendet wird, der die benötigten **enum**-Objekte enthält. Der Aufzählungstyp Fach soll zum Paket studienfaecher gehören. In der Klasse Student können Sie dann die Aufzählungskonstanten durch einen statischen Import bekannt machen. Die entsprechend modifizierte Klasse Student kann mit Hilfe der nachfolgenden Klasse getestet werden.

```
1   import studienfaecher.Fach;
2   import static studienfaecher.Fach.*;
3   public class StudentenTest {
4     public static void main (String[] args) {
5       Student Peter = new Student();
6       Peter.setName("Peter Honig");
7       Peter.setNummer(12345);
8       Peter.setFach(WIRTSCHAFTLICHESSTUDIUM);
9       System.out.println(Peter);
10    }
11  }
```

Aufgabe 11.2

Erweitern Sie den Aufzählungstyp Fach aus Aufgabe 11.1 um eine Instanzmethode regelstudienzeit ohne Parameter, die zu jedem Studienfach die Regelstudienzeit liefert. Die entsprechende Modifizierung des Aufzählungstyps kann mit Hilfe der nachfolgenden Klasse getestet werden.

```
1   import studienfaecher.Fach;
2   import static studienfaecher.Fach.*;
3   public class StudentenTest2 {
4     public static void main (String[] args) {
5       Student Peter = new Student();
6       Peter.setName("Peter Honig");
7       Peter.setNummer(12345);
8       Peter.setFach(WIRTSCHAFTLICHESSTUDIUM);
9       System.out.println(Peter);
10      System.out.println("Regelstudienzeit fuer sein Studium: " +
11              Peter.getFach().regelstudienzeit() + " Semester.");
12    }
13  }
```

Aufgabe 11.3

Sie sollen einen grammatikalisch korrekten „Geschichtenerzähler" bauen. Das folgende Programm erzählt eine (leicht gekürzte) Fassung von Rotkäppchen und dem bösen Wolf:

```
1  public class EsWarEinmal {
2    public static void absatz(Object... elemente) {
3      for(Object element : elemente)
4        System.out.print(String.valueOf(element));
5      System.out.println();
6    }
7    public static void main(String... args) {
8      Nom rotkaeppchen =
9        new Nom(Geschlecht.SAECHLICH,"Rotkaeppchen");
10     Nom wolf =
11       new Nom(Geschlecht.MAENNLICH,"Wolf");
12     Nom oma =
13       new Nom(Geschlecht.WEIBLICH,"Grossmutter");
14     absatz(
15       "Es war einmal ",
16       rotkaeppchen.mitArtikel(Fall.NOMINATIV,false),
17       ", das wollte einen Ausflug zu ",
18       oma.mitArtikel(Fall.DATIV,true),
19       " machen.");
20     absatz(
21       "Im Wald jedoch begegnete es ",
22       wolf.mitArtikel(Fall.DATIV,false),
23       ", und damit beginnt unsere schaurige Geschichte...");
24   }
25 }
```

Wenn das Programm einmal lauffähig ist, gibt es den folgenden Text auf dem Bildschirm aus:

> *Es war einmal ein Rotkaeppchen, das wollte einen Ausflug zu der Grossmutter machen. Im Wald jedoch begegnete es einem Wolf, und damit beginnt unsere schaurige Geschichte ...*

Leider haben wir bis dahin noch etwas Arbeit vor uns:

a) Unser Programm repräsentiert sprachliche Konstrukte durch Aufzählungstypen. Schreiben Sie einen Aufzählungstyp `Geschlecht`, der die Konstanten `MAENNLICH`, `WEIBLICH` und `SAECHLICH` enthält, und einen Aufzählungstyp `Fall` mit den Werten `NOMINATIV`, `GENITIV`, `DATIV`, und `AKKUSATIV`.

b) Erweitern Sie den Aufzählungstyp `Fall` um eine Methode

```
public String getBestimmterArtikel(Geschlecht geschlecht)
```

die den bestimmten Artikel für einen bestimmten Fall und ein gegebenes Geschlecht ausgibt. So hat also beispielsweise

```
Fall.GENITIV.getBestimmterArtikel(Fall.MAENNLICH)
```

den Wert „des". Verfassen Sie analog eine Methode

```
public String getUnbestimmterArtikel(Geschlecht geschlecht)
```

c) Schreiben Sie eine Klasse `Nom`, die ein Nom (z. B. Rotkäppchen oder Wolf) repräsentiert. Statten Sie die Klasse mit

- einem Konstruktor der Form

```
public Nom(Geschlecht geschlecht, String name)
```

- und einer Methode

```
public String mitArtikel(Fall fall, boolean bestimmt)
```

die als Ergebis den Namen mit dem entsprechenden bestimmten oder unbestimmten Artikel liefert,

aus. Die Anweisungen

```
Nom n = new Nom(Geschlecht.SAECHLICH, "Rotkaeppchen");
String s = n.mitArtikel(Fall.NOMINATIV, false);
```

liefern also den String „ein Rotkaeppchen".

d) Übersetzen Sie alle Klassen, und starten Sie die `main`-Methode der Klasse `EsWarEinmal`.

11.2 Generische Datentypen

Unter einem **generischen Datentyp** versteht man einen Datentyp, dessen Komponenten durch so genannte **Typ-Parameter** spezifiziert werden, sodass der Datentyp in verschiedenen Ausprägungen (je nach tatsächlichem Typ seiner Typ-Parameter) eingesetzt werden kann, ohne dass der Code für die verschiedenen Ausprägungen mehrfach implementiert werden muss. Im Java-Sprachgebrauch bedeutet dies, dass man eine Klasse hinsichtlich der in ihr verwendeten Typen parametrisieren kann. Aufgrund des in Java verwendeten Vererbungsprinzips hat man natürlich bereits die Möglichkeit, solche Generizität umzusetzen, indem man z. B. alle Komponenten einer Klasse vom Typ `Object` spezifiziert, sodass sie später Objekte eines beliebigen Typs (einer beliebigen Klasse) speichern können. Im Hinblick auf die Typsicherheit ist man mit dieser Vorgehensweise jedoch etwas eingeschränkt. Aus diesem Grund wurde die Sprache Java mit der Version 5.0 um die Möglichkeit der generischen Typdefinition erweitert.

11.2.1 Generizität in alten Java-Versionen

Wir wollen uns anhand von Beispielen in „altem" Java (also Java-Code für Versionen älter als 5.0) klarmachen, wie die Generizität umgesetzt werden kann und welche Vor- bzw. Nachteile damit verbunden sind.

Nehmen wir einmal an, wir wollen jeweils zwei Objekte der Klasse

```
1  public class Ohrring {
2    public String toString() {
3      return "Ohrring";
4    }
5  }
```

und der Klasse

```
1  public class Socke {
2    public String toString() {
3      return "Socke";
4    }
5  }
```

zu Paaren zusammenfassen. Wir müssen uns dazu jeweils eine Datenstruktur konstruieren, die als Container dienen und ein Paar Ohrringe bzw. ein Paar Socken aufnehmen kann. Um Programmieraufwand zu sparen, bietet es sich jedoch an, keine zwei separaten Container-Typen zu verwenden, sondern die Datenstruktur generisch anzulegen, sodass sie sowohl für ein Paar Ohrringe als auch für ein Paar Socken benutzt werden kann. Wie bereits weiter oben erwähnt, erreichen wir dies, indem dass wir für die entsprechenden Komponenten (Variablen) einer solchen Container-Klasse den Datentyp Object verwenden. Auf diese Weise könnten wir beispielsweise die Klasse

```
1  public class Paar {
2
3    private Object l, r;
4
5    public Paar (Object l, Object r) {
6      this.l = l;
7      this.r = r;
8    }
9    public Object getL() {
10     return l;
11   }
12   public Object getR() {
13     return r;
14   }
15   public String toString() {
16     return "(l,r) = (" + l + "," + r +")";
17   }
18  }
```

implementieren, die neben den beiden Instanzvariablen l und r vom Typ Object auch mit einem Konstruktor, zwei Zugriffsmethoden für die l- und r-Komponenten und einer toString-Methode ausgestattet ist. In der main-Methode der Klasse

```
1  public class PaarTest1 {
2    public static void main(String[] args) {
3      Socke s1 = new Socke();
4      Socke s2 = new Socke();
5      Paar sockenPaar = new Paar (s1,s2);
6      System.out.println("1. Paar: " + sockenPaar);
```

```
7       Ohrring o1 = new Ohrring();
8       Ohrring o2 = new Ohrring();
9       Paar ohrringPaar = new Paar (o1,o2);
10      System.out.println("2. Paar: " + ohrringPaar);
11      Socke s = (Socke) sockenPaar.getL();
12      System.out.println("Links in Paar 1: " + s);
13    }
14  }
```

können wir dann mit Hilfe der Klasse `Paar` sowohl Ohrring- als auch Socken-Paare erzeugen und sie z. B. auf die Konsole ausgeben. Etwas problematisch wird es jedoch beim Zugriff auf die `l`- oder die `r`-Komponente eines Paares, weil die Zugriffsmethoden stets eine Referenz vom Typ `Object` abliefern und wir (wie in Zeile 12) diese zunächst explizit in den tatsächlichen Typ der Komponente wandeln müssen, damit das Programm auch compiliert werden kann und wie erwartet die Zeilen

```
———————————— Konsole ————————————
1. Paar: (l,r) = (Socke,Socke)
2. Paar: (l,r) = (Ohrring,Ohrring)
Links in Paar 1: Socke
```

auf der Konsole ausgibt.

Aufgrund der Verwendung des Datentyps `Object` für die beiden Komponenten `l` und `r` hat die Klasse `Paar` einen entscheidenden Nachteil: Wir können nicht kontrollieren, ob unsere Paare auch zusammenpassen. Prinzipiell ist es nämlich möglich, ein „komisches" `Paar`-Objekt zu bilden, das links aus einem Ohrring und rechts aus einer Socke besteht, wie wir es im Programm

```
1   public class PaarTest2 {
2     public static void main(String[] args) {
3       Ohrring o = new Ohrring();
4       Socke s = new Socke();
5       Paar komischesPaar = new Paar(o,s);
6       System.out.println("Komisches Paar: " + komischesPaar);
7       s = (Socke) komischesPaar.getL();
8       System.out.println("Links ist " + s);
9     }
10  }
```

in Zeile 5 gemacht haben. Und hier wird es nun mit den Zugriffen auf die Komponenten richtig kompliziert, wenn wir z. B. an anderer Stelle im Programm nicht mehr genau wissen, von welchem Typ denn die Komponenten unseres Paares eigentlich sind. In Zeile 7 haben wir beispielsweise fälschlicherweise angenommen, dass es sich bei der linken Komponente um eine Socke handelt, und wir haben den von `getX` zurückgelieferten Wert explizit nach `Socke` gewandelt, was natürlich nicht funktionieren dürfte. Der Compiler kann dies jedoch nicht feststellen, das Programm wird als fehlerfrei übersetzt. Wir haben somit an dieser Stelle keine Typsicherheit mehr, was sich dadurch ausdrückt, dass unser Programm beim Start mit der Fehlermeldung

```
─────── Konsole ───────
Exception in thread "main" java.lang.ClassCastException: Ohrring
        at PaarTest2.main(PaarTest2.java:7)
```

reagiert, weil in Zeile 7 die Datentypen nicht mehr zuweisungskompatibel sind.

11.2.2   Generizität ab Java 5.0

Wünschenswert wäre es, eine Klasse schreiben zu können, die so allgemein be-
nutzbar ist wie die Klasse `Paar` aus dem letzten Abschnitt, aber trotzdem die
Typsicherheit bereits beim Compilieren garantiert. Ab Java 5.0 kann genau das mit
einer so genannten **generischen Klasse** realisiert werden. In ihr können wir den
Typ `Object` durch eine **Typ-Variable**, also einen Platzhalter für einen beliebigen
Datentyp, ersetzen. Dabei können auch mehrere solche Platzhalter zum Einsatz
kommen. Die Namen aller Typ-Variablen müssen wir dazu bereits im Kopf der
Klassendefinition festlegen, indem wir sie in der Form

```
─────── Syntaxregel ───────
class «KLASSENNAME» < «TYPVARIABLENLISTE» > {
```

unmittelbar nach dem Klassennamen in spitzen Klammern als Kommaliste von
frei wählbaren Variablennamen – wohlgemerkt Variablen, die als Platzhalter für
Typangaben fungieren – angeben.
Eine generische Klasse für ein Paar von Ohrringen, Socken oder anderen Objekten
wäre etwa

```java
1   public class GenPaar<T> {
2
3     private T l, r;
4
5     public GenPaar (T l, T r) {
6       this.l = l;
7       this.r = r;
8     }
9     public T getL() {
10      return l;
11    }
12    public T getR() {
13      return r;
14    }
15    public String toString() {
16      return "(l,r) = (" + l + "," + r +")";
17    }
18  }
```

Hier arbeiten wir nun bei der Deklaration der Komponenten, im Konstruktor und in den Zugriffsmethoden jeweils mit der Typ-Variablen T,[2] die in den spitzen Klammern hinter dem Klassennamen eingeführt wurde. Unsere Paar-Klasse spezifiziert nun also wesentlich genauer, mit welcher Art von Komponenten ihre Objekte ausgestattet sind.

Beim Erzeugen eines Objekts der Klasse GenPaar können wir nun ebenfalls genau festlegen, welche Inhalte dieses Objekt haben soll, indem wir gemäß

Syntaxregel

```
new «KLASSENNAME» < «TYPLISTE» > («PARAMETERLISTE»)
```
---

ebenso in spitzen Klammern hinter dem Klassennamen und vor den in runden Klammern stehenden Konstruktor-Parametern die entsprechenden für die Typ-Variablen tatsächlich zu verwendenden Typen (wiederum in Form einer Kommaliste von Typ-Namen) angeben.

Im nachfolgenden Beispielprogramm arbeiten wir mit den Ausprägungen GenPaar<Socke> und GenPaar<Ohrring>:

```
1  public class GenPaarTest1 {
2    public static void main(String[] args) {
3      Socke s1 = new Socke();
4      Socke s2 = new Socke();
5      GenPaar<Socke> sockenPaar = new GenPaar<Socke>(s1,s2);
6      System.out.println("1. Paar: " + sockenPaar);
7      Ohrring o1 = new Ohrring();
8      Ohrring o2 = new Ohrring();
9      GenPaar<Ohrring> ohrringPaar = new GenPaar<Ohrring>(o1,o2);
10     System.out.println("2. Paar: " + ohrringPaar);
11     Socke s = sockenPaar.getL();
12     System.out.println(s);
13   }
14 }
```

Wie in Zeile 11 zu erkennen ist, kann die Typkonvertierung nach dem Aufruf der Zugriffsmethode entfallen, da die Komponenten eines Paares vom Typ GenPaar<Socke> ja stets vom festgelegten Komponententyp Socke sind.

Darüber hinaus kann bereits der Compiler Fehler im Zusammenhang mit Typunverträglichkeiten entdecken, sodass es nicht mehr zu Typfehlern während der Ausführung eines Programms kommen kann. Versuchen wir etwa, die Klasse

```
1  public class GenPaarTest2 {
2    public static void main(String[] args) {
3      Ohrring o = new Ohrring();
4      Socke s = new Socke();
```

---
[2] Als Konvention wird zur Bezeichnung eines Typ-Parameters ein einzelner Großbuchstabe verwendet, um die Unterscheidung eines Typ-Parameters von einem Klassennamen zu erleichtern. Die Java-Entwickler empfehlen dabei unter anderem, die Großbuchstaben T als Abkürzung für einen Typ, S für einen weiteren Typ, falls T schon benutzt wurde, und E für ein Element zu verwenden (zum Beispiel in Zusammenhang mit Collections – siehe Kapitel 12).

```
5       GenPaar<Socke> mix = new GenPaar<Socke>(o,s);  // unzulaessig
6     }
7   }
```

zu compilieren, so erhalten wir die Fehlermeldung

```
─────────────── Konsole ───────────────
GenPaarTest2.java:5: cannot find symbol
symbol   : constructor GenPaar(Ohrring,Socke)
location: class GenPaar<Socke>
    GenPaar<Socke> mix = new GenPaar<Socke>(o,s);  // unzulaessig
                         ^
```

die uns zu verstehen gibt, dass kein Konstruktor zur Verfügung steht, der eine
Socke und einen Ohrring zu einem Paar kombinieren kann.

11.2.3 Einschränkungen der Typ-Parameter

Mit unserer Klasse GenPaar haben wir nun also die Möglichkeit, typsichere Paare
von je zwei Objekten einer Klasse zu bilden, wobei prinzipiell beliebige Klassen
als Komponententyp auftreten können. Manchmal ist es aber sinnvoll, dies etwas
einzuschränken und nicht jede beliebige Klasse, sondern nur bestimmte Gruppen
von Klassen zuzulassen. Auch das ist möglich, denn jede Typ-Variable in der bei
der generischen Klassen-Definition verwendeten Liste von Typ-Variablen kann
gemäß der Regel

```
─────────────── Syntaxregel ───────────────
≪TYPVARIABLE≫ extends ≪TYP≫
```

im Hinblick auf eine geforderte Erbschaftsbeziehung genauer spezifiziert und dadurch eingeschränkt werden.
Wenn uns z. B. die Klasse

```
1  public class Kleidung {
2  }
```

sowie ihre zwei Subklassen

```
1  public class Hemd extends Kleidung {
2    public String toString() {
3      return "Hemd";
4    }
5  }
```

und

```
1  public class Hose extends Kleidung {
2    public String toString() {
3      return "Hose";
4    }
5  }
```

zur Verfügung stehen, können wir durch die Klassendefinition

```
1  public class TollesPaar<T extends Kleidung> {
2
3    private T l, r;
4
5    public TollesPaar (T l, T r) {
6      this.l = l;
7      this.r = r;
8    }
9    public T getL() {
10     return l;
11   }
12   public T getR() {
13     return r;
14   }
15   public String toString() {
16     return "(l,r) = (" + l + "," + r +")";
17   }
18 }
```

sicherstellen, dass ein `TollesPaar`-Objekt nur aus Komponenten-Objekten bestehen darf, deren Klassen von `Kleidung` erben. Im Programm

```
1  public class TollesPaarTest {
2    public static void main(String[] args) {
3      Hemd he1 = new Hemd();
4      Hemd he2 = new Hemd();
5      Hose ho1 = new Hose();
6      Hose ho2 = new Hose();
7      Ohrring o1 = new Ohrring();
8      Ohrring o2 = new Ohrring();
9      TollesPaar<Hemd> p1 = new TollesPaar<Hemd>(he1,he2);
10     TollesPaar<Hose> p2 = new TollesPaar<Hose>(ho1,ho2);
11     TollesPaar<Ohrring> p3 =
12             new TollesPaar<Ohrring>(o1,o2); // unzulaessig
13   }
14 }
```

sind daher die Typisierungen in den Zeilen 9 und 10 zulässig, während wir für Zeile 11 und 12 beim Compilieren Fehlermeldungen der Art

```
──────────────── Konsole ────────────────
TollesPaarTest.java:11: type parameter Ohrring is not within
its bound
    TollesPaar<Ohrring> p3 =
              ^
TollesPaarTest.java:12: type parameter Ohrring is not within
its bound
            new TollesPaar<Ohrring>(o1,o2); // unzulaessig
                          ^
```

erhalten. Andere Objekte dürfen also nicht Komponenten von `TollesPaar` werden.

11.2.4   Wildcards

Nachdem wir nun die Möglichkeit kennen gelernt haben, bei der Typisierung von generischen Klassen nur bestimmte Gruppen von Klassen als Typ-Parameter zuzulassen, versuchen wir jetzt, eine Methode zu schreiben, die mit Parametern aller Ausprägungen des Typs `TollesPaar` genutzt werden kann.
Die Methode

```
public static void paarAusgeben1(TollesPaar<Kleidung> tp){
   System.out.println(tp);
}
```

soll ein beliebiges Objekt vom Typ `TollesPaar` auf dem Bildschirm ausgeben. Hier stoßen wir jedoch auf ein Problem: die oben aufgeführte Methode lässt sich nur mit Parametern der typisierten Klasse `TollesPaar<Kleidung>` verwenden, da die typisierte Klasse `TollesPaar<Hose>` keine Unterklasse der typisierten Klasse `TollesPaar<Kleidung>` ist.
Wenn wir also die Klasse

```
1  public class TollesPaarTestWild1 {
2    public static void paarAusgeben1(TollesPaar<Kleidung> tp){
3      System.out.println(tp);
4    }
5    public static void main(String [] args) {
6      Hose ho1 = new Hose();
7      Hose ho2 = new Hose();
8      TollesPaar<Hose> p1 = new TollesPaar<Hose> (ho1,ho2);
9      paarAusgeben1(p1);
10   }
11 }
```

compilieren, erhalten wir eine entsprechende Fehlermeldung:

```
————————————— Konsole —————————————
TollesPaarTestWild1.java:10: paarAusgeben(TollesPaar<Kleidung>)
in TollesPaarTestWild1 cannot be applied to (TollesPaar<Hose>)
        paarAusgeben1(p1);
        ^
```

Wie muss nun aber eine Methode aussehen, die mit Parametern aller Ausprägungen der generischen Klasse `TollesPaar` verwendet werden kann? Hierzu müssen wir eine so genannte **Wildcard** (deutsch: Platzhalter, Joker) nutzen. Dazu können wir bei der Festlegung eines formalen Parameters im Methodenkopf ein ? als Wildcard-Symbol einsetzen:

```
————————————— Syntaxregel —————————————
  «KLASSENNAME»  < ? >  «VARIABLENNAME»
```

Die in der Klasse `TollesPaarTestWild2`

```
1  public class TollesPaarTestWild2 {
2    public static void paarAusgeben2(TollesPaar<?> tp){
3      System.out.println(tp);
4    }
5    public static void main(String [] args) {
6      Hose ho1 = new Hose();
7      Hose ho2 = new Hose();
8      TollesPaar<Hose> p1 = new TollesPaar<Hose> (ho1,ho2);
9      paarAusgeben2(p1);
10   }
11 }
```

verwendete Methode `paarAusgeben2` kann nun mit Objekten einer beliebigen
Ausprägung der Klasse `TollesPaar`, also mit Objekten der Klasse `TollesPaar`,
die mit dem Typ `Kleidung` oder einem Subtyp von `Kleidung` typisiert wurde,
aufgerufen werden. Eine Einschränkung der gültigen Parameter ergibt sich lediglich aufgrund des eingeschränkten Typ-Parameters der Klasse `TollesPaar`, die
ja nur Typisierungen durch die Klasse `Kleidung` oder Subklassen dieser Klasse
zulässt (siehe Abschnitt 11.2.3). Wichtig ist, dass an dieser Stelle das Wildcard-
Symbol `?` keine Typisierung mit der Superklasse `Object` darstellt, sondern für
die Typisierung mit einer *unbekannten Klasse* steht.
Die Referenz auf ein Objekt des Typs `TollesPaar<?>` kann natürlich auch in
einer Referenz vom Typ `Object` gespeichert werden. Die Variante der Methode
`paarAusgeben`

```
public static void paarAusgeben3(TollesPaar<?> tp){
  Object o = tp;
  System.out.println(o);
```

wäre also zulässig. Die Typsicherheit kann beim Compilieren nach wie vor garantiert werden.

11.2.5 Bounded Wildcards

Mit Hilfe einer so genannten **Bounded Wildcard** (deutsch: beschränkter Platzhalter) lassen sich die durch ein Wildcard-Zeichen parametrisierten Typen auf eine
gewisse Teilmenge von Typen einschränken. Die Syntax zur Realisierung dieser
Einschränkung bei der Deklaration eines Methodenparameters ist analog zur Syntax aus Abschnitt 11.2.3:

Syntaxregel

«KLASSENNAME» < ? extends «TYP» > «VARIABLENNAME»

Wir wollen dies anhand eines Beispiels demonstrieren, in dem wir uns einer Klasse `Jeans` bedienen, die wir als Subklasse unserer Klasse `Hose` deklarieren:

```
1  public class Jeans extends Hose {
2    public String toString() {
3      return "Jeans";
```

```
4      }
5    }
```

Nun greifen wir auf unsere in Abschnitt 11.2.2 angegebene Klasse `GenPaar` zurück, die nicht wie die zuvor verwendete Klasse `TollesPaar` bereits Einschränkungen für ihre Typ-Parameter vorschreibt. Vielmehr schränken wir die Typen der Parameter der Methode `GenPaarAusgeben1` in Bezug auf die geforderte Erbschaftsbeziehung nun direkt bei der Angabe der Wildcard ein:

```
1  public class GenPaarTestWild1 {
2    public static void genPaarAusgeben1(GenPaar<? extends Hose> gp){
3      System.out.println(gp);
4    }
5    public static void main(String [] args) {
6      Jeans j1 = new Jeans();
7      Jeans j2 = new Jeans();
8      GenPaar<Jeans> p1 = new GenPaar<Jeans> (j1,j2);
9      genPaarAusgeben1(p1);
10   }
11 }
```

Der Methode `GenPaarAusgeben1` können wir jetzt nur Objekte der Klasse `GenPaar` als Parameter übergeben, die durch die Instantiierung einer mit dem Typ `Hose` oder einem Subtyp von `Hose` typisierten Klasse `GenPaar` erzeugt wurden. Wir verwenden Objekte einer Ausprägung von `GenPaar`, die mit dem Typ `Jeans` typisiert ist.

Die oben beschriebene Art der Einschränkung bei der Verwendung von Wildcards lässt also die Benutzung von Instanzen einer typisierbaren Klasse als Parameter zu, wenn diese mit dem angegebenen Typ oder einer Subklasse des angegebenen Typs typisiert wurden. Man nennt diese Art der eingeschränkten Verwendung einer Wildcard auch **Upper Bound Wildcard**. Als **Lower Bound Wildcard** bezeichnet man eine Einschränkung der folgenden Art:

Syntaxregel

```
«KLASSENNAME» < ? super «TYP» > «VARIABLENNAME»
```

Durch eine derartige Einschränkung sind nur Instanzen einer typisierbaren Klasse als Parameter zugelassen, die mit dem angegebenen Typ oder mit dem Typ einer Superklasse des angegebenen Typs typisiert wurden. In der `main`-Methode des Programms

```
1  public class GenPaarTestWild2 {
2    public static void genPaarAusgeben2(GenPaar<? super Hose> gp){
3      System.out.println(gp);
4    }
5    public static void main(String [] args) {
6      Kleidung k1 = new Kleidung();
7      Kleidung k2 = new Kleidung();
8      GenPaar<Kleidung> p1 = new GenPaar<Kleidung> (k1,k2);
9      genPaarAusgeben2(p1);
```

```
10     }
11   }
```

wird diese Einschränkung korrekt beachtet, sodass es sich auch compilieren lässt.
Eine Instanz der mit dem Typ Jeans typisierten Klasse GenPaar wäre jedoch
nicht zulässig, sodass das Compilieren des Programms

```
1   public class GenPaarTestWild3 {
2     public static void genPaarAusgeben3(GenPaar<? super Hose> gp){
3       System.out.println(gp);
4     }
5     public static void main(String [] args) {
6       Jeans j1 = new Jeans();
7       Jeans j2 = new Jeans();
8       GenPaar<Jeans> p1 = new GenPaar<Jeans> (j1,j2);
9       genPaarAusgeben3(p1);
10     }
11   }
```

eine Fehlermeldung der Art

```
───────── Konsole ─────────
GenPaarTestWild3.java:9: genPaarAusgeben3(GenPaar<? super Hose>)
in GenPaarTestWild3 cannot be applied to (GenPaar<Jeans>)
    genPaarAusgeben3(p1);
    ^
```

liefert.

11.2.6 Generische Methoden

Bisher haben wir die generische Deklaration von Klassen und die typisierte, eventuell aber variabel gehaltene Deklaration der Parameter von Methoden betrachtet.
Darüber hinaus ist es aber auch möglich, einzelne Methoden selber generisch zu
formulieren, d. h. mit einem eigenen Typ-Parameter zu deklarieren. Dabei können
im Methodenkopf unmittelbar nach den optionalen Modifizierern und unmittelbar vor dem Ergebnistyp der Methode gemäß der Syntax

```
───────── Syntaxregel ─────────
< «TYPVARIABLENLISTE» > «ERGEBNISTYP» ( «PARAMETERLISTE» )
```

Typ-Parameter eingeführt werden.
In unserem Programm

```
1   public class GenPaarTest3 {
2     public static <T> boolean linksGleichRechts (GenPaar<T> x){
3       return x.getL().equals(x.getR());
4     }
5     public static <T> T links (GenPaar<T> x){
6       return x.getL();
```

```
 7      }
 8      public static void main(String [] args) {
 9          Hose h1 = new Hose();
10          Jeans j1 = new Jeans();
11          GenPaar<Hose> p1 = new GenPaar<Hose> (h1,j1);
12          System.out.println(linksGleichRechts(p1));
13          System.out.println(links(p1));
14      }
15  }
```

haben wir zwei generische Methoden definiert, denen jeweils eine Referenz auf ein Objekt der typisierten Klasse `GenPaar` als Parameter übergeben werden kann. Die Methode `linksGleichRechts` vergleicht die beiden im `GenPaar`-Objekt referenzierten Objekte und gibt einen entsprechenden Booleschen Wert zurück. Die Methode `links` besitzt auch einen typisierten Rückgabewert und gibt beim Aufruf die Referenz auf das Objekt zurück, die mit der `GenPaar`-Instanzmethode `getL` ausgelesen werden kann.

Beim Aufruf der generischen Methoden ermittelt der Compiler den tatsächlichen Typ, der für den Platzhalter `T` einzusetzen ist, aus dem Typ der Objekte, die als aktuelle Parameter übergeben werden.

Nachdem wir nun die Notation der generischen Methoden kennen gelernt haben, stellt sich die Frage, wann wir Wildcards in der Parameterliste einer Methode verwenden und wann die oben beschriebene generische Deklaration der Methoden zur Anwendung kommen sollte. Unsere oben implementierte Methode `linksGleichRechts` könnte nämlich auch folgendermaßen aussehen:

```
public static boolean linksGleichRechts (GenPaar<?> x){
   return x.getL().equals(x.getR());
}
```

Durch die nun benutzte Wildcard-Notation haben wir keinerlei Funktionalität eingebüßt. Die Methode

```
   return x.getL();
}
public static void main(String [] args) {
```

lässt sich jedoch nicht durch eine alternative Version ohne Typ-Parameter ersetzen. Die Abhängigkeit des Rückgabetyps der Methode von der Typisierung ihres Parameters lässt sich nur mit Hilfe einer generischen Methode realisieren.

Zum Schluss sei noch erwähnt, dass es laut obiger Syntax auch möglich ist, verschiedene Typ-Parameter zu verwenden und gegenseitige Abhängigkeiten zwischen den Typisierungen der Parameter selbst und dem Rückgabewert der Methode durch entsprechende Einschränkungen der Typ-Parameter vorzunehmen. Die Methode `linksPaar` in der Klasse

```
1  public class GenPaarTest5 {
2    public static <T,S extends T> GenPaar<T> linksPaar
3                                   (GenPaar<T> x, GenPaar<S> y){
4      return new GenPaar<T>(x.getL(),y.getL());
5    }
6    public static void main(String [] args) {
```

```
 7        Hose h1 = new Hose();
 8        Hose h2 = new Hose();
 9        Jeans j1 = new Jeans();
10        Jeans j2 = new Jeans();
11        GenPaar<Hose> p1 = new GenPaar<Hose> (h1,h2);
12        GenPaar<Jeans> p2 = new GenPaar<Jeans> (j1,j2);
13        System.out.println(linksPaar(p1,p2));
14    }
15 }
```

erwartet die Referenzen auf zwei verschieden typisierte Objekte der Klasse
GenPaar. Beim Aufruf der Methode ist also zu beachten, dass der Typ der Referenz, die der Variablen y übergeben wird, eine Ausprägung der Klasse GenPaar
sein muss, die mit einer Subklasse derjenigen Klasse typisiert wurde, die zur Typisierung der GenPaar-Ausprägung der Referenz, die der Variable x übergeben
wird, verwendet wurde. Der Rückgabewert der Methode ist dann eine Referenz
auf ein Objekt vom Typ GenPaar in einer mit der Superklasse typisierten Ausprägung.

11.2.7 Ausblick

Wie Sie vielleicht bemerkt haben, ist der Umgang mit generischen Klassen und
Methoden nicht ganz einfach. Der Nutzen und die Mächtigkeit dieser Konzepte
erschließt sich sicherlich auch erst im Rahmen von größeren Programmierprojekten und kommerziellen Anwendungen. Daher sei abschließend noch bemerkt,
dass sich generische Klassen insbesondere für die in Abschnitt 12.7 beschriebenen
Collection-Klassen anbieten, um diese typsicher zu machen. Mit der Java-Version
5.0 wurden diese Klassen vollständig in eine generische Form überführt, sodass
man nun jeweils angeben kann, welchen Typ die Elemente einer Sammlung haben
sollen. Wir können Sie daher an dieser Stelle nur ermutigen, sich zur Vertiefung
Ihrer Kenntnisse über generische Klassen und Methoden, die Sie in diesem Kapitel erworben haben, mit den entsprechenden Abschnitten unseres Grundkurses
zu beschäftigen.

11.2.8 Übungsaufgaben

Aufgabe 11.4

Gegeben seien die folgenden Klassen:

```
1 class TierKaefig<E> {
2    private E insasse;
3    public void setInsasse(E x) {
4        insasse = x;
5    }
6    public E getInsasse() {
7        return insasse;
8    }
9 }
```

```
10  class Tier {
11  }
12  class Katze extends Tier {
13  }
14  class Hund extends Tier {
15  }
```

Überlegen Sie sich, ob die Java-Code-Ausschnitte

a) Variante 1:

```
TierKaefig<Tier> kaefig = new TierKaefig<Katze>();
```

b) Variante 2:

```
TierKaefig<Hund> kaefig = new TierKaefig<Tier>();
```

c) Variante 3:

```
TierKaefig<?> kaefig = new TierKaefig<Katze>();
kaefig.setInsasse(new Katze());
```

d) Variante 4:

```
TierKaefig kaefig = new TierKaefig();
kaefig.setInsasse(new Hund());
```

■ nicht compilierbar sind,

■ mit einer Warnung wegen mangelnder Typsicherheit compilierbar sind,

■ einen Laufzeitfehler erzeugen oder

■ ohne Probleme lauffähig sind.

Aufgabe 11.5

Welche Auswirkungen haben generische Methoden auf das Überladen von Methoden? Gegeben sei das folgende Programm, bestehend aus drei Interfaces und vier Klassen:

```
1   interface Tier {
2   }
3   interface Haustier extends Tier {
4   }
5   interface Wildtier extends Tier {
6   }
7   class Katze implements Tier {
8     public String toString(){return getClass().getName();}
9   }
10  class Hauskatze extends Katze implements Haustier {
11  }
12  class Wildkatze extends Katze implements Wildtier {
13  }
14  public class Tierleben {
15    /*
16    public static void gibAus(Object tier) {
```

```
17        System.out.println("Objekt: " + tier);
18      }
19    */
20    /*
21    public static void gibAus(Katze tier) {
22      System.out.println("Katze: " + tier);
23    }
24    */
25    public static <T> void gibAus(T tier) {
26      System.out.println("Unbekannt: " + tier);
27    }
28    public static <T extends Tier> void gibAus(T tier) {
29      System.out.println("Tier: " + tier);
30    }
31    public static <T extends Haustier> void gibAus(T tier) {
32      System.out.println("Haustier: " + tier);
33    }
34    public static void main(String... args) {
35      gibAus("Amoebe");
36      gibAus(new Katze());
37      gibAus(new Hauskatze());
38      gibAus(new Wildkatze());
39    }
40  }
```

Was wird das Programm `Tierleben` ausgeben, wenn wir es aufrufen? Welche Probleme werden sich ergeben, wenn wir eine der auskommentierten Methoden (oder beide) aktivieren?

Aufgabe 11.6

Gegeben sei das folgende Programm

```
1  public class RateMal {
2    public static void ausgabe(Object... eingabe) {
3      System.out.print("Ausgabe: ");
4      for(Object o : eingabe)
5        System.out.print(o + " ");
6      System.out.println();
7    }
8    public static <T extends Comparable> T[] tueWas(T... eingabe) {
9      eingabe = eingabe.clone();
10      for(int i = eingabe.length - 1; i > 0; i--)
11        for(int j = 0; j < i; j++)
12          if (eingabe[j].compareTo(eingabe[j+1]) > 0) {
13            T tmp = eingabe[j];
14            eingabe[j] = eingabe[j+1];
15            eingabe[j+1] = tmp;
16          }
17      return eingabe;
18    }
19    public static void main(String[] args) {
20      ausgabe(tueWas(Boolean.TRUE,Boolean.FALSE));
21      ausgabe(tueWas("welt","schoene","du","hallo"));
22    }
```

```
23   }
```

a) Versuchen Sie, die Methoden `ausgabe` und `tueWas` nachzuvollziehen. Überlegen Sie sich, was das Programm ausgibt, ohne es vorher auszuführen.
   Hinweis: Die Methode `compareTo` ist im Interface `Comparable` definiert. Die Bedingung `wert1.compareTo(wert2)>0` liefert genau dann **true**, wenn der Wert von `wert1` größer ist als der Wert von `wert2`.

b) Wenn Sie das Programm mit dem Befehl `javac -Xlint RateMal.java` übersetzen, erhalten Sie die folgenden Warnungen:

```
──────────────── Konsole ────────────────
RateMal.java:14: warning: [unchecked] unchecked call to
compareTo(T) as a member of the raw type java.lang.Comparable
        if (eingabe[j].compareTo(eingabe[j+1]) > 0) {
                      ^
RateMal.java:23: warning: non-varargs call of varargs method
with inexact argument type for last parameter;
cast to java.lang.Object for a varargs call
cast to java.lang.Object[] for a non-varargs call and to
suppress this warning
    ausgabe(tueWas(Boolean.TRUE,Boolean.FALSE));
           ^
RateMal.java:24: warning: non-varargs call of varargs method
with inexact argument type for last parameter;
cast to java.lang.Object for a varargs call
cast to java.lang.Object[] for a non-varargs call and to
suppress this warning
    ausgabe(tueWas("welt","hallo"));
           ^
```

Modifizieren Sie das Programm so, dass die Warnungen nicht mehr auftreten.

c) Manchmal weiß man die Freuden des Lebens erst dann richtig zu schätzen, wenn man ohne sie auskommen muss. Versuchen Sie, das Programm mit `javac -source 1.4 RateMal.java` zu übersetzen. Dies instruiert den Java-Compiler explizit, nur Quellcode (source code) der Java Version 1.4 zu akzeptieren und damit all die in Java 5 eingeführten Vereinfachungen wegzulassen. Verändern Sie das Programm so, dass es damit trotzdem übersetzt werden kann.

Aufgabe 11.7

Das folgende Programm wurde von einem Konzertveranstalter in Auftrag gegeben. Es ist die erste Stufe eines Sicherheitssystems, das die derzeit eingesetzten Sicherheitsbeamten durch sogenannte „RObotische Automatisierte DIsziplin-Einheiten" (ROADIE) ersetzen soll. Ein ROADIE soll darauf hin trainiert sein, be-

stimmte Personen durchzulassen. So sollen beispielsweise durch den Hinterein-
gang nur Bühnenpersonal (Performer) und der Star des Abends gelassen werden.
Durch den Backstage-Eingang dürfen nur die echten Groupies (manche Stars verlangen zusätzlich, dass letztere auch hübsch seien).

```
 1  class Person {
 2  }
 3  class Performer extends Person {
 4  }
 5  class Star extends Performer {
 6  }
 7  class Zuschauer extends Person {
 8  }
 9  class Groupie extends Zuschauer {
10  }
11  class HuebschesGroupie extends Groupie {
12  }
13  class Roadie<T extends Person> {
14    public void gewaehreEinlass(T person) {
15      System.out.println("Willkommen, " + person);
16    }
17  }
18  public class Konzert {
19    private Roadie<? extends Zuschauer> vorderEingang;
20    private Roadie<? super Star> hinterEingang;
21    private Roadie<? extends Groupie> backstage;
22
23    public Konzert(Roadie<? extends Zuschauer> vorderEingang,
24                   Roadie<? super Star> hinterEingang,
25                   Roadie<? extends Groupie> backstage) {
26      this.vorderEingang = vorderEingang;
27      this.hinterEingang = hinterEingang;
28      this.backstage = backstage;
29    }
30    public static void main(String[] args) {
31      final Roadie<Zuschauer> roadie1 = new Roadie<Zuschauer>();
32      final Roadie<Performer> roadie2 = new Roadie<Performer>();
33      final Roadie<HuebschesGroupie> roadie3 = new Roadie<HuebschesGroupie>();
34      final Roadie<Groupie> roadie4 = new Roadie<Groupie>();
35      final Roadie<Star> roadie5 = new Roadie<Star>();
36      final Roadie<Person> roadie6 = new Roadie<Person>();
37      final Roadie roadie7 = new Roadie();
38      Konzert konzert1 = new Konzert(roadie1, roadie2, roadie3);
39      Konzert konzert2 = new Konzert(roadie2, roadie2, roadie3);
40      Konzert konzert3 = new Konzert(roadie1, roadie5, roadie4);
41      Konzert konzert4 = new Konzert(roadie1, roadie5, roadie4);
42      Konzert konzert5 = new Konzert(roadie4, roadie5, roadie4);
43      Konzert konzert6 = new Konzert(roadie6, roadie2, roadie3);
44      Konzert besondersExklusiv = new Konzert(roadie3, roadie5, roadie3);
45      Konzert besondersLax = new Konzert(roadie7, roadie7, roadie7);
46    }
47  }
```

Unser Programm verwendet eine generische Roadie-Klasse, um all die verschiedenen Roboter-Einheiten darzustellen. Ferner gibt es sogenannte Konzert-Objek-

te, welche jeweils einen Roadie für den Vorder-, Hinter- und Backstage-Eingang
verwalten.

Leider ist das Programm noch nicht so ganz frei von Übersetzungsfehlern. In die
Methode `main` haben sich verschiedene Fehler eingeschlichen. Finden Sie jeden
einzelnen, und begründen Sie, warum sich der Compiler beschwert. Ferner befindet sich in dem Programm auch ein konzeptioneller (Design-)Fehler. Selbst wenn
Sie jeden einzelnen Übersetzungsfehler beheben, wird einer der Roadies niemals
tun, was der Veranstalter von ihm erwartet. Finden Sie den Roadie!

11.3 Sortieren von Feldern und das Interface `Comparable`

Stellen Sie sich vor, Sie haben ein Feld von Zahlen, die es zu sortieren gilt. Oder
aber ein Feld von Namen, Postleitzahlen oder beliebigen anderen Objekten. Wie
gehen Sie an die Sache heran?

Das Sortieren von Feldern ist in Einstiegskursen zur Programmierung immer ein
beliebtes Thema, weil das Sortieren eine der häufigsten Grundaufgaben für zahlreiche Anwendungen ist, weil sich viele Techniken zur Effizienzsteigerung von
Algorithmen anhand der Grundsortierverfahren Quicksort, Heapsort, Bucketsort
usw. relativ leicht verständlich erklären lassen und weil verschiedene Spezialanwendungen mit großen Datenmengen eine besondere Sorgfalt bei der Auswahl
der geeigneten Methode erfordern. Wegen der enormen Bedeutung von Sortier-
aufgaben in den verschiedensten Anwendungen findet man aber gerade deshalb
zahlreiche effiziente Implementierungen der verschiedenen Verfahren, weshalb
kaum ein Softwareentwickler, von Spezialanwendungen und Übungsaufgaben
während seines Studiums abgesehen, jemals einen Sortieralgorithmus implementieren muss. Wir haben deshalb in diesem Buch auf eine detaillierte Einführung
von Sortierverfahren verzichtet und verweisen die Leserschaft auf Lehrbücher zu
Algorithmen und Datenstrukturen wie z. B. [6] oder [18].

Wie lässt sich nun ein Feld `zahlen` von **int**-Werten (oder auch anderen einfachen Datentypen) unter Ausnutzung von in Java bereits existierenden Methoden
sortieren? Der einfachste Weg ist, die Anweisung

```
java.util.Arrays.sort(zahlen);
```

zu verwenden. Ein Feld von `String`-Objekten namens `namensliste` sortieren
Sie analog durch den Befehl

```
java.util.Arrays.sort(namensliste);
```

Wir wollen Sie in diesem Abschnitt dahin bringen, beliebige Felder von selbst
definierten Objekten mit der `sort`-Methode bearbeiten zu können. Zu diesem
Zweck beantworten wir die Frage, *nach welchem Kriterium* die Methode Objekte
miteinander vergleicht, um die Objekte zu ordnen. Welches Objekt steht vor einem anderen, welches ist *größer als* das andere?

Java beantwortet diese Fragen durch das Interface `java.lang.Comparable`.
Objekte, die dieses Interface erfüllen, lassen sich miteinander vergleichen. Zu diesem Zweck besitzt das Interface, das generisch mit dem Typ-Parameter `T` deklariert ist, eine einzige Methode

```java
public int compareTo(T o)
```

Diese Methode vergleicht zwei Objekte `A` und `B` gleichen Typs; `A.compareTo(B)` liefert also

- einen negativen Wert, z. B. `-1`, wenn `A` kleiner als `B` ist,

- einen positiven Wert, z. B. `+1`, wenn `A` größer als `B` ist, und

- die Zahl `0`, wenn beide Objekte gleich sind.

Eine Vielzahl der grundlegenden Java-Datenklassen implementieren das Interface `Comparable`. Hierzu gehören etwa die Wrapper-Klassen (wie etwa `Integer` oder `Character`), Klassen für Datumsangaben wie `java.util.Date`, sowie die Klasse `String`. Hierbei sieht die Klasse `String` eine alphabetische Reihenfolge vor, d. h. die Objekte werden beispielsweise wie im Telefonbuch sortiert.
Wir wollen die Anwendung des Interfaces an einem einfachen Beispiel verdeutlichen. Wir definieren eine Klasse `Ring`, in der beliebige Ringe anhand ihres Durchmessers unterschieden werden:

```java
/** Diese Klasse repraesentiert Ringobjekte, die nach
  ihrer Groesse sortiert werden koennen. */
public class Ring implements Comparable <Ring>{

  /** Durchmesser */
  private double durchmesser;

  /** Konstruktor */
  public Ring(double durchmesser) {
    this.durchmesser = durchmesser;
  }

  /** Gibt den Durchmesser in der toString-Methode aus */
  public String toString() {
    return "Ring der Groesse " + durchmesser;
  }
```

Unsere Klasse verfügt über eine Instanzvariable `durchmesser`, die innerhalb des Konstruktors gesetzt wird. Von der `toString`-Methode wird eine Zeichenkette, die den Wert dieser Variablen enthält, zurückgegeben.
Wir wollen nun die Methode `compareTo` definieren, die wir zur Erfüllung des Interfaces `Comparable` benötigen:

```java
/** Mit Hilfe der compareTo-Methode wird verglichen */
public int compareTo(Ring o) {
  double durchmesser2 = o.durchmesser;
  if (durchmesser < durchmesser2)
    return -1;                        // Fall 1
  if (durchmesser > durchmesser2)
    return 1;                         // Fall 2
```

```
      return 0;                                // Fall 3
  }
```

Unser Interface ist somit erfüllt; Instanzen unserer Ringklasse können miteinander verglichen und sortiert werden. Es ist jedoch üblich, für `Comparable`-Klassen auch die Methoden `equals` und `hashCode` zu überschreiben.[3] Um uns hierbei Arbeit zu ersparen, verwenden wir für die `equals`-Methode einfach das Ergebnis unserer Methode `compareTo`:

```java
/** Die equals-Methode muss auf den Vergleich abgestimmt werden */
public boolean equals(Object o) {
  if (o == null)
    return false;
  if (this == o)
    return true;
  if (getClass() != o.getClass())
    return false;
  return compareTo((Ring) o) == 0;
}
```

Für die Methode `hashCode` wandeln wir den `durchmesser` in ein `Double`-Objekt um und bedienen uns anschließend der dort definierten gleichnamigen Methode:

```java
/** Wer die equals-Methode veraendert, muss auch die
 * hashCode-Methode veraendern. */
public int hashCode() {
  return (new Double(durchmesser)).hashCode();
}
```

Unsere `Ring`-Klasse ist somit komplett definiert; sie ist also auf eine automatische Sortierung mit `java.util.Arrays.sort` vorbereitet. In einem entsprechenden Beispielprogramm stellen wir nun fest, dass das anschließende Sortieren eines derartigen Feldes mit Abstand weniger Programmieraufwand bedeutet als das vorherige Erzeugen und das anschließende Ausgeben:

```java
1   /** Erzeugt zehn zufaellige Ringe und sortiert sie */
2   public class RingDemo {
3     public static void main(String[] args) {
4       Ring[] ringe = new Ring[10];            // Erzeuge 10 Ringe
5       for (int i = 0; i < ringe.length; i++)
6         ringe[i] = new Ring(Math.random());
7       java.util.Arrays.sort(ringe);           // Sortiere die Ringe
8       for (Ring r : ringe)
9         System.out.println(r);                // Gib die Ringe aus
10    }
11  }
```

---

[3] Dies mag auf den ersten Blick unsinnig erscheinen, hat aber in der Praxis einen ganz einfachen Grund. Zwei Objekte, deren Vergleich mit `compareTo` den Wert 0 ergibt, werden als gleich betrachtet. Aus diesem Grund darf die `equals`-Methode kein anderes Ergebnis liefern. Wer aber die Methode `equals` überschreibt, der sollte immer auch die Methode `hashCode` anpassen. Ansonsten funktionieren einige Java-Klassen, wie etwa die Collections, nicht mehr.

Kapitel 12

Einige wichtige Hilfsklassen

Wir haben bereits einige Klassen kennen gelernt, die im Paket `java.lang` vordefiniert sind und uns somit – ohne dass wir eine entsprechende **import**-Anweisung zu Beginn unseres Programms verwenden – unmittelbar zur Verfügung stehen. Beispielsweise haben wir gelernt, dass in der Klasse `Math` bzw. `java.lang.Math` zahlreiche nützliche und gebräuchliche mathematische Funktionen in Form von Java-Methoden bereitstehen. Außerdem haben wir uns auch kurz mit der Klasse `String` und einigen ihrer Methoden beschäftigt.

In den folgenden Abschnitten lernen wir weitere interessante vordefinierte Klassen der Sprache Java kennen, die sich für die in den weiteren Kapiteln dieses Buchs behandelten Themen als äußerst nützlich erweisen werden. Auf diese Weise erhalten wir auch Einblick in einige der Pakete, die Java über das Standard-Paket `java.lang` hinaus für uns bereithält.

12.1 Die Klasse `StringBuffer`

12.1.1 Arbeiten mit `String`-Objekten

Erinnern wir uns an den kurzen Abschnitt über die Klasse `String` und an das, was wir darüber hinaus noch prinzipiell über Zeichenketten in Java gelernt haben, dann ist uns hoffentlich noch bewusst, dass Zeichenketten in Java nicht mittels eines elementaren Datentyps, sondern in Form eines Referenzdatentyps dargestellt werden. Eine Variable vom Typ `String` enthält also nicht selbst eine Zeichenkette, sondern lediglich eine Referenz auf ein `String`-Objekt.

Auch für Zeichenketten-Literale (z. B. `"JavaBuch"`) werden in Java-Programmen implizit Instanzen der Klasse `String` angelegt, d. h. wir können (und müssen) ein Zeichenketten-Literal genauso wie eine Variable vom Typ `String` lediglich als einen Platzhalter für eine Referenz auf ein `String`-Objekt ansehen. Wird ein und dasselbe Zeichenketten-Literal in einem Programm mehrfach verwendet, so wird nur ein einziges `String`-Objekt dazu angelegt. Dabei spielt es keine Rolle, ob diese Zeichenketten-Konstante nur innerhalb einer Klasse oder in mehreren Klassen, die zum Programm gehören, auftaucht.

Auch bei der Konkatenation (Verkettung) von Zeichenketten mit dem +-Operator behandelt der Java-Compiler konstante Zeichenketten auf besondere Art. Besteht nämlich ein Zeichenkettenausdruck nur aus konstanten Operanden (also Zeichenketten-Literalen), so kann bereits zur Übersetzungszeit das Ergebnis bestimmt und selbst wieder als konstante Zeichenkette aufgefasst werden. Das Programm

```
1   public class StringRefs {
2     public static void main (String[] args) {
3       String s1 = "JavaBuch";
4       String s2 = "JavaBuch";
5       String s3 = "Java" + "Buch";
6       String s4 = new String("JavaBuch");
7       String s5 = "Java";
8       String s6 = s5 + "Buch";
9       System.out.println (s1 == "JavaBuch");
10      System.out.println (s1 == s2);
11      System.out.println (s1 == s3);
12      System.out.println (s1 == s4);
13      System.out.println (s1 == s6);
14      System.out.println (s5 == "Java");
15      System.out.println (s1.equals(s6));
16    }
17  }
```

wird also die Zeilen

```
———————————— Konsole ————————————
true
true
true
false
false
true
true
```

auf unserem Konsolenfenster erzeugen, da wir in den Zeilen 9 bis 14 mit dem Operator == arbeiten, der jeweils nur die Referenzen vergleicht. Im Unterschied dazu liefert natürlich der Vergleich auf Inhalt mit der Methode equals in Zeile 15 auch für s1 und s6 den Wert **true**. In Abbildung 12.1 werden die eben geschilderten Sachverhalte grafisch veranschaulicht.

Wichtig für die Handhabung von Strings in Java ist auch die Tatsache, dass sich der Inhalt einer String-Instanz nach ihrer Erzeugung nicht mehr ändern kann. Wenn wir also versuchen, einen durch die Anweisung

```
String s = "Java" + "Buch";
```

erzeugten String s mit Hilfe der Anweisung

```
s = "Neues" + s;
```

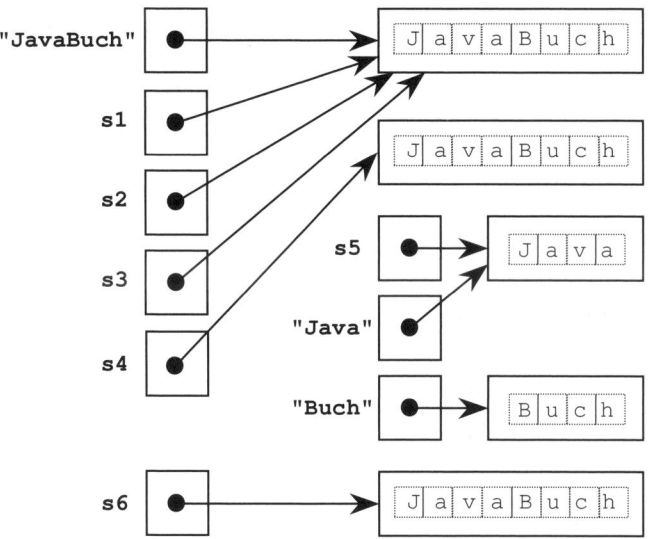

Abbildung 12.1: Arbeiten mit `String`-Objekten

zu verändern (also durch Voranstellen weiterer Zeichen zu verlängern), so wird ein neues `String`-Objekt erzeugt, das die zusammengefügte Zeichenkette `"NeuesJavaBuch"` enthält. Das ursprüngliche Objekt mit dem Inhalt `"JavaBuch"` geht aber bei diesem Vorgang verloren. Da keine Referenz mehr auf das Objekt zeigt, kann es vom Garbage Collector gelöscht werden. Wir haben also nicht das von `s` referenzierte Objekt verändert, sondern ein neues Objekt erzeugt. Abbildung 12.2 verdeutlicht die Situation vor (1) und nach (2) der „Verlängerung" unseres Strings.

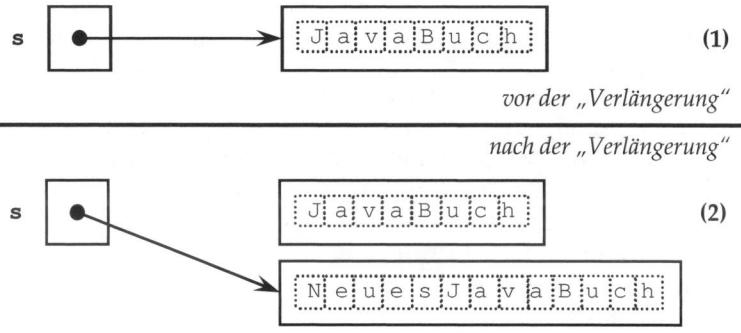

Abbildung 12.2: `String`-Objekte sind unveränderlich

Die in der Klasse `String` für ihre Objekte zur Verfügung gestellten Methoden, mit
denen wir zum Beispiel Teil-Zeichenketten aus einem `String`-Objekt abgreifen
oder Strings in Groß- oder Kleinbuchstaben wandeln können, haben den gleichen
Effekt: Alle „Veränderungen" an einem `String`-Objekt laufen so ab, dass jeweils
ein neues String-Objekt generiert und geliefert wird.

12.1.2   Arbeiten mit `StringBuffer`-Objekten

Die Klasse `StringBuffer`, die ebenfalls im Standard-Paket `java.lang` bereitgestellt wird, erlaubt es uns, mit veränderbaren Zeichenketten-Objekten zu arbeiten. Das bedeutet: Wir können dem Objekt zusätzliche Zeichen bzw. Zeichenketten hinzufügen oder auch Zeichen bzw. Teilzeichenketten entfernen. Während
also die Zeilen

```
String str = "";
for (int i=1; i<500; i++)
  str = str + "x";
```

insgesamt 500 neue `String`-Objekte erzeugen würden, wird in den Zeilen

```
StringBuffer buf = new StringBuffer("");
for (int i=1; i<500; i++)
  buf = buf.append("x");
```

nur ein einziges `StringBuffer`-Objekt benötigt und verwendet. Die zweite Variante ist somit wesentlich effizienter (wir werden uns im Rahmen der Übungsaufgaben nochmals mit den dabei auftretenden Laufzeitunterschieden beschäftigen).
Wir sehen in diesem Beispiel aber auch, dass wir bei `StringBuffer`-Objekten
einen Konstruktoraufruf benötigen und dass wir nicht mit dem Operator + arbeiten können. Vielmehr müssen wir auf die Instanzmethode `append` zurückgreifen.
Werfen wir einen Blick in die API-Spezifikation [32] zur verwendeten Java-
Version, so können wir feststellen, dass die Klasse `StringBuffer` neben
den üblichen Konstruktoren im Wesentlichen die beiden Methoden `append`
und `insert` zur Verfügung stellt, die es erlauben, an ein bestehendes
`StringBuffer`-Objekt weitere Zeichen(ketten) anzufügen. Außerdem gibt
es entsprechende Methoden zum Löschen bzw. Verändern von Teilen der
`StringBuffer`-Inhalte.
Als wichtigste Konstruktoren stehen

- **`public`** `StringBuffer()`
  erzeugt ein `StringBuffer`-Objekt mit einer leeren Zeichenkette

- **`public`** `StringBuffer(String s)`
  erzeugt ein `StringBuffer`-Objekt, das zu Beginn die durch `s` spezifizierte
  Zeichenkette enthält

zur Verfügung. Die für die meisten elementaren Datentypen und für allgemeine
Objekte bzw. Strings überladenen Methoden

- **public** StringBuffer append(**boolean** b)
- **public** StringBuffer append(**char** c)
- **public** StringBuffer append(**double** d)
- **public** StringBuffer append(**float** f)
- **public** StringBuffer append(**int** i)
- **public** StringBuffer append(**long** l)
- **public** StringBuffer append(Object obj)
- **public** StringBuffer append(String str)

hängen jeweils die String-Darstellung des Arguments an das StringBuffer-Objekt an.

Mit diesen Methoden wird auch im Java-System die durch den Operator + in Verbindung mit Zeichenketten durchgeführte Konkatenation realisiert. Die Anweisung

```
s = true + " love";
```

entspricht daher der Anweisung

```
s = new StringBuffer().append(true).append(" love").toString();
```

und resultiert in der Zeichenkette "true love". Möglich wird dies dadurch, dass jede append-Methode immer die Referenz auf das eigene StringBuffer-Objekt (also die **this**-Referenz) als Ergebnis zurückliefert, so dass über den Punkt-Operator gleich wieder auf die Instanzmethode append zugegriffen werden kann. Man nennt dies **invocation chaining** (deutsch: Aufruf-Verkettung). Ganz am Ende wandeln wir dabei übrigens unser StringBuffer-Objekt mit Hilfe der Instanzmethode toString() in eine „normale" Zeichenkette vom Typ String um. Diese Methode, die ja – wie wir bereits wissen – alle Klassen von der Klasse Object erben, steht natürlich auch den Objekten der Klasse StringBuffer zur Verfügung.

Die ebenfalls für die meisten elementaren Datentypen und für allgemeine Objekte bzw. Strings überladenen Methoden

- **public** StringBuffer insert(**int** offset, **boolean** b)
- **public** StringBuffer insert(**int** offset, **char** c)
- **public** StringBuffer insert(**int** offset, **double** d)
- **public** StringBuffer insert(**int** offset, **float** f)
- **public** StringBuffer insert(**int** offset, **int** i)
- **public** StringBuffer insert(**int** offset, **long** l)
- **public** StringBuffer insert(**int** offset, Object obj)
- **public** StringBuffer insert(**int** offset, String str)

fügen jeweils die `String`-Darstellung des zweiten Methoden-Arguments an der durch `offset` angegebenen Position in das `StringBuffer`-Objekt ein. Auch die `insert`-Methoden liefern immer die Referenz auf das eigene `StringBuffer`-Objekt (also die **this**-Referenz) als Ergebnis zurück.

Die Anweisung

```
s = new StringBuffer("Stars").insert(4," War").toString();
```

sorgt also dafür, dass s den Wert `"Star Wars"` enthält.

Um diesen Abschnitt über die Klasse `StringBuffer` abzurunden, wollen wir abschließend nur noch kurz die Funktionsweise einiger weiterer Methoden der Klasse `StringBuffer` angeben.

- **public** `StringBuffer deleteCharAt(`**int** `index)`
  entfernt das an Position `index` stehende Zeichen aus dem `StringBuffer`-Objekt.

- **public** `StringBuffer delete(`**int** `start,` **int** `end)`
  entfernt den Teilstring, der von Position `start` bis `end`−1 reicht, aus dem `StringBuffer`-Objekt.

- **void** `setCharAt(`**int** `index,` **char** `c)`
  ersetzt das an Position `index` stehende Zeichen durch das Zeichen c.

- **public** `StringBuffer replace(`**int** `start,` **int** `end, String s)`
  ersetzt den Teilstring ab Position `start` bis Position `end`−1 durch den String s.

- **int** `length()`
  liefert – genau wie bei Strings – die Länge der aktuell im `StringBuffer`-Objekt gespeicherten Zeichenkette.

12.1.3   Übungsaufgaben

Aufgabe 12.1

Schreiben Sie ein Programm, das die Ausführungszeiten der Operation + für `String`-Objekte und der Methode `append` für `StringBuffer`-Objekte vergleicht, indem ein zunächst leerer String bzw. String-Buffer in einer Schleife jeweils um ein oder mehrere Zeichen verlängert wird. Die gewünschte Anzahl der Schleifendurchgänge sollte eingelesen werden. Ein Ablaufprotokoll könnte daher wie folgt aussehen:

```
──────────── Konsole ────────────
Anzahl der Schleifendurchlaeufe: 10000
10000 mal Operator + fuer String ...
... beendet
10000 mal Methode append fuer StringBuffer ...
... beendet
```

Aufgabe 12.2

Schreiben Sie ein Programm, das eine Textzeile einliest und mit Hilfe der `StringBuffer`-Methoden alle auftretenden Vokale bearbeitet. Jedes A und E soll gelöscht, jedes I und O verdoppelt, jedes U durch ein X ersetzt werden. Ein Beispiel-Programmablauf wäre:

```
——————————— Konsole ———————————
vorher: In diesem Grundkurs haben wir so viel gelernt.
nachher: IIn diism Grxndkxrs hbn wiir soo viil glrnt.
```

12.2   Die Wrapper-Klassen (Hüll-Klassen)

Wir haben bereits gelernt, dass man in Java zwischen elementaren Datentypen und Referenzdatentypen unterscheidet. Außerdem wissen wir, dass alle selbstdefinierten Referenzdatentypen (also alle Klassen) von der Klasse `Object`, der Mutter aller Klassen, erben und somit gewisse Eigenschaften gemeinsam haben. Für die elementaren Datentypen gibt es prinzipiell keine solchen Gemeinsamkeiten und auch keinen „Super-Datentyp", der alle elementaren Datentypen umfasst. Aus diesem Grund können wir beispielsweise kein Feld vereinbaren, das in seinen Feldkomponenten Werte von unterschiedlichen elementaren Datentypen (z. B. ein Feldelement vom Typ **boolean** und ein anderes vom Typ **char** etc.) speichern kann. Andererseits wäre es jedoch sehr wohl möglich, in einem Feld mit Komponententyp `Object` Referenzen auf Objekte beliebiger Klassen abzuspeichern.

12.2.1   Arbeiten mit „eingepackten" Daten

Um Werte der elementaren Datentypen genauso handhaben zu können wie Objekte von Referenzdatentypen, stellt Java die so genannten **Wrapper-Klassen** oder **Hüll-Klassen** zur Verfügung. Dieser Name ist Programm, denn mit Hilfe von Objekten der Hüll-Klassen können Werte der elementaren Datentypen „eingewickelt" bzw. „umhüllt" werden.
Als einfaches Beispiel betrachten wir zunächst das Programm

```
 1  public class WrapperBeispiel {
 2    public static void main (String[] args) {
 3      Object[] etwas = new Object[4];
 4
 5      etwas[0] = new Boolean(true);
 6      etwas[1] = new Double(3.1415);
 7      etwas[2] = new Character('x');
 8      etwas[3] = new Integer(12);
 9
10      for (int i=0; i<4; i++)
11        System.out.println(etwas[i]);
12
13      etwas[2] = new Long(987654321);
```

```
14
15      for (int i=0; i<4; i++)
16        System.out.println(etwas[i]);
17    }
18  }
```

in dem wir mit einem Feld namens etwas mit 4 Komponenten vom Typ Object arbeiten. In den Zeilen 5 bis 8 des Programms speichern wir in diesen 4 Komponenten der Reihe nach einen **boolean**-, einen **double**-, einen **char**- und einen **int**-Wert. Dies gelingt uns dadurch, dass wir die elementaren Werte mit Hilfe eines korrespondierenden Wrapper-Objekts einpacken. Dazu müssen wir lediglich dem Konstruktor der entsprechenden Wrapper-Klasse den elementaren Wert übergeben. Die Referenz auf das dabei erzeugte Objekt können wir dann in der Feldkomponente abspeichern. Danach geben wir die Komponenten unseres Object-Feldes auf dem Bildschirm aus und bedienen uns dabei natürlich wieder einmal implizit der Methode toString(), die ohne unser Zutun aufgerufen wird, um die String-Darstellungen unserer Wrapper-Objekte zu erzeugen, wenn sie als Argument in der Ausgabeanweisung auftreten. Im Anschluss daran wollen wir in Komponente 2 anstelle des **char**-Wertes einen **long**-Wert speichern. Auch das lässt sich leicht realisieren, indem wir unseren Wert in ein Wrapper-Objekt „einwickeln". Nach dieser Veränderung unseres Feldes geben wir erneut die Feldkomponenten auf dem Bildschirm aus, so dass die gesamte Bildschirmausgabe wie folgt aussieht:

```
──────────────── Konsole ────────────────
true
3.1415
x
12
true
3.1415
987654321
12
```

Wir werden später noch sehen, dass es im Paket java.util eine Reihe von Klassen gibt, die „Sammlungen" von beliebigen Objekten speichern können. Auch dort können natürlich Werte elementarer Datentypen nur aufgenommen werden, wenn wir auf Wrapper-Klassen zurückgreifen.

12.2.2 Aufbau der Wrapper-Klassen

Generell gibt es in Java zu jedem elementaren Datentyp eine entsprechende Wrapper-Klasse (siehe Tabelle 12.1). Neben dem jeweiligen Konstruktor, der einen Parameter vom korrespondierenden elementaren Datentyp erwartet, enthalten alle Wrapper-Klassen (mit Ausnahme von Character) jeweils noch einen Konstruktor, der ein String-Argument verarbeiten kann. Der per Referenz übergebe-

elementarer Datentyp	Wrapper-Klasse	Konstruktoren
byte	Byte	Byte(**byte** b)
		Byte(String s)
short	Short	Short(**short** s)
		Short(String s)
int	Integer	Integer(**int** i)
		Integer(String s)
long	Long	Long(**long** l)
		Long(String s)
float	Float	Float(**float** f)
		Float(String s)
double	Double	Double(**double** d)
		Double(String s)
boolean	Boolean	Boolean(**boolean** b)
		Boolean(String s)
char	Character	Character(**char** c)

Tabelle 12.1: Die Wrapper-Klassen (Hüll-Klassen) und ihre Konstruktoren

ne String muss dabei eine Zeichenkette sein, die syntaktisch eine Literalkonstante des entsprechenden elementaren Datentyps darstellt:

```
new Long("9876543210");
```

Übergeben wir dem Konstruktor einen String, der diese Bedingung nicht erfüllt, so wird eine Ausnahme geworfen. Versuchen wir beispielweise, mit der Anweisung

```
new Long("987980356728E789");
```

ein Long-Objekt zu erzeugen, so führt dies während der Laufzeit zu einer NumberFormatException.

Wenn wir eine Zeichenkette in einen numerischen oder logischen Wrapper-Wert wandeln wollen, müssen wir nicht unbedingt einen Konstruktoraufruf verwenden. Die Wrapper-Klassen stellen nämlich auch eine Klassen-Methode valueOf(String s) zur Verfügung, die dasselbe leistet. Anstelle von

```
ii = new Integer("1289");
```

können wir daher auch

```
ii = Integer.valueOf("1289");
```

schreiben, um ein entsprechendes Integer-Objekt ii mit dem Wert 1289 zu erzeugen.

Objekte der Wrapper-Klassen können wir zwar miteinander vergleichen (dazu besitzen alle Wrapper-Objekte die Instanzmethoden equals(...) und compareTo(...)), wir können aber keine Operationen mit ihnen durchführen, wie wir es von den elementaren Datentypen her kennen. Aus diesem Grund benötigt man Methoden, mit denen man die in den Wrapper-Objekten eingepackten Werte wieder „auspacken" kann, um (z. B. im Falle numerischer Daten) mit den elementaren Werten weiterzurechnen. Jedem Wrapper-Objekt steht daher eine Instanzmethode `xxxValue()` zur Verfügung, wobei `xxx` jeweils für den korrespondierenden elementaren Datentyp steht (vergleiche auch Tabelle 12.2). Aus unserem obigen `Integer`-Objekt `ii` könnten wir also mittels

```
int i = ii.intValue();
```

wieder den ursprünglichen **int**-Wert erzeugen. Auch Konvertierungen in andere numerische Datentypen sind möglich. Dies liegt unter anderem darin begründet, dass alle numerischen Wrapper-Klassen von der abstrakten Klasse `Number` erben und deren abstrakte Methoden `xxxValue()` für die entsprechenden elementaren Typen `xxx` implementieren.

Wrapper-Klasse	parse-Methode	value-Methoden
Byte	parseByte(String s)	byteValue(), shortValue() intValue(), longValue() floatValue(), doubleValue()
Short	parseShort(String s)	byteValue(), shortValue() intValue(), longValue() floatValue(), doubleValue()
Integer	parseInt(String s)	byteValue(), shortValue() intValue(), longValue() floatValue(), doubleValue()
Long	parseLong(String s)	byteValue(), shortValue() intValue(), longValue() floatValue(), doubleValue()
Float	parseFloat(String s)	byteValue(), shortValue() intValue(), longValue() floatValue(), doubleValue()
Double	parseDouble(String s)	byteValue(), shortValue() intValue(), longValue() floatValue(), doubleValue()
Boolean		booleanValue()
Character		charValue()

Tabelle 12.2: Die `value`- und `parse`-Methoden der Wrapper-Klassen

Die Umwandlung von Zeichenketten in numerische Werte ist eine häufige Anwendung der Wrapper-Klassen. Aus diesem Grund gibt es auch Klassen-Methoden, die das Ein- und Auspacken in einem Aufwasch erledigen. Die Wrapper-Klasse stellt jeweils die Methode `parseXxx(String s)` zur Verfügung, um einen Wert des elementaren Typs `xxx` zu erzeugen. Die nachfolgenden drei Anweisungen liefern daher den gleichen Wert für `i`.

```
i = new Integer("345").intValue();
i = Integer.valueOf("345").intValue();
i = Integer.parseInt("345");
```

Auch die `parseXxx`-Methoden werfen eine `NumberFormatException`, wenn wir sie auf einen String anwenden, der nicht der Syntax einer entsprechenden Literalkonstante entspricht.

Zu guter Letzt sei noch erwähnt, dass die numerischen Wrapper-Klassen verschiedene Konstanten (genauer **final**-Variablen) zur Bezeichnung spezieller Werte zur Verfügung stellen. Die Konstanten `MIN_VALUE` und `MAX_VALUE` repräsentieren in den Klassen `Byte`, `Short`, `Integer`, `Long` und `Character` jeweils das kleinste bzw. größte Element des Wertebereichs der korrespondierenden elementaren Datentypen. In den Wrapper-Klassen für Gleitkomma-Typen, also `Float` und `Double`, steht `MIN_VALUE` für den kleinsten positiven Wert und `MAX_VALUE` für den größten positiven Wert der korrespondierenden elementaren Datentypen. Zusätzlich finden wir dort die Konstanten `NEGATIVE_INFINITY`, `POSITIVE_INFINITY` und `NaN`, die für die Werte „minus unendlich", „plus unendlich" und „undefiniert" stehen.

12.2.3 Ein Anwendungsbeispiel

Nun wollen wir noch ein kleines Beispiel für die Anwendung der Wrapper-Klasse `Double` betrachten. Wie wir wissen, können wir beim Start einer Klasse mit dem Interpreter `java` Kommandozeilenargumente in Form von Strings an die `main`-Methode übergeben. Diesen Sachverhalt wollen wir ausnutzen, um numerische Werte, die wir beim Aufruf einer Klasse `Summiere` als Parameter aufzählen, zu summieren. In unserem Summations-Programm

```
1   public class Summiere {
2     public static void main (String[] summand) {
3       int i = 0;
4       double ergebnis = 0;
5       try {
6         for (i=0; i < summand.length; i++)
7           ergebnis = ergebnis + Double.parseDouble(summand[i]);
8         System.out.println ("Ergebnis: " + ergebnis);
9       }
10      catch (NumberFormatException e) {
11        System.out.println(i+1 + ". Summand unzulaessig!");
12      }
13    }
14  }
```

haben wir zunächst einmal den üblichen Parameter `args` der `main`-Methode passenderweise in `summand` umbenannt, um unser Programm leichter lesbar zu machen. Die Anweisungen, die mit Hilfe einer **for**-Schleife sämtliche Kommandozeilenargumente abarbeiten und mit der `parseDouble`-Methode in **double**-Werte wandeln, haben wir allesamt in einen **try**-Block gepackt, so dass wir die eventuell geworfene Ausnahme im zugehörigen **catch**-Block abfangen können. Dabei mussten wir die Laufvariable `i` außerhalb des **try-catch**-Blocks deklarieren, um in allen Zweigen unseres Programms darauf zugreifen zu können.

Starten wir unser Programm ohne Kommandozeilenargumente, wird natürlich nichts summiert und als Ergebnis der Wert 0 geliefert:

```
──────── Konsole ────────
java Summiere
Ergebnis: 0.0
```

Bei korrektem Aufruf mit einer Reihe von Kommandozeilenargumenten reagiert das Programm wie gewünscht:

```
──────── Konsole ────────
java Summiere 1 2 3 4 5 6 7 8 9
Ergebnis: 45.0
```

Als Ergebnis erhalten wir die Summe der angegebenen Argumente als **double**-Wert ausgegeben. Ein Aufruf mit einem nicht zulässigen Summanden (in unserem Beispiel der Buchstabe a, der natürlich keinen **double**-Wert darstellt) beschert uns hingegen die entsprechende Fehlermeldung:

```
──────── Konsole ────────
java Summiere -3 5.0E-4 a 17.4
3. Summand unzulaessig!
```

12.2.4   Automatische Typwandlung für die Wrapper-Klassen

Wir haben gesehen, dass zur Wandlung eines elementaren Werts in ein Objekt der entsprechenden Wrapper-Klasse ein Konstruktoraufruf genügt (man nennt diesen „Einwickel-Vorgang" auch **Boxing**). Da wir mit diesen Objekten keine Operationen durchführen können (wie wir es von den elementaren Datentypen her kennen), benötigt man Methoden, mit denen man die in den Wrapper-Objekten eingepackten Werte wieder „auspacken" kann (dieser „Auspack-Vorgang" wird auch **Unboxing** genannt). Daher steht ja beispielsweise jedem Integer-Objekt eine Instanzmethode intValue() und jedem Double-Objekt eine Instanzmethode doubleValue() zur Verfügung.

Bisher war ein Java-Programm, das mit elementaren Werten und ihren Wrapper-Objekten arbeiten musste, von häufigen, explizit ausprogrammierten Boxing- und Unboxing-Operationen geprägt. Unser Beispielprogramm, in dem wir die elementaren Werte 3 und 5.0 zunächst einpacken, um sie in einem Feld mit Komponententyp Object abzulegen, und danach wieder auspacken, um mit den ausgepackten Werten zu rechnen, demonstriert dies:

```
1  public class Boxing {
2    public static void main(String[] args) {
3
4      Object[] w = new Object[2];
5
6      Integer a = new Integer(3);
```

```
7         Double b = new Double(5.0);
8
9         w[0] = a;
10        w[1] = b;
11
12        double x = 7 + 4 * a.intValue() - b.doubleValue() / 8;
13
14        System.out.println(x);
15      }
16    }
```

Seit Java 5.0 müssen diese Boxing- und Unboxing-Operationen nicht mehr explizit programmiert werden. Vielmehr kümmert sich der Compiler um die automatische Generierung des entsprechenden Codes – man spricht von **Autoboxing** und **Autounboxing**. Programmcode, in dem mit elementaren Werten und mit Wrapper-Objekten gearbeitet wird, ist nun wesentlich übersichtlicher. Auch dies wollen wir schließlich in einem abschließenden Beispielprogramm demonstrieren:

```
1  public class AutoBoxing {
2    public static void main(String[] args) {
3
4      Object[] w = new Object[2];
5
6      Integer a = 3;
7      Double b = 5.0;
8
9      w[0] = a;
10     w[1] = b;
11
12     double x = 7 + 4 * a - b / 8;
13
14     System.out.println(x);
15   }
16 }
```

Eine Warnung aber zum Schluss: Man sollte das Autoboxing und Autounboxing nicht unvorsichtig einsetzen. Treten diese Mechanismen in Schleifen mit vielen Durchläufen oder in komplexen Berechnungen nämlich sehr häufig auf, werden dabei eine Vielzahl unnötiger temporärer Objekte erzeugt, was aufwändig ist, Speicher „frisst" und den Garbage-Collector in die Knie zwingen kann. Ein explizites Arbeiten mit elementaren Datentypen ist bei umfangreichen numerischen Berechnungen wesentlich sinnvoller.

Achtung: Im Zusammenhang mit der grundlegenden Handhabung von Referenzen stellt sich natürlich auch bei Wrapper-Objekten die Frage, wann zwei Variablen vom Typ Double oder Integer den gleichen Wert haben und damit auf das gleiche Objekt zeigen. Dies ist insbesondere interessant, wenn mit Autoboxing gearbeitet wird. Im Programm

```
1  public class AutoBoxingDangers {
2    public static void main(String[] args) {
3      Double u = 1.0;
```

```
4        Double v = 1.0;
5        System.out.println(u==v);
6        Integer i = 126;
7        Integer j = 126;
8        System.out.println(i==j);
9        i++;
10       j++;
11       System.out.println(i==j);
12       i++;
13       j++;
14       System.out.println(i==j);
15       i = new Integer("1");
16       j = new Integer("1");
17       System.out.println(i==j);
18    }
19  }
```

wird demonstriert, dass diesbezüglich unerwartete Effekte eintreten können, wie am Programmablauf mit seinen Ausgaben

```
──────────────── Konsole ────────────────
false
true
true
false
false
```

zu sehen ist. Man erkennt, dass die Wrapper-Objekte u und v verschieden sind, i und j hingegen zunächst auf dasselbe `Integer`-Objekt verweisen und erst für den Wert 128 zwei verschiedene Objekte vorhanden sind. Die letzten beiden Referenzen i und j, die ohne Autoboxing und über einen **new**-Operator-Aufruf erzeugt werden, verweisen in jedem Fall auf unterschiedliche Wrapper-Objekte.
Welche Werte der elementaren Datentypen bei mehrmaligem Autoboxing tatsächlich immer mit dem gleichen Wrapper-Objekt korrespondieren, wird in der Java-Sprachspezifikation [12] geregelt. Dort findet sich zum Beispiel die Information, dass dies für **true** und **false**, für **byte**-Werte, für **char**-Werte im Unicode-Bereich von 0000 bis 007F sowie für **int**- und **short**-Zahlen im Bereich -128 bis 127 der Fall ist.

12.2.5 Übungsaufgaben

Aufgabe 12.3

Schreiben Sie ein Programm, das den größten gemeinsamen Teiler (ggT) von zwei positiven ganzen Zahlen berechnet. Die beiden Zahlen sollen als Kommandozeilenargumente übergeben werden. Zur Berechnung des ggT können Sie in einer Schleife jeweils die kleinere Zahl von der größeren abziehen, bis beide Zahlen gleich sind. Diese Zahl entspricht dann dem ggT.

Aufgabe 12.4

Schreiben Sie ein Programm, das beim Aufruf drei Kommandozeilenargumente übergeben bekommt: eine reelle Zahl, einen Operator (entweder +, −, * oder /) und eine weitere reelle Zahl. Je nach angegebenem Operator sollen die beiden Zahlen addiert, subtrahiert, multipliziert oder dividiert und das Ergebnis ausgegeben werden.

12.3 Die Klassen `BigInteger` und `BigDecimal`

Wenn wir uns an die Einführung der elementaren Datentypen erinnern, so wissen wir, dass jeder numerische Datentyp durch seinen Wertebereich und durch seine Operationen festgelegt ist. Dabei ist der Wertebereich der Datentypen durch die Länge des verwendeten Speicherbereichs (wie z. B. 64 Bits für Werte des Typs **long** oder des Typs **double**) festgelegt. Beim Rechnen mit Werten der numerischen Datentypen kann daher der Fall auftreten, dass das Ergebnis einer Operation nicht mehr im Wertebereich des verwendeten Datentyps liegt und daher die entsprechende Operation entweder gar nicht ausgeführt werden kann (z. B. im Falle ganzzahliger Operationen) oder das Ergebnis noch gerundet werden muss, um es wieder zu einem darstellbaren Wert des Datentyps zu machen.

In numerischen Berechnungen kann es manchmal durchaus sinnvoll oder gar notwendig sein, die Grenzen der fest vorgegebenen Längen (also die Anzahl der verwendeten Ziffern) der elementaren Datentypen zu überschreiten, um dadurch den Wertebereich zu vergrößern bzw. die Genauigkeit von Ergebnissen zu erhöhen. So werden beispielweise bei Verschlüsselungsverfahren lange Ganzzahlen und bei hochgenauen numerischen Verfahren lange Gleitkommazahlen benötigt. Java stellt dazu im Paket `java.math` (nicht zu verwechseln mit der Klasse `java.lang.Math`) die beiden Klassen `BigInteger` und `BigDecimal` zur Verfügung, deren Objekte beliebig lange bzw. beliebig genaue Ganzzahlen und Gleitkommazahlen darstellen. Wie bei `String`-Objekten kann sich der jeweilige Wert von Instanzen der Klassen `BigInteger` und `BigDecimal` nach ihrer Erzeugung nicht mehr ändern.

12.3.1 Arbeiten mit langen Ganzzahlen

Wir betrachten zunächst die vielleicht einfach anmutende Aufgabe, ausgehend von der Zahl 16 den Wert 16^{32} durch fünfmalige Quadrierung in der Form $((((16^2)^2)^2)^2)^2$ zu berechnen. Ein einfaches Java-Programm, das dieses Problem mittels einer **long**-Variablen (wir „befürchten" ja sicher recht große Zahlen) und einer Schleife für die mehrfache Quadrierung zu lösen versucht, könnte wie folgt aussehen:

```
1 public class QuadrierungLong {
2   public static void main (String[] args) {
3     long zahl = 16;
```

```
4        System.out.println("Zahl vor der Quadrierung: " + zahl);
5        for (int i=1; i<=5; i++) {
6          zahl = zahl * zahl;
7          System.out.println("Zahl nach " + i + ". Quadrierung: " + zahl);
8        }
9      }
10   }
```

Ein Start dieses Programms liefert die Ausgabe

```
─────────────────────── Konsole ───────────────────────
Zahl vor der Quadrierung: 16
Zahl nach 1. Quadrierung: 256
Zahl nach 2. Quadrierung: 65536
Zahl nach 3. Quadrierung: 4294967296
Zahl nach 4. Quadrierung: 0
Zahl nach 5. Quadrierung: 0
```

und lässt uns zunächst stutzig werden, da die vierte Quadrierung den Wert 0 und nicht den erwarteten Wert $18446744073709551616 = 16^{16}$ liefert. Wenn wir uns jedoch daran erinnern, dass der größte positive **long**-Wert gerade 9223372036854775807 ist, so ist zumindest klar, dass unser Wert nach der vierten Quadrierung etwa doppelt so groß ist und damit nicht mehr im Wertebereich des Datentyps **long** liegt. Warum aber wird dann gerade der Wert 0 und nicht etwa eine Fehlermeldung wegen Überschreitung des zulässigen Bereichs geliefert?

Die Antwort findet sich in der Java-Sprachspezifikation [12, 26]. Dort ist festgelegt, dass die interne binäre Darstellung von **long**-Zahlen über das Zweierkomplement erfolgt. Das Bitmuster, das entsteht, wenn man 4294967296 quadriert, entspricht gerade der Darstellung für den **long**-Wert 0. Dass dieses „Ersatzergebnis" einfach so verwendet wird, ohne den Anwender bzw. die Anwenderin darüber zu informieren, wird ebenfalls in der Sprachspezifikation festgelegt, wo es heißt: „the built-in integer operators do not indicate overflow or underflow". Wir werden also nicht gewarnt!

Wie bereits oben erwähnt, haben wir ja mit der Klasse BigInteger die Möglichkeit, mit Langzahlen zu rechnen, so dass wir unser Programm leicht modifizieren können, um doch noch die richtigen Ergebnisse zu produzieren.

```
1    import java.math.*;
2    public class QuadrierungBigInt {
3      public static void main (String[] args) {
4        BigInteger zahl = new BigInteger("16");
5        System.out.println("Zahl vor der Quadrierung: " + zahl);
6        for (int i=1; i<=5; i++) {
7          zahl = zahl.multiply(zahl);
8          System.out.println("Zahl nach " + i + ". Quadrierung: " + zahl);
9        }
10     }
11   }
```

Neben der **import**-Anweisung fallen drei wesentliche Änderungen gegenüber unserer Vorgängerversion auf:

■ Wir haben die **long**-Variable durch eine `BigInteger`-Variable ersetzt.

■ Wir können diese Variable nicht mehr einfach initialisieren, sondern benötigen einen Konstruktoraufruf.

■ Wir können den Operator ∗ für die Multiplikation nicht mehr benutzen und müssen auf die Instanzmethode `multiply` des `BigInteger`-Objekts zurückgreifen.

Ein Start dieses alternativen Programms liefert folgende Ausgabe

```
──────────────────────── Konsole ────────────────────────
Zahl vor der Quadrierung: 16
Zahl nach 1. Quadrierung: 256
Zahl nach 2. Quadrierung: 65536
Zahl nach 3. Quadrierung: 4294967296
Zahl nach 4. Quadrierung: 18446744073709551616
Zahl nach 5. Quadrierung: 340282366920938463463374607431768211456
```

und entspricht nun unseren Erwartungen.

12.3.2 Aufbau der Klasse `BigInteger`

Zur Konstruktion von `BigInteger`-Objekten stehen in der Klasse `BigInteger` mehrere Konstruktoren zur Verfügung. Hier wollen wir nur die beiden wichtigsten anführen, nämlich:

■ **public** `BigInteger(String val)`
erzeugt ein `BigInteger`-Objekt mit dem Wert der durch `val` in `String`-Darstellung angegebenen ganzen Zahl.

■ **public** `BigInteger(String val,` **int** `radix)`
erzeugt ein `BigInteger`-Objekt mit dem Wert der durch `val` in `String`-Darstellung zur Basis `radix` angegebenen ganzen Zahl.

Bei Verwendung des erstgenannten Konstruktors muss die `String`-Darstellung der Basis 10 entsprechen. Für beide Konstruktoren gilt grundsätzlich, dass die übergebene Zeichenkette eine beliebig lange Folge von Ziffern zur Basis 10 bzw. `radix` sein darf, wobei das erste Zeichen auch ein Minuszeichen sein kann, um negative Werte zu erzeugen.

Da es in Java nicht möglich ist, die für die elementaren Datentypen vordefinierten arithmetischen Operatoren auch auf Objekte anzuwenden, müssen die entsprechenden Operationen durch Methodenaufrufe realisiert werden. Dazu werden die in Tabelle 12.3 aufgeführten Instanzmethoden zur Verfügung gestellt. In der zweiten Spalte der Tabelle sind dabei jeweils für drei `BigInteger`-Variablen x, y und z beispielhafte Verwendungen der Methoden angegeben, deren Bedeutung innerhalb der Klammern durch die (für die `BigInteger`-Variablen natürlich unzulässige) Notation, wie sie bei elementaren Datentypen gebräuchlich ist, erklärt

Instanzmethode	Verwendung (Bedeutung)
`public BigInteger add(BigInteger val)`	`z = x.add(y)` `(z = x + y)`
`public BigInteger subtract(BigInteger val)`	`z = x.subtract(y)` `(z = x - y)`
`public BigInteger multiply(BigInteger val)`	`z = x.multiply(y)` `(z = x * y)`
`public BigInteger divide(BigInteger val)`	`z = x.divide(y)` `(z = x / y)`
`public BigInteger remainder(BigInteger val)`	`z = x.remainder(y)` `(z = x % y)`
`public BigInteger negate()`	`z = x.negate()` `(z = -x)`

Tabelle 12.3: Die arithmetischen Standardoperationen der `BigInteger`-Klasse

wird. Weil `BigInteger`-Objekte, wie bereits eingangs erwähnt, unveränderbar sind, verändert ein Methodenaufruf nicht den Wert des Objekts, sondern gibt das Ergebnis der Operation als neues `BigInteger`-Objekt zurück.

Daneben stellt die Klasse `BigInteger` einige weitere Methoden, wie z. B.

- **public** `BigInteger pow(`**int** `k)`
  liefert die k-te Potenz der `BigInteger`-Zahl.

- **public** `BigInteger abs()`
  liefert den Absolutbetrag der `BigInteger`-Zahl.

- **public** `BigInteger gcd(BigInteger val)`
  liefert den größten gemeinsamen Teiler der `BigInteger`-Zahl und der Zahl `val`.

- **public** `BigInteger min(BigInteger val)`
  liefert das Minimum der `BigInteger`-Zahl und der Zahl `val`.

- **public** `BigInteger max(BigInteger val)`
  liefert das Maximum der `BigInteger`-Zahl und der Zahl `val`.

sowie einige bitweise arbeitenden Methoden (ähnlich den bitweise arbeitenden Operatoren für elementare Datentypen) zur Verfügung. Außerdem lassen sich natürlich Objekte der Klasse `BigInteger` miteinander vergleichen (dazu besitzen alle `BigInteger`-Objekte wie gewohnt die Instanzmethoden `equals(...)` und `compareTo(...)`) und mittels der Methode `toString()` in Strings verwandeln. Schließlich stehen jedem `BigInteger`-Objekt Instanzmethoden `xxxValue()` zur Verfügung, wobei `xxx` jeweils für einen elementaren Datentyp (**int**, **long**, **float**, **double**) steht, um den Wert des Objekts in einen elementaren Wert umzuwandeln.

12.3.3 Übungsaufgaben

Aufgabe 12.5

Schreiben Sie ein Programm, das für eine einzulesende positive Zahl n den Wert

$$n! = n \cdot (n-1) \cdot (n-2) \cdots 3 \cdot 2 \cdot 1,$$

also ihre Fakultät, berechnet. Verwenden Sie `BigInteger`-Objekte, und implementieren Sie für die Fakultätsberechnung eine Methode.

Aufgabe 12.6

Verwenden Sie die Methode für die Fakultätsberechnung aus Aufgabe 12.5, und schreiben Sie eine Methode bzw. ein Programm, das es ermöglicht, den Binomialkoeffizienten $\binom{m}{k}$ (sprich: „m über k" oder „k aus m") mit

$$\binom{m}{k} = \frac{m!}{k!(m-k)!} = \prod_{i=1}^{k} \frac{m-i+1}{i}$$

für zwei ganze Zahlen m und k mit $m \geq k \geq 0$ zu berechnen. Implementieren Sie auch eine alternative Version dieser Methode, die auf die Verwendung der Fakultätsmethode verzichtet und die Formel rechts vom zweiten Gleichheitszeichen verwendet. Vergleichen Sie die Laufzeiten beider Methoden.

12.3.4 Arbeiten mit langen Gleitkommazahlen

Wir betrachten zunächst eine Aufgabe, die wir bereits im Zusammenhang mit Ausdrücken von elementaren Datentypen gestellt haben. Mit Hilfe eines Java-Programms wollen wir den Wert

$$s = x_1 y_1 + x_2 y_2 + x_3 y_3 + x_4 y_4 + x_5 y_5 + x_6 y_6$$

für $x_1 = 10^{16}$, $x_2 = 0.1223$, $x_3 = 10^{14}$, $x_4 = 10^{15}$, $x_5 = 3.0$, $x_6 = -10^{12}$ und für $y_1 = 10^{20}$, $y_2 = 2.0$, $y_3 = -10^{22}$, $y_4 = 10^9$, $y_5 = 0.2111$, $y_6 = 10^{12}$ berechnen. Zur Kontrolle der einzelnen Rechenschritte geben wir in unserer Implementierung nicht nur den Endwert unserer Produktsumme aus, sondern auch die Werte der Summanden, also der einzelnen Produkte, die aufsummiert werden.

```
1  public class ProduktSummeDouble {
2    public static void main (String[] args) {
3      double[] x = new double[6];
4      double[] y = new double[6];
5      double p, s;
6      x[0] = 1e16;
7      x[1] = 0.1223;
8      x[2] = 1e14;
9      x[3] = 1e15;
```

```
10        x[4] = 3.0;
11        x[5] = -1e12;
12        y[0] = 1e20;
13        y[1] = 2.0;
14        y[2] = -1e22;
15        y[3] = 1e9;
16        y[4] = 0.2111;
17        y[5] = 1e12;
18        s = 0;
19        System.out.println("s = " + s);
20        for (int i=0; i<6; i++) {
21          p = x[i]*y[i];
22          System.out.println("  + " + p + " liefert");
23          s = s + p;
24          System.out.println("s = " + s);
25        }
26      }
27    }
```

Unser Programm speichert die x- und y-Werte in je einem Feld mit Komponenten-typ **double** und gibt jeweils die gebildeten Produkte und die bei der Summation entstehenden Zwischenergebnisse aus.

Ein Start unseres Programms liefert die Ausgabe

```
──────────────── Konsole ────────────────
s = 0.0
  + 1.0E36 liefert
s = 1.0E36
  + 0.2446 liefert
s = 1.0E36
  + -1.0E36 liefert
s = 0.0
  + 1.0E24 liefert
s = 1.0E24
  + 0.6333 liefert
s = 1.0E24
  + -1.0E24 liefert
s = 0.0
```

Mit ein wenig Kopfrechnen stellen wir natürlich fest, dass das richtige Ergebnis für unsere Summe 0.8779 ist. Wenn wir dies mit unserer Programmausgabe vergleichen, sehen wir, dass zwar die einzelnen aufsummierten Produkte korrekt erscheinen, aber bereits das dritte ausgegebene Zwischenergebnis (nach der Addition von 0.2446) für s nicht mehr korrekt ist. Dies rührt daher, dass die Größenordnung der beiden Werte 10^{36} und 0.2446 stark unterschiedlich ist und der betragsmäßig kleinere Wert nicht mehr korrekt berücksichtigt werden kann.

Prinzipiell ermöglicht das Format des Datentyps **double** die Darstellung von etwa 15 dezimalen Ziffern, so dass eine längere Zahl auf diese 15 Ziffern gerundet und ihre tatsächliche Größenordnung mit Hilfe des Exponentenanteils ausgedrückt werden muss. Man stellt sich das am besten so vor, dass man eine Ziffer (ungleich 0) vor dem Dezimalpunkt und weitere 14 Ziffern nach dem Dezimalpunkt verwendet. Bei den Werten 10^{36} und 0.2446 hätten wir es also mit den Werten $1.00\ldots 00 \cdot 10^{36}$ und $2.446 \cdot 10^{-1}$ zu tun. Werden diese beiden Werte addiert, so wirkt sich der kleinere Wert erst jenseits der 36. dezimalen Stelle des bei der Addition entstehenden Ergebnisses aus. Weil das Ergebnis aber wieder ein Wert vom Typ **double** sein soll, muss es natürlich auch wieder auf dessen 15-stelliges Format gerundet werden. Bei eben dieser Rundung fällt aber der durch 0.2446 verursachte Anteil komplett unter den Tisch.

Die anschließende Addition der Zahl -10^{36} liefert natürlich als Ergebnis den Wert 0, und genau der gleiche Effekt tritt nochmals bei den beiden letzten Additionen auf, so dass insgesamt natürlich nicht das korrekte Ergebnis berechnet wird, sondern der Wert 0.

Nun wollen wir mit der Klasse `BigDecimal` versuchen, diese Problematik in den Griff zu bekommen:

```
1   import java.math.*;
2   public class ProduktSummeBigDec {
3     public static void main (String[] args) {
4       BigDecimal[] x = new BigDecimal[6];
5       BigDecimal[] y = new BigDecimal[6];
6       BigDecimal p, s;
7       x[0] = new BigDecimal("1e16");
8       x[1] = new BigDecimal("0.1223");
9       x[2] = new BigDecimal("1e14");
10      x[3] = new BigDecimal("1e15");
11      x[4] = new BigDecimal("3.0");
12      x[5] = new BigDecimal("-1e12");
13      y[0] = new BigDecimal("1e20");
14      y[1] = new BigDecimal("2.0");
15      y[2] = new BigDecimal("-1e22");
16      y[3] = new BigDecimal("1e9");
17      y[4] = new BigDecimal("0.2111");
18      y[5] = new BigDecimal("1e12");
19      s = new BigDecimal("0");
20      System.out.println("s = " + s);
21      for (int i=0; i<6; i++) {
22        p = x[i].multiply(y[i]);
23        System.out.println("  + " + p + " liefert");
24        s = s.add(p);
25        System.out.println("s = " + s);
26      }
27    }
28  }
```

Neben der **import**-Anweisung fallen auch hier wieder drei wesentliche Änderungen gegenüber unserer Vorgängerversion auf:

- Wir haben alle **double**-Variablen durch `BigDecimal`-Variablen ersetzt.

- Wir können diese Variablen nicht mehr einfach initialisieren, sondern benötigen Konstruktoraufrufe.

■ Wir können die Operatoren + und * für die Addition und Multiplikation nicht
  mehr benutzen und müssen auf die Instanzmethoden add und multiply der
  BigDecimal-Objekte zurückgreifen.

Ein Start dieses alternativen Programms liefert die Ausgabe

```
──────────────────────── Konsole ────────────────────────
s = 0
  + 10000000000000000000000000000000000000 liefert
s = 10000000000000000000000000000000000000
  + 0.24460 liefert
s = 10000000000000000000000000000000000000.24460
  + -10000000000000000000000000000000000000 liefert
s = 0.24460
  + 100000000000000000000000000 liefert
s = 100000000000000000000000000.24460
  + 0.63330 liefert
s = 100000000000000000000000000.87790
  + -100000000000000000000000000 liefert
s = 0.87790
```

und produziert demnach die korrekten Ergebnisse.

Im Übrigen können wir hier sehr schön erkennen, wie bei der zweiten Addition
der gebrochene Anteil 0.2446 gerade wegfallen würde, wenn wir das Zwischenergebnis auf 15 Stellen runden müssten (wie es ja bei den normalen **double**-
Operationen der Fall ist).

12.3.5   Aufbau der Klasse BigDecimal

Objekte der Klasse BigDecimal können beliebig genaue Gleitkommazahlen darstellen. Eine solche lange Gleitkommazahl d besteht prinzipiell aus einer beliebig
langen Ziffernfolge z und einer Skalierung s, die die Anzahl der Nachkommastellen festlegt. Das heißt

$$d = \frac{z}{10^s}$$

und für $d = 0.00111$ wäre beispielsweise $z = 111$ und $s = 5$.

Zur Konstruktion von BigDecimal-Objekten stehen in der Klasse BigDecimal
mehrere Konstruktoren zur Verfügung, nämlich:

■ **public** BigDecimal(String val)
  erzeugt ein BigDecimal-Objekt mit dem Wert der durch val in String-
  Darstellung angegebenen reellen Zahl.

■ **public** BigDecimal(BigInteger val)
  erzeugt ein BigDecimal-Objekt mit dem Wert $d = z$, wobei z der ganzzahlige
  Wert des BigInteger-Objekts val ist.

∎ **public** `BigDecimal(BigInteger val, int scale)`
erzeugt ein `BigDecimal`-Objekt mit dem Wert $d = \frac{z}{10^s}$, wobei z der ganzzahlige Wert des `BigInteger`-Objekts `val` und s der Wert der **int**-Größe `scale` ist.

Bei Verwendung des erstgenannten Konstruktors muss die `String`-Darstellung der Syntax einer **double**-Literalkonstante entsprechen. In den beiden alternativen Konstruktoren wird das `BigDecimal`-Objekt aus einem `BigInteger`-Objekt konstruiert bzw. gemäß der angegebenen Skalierung erzeugt. Wird kein Skalierungswert angegeben, so wird mit der Skalierung 0 gearbeitet.

Instanzmethode	Verwendung (Bedeutung)
public `BigDecimal add(BigDecimal val)`	`z = x.add(y)` `(z = x + y)`
public `BigDecimal subtract(BigDecimal val)`	`z = x.subtract(y)` `(z = x - y)`
public `BigDecimal multiply(BigDecimal val)`	`z = x.multiply(y)` `(z = x * y)`
public `BigDecimal divide(BigDecimal val,` $\qquad$ **int** `rd)`	`z = x.divide(y,r)` `(z = x / y)`
public `BigDecimal divide(BigDecimal val,` $\qquad$ **int** `sc, int rd)`	`z = x.divide(y,s,r)` `(z = x / y)`
public `BigDecimal negate()`	`z = x.negate()` `(z = -x)`

Tabelle 12.4: Die arithmetischen Standardoperationen der `BigDecimal`-Klasse

Auch `BigDecimal`-Objekte können nicht mit den für die elementaren Datentypen vordefinierten arithmetischen Operatoren verknüpft werden, die entsprechenden Operationen sind durch Methodenaufrufe zu realisieren. Dazu werden die in Tabelle 12.4 aufgeführten Instanzmethoden zur Verfügung gestellt. In der zweiten Spalte der Tabelle sind dabei jeweils für drei `BigDecimal`-Variablen x, y und z beispielhafte Verwendungen der Methoden angegeben, deren Bedeutung innerhalb der Klammern durch die (für die `BigDecimal`-Variablen natürlich unzulässige) Notation, wie sie bei elementaren Datentypen gebräuchlich ist, erklärt wird. Da `BigDecimal`-Objekte, wie bereits eingangs erwähnt, unveränderbar sind, verändert ein Methodenaufruf nicht den Wert des Objekts, sondern gibt das Ergebnis der Operation als neues `BigDecimal`-Objekt zurück.

Die Methoden entsprechen in ihrem Verhalten prinzipiell den Methoden der `BigInteger`-Klasse, ausgenommen die Methoden `divide`, die zusätzliche Parameter aufweisen. In der ersten Variante muss der Methode über den Parameter `rd` mitgeteilt werden, wie (falls notwendig) das Ergebnis der Division gerundet werden soll. Dazu kann `rd` beim Aufruf die Werte

∎ `BigDecimal.ROUND_CEILING`
für Rundung Richtung $+\infty$,

- `BigDecimal.ROUND_DOWN`
  für Rundung Richtung 0,

- `BigDecimal.ROUND_FLOOR`
  für Rundung Richtung $-\infty$,

- `BigDecimal.ROUND_HALF_DOWN`
  für Rundung Richtung nächster Nachbar (in der Mitte nach unten),

- `BigDecimal.ROUND_HALF_EVEN`
  für Rundung Richtung nächster Nachbar (in der Mitte zur geraden Zahl),

- `BigDecimal.ROUND_HALF_UP`
  für Rundung Richtung nächster Nachbar (in der Mitte nach oben),

- `BigDecimal.ROUND_UNNECESSARY`
  für Rundung nicht nötig (stellt sicher, dass nicht gerundet wurde),

- `BigDecimal.ROUND_UP`
  für Rundung weg von der 0

annehmen, die in der Klasse `BigDecimal` als finale Klassenvariablen bereitgestellt werden.

In der zweiten Variante von `divide` wird zusätzlich der Skalierungswert sc des Ergebnisobjekts explizit festgelegt. Alle anderen Methoden aus Tabelle 12.4 ermitteln den Skalierungswert des Ergebnisobjekts automatisch. Die Methoden `add` und `subtract` bestimmen diesen als Maximum der Skalierungswerte der beiden verknüpften Objekte, während die Methode `multiply` ihn auf die Summe der Skalierungswerte der beiden verknüpften Objekte setzt. Die erste Variante von `divide` und die Methode `negate` übernehmen den Skalierungswert unverändert vom Objekt, für das die Methode ausgeführt wird.

Daneben stellt die Klasse `BigDecimal` einige weitere Methoden, wie z. B.

- **public** `BigDecimal abs()`
  liefert den Absolutbetrag der `BigDecimal`-Zahl.

- **public** `BigDecimal min(BigDecimal val)`
  liefert das Minimum der `BigDecimal`-Zahl und der Zahl `val`.

- **public** `BigDecimal max(BigDecimal val)`
  liefert das Maximum der `BigDecimal`-Zahl und der Zahl `val`.

sowie Methoden zum Auslesen der Skalierung, zum Erzeugen eines neuen Objekts mit veränderter Skalierung bzw. verschobenem Dezimalpunkt.

Außerdem können natürlich Objekte der Klasse `BigDecimal` miteinander verglichen (dazu besitzen alle `BigDecimal`-Objekte wie gewohnt die Instanzmethoden `equals(...)` und `compareTo(...)`) und mittels der Methode `toString()` in Strings gewandelt werden. Schließlich stehen jedem `BigDecimal`-Objekt Instanzmethoden `xxxValue()` zur Verfügung, wobei `xxx` jeweils für einen elementaren Datentyp (**int**, **long**, **float**, **double**) steht, um den Wert des Objekts in einen elementaren Wert umzuwandeln.

12.3.6 Viele Stellen von Nullstellen gefällig?

Zum Schluss des Abschnitts über Langzahlen in Java wollen wir uns noch mit einem kleinen Anwendungsbeispiel beschäftigen. Erinnern Sie sich noch an die Übungsaufgabe, in der wir (im Kontext eines Segelyacht-Trips nach Barbados) das Newton-Verfahren angewendet haben, um die Nullstelle einer Funktion zu berechnen? Wir wollen dieses Thema hier erneut aufgreifen und mit Hilfe der Klasse `BigDecimal` das Verfahren so anpassen, dass wir die Nullstelle(n) einer Funktion auf „viele" Stellen genau berechnen können.

Die Nullstelle einer Funktion $f : \mathbb{R} \to \mathbb{R}$, $x \mapsto f(x)$ lässt sich näherungsweise mit Hilfe des Newton-Verfahrens dadurch bestimmen, dass man ausgehend von einem geeigneten Startwert x_0 die Iteration

$$x_k := x_{k-1} - \frac{f(x_{k-1})}{f'(x_{k-1})}, \quad k = 1, 2, 3, \ldots$$

so lange ausführt, bis eine vorgegebene Abbruchbedingung erfüllt ist.

In unserer nachfolgend beschrieben Java-Implementierung wollen wir das Verfahren auf die Funktion $f(x) = x^2 - 2$ anwenden und deren Nullstelle z. B. auf 50 Stellen genau berechnen. Da die Nullstelle gerade $\sqrt{2}$ ist, können wir unser Programm also benutzen, um 50 Stellen von $\sqrt{2}$ zu berechnen.

```
1   import java.math.*;
2   import Prog1Tools.IOTools;
3   public class BigNewton {
4     public static BigDecimal zwei = new BigDecimal("2");
5
6     public static BigDecimal f (BigDecimal x) {        // berechnet f(x)
7       return (x.multiply(x)).subtract(zwei);           // x*x - 2
8     }
9     public static BigDecimal fstrich (BigDecimal x) {  // berechnet f'(x)
10      return x.multiply(zwei);                         // x*2
11    }
12    public static void main (String[] args) {
13      System.out.println("Wurzel-2-Berechnung mit Newton-Verfahren");
14      String start = IOTools.readString("Startwert fuer Iteration: ");
15      int stellen = IOTools.readInteger("Gewuenschte Stellenzahl: ");
16
17      BigDecimal xAlt, xNeu = new BigDecimal(start);
18      BigDecimal fx, fsx;
19      int runden = BigDecimal.ROUND_HALF_DOWN;
20      int k = 0;
21      System.out.println("x = " + xNeu);
22      do {                                             // Newton-Iteration
23        k   = k+1;
24        xAlt = xNeu;
25        fx   = f(xAlt);
26        fsx  = fstrich(xAlt);
27        xNeu = xAlt.subtract(fx.divide(fsx,stellen,runden));
28        System.out.println("x = " + xNeu);
29      } while (!(xNeu.compareTo(xAlt) == 0) && (k < 100));
30    }
31  }
```

Die Berechnung des Funktionswertes $f(x)$ haben wir in eine `BigDecimal`-Methode namens `f` mit einem `BigDecimal`-Parameter `x` verpackt. Um auch die Werte der Ableitung $f'(x) = 2x$ recht einfach berechnen zu können, programmierten wir eine weitere `BigDecimal`-Methode namens `fstrich`, ebenfalls mit einem `BigDecimal`-Parameter `x`. Die nötigen Benutzereingaben und das eigentliche Newton-Verfahren implementierten wir unter Verwendung von `BigDecimal`-Objekten innerhalb der `main`-Methode unseres Programms. Bei der benötigten Division haben wir dabei eine der Rundungen zur nächstgelegenen Zahl verwendet.

Unser Programm liest den Startwert x_0 und die gewünschte Stellenzahl ein und bricht die Newton-Iteration ab, wenn zwei aufeinanderfolgende Werte x_k und x_{k-1} (im Programm `xNeu` und `xAlt` genannt) gleich sind oder wenn k den Wert 100 erreicht hat. Innerhalb der Iterations-Schleife werden die berechneten Werte x_k jeweils ausgegeben, damit wir den Verlauf der Iteration verfolgen können. Nachfolgend ein Beispiel-Ablauf.

```
――――――――――――― Konsole ―――――――――――――
Wurzel-2-Berechnung mit Newton-Verfahren
Startwert fuer Iteration: 2
Gewuenschte Stellenzahl: 50
x = 2
x = 1.50000000000000000000000000000000000000000000000000
x = 1.41666666666666666666666666666666666666666666666667
x = 1.41421568627450980392156862745098039215686274509804
x = 1.41421356237468991062629557889013491011655962211574
x = 1.41421356237309504880168962350253024361498192577620
x = 1.41421356237309504880168872420969807856967187537723
x = 1.41421356237309504880168872420969807856967187537695
x = 1.41421356237309504880168872420969807856967187537695
```

12.3.7   Übungsaufgaben

Aufgabe 12.7

Berechnen Sie in einem Java-Programm den Wert

$$z = \frac{1}{107751}(1682xy^4 + 3x^3 + 29xy^2 - 2x^5 + 832)$$

für $x = 192119201$ und $y = 35675640$ mit dem Datentyp **double** und den Grundoperationen $+$, $-$, $*$ und $/$. Führen Sie die gleiche Berechnung unter Verwendung des Datentyps `BigDecimal` durch, und vergleichen Sie die Ergebnisse.

Aufgabe 12.8

Setzen Sie das Langzahl-Newton-Verfahren aus Abschnitt 12.3.6 ein, um die beiden Nullstellen der Funktion $f(x) = x^4 - 3x^2 - 10$ mit der Ableitung $f'(x) = 4x^3 - 6x$ näherungsweise auf 50 Stellen zu berechnen.

12.4 Die Klasse `DecimalFormat`

12.4.1 Standard-Ausgaben in Java

Wenn Sie bereits das ein oder andere Programm geschrieben haben, in dem unterschiedliche **double**-Werte im Konsolenfenster ausgegeben werden, so wird Ihnen vielleicht aufgefallen sein, dass die ausgegebenen Werte nicht einheitlich formatiert sind. Je nach Wert einer auszugebenden **double**-Größe wird diese mal mit wenigen und mal mit vielen Nachkommastellen bzw. mal mit und mal ohne Exponentenanteil dargestellt. Wir wollen diese Tatsache an einem einfachen Programmbeispiel nochmals verdeutlichen.

```
1  public class StandardFormat {
2    public static void main (String[] args) {
3      double x = 1e-15;
4      for (int i=1; i<=15; i++) {
5        System.out.println(x);
6        x = 111 * x;
7      }
8    }
9  }
```

Unser Programm verwendet den Startwert $x = 10^{-15}$ in Form einer **double**-Variable x. In einer Schleife wird dann jeweils der aktuelle Wert x ausgegeben und anschließend x durch sein Produkt mit 111 ersetzt. Ein Start unseres Programms liefert die Ausgabe

```
―――――――――――――― Konsole ――――――――――――――
1.0E-15
1.1100000000000001E-13
1.2321000000000001E-11
1.367631E-9
1.5180704100000002E-7
1.6850581551000003E-5
0.0018704145521610004
0.20761601528987106
23.045377697175688
2558.0369243865016
283942.09860690165
3.1517572945366085E7
3.4984505969356356E9
3.883280162598555E11
4.310440980484396E13
```

und demonstriert die vielfältigen Formate, die für unsere **double**-Werte in Frage kommen. Wir wollen an dieser Stelle gar nicht erst anfangen, darüber zu grübeln, warum man für bestimmte Werte ein bestimmtes Ausgabeformat verwendet. Genau spezifiziert wird dies in der API-Beschreibung der Methode

public static String toString(**double** d)

aus der Wrapper-Klasse `Double`. Diese Methode wird von der Methode `print` bzw. `println` aufgerufen, um die `String`-Darstellung des auszugebenden **double**-Werts zu erzeugen. Dort wird beispielsweise festgelegt, dass Werte zwischen 10^{-3} und 10^{7} stets ohne Exponentenanteil ausgegeben werden.

Was können wir aber nun tun, wenn wir unsere Ausgaben ein wenig verschönern wollen, indem wir z. B. alle Werte in gleicher Darstellung (nämlich mit Exponentialteil) ausgeben? Die Antwort lautet: Wir setzen ein so genanntes **Format-Objekt** ein.

12.4.2 Arbeiten mit Format-Objekten

Im Paket `java.text` werden verschiedene, teils abstrakte Klassen zur Verfügung gestellt, die es ermöglichen, Formate für die Wandlung von Zahlen oder Daten in Zeichenketten festzulegen. In der obersten Stufe der diesbezüglichen Klassenhierarchie finden wir die abstrakte Klasse `Format`, die in der (ebenfalls abstrakten) Klasse `NumberFormat` spezialisiert wird. Tatsächlich zum Einsatz bringen können wir die Klasse `DecimalFormat`, die von `NumberFormat` erbt und mit deren Hilfe es möglich ist, ein Format-Objekt zu erzeugen, mit dessen Hilfe numerische Werte in formatierte Strings gewandelt werden können.

Die Art und Weise, wie uns ein solches Format-Objekt einen numerischen Wert in eine Zeichenkette wandelt, können wir beim Aufruf des Konstruktors festlegen, indem wir ihm einen String übergeben, der das Muster zur Formatierung darstellt. Dieser String kann verschiedene vordefinierte Platzhalter-Zeichen für die Ziffern des numerischen Wertes und für den Dezimalpunkt bzw. die Exponentenkennung sowie weitere Zeichen enthalten. Die wichtigsten dabei auftretenden Platzhalter haben folgende Bedeutung:

0   Platzhalter für eine Ziffer. Bei Vorkommastellen gibt die Anzahl der Nullen die minimale Anzahl der angezeigten Ziffern, bei Nachkommastellen die genaue Anzahl der angezeigten Ziffern an.

Platzhalter für eine Ziffer. Handelt es sich um eine führende 0, so wird diese nicht angezeigt.

.   Platzhalter für landesspezifische Trennzeichen zwischen Vor- und Nachkommastellen.

,   Platzhalter für landesspezifische Trennzeichen für Vorkommastellen.

%   Erzwingt Darstellung als Prozentzahl.

E   Trennt die Platzhalter für die Mantisse und den Exponenten.

Alle Zeichen, die keine vordefinierte Bedeutung als Platzhalter haben, werden direkt in den String übernommen.

Haben wir ein solches Objekt der Klasse `DecimalFormat` erzeugt, so besitzt dieses die Methoden

■ **public final** String format(**double** number)

■ **`public final`** `String format(`**`long`** ` number)`

mit deren Hilfe wir die numerischen Werte in formatierte Strings wandeln können. Wenn wir also beispielsweise das Formatobjekt `f1` durch

```
DecimalFormat f1 = new DecimalFormat("Wert: 000,000.00000");
```

erzeugt haben, so wird durch

```
System.out.println(f1.format(12.345));
```

die Zeichenkette `Wert: 000.012,34500` ausgegeben. Wenn wir hingegen das durch

```
DecimalFormat f2 = new DecimalFormat("Wert: ###,###.#####");
```

erzeugte Formatobjekt `f2` verwenden, so wird durch

```
System.out.println(f2.format(12.345));
```

die Zeichenkette `Wert: 12,345` ausgegeben.

Im nachfolgenden Programm `MyFormats` geben wir einige weitere Beispiele für „selbstgemachte" Formate zur Ausgabe von numerischen Werten an.

```java
 1  import java.text.*;
 2  public class MyFormats {
 3    // Verschiedene Formate als Konstanten definieren
 4    public static final DecimalFormat
 5      kurz = new DecimalFormat("0.0"),
 6      lang = new DecimalFormat("00000.00000000000"),
 7      euro = new DecimalFormat("EUR #0.00"),
 8      wiss = new DecimalFormat("#.#E000"),
 9      naja = new DecimalFormat("#,###,##0.00"),
10      proz = new DecimalFormat("Anteilig: 0.0%");
11    // Methode zur formatierten Ausgabe
12    public static void println (double d, DecimalFormat f) {
13      System.out.println(f.format(d));
14    }
15    // Einige Tests
16    public static void main (String[] args) {
17      double x = 987.654321;
18      double y = 0.12345678;
19      println (x, kurz);
20      println (x, lang);
21      println (x, euro);
22      println (x, wiss);
23      println (x, naja);
24      println (x, proz);
25      println (y, kurz);
26      println (y, lang);
27      println (y, euro);
28      println (y, wiss);
29      println (y, naja);
30      println (y, proz);
31    }
32  }
```

Unsere Formatobjekte haben wir dabei als finale Klassenvariablen deklariert. Außerdem haben wir eine Methode `println` geschrieben, die beim Aufruf neben
dem **double**-Wert, den sie ausgeben soll, auch dessen Darstellungsformat übergeben bekommt. In der `main`-Methode verwenden wir diese Methode, um die
Werte 987.654321 und 0.12345678 mit unterschiedlichen Darstellungen auszugeben. Das Ablaufprotokoll unseres Programms sieht folgendermaßen aus:

```
───────────────── Konsole ─────────────────
987,7
00987,65432100000
EUR 987,65
9,9E002
987,65
Anteilig: 98765,4%
0,1
00000,12345678000
EUR 0,12
1,2E-001
0,12
Anteilig: 12,3%
```

12.4.3   Vereinfachte formatierte Ausgabe

In den beiden vorangehenden Abschnitten haben wir Konsolenausgaben mit den
Methoden `print` und `println` sowie die „verschönerte" Variante mit Format-
Objekten betrachtet. Seit der Version 5.0 stellt Java zusätzlich die aus der Pro-
grammiersprache C bekannte Methode `printf` zur Verfügung, die es erlaubt,
solche Formatierungen direkt in Form eines Strings anzugeben. Dieser Format-
String kann sowohl feste Textanteile als auch Formatangaben für die weiteren
Argumente beim Aufruf der `printf`-Methode enthalten. Diese Formatangaben
werden stets durch ein `%`-Zeichen eingeleitet und bestehen z. B. aus Angaben
zur verwendeten Stellenzahl oder Genauigkeit bei der Darstellung numerischer
Werte. Details hinsichtlich der Syntax der Format-Strings finden Sie in der API-
Spezifikation [32] zur Methode `printf`.
Unser Programm

```
1  public class Ausgaben {
2    public static void main(String[] args) {
3      String format = "Ergebnis der Division: % 15.10e\n";
4      System.out.printf(format, 3.5/7.1);
5      System.out.printf(format, -2/3.0);
6      System.out.printf(format, 123597.3/4);
7    }
8  }
```

arbeitet beispielsweise mit dem Format-String

```
Ergebnis der Division: % 15.10e\n
```

durch den festgelegt wird, dass nach dem Text jeweils ein Leerzeichen oder ein Minuszeichen (falls der auszugebende Wert negativ ist) und danach der numerische Wert in einer 15-stelligen Exponentialdarstellung mit 10 Nachkommastellen gefolgt von einem Zeilenendezeichen ausgegeben wird. Das Programm gibt also

```
─────────────────── Konsole ───────────────────
Ergebnis der Division:   4.9295774648e-01
Ergebnis der Division:  -6.6666666667e-01
Ergebnis der Division:   3.0899325000e+04
```

auf der Konsole aus.

12.4.4 Übungsaufgaben

Aufgabe 12.9

Schreiben Sie eine Klasse FestPunktFormat, deren Objekte es ermöglichen, **double**-Zahlen in formatierte Strings zu wandeln, die stets genau eine Stelle für das Vorzeichen (+ bei positiven, − bei negativen und Leerzeichen bei null) sowie eine Vor- und neun Nachkommastellen aufweisen. Statten Sie dazu die Klasse mit drei Klassenkonstanten vom Typ DecimalFormat aus, die die benötigten Formate festlegen, und mit einer Instanzmethode format, die den formatierten String erzeugt und zurückliefert.

Aufgabe 12.10

Erweitern Sie die Klasse FestPunktFormat um einen Konstruktor, der es ermöglicht, bei der Erzeugung von Objekten die Anzahl der darzustellenden Nachkommastellen festzulegen. Es sollen aber stets mindestens eine und maximal 12 Stellen verwendet werden.

12.5 Die Klassen Date und Calendar

Das Rechnen mit Datums- und Zeitangaben ist bekanntermaßen nicht gerade einfach. Wer schon einmal versucht hat, entsprechende Datentypen und Operationen selbst zu entwerfen, kann davon ein Lied singen. Auch in der Geschichte der Java-Versionen mussten die Entwickler unangenehme Erfahrungen machen, denn die Klassen für Datums- und Zeit-Arithmetik waren nicht von Beginn an fehlerfrei. In den ersten Java-Versionen gab es nur die Klasse Date, deren Funktionalität in späteren Versionen teilweise in die Klasse Calendar verlagert wurde. In diesem Abschnitt wollen wir uns keinesfalls ausführlich der ganzen Problematik widmen, sondern nur einen Einblick in grundlegende Anwendungsarten dieser beiden Klassen aus dem Paket java.util geben.

12.5.1   Arbeiten mit „Zeitpunkten"

Objekte der Klasse Date können Zeitpunkte (also eine bestimmte Uhrzeit an einem bestimmten Datum) darstellen. Realisiert wird dies dadurch, dass jedes Date-Objekt die Millisekunden, die seit dem 1. Januar 1970 um 0.00 Uhr vergangen sind, speichert. Somit ist eine Millisekunde auch die kleinste Zeiteinheit, um die sich zwei Date-Zeitpunkte überhaupt unterscheiden können. Zeitpunkte vor dem 1.1.1970 lassen sich darstellen, indem die Anzahl der vergangenen Millisekunden negativ gewählt wird.
Die Klasse Date besitzt die beiden Konstruktoren

- **public** Date()

- **public** Date(**long** millis)

zur Erzeugung von Objekten. Wenn wir in einem Java-Programm den augenblicklichen Zeitpunkt in einem Date-Objekt festhalten wollen, genügt es, dieses Objekt mit dem ersten Konstruktor zu erzeugen. Wollen wir einen Zeitpunkt fixieren, der aufgrund von Millisekunden, die seit dem 1.1.1970 vergangen sind, bestimmt ist, so müssen wir die zweite Variante des Konstruktors verwenden. Zu beachten ist dabei, dass sich die Millisekundenangaben auf die Zeitzone GMT (Greenwich Mean Time) bezieht. Erzeugt man also den „Zeitachsen-Nullpunkt" mit **new** Date(0), so entspricht dies bei uns dem Zeitpunkt 1.00 Uhr am 1.1.1970. Zur Bearbeitung der Zeitpunkte stellt die Klasse Date die nachfolgend beschriebenen Methoden zur Verfügung.

- **public boolean** after(Date when)
  liefert **true**, wenn der Zeitpunkt des Objekts, für das die Methode ausgeführt wird, nach dem Zeitpunkt when liegt, andernfalls **false**.

- **public boolean** before(Date when)
  liefert **true**, wenn der Zeitpunkt des Objekts, für das die Methode ausgeführt wird, vor dem Zeitpunkt when liegt, andernfalls **false**.

- **public long** getTime()
  liefert für den Zeitpunkt des Objekts die Anzahl der Millisekunden nach dem 1. Januar 1970, 0.00 Uhr zurück.

- **public void** setTime(**long** millis)
  setzt das Objekt auf den Zeitpunkt, der millis Millisekunden nach dem 1. Januar 1970, 0.00 Uhr liegt.

Außerdem lassen sich Objekte der Klasse Date miteinander vergleichen (dazu besitzen alle Date-Objekte wie gewohnt die Instanzmethoden equals(...) und compareTo(...)) und mittels der Methode toString() in Strings umwandeln.

12.5.2   Auf die Plätze, fertig, los!

Als beispielhafte Anwendung der Klasse `Date` wollen wir nun ein einfaches Programm schreiben, das als Stoppuhr dienen kann. Den Programmablauf gestalten wir dabei wie folgt:

- Wir fordern die Benutzerin bzw. den Benutzer auf, die Eingabetaste (↩) zu betätigen, um die Stoppuhr zu starten.

- Wurde die Taste gedrückt, halten wir den Startzeitpunkt in einem `Date`-Objekt fest und geben diesen Zeitpunkt zur Information auf dem Bildschirm aus.

- Wir fordern die Benutzerin bzw. den Benutzer auf, die Eingabetaste zu betätigen, um die Stoppuhr wieder anzuhalten.

- Wurde die Taste gedrückt, halten wir den Stoppzeitpunkt in einem weiteren `Date`-Objekt fest und geben diesen Zeitpunkt zur Information wieder auf dem Bildschirm aus.

- Wir berechnen zum Schluss die Laufzeit unserer Stoppuhr als Differenz der Millisekunden des Stoppzeitpunktes und des Startzeitpunktes und geben diese Laufzeit auf dem Bildschirm aus.

Unser Programm hat somit die Gestalt

```
 1  import Prog1Tools.*;
 2  import java.util.*;
 3  public class Stoppuhr {
 4    public static void main (String[] args) {
 5      // Auf Betaetigen der Eingabetaste warten
 6      IOTools.readLine("Stoppuhr starten mit Eingabetaste!");
 7      // Aktuellen Zeitpunkt im Date-Objekt start festhalten
 8      Date start = new Date();
 9      // Zeitpunkt ausgeben
10      System.out.println("Startzeitpunkt: " + start);
11      System.out.println();
12      // Statusmeldung anzeigen
13      System.out.println("Die Stoppuhr laeuft ...");
14      System.out.println();
15      // Auf Betaetigen der Eingabetaste warten
16      IOTools.readLine("Stoppuhr anhalten mit Eingabetaste!");
17      // Aktuellen Zeitpunkt im Date-Objekt stopp festhalten
18      Date stopp = new Date();
19      // Zeitpunkt ausgeben
20      System.out.println("Stoppzeitpunkt: " + stopp);
21      System.out.println();
22      // Laufzeit als Differenz von stopp und start bestimmen
23      long laufzeit = stopp.getTime() - start.getTime();
24      // Laufzeit ausgeben
25      System.out.println("Gesamtlaufzeit: " + laufzeit + " ms");
26    }
27  }
```

und ein Programmablauf könnte beispielsweise so aussehen:

```
──────── Konsole ────────
Stoppuhr starten mit Eingabetaste!
Startzeitpunkt: Thu Mar 06 13:53:33 CET 2003

Die Stoppuhr laeuft ...

Stoppuhr anhalten mit Eingabetaste!
Stoppzeitpunkt: Thu Mar 06 13:53:45 CET 2003

Gesamtlaufzeit: 12128 ms
```

12.5.3   Spezielle `Calendar`-Klassen

Die Klasse `Calendar` ist eine abstrakte Klasse, mit deren Hilfe man `Date`-Objekte nicht nur in Millisekunden, sondern auch in den Einheiten Jahre, Monate, Tage, Stunden, Minuten und Sekunden darstellen kann. `Calendar`-Objekte sind also keine Kalender im umgangssprachlichen Sinne, sondern repräsentieren – wie `Date`-Objekte – lediglich bestimmte Zeitpunkte. Die Klasse `Calendar` ermöglicht es aber außerdem, die einzelnen Komponenten eines bestimmten Zeitpunktes auszulesen und zu verändern.

Zu beachten ist, dass es natürlich – da `Calendar` abstrakt ist – keine Instanzen der Klasse selbst geben kann. Ein `Calendar`-Objekt lässt sich daher nur mit Hilfe einer konkreten Tochterklasse erzeugen. Die einzige entsprechende Tochterklasse ist zur Zeit die Klasse `GregorianCalendar`, die Zeitpunkte gemäß dem bei uns üblicherweise verwendeten gregorianischen Kalender modelliert.

Die Klasse `Calendar` besitzt eine Klassen-Methode `getInstance`, mit deren Hilfe ein `GregorianCalendar`-Objekt erzeugt werden kann, das den beim Aufruf der Methode aktuellen Zeitpunkt repräsentiert. Zur Bearbeitung eines Zeitpunkts stellt die Klasse `Calendar` die nachfolgend beschriebenen Methoden für `Calendar`-Objekte zur Verfügung.

- **public boolean** `after(Object when)`
  liefert **true**, wenn der Zeitpunkt des Objekts, für das die Methode ausgeführt wird, nach dem Zeitpunkt `when` liegt, andernfalls **false**.

- **public boolean** `before(Object when)`
  liefert **true**, wenn der Zeitpunkt des Objekts, für das die Methode ausgeführt wird, vor dem Zeitpunkt `when` liegt, andernfalls **false**.

- **public final** `Date getTime()`
  liefert den Zeitpunkt des Objekts als `Date`-Objekt.

- **public final void** `setTime(Date date)`
  setzt den Zeitpunkt des Objekts auf den als `Date`-Objekt gegebenen Zeitpunkt.

- **public final void** `set(int year, int month, int date)`
  stellt Jahr, Monat und Tag des Objekts auf die angegebenen Werte ein.

- **`public final void`** set(**`int`** year, **`int`** month, **`int`** date,
                                        `int` hour, **`int`** minute)
  stellt Jahr, Monat, Tag, Stunde und Minute des Objekts auf die angegebenen Werte ein.

- **`public final void`** set(**`int`** year, **`int`** month, **`int`** date,
                                        `int` hour, **`int`** minute, **`int`** second)
  stellt Jahr, Monat, Tag, Stunde, Minute und Sekunde des Objekts auf die angegebenen Werte ein.

- **`public void`** add(**`int`** field, **`int`** amount)
  schaltet die durch `field` spezifizierte Einheit des Zeitpunkts um den in `amount` angegebenen Wert vorwärts (bei positivem Wert) oder rückwärts (bei negativem Wert).

- **`public int`** get(**`int`** field)
  liefert den Wert der durch `field` spezifizierten Einheit des Zeitpunkts.

- **`public void`** set(**`int`** field, **`int`** value)
  setzt den Wert der durch `field` spezifizierten Einheit des Zeitpunkts auf den Wert `value`.

Bei den drei zuletzt genannten Methoden ist es jeweils notwendig, über den Parameter `field` die Komponente zu benennen, die im Zeitpunkt-Objekt verändert bzw. ausgelesen werden soll. Dazu können und sollten die in der Klasse `Calendar` als finale Klassenvariablen bereitgestellten Werte (z. B. YEAR, MONTH, DAY_OF_MONTH, DAY_OF_YEAR, HOUR_OF_DAY, MINUTE, SECOND oder MILLISECOND) verwendet werden.

Wir wollen dies an einem kurzen Beispielprogramm verdeutlichen, in dem wir den gerade aktuellen Zeitpunkt bestimmen lassen, diesen dann zunächst um 27 Tage in die Zukunft und dann um 4 Jahre in die Vergangenheit verlegen lassen. Außerdem basteln wir uns noch mit Hilfe der Methode `set` ein närrisches Datum von Hand zusammen. Unser Programm arbeitet dabei mit einer Methode `drucke`, die uns die Ausgabe von Zeitpunkten so realisiert, dass jeweils das Datum und die Uhrzeit (in Stunden und Minuten) dargestellt werden.

```
1  import Prog1Tools.*;
2  import java.util.*;
3  public class CalArith {
4    /** Methode zur Ausgabe eines Zeitpunkts */
5    public static void drucke (Calendar t) {
6      System.out.println("Zeitpunkt: "
7                          + t.get(Calendar.DAY_OF_MONTH) + "."
8                          + (t.get(Calendar.MONTH) + 1) + "."
9                          + t.get(Calendar.YEAR) + ",  "
10                         + t.get(Calendar.HOUR_OF_DAY) + ":"
11                         + t.get(Calendar.MINUTE) + " Uhr");
12   }
13   /** Test-Methode */
14   public static void main (String[] args) {
15     // Aktuellen Zeitpunkt erzeugen
```

```
16        Calendar zeit = Calendar.getInstance();
17        // Zeitpunkt ausgeben
18        drucke(zeit);
19        // Zeitpunkt 27 Tage in die Zukunft verlegen
20        zeit.add(Calendar.DAY_OF_MONTH, 27);
21        // Zeitpunkt ausgeben
22        drucke(zeit);
23        // Zeitpunkt 4 Jahre in die Vergangenheit verlegen
24        zeit.add(Calendar.YEAR, -4);
25        // Zeitpunkt ausgeben
26        drucke(zeit);
27        // Zeitpunkt auf den 11.11.1111, 11.11 Uhr
28        zeit.set(1111, 10, 11, 11, 11);
29        // Zeitpunkt ausgeben
30        drucke(zeit);
31     }
32  }
```

Unser Programm meldet sich mit

```
————————————— Konsole —————————————
Zeitpunkt: 6.3.2003,   16:40 Uhr
Zeitpunkt: 2.4.2003,   16:40 Uhr
Zeitpunkt: 2.4.1999,   16:40 Uhr
Zeitpunkt: 11.11.1111,  11:11 Uhr
```

Beim Setzen und beim Auslesen der Komponente für den Monat müssen wir beachten, dass im `Calendar`-Objekt die Monate von 0 bis 11 durchnummeriert sind. Wir müssen den entsprechnden Wert also jeweils um 1 erhöhen bzw. erniedrigen.

12.5.4   Noch einmal: Zeitmessung

Zum Schluss dieses Abschnitts über den Umgang mit Zeitpunkten wollen wir uns eine kurze alternative Version unserer Stoppuhr anschauen. Im Unterschied zur Stoppuhr-Version unter Verwendung der Klasse `Date` erzeugen wir nun die Zeitpunkte als `Calendar`-Objekte und beschränken uns bei ihrer Ausgabe auf die Stunden-, Minuten-, Sekunden- und Millisekunden-Angaben. Außerdem wollen wir die Laufzeit unserer Stoppuhr nicht nur als Millisekunden ausgegeben bekommen, sondern auch in Stunden, Minuten, Sekunden und Millisekunden.
Um Letzteres zu realisieren, wandeln wir die in Millisekunden berechnete Laufzeit mit Hilfe der Methode `setTimeInMillis` einfach in eine `Calendar`-Darstellung, indem wir eines unserer `Calendar`-Objekte auf den entsprechenden Millisekunden-Wert setzen.
Unser Programm hat somit die Gestalt:

```
1  import Prog1Tools.*;
2  import java.util.*;
3  public class CalStoppuhr {
4    public static void main (String[] args) {
5        // Auf Betaetigen der Eingabetaste warten
```

```
 6        IOTools.readLine("Stoppuhr starten mit Eingabetaste!");
 7        // Aktuellen Zeitpunkt im Calendar-Objekt start festhalten
 8        Calendar start = Calendar.getInstance();
 9        // Zeitpunkt ausgeben
10        System.out.println("Startzeitpunkt: "
11                         + start.get(Calendar.HOUR_OF_DAY) + ":"
12                         + start.get(Calendar.MINUTE) + ":"
13                         + start.get(Calendar.SECOND) + ":"
14                         + start.get(Calendar.MILLISECOND));
15        System.out.println();
16        // Statusmeldung anzeigen
17        System.out.println("Die Stoppuhr laeuft ...");
18        System.out.println();
19        // Auf Betaetigen der Eingabetaste warten
20        IOTools.readLine("Stoppuhr anhalten mit Eingabetaste!");
21        // Aktuellen Zeitpunkt im Calendar-Objekt stopp festhalten
22        Calendar stopp = Calendar.getInstance();
23        // Zeitpunkt ausgeben
24        System.out.println("Stoppzeitpunkt: "
25                         + stopp.get(Calendar.HOUR_OF_DAY) + ":"
26                         + stopp.get(Calendar.MINUTE) + ":"
27                         + stopp.get(Calendar.SECOND) + ":"
28                         + stopp.get(Calendar.MILLISECOND));
29        System.out.println();
30        // Laufzeit als Differenz von stopp und start bestimmen
31        long laufzeit = stopp.getTimeInMillis() - start.getTimeInMillis();
32        // Laufzeit ausgeben
33        System.out.println("Gesamtlaufzeit: " + laufzeit + " ms");
34        // Laufzeit als Zeitpunkt darstellen
35        stopp.setTimeInMillis(laufzeit);
36        // Zeitpunkt ausgeben
37        System.out.println("Gesamtlaufzeit (min:sec:ms): "
38                         + stopp.get(Calendar.MINUTE) + ":"
39                         + stopp.get(Calendar.SECOND) + ":"
40                         + stopp.get(Calendar.MILLISECOND));
41    }
42 }
```

Ein Programmablauf könnte jetzt beispielsweise so aussehen:

```
──────────── Konsole ────────────
Stoppuhr starten mit Eingabetaste!
Startzeitpunkt: 17:12:31:726

Die Stoppuhr laeuft ...

Stoppuhr anhalten mit Eingabetaste!
Stoppzeitpunkt: 17:12:50:302

Gesamtlaufzeit: 18576 ms
Gesamtlaufzeit (min:sec:ms): 0:18:576
```

12.5.5   Übungsaufgaben

Aufgabe 12.11

Ändern Sie das Stoppuhr-Programm aus Abschnitt 12.5.2 so ab, dass auch Zwischenzeiten genommen werden können und die Uhr erst dann endgültig angehalten wird, wenn durch Eingabe des Zeichens e die Endzeit angefordert wurde.

Aufgabe 12.12

Die Methode drucke aus Abschnitt 12.5.4 zeigt Uhrzeiten wie z. B. 3:05 nicht korrekt an, weil die Minuten ohne führende 0 ausgegeben werden. Berichtigen Sie dies. Betten Sie die Methode danach in ein Programm ein, das es ermöglicht, den aktuellen Zeitpunkt um eine einzulesende Anzahl von Jahren, Tagen, Stunden und Minuten in die Zukunft zu verlegen.

12.6   Die Klassen SimpleDateFormat und DateFormat

12.6.1   Arbeiten mit Format-Objekten für Datum/Zeit-Angaben

Wie wir bereits wissen, stehen im Paket java.text verschiedene Klassen zur Verfügung, die es ermöglichen, Formate für die Wandlung von Zahlen oder Daten in Zeichenketten festzulegen. Darunter finden wir auch die Klasse SimpleDateFormat, die von der abstrakten Klasse DateFormat erbt und mit deren Hilfe es möglich ist, ein Format-Objekt zu erzeugen, mit dessen Hilfe Date-Objekte in formatierte Strings gewandelt werden können.

Ähnlich wie bei der Klasse DecimalFormat können wir die Art und Weise, wie ein solches Format-Objekt einen Datum/Zeit-Wert in eine Zeichenkette wandelt, beim Aufruf des Konstruktors festlegen, indem wir ihm einen String übergeben, der das Muster zur Formatierung darstellt. Dieser String kann verschiedene vordefinierte Platzhalter-Zeichen für die verschiedenen Bestandteile eines Date-Objekts sowie weitere Zeichen enthalten. Die wichtigsten dabei auftretenden Platzhalter haben folgende Bedeutung:

yy	Platzhalter für das Jahr (mit zwei Ziffern)
yyyy	Platzhalter für das Jahr (mit vier Ziffern)
M	Platzhalter für den Monat (mit einer oder zwei Ziffern)
MM	Platzhalter für den Monat (mit zwei Ziffern)
MMM	Platzhalter für den Monat (als Text mit drei Buchstaben)
MMMM	Platzhalter für den Monat (als Text)
EE	Platzhalter für den Tag der Woche (als Text mit zwei Buchstaben)

`EEEE`	Platzhalter für den Tag der Woche (als Text)
`d`	Platzhalter für den Tag des Monats (mit einer oder zwei Ziffern)
`dd`	Platzhalter für den Tag des Monats (mit zwei Ziffern)
`H`	Platzhalter für die Stunden (mit einer oder zwei Ziffern)
`HH`	Platzhalter für die Stunden (mit zwei Ziffern)
`m`	Platzhalter für die Minuten (mit einer oder zwei Ziffern)
`mm`	Platzhalter für die Minuten (mit zwei Ziffern)
`s`	Platzhalter für die Sekunden (mit einer oder zwei Ziffern)
`ss`	Platzhalter für die Sekunden (mit zwei Ziffern)
`S`	Platzhalter für die Millisekunden (mit drei Ziffern)
`D`	Platzhalter für den Tag des Jahres (als Zahl)
`.`	Wird als Trennzeichen direkt übernommen
`:`	Wird als Trennzeichen direkt übernommen
`,`	Wird als Trennzeichen direkt übernommen

Wollen wir Freitext in unserem Format-String platzieren, so müssen wir diesen in einfache Hochkommas (′) einschließen. Soll dieser Freitext selbst ein Hochkomma enthalten, müssen wir zwei Hochkommas hintereinander notieren.

Haben wir ein solches Objekt der Klasse `SimpleDateFormat` erzeugt, besitzt dieses die Methode

- **public final** String format(Date date)

mit deren Hilfe wir Zeitpunkte in formatierte Strings wandeln können. Wenn wir also beispielsweise am Abend des 6. Februar 2003 ein `Date`-Objekt d erzeugt und das Formatobjekt `f1` durch

```
f1 = new SimpleDateFormat("EEEE,' der 'd.' 'MMMM,' 'H:mm' Uhr'"),
```

erzeugt haben, so wird durch

```
System.out.println(f1.format(d));
```

die Zeichenkette

```
Donnerstag, der 6. Februar, 18:38 Uhr
```

ausgegeben. Wenn wir hingegen das durch

```
f2 = new SimpleDateFormat("'Sternzeit 'yyyyMMdd.HHmmssS");
```

erzeugte Formatobjekt `f2` verwenden, so erhalten wir durch

```
System.out.println(f2.format(d));
```

die Ausgabe

```
Sternzeit 20030206.183809126
```

Im folgenden Programm MyDateFormats geben wir noch einige weitere Beispiele für „selbstgestrickte" Formate zur Ausgabe von Zeitangaben an.

```java
import java.text.*;
import java.util.*;
public class MyDateFormats {
    // Verschiedene Formate als Konstanten definieren
    public static final SimpleDateFormat
        eins = new SimpleDateFormat("dd.MM.yyyy' um 'HH:mm:ss:S"),
        zwei = new SimpleDateFormat("EE, MMM d, ''yy"),
        drei = new SimpleDateFormat("H:mm"),
        vier = new SimpleDateFormat("H' Uhr und 'm' Minuten'"),
        fuen = new SimpleDateFormat("d. MMMM yyyy' 'HH:mm"),
        sech = new SimpleDateFormat("EE, d. MMM yyyy HH:mm:ss"),
        sieb = new SimpleDateFormat("yyMMddHHmmssS");
    // Methode zur formatierten Ausgabe
    public static void println (Date d, SimpleDateFormat f) {
        System.out.println(f.format(d));
    }
    // Einige Tests
    public static void main (String[] args) {
        Date d = new Date();
        println (d, eins);
        println (d, zwei);
        println (d, drei);
        println (d, vier);
        println (d, fuen);
        println (d, sech);
        println (d, sieb);
    }
}
```

Unsere Formatobjekte haben wir dabei wieder als finale Klassenvariablen deklariert. Außerdem haben wir eine Methode println geschrieben, die beim Aufruf neben der Referenz auf das Date-Objekt, das sie ausgeben soll, auch das Format, in dem dieses darzustellen ist, übergeben bekommt. In der main-Methode verwenden wir diese Methode, um den aktuell erzeugten Zeitpunkt in unterschiedlichen Darstellungen auszugeben. Das Ablaufprotokoll unseres Programms sieht am 6. Februar 2003, kurz vor 19 Uhr, folgendermaßen aus:

```
─────────────────────── Konsole ───────────────────────
13.06.2003 um 14:37:51:346
Fr, Jun 13, '03
14:37
14 Uhr und 37 Minuten
13. Juni 2003  14:37
Fr, 13. Jun 2003 14:37:51
030613143751346
```

Abschließend noch einige Bemerkungen zur DateFormat-Klasse selbst, die wir zum Beispiel verwenden können, wenn wir lediglich mit bestimmten Standard-Formaten für unsere Datums- und Zeit-Angaben arbeiten wollen. In der Klasse DateFormat gibt es dazu so genannte Instanz-erzeugende Klassenmethoden

- **public static final** DateFormat getDateInstance()
- **public static final** DateFormat getDateInstance(**int** style)
- **public static final** DateFormat getDateInstance(**int** style,
                                          Locale loc)
- **public static final** DateFormat getTimeInstance()
- **public static final** DateFormat getTimeInstance(**int** style)
- **public static final** DateFormat getTimeInstance(**int** style,
                                          Locale loc)
- **public static final** DateFormat getDateTimeInstance()
- **public static final** DateFormat getDateTimeInstance(
                        int dateStyle, **int** timeStyle)
- **public static final** DateFormat getDateTimeInstance(
                        int dateStyle, **int** timeStyle, Locale loc)

die jeweils ein Format-Objekt erzeugen, das nur das Datum, nur die Zeit oder Datum und Zeit formatiert darstellt. In der Variante ohne Parameter liefern die Methoden jeweils das voreingestellte Format. Mit dem Parameter `style` lässt sich festlegen, welches der vier möglichen Standard-Formate verwendet werden soll. Hierzu dienen die Konstanten SHORT, MEDIUM, LONG und FULL, die in der Klasse `DateFormat` deklariert sind. Will man die Darstellung außerdem in einem bestimmten landesspezifischen Format erzeugen, so kann über den Parameter `loc` vom Typ `Locale` die entsprechende Wahl getroffen werden. Objekte der Klasse `Locale` aus dem Paket `java.util` können eine geografische, politische oder kulturelle Region repräsentieren. Einige solche Regionen werden als vordefinierte Konstanten (wie z. B. CHINA, FRANCE, ITALY, UK oder US) in der Klasse `Locale` bereitgestellt.

Zuletzt sei noch erwähnt, dass den Objekten der Klasse `DateFormat` auch eine Methode `parse(String s)` zur Verfügung steht, mit deren Hilfe ein Zeitpunkt als Zeichenkette angegeben werden kann, die natürlich in dem durch das `DateFormat`-Objekt festgelegten Format angegeben sein muss (die Methode wirft andernfalls eine `ParseException`).

Im folgenden Programm `MyStandardDateFormats` präsentieren wir noch einige Beispiele für Standard-Formate zur Ausgabe von Zeitangaben.

```java
1  import java.text.*;
2  import java.util.*;
3  public class MyStandardDateFormats {
4    // Verschiedene Stanard-Formate als Konstanten definieren
5    public static final DateFormat
6      eins = DateFormat.getDateInstance(),
7      zwei = DateFormat.getDateInstance(DateFormat.SHORT),
8      drei = DateFormat.getDateInstance(DateFormat.LONG,
9                                        Locale.FRANCE),
10     vier = DateFormat.getTimeInstance(),
11     fuen = DateFormat.getTimeInstance(DateFormat.LONG),
```

```
12        sech = DateFormat.getTimeInstance(DateFormat.FULL,
13                                    Locale.US),
14        sieb = DateFormat.getDateTimeInstance(),
15        acht = DateFormat.getDateTimeInstance(DateFormat.SHORT,
16                                          DateFormat.SHORT),
17        neun = DateFormat.getDateTimeInstance(DateFormat.LONG,
18                                          DateFormat.LONG,
19                                          Locale.ITALY);
20   // Methode zur formatierten Ausgabe
21   public static void println (Date d, DateFormat f) {
22     System.out.println(f.format(d));
23   }
24   // Einige Tests
25   public static void main (String[] args) {
26     try {
27        Date d = acht.parse("11.11.2004 11:11");
28        println (d, eins);
29        println (d, zwei);
30        println (d, drei);
31        println (d, vier);
32        println (d, fuen);
33        println (d, sech);
34        println (d, sieb);
35        println (d, acht);
36        println (d, neun);
37     } catch (ParseException pe) {
38        System.out.println(pe);
39     }
40   }
41 }
```

Unsere Formatobjekte haben wir dabei erneut als finale Klassenvariablen deklariert. Außerdem verwenden wir wieder eine Methode `println`, die beim Aufruf neben der Referenz auf das `Date`-Objekt, das sie ausgeben soll, auch das Format, in dem dieses darzustellen ist, übergeben bekommt. In der `main`-Methode verwenden wir diese Methode, um den erzeugten Zeitpunkt (Faschingsmuffel denken mit Grauen an ihn) in unterschiedlichen Darstellungen auszugeben. Das Ablaufprotokoll unseres Programms sieht folgendermaßen aus:

```
──────────────────────── Konsole ────────────────────────
11.11.2004
11.11.04
11 novembre 2004
11:11:00
11:11:00 CET
11:11:00 AM CET
11.11.2004 11:11:00
11.11.04 11:11
11 novembre 2004 11.11.00 CET
```

12.6.2 Übungsaufgaben

Aufgabe 12.13

Schreiben Sie ein Programm, das Sie beim Start mit einer Meldung der Form

```
Heute ist Samstag, der 14. Juni 2003.
```

begrüßt und anschließend

```
Die Uhr zeigt gerade: 16 Uhr und 55 Minuten.
Neue Zeitanzeige mit ENTER.
```

meldet sowie bei jedem Betätigen der Eingabetaste erneut die Zeit in obiger Form anzeigt.

12.7 Die Collection-Klassen

Wie bereits erwähnt, stehen uns im Paket java.util eine Reihe von Klassen zur Verfügung, mit deren Objekten wir „Sammlungen" (engl.: Collections) von Objekten speichern und bearbeiten können. Um für alle vordefinierten oder selbst geschriebenen Klassen, die solche Sammlungen modellieren, eine einheitliche Funktionalität sicherzustellen, gibt es im Paket java.util eine Interface-Hierarchie, die die Grundstruktur der verschiedenen Ausprägungen von Collections widerspiegelt.

Ganz oben in dieser Hierarchie finden wir das Interface Collection, in dem bereits die wesentlichen Eigenschaften fast aller Arten von Collections zusammengefasst sind. Von diesem Interface erben die beiden Interfaces Set und List. Während das Collection-Interface die Art der Sammlung noch offen lässt, spezialisieren diese beiden Interfaces die genaue „Sammel-Strategie" unserer Collection-Objekte. Während ein List-Objekt eine Liste in Form einer geordneten Folge von Elementen repräsentiert, stellt ein Set-Objekt eine Sammlung von Objekten (eine Menge von Objekten) dar, in der keine Duplikate zugelassen sind. Als Sub-Interface von Set existiert außerdem das Interface SortedSet, das die Elemente der Set-Objekte zusätzlich mit einer Ordnung versieht.

Wir wollen uns im Folgenden zunächst mit der Grundstruktur der Collection-Schnittstelle und anschließend etwas genauer mit den Schnittstellen Set und List und ihren Implementierungen in den vordefinierten Klassen TreeSet und HashSet bzw. ArrayList und LinkedList beschäftigen.

12.7.1 „Sammlungen" von Objekten – Der Aufbau des Interface Collection

Generell dient ein **Collection-Objekt** dazu, verschiedene Objekte (so genannte **Elemente** des Collection-Objekts) zu einer Gruppe zusammenzufassen. Dabei kann sich die Größe eines Collection-Objekts dynamisch der gewünschten Zahl seiner Elemente anpassen. Hierin unterscheiden sich übrigens Collection-Objekte

von üblichen Feld-Objekten. Ein weiterer Unterschied findet sich in der Tatsache,
dass wir in einem Collection-Objekt keine elementaren Werte speichern können.
Als Elemente sind lediglich Referenzen, also Werte von Referenzdatentypen zugelassen. Wollen wir dennoch Werte von elementaren Datentypen in Collection-
Objekten ablegen, so müssen wir die in Abschnitt 12.2 beschriebenen Wrapper-
Klassen einsetzen, um die Werte erst in Objekte einzupacken. Dieser Packvorgang
kann seit der Java-Version 5.0, wie in Abschnitt 12.2.4 beschrieben, vom Compiler
automatisch erledigt werden, wir haben ihn aber dennoch in den nachfolgenden
Beispielprogrammen explizit ausprogrammiert, um zu verdeutlichen, dass jeweils
mit Wrapper-Objekten gearbeitet wird.

In der ursprünglichen Realisierung der Collection-Interfaces und -Klassen
älterer Java-Versionen war vorgesehen, dass Objekte unterschiedlichen Typs in
eine Sammlung aufgenommen werden können. Beim Zugriff auf die Elemente einer Sammlung bestand daher keinerlei Typsicherheit. Mit der Einführung
des Konzepts der generischen Datentypen in der Version 5.0 der aktuellen Java-
Plattform, auf das wir bereits eingegangen sind, wurde es möglich, Collection-
Objekte typsicher zu deklarieren. Das heißt: der Typ der Elemente der Collection
wird nicht mehr ganz allgemein als Typ Object angenommen, und es können
daher generell nicht einfach verschiedene Element-Typen gleichzeitig verwendet werden. Vielmehr wird nunmehr durch vorhergehende Typisierung festgelegt, dass nur Objekte des korrekten Element-Typs (also zum Beispiel Double
oder String) in eine Sammlung eingefügt werden können. Dies hat den Vorteil, dass alle Einfügeoperationen typsicher sind und dass man beim Zugriff auf
ein Element einer Sammlung nur den vorgegebenen Typ erhält. Diese Typsicherheit wird bereits vom Compiler geprüft, so dass keine Laufzeitfehler wegen
Typ-Inkompatibilitäten mehr auftreten können. Die in den alten Java-Versionen
notwendigen umständlichen Typkonvertierungen beim Auslesen der Collection-
Elemente entfallen somit.

Das Basis-Interface Collection, das in der generischen Form

■ **public interface** Collection<E> **extends** Iterable<E>

deklariert ist,[1] beschreibt bereits ziemlich detailliert die wesentlichen Eigenschaften einer Vielzahl verschiedenartiger Collections. Dabei wird E (als Abkürzung
für Elementtyp) als Typ-Parameter verwendet, und es werden folgende Methoden deklariert:

■ **public boolean** add(E o)
    fügt das Element o in das Collection-Objekt ein (falls möglich bzw. nötig).

■ **public boolean** addAll(Collection<? **extends** E> c)
    fügt alle Elemente der Collection c in das Collection-Objekt, für das die
    Methode ausgeführt wird, ein (falls möglich bzw. nötig).

■ **public void** clear()
    entfernt alle Elemente aus dem Collection-Objekt.

---

[1] Die Erbschaftsbeziehung zum Interface Iterable erläutern wir am Ende dieses Abschnitts.

- **`public boolean`** `contains(Object o)`
  liefert **true**, wenn das `Collection`-Objekt das Element o enthält, andernfalls **false**.

- **`public boolean`** `containsAll(Collection<?> c)`
  liefert **true**, wenn das `Collection`-Objekt, für das die Methode ausgeführt wird, alle Elemente des `Collection`-Objekts c enthält, andernfalls **false**.

- **`public boolean`** `isEmpty()`
  liefert **true**, wenn das `Collection`-Objekt leer ist, andernfalls **false**.

- **`public`** `Iterator<E> iterator()`
  liefert ein `Iterator`-Objekt für das `Collection`-Objekt.

- **`public boolean`** `remove(Object o)`
  entfernt das Objekt o aus dem `Collection`-Objekt (falls möglich bzw. nötig).

- **`public boolean`** `removeAll(Collection<?> c)`
  entfernt alle Elemente der Collection c aus dem `Collection`-Objekt, für das die Methode ausgeführt wird (falls möglich bzw. nötig).

- **`public boolean`** `retainAll(Collection<?> c)`
  entfernt alle Elemente, die *nicht* in der Collection c enthalten sind, aus dem `Collection`-Objekt, für das die Methode ausgeführt wird (falls möglich bzw. nötig).

- **`public int`** `size()`
  liefert die aktuelle Anzahl der Elemente des `Collection`-Objekts.

- **`public`** `Object[] toArray()`
  wandelt das `Collection`-Objekt in ein Feld mit Komponententyp `Object`.

Die Methoden `add`, `addAll`, `remove`, `removeAll` und `retainAll` liefern den Wert **true** zurück, wenn die jeweilige Aktion zu einer Veränderung des Collection-Objekts geführt hat.
Wie bereits eingangs dieses Abschnitts erwähnt, erbt das Interface `Collection` vom Interface `Iterable`. Dieses Interface ist in der generischen Form

- **`public interface`** `Iterable<T>`

mit dem Typ-Parameter T deklariert und schreibt lediglich die Methode

- **`public`** `Iterator<T> iterator()`

vor. Implementiert eine Klasse dieses Interface, so kann ein Objekt der Klasse innerhalb des Ausdrucks hinter dem Doppelpunkt innerhalb der vereinfachten **for**-Schleifen-Notation verwendet werden. Vom Compiler wird diese Notation dann automatisch unter Verwendung der Methode `iterator`, die einen so genannten Iterator liefert, in Java-Code umgeformt, der alle Elemente des `Iterable`-Objekts durchläuft.
Aufgrund der Erbschaftsbeziehung zum Interface `Iterable` und der Typisierung mit dem Parameter E deklariert das Interface `Collection` auch die entsprechende Methode `iterator` mit Parametertyp E. Im folgenden Abschnitt wollen

wir nun genauer darauf eingehen, was ein solcher Iterator ist und wie er eingesetzt werden kann.

12.7.2 „Sammlungen" durchgehen – Der Aufbau des Interface `Iterator`

Ein **Iterator** ermöglicht es, alle Elemente eines Collection-Objekts (wie auch immer es gestaltet sein mag) kontrolliert (Element für Element) zu durchlaufen und
abzuarbeiten. Das Interface `Iterator`, das in der generischen Form

- **`public`** `Interface Iterator<E>`

mit dem Typ-Parameter `E` deklariert ist, legt fest, welche Operationen ein Iterator
zur Verfügung stellen muss, um dieses kontrollierte Durchlaufen zu realisieren.
Es deklariert daher folgende Methoden:

- **`public boolean`** `hasNext()`
  liefert **`true`**, wenn der Iterator noch mindestens ein weiteres Element liefern
  kann, andernfalls **`false`**.

- **`public`** `E next()`
  liefert das jeweils nächste Element.

- **`public void`** `remove()`
  entfernt das zuletzt mit `next` angesprochene Element aus der zu Grunde liegenden Collection.

Bei der Methode `next` gilt es zu beachten, dass diese eine Ausnahme vom
Typ `NoSuchElementException` werfen kann. Dies geschieht dann, wenn
kein weiteres Element mehr existiert, das von `next` geliefert werden könnte. Allerdings lässt sich diese Situation leicht vermeiden, indem man vor jedem Aufruf von `next` mit Hilfe der Methode `hasNext` überprüft, ob überhaupt noch weitere Elemente vorhanden sind. Weiterhin sei erwähnt, dass nicht
jede Implementierung des `Collection`-Interface das Löschen von Elementen unterstützt. In diesen Fällen wirft die Methode `remove` des Iterators eine
`UnsupportedOperationException`.
Arbeiten wir beispielsweise mit einem Collection-Objekt `c`, so können wir mit
Hilfe seiner Instanzmethode `iterator` einen korrespondierenden Iterator erzeugen und in einer Schleife mit Hilfe der Iterator-Methoden `hasNext` und `next`
die einzelnen Elemente unserer Collection durchlaufen. Unter Verwendung einer
`while`-Schleife könnten wir dies als

```
Iterator it = c.iterator();
while (it.hasNext())
  System.out.println(it.next());
```

formulieren, unter Verwendung einer **`for`**-Schleife, etwas kürzer, als

```
for (Iterator i = c.iterator(); i.hasNext(); )
  System.out.println(i.next());
```

und unter Einsatz der vereinfachten **for**-Schleifen-Notation noch kürzer als

```
for (Object x : c)
   System.out.println(x);
```

programmieren. Wir werden im Zusammenhang mit Listen bzw. Mengen weitere Beispiele zum Thema Iterator kennen lernen.

12.7.3 Mengen

Unter dem Begriff **Menge** versteht man eine Collection, in der für die Elemente keine Duplikate zugelassen sind. Für diese Spezialform der Collections sind die Interfaces Set und SortedSet zuständig, wobei Set von Collection und SortedSet von Set erbt. Implementiert wird das Set-Interface von den beiden Klassen HashSet und TreeSet.

12.7.3.1 Das Interface Set

In Spezialisierung der aus dem Super-Interface Collection geerbten Methoden-deklarationen legt das Set-Interface fest, dass die Methoden add und addAll so arbeiten müssen, dass keine Duplikate in ein Set-Objekt aufgenommen werden. Mit Hilfe der Methode equals wird ein einzufügendes Objekt daher zunächst mit den bereits im Set-Objekt enthaltenen Elementen verglichen. Wenn keiner dieser Vergleiche **true** liefert, wird das neue Element eingefügt, andernfalls bleibt das Set-Objekt unverändert, und die Methode add liefert **false** als Ergebnis.
Die aus der Mathematik bekannten Mengen-Operationen „Vereinigung", „Schnitt" und „Differenz" lassen sich mit den in Collection deklarierten Methoden realisieren. Für zwei Mengen u und v liefert u.addAll(v) die Menge $u \cup v$, während u.retainAll(v) die Menge $u \cap v$ und u.removeAll(v) die Menge $u \setminus v$ liefern, wobei das Ergebnis jeweils im Set-Objekt u erzeugt wird.

12.7.3.2 Die Klasse HashSet

Zur Konstruktion von Set-Objekten enthält die Klasse HashSet, die in der generischen Form

■ **public class** HashSet<E>

mit dem Typ-Parameter E deklariert ist, u. a. die Konstruktoren:

■ **public** HashSet()
erzeugt eine leere Menge.

■ **public** HashSet(Collection<? **extends** E> c)
erzeugt eine Menge, die alle Elemente der Collection c enthält, wobei eventuelle Duplikate eliminiert werden.

Wir wollen nun anhand eines kleinen Beispielprogramms die Anwendung der Klasse demonstrieren. In unserem Programm

```
1   import java.util.*;
2   class ZahlenMenge {
3     /** Methode zur Ausgabe von Infos ueber eine Collection */
4     public static void printInfo(Collection c) {
5       System.out.println("Die Menge enthaelt " + c.size() + " Elemente");
6       System.out.println("Ist 3.3 in der Menge enthalten? " +
7                          c.contains(new Double(3.3)));
8       System.out.println("Alle Elemente der Menge:");
9       for (Iterator i = c.iterator(); i.hasNext(); )
10        System.out.print(i.next() + "   ");
11      System.out.println();
12      System.out.println();
13    }
14    /** Aufbau und Modifikation einer Collection */
15    public static void main(String[] args) {
16      Collection<Double> c = new HashSet<Double>();
17      c.add(new Double(1.1));
18      c.add(new Double(2.2));
19      c.add(new Double(3.3));
20      c.add(new Double(0.0));
21      c.add(new Double(3.3));
22      c.add(new Double(4.4));
23      printInfo(c);
24      c.remove(new Double(3.3));
25      c.remove(new Double(0.0));
26      c.remove(new Double(4.4));
27      printInfo(c);
28    }
29  }
```

verwenden wir eine Collection vom Typ `HashSet` und füllen diese mit den **double**-Werten 1.1, 2.2, 3.3, 0.0, 3.3 und 4.4 (wir müssen dabei natürlich die Wrapper-Klasse `Double` verwenden, da wir ja nur Objekte und keine elementaren Werte in der Collection ablegen können). Mittels der Methode `printInfo` geben wir dann einige Informationen über die erstellte Collection aus: Wir stellen fest, wie viele Elemente in der Collection gespeichert sind, prüfen, ob auch der Wert 3.3 enthalten ist, und geben schließlich (unter Verwendung eines Iterators) alle enthaltenen Elemente auf dem Bildschirm aus. Danach modifizieren wir unsere Collection, indem wir die Werte 3.3, 0.0 und 4.4 wieder entfernen. Schließlich geben wir erneut die Informationen über die aktuelle Collection aus.
Ein Start unseres Programms liefert somit die Ausgabe

```
──────────── Konsole ────────────
Die Menge enthaelt 5 Elemente
Ist 3.3 in der Menge enthalten? true
Alle Elemente der Menge:
4.4   3.3   1.1   2.2   0.0

Die Menge enthaelt 2 Elemente
Ist 3.3 in der Menge enthalten? false
Alle Elemente der Menge:
1.1   2.2
```

Wir sehen, dass auf Grund der Verwendung eines `HashSet`-Objekts der Wert
3.3 lediglich einmal in unsere Sammlung aufgenommen wird. Dementsprechend
bleiben nach Entfernen der drei Elemente lediglich die Elemente 1.1 und 2.2 übrig.

12.7.3.3 Das Interface `SortedSet`

Wollen wir eine Menge mit dem zusätzlichen Feature versehen, das es ermöglicht,
ihre Elemente stets aufsteigend zu sortieren, so müssen wir eine Klasse verwenden, die das Interface `SortedSet` implementiert – was auch gewährleistet, dass
der Iterator die Mengen-Elemente stets in aufsteigender Reihenfolge durchläuft.
Dies setzt allerdings voraus, dass alle Elemente, die wir in eine sortierte Menge
einfügen, miteinander vergleichbar sind. Dazu müssen die einzufügenden Elemente Instanzen einer Klasse sein, die das Interface `Comparable` implementiert.
Dieses Interface ist in der generischen Form

- **`public interface`** `Comparable<T>`

mit dem Typ-Parameter `T` deklariert und enthält als einzige Methode

- **`public int`** `compareTo(T o)`
  vergleicht das Objekt, für das die Methode ausgeführt wird, mit dem Objekt
  `o` und liefert einen negativen Wert, den Wert 0 oder einen positiven Wert, je
  nachdem, ob das Objekt kleiner, gleich oder größer als das Objekt `o` ist.

die in einer Klasse entsprechend zu implementieren ist. Dabei gilt es zu beachten,
dass die Methode `compareTo` stets konsistent mit der Methode `equals` implementiert ist. Das bedeutet: Für zwei Objekte `a` und `b` muss `a.compareTo(b)`
genau dann 0 liefern, wenn `a.equals(b)` das Ergebnis **true** liefert. Dies liegt
darin begründet, dass `SortedSet`-Objekte Element-Vergleiche mit `compareTo`
und nicht mit `equals` ausführen.[2]
Typische Beispiele für Klassen, die das Interface `Comparable` implementieren,
sind übrigens die numerischen Wrapper-Klassen `Integer`, `Double` usw., deren
Objekte wir daher auch problemlos in `SortedSet`-Objekte einfügen können.
Zusätzlich zu den üblichen `Collection`- bzw. `Set`-Methoden deklariert das Interface `SortedSet`, das in der generischen Form

- **`public interface`** `SortedSet<E>`

mit dem Typ-Parameter `E` deklariert ist, weitere Methoden:

- **`public`** `E first()`
  liefert das erste (kleinste) Element der Menge.

- **`public`** `E last()`
  liefert das letzte (größte) Element der Menge.

---

[2] Wir haben diese Methodik bereits genutzt, als wir das Sortieren von Feldern mit selbstdefiniertem
Komponententyp mit Hilfe der Methode `Arrays.sort` realisieren wollten.

- **public** `SortedSet<E> headSet(E toElement)`
  liefert eine Teilmenge mit allen Elementen, die kleiner als `toElement` sind (im Sinne von `compareTo`).

- **public** `SortedSet<E> tailSet(E fromElement)`
  liefert eine Teilmenge mit allen Elementen, die größer oder gleich `fromElement` sind (im Sinne von `compareTo`).

- **public** `SortedSet subSet(E fromElement, E toElement)`
  liefert eine Teilmenge mit allen Elementen, die größer oder gleich `fromElement` und kleiner als `toElement` sind (im Sinne von `compareTo`).

12.7.3.4 Die Klasse `TreeSet`

Auch die Klasse `TreeSet`, die das `SortedSet`-Interface implementiert und in der generischen Form

- **public class** `TreeSet<E>`

mit dem Typ-Parameter `E` deklariert ist, enthält zur Konstruktion von Mengen folgende Konstruktoren:

- **public** `TreeSet()`
  erzeugt eine leere Menge.

- **public** `TreeSet(Collection<? extends E> c)`
  erzeugt eine Menge, die alle Elemente der Collection `c` enthält, wobei eventuelle Duplikate eliminiert werden.

Anhand unseres bereits in Abschnitt 12.7.3.2 vorgestellten Beispielprogramms wollen wir nun auch die Anwendung der Klasse `TreeSet` demonstrieren. In unserem Programm

```java
import java.util.*;
class SortierteZahlenMenge {
  /** Methode zur Ausgabe von Infos ueber eine Collection */
  public static void printInfo(Collection c) {
    System.out.println("Die Menge enthaelt " + c.size() + " Elemente");
    System.out.println("Ist 3.3 in der Menge enthalten? " +
                       c.contains(new Double(3.3)));
    System.out.println("Alle Elemente der Menge:");
    for (Iterator i = c.iterator(); i.hasNext(); )
      System.out.print(i.next() + "   ");
    System.out.println();
    System.out.println();
  }

  /** Aufbau und Modifikation einer Collection */
  public static void main(String[] args) {
    Collection<Double> c = new TreeSet<Double>();
    c.add(new Double(1.1));
    c.add(new Double(2.2));
    c.add(new Double(3.3));
```

```
21      c.add(new Double(0.0));
22      c.add(new Double(3.3));
23      c.add(new Double(4.4));
24      printInfo(c);
25      c.remove(new Double(3.3));
26      c.remove(new Double(0.0));
27      c.remove(new Double(4.4));
28      printInfo(c);
29   }
30 }
```

verwenden wir eine Collection vom Typ `TreeSet`, lassen aber ansonsten das Programm unverändert. Das heißt: Wir füllen unsere Menge wieder mit den „eingepackten" **double**-Werten 1.1, 2.2, 3.3, 0.0, 3.3 und 4.4, geben mittels der Methode `printInfo` Informationen über die erstellte Collection aus (Anzahl der Elemente, Zugehörigkeitstest für 3.3, Aufzählung aller Elemente), modifizieren die Menge, indem wir die Werte 3.3, 0.0 und 4.4 entfernen, und geben schließlich nochmals Informationen über die aktuelle Zusammenstellung der Collection aus.
Ein Start dieses Programms liefert die Ausgabe

```
─────────────────── Konsole ───────────────────
Die Menge enthaelt 5 Elemente
Ist 3.3 in der Menge enthalten? true
Alle Elemente der Menge:
0.0    1.1    2.2    3.3    4.4

Die Menge enthaelt 2 Elemente
Ist 3.3 in der Menge enthalten? false
Alle Elemente der Menge:
1.1    2.2
```

und wir sehen, dass auf Grund der Verwendung eines `TreeSet`-Objekts nach wie vor der Wert 3.3 lediglich einmal in unsere Sammlung aufgenommen wird. Dementsprechend bleiben auch jetzt nach Entfernen der drei Elemente wieder lediglich die Elemente 1.1 und 2.2 übrig. Besonders interessant ist hier allerdings die Aufzählung aller Elemente unserer Menge, da diese nun in aufsteigender Sortierung erfolgt.

12.7.4 Listen

Unter dem Begriff **Liste** versteht man eine geordnete Collection, in der Elemente auch mehrfach vorkommen können. Die Reihenfolge der Elemente wird dabei beim Einfügen festgelegt. Ähnlich wie bei Feldern sind die Elemente einer Liste von 0 beginnend durchnummeriert (indiziert). Für diese Spezialform der Collection ist das Interface `List` zuständig, das von `Collection` erbt und durch die beiden Klassen `ArrayList` und `LinkedList` implementiert wird.

12.7.4.1 Das Interface `List`

In Spezialisierung der aus dem Super-Interface `Collection` geerbten Methoden-deklarationen legt das `List`-Interface, das in der generischen Form

- **public interface** `List<E>` **extends** `Collection<E>`

mit dem Typ-Parameter E deklariert ist, fest, dass die Methoden `add` und `addAll` die weiteren Elemente jeweils am Ende der Liste einfügen und die Methode `remove` jeweils das erste entsprechende Element in der Liste entfernt. Außerdem deklariert das Interface weitere Methoden:

- **public void** `add(int index, E element)`
  fügt das Objekt `element` in das `List`-Objekt an der Position `index` ein (die nachfolgenden Elemente werden dabei um eine Position verschoben, indem ihr Index um 1 erhöht wird).

- **public** E `get(int index)`
  liefert das Element an der Position `index`.

- **public int** `indexOf(Object o)`
  liefert die Position des ersten Auftretens (den kleinsten Index) des Elements o oder den Wert −1, falls o nicht in der Liste vorkommt.

- **public int** `lastIndexOf(Object o)`
  liefert die Position des letzten Auftretens (den größten Index) des Elements o oder den Wert −1, falls o nicht in der Liste vorkommt.

- **public** E `remove(int index)`
  löscht das Element an der Position `index` (die nachfolgenden Elemente werden dabei um eine Position verschoben, indem ihr Index um 1 erniedrigt wird) und liefert das gelöschte Element als Ergebnis zurück.

- **public** E `set(int index, E element)`
  setzt das Element an der Position `index` auf den Wert `element` und liefert das ehemalige Element an dieser Stelle als Ergebnis zurück.

12.7.4.2 Die Klassen `ArrayList` und `LinkedList`

Beide Namen sind Programm. Während die Klasse `ArrayList` intern mit einem Feld arbeitet, werden die Elemente von Objekten der Klasse `LinkedList` über Referenzen miteinander „verlinkt". Durch diese unterschiedlichen Speicherformen, die Abbildung 12.3 verdeutlicht, ergeben sich für die beiden Klassen unterschiedliche Laufzeiten bei den Standardoperationen auf ihren Objekten. Während der Zugriff auf Elemente in `ArrayList`-Objekten in der Regel für alle Elemente gleich schnell erfolgen kann, ist das Einfügen und Löschen von Elementen (aufgrund der notwendigen Verschiebungen der Feldelemente) wesentlich aufwändiger als in `LinkedList`-Objekten, wo es genügt, die Referenzen auf die jeweiligen Vorgänger- und Nachfolger-Objekte des neuen bzw. gelöschten Objekts richtig zu setzen.

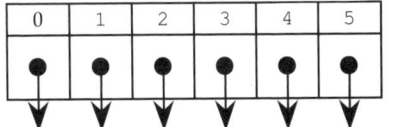

ArrayList-Speicherung

LinkedList-Speicherung

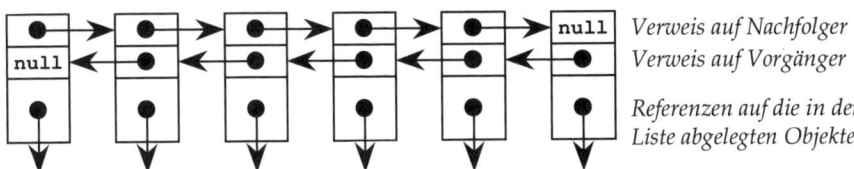

Abbildung 12.3: `ArrayList` und `LinkedList` im Vergleich

Auch die Klassen `ArrayList` und `LinkedList` enthalten je einen Konstruktor ohne Argumente zur Erzeugung einer leeren Liste und einen Konstruktor mit einem `Collection`-Parameter, der alle Elemente der Collection in die neu erzeugte Liste übernimmt.

Anhand unseres bereits in Abschnitt 12.7.3.2 vorgestellten Beispielprogramms wollen wir nun auch die Anwendung der `List`-Klassen am Beispiel der Klasse `ArrayList` demonstrieren. In unserem Programm

```
 1  import java.util.*;
 2  class ZahlenListe {
 3    /** Methode zur Ausgabe von Infos ueber eine Collection */
 4    public static void printInfo(Collection c) {
 5      System.out.println("Die Liste enthaelt " + c.size() + " Elemente");
 6      System.out.println("Ist 3.3 in der Liste enthalten? " +
 7                         c.contains(new Double(3.3)));
 8      System.out.println("Alle Elemente der Liste:");
 9      for (Iterator i = c.iterator(); i.hasNext(); )
10        System.out.print(i.next() + "   ");
11      System.out.println();
12      System.out.println();
13    }
14    /** Aufbau und Modifikation einer Collection */
15    public static void main(String[] args) {
16      Collection<Double> c = new ArrayList<Double>();
17      c.add(new Double(1.1));
18      c.add(new Double(2.2));
19      c.add(new Double(3.3));
20      c.add(new Double(0.0));
21      c.add(new Double(3.3));
22      c.add(new Double(4.4));
23      printInfo(c);
24      c.remove(new Double(3.3));
```

```
25        c.remove(new Double(0.0));
26        c.remove(new Double(4.4));
27        printInfo(c);
28    }
29 }
```

verwenden wir nun eine Collection vom Typ `ArrayList`, lassen aber ansonsten das Programm unverändert. Das heißt, wir füllen unsere Liste mit den „einge-packten" **double**-Werten 1.1, 2.2, 3.3, 0.0, 3.3 und 4.4, geben mittels der Methode `printInfo` Informationen über die erstellte Collection aus (Anzahl der Elemen-te, Zugehörigkeitstest für 3.3, Aufzählung aller Elemente), modifizieren die Liste, indem wir die Werte 3.3, 0.0 und 4.4 entfernen, und geben schließlich nochmals Informationen über die aktuelle Zusammenstellung der Collection aus.
Ein Start dieses Programms liefert die Ausgabe

```
                        ─── Konsole ───
Die Liste enthaelt 6 Elemente
Ist 3.3 in der Liste enthalten? true
Alle Elemente der Liste:
1.1    2.2    3.3    0.0    3.3    4.4

Die Liste enthaelt 3 Elemente
Ist 3.3 in der Liste enthalten? true
Alle Elemente der Liste:
1.1    2.2    3.3
```

und wir sehen, dass auf Grund der Verwendung eines `List`-Objekts der Wert 3.3 zweimal in unsere Sammlung aufgenommen wird. Dementsprechend bleiben nach dem Entfernen der drei Elemente (unter ihnen auch der Wert 3.3) die Ele-mente 1.1, 2.2 und 3.3 übrig. Zu erkennen ist auch, dass die Aufzählung aller Ele-mente unserer Liste in der Reihenfolge erfolgt, in der sie ursprünglich in die Liste eingefügt (hinten angehängt) wurden.

12.7.4.3   Suchen und Sortieren – Die Klassen `Collections` und `Arrays`

Im praktischen Umgang mit `Collection`-Objekten wird man häufig mit Aufga-ben konfrontiert, die es erfordern, in einer Sammlung (Liste) nach Objekten zu suchen bzw. Sammlungen (Listen) zu sortieren. Aus diesem Grund wird im Paket `java.util` auch eine Klasse `Collections` (nicht zu verwechseln mit dem In-terface `Collection` ohne „s" am Ende) zur Verfügung gestellt. Darin finden wir (unter anderem) statische Methoden zum Sortieren von Listen und zum Suchen von Elementen in Listen. Die Methoden sind generisch deklariert und verwenden den Typ-Parameter `T`, der für den Element-Typ der von der Methode zu bearbei-tenden Listen steht.

■ **public static** `<T>` **int** `binarySearch`
            `(List<? **extends** Comparable<? **super** T>> list, T key)`

sucht nach dem Objekt `key` in der Liste `list`, wobei zuvor sichergestellt sein muss, dass diese bereits aufsteigend sortiert ist (durch die Methode `sort`). Falls `key` in `list` enthalten ist, liefert die Methode den Index, unter dem `key` in `list` gespeichert ist, zurück. Andernfalls wird der Wert $-p-1$ als Ergebnis zurückgeliefert. Dabei entspricht p dem Index, unter dem `key` in `list` sortiert eingefügt werden müsste. Der Wert von p entspricht daher stets entweder dem Index des ersten Elements, das größer als `key` ist, oder dem Wert `list.size()`. An einem negativen Ergebniswert kann somit abgelesen werden, dass `key` nicht in `list` enthalten ist.

■ **static** `<T **extends** Comparable<? **super** T>>` **void** `sort`
                                                `(List<T> list)`

sortiert die Liste `list` in aufsteigender Reihenfolge (im Sinne der Methode `compareTo`).

Wir wollen die Anwendung dieser Methoden der Klasse `Collections` anhand eines kleinen Beispielprogramms demonstrieren. In unserem Programm

```
1   import java.util.*;
2   class SortierteZahlenListe {
3     /** Methode zur Ausgabe der Listenelemente */
4     public static void printList(List l) {
5       System.out.println("Die Liste enthaelt die Elemente");
6       for (Iterator i = l.iterator(); i.hasNext(); )
7         System.out.print(i.next() + "   ");
8       System.out.println();
9       System.out.println();
10    }
11
12    /** Aufbau und Modifikation einer Liste */
13    public static void main(String[] args) {
14      List<Double> l = new ArrayList<Double>();
15      l.add(new Double(2.2));
16      l.add(new Double(1.1));
17      l.add(new Double(3.3));
18      l.add(new Double(0.0));
19      l.add(new Double(7.7));
20      l.add(new Double(3.3));
21      printList(l);
22      Collections.sort(l);
23      printList(l);
24      System.out.println("Index des Elements mit Wert 0.0: " +
25                      Collections.binarySearch(l, new Double(0.0)));
26      System.out.println("Index des Elements mit Wert 2.2: " +
27                      Collections.binarySearch(l, new Double(2.2)));
28      System.out.println("Index des Elements mit Wert 5.5: " +
29                      Collections.binarySearch(l, new Double(5.5)));
30    }
31  }
```

verwenden wir eine Liste vom Typ `ArrayList`, die wir zunächst mit den „eingepackten" **double**-Werten 2.2, 1.1, 3.3, 0.0, 7.7 und 3.3 füllen. Mit der Methode
`printList` lassen wir dann alle Elemente der Liste auf dem Bildschirm ausgeben. Im Anschluss daran lassen wir die Liste sortieren und ihre Elemente erneut
ausgeben. Schließlich suchen wir die Werte 0.0, 2.2 und 5.5 in der Liste und geben
dabei die jeweils zurückgelieferte Position auf das Konsolenfenster aus.
Ein Start dieses Programms liefert die Ausgabe

```
——————————————————— Konsole ———————————
Die Liste enthaelt die Elemente
2.2    1.1    3.3    0.0    7.7    3.3


Die Liste enthaelt die Elemente
0.0    1.1    2.2    3.3    3.3    7.7


Index des Elements mit Wert 0.0: 0
Index des Elements mit Wert 2.2: 2
Index des Elements mit Wert 5.5: -6
```

und wir sehen, dass auf Grund des letzten Rückgabewerts -6 abgelesen werden
kann und 5.5 nicht in der Liste enthalten ist. Durch Erhöhung dieses Rückgabe-
wertes um 1 und anschließende Bildung des Absolutbetrages (also $|-6+1|$) wissen
wir, dass wir den Wert 5.5 unter dem Index 5 in die Liste eintragen müssten (unter
Beibehaltung der Sortierung).
Wenn wir uns an das Thema „Sortieren von Feldern mit selbstdefiniertem Komponententyp" erinnern, kam auch damals eine Methode `sort` zum Einsatz. Allerdings handelte es sich dabei um die namensgleiche statische Methode der Klasse
`Arrays`, die ebenfalls im Paket `java.util` angesiedelt ist. Wirft man einen Blick
in die API-Spezifikation [32] zur Klasse `Arrays`, so stellt man fest, dass dort (unter anderem) mehrere Sortier- und Suchmethoden für Felder bereitgestellt werden, die folgende Form haben:

- **public static int** `binarySearch(xxx[] a, xxx v)`
  sucht nach v im Feld a, wobei zuvor sichergestellt sein muss, dass dieses bereits aufsteigend sortiert ist (durch die Methode `sort`). Falls v in a enthalten
  ist, liefert die Methode den Index, unter dem v in a gespeichert ist, zurück. Andernfalls wird der Wert $-p-1$ als Ergebnis zurückgeliefert. Dabei entspricht p
  dem Index, unter dem v in a sortiert eingefügt werden müsste. Der Wert von p
  entspricht daher stets entweder dem Index des ersten Elements, das größer als
  v ist, oder dem Wert `a.length`. An einem negativen Ergebniswert lässt sich
  somit erkennen, dass v nicht in a enthalten ist.

- **public static void** `sort(xxx[] a)`
  sortiert das Feld a in aufsteigender Reihenfolge (im Sinne von `compareTo`).

Dabei kann xxx für die elementaren Datentypen **char**, **byte**, **short**, **int**, **long**,
float und **double**, aber auch für die Klasse `Object` stehen. Des Weiteren steht
in `Arrays` die Klassenmethode

- **`public static`** `<T> List<T> asList(T... a)`
  liefert das Feld `a` als `List`-Objekt zurück.

zur Verfügung, die zusammen mit der bereits in Abschnitt 12.7.1 erwähnten Instanzmethode `toArray` als Brücke zwischen Feldern und Collections dient. Auch diese Methode ist generisch deklariert und verwendet den Typ-Parameter `T`, der für den Element-Typ der als Ergebnis abgelieferten Liste bzw. den Komponententyp des zu bearbeitenden Feldes steht. Zu beachten ist dabei, dass die Methode außerdem mit variabler Argument-Anzahl deklariert ist. Das heißt, sie kann mit beliebig vielen Referenzwerten gleichen Typs oder auch mit einer Referenz auf ein Feld mit Referenztyp als Komponententyp aufgerufen werden.

12.7.5 Übungsaufgaben

Aufgabe 12.14

Schreiben Sie ein Programm, das unter Verwendung eines `Set`-Objekts die Ziehung der Lottozahlen simuliert. Lassen Sie dazu wiederholt eine ganzzahlige Zufallszahl im Zahlenbereich 1 bis 49 generieren und in das `Set`-Objekt einfügen, bis dieses genau sieben Elemente (einschließlich Zusatzzahl) enthält. Geben Sie dann die Elemente des `Set`-Objekts auf dem Bildschirm aus.

Aufgabe 12.15

Schreiben Sie ein Programm, das unter Verwendung der Klasse `TreeSet` die Primzahlen zwischen 2 und n nach der folgenden Methode (Sieb des Eratosthenes) berechnet und ausdruckt:

1. Lies n ein.
2. Erzeuge die Menge T als Menge aller Zahlen von 2 bis n.
3. Erzeuge die zunächst leere Menge S.
4. Setze p auf den Wert 2.
5. Wiederhole

   - Nimm alle (nichttrivialen) Vielfachen von p (also $2p, 3p, \ldots$) in S auf.
   - Falls p noch den Wert 2 hat, setze p auf 3,
     andernfalls erhöhe p so lange um 2, bis für p gilt $p \notin S$.

   so lange, bis gilt $p^2 > n$.

6. Entferne alle Elemente der Menge S aus der Menge T.
7. Gib alle Elemente der Menge T aus (je 10 Werte in einer Zeile).

12.8   Die Klasse `StringTokenizer`

Nachdem wir uns ausgiebig mit den verschiedenen Collection-Klassen und deren Iteratoren beschäftigt haben, wollen wir in diesem Abschnitt nochmals eine Klasse vorstellen, die das `Enumeration`-Interface, also den Vorgänger des `Iterator`-Interface, implementiert. Dazu kehren wir zur Thematik Zeichenketten zurück, die wir bereits in Abschnitt 12.1 aufgegriffen hatten.

Im Paket `java.util` finden wir die Klasse `StringTokenizer`, deren Objekte es ermöglichen, Zeichenketten in einzelne Teilzeichenketten, so genannte **Tokens**, zu zerlegen. Dabei versteht man unter einem Token jeweils eine zusammenhängende Folge von Zeichen, die von den im `StringTokenizer`-Objekt festgelegten Trennzeichen eingegrenzt sind. Voreingestellte Trennzeichen sind dabei Leerzeichen, Tabulatorzeichen (`\t`), Zeilenendezeichen (`\n` und `\r`) und Seitenendezeichen (`\f`). Bei Konstruktion eines `StringTokenizer`-Objekts können aber auch Trennzeichen nach eigenem Wunsch festgelegt werden.

Zur Erzeugung von `StringTokenizer`-Objekten stehen folgende Konstruktoren zur Verfügung:

- **public** `StringTokenizer(String str)`
  erzeugt ein `StringTokenizer`-Objekt unter Verwendung der Standard-Trennzeichen. Die Trennzeichen selbst werden nicht als Tokens behandelt.

- **public** `StringTokenizer(String str, String delim)`
  erzeugt ein `StringTokenizer`-Objekt unter Verwendung der Trennzeichen, die in `delim` angegeben sind. Die Trennzeichen selbst werden nicht als Tokens behandelt.

- **public** `StringTokenizer(String str, String delim`
                   boolean `returnDelims)`
  erzeugt ein `StringTokenizer`-Objekt unter Verwendung der Trennzeichen, die in `delim` angegeben sind. Hat `returnDelims` den Wert **true**, so werden die Trennzeichen selbst als Tokens behandelt, andernfalls nicht.

Als Methoden implementiert die `StringTokenizer`-Klasse

- **public int** `countTokens()`
  liefert die Anzahl der Tokens, d. h. die Anzahl möglicher Aufrufe der Methode `nextToken`.

- **public boolean** `hasMoreTokens()`
  liefert **true**, wenn das `StringTokenizer`-Objekt mindestens ein weiteres Token abliefern kann, andernfalls **false**.

- **public boolean** `hasMoreElements()`
  liefert den gleichen Wert wie `hasMoreTokens()`.

- **public** `String nextToken()`
  liefert das nächste Token.

- **public** `Object nextElement()`
  liefert den gleichen Wert wie `nextToken()`.

- **public** String nextToken(String delim)

  legt neue Trennzeichen gemäß `delim` für die weitere Verwendung des `StringTokenizer`-Objekts fest und liefert dann das nächste Token.

In unserem Beispielprogramm

```
1   import java.util.*;
2   public class StringTokens {
3     /** Methode zur Ausgabe einer String-Zerlegung */
4     public static void print(StringTokenizer st) {
5       while (st.hasMoreTokens())
6         System.out.println(st.nextToken());
7       System.out.println();
8     }
9     /** Beispielprogramm fuer StringTokenizer-Benutzung */
10    public static void main(String[] args) {
11      // Zu zerlegende Zeichenkette festlegen und ausgeben
12      String text = "Dies ist ein ganz toller Text";
13      System.out.println("Text als Original-Zeichenkette:");
14      System.out.println(text);
15      System.out.println();
16
17      // Einen Standard-StringTokenizer erzeugen
18      StringTokenizer st1 = new StringTokenizer(text);
19      // Text mit Hilfe des Tokenizer-Objekts zerlegen und ausgeben
20      System.out.println("Text mit Standard-Tokenizer zerlegt:");
21      print(st1);
22
23      // Spezielle Token-Trennzeichen definieren
24      String trenner = "eo";
25
26      // Einen StringTokenizer mit diesen Trennzeichen erzeugen
27      StringTokenizer st2 = new StringTokenizer(text, trenner);
28      // Text mit Hilfe des Tokenizer-Objekts zerlegen und ausgeben
29      System.out.println("Text mit e-o-Tokenizer zerlegt:");
30      print(st2);
31
32      // Einen StringTokenizer mit diesen Trennzeichen erzeugen
33      StringTokenizer st3 = new StringTokenizer(text, trenner, true);
34      // Text mit Hilfe des Tokenizer-Objekts zerlegen und ausgeben
35      System.out.println("Text mit e-o-Tokenizer zerlegt mit Trenner:");
36      print(st3);
37    }
38  }
```

verwenden wir drei verschiedene `StringTokenizer`-Objekte für ein und dieselbe Zeichenkette (`text`). Das Objekt (`st1`) arbeitet mit den Default-Trennzeichen, während `st2` und `st3` die Buchstaben `e` und `o` als Trennzeichen verwenden. Darüber hinaus wertet `st3` die Trennzeichen selbst als Tokens, da wir beim Konstruktoraufruf ein **true** im dritten Parameter übergeben. Mit Hilfe der Methode `print`, in der wir in einer Schleife die Methoden `hasMoreTokens` und `nextToken` einsetzen, um die jeweilige Zerlegung zu erhalten, lassen wir für die drei `StringTokenizer`-Objekte die von ihnen generierte Token-Folge auf das Konsolenfenster ausgeben, sodass wir die folgenden Ausgabezeilen erhalten:

```
────────────────── Konsole ──────────────────
Text als Original-Zeichenkette:
Dies ist ein ganz toller Text

Text mit Standard-Tokenizer zerlegt:
Dies
ist
ein
ganz
toller
Text

Text mit e-o-Tokenizer zerlegt:
Di
s ist
in ganz t
ll
r T
xt

Text mit e-o-Tokenizer zerlegt mit Trenner:
Di
e
s ist
e
in ganz t
o
ll
e
r T
e
xt
```

12.8.1   Übungsaufgaben

Aufgabe 12.16

Schreiben Sie ein Programm, das die Benutzerin bzw. den Benutzer auffordert, einen längeren Text (inklusive üblicher Satzzeichen) per Tastatur einzugeben. Das Ende des Texts soll durch Betätigen der Eingabe-Taste signalisiert werden. Ihr Programm soll den Text als Zeichenkette einlesen und ihn mit Hilfe eines `StringTokenizer`-Objekts in seine einzelnen Wörter zerlegen. Diese Wörter sollen in eine Collection aufgenommen werden, so dass am Ende eine sortierte Liste aller im Text vorkommenden Wörter (ohne Duplikate) ausgegeben werden kann.

Teil III

Grafische Oberflächen in Java

Beim so genannten **Abstract Window Toolkit** (abgekürzt **AWT**) handelt es sich um die Teile des Java-Systems, die es ermöglichen, unsere Programme nicht nur im Konsolenfenster agieren zu lassen, sondern sie mit einer grafischen Oberfläche in Form eines eigenen Fensters mit Knöpfen, Menüs oder Ähnlichem auszustatten. Dieses Thema, das natürlich bei der Entwicklung kommerzieller Systeme eine wichtige Rolle spielt, wollen wir nun in den folgenden Kapiteln aufgreifen.

Allerdings setzt natürlich auch diese Art der Programmierung ein gewisses Know-how voraus, um die nötigen Zusammenhänge zu verstehen. Dennoch werden Sie bald feststellen, dass es sich dabei prinzipiell lediglich um den geschickten Einsatz vorgefertigter Klassen aus der umfangreichen Java-Klassenbibliothek handelt.

Wir werden uns in Kapitel 13 mit Applikationen (eigenständigen Anwendungsprogrammen) mit grafischen Benutzeroberflächen und in Kapitel 17 mit Applets beschäftigen (Programmen also, die über das Internet verbreitet und innerhalb eines Browsers wie zum Beispiel *Mozilla Firefox* oder *Microsoft Internet Explorer* ausgeführt werden können). Für beide Varianten der Programmentwicklung bietet die Java-Klassenbibliothek plattformunabhängige Bausteine an, um portable Programme mit grafischen Benutzungsoberflächen zu entwickeln.

Die entsprechenden Klassen werden unter dem Oberbegriff **Java Foundation Classes** (abgekürzt **JFC**) zusammengefasst. Diese beinhalten auch eine Reihe „moderner" Klassen, die erst in den jüngeren Java-Versionen aufgenommen wurden und unter der Bezeichnung **Swing** geführt werden. Diese Swing-Klassen bauen auf den AWT-Klassen auf, stellen eine Vielzahl zusätzlicher Elemente bereit und ermöglichen es, komplexe grafische Oberflächen zu gestalten, mit dem besonderen „Luxus", ein Programm sogar noch zur Laufzeit in seinem Aussehen (Look) und seiner Bedienbarkeit (Feel) verändern zu können (man spricht von „pluggable look and feel").

Wir haben uns entschlossen, beim Thema „Grafische Oberflächen" den Schwerpunkt auf die Arbeit mit den Swing-Klassen zu legen und im nachfolgenden Kapitel 13 lediglich kurz auf die ursprüngliche AWT-Programmierung einzugehen, um uns dann nur noch mit der Swing-Programmierung zu beschäftigen – natürlich unter Einbeziehung der dabei benötigten AWT-Elemente, die man z. B. für die Behandlung von Tastatur-, Maus- oder Fensterereignissen zur Programmablaufsteuerung benötigt.

Was wir in Kapitel 1 erwähnten, gilt ganz besonders für diesen Teil des Buchs: Die Klassenbibliothek des JDK enthält eine große Zahl von Klassen für die Programmierung von grafischen Oberflächen, und natürlich können und wollen wir diese nicht alle im Detail erläutern (das würde locker für ein weiteres Buch reichen). Wir werden aber die Leserinnen und Leser anhand einiger ausgewählter Klassen in die Thematik einführen und damit den Grundstock legen, der es ermöglicht, problemlos weiter in die Tiefen der Oberflächen-Programmierung einzutauchen. Auch hierbei profitieren übrigens sowohl erfahrene als auch weniger erfahrene Programmierer(innen) von regelmäßigen Blicken in die API-Spezifikation zur Java-Klassenbibliothek [32]. Nun aber Leinen los!

Kapitel 13

Aufbau grafischer Oberflächen in Frames – von AWT nach Swing

In diesem Kapitel beschäftigen wir uns mit der Entwicklung von Programmen, die einerseits (wie unsere bisherigen Programme) als Applikationen, also eigenständige Anwendungsprogramme, arbeiten, andererseits nicht mehr ausschließlich im Konsolenfenster ablaufen, sondern grafische Benutzungsoberflächen aufweisen. Das heißt, unsere Programme werden sich nun in einem eigenen Fenster präsentieren und über eine **grafische Benutzungsschnittstelle** (englisch: **Graphical User Interface**, abgekürzt **GUI**) mit dem Anwender bzw. der Anwenderin interagieren und kommunizieren.

Sie werden sehr bald feststellen, dass die Java-Klassenbibliothek eine große Zahl plattformunabhängiger Bausteine anbietet, um solche Programme mit relativ geringem Aufwand zu entwickeln. Auf den folgenden Seiten beschreiben wir zunächst die prinzipielle Vorgehensweise bei der Entwicklung grafischer Oberflächen und danach diverse Komponenten, die dabei eine Rolle spielen.

13.1 Grundsätzliches zum Aufbau grafischer Oberflächen

Der Aufbau einer grafischen Benutzungsoberfläche für eine Applikation erfolgt nach einem einfachen hierarchischen Baukastenprinzip. Aus einer vorgegebenen Menge so genannter Komponenten, von denen einige auch als Behälter (Container) dienen können, wählt man sich Bausteine aus und kombiniert diese, indem man eine Container-Komponente mit weiteren Komponenten (die teilweise selbst wieder Container sein können) bestückt.[1] Wenn Sie sich an Ihre Kindheit zurückerinnern, so haben Sie sicherlich schon einmal eine ähnliche Vorgehensweise in spielerischer Art und Weise praktiziert, als Sie mit Ihren Bauklötzen oder LEGO- bzw. DUPLO-Steinen (aus damaliger Sicht) „monumentale" Bauwerke fertigten. Und genauso, wie Ihre Bauwerke von damals in unterschiedlichen Farben und Formen entstanden, ist es auch beim Aufbau von grafischen Oberflächen möglich, das Layout einschließlich eventueller Farbgebungen selbst zu bestimmen bzw. anzupassen. Wer technisch orientierte Baukästen sein Eigen nannte, weiß auch, dass es möglich war und ist, die eigenen Werke mit Komponenten auszustatten, die auf Knopfdruck oder gar über eine kleine Fernsteuerung auf die Wünsche des Spielenden reagieren. Auch dafür findet sich in Java mit der so genannten Ereignisverarbeitung ein entsprechendes Pendant bei der Gestaltung grafischer Oberflächen.

In der Java-Klassenbibliothek finden Sie alle benötigten Klassen, um Ihrem Spieltrieb bei der Erzeugung grafischer Oberflächen für Ihre Programme freien Lauf zu lassen. Diese Klassen (die Java Foundation Classes) lassen sich grob in folgende vier Gruppen einteilen:

- Die Gruppe der **Grundkomponenten** beinhaltet einfache Oberflächen-Elemente wie zum Beispiel Beschriftungen (Labels), Knöpfe (Buttons), Auswahlfelder oder Klapptafeln.

- Die Gruppe der **Container** besteht aus speziellen Komponenten, die selbst wieder Komponenten enthalten können.

- Die Gruppe der **Layout-Manager**, **Farben** und **Fonts** setzt sich aus Klassen zusammen, deren Objekte für die Anordnung und die Gestaltung der einzelnen Komponenten zuständig sind.

- Die Gruppe der **Ereignisse** und **Listener** enthält die Klassen, die für die Erzeugung und Verarbeitung von Ereignissen, also für die Interaktion der Komponenten mit den Anwendern benötigt werden.

Die verschiedenen Klassen finden wir in den Paketen `java.awt` (die AWT-Bibliothek) und `javax.swing` (die Swing-Bibliothek), wobei die Swing-Klassen lediglich die AWT-Klassen der beiden erstgenannten Gruppen ersetzen, während die AWT-Klassen der beiden letztgenannten Gruppen weiter verwendet werden. In Abschnitt 13.5 beschäftigen wir uns genauer mit der Hierarchie der AWT- und Swing-Klassen.

Wir wollen uns zunächst anhand eines einfachen Beispiels ansehen, wie man mit dem AWT bzw. mit Swing ein eigenes Fenster kreiert.

---

[1]   Als Entwurfsmuster kommt hier das Composite-Pattern zum Tragen.

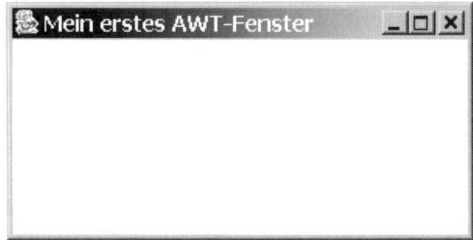

Abbildung 13.1: Ein einfaches, leeres Fenster (mit AWT)

13.2   Ein einfaches Beispiel mit dem AWT

Für ein Programm, das sich mit grafischer Oberfläche präsentiert, benötigen wir zunächst einen Basis-Container (Top-Level-Container), der als Fenster (in der vom Betriebssystem unseres Rechners bekannten Form inklusive Rahmen mit Icon und einigen Knöpfen) auf dem Bildschirm erscheinen kann. Eine Klasse aus dem AWT, die diese Fähigkeiten mitbringt, ist die Klasse Frame. In unserem Programm

```
1  import java.awt.*;
2  /** Erzeugt ein einfaches AWT-Fenster auf dem Bildschirm */
3  public class FrameOhneInhaltAWT {
4    // Hauptmethode
5    public static void main(String[] args) {
6      // Erzeuge ein Fenster-Objekt
7      Frame fenster = new Frame();
8      // Setze den Titel des Fensters
9      fenster.setTitle("Mein erstes AWT-Fenster");
10     // Setze die Groesse des Fensters
11     fenster.setSize(300,150);
12     // Stelle das Fenster dar
13     fenster.setVisible(true);
14   }
15 }
```

müssen wir somit die benötigte Klasse aus dem Paket java.awt importieren. In der main-Methode generieren wir dann ein zunächst leeres Fenster, indem wir in Zeile 8 ein Objekt der Klasse Frame mit Hilfe des entsprechenden Konstruktors erzeugen. Dieses so geschaffene Frame-Objekt besitzt verschiedene Attribute, die wir mit Hilfe von set-Methoden (also Instanzmethoden des Frame-Objekts) in unserem Sinne anpassen können. Mit Hilfe der Methode setTitle legen wir in Zeile 10 fest, welcher Text in der Rahmenleiste des Fensters als Fenster-Titel angezeigt werden soll. Ein Aufruf der Methode setSize legt fest, wie breit (300 Pixel auf dem Bildschirm) und wie hoch (150 Pixel auf dem Bildschirm) das Fenster sein soll. Um das Fenster schließlich auf dem Bildschirm erscheinen zu lassen, setzen wir seinen Status auf „sichtbar", indem wir die Methode setVisible verwenden.

Nach dem Compilieren starten wir unsere Klasse `FrameOhneInhaltAWT`, wie wir dies von unseren bisherigen Programmen gewohnt sind. Das heißt, wir geben im Konsolenfenster die Kommandozeile

```
──────────── Konsole ────────────
java FrameOhneInhaltAWT
```

ein, und der Java-Interpreter führt die Klasse aus.[2] Wie üblich wird dabei vom Interpreter die Methode `main` aufgerufen und ausgeführt. Da dort ein `Frame`-Objekt erzeugt und schließlich sichtbar gemacht wird, präsentiert sich unser Programm nun wie in Abbildung 13.1 dargestellt.

Da wir die Fenster-Abbildung auf einem Windows-Betriebssystem aus dem Hause Microsoft generiert haben, erscheint das Fenster im entsprechenden Look und mit einem Rahmen, der links oben durch die berühmte dampfende Java-Kaffeetasse als Java-Programm gekennzeichnet ist. Außerdem finden wir rechts oben im Fenster-Rahmen die üblichen Knöpfe mit den Symbolen _ für das **Minimieren** bzw. **Ikonisieren**, □ für das **Maximieren** bzw. **Wiederherstellen** und × für das **Schließen** bzw. **Beenden** unseres Fensters. Wenn wir mit dem Fenster etwas „herumspielen", stellen wir fest, dass man es auch tatsächlich (wie von anderen Windows-Fenstern gewohnt) mit Hilfe der Maus hin und her bewegen, in seiner Größe verändern, minimieren (d. h. das Fenster als Symbol in die Task-Leiste bewegen) oder maximieren kann. Einzig das Schließen bzw. Beenden des Fensters funktioniert nicht, da diese Funktion in den AWT-Frames standardmäßig nicht aktiviert ist. Um unser Fenster zu beenden, müssen wir daher im Konsolenfenster mit dem Tastaturkommando **Strg-C** (beide Tasten müssen gemeinsam gedrückt werden) bzw. **Ctrl-C** auf englischen Tastaturen unser eigentliches Programm (einschließlich des Fensters) beenden. Den gleichen Effekt erzielen wir natürlich auch durch Beenden bzw. Schließen des Konsolenfensters.

Möglicherweise fragen Sie sich jetzt, wieso unser Programm bzw. unsere Klasse `FrameOhneInhaltAWT` nicht ohnehin unmittelbar nach dem Aufruf der `setVisible`-Methode komplett beendet war. Schließlich ist dies die letzte Anweisung unserer `main`-Methode, und danach waren unsere bisherigen Programme immer beendet. Dass dies beim Arbeiten mit grafischen Komponenten nicht so ist, liegt daran, dass mit dem Erzeugen eines `Frame`-Objekts ein zusätzlicher Programmfluss für das Fenster startet, der parallel zum Programmfluss der `main`-Methode abgearbeitet wird. Einen solchen parallelen Programmfluss bezeichnet man als Thread (deutsch: Faden). In Kapitel 18 werden wir lernen, dass ein Programm aus sehr vielen Threads bestehen kann und erst dann beendet ist, wenn *alle* seine Threads beendet sind. Unser Programm `FrameOhneInhaltAWT` kann also erst dann terminieren, wenn der Thread, der für die Fenster-Darstellung zuständig ist, beendet ist.

---

[2] Falls wir eine entsprechende Java-Entwicklungsumgebung wie zum Beispiel *JBuilder*, *NetBeans*, *Eclipse* oder *EJE* einsetzen, können wir natürlich direkt den Start- oder Run-Knopf der Entwicklungsumgebung betätigen, wonach sich prinzipiell automatisch ein Konsolenfenster öffnet, in dem unser Programm mit Hilfe des Java-Interpreters ausgeführt wird.

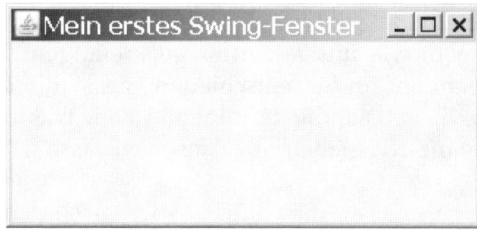

Abbildung 13.2: Ein einfaches, leeres Fenster (mit Swing)

13.3 Let's swing now!

Nun wollen wir unser Beispielprogramm in die Swing-Welt portieren. Dazu müssen wir zunächst die Komponente auswählen, die als Basis-Container dienen kann. In der Swing-Bibliothek heißt die entsprechende Klasse JFrame.[3] In der Swing-Version unseres Programms

```
1  import javax.swing.*;
2  /** Erzeuge ein einfaches Swing-Fenster auf dem Bildschirm */
3  public class FrameOhneInhaltSwing {
4    // Hauptmethode
5    public static void main(String[] args) {
6      // Erzeuge ein Fenster-Objekt
7      JFrame fenster = new JFrame();
8      // Setze den Titel des Fensters
9      fenster.setTitle("Mein erstes Swing-Fenster");
10     // Setze die Groesse des Fensters
11     fenster.setSize(300,150);
12     // Stelle das Fenster dar
13     fenster.setVisible(true);
14     // Setze das Verhalten des Frames beim Schliessen
15     fenster.setDefaultCloseOperation(JFrame.EXIT_ON_CLOSE);
16   }
17 }
```

müssen wir nun die benötigte Klasse aus dem Paket javax.swing importieren. In der main-Methode generieren wir dann wieder unser leeres Fenster, indem wir in Zeile 8 ein Objekt der Klasse JFrame mit Hilfe des entsprechenden Konstruktors erzeugen. Auch dieses JFrame-Objekt besitzt wieder verschiedene Attribute, die wir durch Einsatz seiner set-Methoden anpassen können. In Zeile 10 legen wir mit der Methode setTitle wieder fest, welcher Text in der Rahmenleiste des Fensters als Fenster-Titel angezeigt werden soll, und auch hier bestimmt ein Aufruf der Methode setSize, wie breit und wie hoch unser Fenster sein soll. Schließlich setzen wir den Status des Fensters wie gehabt mit der Methode setVisible auf „sichtbar". Einzige echte Neuerung in unserem Swing-Programm gegenüber der AWT-Version ist die letzte Anweisung in der main-Methode. Hier verwen-

---

[3] Wie wir noch sehen werden, haben die Swing-Klassen generell das vorangestellte J als charakteristisches Kennzeichen in ihrem Namen.

den wir die Instanzmethode `setDefaultCloseOperation` unseres `JFrame`-
Objekts, um festzulegen, wie unser Fenster auf Betätigen des Symbols × reagieren soll. Wir haben uns dafür entschieden, dass mit dem Schließen des
Fensters das Programm vollständig terminieren soll, was durch die Konstante `EXIT_ON_CLOSE`, eine Klassenvariable unserer Klasse `JFrame`, ausgedrückt
wird.

Wenn wir unsere Klasse `FrameOhneInhaltSwing` nach dem Compilieren starten, so präsentiert sich unser Programm nun wie in Abbildung 13.2 dargestellt.
Wir erkennen zunächst, dass der Swing-Frame im Unterschied zum AWT-Frame
standardmäßig einen grauen Hintergrund hat. Ferner können wir aber nun nicht
nur die üblichen Fenster-Manipulationen durchführen, sondern es gelingt uns
auch, mit dem Symbol × das Fenster zu schließen und so unser Programm zu
beenden.

Wir wollen nun noch eine kleine Veränderung an unserer Klasse vornehmen,
so dass diese dann für zukünftige Erweiterungen geeignet ist. Unsere Variante
der Klasse `FrameOhneInhaltSwing`, die wir der Einfachheit halber auch nur
`FrameOhneInhalt` nennen, sieht wie folgt aus:

```java
1   import javax.swing.*;
2   /** Erzeuge ein einfaches Swing-Fenster auf dem Bildschirm */
3   public class FrameOhneInhalt extends JFrame {
4     // Konstruktor fuer unseren Frame
5     public FrameOhneInhalt () {
6       // Hier werden spaeter die Komponenten hinzugefuegt
7     }
8     public static void main(String[] args) {
9       // Erzeuge eine Instanz unseres Frames
10      FrameOhneInhalt fenster = new FrameOhneInhalt();
11      // Titelleiste definieren
12      fenster.setTitle("Frame ohne Inhalt");
13      // Setze die Groesse des Frames
14      fenster.setSize(300,150);
15      // Schalte den Frame sichtbar
16      fenster.setVisible(true);
17      // Setze das Verhalten des Frames beim Schliessen
18      fenster.setDefaultCloseOperation(JFrame.EXIT_ON_CLOSE);
19    }
20  }
```

Programmiertechnisch sind folgende Änderungen zu nennen:

- Die Klasse `FrameOhneInhalt` erbt jetzt von `JFrame`. Wir definieren uns somit unsere eigene Frame-Klasse.

- Die Klasse ist mit einem Konstruktor ausgestattet, der allerdings (zumindest
  vorerst) einen leeren Rumpf aufweist. Wir werden gleich noch sehen, dass genau dort später die Komponenten unseres Fensters eingefügt werden.

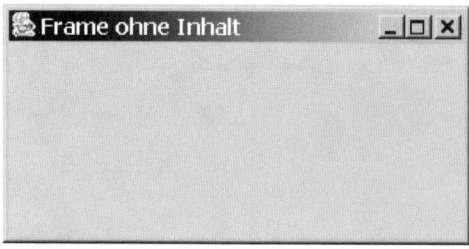

Abbildung 13.3: Ein einfaches, leeres Fenster

■ In der `main`-Methode arbeiten wir nicht mehr mit einem `JFrame`-Objekt, sondern mit einem Objekt der selbstdefinierten Klasse `FrameOhneInhalt`. Natürlich könnte diese `main`-Methode auch in einer anderen Klasse definiert sein, wir haben sie der Einfachheit halber jedoch gleich mit in unsere Klasse gepackt.

Die Klasse `FrameOhneInhalt` unterscheidet sich jedoch beim Start in ihrem Erscheinungsbild nicht von der Klasse `FrameOhneInhaltSwing`. Einzig der Fenster-Titel ist angepasst, wie in Abbildung 13.3 zu erkennen ist.
Dass wir für obiges Programm und alle zukünftigen Programme mit Frames speziell dieses Design gewählt haben, hat vor allem didaktische Gründe. Wir werden nämlich später sehen, dass sich unsere so gestalteten Applikationen sehr einfach in ein entsprechendes Applet verwandeln lassen (wobei die `main`-Methode dann entfallen wird). Allerdings ist dieses Design sicherlich nicht der Weisheit letzter Schluss, denn in größeren Programmierprojekten wird man möglicherweise ganz andere Wege beschreiten, um z. B. eine Wiederverwertbarkeit von grafischen Komponenten oder Oberflächen zu erreichen.

13.4 Etwas „Fill-in" gefällig?

Nichts ist langweiliger als ein Fenster ohne Inhalt, also ohne weitere Komponenten. Darum wollen wir nun einen kleinen Text auf unserem Fenster darstellen (siehe Abbildung 13.4). Dazu verwenden wir eine Swing-Komponente vom Typ `JLabel`, ein Label, das einen Schriftzug oder ein Icon enthalten kann. In Erweiterung unseres Programms `FrameOhneInhaltSwing` sorgen wir daher für etwas „Fill-in" beim Konstruktor unserer Frame-Klasse.

```
1  import java.awt.*;
2  import javax.swing.*;
3  /** Erzeuge ein einfaches Swing-Fenster mit einem Textlabel */
4  public class FrameMitText extends JFrame {
5     Container c;            // Container dieses Frames
6     JLabel beschriftung;    // Label, das im Frame erscheinen soll
7
8     public FrameMitText() {  // Konstruktor
```

Abbildung 13.4: Ein Fenster mit Beschriftung

```
 9        // Bestimme die Referenz auf den eigenen Container
10        c = getContentPane();
11        // Setze das Layout
12        c.setLayout(new FlowLayout());
13        // Erzeuge das Labelobjekt mit Uebergabe des Labeltextes
14        beschriftung = new JLabel("Label-Text im Frame");
15        // Fuege das Label dem Frame hinzu
16        c.add(beschriftung);
17      }
18      public static void main(String[] args) {
19        FrameMitText fenster = new FrameMitText();
20        fenster.setTitle("Frame mit Text im Label");
21        fenster.setSize(300,150);
22        fenster.setVisible(true);
23        fenster.setDefaultCloseOperation(JFrame.EXIT_ON_CLOSE);
24      }
25    }
```

Zunächst vereinbaren wir in unserer Klasse `FrameMitText` zwei Instanzvariablen, die wir im Konstruktor verwenden wollen. Die Variable `c` vom Typ `Container` benötigen wir, um eine Referenz auf den Container unseres Frame-Objekts zu speichern. Wir können nämlich Komponenten nicht dem Frame selbst hinzufügen, sondern müssen diese in den eigentlichen Container des Frames (quasi die Fensterscheibe unseres Fensters) einfügen. Abbildung 13.5 verdeutlicht den Unterschied zwischen Frame und Content-Pane (dem Container des Frames). Da wir eine Beschriftung hinzufügen wollen, benötigen wir weiterhin eine Variable vom Typ `JLabel`, die als Referenz auf das Label, das im Frame erscheinen soll, dient und die wir `beschriftung` nennen.

Im Konstruktor bestimmen wir zunächst die Referenz auf den Container unseres Frame-Objekts (die so genannte **Content-Pane** – die Fensterscheibe, auf die wir unsere Komponenten „kleben" können), indem wir die Instanzmethode `getContentPane` aufrufen, die unsere Frame-Klasse von der Klasse `JFrame` geerbt hat. Danach legen wir das Layout unseres Containers fest. Wir benutzen dazu eine Instanz-Methode des Container-Objekts namens `setLayout` und wählen ein „fließendes" Layout, das es unserer Fensterscheibe erlaubt, die eingefügten Komponenten abhängig von der aktuellen Größe des Frames fließend anzuordnen. Details zu dieser Art von Layout behandeln wir in Abschnitt 14.4. Schließlich er-

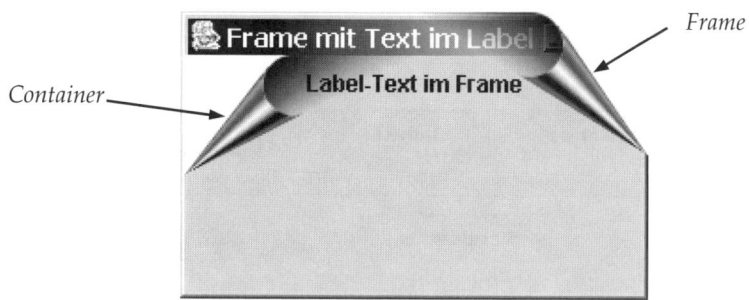

Abbildung 13.5: Ein Frame und sein Container (Content-Pane)

zeugen wir ein Objekt der Klasse `JLabel`. Dies ist eine Swing-Komponente, die es ermöglicht, den Text darzustellen, den wir ihrem Konstruktor übergeben. Diese Komponente müssen wir dann unserem Container hinzufügen, indem wir dessen Instanzmethode `add` aufrufen und ihr die Referenz auf unser Label übergeben. *Achtung*: Seit Java 5 ist der Aufruf der Methode `add` auch direkt für das `JFrame`-Objekt möglich und muss nicht notwendigerweise über die Referenz auf die Content-Pane erfolgen. Ein Aufruf `add(...)` wird dann automatisch vom Compiler zu einem `getContentPane().add(...)` umgesetzt. Analoges gilt für das Setzen des Layouts.

Die `main`-Methode unserer Klasse `FrameMitText` ist gegenüber der in der Klasse `FrameOhneInhalt` nahezu unverändert (abgesehen von den fehlenden Kommentaren, die wir auch in unseren weiteren Beispielen jetzt weglassen werden). Einzige wirkliche Änderung ist die Erzeugung des Fensterobjekts, denn jetzt verwenden wir natürlich ein Objekt der Klasse `FrameMitText`.

13.5   Die AWT- und Swing-Klassenbibliothek im Überblick

Eines der wichtigsten Schlagwörter, mit denen Java in Verbindung gebracht wird, ist sicherlich die Portierbarkeit. Daher sollten natürlich auch Programme, die eine grafische Oberfläche aufweisen, portierbar sein. Um dies sicherzustellen, wurde das Abstract Window Toolkit so gestaltet, dass alle Fenster- und Dialogelemente vom darunter liegenden Betriebssystem zur Verfügung gestellt werden. Man bezeichnet diese Vorgehensweise als **Peer**-Ansatz, weil die AWT-Komponenten alle auszuführenden Aktionen an plattformspezifische GUI-Objekte, Peers genannt, weiterreichen. Komponenten, die solche Peer-Objekte benötigen, bezeichnet man als **heavyweight** (deutsch: schwergewichtig). Sie sehen auf unterschiedlichen Betriebssystemen wie z. B. Windows oder Linux auch unterschiedlich aus. Außerdem kann das AWT nur diejenigen GUI-Funktionalitäten bereitstellen, die auf allen unterstützten Plattformen verfügbar sind.

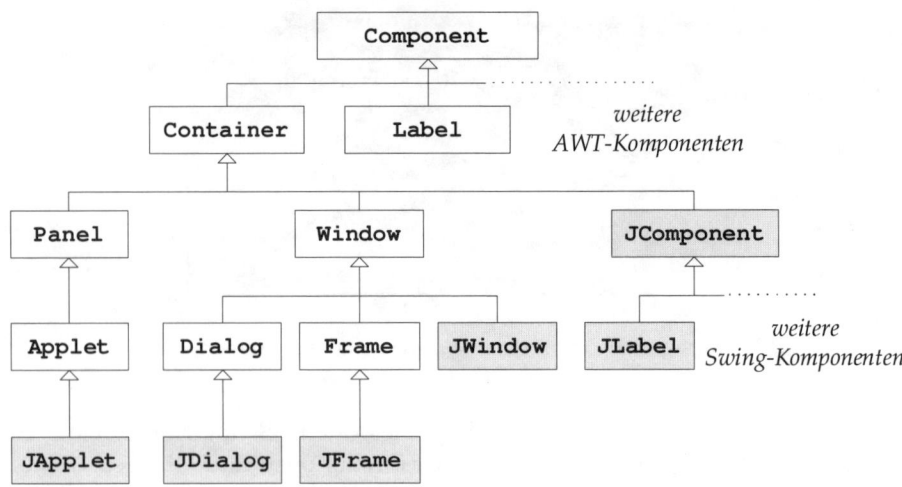

Abbildung 13.6: Die AWT- und Swing-Klassen-Hierarchie

All diese Nachteile haben dafür gesorgt, dass mit der Entwicklung der Swing-Klassen ein etwas anderer Weg eingeschlagen wurde. Beinahe alle Swing-Komponenten sind vollständig in Java geschrieben und werden deshalb als **lightweight** (deutsch: leichtgewichtig) bezeichnet. Nur wenige Komponenten (z. B. die Top-Level-Container) benutzen noch in minimalem Ausmaß plattformspezifische GUI-Objekte. Form und Funktion der Komponenten sind somit nicht an das Betriebssystem gebunden, auf dem das Programm ausgeführt wird. Die Oberfläche kann plattformunabhängig vollständig selbst gestaltet und auch noch zur Laufzeit des Programms im Look and Feel verändert werden. Nicht zuletzt bietet Swing wesentlich mehr Möglichkeiten zur Oberflächengestaltung als das AWT. Allerdings ist Swing kein Ersatz für das AWT, sondern eine Erweiterung.

In Abbildung 13.6 haben wir auszugsweise die Hierarchie der wichtigsten AWT- und Swing-Klassen grafisch dargestellt. Zur Verdeutlichung der Zugehörigkeit sind die Swing-Klassen dabei mit grauem, die AWT-Klassen mit weißem Hintergrund versehen. An oberster Stelle der Hierarchie findet sich die abstrakte Klasse Component, die somit Basis-Klasse für alle AWT- und Swing-Komponenten ist und auch Basis-Methoden zur Verfügung stellt, die allen AWT- und Swing-Komponenten gemeinsam sind. Von Component abgeleitet sind zum einen die Grundkomponenten (Label, Button, ...) des AWT und zum anderen die Klasse Container, die wiederum als Basis-Klasse für alle Container-Klassen (darunter auch die bereits von uns benutzte Klasse JFrame als Subklasse der AWT-Klasse Frame) dient.

Besonders interessant ist der rechte Zweig, beginnend mit der abstrakten Klasse JComponent und deren Subklassen. Hier finden sich sämtliche „leichtgewichtigen" Swing-Grundkomponenten (JLabel, JButton, ...), die insbesondere *nicht*

Subklassen der entsprechenden AWT-Klassen sind. In Kapitel 14 widmen wir uns ausführlich den Swing-Komponenten. Bereits an dieser Stelle wollen wir jedoch eine kleine Warnung aussprechen: Man sollte niemals AWT- und Swing-Komponenten in einem Fenster mischen, da dies zu unvorhergesehenen Effekten führen kann!

13.6 Übungsaufgaben

Aufgabe 13.1

Schreiben Sie eine Klasse `ZweiFrames`, in deren `main`-Methode zunächst ein Objekt `fenster` der Klasse `FrameMitText` erzeugt, mit `Das erste Fenster` beschriftet und auf 400×250 Pixel dimensioniert wird. Danach soll mit Hilfe von Konsoleneingaben das Erscheinungsbild des ursprünglichen Frames `fenster` nachträglich verändert und ein zusätzlicher Frame `fenster2` erzeugt werden. Nach Erzeugen von `fenster` soll nacheinander

- ein neuer Fenster-Titel eingelesen und dieser auf dem Frame `fenster` gesetzt werden,

- eine neue Fenster-Breite und eine neue Fenster-Höhe eingelesen sowie der Frame `fenster` entsprechend dimensioniert werden,

- nach Betätigung der Eingabetaste der Frame `fenster` unsichtbar werden,

- nach Betätigung der Eingabetaste der Frame `fenster` sichtbar werden,

- nach Betätigung der Eingabetaste der Frame `fenster` mit Hilfe der Methode `setLocation` auf die Koordinaten (300,10) verschoben werden und

- nach Betätigung der Eingabetaste ein zweiter Frame `fenster2` erzeugt, mit `Zweites Fenster` beschriftet, auf 300×150 Pixel dimensioniert und sichtbar geschaltet werden.

Auf dem Konsolenfenster könnte somit Folgendes ablaufen:

```
──────────── Konsole ────────────
Neuer Fenster-Titel: Ein super Fensterrahmen
<-'
Neue Fenster-Breite: 500
Neue Fenster-Hoehe: 500
<-'
Fenster unsichtbar machen mit Eingabetaste:
<-'
Fenster wieder sichtbar machen mit Eingabetaste:
<-'
Fenster auf die Koordinaten (300,10) verschieben mit Eingabetaste:
<-'
Noch ein Fenster erzeugen mit Eingabetaste:
<-'
```

Aufgabe 13.2

Schreiben Sie eine Klasse `TextFrame`, die in ihrer `main`-Methode einen Frame der Klasse `FrameMitText` erzeugt, beschriftet und dimensioniert. Dabei soll das Programm den gewünschten Rahmentitel, die Breite und die Höhe des Fensters über drei Kommandozeilenparameter übergeben bekommen. Sorgen Sie durch Abfangen der Ausnahmen `ArrayIndexOutOfBoundsException` und `NumberFormatException` dafür, dass bei zu wenig Kommandozeilenparametern die Aufrufsyntax ausgegeben wird und bei unzulässigen Schreibweisen für die Dimensionsangaben die Ganzzahligkeit der Parameter gefordert wird.

Kapitel 14

Swing-Komponenten

In diesem Kapitel werden wir uns zunächst mit den Basisklassen `Component`, `Container` und `JComponent` der AWT- und Swing-Hierarchie beschäftigen. Danach unternehmen wir einen kleinen Ausflug in die Welt der Layout-Manager, Farben und Schriften aus dem AWT. Schließlich werden wir einige Grundkomponenten, Menüs, Toolbars und Container kennen lernen.

14.1 Die abstrakte Klasse `Component`

An oberster Stelle der Klassen-Hierarchie gelegen, stellt die abstrakte Klasse `Component` Basis-Methoden zur Verfügung, die alle AWT- und Swing-Komponenten gemeinsam nutzen können. Einige dieser Methoden stellen wir hier kurz vor:

- **public** `Color getBackground()`
  liefert die Hintergrundfarbe der Komponente.

- **public** `Font getFont()`
  liefert die in der Komponente benutzte Schriftart.

- **public** `Color getForeground()`
  liefert die Vordergrundfarbe (Schriftfarbe) der Komponente.

- **public int** `getHeight()`
  liefert die Höhe der Komponente.

- **public int** `getWidth()`
  liefert die Breite der Komponente.

- **public boolean** `isEnabled()`
  liefert **true**, wenn die Komponente aktiviert ist (auf Benutzeraktionen reagieren kann), andernfalls **false**.

- **public boolean** `isVisible()`
  liefert **true**, wenn die Komponente sichtbar ist, andernfalls **false**.

- **public void** `setBackground(Color c)`
  setzt die Hintergrundfarbe der Komponente auf die Farbe `c`.

- **public void** `setEnabled(boolean b)`
  aktiviert (wenn `b` den Wert **true** hat) bzw. deaktiviert (wenn `b` den Wert **false** hat) die Komponente für Benutzeraktionen.

- **public void** `setFont(Font f)`
  setzt die Schriftart, die in der Komponente, benutzt wird.

- **public void** `setForeground(Color c)`
  setzt die Vordergrundfarbe der Komponente auf die Farbe `c`.

- **public void** `setLocation(int x, int y)`
  setzt die Komponente an die angegebene Position. Dabei ist `x` die horizontale und `y` die vertikale Pixel-Koordinate (jeweils von links oben gemessen) der oberen linken Ecke der Komponente.

- **public void** `setSize(int width, int height)`
  setzt die Breite und Höhe (in Pixel) der Komponente.

- **public void** `setVisible(boolean b)`
  schaltet die Komponente sichtbar (wenn `b` den Wert **true** hat) bzw. unsichtbar (wenn `b` den Wert **false** hat).

Wie Sie sehen, verwenden einige dieser Methoden die Klassen `Color` und `Font`, deren Objekte spezielle Farben und Schriftarten darstellen können und mit denen wir uns in Abschnitt 14.4 beschäftigen wollen. Zwei der hier genannten Methoden sollten Ihnen bekannt vorkommen, da wir sie in den Abschnitten 13.2 und 13.3 bereits einsetzten, um die Größe unseres Frames festzulegen (`setSize`) und um unseren Frame sichtbar zu schalten (`setVisible`). Wie Sie sehen, erbt also sowohl die Klasse `Frame` als auch die Klasse `JFrame` diese Methoden von der Klasse `Component`.

14.2   Die Klasse `Container`

Container sind spezielle Komponenten, die andere Komponenten enthalten können. Aus diesem Grund stellt die Klasse `Container` (über die von der Klasse `Component` geerbten und teilweise überschriebenen Methoden hinaus) auch spezielle Methoden zur Verfügung, die das Einfügen, Verwalten und Entfernen von Komponenten ermöglichen. Die wichtigsten sind:

- **public** `Component add(Component comp)`
  fügt die Komponente `comp` dem Container hinzu.

- **public** `Component add(Component comp, int index)`
  fügt die Komponente `comp` dem Container hinzu. Dabei legt `index` den Einfüge-Index in der Liste der eingefügten Komponenten an.

- **public void** `add(Component comp, Object constraints)`
  fügt unter Beachtung der in `constraints` angegebenen Layout-Bedingung die Komponente `comp` dem Container hinzu.

- **public** `Component[] getComponents()`
  liefert eine Liste aller eingefügten Komponenten als Feld mit Komponententyp `Component`.

- **public void** `remove(Component comp)`
  entfernt die Komponente `comp` aus dem Container.

- **public void** `setLayout(LayoutManager mgr)`
  setzt das Layout des Containers.

Die Komponenten eines Containers werden in einer Liste geführt, wobei die Reihenfolge der Listenelemente standardmäßig durch die Reihenfolge der `add`-Aufrufe festgelegt wird. Diese Liste dient außerdem der Anordnung der Komponenten entsprechend dem festgelegten Layout. Mit der zweiten Variante der Methode `add` kann die Position der Komponente bezüglich des gewählten Layouts angegeben werden.
Die Methode `setLayout` erwartet einen Layout-Manager. Dabei handelt es sich um ein Objekt einer Klasse, die das Interface `LayoutManager` implementiert. Mit solchen Klassen beschäftigen wir uns in Abschnitt 14.4. Dort erfahren wir auch, wie die Variante der `add`-Methode mit Layout-Bedingung eingesetzt wird.

14.3 Die abstrakte Klasse `JComponent`

Die abstrakte Klasse `JComponent` dient als Basis-Klasse für sämtliche Swing-Komponenten mit Ausnahme der Top-Level-Container. Gemäß der Klassenhierarchie erbt `JComponent` von `Container` (und damit von `Component`) und passt durch Überschreiben einige der geerbten Methoden für ihre Zwecke an. Außerdem werden einige Methoden zur Verfügung gestellt, die speziell für Swing-Komponenten von Bedeutung sind. Die wichtigsten von ihnen sind:

- **public boolean** `isOpaque()`
  liefert **true**, wenn die Komponente einen undurchsichtigen Hintergrund besitzt, andernfalls **false**.

- **public void** `setOpaque(**boolean** b)`
  schaltet den Hintergrund der Komponente undurchsichtig (wenn b den Wert **true** hat) bzw. durchsichtig (wenn b den Wert **false** hat).

- **public** `String getToolTipText()`
  liefert den aktuellen Tooltip-Text der Komponente.

- **public void** `setToolTipText(String text)`
  legt `text` als Tooltip-Text für die Komponente fest.

Einige Swing-Komponenten (z. B. JLabel) sind standardmäßig mit durchsichtigem Hintergrund ausgestattet. Verändert man beispielsweise die Hintergrundfarbe eines Labels, so stellt man fest, dass dies keinerlei Auswirkungen hat, wenn man nicht gleichzeitig dafür sorgt, dass das Label den Status „opak" bzw. undurchsichtig erhält. Wir kommen in Abschnitt 14.4 nochmals darauf zurück.

Jede Swing-Komponente kann mit einem **Tooltip** ausgestattet werden. Dabei handelt es sich um einen Hinweistext, der für den Anwender bzw. die Anwenderin einer grafischen Oberfläche immer dann angezeigt wird, wenn er bzw. sie für kurze Zeit mit dem Mauszeiger über der Komponente verweilt. Damit wird es möglich, den Anwendern automatisch Hilfestellungen zur Funktionalität von Komponenten anzubieten. Betrachten wir beispielsweise eine kleine Modifikation unseres Label-Beispiel-Programms

```
1   import java.awt.*;
2   import javax.swing.*;
3   /** Erzeuge ein einfaches Fenster mit einem Textlabel und Tooltip */
4   public class FrameMitTextUndToolTip extends JFrame {
5     Container c;              // Container dieses Frames
6     JLabel beschriftung;   // Label das im Frame erscheinen soll
7
8     public FrameMitTextUndToolTip() {  // Konstruktor
9       // Bestimme die Referenz auf den eigenen Container
10      c = getContentPane();
11      // Setze das Layout
12      c.setLayout(new FlowLayout());
13      // Erzeuge das Labelobjekt mit Uebergabe des Labeltextes
14      beschriftung = new JLabel("Label-Text im Frame");
15      // Fuege das Label dem Frame hinzu
16      c.add(beschriftung);
17      // Fuege dem Label einen Tooltip hinzu
18      beschriftung.setToolTipText("Des isch nur en Tescht!");
19    }
20    public static void main(String[] args) {
21      FrameMitTextUndToolTip fenster = new FrameMitTextUndToolTip();
22      fenster.setTitle("Frame mit Text im Label mit Tooltip");
23      fenster.setSize(400,150);
24      fenster.setVisible(true);
25      fenster.setDefaultCloseOperation(JFrame.EXIT_ON_CLOSE);
26    }
27  }
```

in der wir nun einen Tooltip-Text ergänzt haben, so erhalten wir mittels Mausbewegung über das Label sowie einer ruhigen Hand und mit etwas Geduld den in Abbildung 14.1 dargestellten Effekt.

14.4   Layout-Manager, Farben und Schriften

In diesem Abschnitt wollen wir uns mit einigen Klassen aus dem Paket java.awt beschäftigen, die für die Anordnung und Gestaltung der einzelnen Komponenten einer grafischen Oberfläche zuständig sind.

Abbildung 14.1: Ein Fenster mit Beschriftung und Tooltip

14.4.1 Die Klasse `Color`

In Abschnitt 14.1 haben wir bereits gesehen, dass schon in der abstrakten Klasse `Component` Methoden bereitgestellt werden, die es ermöglichen, Vorder- und Hintergrundfarbe von Komponenten zu bearbeiten. Diese Methoden arbeiten mit Objekten der Klasse `Color`. Ein solches `Color`-Objekt legt eine Farbe durch ihre Anteile an Rot (R), Grün (G) und Blau (B) fest. Man spricht daher auch von **RGB-Werten** bzw. vom **RGB-Farbmodell**. Dabei werden die Rot-, Grün- und Blau-Anteile jeweils als drei **int**-Werte im Bereich 0 bis 255 oder alternativ als drei **float**-Werte im Bereich 0.0 bis 1.0 angegeben. Entsprechend können die beiden Konstruktoren

- **public** `Color`(**int** r, **int** g, **int** b)
  erzeugt ein `Color`-Objekt entsprechend den angegebenen RGB-Werten.

- **public** `Color`(**float** r, **float** g, **float** b)
  erzeugt ein `Color`-Objekt entsprechend den angegebenen RGB-Werten.

verwendet werden, wobei die **float**-RGB-Werte jeweils mittels Division der **int**-RGB-Werte durch 255 zu ermitteln sind. Zur Vereinfachung beim Einsatz von Standardfarben werden in der Klasse `Color` die Konstanten (finale Klassenvariablen) BLACK, BLUE, CYAN, DARK_GRAY, GRAY, GREEN, LIGHT_GRAY, MAGENTA, ORANGE, PINK, RED, WHITE und YELLOW für die entsprechenden – häufig verwendeten – Farben zur Verfügung gestellt.[1] Wenn wir also beispielsweise die Farbe Gelb benötigen, müssen wir uns kein `Color`-Objekt mit den RGB Werten 255, 255 und 0 erzeugen (Gelb entsteht ja bekanntlich durch Mischen von Rot und Grün), sondern können direkt das vorgefertigte Objekt `Color.YELLOW` verwenden. Unser Programmbeispiel

```
1  import java.awt.*;
2  import javax.swing.*;
3  /** Erzeuge ein Swing-Fenster mit schwarzem Textlabel */
4  public class FrameMitSchwarzemLabel extends JFrame {
```

---

[1] Die Schreibweise der Konstanten in durchgängig großen Buchstaben gemäß der üblichen Java-Konvention hat sich bei den `Color`-Konstanten erst in der Version 1.4 durchgesetzt. In älteren Versionen werden die vordefinierten Farben in reinen Kleinbuchstaben notiert.

Abbildung 14.2: Schwarzes Label mit weißer Schrift

```
5    Container c;                    // Container dieses Frames
6    FarbigesLabel schwarzesLabel;   // Label, das im Frame erscheinen soll
7
8    public FrameMitSchwarzemLabel() {  // Konstruktor
9      c = getContentPane();                // Container bestimmen
10     c.setLayout(new FlowLayout());       // Layout setzen
11
12     // Erzeuge das Labelobjekt mit Uebergabe des Labeltextes
13     schwarzesLabel = new FarbigesLabel("schwarzes Label",
14                                 new Color(255,255,255),
15                                 Color.BLACK);
16     // Fuege das Label dem Frame hinzu
17     c.add(schwarzesLabel);
18   }
19   public static void main(String[] args) {
20     FrameMitSchwarzemLabel fenster = new FrameMitSchwarzemLabel();
21     fenster.setTitle("Frame mit schwarzem Label");
22     fenster.setSize(300,60);
23     fenster.setVisible(true);
24     fenster.setDefaultCloseOperation(JFrame.EXIT_ON_CLOSE);
25   }
26 }
```

arbeitet mit den Farben Weiß (selbst erzeugt mit den RGB-Werten 255, 255 und
255) und Schwarz (unter Verwendung des vordefinierten Color-Objekts), um ein
Label mit weißer Schriftfarbe auf schwarzem Hintergrund zu erzeugen und darzustellen. Wir greifen dabei auf die selbst geschriebene Label-Klasse

```
1   import java.awt.*;
2   import javax.swing.*;
3   public class FarbigesLabel extends JLabel {
4     public FarbigesLabel(String text,Color fG,Color bG) { // Konstruktor
5       // Uebergabe des Labeltextes an den Super-Konstruktor
6       super(text);
7       // Setze den Hintergrund des Labels auf undurchsichtig
8       setOpaque(true);
9       // Setze die Farbe der Beschriftung des Labels
10      setForeground(fG);
11      // Setze die Hintergrundfarbe des Labels
12      setBackground(bG);
13    }
14  }
```

zurück, die von JLabel erbt und mit einem Konstruktor ausgestattet ist, der
neben der Beschriftung auch noch die Vorder- und Hintergrundfarbe des Labels übergeben bekommt. Beachten Sie, dass ein Label in Swing standardmäßig

nicht opak, also durchsichtig ist. Daher benötigen wir den Aufruf der Methode `setOpaque`.

Ein Start unserer Klasse `FrameMitSchwarzemLabel` liefert schließlich das in Abbildung 14.2 dargestellte Fenster.

14.4.2 Die Klasse `Font`

Wie in Abschnitt 14.1 beschrieben, stellt die Klasse `Component` auch die Methode `setFont` zur Verfügung, die es ermöglicht, die in einer Komponente verwendete Schriftart festzulegen. Diese Methode arbeitet mit einem Objekt der Klasse `Font`, das eine Schriftart durch den Namen der Font-Familie, den Schriftstil und die Schriftgröße festlegt. Als Konstruktor kann daher

- **`public`** `Font(String name,` **`int`** `style,` **`int`** `size)`
  erzeugt ein `Font`-Objekt entsprechend den angegebenen Werten für Font-Familie, Stil und Größe.

eingesetzt werden.

Wie man sieht, wird die Font-Familie durch eine Zeichenkette angegeben. Prinzipiell kann beim Erzeugen eines Objekts hier ein üblicher Font-Name verwendet werden, allerdings ist nicht sichergestellt, dass jede Schriftart auf jedem Rechner verfügbar ist. In Java-Systemen sind jedoch die Font-Familien `Monospaced` (eine nichtproportionale Schrift wie z. B. Courier), SansSerif (eine Schrift ohne Serifen wie z. B. Arial bzw. Helvetica) und Serif (eine Schrift mit Serifen wie z. B. Roman) auf jeden Fall verfügbar.[2] Diese werden dann üblicherweise einer tatsächlich auf dem ausführenden System vorhandenen Schriftart zugeordnet.

Der Schriftstil muss durch einen ganzzahligen Wert spezifiziert werden, wobei man auf die Konstanten `BOLD` (für fette Schrift), `ITALIC` (für kursive Schrift) und `PLAIN` (für normale Schrift) zurückgreifen kann, die als finale Klassenvariablen in der Klasse `Font` vereinbart sind. Soll die Schrift fett *und* kursiv erscheinen, so können die beiden Konstanten addiert und als Schriftstil `Font.BOLD+Font.ITALIC` verwendet werden. Die Schriftgröße ist in Punkt (pt) anzugeben.

Das Label in unserem Programmbeispiel

```
1  import java.awt.*;
2  import javax.swing.*;
3  /** Erzeuge ein Swing-Fenster mit formatiertem Textlabel */
4  public class FrameMitMonospacedText extends JFrame {
5    Container c;       // Container dieses Frames
6    JLabel textLabel;  // Label das im Frame erscheinen soll
7
8    public FrameMitMonospacedText() {  // Konstruktor
9      c = getContentPane();               // Container bestimmen
10     c.setLayout(new FlowLayout());      // Layout setzen
11
12     // Erzeuge das Labelobjekt mit Uebergabe des Labeltextes
```

---

[2] Unter Serifen versteht man kleine „Häkchen" oder „Füßchen" an den Enden der Buchstaben.

Abbildung 14.3: Label mit fetter und kursiver Monospaced-Schrift

```
13      textLabel = new JLabel("Monospaced Text");
14      // Setze die Schriftart fuer die Labelschriftart
15      textLabel.setFont(new Font("Monospaced",Font.BOLD+Font.ITALIC,30));
16
17      // Fuege das Label dem Frame hinzu
18      c.add(textLabel);
19   }
20   public static void main(String[] args) {
21      FrameMitMonospacedText fenster = new FrameMitMonospacedText();
22      fenster.setTitle("Frame mit monospaced Text");
23      fenster.setSize(300,80);
24      fenster.setVisible(true);
25      fenster.setDefaultCloseOperation(JFrame.EXIT_ON_CLOSE);
26   }
27 }
```

haben wir mit einer fetten und kursiven Monospaced-Schriftart in 30-Punkt-Größe beschriftet.

14.4.3   Layout-Manager

Wir haben bereits gesehen, dass ein Layout-Manager die Anordnung der verschiedenen Komponenten in einem Container festlegt und ein solcher Layout-Manager durch ein Objekt einer Klasse, die das Interface `LayoutManager` implementiert, erzeugt wird. Dieses Interface `LayoutManager` definiert daher Methoden, die für die Anordnung von AWT- und Swing-Komponenten notwendig sind. Java stellt zahlreiche Klassen zur Verfügung, die dieses Interface implementieren und sich letztlich darin unterscheiden, dass sie die Container-Fläche in verschiedene Bereiche aufteilen. Dabei verteilen die Layout-Manager den Gesamtplatz der Container-Fläche abhängig von den eingepflegten Komponenten, wobei (je nach Layout) teilweise Zwischenraum eingefügt wird oder Komponenten in ihrer Größe angepasst bzw. gar nicht angezeigt werden.

Die drei am häufigsten verwendeten Layout-Manager sind `FlowLayout`, `BorderLayout` und `GridLayout`; mit ihnen werden wir uns daher in den nachfolgenden Abschnitten beschäftigen. Ferner gibt es einige spezialisierte Layout-Varianten wie zum Beispiel `BoxLayout`, `CardLayout`, `GridBagLayout` oder `OverlayLayout`. Als Standard-Layout ist in den Container-Klassen das `BorderLayout` eingestellt. Einzige Ausnahme bildet die Klasse `JPanel` (eine Komponente, die wir in Abschnitt 14.5 noch kennen lernen werden), bei der das `FlowLayout` voreingestellt ist.

14.4.3.1 Die Klasse `FlowLayout`

Um die Komponenten in einem Container fließend anzuordnen, verwendet man ein Objekt der Klasse `FlowLayout` als Layout-Manager. „Fließend" bedeutet hier, dass die Komponenten zeilenweise von links nach rechts in den Container eingefügt werden. Das heißt, die Komponenten werden so lange in der Reihenfolge ihres Einfügens von links nach rechts nebeneinander platziert, bis kein Platz mehr für die nächste Komponente verfügbar ist und mit einer neuen Zeile begonnen werden muss, die dann genauso gefüllt wird. Die Ausrichtung der Komponenten innerhalb der Zeile erfolgt dabei standardmäßig zentriert. Zwischen den Komponenten findet sich horizontal und vertikal jeweils ein Abstand von 5 Pixel. Die Größe der Komponenten wird nicht verändert.

In der Klasse `FlowLayout` finden wir die folgenden Konstruktoren:

- **public** `FlowLayout()`
  erzeugt ein `FlowLayout`-Objekt mit den Standardeinstellungen (zentrierte Ausrichtung der Zeilen, 5-Pixel-Abstände).

- **public** `FlowLayout(int align)`
  erzeugt ein `FlowLayout`-Objekt mit einer Ausrichtung gemäß `align` und der Standardeinstellung für die Abstände.

- **public** `FlowLayout(int align, int hp, int v)`
  erzeugt ein `FlowLayout`-Objekt mit einer Ausrichtung gemäß `align` und horizontalen bzw. vertikalen Abständen von h bzw. v Pixel.

Für die Wahl der Ausrichtung stehen die vordefinierten Konstanten `LEFT` (für linksbündige Ausrichtung), `RIGHT` (für rechtsbündige Ausrichtung) und `CENTER` (für zentrierte Ausrichtung) als finale Klassenvariablen der Klasse `FlowLayout` zur Verfügung.

In unserem Beispielprogramm

```
 1  import java.awt.*;
 2  import javax.swing.*;
 3  /** Erzeuge ein Swing-Fenster mit Flowlayout */
 4  public class FrameMitFlowLayout extends JFrame {
 5    Container c;                  // Container dieses Frames
 6    // Feld fuer Labels, die im Frame erscheinen sollen
 7    FarbigesLabel fl[] = new FarbigesLabel[4];
 8
 9    public FrameMitFlowLayout() {    // Konstruktor
10      c = getContentPane();          // Container bestimmen
11      c.setLayout(new FlowLayout()); // Layout setzen
12
13      // Erzeuge die Labelobjekte mit Uebergabe der Labeltexte
14      for (int i = 0; i < 4; i++) {
15        int rgbFg = 255 - i*80;      // Farbwert fuer Vordergrund
16        int rgbBg = i*80;            // Farbwert fuer Hintergrund
17        fl[i] = new FarbigesLabel("Nummer " + (i+1),
18                            new Color(rgbFg, rgbFg, rgbFg),
19                            new Color(rgbBg, rgbBg, rgbBg));
20        fl[i].setFont(new Font("Serif",Font.ITALIC,28));
```

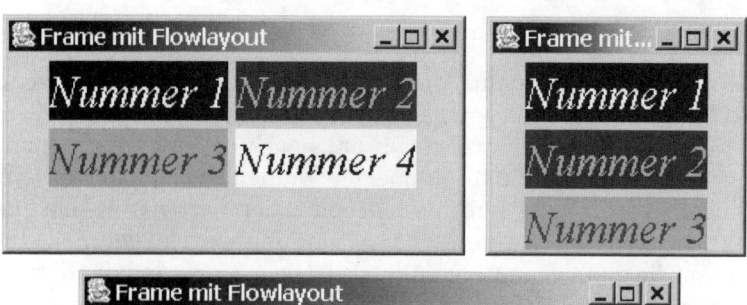

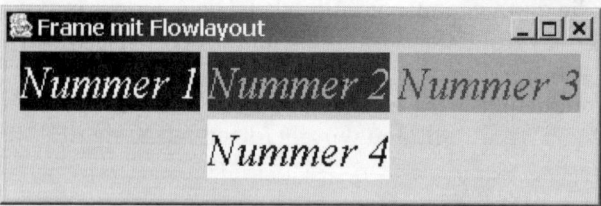

Abbildung 14.4: Das Flow-Layout

```
21        }
22        // Fuege die Labels dem Frame hinzu
23        for (int i = 0; i < 4; i++) {
24          c.add(fl[i]);
25        }
26      }
27
28      public static void main(String[] args) {
29        FrameMitFlowLayout fenster = new FrameMitFlowLayout();
30        fenster.setTitle("Frame mit Flow-Layout");
31        fenster.setSize(300,150);
32        fenster.setVisible(true);
33        fenster.setDefaultCloseOperation(JFrame.EXIT_ON_CLOSE);
34      }
35    }
```

arbeiten wir wiederum mit unserer selbst geschriebenen Klasse `FarbigesLabel`
und einem Feld namens `fl` mit vier Komponenten dieses Typs. Im Konstruktor
unserer Klasse `FrameMitFlowLayout` erzeugen wir für diese vier Feldkomponenten die entsprechenden Objekte der Klasse `FarbigesLabel`, wobei wir jedes
Label mit einem anderen Grauton versehen. Dies gelingt uns, indem wir ausgehend von 0 bzw. 255 die drei RGB-Werte gleichmäßig in Stufen von 80 erhöhen
bzw. erniedrigen. Außerdem verwenden wir in jedem Label eine kursive Serifen-
Schriftart in 28-Punkt-Größe.

Startet man die Klasse `FrameMitFlowLayout`, so passen zunächst (entsprechend dem Platzbedarf der relativ groß beschrifteten Labels) immer nur zwei der
Labels in eine Zeile (siehe Abbildung 14.4, links oben). Verändert man mit der
Maus die Breite unseres Frames, so gibt es nur noch Platz für ein Label pro Zeile
(rechts oben) oder sogar für drei Labels pro Zeile (unten).

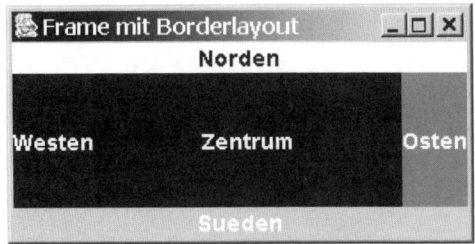 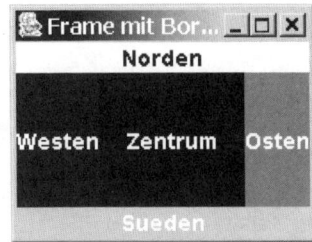

Abbildung 14.5: Das Border-Layout

14.4.3.2   Die Klasse `BorderLayout`

Zur Einteilung der Container-Fläche in die fünf Gebiete „Norden", „Süden", „Westen", „Osten" und „Zentrum" (vergleiche Abbildung 14.5) verwendet man ein Objekt der Klasse `BoderLayout` als Layout-Manager. In jedes dieser fünf Gebiete kann eine Komponente eingefügt werden, so dass insgesamt fünf Komponenten erscheinen können. Während die Größe der Komponenten im Norden und Süden durch ihre übliche Höhe und die der Komponenten im Westen und Osten durch ihre übliche Breite bestimmt wird, kann die Größe des zentralen Gebiets je nach Größe des Containers variieren. Dementsprechend wird die Größe der dort eingefügten Komponente angepasst.

Als Konstruktoren der Klasse `BorderLayout` stehen zur Verfügung:

- **public** `BorderLayout()`
  erzeugt ein `BorderLayout`-Objekt mit Standardeinstellung (0-Abstände zwischen den Gebieten).

- `BorderLayout(`**int** `h, `**int** `v)`
  erzeugt ein `BorderLayout`-Objekt mit horizontalen bzw. vertikalen Abständen von h bzw. v Pixel zwischen den Gebieten.

Beim Einfügen von Komponenten in einen Container mittels der Methode `add` lässt sich mit deren zweitem Parameter auch das Gebiet bestimmen, in das die Komponente eingefügt werden soll. Dies geschieht unter Verwendung einer der in `BorderLayout` vordefinierten Klassenkonstanten `NORTH`, `SOUTH`, `WEST`, `EAST` und `CENTER`. Ein Aufruf der Methode `add` ohne „Himmelsrichtung" entspricht einem Aufruf mit `BorderLayout.CENTER`.

Zu Verdeutlichung der verschiedenen Gebiete des Border-Layouts haben wir die dort platzierten Labels (wiederum Objekte unserer selbst geschriebenen Klasse `FarbigesLabel`) auch in unserem Beispielprogramm

```
1  import java.awt.*;
2  import javax.swing.*;
3  /** Erzeuge ein Swing-Fenster mit Borderlayout */
4  public class FrameMitBorderLayout extends JFrame {
5    Container c;            // Container dieses Frames
6    // Labelfeld fuer Label, die im Frame erscheinen sollen
```

```
7    FarbigesLabel fl[] = new FarbigesLabel[5];
8
9    public FrameMitBorderLayout() {      // Konstruktor
10     c = getContentPane();               // Container bestimmen
11     c.setLayout(new BorderLayout());    // Layout setzen
12
13     /* Erzeuge die Labelobjekte mit Text und Farbe */
14     fl[0] = new FarbigesLabel("Norden", Color.BLACK, Color.WHITE);
15     fl[1] = new FarbigesLabel("Sueden", Color.WHITE, Color.LIGHT_GRAY);
16     fl[2] = new FarbigesLabel("Osten", Color.WHITE, Color.GRAY);
17     fl[3] = new FarbigesLabel("Westen", Color.WHITE, Color.DARK_GRAY);
18     fl[4] = new FarbigesLabel("Zentrum", Color.WHITE, Color.BLACK);
19
20     for (int i = 0; i < 5; i++) {
21       // Setze die Schriftart der Labelbeschriftung
22       fl[i].setFont(new Font("SansSerif",Font.BOLD,14));
23       // Setze die horizontale Position des Labeltextes auf dem Label
24       fl[i].setHorizontalAlignment(JLabel.CENTER);
25     }
26     // Fuege die Labels dem Frame hinzu
27     c.add(fl[0],BorderLayout.NORTH);
28     c.add(fl[1],BorderLayout.SOUTH);
29     c.add(fl[2],BorderLayout.EAST);
30     c.add(fl[3],BorderLayout.WEST);
31     c.add(fl[4],BorderLayout.CENTER);
32   }
33   public static void main(String[] args) {
34     FrameMitBorderLayout fenster = new FrameMitBorderLayout();
35     fenster.setTitle("Frame mit Border-Layout");
36     fenster.setSize(300,150);
37     fenster.setVisible(true);
38     fenster.setDefaultCloseOperation(JFrame.EXIT_ON_CLOSE);
39   }
40 }
```

in unterschiedlichen Grautönen eingefärbt. Verändert man mit der Maus die Breite unseres Frames, kann man feststellen, dass die Größe der Randkomponenten gleich bleibt, während sich die Komponente im Zentrum dynamisch der Gesamtgröße des Frames anpasst (Abbildung 14.5).

14.4.3.3 Die Klasse GridLayout

Will man die Container-Fläche in gitter- oder tabellenartig angeordnete Zellen aufteilen, so verwendet man ein Objekt der Klasse GridLayout als Layout-Manager. Dabei legt man bereits beim Konstruktor-Aufruf fest, wie viele Zeilen bzw. Spalten angelegt werden sollen. Alle eingefügten Komponenten werden dann gemäß dieser Vorgabe in der gleichen Größe dargestellt, so dass der in der Zelle verfügbare Platz voll ausgefüllt ist. Per Default ist zwischen den Komponenten kein Abstand.

Die Klasse GridLayout stellt folgende Konstruktoren bereit:

- **public** GridLayout()
  erzeugt ein GridLayout-Objekt mit Standardeinstellung (keine Abstände zwischen den Zellen).

- **public** GridLayout(**int** z, **int** s)
  erzeugt ein GridLayout-Objekt mit z Zeilen und s Spalten und der Standard-einstellung für die Abstände. Entweder z oder s kann dabei auch den Wert 0 haben, was für „beliebig viele" steht.

- **public** GridLayout(**int** z, **int** s, **int** h, **int** v)
  erzeugt ein GridLayout-Objekt mit z Zeilen und s Spalten und horizontalen bzw. vertikalen Abständen von h bzw. v Pixel. Entweder z oder s kann dabei auch den Wert 0 haben, was für „beliebig viele" steht.

In diesem Layout werden die Komponenten in der Reihenfolge der add-Aufrufe in die Tabelle bzw. das Gitter eingefügt. Dabei wird in der obersten Zeile begonnen, diese von links nach rechts gefüllt und jeweils mit der darunter liegenden Zeile fortgefahren.

Zur Verdeutlichung der Festlegung der Zellen-Größe haben wir in unserem Beispielprogramm

```java
 1  import java.awt.*;
 2  import javax.swing.*;
 3  /** Erzeuge ein Swing-Fenster mit Gridlayout */
 4  public class FrameMitGridLayout extends JFrame {
 5    Container c;              // Container dieses Frames
 6    // Feld fuer Labels, die im Frame erscheinen sollen
 7    FarbigesLabel fl[] = new FarbigesLabel[6];
 8
 9    public FrameMitGridLayout() {    // Konstruktor
10      c = getContentPane();                  // Container bestimmen
11      c.setLayout(new GridLayout(2,3,10,40)); // Layout setzen
12
13      /* Erzeuge die Labelobjekte mit Text und Farbe */
14      for (int i = 0; i < 6; i++) {
15        int rgbFg = 255 - i*50;
16        int rgbBg = i*50;
17        fl[i] = new FarbigesLabel("Nummer " + (i+1),
18                             new Color(rgbFg,rgbFg,rgbFg),
19                             new Color(rgbBg,rgbBg,rgbBg));
20        fl[i].setFont(new Font("Serif",Font.ITALIC,10 + i*3));
21      }
22      // Fuege die Labels dem Frame hinzu
23      for (int i = 0; i < 6; i++) {
24        c.add(fl[i]);
25      }
26    }
27    public static void main(String[] args) {
28      FrameMitGridLayout fenster = new FrameMitGridLayout();
29      fenster.setTitle("Frame mit Grid-Layout");
30      fenster.setSize(300,150);
31      fenster.setVisible(true);
32      fenster.setDefaultCloseOperation(JFrame.EXIT_ON_CLOSE);
```

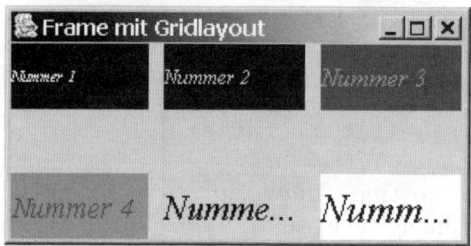

Abbildung 14.6: Das Grid-Layout

```
33    }
34  }
```

ein Grid-Layout mit 2 Zeilen und 3 Spalten sowie einem horizontalen bzw. vertikalen Zellen-Abstand von 10 bzw. 40 Pixel gewählt. Die verschiedenen Labels in den einzelnen Zellen haben wir wieder unterschiedlich eingefärbt und mit unterschiedlich großen Fonts beschriftet. In Abbildung 14.6 ist nun insbesondere zu erkennen, dass die Zellengröße nicht für alle Beschriftungen ausreicht, so dass der Label-Text automatisch gekürzt und mit . . . am Ende versehen wird.

14.5 Einige Grundkomponenten

Abbildung 14.7 stellt in Auszügen die Hierarchie der leichtgewichtigen Swing-Komponenten-Klassen grafisch dar. Alle Grundkomponenten erben ja, wie bereits in Abschnitt 14.3 erwähnt, von der abstrakten Klasse JComponent, die an oberster Stelle der Swing-Komponenten-Hierarchie steht. Aufgrund der Mächtigkeit der Swing-Bibliothek ist es natürlich nicht möglich, alle Grundkomponenten ausführlich zu behandeln, ohne den Rahmen dieses Grundkurses zu sprengen. In diesem Abschnitt wollen wir uns daher mit einigen ausgewählten Beispielen für Swing-Grundkomponenten beschäftigen.

Zur üblichen Standard-Ausstattung aller Komponenten-Klassen gehören in der Regel stets

- mehrfach überladene Konstruktoren ohne und mit diversen Parametern für Text- und Bildbeschriftungen und ihre horizontale und vertikale Ausrichtung,

- Klassenkonstanten wie LEFT, RIGHT, CENTER, TOP, BOTTOM, usw. vom Typ **int** zur Spezifikation der horizontalen und vertikalen Ausrichtung,

- Instanz-Methoden zum Auslesen und Setzen der dargestellten Texte und Bilder (getText(), setText(...), getIcon(), setIcon(...)),

- Instanz-Methoden für die Festlegung der Position und der horizontalen und vertikalen Ausrichtung der auf der Komponente dargestellten Texte und Bilder (setHorizontalAlignment(...), setVerticalAlignment(...),

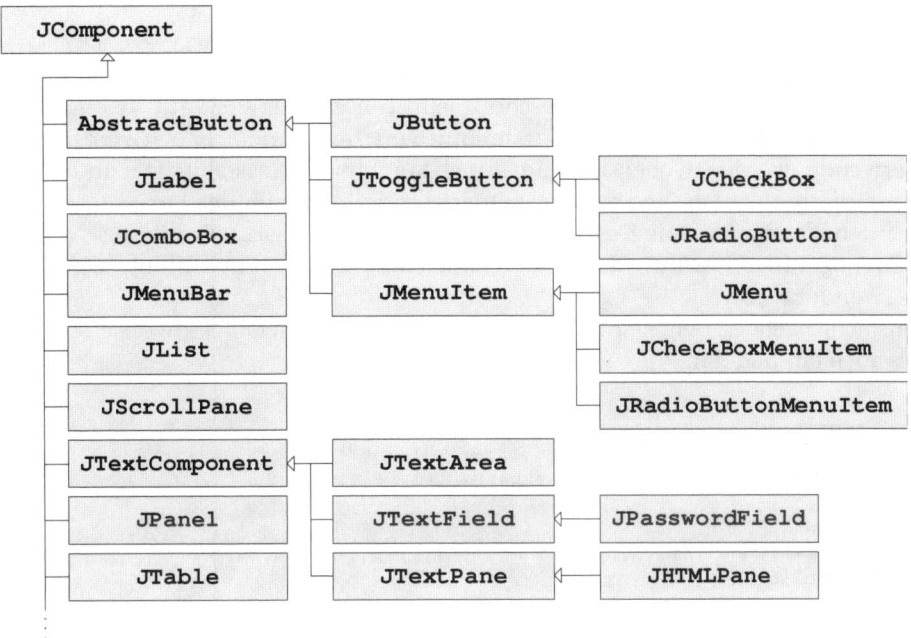

Abbildung 14.7: Einige Swing-Komponenten in der Übersicht

```
setHorizontalTextPosition(..),setVerticalTextPosition(..))
```
sowie

- je nach Funktionalität der Komponenten weitere Instanz-Methoden zum Aktivieren und Deaktivieren von Einstellungen bzw. Zuständen (z. B. „selektiert" oder „editierbar") oder für die Beeinflussung des Tastaturfokus.

In den nachfolgenden Abschnitten werden wir auf deren explizite Beschreibung und mehrmalige Erwähnung für die einzelnen Komponenten weitestgehend verzichten.

Will man ein Bildobjekt angeben, so muss man ein Objekt einer Klasse verwenden, das das Interface `Icon` implementiert. In der Regel geschieht dies durch ein Objekt der Klasse `ImageIcon`. Deren Konstruktor

- **public** ImageIcon(String filename)
  erzeugt ein `ImageIcon`-Objekt aus dem Bild in der Datei `filename`.

erwartet lediglich einen String, der den Dateinamen spezifiziert, unter dem das darzustellende Bild abgelegt ist. Wir werden dies an einigen Beispielen demonstrieren.

14.5.1 Die Klasse `JLabel`

In unseren bisherigen Beispielen haben wir die Klasse `JLabel` bereits mehrfach verwendet, wollen in diesem Abschnitt jedoch nochmals kurz auf sie eingehen. Ein Label kann nicht nur zur Darstellung von Text, sondern auch von Bildern verwendet werden, wobei sich beides auch kombinieren lässt. Für Text und Bilder kann die horizontale und vertikale Ausrichtung innerhalb des Labels festgelegt werden. Die horizontale Default-Ausrichtung für Texte ist „linksbündig", die für Bilder „zentriert", während in beiden Fällen als vertikale Ausrichtung „zentriert" verwendet wird.

Im nachfolgenden Beispielprogramm stellen wir in einem Label sowohl einen Text als auch ein Bild dar.

```java
import java.awt.*;
import javax.swing.*;
/** Erzeuge ein einfaches Swing-Fenster mit einem Label */
public class FrameMitBild extends JFrame {
  Container c;              // Container dieses Frames
  JLabel lab;              // Label das im Frame erscheinen soll

  public FrameMitBild() {  // Konstruktor
    c = getContentPane();              // Container bestimmen
    c.setLayout(new FlowLayout());     // Layout setzen

    // Bildobjekt erzeugen
    Icon bild = new ImageIcon("babycat.jpg");
    // Label mit Text und Bild beschriften
    lab = new JLabel("Spotty", bild, JLabel.CENTER);
    // Text unter das Bild setzen
    lab.setHorizontalTextPosition(JLabel.CENTER);
    lab.setVerticalTextPosition(JLabel.BOTTOM);
    // Fuege das Label dem Frame hinzu
    c.add(lab);
  }
  public static void main(String[] args) {
    FrameMitBild fenster = new FrameMitBild();
    fenster.setTitle("Label mit Bild und Text");
    fenster.setSize(250,185);
    fenster.setVisible(true);
    fenster.setDefaultCloseOperation(JFrame.EXIT_ON_CLOSE);
  }
}
```

14.5.2 Die abstrakte Klasse `AbstractButton`

Mit den Klassen `JButton` und `JToggleButton` bietet Java zwei verschiedene Arten von Schaltflächen bzw. Knöpfen an. Während Objekte der Klassen `JButton` einfache Schaltflächen bzw. Knöpfe oder Tasten darstellen, mit denen Aktionen ausgelöst werden können, haben Objekte der Klasse `JToggleButton` die Funktion von Schaltern, die an- oder ausgeschaltet (bzw. „selektiert" oder „nicht selektiert") sein können. Toggle-Buttons gibt es durch die Klassen

Abbildung 14.8: Ein Label mit Text und Bild

JCheckBox und JRadioButton auch in spezialisierter Form. Es handelt sich dann um kleine Kästchen, die man mit Markierungen oder Häkchen versehen kann.

Wie Labels können auch Buttons mit Text, einem Bild oder mit Text *und* Bild beschriftet werden. Die Basisfunktionalitäten für alle Arten von Buttons sind in der abstrakten Klasse AbstractButton bereitgestellt, von der alle anderen Button-Klassen erben (vergleiche auch Abbildung 14.7). Vier dieser Basis-Methoden wollen wir hier vorstellen.

■ **public boolean** isSelected()
  liefert **true**, wenn der Toggle-Button selektiert ist, andernfalls **false**.

■ **public void** setSelected(**boolean** b)
  setzt den Zustand des Toggle-Buttons auf „selektiert", falls b den Wert **true** hat, oder andernfalls auf „nicht selektiert".

■ **public boolean** isFocusPainted()
  liefert **true**, wenn sich der Button im Modus „Fokus wird angezeigt" befindet, andernfalls **false**.

■ **public void** setFocusPainted(**boolean** b)
  setzt den Modus „Fokus wird angezeigt", falls b den Wert **true** hat, oder andernfalls den Modus „Fokus wird nicht angezeigt".

Die beiden letzten Methoden beziehen sich auf den so genannten **Fokus** bzw. **Tastaturfokus**, eine (sichtbare oder unsichtbare) Markierung, die anzeigt, welche Komponente gerade „anvisiert" wird und daher auch Tastaturkommandos empfangen kann. Der Fokus kann innerhalb eines Fensters mit Hilfe der Tabulator-Taste an eine andere Komponente übergeben werden. Hält man die Alt-Taste gedrückt, so übergibt die Tabulatortaste den Fokus an ein anderes Fenster. Ein Button kann (sofern das Fenster, in dem er sich befindet, und der Button selbst den Tastaturfokus besitzen) auch mit Hilfe der Leertaste „gedrückt" werden. Per Default wird der Fokus bei Buttons grafisch angezeigt.

14.5.3 Die Klasse JButton

Die Klasse JButton dient der Erzeugung einfacher Schaltflächen (Knöpfen, Tasten). Wir wollen in einem Beispielprogramm vier Tasten mit Text-Beschriftungen verwenden.

```java
import java.awt.*;
import javax.swing.*;
/** Erzeuge ein Swing-Fenster mit Buttons */
public class FrameMitButtons extends JFrame {
  Container c;                    // Container dieses Frames
  // Feld fuer Buttons, die im Frame erscheinen sollen
  JButton b[] = new JButton[4];

  public FrameMitButtons() {      // Konstruktor
    c = getContentPane();                   // Container bestimmen
    c.setLayout(new FlowLayout());    // Layout setzen

    // Erzeuge die Button-Objekte
    for (int i = 0; i < 4; i++) {
      b[i] = new JButton("Taste " + (i+1));
      b[i].setFont(new Font("SansSerif",Font.ITALIC,24));
    }
    // Fuege die Buttons dem Frame hinzu
    for (int i = 0; i < 4; i++) {
      c.add(b[i]);
    }
  }
  public static void main(String[] args) {
    FrameMitButtons fenster = new FrameMitButtons();
    fenster.setTitle("Frame mit Buttons");
    fenster.setSize(250,130);
    fenster.setVisible(true);
    fenster.setDefaultCloseOperation(JFrame.EXIT_ON_CLOSE);
  }
}
```

Die vier Tasten legen wir als Komponenten eines Feldes namens b an, wobei wir sie in einer kursiven Schriftart ohne Serifen in 24-Punkt-Größe beschriften und nummerieren. Eingefügt in unseren Frame bzw. dessen Content-Pane werden sie gemäß dem Flow-Layout. Startet man die Klasse FrameMitButtons, so sieht

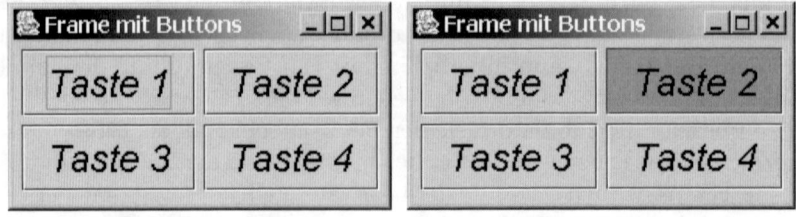

Abbildung 14.9: Frame mit Buttons nach dem Start und mit gedrücktem Button

man, dass sich die vier Tasten durch eine Umrandung vom Hintergrund abgrenzen (siehe Abbildung 14.9, links). Ferner erkennt man an einem etwas kleineren bläulichen Rahmen innerhalb der Taste 1, dass diese gerade den Fokus besitzt. Wir könnten sie daher, auch ohne die Maus zu benutzen, durch Drücken der Leertaste auf unserer PC-Tastatur betätigen. Mit der Tabulator-Taste können wir den Fokus an die nächste Taste weitergeben, so dass diese nun mit der Leertaste zu betätigen ist. Wenn wir eine Taste mit der Maus oder der Tastatur betätigen, stellen wir außerdem fest, dass sich ihre Darstellung verändert. In gedrücktem Zustand wird der Hintergrund dunkelgrau eingefärbt (siehe Abbildung 14.9, rechts).

14.5.4   Die Klasse `JToggleButton`

Zur Erzeugung von „echten" Schaltern, die sich ihren Zustand (an/aus bzw. selektiert/nicht selektiert) merken können, stellt Java die Klasse `JToggleButton` bereit. Wir modifizieren nun unser Beispielprogramm mit den vier Tasten mit Text-Beschriftungen und machen aus ihnen „echte" Schalter:

```java
 1  import java.awt.*;
 2  import javax.swing.*;
 3  /** Erzeuge ein Swing-Fenster mit Toggle-Buttons */
 4  public class FrameMitToggleButtons extends JFrame {
 5    Container c;                    // Container dieses Frames
 6    // Feld fuer Toggle-Buttons, die im Frame erscheinen sollen
 7    JToggleButton b[] = new JToggleButton[4];
 8
 9    public FrameMitToggleButtons() {  // Konstruktor
10      c = getContentPane();           // Container bestimmen
11      c.setLayout(new FlowLayout());  // Layout setzen
12
13      // Erzeuge die Button-Objekte
14      for (int i = 0; i < 4; i++) {
15        b[i] = new JToggleButton("Schalter " + (i+1));
16        b[i].setFont(new Font("SansSerif",Font.ITALIC,24));
17      }
18      b[0].setSelected(true);
19      b[2].setSelected(true);
20      // Fuege die Buttons dem Frame hinzu
21      for (int i = 0; i < 4; i++) {
22        c.add(b[i]);
23      }
24    }
25    public static void main(String[] args) {
26      FrameMitToggleButtons fenster = new FrameMitToggleButtons();
27      fenster.setTitle("Frame mit Buttons");
28      fenster.setSize(330,130);
29      fenster.setVisible(true);
30      fenster.setDefaultCloseOperation(JFrame.EXIT_ON_CLOSE);
31    }
32  }
```

Die vier Schalter legen wir als `JToggleButton`-Komponenten des Feldes b an, wobei wir nach dem Erzeugen der Buttons mit Hilfe der von `AbstractButton`

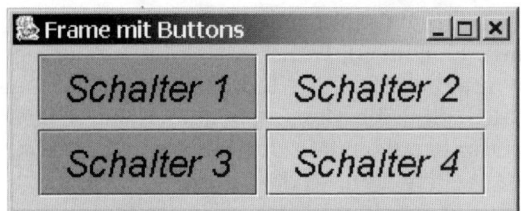

Abbildung 14.10: Frame mit Toggle-Buttons

geerbten Methode `setSelected` noch dafür sorgen, dass Schalter 1 und Schalter 3 (also `b[0]` und `b[2]`) zum Programmstart bereits auf „an" stehen (also selektiert sind), wie dies in Abbildung 14.10 deutlich wird. Wenn wir nun einen der Schalter mit der Maus oder der Tastatur betätigen, stellen wir fest, dass sich ihre Darstellung verändert. Die Hintergrundfarbe wechselt von Hellgrau nach Dunkelgrau (oder umgekehrt), und der jeweilige Zustand bleibt erhalten, auch wenn wir die Maustaste bzw. die Leertaste wieder loslassen.

14.5.5   Die Klasse `JCheckBox`

Objekte der Klasse `JCheckBox` werden als zunächst leere Kästchen dargestellt, die man mit der Maus oder mit der Leertaste „ankreuzen" und in den Zustand „selektiert" bringen kann. Der „Selektiert"-Zustand wird dann durch ein kleines Häkchen gekennzeichnet. Zur Erzeugung dieser Häkchen-Kästchen stellt die Klasse `JCheckBox` neben den Standard-Konstruktoren auch die Konstruktoren

- **public** JCheckBox(String text, **boolean** selected)
  erzeugt ein JCheckBox-Objekt mit dem Text `text` beschriftet und zu Beginn selektiert, falls `selected` den Wert **true** hat, andernfalls nicht selektiert.

- **public** JCheckBox(Icon image, **boolean** selected)
  erzeugt ein JCheckBox-Objekt mit dem Bild `image` beschriftet und zu Beginn selektiert, falls `selected` den Wert **true** hat, andernfalls nicht selektiert.

- **public** JCheckBox(String text, Icon image, **boolean** selected)
  erzeugt ein JCheckBox-Objekt mit dem Text `text` und dem Bild `image` beschriftet und zu Beginn selektiert, falls `selected` den Wert **true** hat, andernfalls nicht selektiert.

bereit. Nun machen wir in unserem Beispielprogramm aus den vier Schaltern einfach Häkchen-Kästchen

```
1  import java.awt.*;
2  import javax.swing.*;
3  /** Erzeuge ein Swing-Fenster mit CheckBoxes */
4  public class FrameMitCheckBoxes extends JFrame {
5    Container c;              // Container dieses Frames
6    // Feld fuer Check-Boxes, die im Frame erscheinen sollen
```

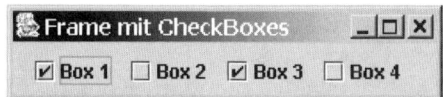

Abbildung 14.11: Frame mit Check-Boxes

```
7     JCheckBox cb[] = new JCheckBox[4];
8
9     public FrameMitCheckBoxes() {  // Konstruktor
10      c = getContentPane();              // Container bestimmen
11      c.setLayout(new FlowLayout());     // Layout setzen
12
13      // Erzeuge die Button-Objekte
14      for (int i = 0; i < 4; i++)
15        cb[i] = new JCheckBox("Box " + (i+1));
16      cb[0].setSelected(true);
17      cb[2].setSelected(true);
18
19      // Fuege die Buttons dem Frame hinzu
20      for (int i = 0; i < 4; i++) {
21        c.add(cb[i]);
22      }
23    }
24    public static void main(String[] args) {
25      FrameMitCheckBoxes fenster = new FrameMitCheckBoxes();
26      fenster.setTitle("Frame mit CheckBoxes");
27      fenster.setSize(280,60);
28      fenster.setVisible(true);
29      fenster.setDefaultCloseOperation(JFrame.EXIT_ON_CLOSE);
30    }
31  }
```

indem wir sie als `JCheckBox`-Komponenten des Feldes `cb` anlegen, und wir sorgen mit Hilfe der von `AbstractButton` geerbten Methode `setSelected` dafür, dass Box 1 und Box 3 (also `cb[0]` und `cb[2]`) zum Programmstart bereits auf „angekreuzt" stehen (also selektiert sind; vgl. Abbildung 14.11). Wenn wir nun eines der Kästchen mit der Maus oder der Leertaste bedienen, stellen wir fest, dass wir dadurch das Häkchen entfernen oder hinzufügen können. Wie bei den Toggle-Buttons bleibt der jeweilige Zustand natürlich erhalten, wenn wir die Maustaste bzw. die Leertaste wieder loslassen. Wir stellen weiter fest, dass mehrere Kästchen gleichzeitig angekreuzt sein können.

14.5.6   Die Klassen `JRadioButton` und `ButtonGroup`

Objekte der Klasse `JRadioButton` werden als zunächst leere Kreise dargestellt, die man mit der Maus oder mit der Leertaste „ankreuzen" und in den Zustand „selektiert" bringen kann. Der „Selektiert"-Zustand wird dann durch einen Punkt (einen ausgefüllten kleinen Kreis) gekennzeichnet. In der Regel werden `JRadioButton`-Objekte in Verbindung mit einem `ButtonGroup`-Objekt eingesetzt, um die Markierungen zu gruppieren, so dass stets *höchstens eine* Markierung pro Gruppe aktiviert sein kann. Zur Erzeugung der Häkchen-Kreise stellt die Klasse `JRadioButton` neben den Standard-Konstruktoren auch

- **public** `JRadioButton(String text, `**`boolean`**` selected)`
  erzeugt ein `JRadioButton`-Objekt mit dem Text `text` beschriftet und zu Beginn selektiert, falls `selected` den Wert **true** hat, andernfalls nicht selektiert.

- **public** `JRadioButton(Icon image, `**`boolean`**` selected)`
  erzeugt ein `JRadioButton`-Objekt mit dem Bild `image` beschriftet und zu Beginn selektiert, falls `selected` den Wert **true** hat, andernfalls nicht selektiert.

- **public** `JRadioButton(String text, Icon image,`
  `boolean`` selected)`
  erzeugt ein `JRadioButton`-Objekt mit dem Text `text` und dem Bild `image` beschriftet und zu Beginn selektiert, falls `selected` den Wert **true** hat, andernfalls nicht selektiert.

bereit. Für die Gruppierung benötigt man zusätzlich ein Objekt der Klasse `ButtonGroup`, das mit dem Default-Konstruktor erzeugt werden kann und die Methoden

- **public void** `add(AbstractButton b)`
  fügt b der Gruppierung hinzu.

- **public void** `remove(AbstractButton b)`
  entfernt b aus der Gruppierung.

bereitstellt.[3]
Unser Beispielprogramm

```
1   import java.awt.*;
2   import javax.swing.*;
3   /** Erzeuge ein Swing-Fenster mit RadioButtons */
4   public class FrameMitRadioButtons extends JFrame {
5     Container c;                 // Container dieses Frames
6     // Feld fuer Radio-Buttons, die im Frame erscheinen sollen
7     JRadioButton rb[] = new JRadioButton[4];
8
9     public FrameMitRadioButtons() {  // Konstruktor
10      c = getContentPane();              // Container bestimmen
11      c.setLayout(new FlowLayout());     // Layout setzen
12
13      // Gruppe erzeugen
14      ButtonGroup bg = new ButtonGroup();
15
16      // Erzeuge die Button-Objekte und fuege
17      // sie dem Frame und der Gruppe hinzu
18      for (int i = 0; i < 4; i++) {
```

---

[3] `ButtonGroup`-Objekte können auch zur Gruppierung von `JToggleButton`-Objekten eingesetzt werden.

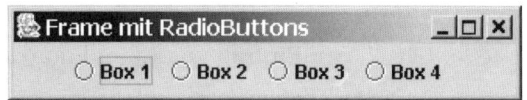

Abbildung 14.12: Frame mit Radio-Buttons

```
19        rb[i] = new JRadioButton("Box " + (i+1)); // erzeugen
20        bg.add(rb[i]); // der Gruppe hinzufuegen
21        c.add(rb[i]);   // dem Frame hinzufuegen
22      }
23    }
24    public static void main(String[] args) {
25      FrameMitRadioButtons fenster = new FrameMitRadioButtons();
26      fenster.setTitle("Frame mit RadioButtons");
27      fenster.setSize(330,60);
28      fenster.setVisible(true);
29      fenster.setDefaultCloseOperation(JFrame.EXIT_ON_CLOSE);
30    }
31  }
```

gruppiert die vier JRadioButton-Objekte aus dem Feld rb im ButtonGroup-Objekt bg und präsentiert sich zum Programmstart, wie Abbildung 14.12 zeigt. Wenn wir nun einen der Kreise mit der Maus oder der Leertaste bedienen, stellen wir fest, dass wir dadurch die Markierung aktivieren können, wobei der Zustand natürlich erhalten bleibt, wenn wir die Maustaste bzw. die Leertaste wieder loslassen. Allerdings gelingt es uns nicht, durch erneutes Drücken die Markierung wieder zu entfernen. Aufgrund der Gruppierung der JRadioButton-Objekte ist es vielmehr so, dass die Markierung erst verschwindet, wenn eines der bisher nicht markierten Objekte betätigt wird.

14.5.7   Die Klasse JComboBox

Ein Objekt der Klasse JComboBox ist eine aufklappbare Auswahlliste, die man mit Hilfe der Maus oder der Tastatur aufklappen und in der man einen Eintrag auswählen kann. Angezeigt wird dabei jeweils der ausgewählte Eintrag und ein Pfeil nach unten, der andeutet, dass es sich um eine aufklappbare Liste handelt. Als Konstruktoren stehen unter anderem

■ **public** JComboBox()
  erzeugt ein JComboBox-Objekt ohne Einträge.

■ **public** JComboBox(Object[] items)
  erzeugt ein JComboBox-Objekt, dessen Einträge durch die Komponenten des Feldes items festgelegt sind.

zur Verfügung. Zur Bearbeitung eines JComboBox-Objekts können neben den geerbten Methoden die Instanzmethoden

- **public void** addItem(Object item)
  fügt dem JComboBox-Objekt den Eintrag item (am Ende der Liste) hinzu.

- **public** Object getItemAt(**int** index)
  liefert den Eintrag an der Position index des JComboBox-Objekts.

- **public int** getItemCount()
  liefert die Anzahl der Einträge des JComboBox-Objekts.

- **public int** getSelectedIndex()
  liefert den Index (die Position) des gerade ausgewählten Eintrags des JComboBox-Objekts.

- **public** Object getSelectedItem()
  liefert den gerade ausgewählten Eintrag des JComboBox-Objekts.

- **public void public boolean** isEditable()
  liefert **true**, falls das JComboBox-Objekt editierbar ist, oder **false**.

- **public void** removeAllItems()
  entfernt alle Einträge aus dem JComboBox-Objekt.

- **public void** removeItem(Object item)
  entfernt den Eintrag item aus dem JComboBox-Objekt.

- **public void** removeItemAt(**int** index)
  entfernt den Eintrag an der Position index aus dem JComboBox-Objekt.

- **public void** setEditable(**boolean** b)
  setzt das JComboBox-Objekt in den Modus „editierbar", falls b den Wert **true** hat, oder andernfalls „nicht editierbar".

- **public void** setSelectedIndex(**int** index)
  legt den Eintrag unter dem Index (der Position) index als gerade ausgewählten Eintrag des JComboBox-Objekts fest.

- **public void** setSelectedItem(Object item)
  legt den Eintrag item als gerade ausgewählten Eintrag des JComboBox-Objekts fest.

eingesetzt werden. Zu den Methoden, die sich auf den „editierbar"-Modus beziehen, ist zu bemerken, dass es ein editierbares JComboBox-Objekt erlaubt, einen ausgewählten Eintrag nachträglich zu bearbeiten (verändern).
Im Beispielprogramm

```
 1   import java.awt.*;
 2   import javax.swing.*;
 3
 4   /** Erzeuge ein Swing-Fenster mit ComboBoxes */
 5   public class FrameMitComboBoxes extends JFrame {
 6     Container c;              // Container dieses Frames
 7     // Combo-Boxes, die im Frame erscheinen sollen
 8     JComboBox vornamen, nachnamen;
 9
10     public FrameMitComboBoxes() {  // Konstruktor
```

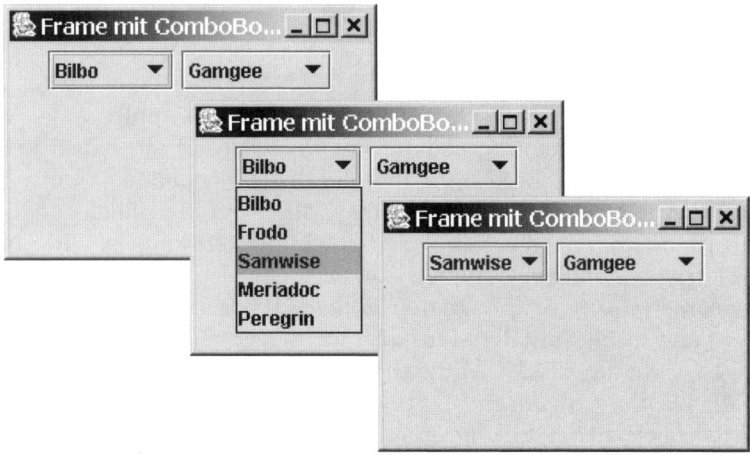

Abbildung 14.13: Frame mit Combo-Boxes

```
11    c = getContentPane();              // Container bestimmen
12    c.setLayout(new FlowLayout());     // Layout setzen
13
14    // Eintraege fuer Vornamen-Combo-Box festlegen
15    String[] namen = new String[] { "Bilbo", "Frodo", "Samwise",
16                                    "Meriadoc", "Peregrin" };
17    vornamen = new JComboBox(namen);   // Combo-Box mit Eintraegen
18    nachnamen = new JComboBox();       // Leere Combo-Box
19    nachnamen.addItem("Baggins");      // Eintraege hinzufuegen
20    nachnamen.addItem("Brandybuck");
21    nachnamen.addItem("Gamgee");
22    nachnamen.addItem("Took");
23    // Den dritten Nachnamen (Index 2) selektieren
24    nachnamen.setSelectedIndex(2);
25    // Combo-Boxes dem Frame hinzufuegen
26    c.add(vornamen);
27    c.add(nachnamen);
28    }
29    public static void main(String[] args) {
30      FrameMitComboBoxes fenster = new FrameMitComboBoxes();
31      fenster.setTitle("Frame mit ComboBoxes");
32      fenster.setSize(240,160);
33      fenster.setVisible(true);
34      fenster.setDefaultCloseOperation(JFrame.EXIT_ON_CLOSE);
35    }
36  }
```

arbeiten wir mit zwei unterschiedlichen Combo-Boxes. Dabei geben wir die Einträge der ersten Box (vornamen) bereits beim Erzeugen in Form eines String-Feldes an, während wir die zweite Box (nachnamen) zunächst als leere Box erzeugen und ihr erst danach mit addItem-Aufrufen Einträge hinzufügen. Außerdem legen wir mit Hilfe von `setSelectedIndex` fest, dass in der zweiten Combo-Box der dritte Eintrag (mit dem Index 2) gerade ausgewählt sein soll.

Wenn wir unser Programm starten, zeigen beide Combo-Boxes jeweils den zur Zeit selektierten Eintrag an. Während in der ersten Auswahlliste der Vorname „Bilbo" als erster Listeneintrag standardmäßig selektiert ist, haben wir in der zweiten Auswahlliste dafür gesorgt, dass der dritte Nachname „Gamgee" selektiert ist (siehe Abbildung 14.13, hinten links). Mit einem Mausklick oder der Leertaste (falls die richtige Auswahlliste den Fokus besitzt) können wir nun[4] einen anderen Eintrag auswählen. Wenn wir also beispielsweise den richtigen Vornamen zum Nachnamen „Gamgee" selektieren wollen, klappen wir entweder die Listeneinträge auf und wählen mit der Maus oder mit den Cursor-Tasten den gewünschten Eintrag (Abbildung 14.13, Mitte), oder wir geben direkt den Anfangsbuchstaben (falls wir ihn kennen) des Eintrags an, den wir auswählen möchten. Der gewählte Eintrag wird dann in der Combo-Box angezeigt (Abbildung 14.13, rechts vorne).

14.5.8 Die Klasse `JList`

Im Unterschied zum `JComboBox`-Objekt stellt ein Objekt der Klasse `JList` eine Auswahlliste dar, die bereits aufgeklappt ist, also komplett angezeigt wird (sofern genügend Platz im Container vorhanden ist), und in der man mit Hilfe der Maus oder der Tastatur nicht nur einen einzelnen, sondern auch mehrere Einträge auswählen kann. Die gewählten Einträge erscheinen dann entsprechend markiert. `JList`-Objekte lassen sich mit den Konstruktoren

- **public** `JList()`
  erzeugt ein `JList`-Objekt ohne Einträge.

- **public** `JList(Object[] items)`
  erzeugt ein `JList`-Objekt, dessen Einträge durch die Komponenten des Feldes `items` festgelegt sind.

konstruieren. Zur Verwaltung eines `JList`-Objekts dienen (wie üblich neben den geerbten Methoden) unter anderem die Instanzmethoden

- **public void** `clearSelection()`
  macht alle Auswahlmarkierungen des `JList`-Objekts rückgängig.

- **public int** `getMaxSelectionIndex()`
  liefert den größten Index der gerade ausgewählten Einträge des `JList`-Objekts.

- **public int** `getMinSelectionIndex()`
  liefert den kleinsten Index der gerade ausgewählten Einträge des `JList`-Objekts.

---

[4] Fans der Herr-der-Ringe-Saga haben sicher entdeckt, woher die Namen stammen, und wissen, welcher Vorname zu welchem Nachnamen gehört.

- **public int**[] getSelectedIndices()
  liefert die Indices aller gerade ausgewählten Einträge des JList-Objekts in Form eines **int**-Feldes.

- **public** Object[] getSelectedValues()
  liefert alle gerade ausgewählten Einträge des JList-Objekts in Form eines Object-Feldes.

- **public int** getSelectionMode()
  liefert den aktuellen Auswahlmodus des JList-Objekts.

- **public boolean** isSelectedIndex(**int** index)
  liefert **true**, falls der Eintrag unter Index index des JList-Objekts selektiert ist, oder **false**.

- **public boolean** isSelectionEmpty()
  liefert **true**, falls kein Eintrag des JList-Objekts selektiert ist, oder **false**.

- **public void** setSelectedIndex(**int** index)
  legt den Eintrag unter dem Index (der Position) index als gerade ausgewählten Eintrag des JList-Objekts fest.

- **public void** setSelectedIndices(**int**[] indices)
  legt alle Einträge unter den in indices angegebenen Indices als gerade ausgewählte Einträge des JList-Objekts fest.

- **public void** setSelectionMode(**int** mode)
  setzt den aktuellen Auswahlmodus des JList-Objekts.

Für die Wahl des Auswahlmodus eines JList-Objekts werden die Konstanten

- ListSelectionModel.SINGLE_SELECTION
  (nur ein Eintrag selektierbar)

- ListSelectionModel.SINGLE_INTERVAL_SELECTION
  (alle Einträge in einem zusammenhängenden Bereich selektierbar)

- ListSelectionModel.MULTIPLE_INTERVAL_SELECTION
  (beliebig viele Einträge in beliebiger Kombination, auch nicht zusammenhängend, selektierbar)

aus dem Interface ListSelectionModel bereitgestellt. Dabei ist der zuletzt genannte Modus voreingestellt. Dies wird auch in unserem Beispielprogramm

```
1   import java.awt.*;
2   import javax.swing.*;
3   /** Erzeuge ein Swing-Fenster mit Liste */
4   public class FrameMitListe extends JFrame {
5       Container c;                // Container dieses Frames
6       // Liste und Combo-Box, die im Frame erscheinen sollen
7       JList vornamen;
8       JComboBox nachnamen;
9
10      public FrameMitListe() {  // Konstruktor
```

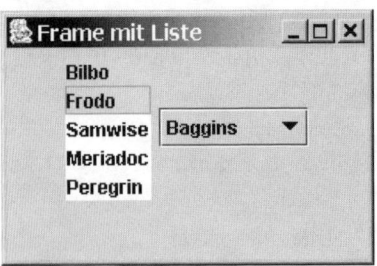

Abbildung 14.14: Frame mit Liste

```
11    c = getContentPane();              // Container bestimmen
12    c.setLayout(new FlowLayout());     // Layout setzen
13
14    // Eintraege fuer Vornamen-Combo-Box festlegen
15    String[] namen = new String[] { "Bilbo", "Frodo", "Samwise",
16                                     "Meriadoc", "Peregrin" };
17    vornamen = new JList(namen);       // Liste mit Eintraegen
18    nachnamen = new JComboBox();       // Leere Combo-Box
19    nachnamen.addItem("Baggins");      // Eintraege hinzufuegen
20    nachnamen.addItem("Brandybuck");
21    nachnamen.addItem("Gamgee");
22    nachnamen.addItem("Took");
23    // Liste und Combo-Box dem Frame hinzufuegen
24    c.add(vornamen);
25    c.add(nachnamen);
26  }
27  public static void main(String[] args) {
28    FrameMitListe fenster = new FrameMitListe();
29    fenster.setTitle("Frame mit Liste");
30    fenster.setSize(240,160);
31    fenster.setVisible(true);
32    fenster.setDefaultCloseOperation(JFrame.EXIT_ON_CLOSE);
33  }
34 }
```

deutlich, in dem wir in Abwandlung unseres JComboBox-Beispiels unsere erste
Combo-Box durch eine Liste ersetzt haben.

Starten wir unser Programm, so wird die Liste der Vornamen komplett angezeigt,
während die Nachnamen-Liste (als Combo-Box) nur den zur Zeit selektierten Eintrag anzeigt. In der Liste haben wir nun die Möglichkeit, mehrere Einträge zu
markieren, also beispielsweise beide Hobbits[5] mit Nachnamen „Baggins" zu selektieren (siehe Abbildung 14.14).

Prinzipiell bieten sich mehre Möglichkeiten an, Einträge des JList-Objekts auszuwählen:

■ Mit Hilfe der Maus oder der Cursor-Tasten kann ein einzelner Eintrag gewählt
   werden.

---

[5] Auch hier wieder ein Begriff aus Tolkiens Fantasiewelt „Mittelerde".

- Bei gedrückter Taste „Steuerung" (Strg) bzw. auf englischen Tastaturen „Control" (Ctrl) können mit der Maus weitere Einträge markiert oder die Markierung von Einträgen wieder rückgängig gemacht werden.

- Bei gedrückter Umschalt-Taste bzw. Shift-Taste (⇑) kann mit der Maus oder mit den Cursor-Tasten ein ganzer Bereich von Einträgen markiert werden.

Hier hilft ein wenig Herumspielen, um sich mit der Methodik vertraut zu machen.

14.5.9   Die abstrakte Klasse `JTextComponent`

Java stellt verschiedene Klassen zur Eingabe von Texten bereit. Mit den Klassen `JTextField` und `JPasswordField` können einzeilige, mit `JTextArea` mehrzeilige Texteingaben verarbeitet werden. Daneben gibt es noch die Klassen `JEditorPane` und `JTextPane`, die auch formatierte Texte (z. B. HTML-Dokumente) verarbeiten können. In der abstrakten Klasse `JTextComponent` (aus dem Paket `javax.swing.text`), von der alle anderen Textkomponenten erben (siehe Abbildung 14.7), werden die Basismethoden bereitgestellt, von denen wir einige vorstellen:

- **public void** copy()
  kopiert den gerade markierten Textteil der Textkomponente in die Zwischenablage des Betriebssystems.

- **public void** cut()
  kopiert den gerade markierten Textteil der Textkomponente in die Zwischenablage des Betriebssystems und löscht ihn gleichzeitig innerhalb der Textkomponente.

- **public void** paste()
  fügt den Text, der sich gerade in der Zwischenablage des Betriebssystems befindet, in die Textkomponente ein. Falls zuvor ein Textteil der Textkomponente markiert wurde, wird dieser durch den eingefügten Text ersetzt.

- **public** String getSelectedText()
  liefert den gerade markierten Textteil der Textkomponente.

- **public** String getText()
  liefert den kompletten Text der Textkomponente.

- **public boolean** isEditable()
  liefert **true**, falls die Textkomponente editierbar ist, oder andernfalls **false**.

- **public void** setEditable(**boolean** b)
  setzt die Textkomponente in den Modus „editierbar", falls b den Wert **true** hat, oder andernfalls in den Modus „nicht editierbar".

- **public void** setText(String t)
  setzt den Text der Textkomponente auf den Inhalt von t.

14.5.10 Die Klassen `JTextField` und `JPasswordField`

Beide Textkomponenten erlauben die Eingabe und die Bearbeitung einer einzelnen Textzeile. Während ein `JTextField`-Objekt die Textzeile lesbar darstellt, wird diese in einem `JPasswordField`-Objekt (mittels einer entsprechenden Anzahl von Ersatz-Zeichen, den „Echo-Zeichen") unlesbar dargestellt.

Die Klasse `JTextField` stellt unter anderem die Konstruktoren

- **public** `JTextField()`
  erzeugt ein leeres `JTextField`-Objekt. Der `String`-Wert des dargestellten Texts ist **null**.

- **public** `JTextField(String text)`
  erzeugt ein `JTextField`-Objekt, das den Text `text` enthält.

und (neben den geerbten Methoden) die Instanzmethode

- **public void** `setHorizontalAlignment(int alignment)`
  setzt die horizontale Ausrichtung der Textzeile.

zur Verfügung. Für die Wahl der Ausrichtung gibt es die gewohnten Konstanten `LEFT` (für linksbündige Ausrichtung), `RIGHT` (für rechtsbündige Ausrichtung) und `CENTER` (für zentrierte Ausrichtung).

Für die Klasse `JPasswordField` stehen prinzipiell die gleichen Konstruktoren wie für die Klasse `JTextField` zur Verfügung. Zusätzlich zu den von `JTextField` geerbten Methoden besitzt `JPasswordField` Methoden, um das Echo-Zeichen zu verändern. Insbesondere aber überschreibt die Klasse `JPasswordField` die Methoden

- **public void** `copy()`
  verursacht lediglich ein Fehlersignal, da die Operation unzulässig ist.

- **public void** `cut()`
  verursacht lediglich ein Fehlersignal, da die Operation unzulässig ist.

um sicherzustellen, dass ein Text, der in ein `JPasswordField`-Objekt eingegeben wurde, nicht in die Zwischenablage kopiert werden kann.

Beide Arten von Textfeldern verwenden wir in unserem Beispielprogramm

```
 1  import java.awt.*;
 2  import javax.swing.*;
 3  /** Erzeuge ein Swing-Fenster mit Textfeldern */
 4  public class FrameMitTextFeldern extends JFrame {
 5    Container c;                 // Container dieses Frames
 6    JLabel name, passwd;         // Labels
 7    JTextField tf;               // Textfeld
 8    JPasswordField pf;           // Passwortfeld
 9
10    public FrameMitTextFeldern() {    // Konstruktor
11      c = getContentPane();              // Container bestimmen
12      c.setLayout(new GridLayout(2,2)); // Layout setzen
13
```

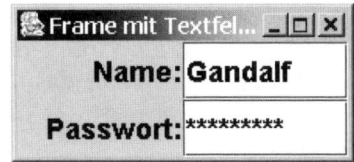

Abbildung 14.15: Frame mit Textfeldern

```
14    // Erzeuge die Labels und Textfelder
15    name = new JLabel("Name:",JLabel.RIGHT);
16    passwd = new JLabel("Passwort:",JLabel.RIGHT);
17    tf = new JTextField();
18    pf = new JPasswordField();
19
20    // Setze die Schriftart
21    Font schrift = new Font("SansSerif",Font.BOLD,18);
22    name.setFont(schrift);
23    passwd.setFont(schrift);
24    tf.setFont(schrift);
25    pf.setFont(schrift);
26
27    // Fuege die Komponenten hinzu
28    c.add(name);
29    c.add(tf);
30    c.add(passwd);
31    c.add(pf);
32    }
33    public static void main(String[] args) {
34      FrameMitTextFeldern fenster = new FrameMitTextFeldern();
35      fenster.setTitle("Frame mit Textfeldern");
36      fenster.setSize(220,100);
37      fenster.setVisible(true);
38      fenster.setDefaultCloseOperation(JFrame.EXIT_ON_CLOSE);
39    }
40  }
```

mit dem wir einen Eingabe-Dialog simulieren, wie er zum Beispiel beim Login auf einem Rechner abläuft. Wir verwenden ein Grid-Layout mit zwei Zeilen und zwei Spalten, um sowohl zwei Labels (mit rechtsbündig ausgerichteter Beschriftung) als auch die beiden Textfelder – davon eines als Passwort-Feld ausgelegt – zu positionieren. In allen vier Komponenten verwenden wir außerdem eine serifenlose fettgedruckte 18-Punkt-Schriftart.

Nach dem Programmstart können sowohl im oberen als auch im unteren Textfeld beliebige Zeichen eingegeben werden (sofern das entsprechende Feld den Fokus besitzt). Allerdings zeigt nur das obere diese Zeichen auch tatsächlich an, während das untere Passwort-Feld nur *-Symbole verwendet (siehe Abbildung 14.15). Im oberen Textfeld ist es auch problemlos möglich, einige oder alle eingegebenen Zeichen mit Maus oder Cursor-Tasten zu markieren und auf den markierten Text die üblichen Tastaturkommandos Ctrl-C bzw. Strg-C (zum Kopieren in die Zwischenablage), Ctrl-X bzw. Strg-X (zum Löschen und Kopieren in die Zwischenablage) sowie Ctrl-V bzw. Strg-V (zum Einfügen aus der Zwischenablage) anzuwenden.[6] Im Passwortfeld funktioniert nur das letztgenannte Kommando, während die beiden erstgenannten (im Passwortfeld unzulässigen) Kommandos wie erwartet einen Warnton erzeugen.

14.5.11 Die Klasse `JTextArea`

Diese Art einer Text-Komponente erlaubt die Eingabe und die Bearbeitung mehrzeiliger Texte. Unter anderem stehen die Konstruktoren

- **public** `JTextArea()`
  erzeugt ein leeres `JTextArea`-Objekt. Der `String`-Wert des dargestellten Texts ist **null**.

- **public** `JTextArea(String text)`
  erzeugt ein `JTextArea`-Objekt, das den Text `text` enthält.

und die Instanzmethoden

- **public int** `getLineCount()`
  liefert die Anzahl der Zeilen.

- **public boolean** `getLineWrap()`
  liefert **true**, wenn der automatische Zeilenumbruch aktiviert ist, andernfalls **false**.

- **public boolean** `getWrapStyleWord()`
  liefert **true**, wenn wortweiser Zeilenumbruch aktiviert ist, andernfalls **false**.

- **public void** `setLineWrap(`**boolean** `wrap)`
  aktiviert (falls `wrap` den Wert **true** hat) bzw. deaktiviert (andernfalls) den automatischen Zeilenumbruch.

- **public void** `setWrapStyleWord(`**boolean** `word)`
  aktiviert (falls `word` den Wert **true** hat) bzw. deaktiviert (andernfalls) den wortweisen Zeilenumbruch.

zur Verfügung. Im Beispielprogramm

```
 1   import java.awt.*;
 2   import javax.swing.*;
 3   /** Erzeuge ein Swing-Fenster mit TextArea */
 4   public class FrameMitTextArea extends JFrame {
 5     Container c;                 // Container dieses Frames
 6     JLabel info;                 // Label
 7     JTextArea ta;                // TextArea
 8
 9     public FrameMitTextArea() {   // Konstruktor
10       c = getContentPane();                 // Container bestimmen
```

---

[6] Der Mechanismus für das Kopieren, Löschen und Einfügen wird von der virtuellen Maschine automatisch gesteuert, indem bei Bedarf die Methoden `copy`, `cut` und `paste` aufgerufen werden.

Abbildung 14.16: Frame mit mehrzeiligem Textfeld

```
11
12      // Erzeuge Label und TextArea
13      info = new JLabel("Hier kann Text bearbeitet werden");
14      ta = new JTextArea("Einiges an Text steht auch schon hier rum.");
15
16      // Setze die Schriftart
17      Font schrift = new Font("SansSerif",Font.BOLD+Font.ITALIC,16);
18      ta.setFont(schrift);
19
20      // Automatischen Umbruch aktivieren
21      ta.setLineWrap(true);
22      ta.setWrapStyleWord(true);
23
24      // Fuege die Komponenten hinzu
25      c.add(info,BorderLayout.NORTH);
26      c.add(ta);
27    }
28    public static void main(String[] args) {
29      FrameMitTextArea fenster = new FrameMitTextArea();
30      fenster.setTitle("Frame mit TextArea");
31      fenster.setSize(200,160);
32      fenster.setVisible(true);
33      fenster.setDefaultCloseOperation(JFrame.EXIT_ON_CLOSE);
34    }
35  }
```

erzeugen wir einen mehrzeiligen Textbereich, in dem bereits ein Text enthalten ist. Wir verwenden darin eine serifenlose fettgedruckte und kursive 16-Punkt-Schriftart. Außerdem aktivieren wir den wortweise durchgeführten automatischen Zeilenumbruch, so dass beim Programmstart der Text (aufgrund seiner Breite) bereits in zwei Zeilen dargestellt wird (auch wenn intern im entsprechenden String *kein* Zeilenendezeichen vorkommt (siehe Abbildung 14.16). Der Text kann beliebig bearbeitet und ergänzt werden. Darüber hinaus funktionieren natürlich auch in Textbereichen die üblichen Tastaturkommandos zum Markieren, Kopieren, Löschen oder Verschieben von Textteilen.

Geben wir so viel Text ein, dass dieser nicht mehr in den durch die Fensterrahmengröße vorgegebenen Textbereich passt, wird dieser nicht mehr angezeigt. Um ihn wieder sichtbar zu machen, müssen wir das Fenster mit der Maus nach unten hin vergrößern. Alternativ dazu gibt es aber auch die Möglichkeit, unsere JTextArea-Komponente in eine JScrollPane einzubetten, die einen Schieberegler bereitstellt, um den angezeigten Ausschnitt der JTextArea-Komponente zu verschieben. Im nachfolgenden Abschnitt werden wir uns mit diesem Thema beschäftigen.

14.5.12   Die Klasse JScrollPane

Objekte der Klasse JScrollPane sind in der Lage, andere Komponenten in einen Darstellungsbereich einzubetten, der mit horizontalen und vertikalen Bildlaufleisten ausgestattet ist. Dies ermöglicht es, ausschnittsweise Sichten auf eine Komponente zu erhalten, wobei der Ausschnitt mit Hilfe von Schiebereglern (englisch: scrollbars) bestimmt werden kann. Als Konstruktoren werden unter anderem

- JScrollPane(Component view)
  erzeugt ein JScrollPane-Objekt, das den Inhalt der Komponente view anzeigt. Vertikale und/oder horizontale Schieberegler erscheinen erst, wenn der Inhalt der Komponente zu groß für die Darstellung wird.

- **public** JScrollPane(Component view, **int** vScr, **int** hScr)
  erzeugt ein JScrollPane-Objekt, das den Inhalt der Komponente view anzeigt. Die Parameter vScr und hScr legen fest, wann vertikale und horizontale Schieberegler erscheinen.

bereitgestellt. Um festzulegen, ob die Schieberegler nur falls nötig, grundsätzlich nie oder grundsätzlich immer sichtbar sind, können die Klassenkonstanten

```
VERTICAL_SCROLLBAR_AS_NEEDED,
VERTICAL_SCROLLBAR_NEVER und
VERTICAL_SCROLLBAR_ALWAYS
```

für den vertikalen Regler und

```
HORIZONTAL_SCROLLBAR_AS_NEEDED,
HORIZONTAL_SCROLLBAR_NEVER und
HORIZONTAL_SCROLLBAR_ALWAYS
```

für den horizontalen Regler eingesetzt werden. Diese Einstellung für die Regler kann auch noch nach Erzeugung eines JScrollPane-Objekts mittels der Instanzmethoden

- **public void** setVerticalScrollBarPolicy(**int** policy)
  legt fest, wann der vertikale Schieberegler sichtbar wird.

- **public void** setHorizontalScrollBarPolicy(**int** policy)
  legt fest, wann der horizontale Schieberegler sichtbar wird.

verändert werden.
Unser Beispielprogramm FrameMitTextArea aus dem vorigen Abschnitt haben wir nun leicht modifiziert:

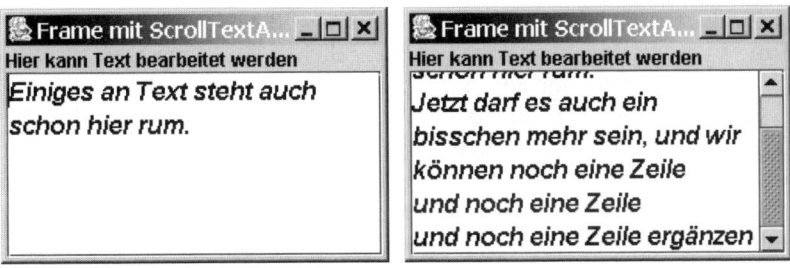

Abbildung 14.17: Frame mit mehrzeiligem Textfeld und Bildlaufleiste

```
1    import java.awt.*;
2    import javax.swing.*;
3    /** Erzeuge ein Swing-Fenster mit ScrollTextArea */
4    public class FrameMitScrollText extends JFrame {
5      Container c;              // Container dieses Frames
6      JLabel info;             // Label
7      JTextArea ta;            // TextArea
8      JScrollPane sp;          // ScrollPane
9
10     public FrameMitScrollText() {    // Konstruktor
11       c = getContentPane();          // Container bestimmen
12
13       // Erzeuge Label und TextArea
14       info = new JLabel("Hier kann Text bearbeitet werden");
15       ta = new JTextArea("Einiges an Text steht auch schon hier rum.");
16
17       // Setze die Schriftart
18       Font schrift = new Font("SansSerif",Font.BOLD+Font.ITALIC,16);
19       ta.setFont(schrift);
20       ta.setLineWrap(true);          // Automatischer Zeilenumbruch
21       ta.setWrapStyleWord(true);     // wortweise
22       sp = new JScrollPane(ta);      // Scrollpane erzeugen
23
24       // Fuege die Komponenten hinzu
25       c.add(info,BorderLayout.NORTH);
26       c.add(sp);
27     }
28     public static void main(String[] args) {
29       FrameMitScrollText fenster = new FrameMitScrollText();
30       fenster.setTitle("Frame mit ScrollTextArea");
31       fenster.setSize(250,160);
32       fenster.setVisible(true);
33       fenster.setDefaultCloseOperation(JFrame.EXIT_ON_CLOSE);
34     }
35   }
```

Nach wie vor erzeugen wir einen mehrzeiligen Textbereich, in dem bereits ein
Text enthalten und der automatische, wortweise durchgeführte Zeilenumbruch
aktiviert ist. Wir fügen diesen allerdings nicht direkt unserem Container hinzu,
sondern betten ihn in das JScrollPane-Objekt ein.

Beim Programmstart sieht es zunächst so aus, als hätte sich nichts geändert (siehe Abbildung 14.17, links). Wenn wir aber zusätzlichen Text eingeben, bis schließlich irgendwann nicht mehr der gesamte Text angezeigt werden kann, erscheint am rechten Rand unseres `JTextArea`-Objekts eine Bildlaufleiste. Mit dem Schieberegler können wir dann die verschiedenen Textstellen, die gerade nicht sichtbar sind, wieder erreichen (siehe Abbildung 14.17, rechts). Ein horizontaler Schieberegler wird nicht angezeigt, da wir für unser `JTextArea`-Objekt Zeilenumbruch eingestellt haben.

Weitere Einsatzgebiete von `JScrollPane`-Objekten sind natürlich Oberflächen, die mit den bereits erwähnten, hier aber nicht näher behandelten `JEditorPane`- und `JTextPane`-Komponenten arbeiten. Ebenso bilden sie sinnvolle Ergänzungen für Objekte der Klasse `JTable`. Dabei handelt es sich um spezielle Komponenten, die es ermöglichen, die Inhalte von Tabellen, also zweidimensionalen Feldern, automatisch auf der grafischen Oberfläche darzustellen und zu bearbeiten.

14.5.13 Die Klasse `JPanel`

Zum Schluss unseres Ausflugs in die Welt der Swing-Grundkomponenten wollen wir uns noch kurz mit der Klasse `JPanel` beschäftigen, die eigentlich gar keine echte Grundkomponente ist. Eigentlich fällt die Klasse nämlich in die Gruppe der Container, da sie selbst wieder Komponenten enthalten kann, und dient hauptsächlich der Strukturierung von Oberflächen. Allerdings ist sie, im Gegensatz zu den Top-Level-Containern, eine Lightweight-Komponente und hat ein Flow-Layout voreingestellt.

Allen `JPanel`-Objekten, die z. B. mit den Konstruktoren

- **public** `JPanel()`
  erzeugt einen leeren Container.

- **public** `JPanel(LayoutManager layout)`
  erzeugt einen leeren Container mit dem angegebenen Layout.

erzeugt werden können, stehen aufgrund der Vererbungshierarchie die üblichen Methoden aus den Klassen `JComponent`, `Container` und `Component` zur Verfügung.

Zu Strukturierung der Oberfläche haben wir in unserem Beispielprogramm

```
1  import java.awt.*;
2  import javax.swing.*;
3  /** Erzeuge ein einfaches Swing-Fenster mit mehreren Panels */
4  public class FrameMitPanels extends JFrame {
5    Container c;          // Container dieses Frames
6    JPanel jp1, jp2, jp3; // Panels
7
8    public FrameMitPanels() {  // Konstruktor
9      c = getContentPane();          // Container bestimmen
10
11     // Panels erzeugen
12     jp1 = new JPanel();
```

JButton

Abbildung 14.18: Frame mit drei Panels

```
13        jp2 = new JPanel();
14        jp3 = new JPanel(new GridLayout(2,3));
15
16        // Vier Tasten in Panel 1 einfuegen
17        for (int i=1; i<=4; i++)
18          jp1.add(new JButton("Taste " + i));
19
20        // Bildobjekt erzeugen
21        Icon bild = new ImageIcon("babycatSmall.jpg");
22
23        // Bild drei mal in Panel 2 einfuegen
24        for (int i=1; i<=3; i++)
25          jp2.add(new JLabel(bild));
26
27        // Sechs Haekchen-Kaestchen in Panel 3 einfuegen
28        for (int i=1; i<=6; i++)
29          jp3.add(new JCheckBox("Auswahl-Box " + i));
30
31        // Panels in den Container einfuegen
32        c.add(jp1,BorderLayout.NORTH);
33        c.add(jp2,BorderLayout.CENTER);
34        c.add(jp3,BorderLayout.SOUTH);
35      }
36    public static void main(String[] args) {
37      FrameMitPanels fenster = new FrameMitPanels();
38      fenster.setTitle("Label mit Panels");
39      fenster.setSize(350,200);
40      fenster.setVisible(true);
41      fenster.setDefaultCloseOperation(JFrame.EXIT_ON_CLOSE);
42      }
43    }
```

drei Panels eingesetzt, die wir im Norden, im Zentrum und im Süden unseres eigentlichen Frame-Containers (der Content-Pane) platzieren (siehe Abbildung 14.18). Im obersten Panel arbeiten wir mit dem voreingestellten Flow-Layout und fügen vier Tasten (JButton-Objekte) ein. Für das mittlere Panel verwenden wir ebenfalls das voreingestellte Flow-Layout. Hier fügen wir drei mal das gleiche Bild (mit Hilfe von Labels) ein. Im südlichen Panel benutzen wir ein Grid-Layout mit zwei Zeilen und drei Spalten, in die wir sechs Häkchen-Kästchen (JCheckBox-Objekte) einpflegen.

14.6   Spezielle Container, Menüs und Toolbars

In diesem Abschnitt wollen wir noch einige Klassen aus der Gruppe der Container vorstellen. Zum einen werden wir uns etwas genauer mit einigen Top-Level-Containern beschäftigen, zum anderen werden wir uns ansehen, wie man diese mit Menüs und Werkzeugleisten (Toolbars) ausstattet, um den Anwendern von Programmen mögliche Aktionen in übersichtlicher Form anzubieten. Auf die Klasse JApplet kommen wir erst in Kapitel 17 zu sprechen.

14.6.1   Die Klasse JFrame

Unsere bisherigen Programme haben wir fast alle so geschrieben, dass wir eine Klasse entwarfen, die von der Klasse JFrame, dem wichtigsten Swing-Top-Level-Container, erbt. Die Klasse JFrame erbt von der AWT-Klasse Frame (vergleiche Abbildung 13.6), so dass ihre Objekte sich als Fenster mit Rahmen präsentieren. In der Titelleiste des Rahmens befinden sich die üblichen System-Menü-Einträge. Für die Erzeugung von JFrame-Objekten steht neben dem Default-Konstruktor auch ein Konstruktor mit String-Parameter zur Verfügung, dem der Text für die Titelleiste übergeben werden kann. Neben der Content-Pane, auf der Komponenten eingefügt werden können, kann ein JFrame-Objekt auch eine eigene Menüleiste und eine Werkzeugleiste erhalten.

Zusätzlich zu den bereits in Kapitel 14 erwähnten Methoden der Klassen Component und Container stellt die Klasse JFrame einige weitere (teilweise von Window bzw. Frame geerbte) Methoden wie zum Beispiel

- **public void** dispose()
  zerstört das JFrame-Objekt.

- **public** Container getContentPane()
  liefert die Content-Pane des JFrame-Objekts.

- **public void** setDefaultCloseOperation(**int** operation)
  legt die Operation fest, die beim Schließen des Fensters ausgeführt wird.

- **public void** setTitle(String title)
  setzt den Titel-Text im Rahmen des JFrame-Objekts.

- **public void** pack()
  passt die Größe des Fensters so an, dass gerade noch alle darin platzierten Komponenten Platz finden.

- **public void** setJMenuBar(JMenuBar menubar)
  setzt die Menüleiste des JFrame-Objekts.

bereit. Während wir die drei erstgenannten Methoden in unseren bisherigen Beispielen bereits benutzt haben, werden wir die letztgenannte Methode erst in Abschnitt 14.6.4 in Verbindung mit Menüs einsetzen. Zur Methode `setDefaultCloseOperation` ist noch zu ergänzen, dass es grundsätzlich die vier Möglichkeiten bzw. vordefinierten Konstanten `DO_NOTHING_ON_CLOSE` (ohne Reaktion), `HIDE_ON_CLOSE` (Fenster verstecken), `DISPOSE_ON_CLOSE` (Fenster zerstören) und `EXIT_ON_CLOSE` (Programm beenden) für den **int**-Parameter gibt.

Bei komplexeren Programmen mit grafischen Oberflächen (zum Beispiel gängiger Textverarbeitungssoftware) ist es heutzutage üblich, dass mehrere Fenster (für verschiedene geöffnete Dokumente) innerhalb eines Hauptfensters verwendet werden. Solche geschachtelten Fenster-Objekte können in Java mit der Klasse `JInternalFrame` erzeugt werden. Auf ihre Anwendung wollen wir an dieser Stelle jedoch nicht näher eingehen.

14.6.2 Die Klasse `JWindow`

Wie `JFrame` ist auch `JWindow` ein Top-Level-Container, dessen Objekte ebenfalls als Fenster erscheinen, jedoch keinen Rahmen besitzen. Erzeugt werden rahmenlose Fenster mit den Konstruktoren

- **public** `JWindow()`
  erzeugt ein rahmenloses Fenster.
- **public** `JWindow(Frame owner)`
  erzeugt ein rahmenloses Fenster, das dem `Frame`-Objekt `owner` gehört.
- **public** `JWindow(Window owner)`
  erzeugt ein rahmenloses Fenster, das dem `Window`-Objekt `owner` gehört.

wobei die Angabe eines Besitzers bewirkt, dass das Fenster vom `owner`-Objekt abhängig, d. h. zusammen mit ihm minimiert und maximiert wird. Als Methoden stehen unter anderem

- **public void** `dispose()`
  zerstört das `JWindow`-Objekt.
- **public** `Container getContentPane()`
  liefert die Content-Pane des `JWindow`-Objekts.
- **public void** `pack()`
  passt die Größe des Fensters so an, dass gerade noch alle eingepflegten Komponenten Platz finden.

zur Verfügung.

14.6.3 Die Klasse `JDialog`

Diese dritte Art von Top-Level-Container wird, wie der Name schon sagt, dazu eingesetzt, Dialogfenster darzustellen. Dabei handelt es sich um Fenster, die nur temporär auf dem Bildschirm erscheinen, bis das Programm mit dem Benutzer bzw. der Benutzerin einen Dialog abgewickelt hat. Eine Besonderheit des Dialog-Fensters ist, dass man es **modal** gestalten kann, d. h. ein übergeordnetes Fenster (den Besitzer des Dialogfensters) für Benutzereingaben sperren kann, bis das Dialogfenster selbst abgearbeitet ist. Diese Eigenschaft spiegelt sich bereits in den Konstruktoren

- **public** JDialog()
  erzeugt ein nicht-modales Dialog-Fenster.

- **public** JDialog(Frame owner)
  erzeugt ein nicht-modales Dialog-Fenster, das dem Frame-Objekt owner gehört.

- **public** JDialog(Frame owner, **boolean** modal)
  erzeugt ein modales (falls modal den Wert **true** hat) oder nicht-modales (andernfalls) Dialog-Fenster, das dem Frame-Objekt owner gehört.

- **public** JDialog(Frame owner, String title)
  erzeugt ein nicht-modales Dialog-Fenster, das dem Frame-Objekt owner gehört, mit der Titelleistenbeschriftung title.

- **public** JDialog(Frame owner, String title, **boolean** modal)
  erzeugt ein modales (falls modal den Wert **true** hat) oder nicht-modales (andernfalls) Dialog-Fenster, das dem Frame-Objekt owner gehört, mit der Titelleistenbeschriftung title.

- **public** JDialog(Dialog owner)
  erzeugt ein nicht-modales Dialog-Fenster, das dem Dialog-Objekt owner gehört.

- **public** JDialog(Dialog owner, **boolean** modal)
  erzeugt ein modales (falls modal den Wert **true** hat) oder nicht-modales (andernfalls) Dialog-Fenster, das dem Dialog-Objekt owner gehört.

- **public** JDialog(Dialog owner, String title)
  erzeugt ein nicht-modales Dialog-Fenster, das dem Dialog-Objekt owner gehört, mit der Titelleistenbeschriftung title.

- **public** JDialog(Dialog owner, String title, **boolean** modal)
  erzeugt ein modales (falls modal den Wert **true** hat) oder nicht-modales (andernfalls) Dialog-Fenster, das dem Dialog-Objekt owner gehört, mit der Titelleistenbeschriftung title.

und auch in den bereitgestellten Instanzmethoden

- **public void** dispose()
  zerstört das JDialog-Objekt.

- **public** Container getContentPane()
  liefert die Content-Pane des JDialog-Objekts.

- **public boolean** isModal()
  liefert **true**, wenn das JDialog-Objekt modal ist, oder andernfalls **false**.

- **public void** setModal(**boolean** b)
  setzt das JDialog-Objekt auf modal, wenn b den Wert **true** hat, oder andernfalls auf nicht-modal.

- **public void** setDefaultCloseOperation(**int** operation)
  legt die Operation fest, die beim Schließen des Fensters ausgeführt wird.

- **public void** setTitle(String title)
  setzt den Titel-Text im Rahmen des JDialog-Objekts.

- **public void** pack()
  passt die Größe des Fensters so an, dass gerade noch alle eingefügten Komponenten Platz finden.

- **public void** setJMenuBar(JMenuBar menubar)
  setzt die Menüleiste des JDialog-Objekts.

wider. Zur Methode setDefaultCloseOperation ist zu sagen, dass die bei JFrame-Objekten verfügbare Konstante EXIT_ON_CLOSE hier nicht eingesetzt werden kann.

In einem sehr einfachen Beispielprogramm wollen wir nun die Anwendung der drei Fenster-Arten Frame, Window und Dialog kurz demonstrieren.

```java
 1  import javax.swing.*;
 2  /** Erzeuge Top-Level-Container auf dem Bildschirm */
 3  public class TopLevelContainer {
 4    public static void main(String[] args) {
 5      // Hauptfenster erzeugen und beschriften
 6      JFrame f = new JFrame();
 7      f.getContentPane().add(new JLabel("Frame",JLabel.CENTER));
 8      f.setTitle("Frame");
 9      f.setSize(300,150);
10      f.setLocation(100,100);
11      f.setVisible(true);
12      f.setDefaultCloseOperation(JFrame.EXIT_ON_CLOSE);
13
14      // Unterfenster (Window) erzeugen und beschriften
15      JWindow w = new JWindow(f);
16      w.getContentPane().add(new JLabel("Window",JLabel.CENTER));
17      w.setSize(150,150);
18      w.setLocation(410,100);
19      w.setVisible(true);
20
21      // Modales Unterfenster (Dialog) erzeugen und beschriften
22      JDialog d = new JDialog(f,true);
23      d.getContentPane().add(new JLabel("Dialog",JLabel.CENTER));
24      d.setTitle("Dialog");
25      d.setSize(150,100);
26      d.setLocation(300,180);
27      d.setVisible(true);
28      d.setDefaultCloseOperation(JFrame.DISPOSE_ON_CLOSE);
29    }
```

Abbildung 14.19: Frame, Window und Dialog

30   }

In der `main`-Methode erzeugen wir darin zunächst einen Frame, der als Haupt-
fenster dient. Danach konstruieren wir ein `JWindow`-Objekt und ein modales
`JDialog`-Objekt, wobei unser Frame zum Besitzer beider Objekte wird. Beim
Programmstart sehen wir (siehe Abbildung 14.19) drei Fenster und erkennen die
Modalität des `JDialog`-Objekts daran, dass unser Hauptfenster-Frame inaktiv ist
und den Fokus auch nicht erlangen kann. Wenn wir mit der Maus auf das Fenster
klicken, erhalten wir ein akustisches Fehlersignal. Erst wenn wir das `JDialog`-
Fenster abgearbeitet (in unserem Fall geschlossen) haben, können wir mit dem
`JFrame`-Objekt arbeiten. Die Zugehörigkeit des `JWindow`-Objekts zum Besitzer-
Frame zeigt sich daran, dass zum Beispiel beim Minimieren (mit _) des Frames
beide Fenster minimiert werden.

Abschließend sei noch erwähnt, dass für die Gestaltung einfacher Standard-
Dialoge, die z. B. lediglich eine kurze Mitteilung sowie einige mögliche Knöpfe
anbieten, auch die Klasse `JOptionPane` zur Verfügung steht. Bei ihren Objekten handelt es sich um leichtgewichtige Dialog-Fenster-Komponenten. Die Klasse
bietet aber auch eine Reihe von Klassenmethoden, wie zum Beispiel

- **`public static int`** `showConfirmDialog(Component parent,`
                                                    `Object message)`
  fordert mit der Meldung `message` eine Bestätigung („Ja", „Nein", „Abbruch")
  an und liefert die gewählte Option als **`int`**-Wert zurück.

- **`public static`** `String showInputDialog(Component parent,`
                                                    `Object message)`
  fordert mit der Meldung `message` eine Eingabe an und liefert diese als String
  zurück.

- **`public static void`** `showMessageDialog(Component parent,`
                                                    `Object message)`
  gibt die Meldung `message` aus.

an, deren Aufruf jeweils einen Standard-Dialog erzeugen. Dabei ist für `parent`
stets die Komponente anzugeben, für die der Dialog ausgeführt wird.

14.6.4 Die Klasse `JMenuBar`

In Abschnitt 14.6.1 haben wir bereits die Methode `setJMenuBar` erwähnt, mit der man einem `JFrame`-Objekt eine Menüleiste hinzufügen kann. Diese Menüleiste ist dabei (neben der Content-Pane) als zusätzlicher Container des Frames anzusehen und wird als ein Objekt der Klasse `JMenuBar` mit Hilfe des Konstruktors

- **public** `JMenuBar()`
  erzeugt ein neues `JMenuBar`-Objekt.

erzeugt. Eine solche Menüleiste verwaltet eine Liste von Menüs vom Typ `JMenu`. Dazu dienen die Methoden

- **public** `JMenu add(JMenu m)`
  fügt der Menüleiste das Menü m hinzu.

- **public** `JMenu getMenu(`**int** ` index)`
  liefert das Menü an Position index der Menüleiste.

- **public int** `getMenuCount()`
  liefert die Anzahl Menüs in der Menüleiste.

Um ein Menü zu erzeugen, setzt man üblicherweise den Konstruktor

- **public** `JMenu(String s)`
  erzeugt ein Menü mit dem Titel s.

der Klasse `JMenu` ein. Wie wir aus dem Überblick in Abbildung 14.7 wissen, ist `JMenu` (genau wie `JCheckBoxMenuItem` und `JRadioButtonMenuItem`) Unterklasse von `JMenuItem` und diese wiederum Unterklasse der abstrakten Klasse `AbstractButton`, wir haben es also bei Menüs im Prinzip mit speziellen Buttons zu tun.

Ein Menü (auch **Pulldown-Menü** genannt, weil die Einträge des Menüs nach unten aufklappen) kann verschiedene Einträge enthalten, die wiederum selber Menüs sein können, und ist somit ebenfalls ein spezieller Container. Für den Aufbau und die Verwaltung eines Menüs können die Methoden

- **public** `JMenuItem add(JMenuItem menuItem)`
  fügt dem Menü den Eintrag menuItem hinzu.

- **public** `JMenuItem add(String s)`
  erzeugt einen neuen Menü-Eintrag mit dem Titel s und fügt diesen dem Menü hinzu.

- **public void** `addSeparator()`
  fügt dem Menü einen Trenner (zur grafischen Verdeutlichung von Gruppierungen) hinzu.

- **public** `JMenuItem getItem(`**int** ` pos)`
  liefert den Menü-Eintrag an Position pos des Menüs.

- **public int** getItemCount()
  liefert die Anzahl der Menü-Einträge des Menüs.

- **public void** remove(JMenuItem item)
  entfernt den Menü-Eintrag item aus dem Menü.

- **public void** removeAll()
  entfernt alle Menü-Einträge aus dem Menü.

eingesetzt werden. Als Menü-Einträge können dabei folgende Komponenten auftreten:

- Objekte der Klasse JMenuItem:
  Einfache Menü-Einträge, die ähnliche Funktionalität wie Buttons bieten.

- Objekte der Klasse JCheckBoxMenuItem:
  Menü-Einträge, die selektiert und deselektiert werden können und somit ähnliche Funktionalität wie Toggle-Buttons bieten.

- Objekte der Klasse JRadioButtonMenuItem:
  Menü-Einträge, die ebenfalls selektiert bzw. deselektiert und zusätzlich mittels eines ButtonGroup-Objekts voneinander abhängig gemacht werden können, von daher also ähnliche Funktionalität wie Radio-Buttons bieten.

- Objekte der Klasse JMenu:
  Menü-Einträge, die selbst wieder Menüs darstellen (so genannte Untermenüs, deren Einträge nach rechts oder links aufklappen).

Für die drei erstgenannten Klassen stehen prinzipiell die gleichen Konstruktoren wie für das jeweilige Button-Analogon zur Verfügung, sie können daher jeweils mit Text, mit einem Bild oder mit Text *und* Bild beschriftet werden.
Für JMenuItem-Objekte können die Methoden

- **public void** setMnemonic(**int** keyCode)
  legt das Tastenkürzel (ein unterstrichener Buchstabe) für den Menü-Eintrag fest, den man bei geöffnetem Menü zur Wahl des Menü-Eintrags verwenden kann.

- **public void** setAccelerator(KeyStroke keyStroke)
  legt ein spezielles Tastenkürzel (in der Regel eine Kombination aus den Modifizierern Alt-, Shift- oder Ctrl- bzw. Strg-Taste mit einem Buchstaben oder einer Ziffer) für den Menü-Eintrag fest, der auch bei ungeöffnetem Menü zur Aktivierung eines Menü-Eintrages verwendet werden kann.

eingesetzt werden, um die Menü-Einträge auch über Tastaturkommandos ansteuern. Den Parameter keyCode kann man beim Aufruf der Methode setMnemonic mit Hilfe einer der Klassenkonstanten angeben, die in der Klasse KeyEvent aus dem Paket java.awt.event bereitgestellt werden. Die Angabe der gewünschten Tastenkombination im Parameter keyStroke der Methode setAccelerator lässt sich mit der Klassenmethode

- **public static** KeyStroke getKeyStroke(**int** keyCode,**int** mod)
  erzeugt ein KeyStroke-Objekt zur Taste keyCode mit gleichzeitig gedrückten Modifizierern gemäß mod.

der Klasse KeyStroke (aus dem Paket javax.swing) generieren. Dabei kann
keyCode wie bei setMnemonic mit Hilfe einer der Klassenkonstanten aus
KeyEvent angegeben werden. Den Modifizierer-Wert kann man durch eine Kombination der Konstanten SHIFT_MASK, CTRL_MASK, META_MASK und ALT_MASK
der Klasse InputEvent aus dem Paket java.awt.event angeben.[7]

Neben den Pulldown-Menüs bietet Swing mit der Klasse JPopupMenu auch so
genannte **Popup-Menüs** als Komponenten an. Diese bieten prinzipiell eine ähnliche Funktionalität wie Menüs in einer Menüleiste, werden aber nicht dauerhaft
auf der grafischen Oberfläche angezeigt, sondern erscheinen erst, wenn ein bestimmtes Ereignis (z. B. eine Aktion mit der Maus) ausgelöst wird.

14.6.5   Die Klasse JToolBar

Neben der charakteristischen Menüleiste sieht man bei den meisten professio-
nell gestalteten grafischen Oberflächen häufig auch eine Werkzeugleiste (Toolbar). Dieser spezielle Container enthält in der Regel Button-Objekte, die, ähnlich den Tastaturkürzeln, häufig verwendete Menü-Einträge und Funktionalitäten auslösen können. Eine solche Werkzeugleiste kann als Objekt der Klasse
JToolBar mit den Konstruktoren

- **public** JToolBar()
  erzeugt eine horizontale Werkzeugleiste.

- **public** JToolBar(**int** orientation)
  erzeugt eine horizontale oder vertikale Werkzeugleiste.

- **public** JToolBar(String name)
  erzeugt eine horizontale Werkzeugleiste mit dem Titel name.

- **public** JToolBar(String name, **int** orientation)
  erzeugt eine horizontale oder vertikale Werkzeugleiste mit dem Titel name.

erzeugt werden. Die gewählte Orientierung kann man hier mit den Klassenkonstanten HORIZONTAL und VERTICAL angeben.

Mit Hilfe ihrer Instanzmethode add können einer Werkzeugleiste Komponenten hinzugefügt werden. Ebenso wird mit der Methode add eines Containers
die Werkzeugleiste dem Container hinzugefügt. Eine spezielle Eigenschaft der
Werkzeugleiste ist die Möglichkeit, sie zur Laufzeit des Programms innerhalb
des Containers anders zu platzieren, indem man sie an ihrem „Griff" anfasst
und verschiebt. Schiebt man sie aus dem eigentlichen Container hinaus, wird

---

[7]   Einige Rechnerhersteller (z. B. Sun) bieten auch Tastaturen mit einer Meta-Taste, die meistens mit
einer Raute beschriftet ist. Diese Taste hat in einigen Softwareprodukten eine spezielle Bedeutung.
Auf Standard-Tastaturen können dann andere Tasten (z. B. die Esc- oder die Alt-Taste) deren Funktion übernehmen.

die Werkzeugleiste in einem eigenen Fenster mit Titelleiste dargestellt. Man kann diese Fähigkeit auch unterbinden, indem man einen Aufruf der Instanzmethode `setFloatable(false)` verwendet.

Im folgenden Beispielprogramm, das die Vorstufe zu einem einfachen „Wechselbilderrahmen" bildet, haben wir unsere Oberflächen-Komponenten teilweise in ein Menü der Menüleiste und teilweise in eine Werkzeugleiste gepackt.

```java
1    import java.awt.*;
2    import java.awt.event.*;
3    import javax.swing.*;
4    /** Erzeuge ein einfaches Swing-Fenster mit einem Menue einer
5        Toolbar und einem Textlabel */
6    public class FrameMitMenuBar extends JFrame {
7      Container c;              // Container dieses Frames
8      JMenuBar menuBar;         // Menueleiste
9      JMenu menu;               // Menue
10     JMenuItem menuItem;       // Menue-Eintrag
11     JToolBar toolBar;         // Werkzeugleiste
12     JButton button;           // Knoepfe der Werkzeugleiste
13     JLabel textLabel;         // Label, das im Frame erscheinen soll
14
15     public FrameMitMenuBar() {  // Konstruktor
16       // Bestimme die Referenz auf den eigenen Container
17       c = getContentPane();
18
19       // Erzeuge die Menueleiste.
20       menuBar = new JMenuBar();
21       // Erzeuge ein Menue
22       menu = new JMenu("Bilder");
23       menu.setMnemonic(KeyEvent.VK_B);
24       // Erzeuge die Menue-Eintraege und fuege sie dem Menue hinzu
25       menuItem = new JMenuItem("Hund");
26       menuItem.setMnemonic(java.awt.event.KeyEvent.VK_H);
27       menu.add(menuItem);
28       menuItem = new JMenuItem("Katze");
29       menuItem.setMnemonic(java.awt.event.KeyEvent.VK_K);
30       menu.add(menuItem);
31       menuItem = new JMenuItem("Maus");
32       menuItem.setMnemonic(java.awt.event.KeyEvent.VK_M);
33       menu.add(menuItem);
34       // Fuege das Menue der Menueleiste hinzu
35       menuBar.add(menu);
36       // Fuegt das Menue dem Frame hinzu
37       setJMenuBar(menuBar);
38
39       // Erzeuge die Werkzeugleiste
40       toolBar = new JToolBar("Rahmenfarbe");
41       // Erzeuge die Knoepfe
42       button = new JButton(new ImageIcon("images/rot.gif"));
43       button.setToolTipText("roter Rahmen");
44       toolBar.add(button);
45       button = new JButton(new ImageIcon("images/gruen.gif"));
46       button.setToolTipText("gruener Rahmen");
47       toolBar.add(button);
48       button = new JButton(new ImageIcon("images/blau.gif"));
```

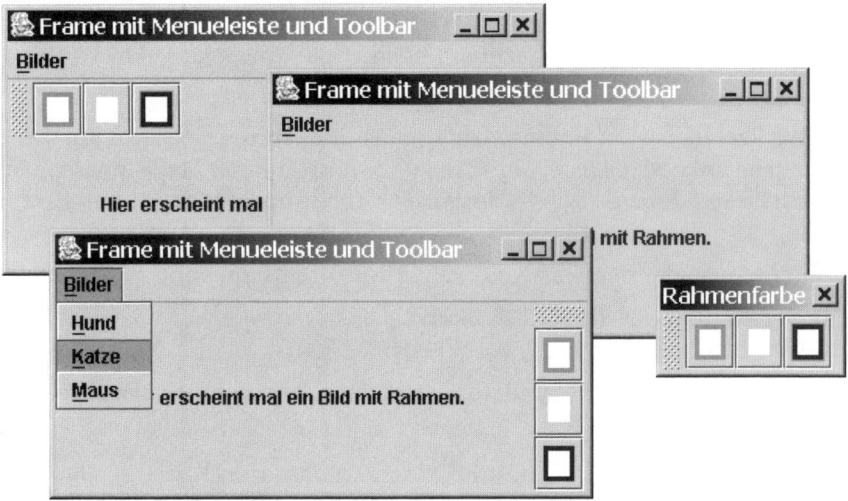

Abbildung 14.20: Frame mit Menüleiste und Werkzeugleiste

```
49        button.setToolTipText("blauer Rahmen");
50        toolBar.add(button);
51
52        // Erzeuge das Labelobjekt
53        textLabel = new JLabel("Hier erscheint mal ein Bild mit Rahmen.",
54                               JLabel.CENTER);
55        // Fuege Label und Toolbar dem Container hinzu
56        c.add(textLabel, BorderLayout.CENTER);
57        c.add(toolBar, BorderLayout.NORTH);
58      }
59   public static void main(String[] args) {
60     FrameMitMenuBar fenster = new FrameMitMenuBar();
61     fenster.setTitle("Frame mit Menueleiste und Toolbar");
62     fenster.setSize(350,170);
63     fenster.setVisible(true);
64     fenster.setDefaultCloseOperation(JFrame.EXIT_ON_CLOSE);
65   }
66 }
```

Für die Menüleiste haben wir ein Menü namens *Bilder* erzeugt und dort die Menüpunkte *Hund*, *Katze* und *Maus* eingetragen. Sowohl das Menü als auch dessen Einträge haben wir mit den Anfangsbuchstaben als Tastenkürzel ausgestattet. Die Werkzeugleiste namens *Rahmenfarbe* belegten wir mit drei Buttons, wobei wir zu deren Beschriftung kleine Grafiken zur Kennzeichnung der späteren Funktionalität einsetzten.

Diese Grafiken liegen im Unterverzeichnis `images`, was wir beim Erzeugen der `ImageIcon`-Objekte für die Beschriftung der Buttons berücksichtigten.

Leider ist die Verwendung unseres Programms, das sich beim Start wie in Abbildung 14.20 (hinten links) präsentiert, noch relativ unspektakulär. Wir können zwar

- die Werkzeugleiste an ihrem „Griff" (ganz links in der Leiste) mit der Maus (gehaltene linke Maustaste) anpacken und sie an anderer Stelle innerhalb oder außerhalb des Frames wieder loslassen (Abbildung 14.20, Mitte rechts und vorne),
- mit der Maus oder dem Tastenkürzel „Alt-B" das Menü aufklappen und
- mit der Maus oder dem Tastenkürzel „H", „K" oder „M" einen Eintrag auswählen (Abbildung 14.20, vorne) oder
- mit der Maus oder der Tabulator-Taste einen Knopf in der Werkzeugleiste betätigen,

aber leider können wir (zumindest im Moment) damit noch keine selbst festgelegten Aktionen ausführen. Prinzipiell lösen die gewählten Menüpunkte oder die Buttons zwar Ereignisse aus, wir wissen aber bisher noch nicht, wie man auf sie reagieren soll. Damit unser „Wechselbilderrahmen" auch wunschgemäß funktioniert, müssen wir uns also mit dem Thema „Ereignisverarbeitung" auseinandersetzen, unserem nächsten Kapitel.

14.7 Übungsaufgaben

Aufgabe 14.1

Skizzieren Sie jeweils das Erscheinungsbild der vier Frames, die vom Programm

```java
import java.awt.*;
import javax.swing.*;

public class VierButtonFrame extends JFrame {
  Container c;
  JLabel beschriftung;

  public VierButtonFrame(int i) {
    c = getContentPane();
    if (i==1)
      c.setLayout(new FlowLayout());
    else if (i==2)
      c.setLayout(new BorderLayout());
    else if (i==3)
      c.setLayout(new GridLayout());
    else
      c.setLayout(new GridLayout(0,1));

    c.add(new JButton("A"));
    c.add(new JButton("B"));
    c.add(new JButton("C"));
    c.add(new JButton("D"));
```

```
23      }
24
25      public static void main(String[] args) {
26        VierButtonFrame[] fenster = new VierButtonFrame[4];
27        for (int i=0; i<4; i++) {
28          fenster[i] = new VierButtonFrame(i+1);
29          fenster[i].setTitle("Fenster " + (i+1));
30          fenster[i].setSize(200,200);
31          fenster[i].setLocation(i*200,0);
32          fenster[i].setVisible(true);
33          fenster[i].setDefaultCloseOperation(JFrame.EXIT_ON_CLOSE);
34        }
35      }
36    }
```

erzeugt werden.

Aufgabe 14.2

Ändern Sie das Programm `VierButtonFrame` so ab, dass jedes `JButton`-Objekt mit einer zufällig gewählten Hintergrundfarbe versehen wird. Die RGB-Werte der Farben sollen als Tooltips erscheinen, wenn man mit dem Mauszeiger über den entsprechenden Button fährt.

Aufgabe 14.3

Als Entwurf für ein einfaches Noteneingabesystem sei folgende `JFrame`-Klasse gegeben:

```
1   import java.awt.*;
2   import javax.swing.*;
3   public class NotenEingabe extends JFrame {
4     Container c;
5     public NotenEingabe() {
6       c = getContentPane();
7       c.setLayout(new GridLayout(5, 1));
8       c.add(new JCheckBox("sehr gut"));
9       c.add(new JCheckBox("gut"));
10      c.add(new JCheckBox("befriedigend"));
11      c.add(new JCheckBox("ausreichend", true));
12      c.add(new JCheckBox("ungenuegend"));
13    }
14  }
```

Schreiben Sie eine Klasse `NotenEingabeTest`, die in ihrer `main`-Methode ein Objekt der Klasse `NotenEingabe` als Frame mit Breite 150 und Höhe 200 Pixel erzeugt und anzeigt.

Geben Sie außerdem eine alternative Klasse `NotenEingabeNeu` an für Frames, die beim Aufruf prinzipiell die gleiche Gestalt wie `NotenEingabe`-Objekte haben, jedoch sicherstellen, dass bei der Eingabe der Noten nur eine Box, also jeweils genau eine Note markiert (angeschaltet) werden kann. Außerdem soll unterhalb der Noten-Boxen eine zusätzliche Box platziert werden, die es erlaubt, mittels ihrer Markierung zu kennzeichnen, dass die Note aus einer Wiederholungsprüfung stammt.

Auch ein Objekt dieser Klasse soll schließlich im Programm `NotenEingabeTest` erzeugt und angezeigt werden.

Aufgabe 14.4

Schreiben Sie ein Programm `TextFelderAuslesen`, das in seiner `main`-Methode ein Objekt der Klasse `FrameMitTextFeldern` aus Abschnitt 14.5.10 erzeugt und anzeigt. Danach sollen im Konsolenfenster mit

```
——————————— Konsole ———————————
Geben Sie im Frame in beide Textfelder etwas ein.
Druecken Sie danach hier im Konsolenfenster die Eingabetaste!
```

Texteingaben in der grafischen Oberfläche angefordert werden, und es soll auf das Betätigen der Eingabetaste gewartet werden.

Beim Compilieren Ihres Programms erhalten Sie möglicherweise die Meldung

```
——————————— Konsole ———————————
Note: TextFelderAuslesen.java uses or overrides a deprecated API.
Note: Recompile with -deprecation for details.
```

weil Sie die Methode `getText` auch für die `JPasswordField`-Komponente eingesetzt haben. Ein Zugriff auf deren Text sollte daher besser durch die Methode `getPassword` erfolgen, die ein **char**-Feld liefert, das daher vor seiner Ausgabe erst in einen String gewandelt werden muss.

Aufgabe 14.5

Entwerfen Sie einen Frame mit Border-Layout, der beim Start das aktuelle Datum (in einem Label in der Nord-Region) und den „Spruch des Tages" (in einem mehrzeiligen Textfeld in der Zentrums-Region mit automatischem Zeilenumbruch und vertikaler Bildlaufleiste) anzeigt. Verwenden Sie für die Sprüche ein `String`-Feld, aus dem jeweils zufällig ein Spruch ausgewählt wird.

Kapitel 15

Ereignisverarbeitung

In Abschnitt 13.1 haben wir die Java Foundation Classes in vier Gruppen einge-teilt und zahlreiche Klassen aus den drei erstgenannten Gruppen (Grundkompo-nenten, Container und Layout-Manager) auf den zurückliegenden Seiten schon kennen gelernt. In diesem Kapitel wollen wir uns nun mit der letztgenannten Gruppe, den Ereignissen (Events) und ihren Empfängern (Listener), beschäfti-gen, deren Klassen für den ereignisgesteuerten Ablauf von Programmen mit gra-fischen Oberflächen eingesetzt werden.

Der Mechanismus der Ereignisübermittlung in Java lässt sich sehr gut mit entspre-chenden Vorgängen in der „realen Welt" vergleichen. Nehmen wir beispielswei-se eine große Trommel als Quelle eines Ereignisses, so können wir durch einen Schlag mit dem Schlägel ein Ereignis auslösen (einen Ton erzeugen), das von einem Empfänger (einem Zuhörer) vernommen werden kann (siehe Abbildung 15.1).

In der Programmiersprache Java versteht man unter einem **Ereignis** (englisch: **event**) eine Aktion, das die Benutzerin bzw. der Benutzer beim Arbeiten mit der grafischen Oberfläche auslösen kann, indem sie bzw. er beispielsweise die Maus bewegt, eine Schaltfläche drückt, einen Menü-Eintrag auswählt oder eine Taste betätigt. Innerhalb eines Java-Programms werden solche Ereignisse als Objekte

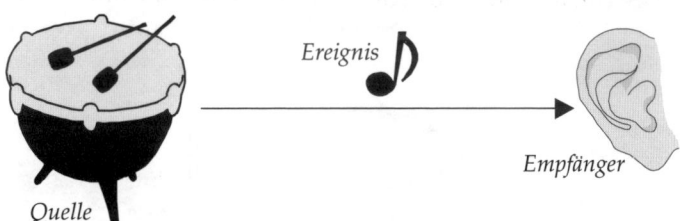

Abbildung 15.1: Quelle, Ereignis und Empfänger

von Ereignis-Klassen dargestellt. Erzeugt werden dieses Objekte von den so genannten **Ereignisquellen** (englisch: **event sources**), die entsprechende Ereignisse auslösen können. Jede Komponente einer grafischen Oberfläche (z. B. ein Knopf, auf den gerade gedrückt wird) kann eine solche Ereignisquelle sein.

Die Gegenstücke zu den Ereignisquellen bilden so genannte **Ereignisempfänger** (englisch: **event listeners**). Dabei handelt es sich um Objekte, die quasi als „Aufpasser" oder „Lauscher" dienen und auf ein eintretendes Ereignis reagieren (z. B. eine bestimmte Aktion starten) können. Damit ein solches Empfänger-Objekt auch tatsächlich Ereignisse von einer Ereignisquelle empfangen kann, muss es nach seiner Erzeugung bei der entsprechenden Ereignisquelle registriert werden. Dieses Modell der Ereignisverarbeitung wird als **Delegation Event Model** bezeichnet und ist seit der Version 1.1 ein Teil des JDK. Prinzipiell ermöglicht es, die eigentliche Oberflächengestaltung und die Ereignisverarbeitung in getrennten Klassen zu realisieren, lässt aber auch andere Varianten der Programmierung zu.

15.1   Zwei einfache Beispiele

Bevor wir uns einer ereignisgesteuerten Ausführung unseres Beispiel-Programms mit Menü und Werkzeugleiste aus Abschnitt 14.6.5 widmen, wollen wir zunächst ein grundlegendes Beispiel behandeln, anhand dessen wir uns mit den wesentlichen Aspekten der Ereignisverarbeitung vertraut machen können.

15.1.1   Zufällige Grautöne als Hintergrund

In einer sehr minimalistischen grafischen Oberfläche, die lediglich einen einzigen Knopf enthält (siehe Abbildung 15.2), soll sich durch Drücken dieses Knopfs die Hintergrundfarbe des Fensters verändern. Um dies zu realisieren, müssen wir natürlich zunächst einmal die Oberfläche an sich gestalten und uns danach um die Ereignisverarbeitung kümmern. Die Grundstruktur unseres Programms entspricht also prinzipiell unseren Programmen aus den letzten Abschnitten:

- Wir schreiben eine eigene Klasse, die von der Klasse JFrame erbt.

- Wir statten diese Klasse mit einem Konstruktor aus, der die Komponenten der grafischen Oberfläche (in unserem speziellen Fall ist das nur ein einziges JButton-Objekt) in den Container des Fensters einbaut.

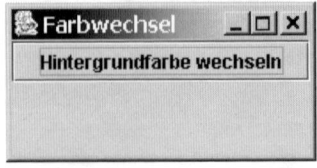

Abbildung 15.2: Frame mit Farbwechsel-Button

- Wir schreiben eine `main`-Methode, in der ein Objekt unserer Fenster-Klasse erzeugt wird.

Im Hinblick auf die Ereignisverarbeitung müssen wir aber jetzt noch einiges ergänzen.

Wir wissen, dass der Knopf (das `JButton`-Objekt) eine Ereignisquelle ist, d. h. durch Drücken des Knopfs wird ein Ereignis ausgelöst. Um auf dieses Ereignis reagieren zu können, müssen wir nun

- einen Ereignisempfänger erzeugen und

- diesen beim Button registrieren.

Für die Erzeugung des Ereignisempfängers benötigen wir eine Klasse, die über alle erforderlichen Eigenschaften verfügt. Dazu müssen wir insbesondere wissen, auf welche Art von Ereignis unser Empfänger ansprechen soll. Im Falle eines gedrückten Knopfs handelt es sich um ein *Action*-Ereignis (ein Objekt der Klasse `ActionEvent`). Nun gilt es also, eine Klasse zu schreiben, deren Objekte wissen, was beim Empfang eines *Action*-Ereignisses zu tun ist.

Um dies zu gewährleisten, müssen wir uns beim Programmieren unserer Empfänger-Klasse an gewisse „Regeln" halten, die in einem Interface festgelegt sind. Für *Action*-Ereignisse zuständig ist das Interface `ActionListener`, das somit von unserer Empfänger-Klasse implementiert werden muss. Da das `ActionListener`-Interface „weiß", dass für die Bearbeitung des `ActionEvent`-Objekts automatisch die Methode `actionPerformed` aufgerufen wird, sind wir also gezwungen, unsere Empfänger-Klasse mit genau dieser Methode auszustatten. Somit werden wir alles das, was beim Druck auf den Knopf geschehen soll, gerade in den Rumpf dieser Methode packen. Unsere Klasse hat somit die Gestalt

```
class ButtonListener implements ActionListener {
  public void actionPerformed(ActionEvent e) {
    // Hintergrundfarbe des Containers zufaellig aendern
    float zufall = (float) Math.random();
    Color grauton = new Color(zufall,zufall,zufall);
    c.setBackground(grauton);   // Zugriff auf c moeglich, da
  }                             // ButtonListener innere Klasse
}
```

und in unserer Implementierung der Methode `actionPerformed` sorgen wir dafür, dass sich die Hintergrundfarbe des Containers ändert. Wir berechnen dazu zunächst eine Zufallszahl im **float**-Zahlenbereich zwischen 0 und 1, die wir als RGB-Wert einsetzen, um einen neuen Grauton als `Color`-Objekt zu erzeugen. Im Anschluss daran setzen wir den Hintergrund des Containers auf eben diesen Grauton.

Spätestens an dieser Stelle werden Sie vielleicht bemerken, dass wir dazu in der Methode `actionPerformed` Zugriff auf den Container (Variable `c`) unseres Fensters benötigen. Dieses Problem können wir z. B. dadurch lösen, dass wir die Klasse `ButtonListener` als **innere Klasse** der Klasse `Farbwechsel` realisieren. Als innere Klasse hat sie nämlich Zugriff auf alle Instanzvariablen der äußeren (sie umschließenden) Klasse, also auch auf den Container `c`. Wir werden in Abschnitt

15.2 sehen, dass es auch andere Möglichkeiten gegeben hätte, diesen Zugriff sicherzustellen.

Unter Verwendung der Klasse `ButtonListener` sind wir nun in der Lage, mit

```
ButtonListener bL = new ButtonListener();
button.addActionListener(bL);
```

das Empfänger-Objekt zu erzeugen und bei der Ereignisquelle zu registrieren. Die dabei eingesetzte Methode `addActionListener` wird in der Klasse `JButton` bereitgestellt und erwartet einen Parameter vom Typ `ActionListener`, d. h. ein Objekt einer Klasse, die das `ActionListener`-Interface implementiert.

Insgesamt hat somit unser Programm die Gestalt

```java
 1  import java.awt.*;
 2  import java.awt.event.*;
 3  import javax.swing.*;
 4  /** Erzeuge ein Swing-Fenster mit einem Button, der in der Lage
 5      ist die Hintergrundfarbe des Frames zufaellig zu aendern */
 6  public class Farbwechsel extends JFrame {
 7    Container c;                // Container dieses Frames
 8    JButton button;             // Knopf
 9
10    public Farbwechsel() { // Konstruktor
11      // Container bestimmen
12      c = getContentPane();
13      // Button erzeugen und dem Container hinzufuegen
14      button = new JButton("Hintergrundfarbe wechseln");
15      c.add(button, BorderLayout.NORTH);
16
17      // Listener-Objekt erzeugen und beim Button registrieren
18      ButtonListener bL = new ButtonListener();
19      button.addActionListener(bL);
20    }
21
22    // Innere Button-Listener-Klasse
23    class ButtonListener implements ActionListener {
24      public void actionPerformed(ActionEvent e) {
25        // Hintergrundfarbe des Containers zufaellig aendern
26        float zufall = (float) Math.random();
27        Color grauton = new Color(zufall,zufall,zufall);
28        c.setBackground(grauton);  // Zugriff auf c moeglich, da
29      }                            // ButtonListener innere Klasse
30    }
31
32    public static void main(String[] args) {
33      Farbwechsel fenster = new Farbwechsel();
34      fenster.setTitle("Farbwechsel");
35      fenster.setSize(200,100);
36      fenster.setVisible(true);
37      fenster.setDefaultCloseOperation(JFrame.EXIT_ON_CLOSE);
38    }
39  }
```

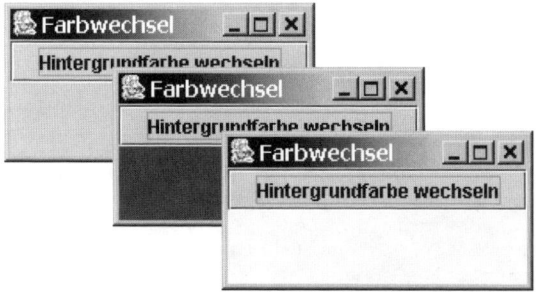

Abbildung 15.3: Frame mit Farbwechsel-Button

und präsentiert sich in dieser Form auch mit voller Funktionalität (siehe Abbildung 15.3): Wir können die Hintergrundfarbe wechseln, wenn wir auf den Farbwechsel-Knopf drücken.

Abschließend noch ein kurzer Hinweis zu der vom Compiler generierten Class-Datei für unsere Klasse `ButtonListener`. Weil wir diese Klasse als innere Klasse deklariert haben, nennt der Compiler die zugehörige Bytecode-Datei `Farbwechsel$ButtonListener.class`, so dass sich die Zugehörigkeit der Klasse `ButtonListener` zur Klasse `Farbwechsel` im Namen der Datei widerspiegelt.

15.1.2   Ein interaktiver Bilderrahmen

Nach diesen ersten Erfahrungen mit der Ereignisverarbeitung können wir uns jetzt nochmals unser Programm aus Abschnitt 14.6.5 vornehmen, um auch dieses mit „Leben" zu füllen. Unser modifiziertes Programm sieht wie folgt aus:

```java
import java.awt.*;
import java.awt.event.*;
import javax.swing.*;
/** Erzeuge ein Swing-Fenster mit einem Menue, einer
    Toolbar und einem Label mit Iconimage */
public class Bilderrahmen extends JFrame {
  Container c;              // Container dieses Frames
  JMenuBar menuBar;         // Menueleiste
  JMenu menu;               // Menue
  JMenuItem menuItem;       // Menue-Eintrag
  JToolBar toolBar;         // Werkzeugleiste
  JButton button;           // Knoepfe der Werkzeugleiste
  JLabel bildLabel;         // Label das im Frame erscheinen soll

  public Bilderrahmen() {  // Konstruktor
    // Bestimme die Referenz auf den eigenen Container
    c = getContentPane();

    // Erzeuge das Listener-Objekt fuer das Menue
    MenuListener mL = new MenuListener();
```

```
21
22      // Erzeuge die Menueleiste.
23      menuBar = new JMenuBar();
24      // Erzeuge ein Menue
25      menu = new JMenu("Bilder");
26      menu.setMnemonic(KeyEvent.VK_B);
27      // Erzeuge die Menue-Eintraege und fuege sie dem Menue hinzu
28      menuItem = new JMenuItem("Hund");
29      menuItem.setMnemonic(KeyEvent.VK_H);
30      menuItem.addActionListener(mL);    // Fuege den Listener hinzu
31      menuItem.setActionCommand("dog");  // Setze die Aktionsbezeichnung
32      menu.add(menuItem);
33      menuItem = new JMenuItem("Katze");
34      menuItem.setMnemonic(KeyEvent.VK_K);
35      menuItem.addActionListener(mL);    // Fuege den Listener hinzu
36      menuItem.setActionCommand("cat");  // Setze die Aktionsbezeichnung
37      menu.add(menuItem);
38      menuItem = new JMenuItem("Maus");
39      menuItem.setMnemonic(KeyEvent.VK_M);
40      menuItem.addActionListener(mL);    // Fuege den Listener hinzu
41      menuItem.setActionCommand("mouse");// Setze die Aktionsbezeichnung
42      menu.add(menuItem);
43      // Fuege das Menue der Menueleiste hinzu
44      menuBar.add(menu);
45      // Fuegt die Menueleiste dem Frame hinzu
46      setJMenuBar(menuBar);
47
48      // Erzeuge das Listener-Objekt fuer die Werkzeugleiste
49      ToolBarListener tL = new ToolBarListener();
50
51      // Erzeuge die Werkzeugleiste
52      toolBar = new JToolBar("Rahmenfarbe");
53      // Erzeuge die Knoepfe
54      button = new JButton(new ImageIcon("images/rot.gif"));
55      button.setToolTipText("roter Rahmen");
56      button.addActionListener(tL);         // Fuege den Listener hinzu
57      button.setActionCommand("rot");       // Setze die Aktionsbezeichnung
58      toolBar.add(button);
59      button = new JButton(new ImageIcon("images/gruen.gif"));
60      button.setToolTipText("gruener Rahmen");
61      button.addActionListener(tL);         // Fuege den Listener hinzu
62      button.setActionCommand("gruen");     // Setze die Aktionsbezeichnung
63      toolBar.add(button);
64      button = new JButton(new ImageIcon("images/blau.gif"));
65      button.setToolTipText("blauer Rahmen");
66      button.addActionListener(tL);         // Fuege den Listener hinzu
67      button.setActionCommand("blau");      // Setze die Aktionsbezeichnung
68      toolBar.add(button);
69
70      // Erzeuge das Label mit Initial-Bild
71      bildLabel = new JLabel(new ImageIcon("images/dog.gif"));
72
73      // Setze die Initial-Hintergrundfarbe des Bilderrahmens und
74      // fuege das Label und die Toolbar dem Container hinzu
75      c.setBackground(Color.RED);
```

```
76        c.add(bildLabel, BorderLayout.CENTER);
77        c.add(toolBar, BorderLayout.NORTH);
78      }
79      // Innere Listener-Klasse fuer das Menue
80      class MenuListener implements ActionListener {
81        public void actionPerformed(ActionEvent e) {
82          // Bildauswahl abhaengig von der Aktionsbezeichnung aendern
83          bildLabel.setIcon(new ImageIcon("images/"
84                                    + e.getActionCommand()
85                                    + ".gif"));
86        }
87      }
88      // Innere Listener-Klasse fuer die Toolbar
89      class ToolBarListener implements ActionListener {
90        public void actionPerformed(ActionEvent e) {
91          // Hintergrundfarbe abhaengig von der Aktionsbezeichnung aendern
92          if (e.getActionCommand() == "rot")
93            c.setBackground(Color.RED);
94          else if (e.getActionCommand() == "gruen")
95            c.setBackground(Color.GREEN);
96          else if (e.getActionCommand() == "blau")
97            c.setBackground(Color.BLUE);
98        }
99      }
100     public static void main(String[] args) {
101       Bilderrahmen fenster = new Bilderrahmen();
102       fenster.setTitle("Bilderrahmen");
103       fenster.setSize(180,280);
104       fenster.setVisible(true);
105       fenster.setDefaultCloseOperation(JFrame.EXIT_ON_CLOSE);
106     }
107   }
```

Im Vergleich mit der Klasse FrameMitMenuBar erkennen wir in der Klasse Bilderrahmen folgende Veränderungen im Programmcode des Konstruktors:

■ Im Konstruktor der Klasse Bilderrahmen haben wir mit dem Objekt mL der inneren Klasse MenuListener und mit dem Objekt tL der inneren Klasse ToolBarListener zwei Empfänger-Objekte erzeugt.

■ Mit je einem Aufruf der Methode addActionListener haben wir bei jedem Menü-Eintrag das Objekt mL als Ereignis-Empfänger registriert.

■ Mit je einem Aufruf der Methode setActionCommand haben wir für jeden Menü-Eintrag eine Aktionsbezeichnung festgelegt.

■ Mit je einem Aufruf der Methode addActionListener haben wir bei jedem Toolbar-Button das Objekt tL als Ereignis-Empfänger registriert.

Abbildung 15.4: Anwendung des Bilderrahmens

- Mit je einem Aufruf der Methode `setActionCommand` haben wir für jeden Toolbar-Button eine Aktionsbezeichnung festgelegt.

- Wir haben in unserem Label ein Initial-Bild dargestellt.

- Wir haben den Bilderrahmen mit einer Initial-Hintergrundfarbe eingefärbt.

Während Ihnen die Technik der Listener-Registrierung ja bereits vom Beispiel im letzten Abschnitt klar sein sollte, ist die Anwendung der Methode `setActionCommand` der `JButton`- und der `JMenuItem`-Objekte noch nicht bekannt. Diese Methode ermöglicht es, für eine Ereignis-Quelle eine Zeichenkette (die Aktionsbezeichnung) anzugeben, die jedem erzeugten Ereignis-Objekt automatisch mitgegeben wird. Jeder Ereignis-Empfänger kann diese Zeichenkette abfragen, um z. B. festzustellen, von welcher Quelle das empfangene Ereignis eigentlich kommt bzw. durch welche Aktion es ausgelöst wurde. Diesen Sachverhalt haben wir in unserer Implementierung der Methoden `actionPerformed` der beiden Klassen `MenuListener` und `ToolBarListener` ausgenutzt.

- In der Klasse `MenuListener` sorgt die Methode `actionPerformed` dafür, dass aus dem Verzeichnisnamen `images`, der Aktionsbezeichnung des behandelten Ereignisses und der Endung `.gif` ein neuer Dateiname generiert wird. Dieser Name wird dann verwendet, um das im Fenster dargestellte Bild festzulegen.

- In der Klasse `ToolBarListener` wählt die Methode `actionPerformed` abhängig von der im Ereignis-Objekt gespeicherten Aktionsbezeichnung die entsprechende Farbe als Hintergrundfarbe des Containers.

Mit den beschriebenen Modifikationen können wir nun nach dem Start der Klasse `Bilderrahmen` mit Hilfe der Menüeinträge drei verschiedene Bilder auswählen oder mit Hilfe der Knöpfe in der Werkzeugleiste drei verschiedene Rahmenfarben festlegen.

15.2 Programmiervarianten für die Ereignisverarbeitung

Bereits in der Einleitung dieses Kapitels haben wir erwähnt, dass es verschiedene Möglichkeiten gibt, das in Java verwendete Modell der Ereignisverarbeitung programmtechnisch umzusetzen. Man kann dabei prinzipiell vier Varianten unterscheiden:

- Die Listener-Klasse wird als innere Klasse realisiert.
- Die Listener-Klasse wird als anonyme Klasse realisiert.
- Die Container-Klasse wird selbst zur Listener-Klasse.
- Die Listener-Klasse wird als separate Klasse realisiert.

Die verschiedenen Varianten wollen wir nun am Beispiel unserer Klasse `Farbwechsel` näher erläutern.

15.2.1 Innere Klasse als Listener-Klasse

In allen unseren bisherigen ereignisgesteuerten Beispielprogrammen sind wir jeweils nach dieser ersten Variante vorgegangen. Die Klasse `Farbwechsel`, wie wir sie in Abschnitt 15.1.1 vorgestellt haben, enthält daher die Deklaration einer inneren Klasse `ButtonListener`, die durch die Implementierung der `ActionListener`-Schnittstelle zur Listener-Klasse wird. Wir verzichten darauf, die Klasse in dieser Form hier nochmals anzugeben.

15.2.2 Anonyme Klasse als Listener-Klasse

Gerade wenn sich die Ereignisverarbeitung so einfach gestaltet wie in unserem Farbwechsel-Programm, in dem lediglich ein einziges Listener-Objekt benötigt wird, kann man es sich sogar ersparen, die Listener-Klasse explizit mit einem Namen zu versehen. Möglich wird dies dadurch, dass man das Listener-Objekt mit Hilfe einer anonymen Klasse erzeugt. Wie wir wissen, wird dazu erst unmittelbar beim Erzeugen des Objekts die Struktur der (anonymen) Klasse festgelegt. Dazu gibt man hinter dem **new**-Operator einfach den Namen der Superklasse an, von der die anonyme Klasse erben soll, oder des Interface, das die anonyme Klasse implementieren soll.
Wenn wir diese Technik anwenden, „verkürzt" sich unser Beispielprogramm zu

```
 1  import java.awt.*;
 2  import java.awt.event.*;
 3  import javax.swing.*;
 4  /** Farbwechsel-Klasse mit anonymer Listener-Klasse */
 5  public class Farbwechsel2 extends JFrame {
 6    Container c;                // Container dieses Frames
 7    JButton button;             // Knopf
 8
 9    public Farbwechsel2() { // Konstruktor
10      // Container bestimmen
11      c = getContentPane();
12      // Button erzeugen und dem Container hinzufuegen
13      button = new JButton("Hintergrundfarbe wechseln");
14      c.add(button, BorderLayout.NORTH);
15
16      // Listener-Objekt erzeugen und beim Button registrieren
17      ActionListener bL = new ActionListener() {
18          public void actionPerformed(ActionEvent e) {
19              // Hintergrundfarbe des Containers zufaellig aendern
20              float zufall = (float) Math.random();
21              Color grauton = new Color(zufall,zufall,zufall);
22              c.setBackground(grauton);
23          }
24      }; // Ende der anonymen Klassendefinition
25      button.addActionListener(bL);
26    }
27    public static void main(String[] args) {
28      Farbwechsel2 fenster = new Farbwechsel2();
29      fenster.setTitle("Farbwechsel");
30      fenster.setSize(200,100);
31      fenster.setVisible(true);
32      fenster.setDefaultCloseOperation(JFrame.EXIT_ON_CLOSE);
33    }
34  }
```

Diese kompakte Art der Listener-Programmierung wird allerdings in der Regel nur bei kleineren Anwendungen eingesetzt.

Wir wollen noch – wie zuvor bei unserer nicht-anonymen inneren Klasse – einen kurzen Blick auf die vom Compiler erzeugte Class-Datei werfen. Für unsere anonyme Klasse erzeugt der Compiler nun eine Bytecode-Datei mit dem Namen `Farbwechsel2$1.class`. Die anonymen Klassen werden nämlich lediglich nummeriert, während sich ihre Zugehörigkeit zur Klasse `Farbwechsel2` weiterhin im vorderen Teil des Namens widerspiegelt.

15.2.3   Container-Klasse als Listener-Klasse

Die zuletzt beschriebene Variante lässt sich weiter verkürzen, indem man sogar darauf verzichtet, mittels einer inneren oder anonymen Klasse ein eigenes Listener-Objekt zu erzeugen. Vielmehr verwendet man das Objekt, in dem man sich zur Laufzeit des Programms gerade befindet (also das Objekt der Klasse `JFrame`), als Listener-Objekt. Um dies zu ermöglichen, muss natürlich die Frame-Klasse selbst das entsprechende Listener-Interface implementieren.

Für unser Beispielprogramm

```java
import java.awt.*;
import java.awt.event.*;
import javax.swing.*;
/** Farbwechsel-Klasse selbst als Listener */
public class Farbwechsel3 extends JFrame implements ActionListener {
  Container c;              // Container dieses Frames
  JButton button;           // Knopf

  public Farbwechsel3() { // Konstruktor
    // Container bestimmen
    c = getContentPane();
    // Button erzeugen und dem Container hinzufuegen
    button = new JButton("Hintergrundfarbe wechseln");
    c.add(button, BorderLayout.NORTH);

    // Eigenes Objekt beim Button als Listener registrieren
    button.addActionListener(this);
  }
  // Implementierung der Methode des ActionListener-Interface
  public void actionPerformed(ActionEvent e) {
    // Hintergrundfarbe des Containers zufaellig aendern
    float zufall = (float) Math.random();
    Color grauton = new Color(zufall,zufall,zufall);
    c.setBackground(grauton);
  }
  public static void main(String[] args) {
    Farbwechsel3 fenster = new Farbwechsel3();
    fenster.setTitle("Farbwechsel");
    fenster.setSize(200,100);
    fenster.setVisible(true);
    fenster.setDefaultCloseOperation(JFrame.EXIT_ON_CLOSE);
  }
}
```

heißt dies, die Klasse Farbwechsel3 erbt zum einen von der Klasse JFrame (wie gehabt), und zum anderen implementiert sie das ActionListener-Interface. Dadurch sind wir gezwungen, die Methode actionPerformed als Instanzmethode in die Klasse Farbwechsel3 aufzunehmen. Da nun zur Laufzeit des Programms das Objekt der Klasse Farbwechsel3 selbst die Rolle des Listeners übernehmen kann, genügt es, mit addActionListener einfach die **this**-Referenz (die Referenz auf das eigene Objekt) registrieren zu lassen.

Auch diese Art der Listener-Programmierung wird in der Regel nur bei kleineren Anwendungen eingesetzt.

15.2.4 Separate Klasse als Listener-Klasse

Diese vierte Variante ermöglicht eine strikte Trennung zwischen der grafischen Oberfläche und der Ereignisverarbeitung. Dazu lagert man die Listener-Klasse vollständig in eine eigenständige Klasse aus. Dabei gilt es jedoch zu beachten, dass die Listener-Klasse, je nach Aufgabenstellung, einen Zugriff auf die Ereignis-

Quelle, ihren Container oder andere Objekte benötigt. Dies kann und muss dadurch sichergestellt werden, dass man dem Listener-Objekt die entsprechenden Informationen bzw. Referenzen bereits bei seiner Erzeugung übergibt. Dazu muss natürlich ein spezieller Konstruktor programmiert werden, der diese Aufgaben übernimmt.

In unserem Farbwechsel-Beispiel würde man die Listener-Klasse in der Form

```java
1   import java.awt.*;
2   import java.awt.event.*;
3   /** Eigenstaendige Listener-Klasse */
4   public class ButtonListener implements ActionListener {
5
6     Container c;   // Referenz auf den zu beinflussenden Container
7
8     public ButtonListener (Container c) {
9       this.c = c; // Referenz auf den zu beinflussenden Container sichern
10    }
11
12    public void actionPerformed(ActionEvent e) {
13      // Hintergrundfarbe des Containers zufaellig aendern
14      float zufall = (float) Math.random();
15      Color grauton = new Color(zufall,zufall,zufall);
16      c.setBackground(grauton);
17    }
18  }
```

implementieren. Da in der Methode `actionPerformed` ja die Hintergrundfarbe des Containers, der den auslösenden Button enthält, geändert werden soll, benötigen wir hier Zugriff auf den Container. Dies geschieht über die Instanzvariable c unserer Klasse `ButtonListener`. Aus diesem Grund müssen wir im Konstruktor der Klasse `ButtonListener` dafür sorgen, dass die Instanzvariable c mit der korrekten Referenz belegt wird. Diese Referenz muss (beim Erzeugen eines `ButtonListener`-Objekts) als Parameter an den Konstruktor übergeben werden.

Unsere Farbwechsel-Klasse

```java
1   import java.awt.*;
2   import java.awt.event.*;
3   import javax.swing.*;
4   /** Farbwechsel-Klasse mit separater Listener-Klasse */
5   public class Farbwechsel4 extends JFrame {
6     Container c;                 // Container dieses Frames
7     JButton button;              // Knopf
8
9     public Farbwechsel4() {  // Konstruktor
10      // Container bestimmen
11      c = getContentPane();
12      // Button erzeugen und dem Container hinzufuegen
13      button = new JButton("Hintergrundfarbe wechseln");
14      c.add(button, BorderLayout.NORTH);
15
16      // Listener-Objekt erzeugen und beim Button registrieren
17      ButtonListener bL = new ButtonListener(c);
```

```
18        button.addActionListener(bL);
19    }
20    public static void main(String[] args) {
21        Farbwechsel4 fenster = new Farbwechsel4();
22        fenster.setTitle("Farbwechsel");
23        fenster.setSize(200,100);
24        fenster.setVisible(true);
25        fenster.setDefaultCloseOperation(JFrame.EXIT_ON_CLOSE);
26    }
27 }
```

wirkt nun ziemlich abgespeckt – sie muss sich ja auch nicht mehr um die Implementierung der Listener-Klasse kümmern. Wichtig ist jedoch, dass wir beim Erzeugen des ButtonListener-Objekts bL den Konstruktor mit der richtigen Referenz (die auf den Container) versorgen.

Diese letzte Variante ist aufgrund ihrer objektorientierten Trennung zwischen Oberflächengestaltung und Ereignisverarbeitung insbesondere für die Entwicklung komplexerer Programme geeignet.

Abschließend sei noch angemerkt, dass sich natürlich unsere vier Varianten, also unsere Programme Farbwechsel, Farbwechsel2, Farbwechsel3 und Farbwechsel4, in ihrer Funktionalität in keiner Weise unterscheiden.

15.3   Event-Klassen und -Quellen

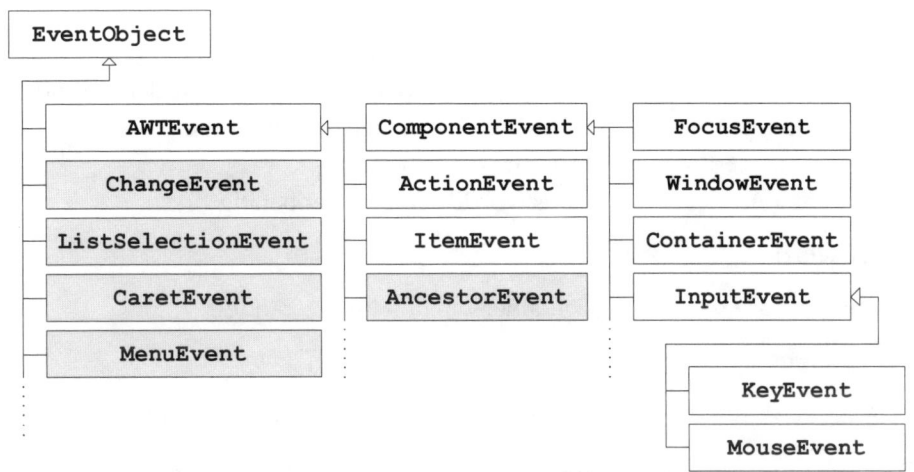

Abbildung 15.5: Auszug aus der Vererbungshierarchie der Ereignis-Klassen

Viele der AWT- und Swing-Komponenten lösen aufgrund von Aktionen des Benutzers bzw. der Benutzerin Ereignisse aus. Diese werden als Objekte verschiedener Ereignis-Klassen erzeugt und automatisch versendet. In Abbildung 15.5

haben wir auszugsweise die Hierarchie der wichtigsten Ereignis-Klassen grafisch dargestellt. Zur Verdeutlichung der Zugehörigkeit sind die Klassen aus dem Paket `javax.swing.event` dabei mit grauem, die Klassen aus dem Paket `java.awt.event` mit weißem Hintergrund versehen.

An oberster Stelle der Hierarchie befindet sich die Klasse `EventObject`, die im Paket `java.util` liegt und für alle Ereignis-Objekte die zentrale Instanzmethode

- **public** `Object getSource()`
  liefert die Referenz auf das Objekt, von dem das Ereignis ausgelöst wurde.

bereitstellt. Die darunter liegende Klasse `AWTEvent` liegt ebenfalls nicht im Paket `java.awt.event`, sondern im Paket `java.awt`.

Grundsätzlich wird bei den verschiedenen Ereignissen zwischen den **semantischen Ereignissen** und den **Low-level-Ereignissen** unterschieden. Semantische Ereignisse haben Bezug zu einer Aktion, die auf einer bestimmten Komponente ausgeführt wurde (z. B. Druck auf einen Knopf, Selektieren einer Häkchen-Box oder Eingabe eines Texts in einem Textfeld), und werden daher bevorzugt zum Aufbau von Benutzungsoberflächen eingesetzt. Low-level-Ereignisse können durch Maus oder Tastatur ausgelöst werden. Zu den Low-level-Ereignisklassen aus Abbildung 15.5 zählen alle Subklassen der Klasse `ComponentEvent` sowie die Klassen `MenuEvent` und `AncestorEvent`.

Im Folgenden geben wir eine Übersicht über die wichtigsten Ereignisse, die in den in Kapitel 14 behandelten Komponenten ausgelöst werden können, und deren Bedeutung. Für die drei obersten Klassen der Vererbungs-Hierarchie sind dies:

`Component:`

`ComponentEvent`	Position, Größe oder Sichtbarkeit wurden verändert
`FocusEvent`	Fokus wurde erhalten oder verloren
`KeyEvent`	Tastatur wurde betätigt
`MouseEvent`	Maus wurde bewegt oder betätigt

`Container:`

`ContainerEvent`	Container-Inhalt wurde verändert

`JComponent:`

`AncestorEvent`	Umgebender Container hat sich verändert

Die genannten Ereignisse können somit in allen Swing-Komponenten ausgelöst werden. Zusätzliche Ereignisse existieren für die nachfolgend aufgeführten Swing-Komponenten:

`JButton:`

`ActionEvent`	Knopf wurde betätigt

ChangeEvent	Knopf-Zustand verändert sich

JToggleButton:

ActionEvent	Knopf wurde betätigt
ChangeEvent	Knopf-Zustand verändert sich
ItemEvent	Knopf-Zustand wurde umgeschaltet

JCheckBox **und** JRadioButton:

ActionEvent	Häkchen-Box wurde betätigt
ChangeEvent	Häkchen-Box-Zustand verändert sich
ItemEvent	Häkchen-Box-Zustand wurde umgeschaltet

JComboBox:

ActionEvent	Eintrag wurde ausgewählt oder editiert
ItemEvent	Ausgewählter Eintrag hat sich geändert

JList:

ListSelectionEvent	Ausgewählte Einträge haben sich geändert

JTextField **und** JPasswordField:

CaretEvent	Position des Cursors hat sich geändert
ActionEvent	Die Eingabetaste wurde betätigt

JTextArea:

CaretEvent	Position des Cursors hat sich geändert

JMenu:

MenuEvent	Menü-Zustand wurde verändert

MenuItem:

ActionEvent	Menü-Eintrag wurde betätigt
ChangeEvent	Menü-Eintrag-Zustand verändert sich
ItemEvent	Menü-Eintrag-Zustand wurde umgeschaltet

Die Top-Level-Container JFrame und JWindow können zusätzlich zu allen Ereignissen von Container-Objekten auch die Ereignisse ihrer Superklasse

Window:

WindowEvent	Status des Fensters hat sich geändert

auslösen, das als Low-level-Ereignis signalisiert, wenn ein Fenster geöffnet, geschlossen, aktiviert, minimiert bzw. maximiert wird oder wenn es den Fokus erhält bzw. verliert.

Einige der genannten Event-Klassen stellen hilfreiche Instanzmethoden zur Verfügung, die es erlauben, bestimmte Eigenschaften des empfangenen Ereignis-Objekts abzufragen. Unter anderem stellen

die Klasse `MouseEvent` die Methoden

- **public int** `getX()`
  liefert die horizontale Position (innerhalb der Komponente), an der das Ereignis ausgelöst wurde.

- **public int** `getY()`
  liefert die vertikale Position (innerhalb der Komponente), an der das Ereignis ausgelöst wurde.

- **public int** `getClickCount()`
  liefert die Anzahl der schnellen Klicks, die das Ereignis auslösten.

die Klasse `ActionEvent` die Methode

- **public** `String getActionCommand()`
  liefert die Aktionsbezeichnung des Ereignisses.

die Klasse `ItemEvent` die Methoden

- **public** `Object getItem()`
  liefert das Objekt, das mit dem Ereignis verändert wurde.

- **public int** `getStateChange()`
  liefert die Art der Zustandsänderung.

die Klasse `ListSelectionEvent` die Methoden

- **public int** `getFirstIndex()`
  liefert den Index der ersten ausgewählten Zeile der Liste.

- **public int** `getLastIndex()`
  liefert den Index der letzten ausgewählten Zeile der Liste.

die Klasse `WindowEvent` die Methode

- **public** `Window getWindow()`
  liefert das Fenster, das das Ereignis ausgelöst hat.

zur Verfügung.

15.4   Listener-Interfaces und Adapter-Klassen

Alle Interfaces, die zur Implementierung von Listener-Klassen (Ereignisemp-fänger-Klassen) genutzt werden, sind Subinterfaces von `EventListener`. Grundsätzlich gibt es zu jeder Ereignis-Klasse

        `XxxEvent`

ein Interface

        `XxxListener`

und für einige Klassen auch spezialisierte Interfaces der Form

        `XxxYyyListener.`

Während die Listener-Interfaces für die semantischen Ereignisse lediglich ei-ne einzige zu implementierende Methode enthalten, umfassen die Low-level-Listener mehrere Methoden, die für die jeweilige Ausprägung des Low-level-Ereignisses zuständig sind.
Für die Listener-Interfaces, die zu den im letzten Abschnitt beschriebenen Er-eignissen gehören, geben wir nachfolgend (beginnend bei den semantischen Listener-Interfaces) eine Übersicht über die zu implementierenden Methoden und ihre Bedeutung:

Das Interface `ActionListener`

- **public void** `actionPerformed(ActionEvent e)`
  wird ausgeführt, wenn eine Aktion ausgeführt wurde.

Das Interface `ChangeListener`

- **public void** `stateChanged(ChangeEvent e)`
  wird ausgeführt, wenn der Zustand der Ereignis-Quelle verändert wurde.

Das Interface `ItemListener`

- **public void** `itemStateChanged(ItemEvent e)`
  wird ausgeführt, wenn sich die Ereignis-Quelle in einem veränderten Zustand befindet.

Das Interface `CaretListener`

- **public void** `caretUpdate(CaretEvent e)`
  wird ausgeführt, wenn die Cursor-Postion aktualisiert wurde.

Das Interface `ListSelectionListener`

- **public void** `valueChanged(ListSelectionEvent e)`
  wird ausgeführt, wenn die Auswahl der Listen-Einträge geändert wurde.

Das Interface `MouseListener`

- **public void** `mousePressed(MouseEvent e)`
  wird ausgeführt, wenn die Maustaste gedrückt wurde.

- **public void** `mouseReleased(MouseEvent e)`
  wird ausgeführt, wenn die Maustaste losgelassen wurde.

- **public void** `mouseClicked(MouseEvent e)`
  wird ausgeführt, wenn die Maustaste geklickt (gedrückt und wieder losgelassen) wurde.

- **public void** `mouseEntered(MouseEvent e)`
  wird ausgeführt, wenn die Maus in eine Komponente bewegt wurde.

- **public void** `mouseExited(MouseEvent e)`
  wird ausgeführt, wenn die Maus aus einer Komponente heraus bewegt wurde.

Das Interface `MouseMotionListener`

- **public void** `mouseMoved(MouseEvent e)`
  wird ausgeführt, wenn die Maus bewegt wurde.

- **public void** `mouseDragged(MouseEvent e)`
  wird ausgeführt, wenn die Maus mit gedrückter Maustaste bewegt wurde.

Das Interface `KeyListener`

- **public void** `keyPressed(KeyEvent e)`
  wird ausgeführt, wenn eine Taste gedrückt wurde.

- **public void** `keyReleased(KeyEvent e)`
  wird ausgeführt, wenn eine Taste losgelassen wurde.

- **public void** `keyTyped(KeyEvent e)`
  wird ausgeführt, wenn eine Taste gedrückt und wieder losgelassen wurde.

Das Interface `FocusListener`

- **public void** `focusGained(FocusEvent e)`
  wird ausgeführt, wenn eine Komponente den Tastatur-Fokus erhalten hat.

- **public void** `focusLost(FocusEvent e)`
  wird ausgeführt, wenn eine Komponente den Tastatur-Fokus verloren hat.

Das Interface `ComponentListener`

- **public void** `componentResized(ComponentEvent e)`
  wird ausgeführt, wenn die Größe einer Komponente verändert wurde.

- **public void** `componentMoved(ComponentEvent e)`
  wird ausgeführt, wenn die Position einer Komponente verändert wurde.

- **public void** componentShown(ComponentEvent e)
  wird ausgeführt, wenn eine Komponente sichtbar geschaltet wurde.

- **public void** componentHidden(ComponentEvent e)
  wird ausgeführt, wenn eine Komponente unsichtbar geschaltet wurde.

Das Interface ContainerListener

- **public void** componentAdded(ContainerEvent e)
  wird ausgeführt, wenn eine Komponente einem Container hinzugefügt wurde.

- **public void** componentRemoved(ContainerEvent e)
  wird ausgeführt, wenn eine Komponente aus einem Container entfernt wurde.

Das Interface AncestorListener

- **public void** ancestorAdded(AncestorEvent event)
  wird ausgeführt, wenn eine Komponente oder der Container, der sie enthält, sichtbar geschaltet oder die Komponente einem Container hinzugefügt wird.

- **public void** ancestorRemoved(AncestorEvent event)
  wird ausgeführt, wenn eine Komponente oder der Container, der sie enthält, unsichtbar geschaltet oder die Komponente aus einem Container entfernt wird.

- **public void** ancestorMoved(AncestorEvent event)
  wird ausgeführt, wenn eine Komponente oder der Container, der sie enthält, bewegt wird.

Das Interface MenuListener

- **public void** menuSelected(MenuEvent e)
  wird ausgeführt, wenn ein Menü selektiert wurde.

- **public void** menuDeselected(MenuEvent e)
  wird ausgeführt, wenn ein Menü deselektiert wurde.

Das Interface WindowListener

- **public void** windowOpened(WindowEvent e)
  wird ausgeführt, wenn das Fenster das erste Mal sichtbar wurde.

- **public void** windowClosing(WindowEvent e)
  wird ausgeführt, wenn das Fenster geschlossen werden soll.

- **public void** windowClosed(WindowEvent e)
  wird ausgeführt, wenn das Fenster geschlossen wurde.

- **public void** windowIconified(WindowEvent e)
  wird ausgeführt, wenn das Fenster minimiert wurde.

- **public void** windowDeiconified(WindowEvent e)
  wird ausgeführt, wenn das Fenster maximiert wurde.

- **public void** windowActivated(WindowEvent e)
  wird ausgeführt, wenn das Fenster aktiviert wurde.

- **public void** windowDeactivated(WindowEvent e)
  wird ausgeführt, wenn das Fenster deaktiviert wurde.

Das Interface WindowFocusListener

- **public void** windowGainedFocus(WindowEvent e)
  wird ausgeführt, wenn das Fenster den Fokus erhalten hat.

- **public void** windowLostFocus(WindowEvent e)
  wird ausgeführt, wenn das Fenster den Fokus verloren hat.

Das Interface WindowStateListener

- **public void** windowStateChanged(WindowEvent e)
  wird ausgeführt, wenn sich der Zustand eines Fensters geändert hat.

Bei der Implementierung von Interfaces ist grundsätzlich gefordert, dass alle Methoden implementiert werden müssen. Dies kann bei der Implementierung der Low-level-Listener-Interfaces lästig werden, wenn man für eine grafische Oberfläche lediglich eine der Methoden benötigt. In diesem Fall würde man die nicht benötigten Methoden mit einem leeren Rumpf implementieren. Zur Vereinfachung dieses häufig auftretenden Prozesses gibt es zu allen Listener-Interfaces, die mehr als eine Methode vorschreiben, so genannte **Adapter-Klassen**. Dabei handelt es sich um abstrakte Klassen, die das entsprechende Interface implementieren und alle Methoden mit leeren Rümpfen versehen. Die selbst geschriebene Listener-Klasse kann dann von der Adapter-Klasse erben.
Ist der Name des Interface XxxListener, so lautet der zugehörige Name der Adapterklasse XxxAdapter. Bei der Deklaration einer eigenen Listener-Klasse verwendet man somit anstelle von

```
class EigenerListener implements XxxListener { ... }
```

die Form

```
class EigenerListener extends XxxAdapter { ... }.
```

Wir wollen diese Technik an einem einfachen Beispielprogramm, das mit WindowEvent-Objekten arbeitet, demonstrieren:

```
1  import java.awt.*;
2  import java.awt.event.*;
3  import javax.swing.*;
4  /** Erzeuge ein Swing-Fenster mit zwei Toggle-Buttons,
5   * die zum Schliessen des Fensters aktiviert sein muessen */
6  public class CloseToggleButtons extends JFrame {
```

```
7    Container c;              // Container dieses Frames
8    JLabel l;                 // Label
9    JToggleButton b1, b2;     // Toggle-Buttons
10
11   public CloseToggleButtons() {  // Konstruktor
12     c = getContentPane();              // Container bestimmen
13     c.setLayout(new FlowLayout());     // Layout setzen
14
15     // Erzeuge die Label- und Button-Objekte
16     l = new JLabel("Zum Schliessen des Fensters " +
17                 "beide Schalter aktivieren!");
18     b1 = new JToggleButton("Schalter 1");
19     b2 = new JToggleButton("Schalter 2");
20
21     // Fuege die Komponenten dem Frame hinzu
22     c.add(l);
23     c.add(b1);
24     c.add(b2);
25
26     // Registriere WindowListener beim Frame
27     addWindowListener(new ClosingListener());
28   }
29
30   // Innere Listener-Klasse
31   public class ClosingListener extends WindowAdapter {
32     public void windowClosing(WindowEvent e) {
33       if (b1.isSelected() && b2.isSelected()) {
34         e.getWindow().dispose();
35         System.exit(0);
36       }
37       else
38         JOptionPane.showMessageDialog(c,
39             "Vor dem Schliessen erst beide Schalter aktivieren!");
40     }
41   }
42
43   public static void main(String[] args) {
44     CloseToggleButtons fenster = new CloseToggleButtons();
45     fenster.setTitle("CloseToggleButtons");
46     fenster.setSize(400,100);
47     fenster.setVisible(true);
48     // Setze das Verhalten des Frames beim Schliessen auf "Nichtstun"
49     fenster.setDefaultCloseOperation(JFrame.DO_NOTHING_ON_CLOSE);
50   }
51 }
```

Die in diesem Programm verwendete Oberfläche enthält zwei Schalter in Form von JToggleButton-Objekten sowie ein Label, das den Anwender bzw. die Anwenderin darüber informiert, dass das Fenster nur geschlossen werden kann, wenn beide Schalter aktiviert sind. Mit Hilfe der Methode addWindowListener registrieren wir bei unserem Frame ein Objekt der Klasse ClosingListener. Diese Klasse haben wir als innere Klasse so implementiert, dass sie von der (zum Interface WindowListener gehörenden) Adapter-Klasse WindowAdapter erbt. Insofern genügt es, in der Klasse ClosingListener lediglich die Methode

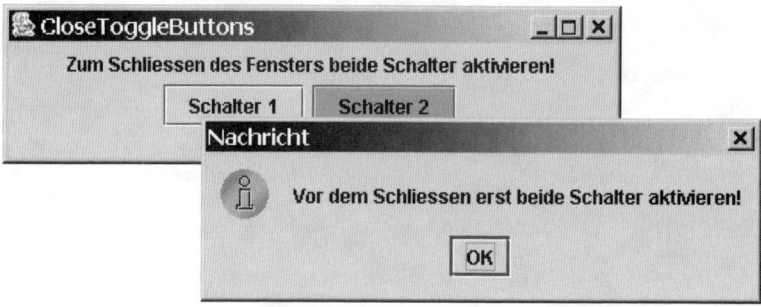

Abbildung 15.6: Abfangen von Fenster-Ereignissen

`windowClosing` zu implementieren, die auf die Aktion „Fenster schließen" reagiert.

In dieser Methode haben wir dafür gesorgt, dass zunächst mit Hilfe der Instanzmethoden `isSelected` überprüft wird, ob beide Schalter aktiviert sind. Falls dies der Fall ist, wird über das Ereignis-Objekt zunächst die Referenz auf das Fenster, das das Ereignis ausgelöst hat, ermittelt, danach durch dessen Instanzmethode `dispose` das Fenster zerstört und das Programm mittels der Methode `System.exit` beendet. Sind nicht beide Schalter aktiviert, greifen wir auf eine Klassenmethode der in Abschnitt 14.6.3 erwähnten Klasse `JOptionPane` zurück, die es ermöglicht, ein modales Dialogfenster zu erzeugen, das lediglich eine Mitteilung mit einem OK-Button präsentiert.[1] Damit in unserem Frame das Window-Ereignis auch tatsächlich auf diese Art und Weise bearbeitet werden kann, haben wir außerdem in der `main`-Methode dafür gesorgt, dass die Default-Einstellung beim Schließen des Frames nicht mehr „Exit", sondern „Nichtstun" ist.

Abbildung 15.6 zeigt sowohl unser Frame-Objekt, wie es sich beim Programmstart präsentiert, als auch das Dialogfenster, das erscheint, wenn beim Mausklick auf × nicht beide Schalter aktiviert sind.

15.5   Listener-Registrierung bei den Event-Quellen

Was wir an den Beispielen der Abschnitte 15.1 und 15.4 bereits für die Interfaces `ActionListener` und `WindowListener` gesehen haben, hat Methode. Grundsätzlich muss jedes Listener-Objekt, das aus einem Interface

        `XxxListener`

hervorgeht, mittels der zugehörigen Instanzmethode

---

[1] Die Klasse `JOptionPane` bietet weitere Methoden, um Dialogfenster mit Titel, Icon und Hinweistexten (Infos, Fehlermeldungen, Warnungen oder Fragen) anzuzeigen. Dabei können die Dialogfenster auch verschiedene Buttons (z. B. JA, NEIN oder ABBRUCH) anbieten, mit denen man den Dialog beenden kann.

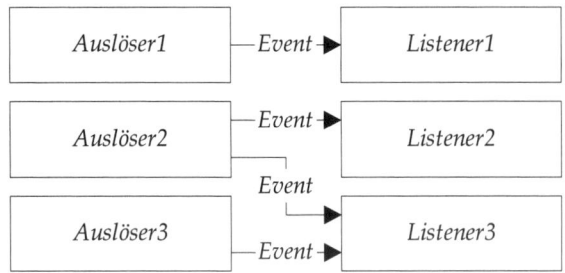

Abbildung 15.7: Verschiedene Auslöser-Listener-Konstellationen

```
addXxxListener()
```

der entsprechenden Ereignisquelle bei dieser registriert werden, damit es auch tatsächlich Ereignisse von ihr empfangen kann. Will man einen Listener nachträglich wieder abmelden bzw. entfernen, kann analog die Instanzmethode

```
removeXxxListener()
```

der Ereignisquelle eingesetzt werden.

Wie in Abbildung 15.7 dargestellt, muss nicht zwangsläufig jedes Listener-Objekt für genau ein Ereignis bzw. genau eine auslösende Komponente (wie *Listener1* für *Auslöser1*) zuständig sein. Vielmehr können auch mehrere Listener bei einer Komponente (wie *Listener2* und *Listener3* bei *Auslöser2*) oder ein Listener bei mehreren Komponenten (wie *Listener3* bei *Auslöser2* und *Auslöser3*) registriert sein.

In unserem Beispielprogramm

```java
 1  import java.awt.*;
 2  import java.awt.event.*;
 3  import javax.swing.*;
 4  /** Erzeuge ein Swing-Fenster, das mit Buttons und
 5   *  Combo-Box sein Look and feel aendern kann */
 6  public class LookAndFeel extends JFrame {
 7    Container c;                 // Container dieses Frames
 8    JButton b1, b2, b3;          // Buttons
 9    JComboBox cb;                // Combo-Box
10    JFrame f = this;             // Referenz auf dieses Frame
11
12    public LookAndFeel() {    // Konstruktor
13      c = getContentPane();              // Container bestimmen
14      c.setLayout(new FlowLayout());     // Layout setzen
15
16      // Erzeuge die Buttons und die Combo-Box
17      b1 = new JButton("Metal");
18      b2 = new JButton("Motif");
19      b3 = new JButton("Windows");
20      cb = new JComboBox();
21      cb.addItem("Metal");
22      cb.addItem("Motif");
23      cb.addItem("Windows");
```

```
24
25       // Fuege die Komponenten dem Frame hinzu
26       c.add(b1);
27       c.add(b2);
28       c.add(b3);
29       c.add(cb);
30
31       // Erzeuge den Listener und registriere ihn
32       LafListener ll = new LafListener();
33       b1.addActionListener(ll);
34       b2.addActionListener(ll);
35       b3.addActionListener(ll);
36       cb.addItemListener(ll);
37     }
38     // Innere Listener-Klasse
39     public class LafListener implements ItemListener,ActionListener {
40       //
41       String[] laf =
42                 {"javax.swing.plaf.metal.MetalLookAndFeel",
43                  "com.sun.java.swing.plaf.motif.MotifLookAndFeel",
44                  "com.sun.java.swing.plaf.windows.WindowsLookAndFeel"};
45
46       // Fuer das ItemListener-Interface
47       public void itemStateChanged(ItemEvent e) {
48         try {
49           int i = cb.getSelectedIndex();
50           UIManager.setLookAndFeel(laf[i]);
51         }
52         catch (Exception ex) {
53           System.err.println(ex);
54         }
55         SwingUtilities.updateComponentTreeUI(f);
56       }
57       // Fuer das ActionListener-Interface
58       public void actionPerformed(ActionEvent e) {
59         try {
60           int i;
61           if (e.getSource() == b1)
62             i = 0;
63           else if (e.getSource() == b2)
64             i = 1;
65           else
66             i = 2;
67           UIManager.setLookAndFeel(laf[i]);
68           cb.setSelectedIndex(i);
69         }
70         catch (Exception ex) {
71           System.err.println(ex);
72         }
73         SwingUtilities.updateComponentTreeUI(f);
74       }
75     }
76     public static void main(String[] args) {
77       LookAndFeel fenster = new LookAndFeel();
78       fenster.setTitle("Look and feel einstellen");
```

```
79        fenster.setSize(250,100);
80        fenster.setVisible(true);
81        fenster.setDefaultCloseOperation(JFrame.EXIT_ON_CLOSE);
82    }
83  }
```

haben wir die grafische Oberfläche so gestaltet, dass zum einen drei Buttons und zum anderen eine Combo-Box bereitstehen, um die Einstellung des Look and Feel zu ändern. Dazu haben wir bei den drei Buttons und bei der Combo-Box das gleiche Listener-Objekt `ll` registriert. Um dies zu ermöglichen, muss die Klasse `LafListener` sowohl das Interface `ItemListener` als auch das Interface `ActionListener` implementieren.

Die drei von Swing standardmäßig unterstützten Look-and-Feel-Varianten

- Metal Look and Feel (Java Standard)

- Motif Look and Feel

- Windows Look and Feel (auf Windows-Rechnern)

haben wir im `String`-Feld `laf` des Listener-Objekts durch die vorgeschriebenen Zeichenketten festgelegt.

In der Methode `itemStateChanged`, die wir für das Interface `ItemListener` implementieren müssen, haben wir dafür gesorgt, dass zunächst der Index des gewählten Combo-Box-Eintrags mit `getSelectedIndex` bestimmt wird. Das Look and Feel wird dann mit Hilfe der Klassenmethode `setLookAndFeel` der Klasse `UIManager` auf eine der drei Varianten eingestellt. Die Klassenmethode `updateComponentTreeUI` der Klasse `SwingUtilities` sorgt schließlich dafür, dass alle Komponenten unserer grafischen Oberfläche neu dargestellt werden. Abbildung 15.8 zeigt unseren Frame in den drei Varianten des Look and Feel.

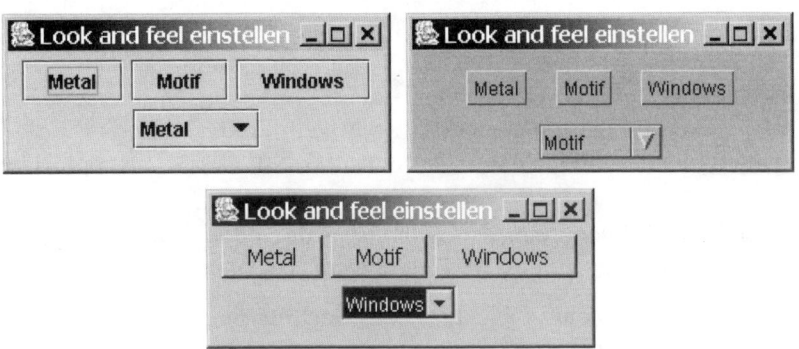

Abbildung 15.8: Zwei Varianten zur Einstellung des Look and Feel

Die Methode `actionPerformed`, die wir für das Interface `ActionListener` implementieren müssen, realisiert dieselbe Funktionalität in Abhängigkeit vom

jeweils gedrückten Button. Zusätzlich wird aber dafür gesorgt, dass beim Um-
stellen des Look and Feel mit einem Button auch der entsprechende Eintrag der
Combo-Box selektiert wird, damit deren Anzeige konform mit dem tatsächlichen
Look and Feel geht.

15.6 Auf die Plätze, fertig, los!

Als weitere beispielhafte Anwendung des bisher Gelernten wollen wir nun noch
eine grafische Oberfläche für unser Stoppuhr-Programm aus Kapitel 12 schreiben. Wenn sie eine Gestalt wie in Abbildung 15.9 haben soll, müssen wir folgende
Komponenten in unseren Container einfügen:

- Vier `JLabel`-Objekte für die Anzeige von Start-, Stopp- und Laufzeit sowie
  der Status-Information unten rechts.

- Drei `JButton`-Objekte für den Start-, den Stopp- und den Neu-Knopf.

- Ein `JComboBox`-Objekt für die Auswahl des Anzeigeformats für die gemessene Laufzeit.

An Funktionalität soll Folgendes angeboten sein:

- Zu Beginn sollen in allen Labels in der linken Spalte lediglich zwei Striche
  angezeigt werden. Das Status-Label rechts unten informiert über die Start-
  Möglichkeit. Nur der Start-Knopf ist benutzbar.

- Wurde die Start-Taste gedrückt, so wird der Startzeitpunkt in einem `Date`-
  Objekt festgehalten und dieser Zeitpunkt im Start-Label angezeigt. Das Status-
  Label informiert über die Stopp-Möglichkeit. Nur der Stopp-Knopf ist benutz-
  bar.

- Wurde die Stopp-Taste betätigt, so wird der Stoppzeitpunkt in einem weiteren
  `Date`-Objekt festgehalten und dieser Zeitpunkt im Stopp-Label angezeigt. Das
  Laufzeit-Label stellt die Laufzeit unserer Stoppuhr (die Differenz der Millisekunden des Stoppzeitpunktes und des Startzeitpunktes) dar. Das Status-Label
  informiert über die Möglichkeit des Neustarts. Nur der Neu-Knopf ist benutzbar.

- Die Combo-Box links unten ermöglicht es, jederzeit das Darstellungs-Format
  der Laufzeit-Anzeige von ms nach min:sec:ms umzustellen.

Wir benötigen somit Listener-Objekte für die drei Buttons und für die Combo-Box,
so dass wir folgende Listener-Klassen schreiben müssen:

- Eine Klasse `KnopfListener`, die das Interface `ActionListener` implementiert, deren Methode `actionPerformed` abhängig vom gedrückten Knopf
  das `Date`-Objekt für die Startzeit oder das für die Stoppzeit erzeugt oder beide auf **null** zurücksetzt und anschließend alle Anzeige-Labels und Button-
  Zustände aktualisiert.

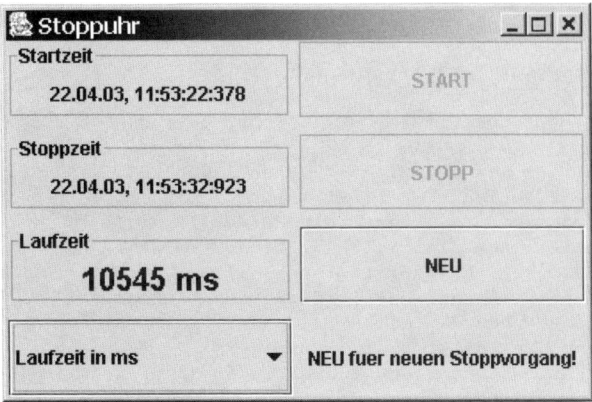

Abbildung 15.9: Eine grafische Variante unserer Stoppuhr

- Eine Klasse `BoxListener`, die das Interface `ItemListener` implementiert, deren Methode `itemStateChanged` die Anzeige der Laufzeit von ms in min:sec:ms oder umgekehrt umstellt.

In unserem Programm arbeiten wir mit zwei Hilfsmethoden:

- **public** `String differenzString()`
  bestimmt die Laufzeit in ms oder in min:sec:ms und liefert diese als Zeichenkette zurück.

- **public void** `anzeigeAktualisieren()`
  aktualisiert alle Anzeige-Labels und Buttons bezüglich ihrer Beschriftungen und setzt die Aktivierungs-Zustände der Buttons abhängig vom aktuellen Zustand des Zeitmessungsvorgangs, der am Vorhandensein der beiden `Date`-Objekte abgelesen werden kann.

Unser Programm hat somit die folgende Gestalt:

```
1   import java.util.*;
2   import java.text.*;
3   import java.awt.*;
4   import java.awt.event.*;
5   import javax.swing.*;
6   import javax.swing.border.*;
7   /** Erzeuge ein Swing-Fenster mit Stoppuhrfunktion */
8   public class StoppuhrFrame extends JFrame {
9     Container c;
10    JButton    startButton, stoppButton, neuButton;
11    JLabel     startZeit, stoppZeit, differenz, status;
12    JComboBox  ergebnisFormat;
13    Date       startZeitObj = null, stoppZeitObj = null;
14    Font       schriftGross = new Font("SansSerif",Font.BOLD,20),
15               schriftKlein = new Font("SansSerif",Font.BOLD,12);
16    SimpleDateFormat
```

```
17              form  = new SimpleDateFormat("dd.MM.yy, HH:mm:ss:SS");
18
19      public StoppuhrFrame() {  // Konstruktor
20        c = getContentPane();
21        c.setLayout(new GridLayout(4, 2, 5, 10));
22
23        startZeit = new JLabel("--", JLabel.CENTER);
24        startZeit.setFont(schriftKlein);
25        startZeit.setBorder(new TitledBorder("Startzeit"));
26        stoppZeit = new JLabel("--", JLabel.CENTER);
27        stoppZeit.setFont(schriftKlein);
28        stoppZeit.setBorder(new TitledBorder("Stoppzeit"));
29        differenz = new JLabel("--", JLabel.CENTER);
30        differenz.setFont(schriftGross);
31        differenz.setBorder(new TitledBorder("Laufzeit"));
32
33        KnopfListener kL = new KnopfListener();
34
35        startButton = new JButton("START");
36        startButton.setToolTipText("startet die Stoppuhr");
37        startButton.addActionListener(kL);
38        stoppButton = new JButton("STOPP");
39        stoppButton.setToolTipText("stoppt die Stoppuhr");
40        stoppButton.addActionListener(kL);
41        neuButton = new JButton("NEU");
42        neuButton.setToolTipText("loescht alle Felder");
43        neuButton.addActionListener(kL);
44
45        ergebnisFormat = new JComboBox();
46        ergebnisFormat.addItem("Laufzeit in ms");
47        ergebnisFormat.addItem("Laufzeit in min:sec:ms");
48        ergebnisFormat.addItemListener(new BoxListener());
49
50        status = new JLabel("START druecken!", JLabel.CENTER);
51        status.setFont(schriftGross);
52
53        stoppButton.setEnabled(false);
54        neuButton.setEnabled(false);
55
56        c.add(startZeit);
57        c.add(startButton);
58        c.add(stoppZeit);
59        c.add(stoppButton);
60        c.add(differenz);
61        c.add(neuButton);
62        c.add(ergebnisFormat);
63        c.add(status);
64      }
65      // Bestimmung der Laufzeit in ms oder in min:sec:ms als String
66      public String differenzString() {
67        long diffZeit = (stoppZeitObj.getTime() - startZeitObj.getTime());
68        if (ergebnisFormat.getSelectedIndex() == 0)
69          return (diffZeit + " ms");
70        else {
71          long ms = diffZeit % 1000;
```

```
72        diffZeit = diffZeit / 1000;
73        long s = diffZeit % 60;
74        diffZeit = diffZeit / 60;
75        long m = diffZeit % 60;
76        return (m + ":" + s + ":" + ms);
77      }
78    }
79    // Aktualisierung aller Anzeige-Labels und Buttons
80    public void anzeigeAktualisieren() {
81      if ((startZeitObj != null) && (stoppZeitObj != null)) {
82        startButton.setEnabled(false);
83        stoppButton.setEnabled(false);
84        neuButton.setEnabled(true);
85        startZeit.setText(form.format(startZeitObj));
86        stoppZeit.setText(form.format(stoppZeitObj));
87        differenz.setText(differenzString());
88        status.setText("NEU fuer neuen Stoppvorgang!");
89        status.setFont(schriftKlein);
90      }
91      else if (startZeitObj != null) {
92        startButton.setEnabled(false);
93        stoppButton.setEnabled(true);
94        neuButton.setEnabled(false);
95        startZeit.setText(form.format(startZeitObj));
96        status.setText("Uhr laeuft!");
97        status.setFont(schriftGross);
98      }
99      else {
100       startButton.setEnabled(true);
101       stoppButton.setEnabled(false);
102       neuButton.setEnabled(false);
103       startZeit.setText("--");
104       stoppZeit.setText("--");
105       differenz.setText("--");
106       status.setText("START druecken!");
107       status.setFont(schriftGross);
108     }
109   }
110   // Listener fuer die Buttons
111   class KnopfListener implements ActionListener {
112     public void actionPerformed(ActionEvent e) {
113       if (e.getSource() == startButton)
114         startZeitObj = new Date();
115       else if (e.getSource() == stoppButton)
116         stoppZeitObj = new Date();
117       else if (e.getSource() == neuButton) {
118         startZeitObj = null;
119         stoppZeitObj = null;
120       }
121       anzeigeAktualisieren();
122     }
123   }
124   // Listener fuer die Combo-Box
125   class BoxListener implements ItemListener {
126     public void itemStateChanged(ItemEvent e) {
```

```
127        anzeigeAktualisieren();
128      }
129    }
130    public static void main(String[] args) {
131      StoppuhrFrame fenster = new StoppuhrFrame();
132      fenster.setTitle("Stoppuhr");
133      fenster.setSize(380,250);
134      fenster.setVisible(true);
135      fenster.setDefaultCloseOperation(JFrame.EXIT_ON_CLOSE);
136    }
137  }
```

15.7   Übungsaufgaben

Aufgabe 15.1

Erstellen Sie ein Java-Programm mit grafischer Oberfläche, das jeweils das aktuelle Datum in drei unterschiedlichen Formaten anzeigen kann und die in Abbildung 15.10 dargestellte Oberfläche und Funktionalität haben soll. Der Frame soll also beim Start die im linken Bild dargestellte Form haben und der bzw. die Benutzer(in) soll durch Auswahl in der Klapptafel eine andere Darstellungsform für das Datum wählen können (z. B. eine Anzeige ohne die Jahreszahl).

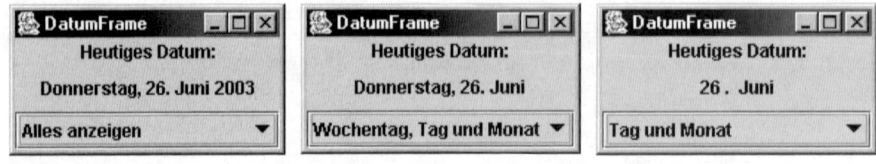

Abbildung 15.10: Frame aus Aufgabe 15.1

Verwenden Sie in Ihrem Programm private Variablen `beschriftung` und `datumsAnzeige` vom Typ `JLabel`, `formatAuswahl` vom Typ `JComboBox`, `datum` vom Typ `Date` sowie statische Konstanten `kurz`, `mittel` und `lang` vom Typ `SimpleDateFormat` für die benötigten Swing-Komponenten und die Darstellung des Datums.
Implementieren Sie den Konstruktor so, dass die benötigten Swing-Komponenten erzeugt und in der richtigen Reihenfolge in den Frame eingefügt werden, das Datum erzeugt, für die Beschriftung des `datumsAnzeige`-Labels verwendet und bei der Auswahl-Klapptafel ein Event-Listener registriert wird, den Sie als Objekt einer inneren Klasse `AnzeigeListener` erzeugen können. Diese Klasse muss das Interface `ItemListener` implementieren und die Methode `itemStateChanged` so überschreiben, dass bei Änderung der Auswahl der entsprechende Auswahl-Index des `JComboBox`-Objekts bestimmt und (abhängig von dessen Wert) das entsprechende Darstellungsformat für das aktuelle Datum gewählt und zur Beschriftung des `datumsAnzeige`-Labels verwendet wird.

Abbildung 15.11: Frame aus Aufgabe 15.3

Aufgabe 15.2

Ändern Sie das Programm aus Aufgabe 15.1 so ab, dass das Darstellungs-Format für die Datumsanzeige nicht über eine Klapptafel, sondern über Menü-Einträge verändert werden kann. Dabei sollen die Menü-Einträge auch über Tastaturkürzel angesprochen werden können. Beachten Sie, dass sich die Ereignisbehandlung für diese Variante des Programms nicht mehr über eine Implementierung des Interface `ItemListener` realisieren lässt, da für Menü-Ereignisse das Interface `ActionListener` zuständig ist.

Aufgabe 15.3

Schreiben Sie ein Programm in Form eines Frames, dessen grafische Oberfläche es ermöglicht, per Mausklick die Hintergrundfarbe auf einen zufälligen Rot-, Grün- oder Blau-Wert zu verändern.

Statten Sie dazu den Container Ihres Frames in einem Flow-Layout mit drei Auswahl-Kästchen aus (siehe Abbildung 15.11), von denen jeweils nur eines aktiviert sein darf. Zu Beginn soll „rot" eingestellt sein. Registrieren Sie beim Container einen Listener vom Typ `MausHorcher`, der auf Mausklicks innerhalb des Frames reagiert.

Realisieren Sie die Ereignisbehandlung in einer inneren Klasse `MausHorcher`. Sorgen Sie dafür, dass bei jedem Mausklick zunächst ein Zufallswert bestimmt wird, der (abhängig von der per Markierung eingestellten Farbe) als Rot-, Grün- oder Blau-Wert verwendet wird, um die Content-Pane des Frames entsprechend einzufärben. Die beiden anderen RGB-Werte müssen hier den Wert 0 haben.

Aufgabe 15.4

Ändern Sie das Programm aus Aufgabe 15.3 so ab, dass die Ereignisbehandlung nicht über eine innere, sondern über eine eigenständige Klasse `MausLauscher` realisiert wird. Diese Klasse soll nicht das Interface `MouseListener` implementieren, sondern von der Klasse `MouseAdapter` erben. Beachten Sie dabei, dass man dazu im Listener-Objekt Referenzen auf alle benötigten Objekte (die Content-Pane und die Auswahl-Kästchen) aus dem Frame benötigt. Sie müssen daher auch einen Konstruktor schreiben, dem die Referenzen auf diese Objekte als Parameter übergeben werden.

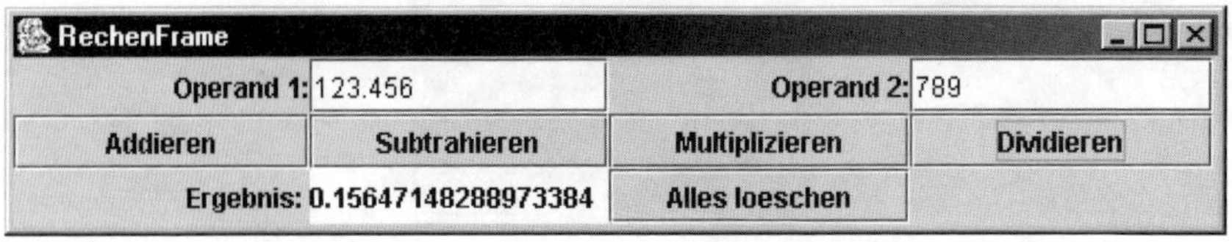

Abbildung 15.12: Frame aus Aufgabe 15.5

Aufgabe 15.5

Schreiben Sie eine grafische Java-Applikation, die es ermöglicht, zwei Zahlen einzugeben, die danach als Operanden für eine der vier Grundrechenarten verwendet werden. Optisch soll sich Ihr „Rechner" etwa wie in Abbildung 15.12 präsentieren.

Verwenden Sie zwei Textfelder für die Eingabe der beiden Operanden und ein Label für die Ausgabe des Ergebniswerts sowie drei Labels für die zugehörige Beschriftung. Für die auszuführenden Operationen benötigen Sie fünf jeweils mit einer der vier Grundrechenarten bzw. dem Text "Alles loeschen" beschriftete Buttons, bei denen jeweils ein eigenes Event-Listener-Objekt vom Typ OperatorListener registriert ist.

Die zugehörige Ereignis-Behandlung soll für alle JButton-Objekte über ein und dieselbe innere Klasse OperatorListener realisiert werden, die das Interface ActionListener implementiert. Welche Operation bei Knopfdruck ausgeführt werden muss, soll beim Erzeugen des Listener-Objekts als char-Wert (+, -, *, / oder l für Löschen) übergeben werden. Dieser Wert ist daher in der actionPerformed-Methode zu berücksichtigen.

Wird eine der fünf Schaltflächen betätigt, müssen Sie also zunächst feststellen, ob es sich um den Lösch-Knopf handelt. Wenn ja, sind alle Eingabefelder und das Ergebnisfeld zu löschen. In allen anderen Fällen muss die entsprechende arithmetische Operation ausgeführt werden. Dazu müssen zunächst die beiden Textfelder ausgelesen und in double-Werte umgewandelt werden. Danach kann die Berechnung durchgeführt und das Ergebnis in dem dafür vorgesehenen Label angezeigt werden.

Denken Sie auch daran, im Falle unzulässiger Eingaben die entsprechenden Exceptions abzufangen und über das Ergebnisfeld eine entsprechende Fehlermeldung anzuzeigen.

Aufgabe 15.6

Schreiben Sie eine Java-Klasse, die als einfaches Euro-Umrechnungsprogramm dienen kann. Nach dem Start soll sich die grafische Oberfläche wie in Abbildung 15.13 präsentieren. Dabei sollen die zweite und vierte Zeile jeweils ein Textfeld zur Eingabe *und* Ausgabe darstellen. In der dritten Zeile soll mit Hilfe eines JComboBox-Objekts (Klapptafel) die Umrechnungswährung eingestellt werden können. Nach Eingabe eines Euro-Betrags in der zweiten Zeile soll beim Druck auf die Eingabetaste in die eingestellte Währung umgerechnet und der Betrag in der untersten Zeile angezeigt werden. Wählt man in der Klapptafel eine andere Währung aus, so soll ebenfalls sofort in die neu eingestellte Währung umgerechnet und der Betrag in der untersten Zeile angezeigt werden. Nach Eingabe eines Betrags in der untersten Zeile soll beim Druck auf die Eingabetaste gemäß der eingestellten Währung in Euro umgerechnet und der Euro-Betrag in der zweiten Zeile angezeigt werden.

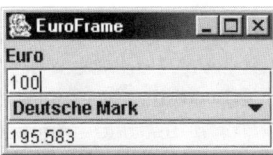  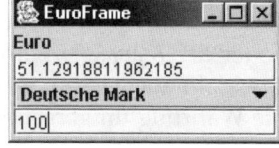

Abbildung 15.13: Frame aus Aufgabe 15.6

Für Ihre Implementierung steht Ihnen die Klasse

```java
public class EuroConverter {
  // Waehrungs-Kennungen
  static final int
    DEM = 0, ATS = 1, FRF = 2, BEF = 3, LUF = 4,  NLG = 5,
    ESP = 6, PTE = 7, ITL = 8, FIM = 9, IEP = 10, GDR = 11;
  // Umrechnungsfaktoren
  private static final double[] faktor = new double[] {
    1.95583, 13.7603, 6.55957, 40.3399, 40.3399, 2.20371,
    166.386, 200.482, 1936.27, 5.94573, 0.787564, 340.750
  };
  // Ausgeschriebene Bezeichnungen der Waehrungen
  private static final String[] bezeichnung = new String[] {
    "Deutsche Mark", "Oesterreichische Schilling",
    "Franzoesische Franc", "Belgische Franc",
    "Luxemburgische Franc", "Niederlaendische Gulden",
    "Spanische Peseten", "Portugiesische Escudos", "Italienische Lire",
    "Finnische Mark", "Irische Pfund", "Griechische Drachmen"
  };
  // liefert die Bezeichnung zur Waehrungs-Kennung 'kennung'
  static String getBezeichnung(int kennung) {
    return bezeichnung[kennung];
  }
  // konvertiert den Euro-Wert 'euro' in die durch die
  // Waehrungs-Kennung 'kennung' spezifizierte Waehrung
  static double convertFromEuro(double euro, int kennung) {
    return faktor[kennung] * euro;
  }
  // konvertiert den Wert 'sonst' der durch die Waehrungs-Kennung
  // 'kennung' spezifizierten Waehrung in den entsprechenden Euro-Wert
  static double convertToEuro(double sonst, int kennung) {
    return sonst / faktor[kennung];
  }
}
```

zur Verfügung, die neben den verschiedenen *Währungskennungen* DEM, ATS, ... ,
GDR auch die drei von Ihnen benötigten Klassen-Methoden `getBezeichnung`,
`convertFromEuro` und `convertToEuro` bereitstellt.

Statten Sie die grafische Oberfläche Ihres Programms mit einem geeigneten Lay-
out und den benötigten Swing-Komponenten aus. Verwenden Sie eine geeignete
Schleife über die Währungs-Kennungen und die Methode `getBezeichnung`, um
der `JComboBox`-Komponente alle benötigten Einträge hinzuzufügen. Verknüpfen
Sie die beiden Textfelder und das `JComboBox`-Objekt mit je einem Event-Listener.
Die zugehörige Ereignis-Behandlung soll wie folgt arbeiten:

- Wird nach Eingabe eines Betrags im *oberen* Textfeld die *Eingabetaste betätigt*
  oder der *Klapptafel-Eintrag geändert*, so soll der `double`-Wert aus dem *oberen*
  Textfeld ausgelesen, mit Hilfe der `EuroConverter`-Klasse in die eingestellte Währung umgerechnet und der neue Betrag im *unteren* Textfeld angezeigt
  werden.

- Wird nach Eingabe eines Betrags im *unteren* Textfeld die *Eingabetaste betätigt*,
  so soll der `double`-Wert aus dem *unteren* Textfeld ausgelesen, mit Hilfe der
  `EuroConverter`-Klasse in Euro umgerechnet und der neue Betrag im *oberen*
  Textfeld angezeigt werden.

Kapitel 16

Einige Ergänzungen zu Swing-Komponenten

Wie wir bereits mehrfach betonten, ist die Swing-Klassenbibliothek viel zu umfangreich, um hier auch nur annäherungsweise abgehandelt zu werden. In diesem Kapitel wollen wir Ihnen daher lediglich einige Ergänzungen zum bisher Erwähnten geben, um Ihr Gesamtbild von den Komponenten für grafische Oberflächen etwas abzurunden.

16.1   Zeichnen in Swing-Komponenten

Eine Komponente wie zum Beispiel ein `JPanel`-Objekt können wir nicht nur mit vorgefertigten Komponenten (Labels, Buttons etc.) ausstatten, um sie so unseren Wünschen entsprechend aussehen zu lassen. Es ist auch möglich, direkten Einfluss auf die grafische Gestaltung einer Swing-Komponente zu nehmen, indem man die Methode, die für das Zeichnen der Komponente zuständig ist, überschreibt. In diesem Abschnitt wollen wir uns damit beschäftigen, welche Möglichkeiten es gibt, in einer Komponente eigene grafische Elemente zu zeichnen.

16.1.1   Grafische Darstellung von Komponenten

Für die Darstellung der einzelnen Swing-Komponenten einer grafischen Oberfläche ist der so genannte **Repaint-Manager** zuständig. Er sorgt dafür, dass beim erstmaligen Erscheinen einer Komponente oder bei Änderungen an ihrem Erscheinungsbild ihre Darstellung aktiviert bzw. aktualisiert wird. Die Methoden, die für Veränderungen an den Komponenten zuständig sind, rufen dazu die von `Component` geerbte Instanzmethode

■ **public void** repaint()

auf. Dadurch wird der Repaint-Manager veranlasst, die von `JComponent` geerbte Instanzmethode

- **public void** `paint(Graphics g)`

aufzurufen, die das (Neu-)Zeichnen der Komponente durchführt.
Die Methode `paint` ruft zu diesem Zweck die Instanzmethoden

- **protected void** `paintComponent(Graphics g)`
- **protected void** `paintBorder(Graphics g)`
- **protected void** `paintChildren(Graphics g)`

(in dieser Reihenfolge) auf, wodurch die Komponente selbst, ihr Border-Bereich und alle in die Komponente bereits eingefügten Komponenten gezeichnet werden. Wenn wir also die grafische Darstellung einer Komponente verändern wollen, müssen wir deren Methode `paintComponent` anpassen.

Allen genannten Methoden wird der Parameter g, ein Objekt vom Typ `Graphics`, übergeben. Dieses stellt den Bezug zum grafischen Kontext, also zum tatsächlichen Ausgabegerät, auf dem die Komponente gezeichnet wird, her.

16.1.2 Das Grafik-Koordinatensystem

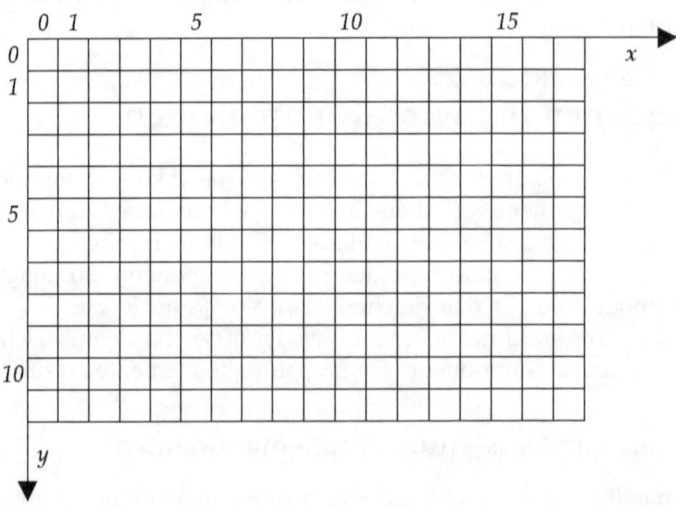

Abbildung 16.1: Das Pixel-Koordinatensystem für die Grafik

Bei der Platzierung von Grafik- und Text-Elementen auf den Komponenten wird ein zweidimensionales Pixel-Koordinatensystem verwendet (vergleiche Abbildung 16.1). Sein Ursprung, das Pixel mit den Koordinaten (0,0), liegt in der linken oberen Ecke, die x-Achse für die erste Koordinate verläuft horizontal von links

nach rechts und die y-Achse für die zweite Koordinate vertikal von oben nach unten. Alle Koordinaten für die Positionierung und Maße von grafischen Elementen werden somit in Pixel angegeben.
Mit Hilfe ihrer Methoden

- **public int** getHeight()
  liefert die Höhe (in Pixel) der Komponente.

- **public int** getWidth()
  liefert die Breite (in Pixel) der Komponente.

die wir bereits in Abschnitt 14.1 erwähnt haben, kann jede Komponente abfragen, welcher Bereich des Koordinatensystems ihr gerade zur Verfügung steht. Beträgt die Höhe h Pixel und die Breite b Pixel, so sind in x-Richtung die Pixel 0 bis $h-1$ und in y-Richtung die Pixel 0 bis $b-1$ verfügbar. Handelt es sich um eine Komponente, die Randelemente wie z. B. eine Titelzeile, eine Menüleiste oder einen Rahmen beinhaltet, so ist zu beachten, dass nicht der gesamte Bereich nutzbar ist. Die abzuzweigenden Randbereiche können mittels der Methode

- **public** Insets getInsets()

ermittelt werden. Das zurückgelieferte Objekt der Klasse Insets besitzt vier Instanzvariablen left, right, top und bottom vom Typ **int**, in denen jeweils die Anzahl der links, rechts, oben und unten abzuzweigenden Pixel gespeichert ist.

16.1.3 Die abstrakte Klasse Graphics

In dieser Klasse werden zahlreiche Methoden bereitgestellt, die es ermöglichen, innerhalb des Grafikkoordinatensystems einer Komponente zu zeichnen. Einige davon wollen wir hier kurz vorstellen.

- **void** drawLine(**int** x1, **int** y1, **int** x2, **int** y2)
  zeichnet eine Linie vom Pixel (x1,y1) bis zum Pixel (x2,y2).

- **void** drawPolyline(**int**[] x, **int**[] y, **int** n)
  zeichnet eine Sequenz von Linien, die jeweils die Punkte (x[i],y[i]) und (x[i+1],y[i+1]) für i = 0,1,2,...,n−2 verbinden.

- **void** drawRect(**int** x, **int** y, **int** w, **int** h)
  zeichnet ein Rechteck mit linker oberer Ecke (x,y) und rechter unterer Ecke (x+w,y+h).

- **void** drawPolygon(**int**[] x, **int**[] y, **int** n)
  zeichnet ein geschlossenes Polygon, das jeweils die Punkte (x[i],y[i]) und (x[i+1],y[i+1]) für i = 0,1,2,...,n−2 sowie die Punkte (x[n-1],y[n-1]) und (x[0],y[0]) verbindet.

- **void** drawOval(**int** x, **int** y, **int** w, **int** h)
  zeichnet ein Oval, das in ein Rechteck mit linker oberer Ecke (x,y) und rechter unterer Ecke (x+w,y+h) passt.

- **void** drawArc(**int** x, **int** y, **int** w, **int** h, **int** s, **int** a)
  zeichnet einen Ellipsen- oder Kreisbogen, also einen Teil eines Ovals, das in
  ein Rechteck mit linker oberer Ecke (x,y) und rechter unterer Ecke (x+w,y+h)
  passt. Dabei gibt s den Startwinkel und a den eigentlichen Winkel (jeweils in
  Grad) für den Bogen an.

- **void** drawString(String str, **int** x, **int** y)
  schreibt den in str angegebenen Text beginnend beim Pixel (x,y).

- **void** fillRect(**int** x, **int** y, **int** w, **int** h)
  zeichnet ein gefülltes Rechteck mit linker oberer Ecke (x,y) und rechter unterer
  Ecke (x+w,y+h).

- **void** fillPolygon(**int**[] x, **int**[] y, **int** n)
  zeichnet ein gefülltes geschlossenes Polygon, das jeweils die Punkte
  (x[i],y[i]) und (x[i+1],y[i+1]) für i = 0,1,2,...,n−2 sowie die Punkte
  (x[n-1],y[n-1]) und (x[0],y[0]) verbindet.

- **void** fillOval(**int** x, **int** y, **int** w, **int** h)
  zeichnet ein gefülltes Oval, das in ein Rechteck mit linker oberer Ecke (x,y)
  und rechter unterer Ecke (x+w,y+h) passt.

- **void** fillArc(**int** x, **int** y, **int** w, **int** h, **int** s, **int** a)
  zeichnet einen gefüllten Ellipsen- oder Kreisbogen, also einen Teil eines Ovals,
  das in ein Rechteck mit linker oberer Ecke (x,y) und rechter unterer Ecke
  (x+w,y+h) passt. Dabei gibt s den Startwinkel und a den eigentlichen Winkel
  (jeweils in Grad) für den Bogen an.

Als „Stiftfarbe" verwenden alle Methoden die eingestellte Vordergrundfarbe der
Komponente. Die Methoden drawXxx zeichnen mit einer Strichstärke von einem
Pixel. Bei den Methoden xxxArc wird der Startwinkel jeweils am Mittelpunkt des
umschließenden Rechtecks bei nach rechts zeigendem Schenkel angelegt.
Abbildung 16.2 demonstriert, wie ein Rechteck, ein Oval und ein gefüllter Kreis-
bogen, die durch die Anweisungen

```
g.drawRect(3,2,13,8);
g.drawOval(6,3,8,5);
g.fillArc(7,4,6,6,0,90);
```

erzeugt wurden, im Pixel-Koordinatensystem angezeigt werden.[1] Die grauen
Pünktchen um das Oval skizzieren dabei die Lage des „Einbettungs-Rechtecks"
für das Oval. Schließlich wollen wir noch alle oben aufgeführten Graphics-
Methoden beispielhaft anwenden. Dazu setzen wir eine eigene JPanel-Klasse

```
1  import javax.swing.*;
2  import java.awt.*;
3  public class ZeichenPanel extends JPanel {
```

---

[1] Natürlich werden Ovale bzw. Kreisbögen in Pixel zerlegt und erscheinen daher in derart kleinem
Maßstab eigentlich nicht mehr rund. In dieser Beziehung ist die Abbildung vereinfacht zu verstehen.

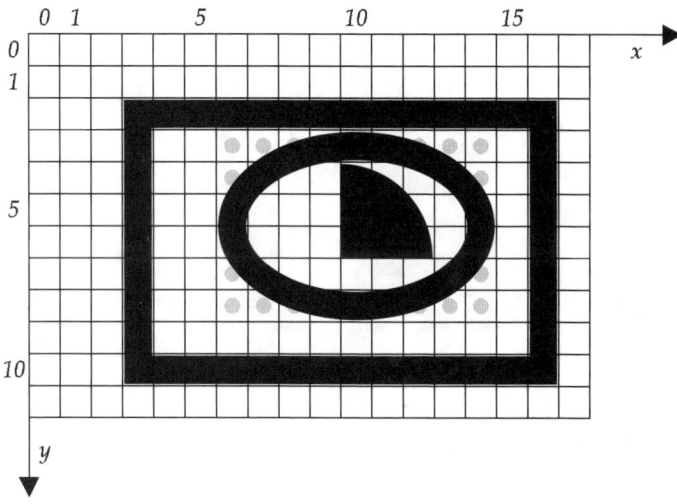

Abbildung 16.2: Rechteck, Oval und gefüllter Kreisbogen

```
4    public void paintComponent(Graphics g) {
5        g.drawLine(10,10,30,20);
6
7        int[] x = {30,40,60,70};
8        int[] y = { 5, 5,30, 5};
9        g.drawPolyline(x,y,4);
10
11       g.drawRect(10,50,20,10);
12
13       x = new int[] {130,140,160,170};
14       y = new int[] {  5, 25, 30, 35};
15       g.drawPolygon(x,y,4);
16
17       g.drawOval(110,60,30,15);
18       g.drawArc(70,40,30,20,0,110);
19       g.drawString("Wow!",40,90);
20       g.fillRect(10,130,20,10);
21
22       x = new int[] {130,140,160,170};
23       y = new int[] {105,135,130,155};
24       g.fillPolygon(x,y,4);
25
26       g.fillOval(60,130,30,30);
27       g.fillArc(150,70,40,30,0,-45);
28    }
29  }
```

ein, in der wir die paintComponent-Methode unseren Wünschen entsprechend angepasst haben. Ein Objekt dieser Klasse pflegen wir nun als Komponente in den Frame

Abbildung 16.3: Zeichnen mit den Methoden der Klasse Graphics

```
1   import java.awt.*;
2   import java.awt.event.*;
3   import javax.swing.*;
4   public class Zeichnung extends JFrame {
5     Container c;              // Container dieses Frames
6     ZeichenPanel z;           // Zeichnung auf dem Zeichen-Panel
7
8     public Zeichnung() {  // Konstruktor
9       c = getContentPane();
10      z = new ZeichenPanel(); // Erzeuge neue Zeichnung
11      c.add(z);               // und fuege sie dem Frame hinzu
12    }
13    public static void main(String[] args) { // main-Methode
14      Zeichnung fenster = new Zeichnung();
15      fenster.setTitle("Zeichnung");
16      fenster.setSize(200,200);
17      fenster.setVisible(true);
18      fenster.setDefaultCloseOperation(JFrame.EXIT_ON_CLOSE);
19    }
20  }
```

ein, der sich beim Start wie in Abbildung 16.3 dargestellt präsentiert.

16.1.4   Ein einfaches Zeichenprogramm

Wir wollen nun ein kleines Programm entwickeln, das es erlaubt, innerhalb der Zeichenfläche mit Mausklicks Punkte zu markieren, die jeweils durch eine Linie verbunden werden. Wir setzen dazu das Rahmenprogramm aus dem vorangegangenen Abschnitt in der leicht modifizierten Form

```
1   import java.awt.*;
2   import java.awt.event.*;
3   import javax.swing.*;
4
5   public class PunkteVerbinden extends JFrame {
6     Container c;              // Container dieses Frames
7     Zeichenbrett z;           // Zeichenbrett zum Linien Malen
```

```
 8
 9    public PunkteVerbinden() { // Konstruktor
10      c = getContentPane();       // Container bestimmen
11      z = new Zeichenbrett();     // Zeichenbrett erzeugen
12      c.add(z);                   // und dem Frame hinzufuegen
13    }
14
15    public static void main(String[] args) {
16      PunkteVerbinden fenster = new PunkteVerbinden();
17      fenster.setTitle("Punkte verbinden");
18      fenster.setSize(250,200);
19      fenster.setVisible(true);
20      fenster.setDefaultCloseOperation(JFrame.EXIT_ON_CLOSE);
21    }
22  }
```

ein, in der wir ein Objekt der Klasse Zeichenbrett als Komponente in den Container einfügen. Diese haben wir, wiederum als Subklasse von JPanel, so aufgebaut, dass jeweils Instanzvariablen x und y zur Speicherung der Koordinaten von Maus-Klicks und n für die Anzahl der bereits getätigten Maus-Klicks verwendet werden. Der Konstruktor initialisiert diese Variablen und fügt dem Zeichenbrett ein MouseListener-Objekt hinzu.

Die dazu benötigte Klasse ClickBearbeiter erbt von MouseAdapter, so dass wir uns darauf beschränken können, nur eine Methode, nämlich mousePressed, zu implementieren.[2] Darin greifen wir mit getX und getY die Koordinaten des Maus-Ereignisses ab, speichern diese in x bzw. y und erhöhen den Maus-Klick-Zähler n. Um durch den Maus-Klick auch sofort die nächste Verbindungslinie gezeichnet zu bekommen, rufen wir die Methode repaint auf, die den Repaint-Manager auffordert, die Komponente neu zu zeichnen. Den eigentlichen Zeichenvorgang haben wir durch Überschreiben der Methode paintComponent implementiert, in der wir lediglich die Graphics-Methode drawPolyline aufrufen, um die Verbindungslinien zwischen den Maus-Klick-Koordinaten darzustellen. Unsere Klasse ist also wie folgt aufgebaut

```
 1  import javax.swing.*;
 2  import java.awt.*;
 3  import java.awt.event.*;
 4
 5  public class Zeichenbrett extends JPanel {
 6    private int[] x, y;  // Koordinaten der Maus-Klicks
 7    private int n;       // Anzahl Klicks
 8
 9    public Zeichenbrett() {     // Konstruktor
10      n = 0;
11      x = new int[1000];
12      y = new int[1000];
13      addMouseListener(new ClickBearbeiter());
14    }
```

---

[2] Wir haben nicht die Methode mouseClicked verwendet, weil diese nur aktiviert wird, wenn wir *press* und *release* an exakt der gleichen Position ausführen. Bei schnellen Mausbewegungen könnte es daher mit ihr zu „Aussetzern" beim Zeichnen kommen.

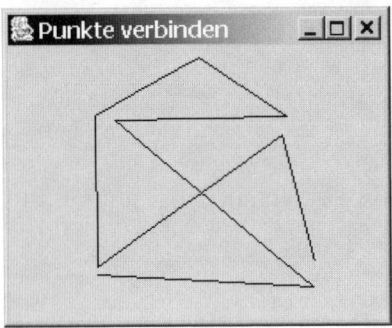

Abbildung 16.4: Maus-Klicks durch Linien verbinden

```
15
16    public void paintComponent(Graphics g) {
17       g.drawPolyline(x,y,n);
18    }
19
20    // Innere Listener-Klasse fuer Maus-Ereignisse
21    class ClickBearbeiter extends MouseAdapter {
22      public void mousePressed(MouseEvent e) {
23        x[n] = e.getX(); // speichere x-Koordinate
24        y[n] = e.getY(); // speichere y-Koordinate
25        n++;             // erhoehe Anzahl Klicks
26        repaint();       // Neuzeichnen der Komponente beim
27                         // Repaint-Manager anfordern
28      }
29    }
30  }
```

und ein Aufruf des Programms PunkteVerbinden ermöglicht es uns, zum Beispiel das berühmte „Haus des Nikolaus" zu zeichnen (siehe Abbildung 16.4).

16.1.5   Layoutveränderungen und der Einsatz von revalidate

In einem Programm wollen wir es ermöglichen, dass durch Betätigen eines Buttons neue Buttons in unsere grafische Oberfläche aufgenommen werden. Wir setzen dazu zunächst die Klasse

```
1   import javax.swing.*;
2   import java.awt.event.*;
3   import java.awt.*;
4
5   public class NewButtonFrame1 extends JFrame {
6     Container c;
7     JButton b;
8
9     public NewButtonFrame1() {
10      c = getContentPane();
11      c.setLayout(new FlowLayout(FlowLayout.LEFT));
```

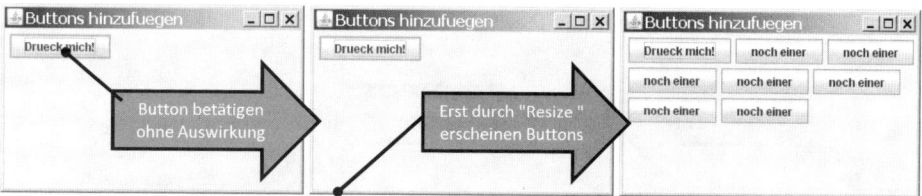

Abbildung 16.5: Button-Klick zunächst ohne Wirkung

```
12        b = new JButton("Drueck mich!");
13        b.addActionListener(new ButtonBearbeiter());
14        c.add(b);
15      }
16
17      class ButtonBearbeiter implements ActionListener {
18        public void actionPerformed(ActionEvent e) {
19          c.add(new JButton("noch einer"));
20          c.repaint();
21        }
22      }
23
24      public static void main(String[] args) {
25        JFrame fenster = new NewButtonFrame1();
26        fenster.setTitle("Buttons hinzufuegen");
27        fenster.setSize(500,300);
28        fenster.setVisible(true);
29        fenster.setDefaultCloseOperation(JFrame.EXIT_ON_CLOSE);
30      }
31    }
```

ein, die sich beim Start wie in Abbildung 16.5 (ganz links) darstellt. Leider verhält sich die Anwendung trotz des repaint-Aufrufs nicht wie erwartet, und selbst mehrmaliges Betätigen des Buttons links oben in der Ecke unseres Frames hat keinen Effekt (Abbildung 16.5 Mitte). Erst ein Klick auf den Rand des Frames oder eine Veränderung seiner Größe lässt plötzlich alle durch die Button-Klicks zwar erzeugten, aber noch nicht dargestellten Buttons erscheinen.

Das Problem besteht darin, dass wir zwar den Aufbau (das Layout) unseres Frames verändern (in unserem Fall ergänzen) können, dies aber wohl nicht immer automatisch erkannt und daher (trotz repaint) nicht grafisch dargestellt wird. Wir müssen also dem Container erst mitteilen, dass das Layout seiner Komponenten komplett neu dargestellt werden soll, was durch den Aufruf seiner Methode

- **public void** validate()

erfolgen könnte. Da ein kompletter Aufbau der Frame-Oberfläche jedoch nicht unnötigerweise erfolgen sollte, wird dieser Vorgang von validate nur dann tatsächlich ausgeführt, wenn eine Komponente den Container zuvor mit einem Aufruf ihrer Methode

- **public void** invalidate()

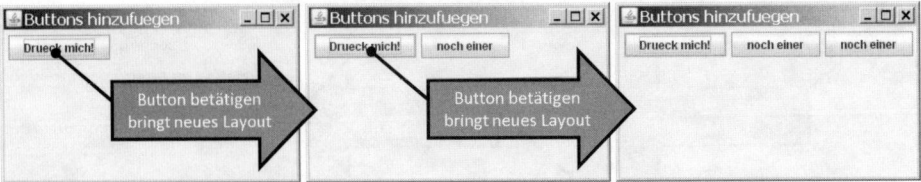

Abbildung 16.6: Button-Klick fügt unmittelbar neue Buttons ein

für ungültig (englisch: invalid) erklärt hat. Um den benötigten Aufruf von `invalidate` für die Komponente und das anschließende `validate` für den Container zu vereinfachen, steht für Swing-Komponenten die Methode

■ **public void** revalidate()

zur Verfügung, die beides hintereinander erledigt. Setzen wir diese in der ereignisbehandelnden Methode ein, reagiert die modifizierte Klasse

```
1   import javax.swing.*;
2   import java.awt.event.*;
3   import java.awt.*;
4
5   public class NewButtonFrame2 extends JFrame {
6      Container c;
7      JButton b;
8
9      public NewButtonFrame2() {
10        c = getContentPane();
11        c.setLayout(new FlowLayout(FlowLayout.LEFT));
12        b = new JButton("Drueck mich!");
13        b.addActionListener(new ButtonBearbeiter());
14        c.add(b);
15     }
16
17     class ButtonBearbeiter implements ActionListener {
18        public void actionPerformed(ActionEvent e) {
19           c.add(b = new JButton("noch einer"));
20           b.revalidate();
21        }
22     }
23
24     public static void main(String[] args) {
25        JFrame fenster = new NewButtonFrame2();
26        fenster.setTitle("Buttons hinzufuegen");
27        fenster.setSize(500,300);
28        fenster.setVisible(true);
29        fenster.setDefaultCloseOperation(JFrame.EXIT_ON_CLOSE);
30     }
31  }
```

nun wie gewünscht, und mit jedem Betätigen des Buttons links oben in der Ecke des Frames erscheint ein neuer Button im Frame (Abbildung 16.6 Mitte und rechts).

16.2   Noch mehr Swing gefällig?

Sie haben Geschmack an Swing gefunden und wollen noch mehr erfahren? Dann bietet es sich an, einmal das Programm `SwingSet2` zu starten, das (neben weiteren Demo-Programmen) zu jeder aktuellen JDK-Version gehört. Zu finden ist es im Verzeichnis

```
...\jdk...\demo\jfc\SwingSet2
```

wobei `...` entsprechend dem tatsächlichen Installationspfad auf Ihrem Rechner und der installierten JDK-Version ergänzt werden muss. Wenn Sie sich in diesem Verzeichnis befinden, können Sie mit dem Kommando

```
java -jar SwingSet2.jar
```

das Programm als Applikation starten. Über die Toolbar (siehe Abbildung 16.7) können Sie sich dann einen Überblick über eine Vielzahl von Swing-GUI-Gestaltungsmöglichkeiten und deren Funktionalität verschaffen.

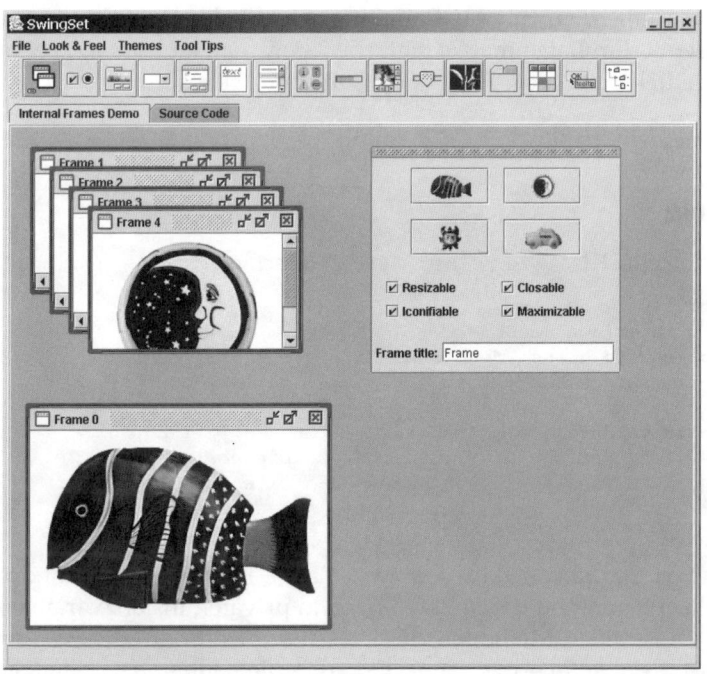

Abbildung 16.7: Das SwingSet-Demo-Programm aus der JDK-Installation

Natürlich wird es für jeden, der sich intensiver mit der Swing-Programmierung beschäftigen möchte, erforderlich sein, weitere Literatur zu studieren. Spezielle Bücher über Swing gibt es mittlerweile zuhauf. Außerdem findet sich auch im

Java-Tutorial von Sun Microsystems, das als Buch [21] und zum freien Download [25] zur Verfügung steht, ein Kapitel „Creating a GUI with JFC/Swing", das sich der Swing-Programmierung widmet. In jeder Phase Ihres Daseins als Swing-Entwickler(in) wird aber ein weiteres Dokument eine zentrale Rolle spielen: die API-Spezifikation [32] der JDK-Klassen. Von einem regelmäßigen gezielten Nachschlagen in diesen stets aktuell gehaltenen Detail-Informationen direkt aus dem Hause Sun wird Ihre Programmiertätigkeit sicherlich profitieren.

16.3   Übungsaufgaben

Aufgabe 16.1

Schreiben Sie eine Klasse `Punkt` zur Darstellung von Punkten in der Zeichenebene. Der Konstruktor der Klasse soll zwei `double`-Parameter erwarten (die x- und y-Koordinaten des Punkts) und in entsprechenden privaten Instanzvariablen speichern. Schreiben Sie je eine Zugriffsmethode `getX()` bzw. `getY()`, die die x- bzw. y-Koordinate des Punkts zurückliefert.

Schreiben Sie außerdem eine Methode `drehen`, die den Punkt um den übergebenen Winkel `phi` (im Bogenmaß) dreht. Die Koordinaten $(x_{\mathrm{neu}}, y_{\mathrm{neu}})$ eines um den Winkel ϕ gedrehten Punkts $p = (x_p, y_p)$ berechnen sich als

$$x_{\mathrm{neu}} := x_p \cdot \cos(\phi) - y_p \cdot \sin(\phi) \qquad \text{und} \qquad y_{\mathrm{neu}} := x_p \cdot \sin(\phi) + y_p \cdot \cos(\phi).$$

Aufgabe 16.2

Schreiben Sie eine Klasse `Strecke`, die das Interface

```java
import java.awt.*;
public interface GeoObjekt {
  public void drehen(double phi);
    // dreht das Objekt um den Winkel phi

  public void zeichnen(Graphics g, int xNull, int yNull);
    // zeichnet das Objekt auf der Zeichenebene
    // xNull und yNull sind die Koordinaten des Ursprungs
    // (Nullpunkts) des verwendeten Koordinatensystems
}
```

implementiert. Der Konstruktor soll zwei `Punkt`-Parameter (die Randpunkte der Strecke) akzeptieren und deren Referenzen in privaten Instanzvariablen ablegen. Die beiden abstrakten Methoden `drehen` und `zeichnen`, die von der Schnittstelle `GeoObjekt` definiert werden, sind zu implementieren. Greifen Sie dabei so weit wie möglich auf Methoden der Klasse `Punkt` zurück.

Achten Sie beim Zeichnen in der Methode `zeichnen` darauf, dass die Linie relativ zum übergebenen Nullpunkt (xNull,yNull) ausgegeben wird. Verwenden Sie beim Aufruf der Methode `drawLine` der Klasse `Graphics` daher die um `xNull` bzw. `yNull` erhöhten Koordinaten.

Aufgabe 16.3

Schreiben Sie eine Klasse `Dreieck`, die ebenfalls die Schnittstelle `GeoObjekt` aus Aufgabe 16.2 implementiert. Der Konstruktor soll drei `Punkt`-Parameter erwarten und sie in entsprechenden **protected**-Instanzvariablen speichern. Im Konstruktor sollen mit diesen drei Punkten drei neue Objekte der Klasse `Strecke` instantiiert werden, deren Referenzen in privaten Instanzvariablen gespeichert werden.
Implementieren Sie die Methode `drehen`, indem Sie nur auf die jeweilige Methode der drei Punkt-Objekte zurückgreifen.
Implementieren Sie die Methode `zeichnen`, indem Sie nur auf die jeweilige Methoden der drei Strecken-Objekte zurückgreifen.

Aufgabe 16.4

Schreiben Sie eine Klasse `DrehPanel`, die von `JPanel` erbt und als Zeichenfläche dienen kann, auf der fest vorgegebene zweidimensionale geometrische Objekte gedreht werden können. Die Klasse soll mit einer finalen Klassenvariablen `SCHRITTWEITE` mit Wert $\frac{\pi}{60}$ (die Schrittweite für Drehungen) und einer privaten Variable `drehObjekt` vom Typ `GeoObjekt` (das Objekt, das gedreht werden soll) ausgestattet sein.
Im Konstruktor der Klasse sollen vier Instanzen der Klasse `JButton` erzeugt, mit *Links*, *Rechts*, *Strecke* und *Dreieck* beschriftet und dem Panel hinzugefügt werden. Bei jedem dieser Buttons soll ein `ActionListener`-Objekt unter Verwendung einer anonymen Klasse registriert werden. In der jeweiligen Methode `actionPerformed` soll dabei

- für den mit *Links* beschrifteten Knopf das Objekt `drehObjekt` um die negative Schrittweite gedreht,

- für den mit *Rechts* beschrifteten Knopf das Objekt `drehObjekt` um die positive Schrittweite gedreht,

- für den mit *Strecke* beschrifteten Knopf das Objekt `drehObjekt` mit der Methode `erzeugeStrecke` als neue Strecke erzeugt,

- für den mit *Dreieck* beschrifteten Knopf das Objekt `drehObjekt` mit der Methode `erzeugeDreieck` als neues Dreieck erzeugt

und jeweils `repaint` zum Neuzeichnen alle Komponenten aufgerufen werden. Der Konstruktor soll dafür sorgen, dass die Variable `drehObjekt` zu Beginn mit einer Strecke initialisiert wird.
Zum Erzeugen einer neuen Strecke müssen Sie nun noch die Instanzmethode `erzeugeStrecke()` schreiben, die ein neues Objekt der Klasse `Strecke` (siehe Aufgabe 16.2) mit den Endpunkten $(0,0)$ und $(100,0)$ erzeugt und als Ergebnis zurückliefert. Außerdem müssen Sie die Methode `erzeugeDreieck()` zum Erzeugen eines neuen Dreiecks ergänzen, die ein neues Objekt der Klasse `Dreieck` mit den Eckpunkten $(0,0)$, $(100,0)$ und $(50,-66)$ erzeugt

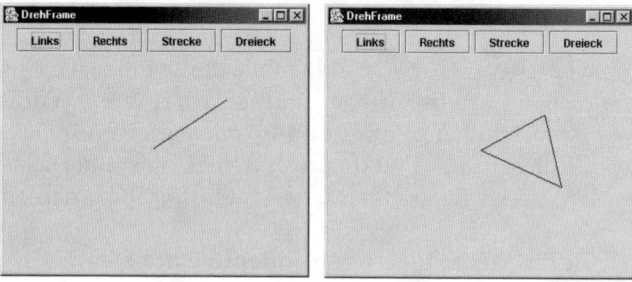

Abbildung 16.8: Der Frame aus Aufgabe 16.5

und als Ergebnis zurückliefert. Schließlich überschreiben Sie die Methode
`paintComponent(Graphics g)`, indem Sie darin zunächst die entsprechende
Methode der Superklasse und anschließend die Instanzmethode `zeichnen` des
Objekts `drehObjekt` aufrufen. Verwenden Sie dabei die Koordinaten des Panel-
Mittelpunkts für die Parameter `xNull` und `yNull`.

Aufgabe 16.5

Schreiben Sie eine Frame-Klasse, in deren Konstruktor ein Objekt der Klasse
`DrehPanel` aus Aufgabe 16.4 erzeugt und in die Content-Pane des Frames eingefügt wird. In der `main`-Methode der Klasse sollten Sie den Frame dann in den
Dimensionen 350×300 Pixel erzeugen, so dass sich die grafische Oberfläche wie
in Abbildung 16.8 dargestellt präsentiert.

Aufgabe 16.6

Erweitern Sie Ihr Programm aus Aufgabe 16.5 so, dass auch ein Dreieck um
seinen Schwerpunkt gedreht werden kann. Entwerfen Sie dazu eine Klasse
`SchwerDreieck`, die von `Dreieck` erbt und in ihrem Konstruktor lediglich den
Konstruktor der Superklasse aufruft. Die Methode `zeichnen` muss überschrieben werden, indem die entsprechende Methode der Superklasse aufgerufen wird,
wobei die angepassten Koordinaten $(\text{xNnull} - x_s, \text{yNnull} - y_s)$ unter Verwendung der Koordinaten des Schwerpunkts $s = (x_s, y_s)$ übergeben werden müssen.
Hinweis: Die Koordinaten (x_s, y_s) des Schwerpunkts eines aus den Punkten
$p = (x_p, y_p)$, $q = (x_q, y_q)$ und $r = (x_r, y_r)$ gebildeten Dreiecks berechnen sich zu

$$x_s := (x_p + x_q + x_r)/3 \qquad \text{und} \qquad y_s := (y_p + y_q + y_r)/3.$$

Kapitel 17

Applets

Nachdem wir in Kapitel 13 gelernt haben, Programme zu entwickeln, die grafische Benutzungsoberflächen besitzen, werden wir uns in diesem Kapitel damit beschäftigen, solche grafische Oberflächen nicht nur lokal, sondern über das Internet zur Verfügung zu stellen. Dazu schreiben wir unsere Programme nicht mehr als Frames, sondern als **Applets**. Diese können über Computer-Netzwerke verbreitet und innerhalb eines Browsers (wie zum Beispiel *Netscape Navigator* oder *Microsoft Internet Explorer*) ausgeführt werden.

Prinzipiell unterscheidet sich der Aufbau einer grafischen Oberfläche in einem Applet nicht von dem in einem Frame. Einzige Besonderheit beim Applet ist, dass es kein eigenes Fenster bereitstellt. Ein Applet kann daher nicht direkt ausgeführt werden und muss in der Umgebung eines Browsers oder des Appletviewers (ein Hilfsprogramm aus dem JDK) ablaufen, die den Fensterrahmen dafür liefert. Dazu muss das Applet in eine HTML-Datei eingebettet werden. **HTML** steht für **Hyper Text Markup Language** und ist eine Seitenbeschreibungs-Sprache, die zur Darstellung von Webseiten eingesetzt wird.

17.1   Erstellen und Ausführen von Applets

In diesem Abschnitt erläutern wir zunächst anhand des einfachen Beispiels aus Abschnitt 13.4, wo die grundsätzlichen Unterschiede beim Erstellen und Ausführen von Applikationen bzw. Applets liegen.

17.1.1   Vom Frame zum Applet am Beispiel

Wir wollen uns daran erinnern, wie wir in Abschnitt 13.4 unser erstes einfaches Fenster mit einem kleinen Text ausgestattet haben. Unser Java-Programm haben wir damals wie folgt geschrieben:

```java
1   import java.awt.*;
2   import javax.swing.*;
3   /** Erzeuge ein einfaches Swing-Fenster mit einem Textlabel */
4   public class FrameMitText extends JFrame {
5     Container c;            // Container dieses Frames
6     JLabel beschriftung;    // Label, das im Frame erscheinen soll
7
8     public FrameMitText() {  // Konstruktor
9       // Bestimme die Referenz auf den eigenen Container
10      c = getContentPane();
11      // Setze das Layout
12      c.setLayout(new FlowLayout());
13      // Erzeuge das Labelobjekt mit Uebergabe des Labeltextes
14      beschriftung = new JLabel("Label-Text im Frame");
15      // Fuege das Label dem Frame hinzu
16      c.add(beschriftung);
17    }
18    public static void main(String[] args) {
19      FrameMitText fenster = new FrameMitText();
20      fenster.setTitle("Frame mit Text im Label");
21      fenster.setSize(300,150);
22      fenster.setVisible(true);
23      fenster.setDefaultCloseOperation(JFrame.EXIT_ON_CLOSE);
24    }
25  }
```

Die Klasse `FrameMitText` erbt von `JFrame`. In ihrem Konstruktor wird zunächst die Referenz auf die Content-Pane (den eigentlichen Container des Frames) bestimmt. Danach wird das Layout des Containers festgelegt. Schließlich wird ein Objekt der Klasse `JLabel` mit dem darzustellenden Text erzeugt und dem Container hinzugefügt. In der `main`-Methode wird eine Instanz der Klasse `FrameMitText` erzeugt, die Beschriftung der Titelleiste und die Größe des Frames festgelegt, der Frame sichtbar geschaltet und schließlich dafür gesorgt, dass das Fenster ordnungsgemäß beendet werden kann.

Nach dem Compilieren konnten wir unser Programm mit dem Java-Interpreter starten, indem wir das Kommando

────────────────── Konsole ──────────────────
```
java FrameMitText
```

im Konsolenfenster eingaben, wodurch mit der Ausführung der `main`-Methode begonnen wurde. Optisch präsentierte sich unser Programm wie in Abbildung 13.4 dargestellt.

Wollen wir dieselbe Funktionalität nicht in einem Frame, sondern in einem Applet realisieren, müssen wir etwas anders vorgehen:

```java
1   import java.awt.*;
2   import javax.swing.*;
3
4   /** Erzeuge ein einfaches Swing-Applet mit einem Textlabel */
5   public class AppletMitText extends JApplet {
6     Container c;            // Container dieses Applets
```

```
7    JLabel beschriftung;   // Label das im Applet erscheinen soll
8
9    // init-Methode fuer unser Applet mit Textlabel
10   public void init() {
11     // Bestimme die Referenz auf den eigenen Container
12     c = getContentPane();
13     // Setze das Layout
14     c.setLayout(new FlowLayout());
15     // Erzeuge das Labelobjekt mit Uebergabe des Labeltextes
16     beschriftung = new JLabel("Label-Text im Applet");
17     // Fuege das Label dem Applet hinzu
18     c.add(beschriftung);
19   }
20
21 }
```

Unsere Klasse `AppletMitText` erbt nun von `JApplet` und wird dadurch mit
den vorgefertigten Eigenschaften eines Applets ausgestattet. Wie bei unserer
Frame-Klasse verwenden wir auch im Applet die Instanzvariablen `c` vom Typ
`Container` und `beschriftung` vom Typ `JLabel`. Da unser Java-Programm
selbst nicht für die Erzeugung eines Objekts unserer Applet-Klasse zuständig sein
wird, müssen wir keinen Konstruktor programmieren. Der Aufbau unserer einfachen grafischen Oberfläche, der beim Frame noch im Konstruktor untergebracht
war, wird in unserer Applet-Klasse in die Methode `init` – die später automatisch
beim Start des Applets aufgerufen wird – verlagert. Wiederum wird (wie beim
Frame) die Referenz auf die Content-Pane bestimmt, das Layout des Containers
festgelegt und ein Objekt der Klasse `JLabel` mit dem darzustellenden Text erzeugt und dem Container hinzugefügt.
Markantester Unterschied zu unserer Frame-Klasse ist sicherlich das Fehlen der
`main`-Methode. Unsere Klasse `AppletMitText` kann daher nach dem Compilieren auch nicht direkt mit dem Java-Interpreter gestartet werden. Wir müssen noch
ein wenig mehr tun.

17.1.2   Applet in HTML-Datei einbetten

Um unser Applet tatsächlich ausführbar zu machen, müssen wir die Klasse
zunächst noch in eine HTML-Seite wie z. B.

```
1   <html>
2     <head>
3       <title>
4         AppletMitText
5       </title>
6     </head>
7     <body>
8       <b>
9         Das Applet AppletMitText
10      </b>
11      <hr></hr>
12      <applet  code="AppletMitText.class"  width="300"  height="150">
13        Hier sollte eigentlich ein Applet laufen
```

```
14        </applet>
15        <hr></hr>
16        Mit normalem Text geht es weiter ...
17      </body>
18    </html>
```

einbetten, die wir dann in der Datei `AppletMitText.html` speichern. Ganz allgemein gesehen, dient die Seitenbeschreibungssprache HTML der Definition von Inhalt, Struktur und Format von Texten und Bildern, die auf Webseiten im Internet dargestellt werden sollen. Dazu werden so genannte **Tags** (deutsch: Markierungen) in Form von Schlüsselwörtern, die jeweils von < und > eingeklammert werden, verwendet. Diese Tags markieren den Beginn und das Ende (die Tags enthalten dann ein vorangestelltes /-Zeichen) eines Textabschnitts, der auf eine bestimmte Art dargestellt werden soll. Beispielsweise leitet <b> einen fettgedruckt erscheinenden Textabschnitt ein, und </b> beendet diesen.

Außerdem besteht eine HTML-Datei, die vollständigerweise jeweils mit dem Tag <html> beginnt und mit </html> endet, in der Regel aus einem Kopf (zwischen <head> und </head>), der zum Beispiel einen Titel (zwischen <title> und </title>) enthält, und einem Rumpf (zwischen <body> und </body>), der die eigentlichen Text- und Bild-Inhalte des Dokuments beinhaltet (in unserem Beispiel insbesondere das Applet). Darüber hinaus stellt die Sprache HTML, die übrigens nicht wie Java zwischen Groß- und Kleinschreibung unterscheidet, natürlich ein umfangreiches Sortiment an Tags zur Verfügung, auf die wir im Rahmen dieses Buchs nicht genauer eingehen können. Hierzu sei auf die zahlreiche Literatur (wie z. B. [15]) und das breite Web-Angebot (wie z. B. [29]) verwiesen. In obigem Beispiel haben wir übrigens noch den Tag <hr> eingesetzt, der eine horizontale Linie zeichnet.

Für uns als Applet-Programmierer entscheidend ist ein ganz spezieller HTML-Tag, der Applet-Tag <applet ...> in Zeile 12. Dieser ist zuständig für den Aufruf unseres Applets und erfordert zusätzliche Angaben, so genannte **Attribute**, nämlich

- `code="AppletMitText.class"`
  legt den Namen der auszuführenden Java-Applet-Klasse fest.

- `width="300"`
  legt die Breite der Applet-Fläche in Pixel fest.

- `height="150"`
  legt die Höhe der Applet-Fläche in Pixel fest.

Sollte aufgrund eines Fehlers das Applet in einem Web-Browser nicht ausgeführt werden können, so wird lediglich der Text, der zwischen <applet ...> und </applet> steht (Zeile 13), angezeigt. Ein Teil dessen, was wir im Frame-Beispiel in der `main`-Methode programmiert haben, steckt also nun bei unserem Applet innerhalb des Applet-Tags der HTML-Datei.

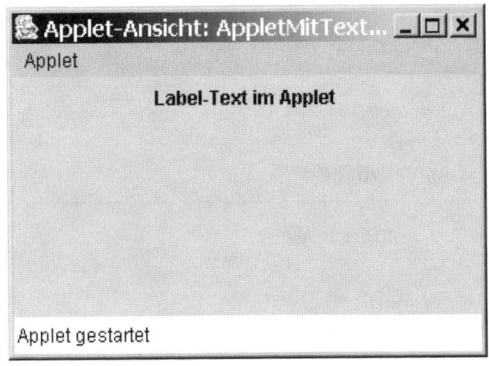

Abbildung 17.1: Das Applet im Appletviewer

17.1.3   Applet über HTML-Datei ausführen

Nun sind wir in der Lage, unser Applet auszuführen. Wir benutzen dazu zunächst den Appletviewer, ein Hilfsprogramm, das in jeder JDK-Installation enthalten ist.[1] Geben wir in einem Konsolenfenster das Kommando

```
───────────────── Konsole ─────────────────
appletviewer AppletMitText.html
```

ein, so wird ein Fenster erzeugt, in dem das Applet dargestellt werden kann. In diesem Fenster wird nun unser Applet angezeigt (siehe Abbildung 17.1) – und zwar nur das Applet, die restlichen Inhalte der HTML-Datei werden ignoriert.

Der vollständige Inhalt unserer HTML-Datei kann nur von einem Internet-Browser wie z. B. *Netscape Navigator* oder *Microsoft Internet Explorer* angezeigt werden. Dazu müssen wir den Browser unserer Wahl dazu veranlassen, die HTML-Datei zu öffnen. Dies kann z. B. über dessen Datei-Menü und den Eintrag „Seite Öffnen" oder durch Doppelklick auf die HTML-Datei erfolgen. Auf der angezeigten Seite (siehe Abbildung 17.2) wird nun genau zwischen den beiden horizontalen Linien, die wir mit den beiden <hr>-Tags in unsere HTML-Seite eingefügt haben, der im Applet-Tag festgelegte Bereich für das Applet reserviert und dieses dort angezeigt.

Sollte das Applet in Ihrem Browser nicht angezeigt werden, kann dies daran liegen, dass Ihr Browser nicht mit der aktuellen Version des Java-Laufzeitsystems arbeitet. Dies können Sie leicht beheben, indem Sie das entsprechende **Java-Plug-in** aktivieren. Unter Windows genügt es zum Beispiel, das gleichnamige Hilfsprogramm, das sich unter *Start/Einstellungen/Systemsteuerung* findet, zu starten, die mit *Browser* beschriftete Karteikarte zu wählen und darin das Java-Plug-in

---

[1]   Jedes neu geschriebene Applet sollte zum Test auf jeden Fall einmal mit dem Appletviewer gestartet werden.

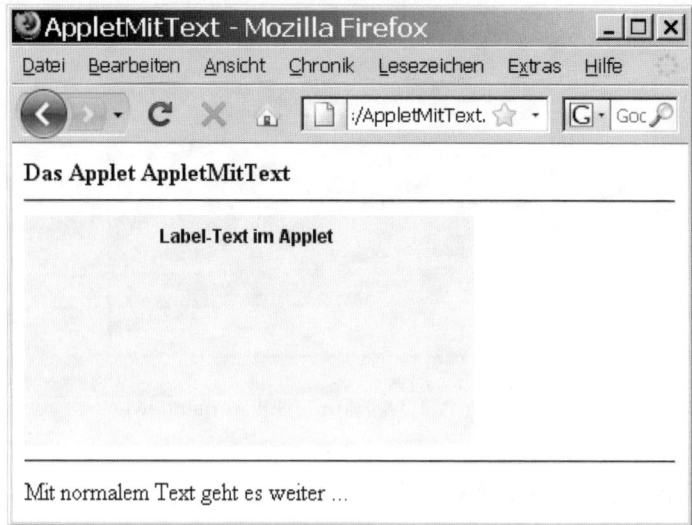

Abbildung 17.2: Das Applet im Browser

als Standard-Java-Laufzeitprogramm für Ihren Browser einzustellen.[2] Wenn diese Einstellungen übernommen wurden, funktioniert nach einem Neustart des Browsers alles wie gewünscht.

17.2   Die Methoden der Klasse `JApplet`

Ruft man sich die Hierarchie der AWT- und Swing-Klassen (siehe Abbildung 13.6 auf Seite 416) in Erinnerung, so erkennt man, dass die Klasse `JApplet` genau wie `JFrame` und andere Swing-Komponenten von den AWT-Klassen `Component` und `Container` erbt. Somit stehen natürlich – wie allen anderen Komponenten – auch jedem `JApplet`-Objekt die in Abschnitt 14.1 beschriebenen Methoden `getBackground`, `setBackground`, `getForeground`, `setForeground` `getFont`, `setFont`, `getHeight`, `getWidth`, und `setSize` sowie die in Abschnitt 14.2 beschriebenen Methoden `add`, `remove`, `getComponents` und `setLayout` mit entsprechender Funktionalität zur Verfügung. Darüber hinaus sind natürlich auch die ebenfalls geerbten Methoden `addXxxListener` und `removeXxxListener` zur Registrierung von Listener-Objekten (vergleiche Abschnitt 15.4) verfügbar.

---

[2] Dies funktioniert natürlich nur, wenn das Java-Plug-in auf Ihrem Rechner installiert ist. Dies ist in der Regel der Fall, wenn Sie das JDK installiert haben. Für Rechner, die über keine komplette JDK-Installation verfügen (sollen), kann das Plug-in von der entsprechenden Webseite [35] heruntergeladen werden.

Genau wie ein `JFrame`-Objekt kann auch ein `JApplet`-Objekt neben der Content-Pane, auf der Komponenten eingefügt werden können, eine eigene Menüleiste erhalten. Daher stellt auch die Klasse `JApplet` die Instanzmethoden `getContentPane` und `setJMenuBar` bereit.

Wichtige Methoden erbt die Klasse `JApplet` von der Klasse `Applet`, wobei den Methoden `init`, `start`, `stop` und `destroy` besondere Bedeutung zukommt. Diese werden nämlich automatisch vom Appletviewer bzw. vom Browser zur Kommunikation mit dem Applet aufgerufen, je nachdem, in welchem Zustand („Lebensabschnitt") sich das Applet gerade befindet.

- **public void** `init()`
  wird aufgerufen, wenn das Applet erstmals geladen wird, und dient der Initialisierung des Applet-Objekts (sozusagen als Ersatz für entsprechende Anweisungen in einem Konstruktor).

- **public void** `start()`
  wird aufgerufen, wenn das Applet gestartet wird (unmittelbar nach `init` und jedes Mal, wenn die HTML-Seite, in die das Applet eingebettet ist, erneut angezeigt wird).

- **public void** `stop()`
  wird aufgerufen, wenn das Applet vorübergehend angehalten wird (jedes Mal, wenn die HTML-Seite, in die das Applet eingebettet ist, nicht mehr angezeigt wird, und unmittelbar vor `destroy`).

- **public void** `destroy()`
  wird aufgerufen, wenn das Applet zerstört wird (weil der Appletviewer oder der Browser beendet wird).

Diese vier Methoden sind gleichermaßen mit einem leeren Rumpf implementiert, so dass sie zwar prinzipiell aufgerufen, aber natürlich nicht aktiv werden. Wenn wir nun aber eine Subklasse von `JApplet` schreiben, so können und sollten wir diese Methoden überschreiben, um in den Methoden entsprechende Aufgaben erledigen zu lassen:

- In der Methode `init` sollten alle für das Appletobjekt wichtigen Initialisierungen durchgeführt werden. Zum Beispiel sollten hier alle benötigten Objekte (wie z. B. Swing-Komponenten oder Listener-Objekte) erzeugt werden.

- In der Methode `start` sollten alle notwendigen Aktionen bzw. Prozesse (z. B. Animationen) des Applets gestartet werden.

- In der Methode `stop` sollten alle Aktionen, die bei nicht angezeigtem Applet nicht benötigt werden, vorübergehend (bis zum nächsten `start`-Aufruf) angehalten werden.

- In der Methode `destroy` sollten alle Aktionen bzw. Prozesse des Applets endgültig beendet und alle Abschlussarbeiten, die vor der endgültigen Zerstörung des Applets notwendig sind, ausgeführt werden.

Wir wollen uns das Zusammenspiel von Browser- bzw. Appletviewer und Applet anhand eines Beispiels verdeutlichen. In unserem Applet

```
1  import javax.swing.*;
2  import java.awt.*;
3  public class AppletMethoden extends JApplet {
4    public void init() {
5      System.out.println("init");
6    }
7    public void start() {
8      System.out.println("start");
9    }
10   public void stop() {
11     System.out.println("stop");
12   }
13   public void destroy() {
14     System.out.println("destroy");
15   }
16 }
```

haben wir den Rumpf der vier Methoden init, start, stop und destroy so gestaltet, dass dort jeweils der Methodenname auf das Konsolenfenster ausgegeben wird. Beim Ausführen des Applets können wir somit genau verfolgen, welche der vier Methoden gerade ausgeführt wird. Wenn wir also (natürlich nach Einbettung unseres Applets in eine entsprechende HTML-Seite) beispielsweise nacheinander

- das Applet im Appletviewer starten,

- das Appletviewer-Fenster minimieren,

- das Appletviewer-Fenster wiederherstellen,

- das Appletviewer-Fenster minimieren,

- das Appletviewer-Fenster wiederherstellen und

- das Appletviewer-Fenster schließen (beenden),

so erhalten wir die Konsolenausgaben

```
─────────────────── Konsole ───────────────────
init
start
stop
start
stop
start
stop
destroy
```

17.3   Zwei Beispiele

Zu Beginn dieses Kapitels deuteten wir bereits an, dass sich der Aufbau einer grafischen Oberfläche im Applet nicht von dem in einem Frame unterscheidet.

Gleiches gilt für die Ereignisverarbeitung. Nachfolgend wollen wir dies an zwei Beispielen, die wir bereits mit Hilfe von Frames programmiert haben, demonstrieren, indem wir sie „Web-fähig" machen, also in ein entsprechendes Applet verwandeln.

17.3.1 Auf die Plätze, fertig, los!

In Abschnitt 15.6 erzeugten wir eine grafische Oberfläche für unser Stoppuhr-Programm aus Kapitel 12. Auch wenn wir diese in einem Applet generieren wollen, gilt es,

- vier `JLabel`-Objekte für die Anzeige der Start-, der Stopp- und der Laufzeit sowie der Status-Information,

- drei `JButton`-Objekte für den Start-, den Stopp- und den Neu-Knopf sowie

- ein `JComboBox`-Objekt für die Auswahl des Anzeigeformats für die gemessene Laufzeit

einzubauen. Die entsprechenden Anweisungen wandern in die `init`-Methode unserer Applet-Klasse.

Um die gewohnte Funktionalität sicherzustellen, benötigen wir natürlich auch jetzt wieder Listener-Objekte für die drei Buttons und für die Combo-Box, so dass wir die Listener-Klassen `KnopfListener` und `BoxListener` direkt aus dem Frame-Programm übernehmen können. Allerdings müssen wir sie nun erneut innerhalb der Frame-Klasse programmieren, und so „rächt" sich nun die Tatsache, dass wir diese Klassen als innere Klassen unserer Frame-Klasse realisiert haben. Wären es eigenständige Klassen, könnten wir sie in unserer Applet-Klasse auch direkt verwenden. Natürlich müssen wir die beiden Hilfsmethoden `differenzString` und `anzeigeAktualisieren` noch einmal programmieren.

Unser Applet hat somit die Gestalt

```
1  import java.util.*;
2  import java.text.*;
3  import java.awt.*;
4  import java.awt.event.*;
5  import javax.swing.*;
6  import javax.swing.border.*;
7
8  /** Swing-Applet mit Stoppuhrfunktion */
9  public class StoppuhrApplet extends JApplet {
10    Container  c;
11    JButton    startButton, stoppButton, neuButton;
12    JLabel     startZeit, stoppZeit, differenz, status;
13    JComboBox  ergebnisFormat;
14    Date       startZeitObj = null, stoppZeitObj = null;
15    Font       schriftGross = new Font("SansSerif",Font.BOLD,20),
16               schriftKlein = new Font("SansSerif",Font.BOLD,12);
17    SimpleDateFormat
18               form = new SimpleDateFormat("dd.MM.yy, HH:mm:ss:SS");
```

```
19
20   // Initialisierung des Applets
21   public void init() {
22     c = getContentPane();
23     c.setLayout(new GridLayout(4, 2, 5, 10));
24
25     startZeit = new JLabel("--", JLabel.CENTER);
26     startZeit.setFont(schriftKlein);
27     startZeit.setBorder(new TitledBorder("Startzeit"));
28     stoppZeit = new JLabel("--", JLabel.CENTER);
29     stoppZeit.setFont(schriftKlein);
30     stoppZeit.setBorder(new TitledBorder("Stoppzeit"));
31     differenz = new JLabel("--", JLabel.CENTER);
32     differenz.setFont(schriftGross);
33     differenz.setBorder(new TitledBorder("Laufzeit"));
34
35     KnopfListener kL = new KnopfListener();
36
37     startButton = new JButton("START");
38     startButton.setToolTipText("startet die Stoppuhr");
39     startButton.addActionListener(kL);
40     stoppButton = new JButton("STOPP");
41     stoppButton.setToolTipText("stoppt die Stoppuhr");
42     stoppButton.addActionListener(kL);
43     neuButton = new JButton("NEU");
44     neuButton.setToolTipText("loescht alle Felder");
45     neuButton.addActionListener(kL);
46
47     ergebnisFormat = new JComboBox();
48     ergebnisFormat.addItem("Laufzeit in ms");
49     ergebnisFormat.addItem("Laufzeit in min:sec:ms");
50     ergebnisFormat.addItemListener(new BoxListener());
51
52     status = new JLabel("START druecken!", JLabel.CENTER);
53     status.setFont(schriftGross);
54
55     stoppButton.setEnabled(false);
56     neuButton.setEnabled(false);
57
58     c.add(startZeit);
59     c.add(startButton);
60     c.add(stoppZeit);
61     c.add(stoppButton);
62     c.add(differenz);
63     c.add(neuButton);
64     c.add(ergebnisFormat);
65     c.add(status);
66   }
67
68   // Bestimmung der Laufzeit in ms oder in min:sec:ms als String
69   public String differenzString() {
70     long diffZeit = (stoppZeitObj.getTime() - startZeitObj.getTime());
71     if (ergebnisFormat.getSelectedIndex() == 0)
72       return (diffZeit + " ms");
73     else {
```

```
74          long ms = diffZeit % 1000;
75          diffZeit = diffZeit / 1000;
76          long s = diffZeit % 60;
77          diffZeit = diffZeit / 60;
78          long m = diffZeit % 60;
79          return (m + ":" + s + ":" + ms);
80        }
81      }
82
83      // Aktualisierung aller Anzeige-Labels und Buttons
84      public void anzeigeAktualisieren() {
85        if ((startZeitObj != null) && (stoppZeitObj != null)) {
86          startButton.setEnabled(false);
87          stoppButton.setEnabled(false);
88          neuButton.setEnabled(true);
89          startZeit.setText(form.format(startZeitObj));
90          stoppZeit.setText(form.format(stoppZeitObj));
91          differenz.setText(differenzString());
92          status.setText("NEU fuer neuen Stoppvorgang!");
93          status.setFont(schriftKlein);
94        }
95        else if (startZeitObj != null) {
96          startButton.setEnabled(false);
97          stoppButton.setEnabled(true);
98          neuButton.setEnabled(false);
99          startZeit.setText(form.format(startZeitObj));
100         status.setText("Uhr laeuft!");
101         status.setFont(schriftGross);
102       }
103       else {
104         startButton.setEnabled(true);
105         stoppButton.setEnabled(false);
106         neuButton.setEnabled(false);
107         startZeit.setText("--");
108         stoppZeit.setText("--");
109         differenz.setText("--");
110         status.setText("START druecken!");
111         status.setFont(schriftGross);
112       }
113     }
114
115     // Listener fuer die Buttons
116     class KnopfListener implements ActionListener {
117       public void actionPerformed(ActionEvent e) {
118         if (e.getSource() == startButton)
119           startZeitObj = new Date();
120         else if (e.getSource() == stoppButton)
121           stoppZeitObj = new Date();
122         else if (e.getSource() == neuButton) {
123           startZeitObj = null;
124           stoppZeitObj = null;
125         }
126         anzeigeAktualisieren();
127       }
128     }
```

Abbildung 17.3: Die Applet-Variante unserer Stoppuhr

```
129
130     // Listener fuer die Combo-Box
131     class BoxListener implements ItemListener {
132       public void itemStateChanged(ItemEvent e) {
133         anzeigeAktualisieren();
134       }
135     }
136   }
```

und beim Start der HTML-Seite, in die wir das Stoppuhr-Applet einbetten, mit
dem Appletviewer bietet sich das gewohnte Bild (siehe Abbildung 17.3).

17.3.2   Punkte verbinden im Applet

Beim Verwandeln unserer Klasse PunkteVerbinden aus Abschnitt 16.1.4 in ein
Applet haben wir es dank unseres damaligen Designs besonders leicht. Wir lassen
natürlich unser Applet

```
1     import java.awt.*;
2     import java.awt.event.*;
3     import javax.swing.*;
4
5     /** Erzeuge ein Swing-Applet mit einem Zeichenbrett */
6     public class PunkteVerbindenApplet extends JApplet {
7       Container c;              // Container dieses Applets
8       Zeichenbrett z;           // Zeichenbrett zum Linien-Malen
9
10      public void init() {
11        // Bestimme die Referenz auf den eigenen Container
```

Abbildung 17.4: Maus-Klicks durch Linien verbinden im Applet

```
12      c = getContentPane();
13      // Erzeuge neues Zeichenbrett und fuege es dem Frame hinzu
14      z = new Zeichenbrett();
15      c.add(z);
16    }
17  }
```

von JApplet erben und übernehmen in der init-Methode einfach die drei
Anweisungen aus dem Konstruktor von PunkteVerbinden. Dabei greifen wir
auf die Klasse Zeichenbrett (siehe Abschnitt 16.1.4) zurück, die wir hier unverändert zum Einsatz bringen können.
Bei Aufruf unseres Applets bzw. der zugehörigen HTML-Seite mit dem Appletviewer können wir wieder, wie von der Frame-Variante gewohnt, einfache Lini-
enzeichnungen erstellen (siehe Abbildung 17.4).

17.4 Details zur HTML-Einbettung

In diesem Abschnitt wollen wir uns noch kurz mit einigen Details zur Einbettung
eines Applets in HTML-Seiten beschäftigen. Dabei werden wir uns einerseits den
Applet-Tag nochmals etwas genauer ansehen und andererseits eine Methode kennen lernen, um die vom Browser dargestellte Seite festzulegen.

17.4.1 Der Applet-Tag

Neben width und height haben wir im Applet-Tag bisher lediglich das Attribut
code verwendet, mit dem die auszuführende Applet-Klasse angegeben werden
kann. Damit das Laden des Applets auch funktioniert, muss sie im gleichen Verzeichnis wie die HTML-Datei liegen. Will man das Applet in einem anderen Verzeichnis ablegen, kann das Attribut codebase verwendet werden, um den Pfad
zum Applet anzugeben. Eine solche Pfadangabe kann dabei absolut in Form einer

vollständigen Web-Adresse oder relativ zum Verzeichnis, in dem die HTML-Seite liegt, erfolgen.

Arbeitet ein Applet mit vielen verschiedenen Klassen, was bei einem größeren Programmierprojekt durchaus der Fall sein kann, müssen prinzipiell natürlich alle diese Klassen bei Bedarf über das Internet geladen werden. In solchen Fällen bietet es sich an, alle diese Klassen zunächst in einer Archiv-Datei zusammenzufassen. Jede JDK-Installation bietet dafür ein Tool namens `jar`, mit dessen Hilfe solche Archivdateien erzeugt werden können [38]. Bei der Einbettung solcher Applets in die HTML-Datei kann durch das Attribut `archive` diese Archiv-Datei spezifiziert werden. Dadurch lässt sich bei Darstellung der HTML-Seite die komprimierte Archiv-Datei über das Internet übertragen, was natürlich weniger aufwändig ist als die Übertragung der einzelnen Klassen in unkomprimierter Form. Gestartet wird dann wie gewohnt das durch das `code`-Attribut gekennzeichnete Applet, dessen Bytecode der Interpreter direkt aus der Archiv-Datei auslesen kann.

Haben wir beispielsweise die drei compilierten Class-Dateien (die Applet-Klasse `PunkteVerbindenApplet.class`, die Panel-Klasse `Zeichenbrett.class` und die Listener-Klasse `Zeichenbrett$ClickBearbeiter.class`), die in unserem Applet `PunkteVerbindenApplet` benötigt werden, in ein Archiv namens `pva.jar` gepackt und legen wir die Archiv-Datei nicht in das Verzeichnis, in dem die HTML-Datei liegt, sondern in das Unterverzeichnis `keller`, so muss die HTML-Datei folgende Gestalt haben:

```
1   <html>
2     <head>
3       <title>
4         PunkteVerbindenApplet
5       </title>
6     </head>
7     <body>
8       <b>
9         Hier kommt das Applet PunkteVerbindenApplet aus dem
10        jar-Archiv 'pva.jar' im Unterverzeichnis 'keller'
11      </b>
12      <hr></hr>
13      <applet   code="PunkteVerbindenApplet.class"
14                archive="pva.jar"
15                codebase="keller"
16                width="300"  height="150">
17        Hier sollte eigentlich ein Applet laufen
18      </applet>
19    </body>
20  </html>
```

Zwischen den beiden Tags `<applet ...>` und `</applet>` können wir nicht nur Text schreiben, den der Browser im Fehlerfall anstelle des Applets anzeigt. Wir können hier auch beliebige Parameter – allerdings stets als Strings dargestellt – an das Applet übergeben. Dazu steht der HTML-Tag `<param ...>` zur Verfügung, der mehrfach auftreten kann und jeweils mit den Attributen `name` und `value` versehen wird, um den Namen und den Wert eines Parameters festzulegen. In der HTML-Datei

```
1   <HTML>
2   <HEAD>
3     <TITLE>ParameterApplet</TITLE>
4   </HEAD>
5   <BODY>
6     <APPLET code="ParameterApplet.class" width=200 height=100>
7        <param name="north"  value="ich">
8        <param name="east"   value="du">
9        <param name="south"  value="er">
10       <param name="west"   value="sie">
11       <param name="center" value="es">
12    </APPLET>
13  </BODY>
14  </HTML>
```

legen wir beispielsweise in den Zeilen 7 bis 11 die fünf Parameter north, east, south, west und center fest, die wir mit den String-Werten ich, du, er, sie und es belegen.

Innerhalb des eingebetteten Applets können die Werte dieser Parameter mit Hilfe der Methode

■ **public** String getParameter(String name)
  liefert den Wert des Parameters mit Namen name aus der Parameterliste innerhalb der beiden Applet-Tags, die das Applet in die HTML-Seite einbetten.

ausgelesen werden. Im Applet ParameterApplet würde somit ein Aufruf der Form getParameter("north") die Zeichenkette ich zurückliefern.

Wollen wir beispielsweise in unserer Klasse ParameterApplet dafür sorgen, dass die fünf Parameter zur Beschriftung der fünf Regionen eines Border-Layouts benutzt werden, so könnten wir folgendermaßen vorgehen:

```
1   import java.awt.*;
2   import java.awt.event.*;
3   import javax.swing.*;
4   import java.net.*;
5
6   /** Erzeuge ein Applet, das die Beschriftungen des
7      Border-Layouts als Parameter uebergeben bekommt */
8   public class ParameterApplet extends JApplet {
9     Container c;
10    JLabel lab;
11    String[] param = {"north", "east", "south", "west", "center"};
12    String[]  ort = { BorderLayout.NORTH, BorderLayout.EAST,
13                      BorderLayout.SOUTH, BorderLayout.WEST,
14                      BorderLayout.CENTER };
15    public void init() {
16      c = getContentPane();
17      c.setLayout(new BorderLayout());
18      for (int i=0; i<5; i++) {
19        lab = new JLabel(getParameter(param[i]),JLabel.CENTER);
20        c.add(lab,ort[i]);
21      }
22    }
23  }
```

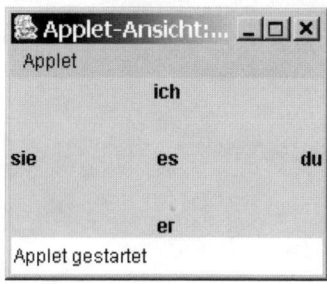

Abbildung 17.5: Parameterübergabe an ein Applet

In der Instanzvariablen `param` (ein Feld mit Komponenten vom Typ `String`)
haben wir zunächst die Namen der Parameter festgelegt, die aus der HTML-
Datei übernommen werden sollen. In einem weiteren Feld namens `ort` haben
wir zusätzlich die entsprechenden „Himmelsrichtungen" des Border-Layouts abgelegt. Wenn wir uns also mit `param[i]` beschäftigen, wissen wir, dass der aktuelle Wert dieses Parameters im Bereich `ort[i]` des Border-Layouts abgelegt
werden soll. In der `init`-Methode können wir daher innerhalb einer Schleife jeweils mit `getParameter` den Wert des `i`-ten Parameters bestimmen und diesen
mit `add` im Bereich `ort[i]` als Label platzieren. Mit den Parametern der obigen
HTML-Datei ergibt sich somit die in Abbildung 17.5 gezeigte Beschriftung.

17.4.2 Die Methode `showDocument`

Ein Applet ist in der Lage, den Browser, in dem es gerade ausgeführt wird, eine andere Webseite laden und anzeigen zu lassen. Dazu benötigt das Applet
natürlich Zugriff auf den umgebenden Kontext (den Web-Browser bzw. den Appletviewer, der das Applet ausführt). In der Klasse `JApplet` steht daher die Methode

- **public** `AppletContext getAppletContext()`
  liefert eine Referenz auf den Applet-Kontext.

zur Verfügung. Dabei ist `AppletContext` ein Interface, das unter anderem die
Methode

- **public void** `showDocument(URL url)`
  veranlasst die Browser-Umgebung, die durch die URL `url` spezifizierte
  Internet-Seite anzuzeigen. Falls der Applet-Kontext kein Browser ist, wird der
  Methodenaufruf ignoriert.

bereitstellt. Um diese Methode einsetzen zu können, müssen wir die Adresse
der darzustellenden Webseite in Form eines `URL`-Objekts angeben. Unter einer
URL (Uniform Resource Locator) versteht man eine spezielle Darstellung einer

Internet-Adresse. Sie legt genau fest, welche Datei von welchem Rechner mit welchem Dienst aufgerufen werden soll. In Kapitel 20 beschäftigen wir uns noch genauer mit dieser Art von Internet-Adressen. Im Moment wollen wir unter URL einfach das verstehen, was wir üblicherweise als Web-Adresse verwenden, wenn wir mit unserem Browser eine bestimmte Seite im Internet ansteuern.

Wollen wir eine bestimmte Webseite mit der Methode showDocument anzeigen lassen, so können wir uns mit dem Konstruktor

■ **public** URL(String spec) **throws** MalformedURLException
erzeugt eine URL aus der angegebenen String-Darstellung spec.

der Klasse URL, die im Paket java.net bereitgestellt wird, ganz einfach ein URL-Objekt erzeugen, müssen allerdings dabei beachten, dass der Konstruktor eine spezielle Ausnahme wirft, wenn die angegebene Zeichenkette rein formal nicht als URL zulässig ist.[3]

In Anwendung dieser Methoden haben wir unser Beispiel-Applet

```
 1   import java.awt.*;
 2   import java.awt.event.*;
 3   import javax.swing.*;
 4   import java.net.*;
 5
 6   /** Erzeuge ein Applet mit einem Button, der in der Lage
 7       ist, die vom Browser angezeigte Seite zu wechseln */
 8   public class GoogleButtonApplet extends JApplet {
 9     Container c;              // Container dieses Frames
10     JButton button;          // Knopf
11
12     public void init() {
13       c = getContentPane();
14       c.setLayout(new FlowLayout());
15       button = new JButton("Zu Google surfen");
16       c.add(button);
17       ButtonListener bL = new ButtonListener();
18       button.addActionListener(bL);
19     }
20
21     // Innere Button-Listener-Klasse
22     class ButtonListener implements ActionListener {
23       public void actionPerformed(ActionEvent e) {
24         // URL festlegen und anzeigen lassen
25         try {
26           URL google = new URL("http://www.google.de");
27           getAppletContext().showDocument(google);
28         }
29         catch(MalformedURLException mfue) {
30           System.err.println(mfue);
31         }
32       }
33     }
34   }
```

---

[3] Ob die angegebene Adresse tatsächlich existiert, wird jedoch nicht überprüft.

Abbildung 17.6: Browser-Steuerung aus dem Applet

so gestaltet, dass sich das Applet mit einem Button präsentiert (siehe Abbildung 17.6), durch den wir den ausführenden Browser dazu veranlassen können, zum Beispiel die Suchmaschine „Google" anzusteuern.

17.5   Sicherheitseinschränkungen bei Applets

Als Nutzer bzw. Nutzerin des Internet mit seinen zahlreichen Diensten wissen Sie sicherlich auch von den Gefahren, die das Herunterladen von Dateien und Programmen im Hinblick auf mögliche Angriffe von außen auf Ihr eigenes Computer-System darstellt. Vor diesem Hintergrund ist natürlich auch die Einbettung eines Applets in eine HTML-Seite kritisch zu betrachten, da beim Surfen auf die entsprechende Seite die Class-Datei des Applets automatisch auf den eigenen Rechner geladen und gestartet wird. Aus genau diesem Grund unterliegen Applets – im Gegensatz zu Applikationen – gewissen Sicherheitseinschränkungen, die den Einsatz gefährlicher Operationen nicht gestatten. Es wird in diesem Zusammenhang häufig vom so genannten **Sandkasten-Prinzip** gesprochen, weil man Applets in ihrer Ausführung sozusagen in einen Sandkasten verbannt, in dem nur ungefährliche „Spielzeuge" (Operationen) verfügbar sind. Java-Applets dürfen daher

■ nicht lesend oder schreibend auf Dateien des lokalen Rechners zugreifen,

■ keine Programme starten,

■ keine Bibliotheken laden,

■ keine Verbindungen zu einem anderen Rechner (mit Ausnahme des Rechners, von dem das Applet geladen wurde) aufnehmen,

■ keine System-Eigenschaften des lokalen Rechners auslesen,

■ keine Top-Level-Fenster ohne Warnhinweis erzeugen,

■ die virtuelle Maschine (JVM) nicht beenden,

wenn sie im Browser ausgeführt werden. Im Appletviewer sind einige der genannten Aktionen jedoch gestattet.

Mit Hilfe so genannter **signierter Applets** ist es möglich, diese Beschränkungen für die Applet-Ausführung im Browser ganz oder teilweise aufzuheben. Dazu wird der ausführbare Applet-Code mit einer digitalen Signatur versehen, anhand deren nachgeprüft werden kann, ob das Applet von einer bekannten und zuverlässigen (vertrauenswürdigen) Stelle kommt und daher mehr Rechte bekommen darf. Details zum Thema Sicherheit in Java finden Sie in [36].

Explizit erlaubt ist es Applets jederzeit, eine Verbindung zu dem Rechner aufzubauen, von dem sie geladen wurden. Somit lassen sich auch eventuell benötigte weitere Klassen oder Dateien zur Laufzeit des Applets nachladen. Allerdings können natürlich keine direkten Zugriffe auf Dateien (zum Beispiel Grafiken, die dargestellt werden sollen) verwendet werden, da diese lediglich im Appletviewer funktionieren würden, während sie im Browser zu einer Sicherheitsverletzung führen.

Übertragen wir unseren Frame `FrameMitBild` aus Abschnitt 14.5.1 in ein Applet

```
1   import java.awt.*;
2   import javax.swing.*;
3
4   /** Erzeuge ein einfaches Applet mit einem Bild-Label */
5   public class AppletMitBild extends JApplet {
6     Container c;              // Container dieses Applets
7     JLabel lab;               // Label das im Applet erscheinen soll
8
9     public void init() {
10      c = getContentPane();            // Container bestimmen
11      c.setLayout(new FlowLayout());   // Layout setzen
12
13      // Bildobjekt erzeugen
14      Icon bild = new ImageIcon("babycat.gif");
15      // Label mit Text und Bild beschriften
16      lab = new JLabel("Spotty", bild, JLabel.CENTER);
17      // Text unter das Bild setzen
18      lab.setHorizontalTextPosition(JLabel.CENTER);
19      lab.setVerticalTextPosition(JLabel.BOTTOM);
20      // Fuege das Label dem Frame hinzu
21      c.add(lab);
22    }
23  }
```

so können wir dieses zwar im Appletviewer problemlos ausführen, erhalten aber in einem Browser eine Fehlermeldung (siehe Abbildung 17.7).

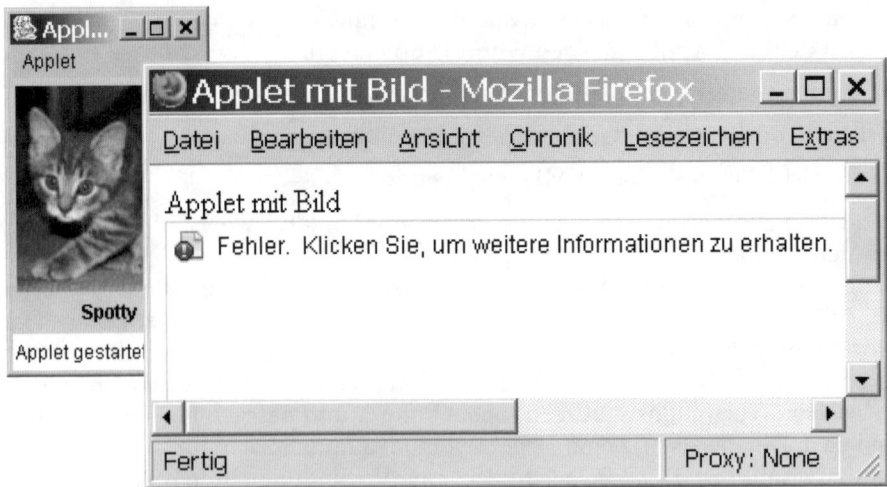

Abbildung 17.7: Applet mit Bild im Appletviewer und im Browser

Um dies zu beheben, müssen wir auf die Bild-Datei über eine URL zugreifen, die mit dem Rechner in Verbindung zu bringen ist, von dem das Applet bzw. die HTML-Seite geladen wurde. Um diese URL zur Laufzeit des Applets zu bestimmen, stehen in der Klasse JApplet die Methoden

- **public** URL getCodeBase()
  liefert die URL des Verzeichnisses, in dem das Applet liegt.

- **public** URL getDocumentBase()
  liefert die URL des Verzeichnisses, in dem die HTML-Datei, in die das Applet eingebettet ist, liegt.

zur Verfügung. Wenn wir davon ausgehen, dass die Bild-Datei im gleichen Verzeichnis zu finden ist wie das Applet, können wir uns die URL der Bild-Datei dadurch konstruieren, dass wir der URL des Applet-Verzeichnisses einfach den Dateinamen mittels String-Addition hinzufügen und die so entstehende Zeichenkette wieder in ein URL-Objekt verwandeln. Unser modifiziertes Applet

```
1   import java.awt.*;
2   import javax.swing.*;
3   import java.net.*;
4
5   /** Erzeuge ein einfaches Applet mit einem Bild-Label */
6   public class AppletMitBildBrowse extends JApplet {
7     Container c;              // Container dieses Applets
8     JLabel lab;               // Label das im Applet erscheinen soll
9
10    public void init() {
11      c = getContentPane();                // Container bestimmen
12      c.setLayout(new FlowLayout());       // Layout setzen
```

```
13
14        // Bildobjekt erzeugen
15        URL bildURL = createImageURL("babycat.gif");
16        Icon bild = new ImageIcon(bildURL);
17        // Label mit Text und Bild beschriften
18        lab = new JLabel("Spotty", bild, JLabel.CENTER);
19        // Text unter das Bild setzen
20        lab.setHorizontalTextPosition(JLabel.CENTER);
21        lab.setVerticalTextPosition(JLabel.BOTTOM);
22        // Fuege das Label dem Applet hinzu
23        c.add(lab);
24     }
25
26     public URL createImageURL(String file) {
27        String path = getCodeBase() + file;
28        try {
29          return new URL(path);
30        }
31        catch(MalformedURLException mfue) {
32          System.err.println(path + " hat nicht die Form einer URL");
33          return null;
34        }
35     }
36  }
```

lässt sich problemlos im Browser starten (siehe Abbildung 17.8).

Abbildung 17.8: Applet mit Bild im Browser (URL-Variante)

Wir haben die Methode `createImageURL` ergänzt, in der wir, unter der Annahme, dass Applet und Bild-Datei im gleichen Verzeichnis liegen, mit `getCodeBase` die URL des Applet-Verzeichnisses bestimmen und (durch impliziten Aufruf der Methode `toString`) als Zeichenkette mit dem Namen der Bild-Datei verknüpfen. Unter Beachtung einer möglichen `MalformedURLException` liefert die Methode die kombinierte URL als Ergebnis zurück.

Bei der Erzeugung des `ImageIcon`-Objekts für die Label-Beschriftung in der `init`-Methode genügt es nun, die URL der Bild-Datei zu bestimmen und anschließend auf den Konstruktor der Klasse `ImageIcon` zurückzugreifen, der ein `URL`-Objekt übergeben bekommt.

17.6 Übungsaufgaben

Aufgabe 17.1

Schreiben Sie eine Applet-Variante des Bilderrahmen-Frames aus Abschnitt 15.1.2. Beachten Sie dabei, dass Sie auf die Bilddateien nur über eine URL zugreifen können.

Aufgabe 17.2

Erstellen Sie ein Java-Applet mit der in Abbildung 17.9 dargestellten grafischen Oberfläche. Das Applet soll es ermöglichen, unterhalb der Beschriftung `Argument` eine Zahl einzugeben. Diese soll dann als Argument für die Sinus- oder die Cosinus-Funktion (je nach Markierung der entsprechenden Checkbox) verwendet werden. Durch den Button rechts oben soll die Berechnung ausgelöst und das Ergebnis direkt unter dem Button angezeigt werden.

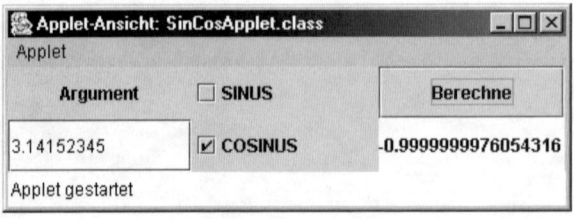

Abbildung 17.9: Das Applet aus Aufgabe 17.2

Verwenden Sie in Ihrer Applet-Klasse die privaten Variablen `argumentLabel`, `argument`, `sinCheckbox`, `cosCheckbox`, `executeButton`, `resultLabel` für die sechs benötigten Swing-Komponenten, und vereinbaren Sie eventuell notwendige Hilfsobjekte.

Schreiben Sie die Methode `init` so, dass ein geeignetes Layout festgelegt wird, die benötigten Swing-Komponenten erzeugt werden (beachten Sie bei den

`JCheckBox`-Objekten, dass jeweils nur eines davon aktiviert sein darf und zu Beginn die Sinus-Funktion ausgewählt sein soll), die Swing-Komponenten in der richtigen Reihenfolge ins Applet eingefügt werden und der Berechnungs-Button mit einem Event-Listener verküpft wird.

Realisieren Sie die Ereignis-Behandlung für den Berechnungs-Button in Form einer inneren Klasse `ExecuteListener`, die das Interface `ActionListener` implementiert. Bei der Betätigung des Berechnungs-Buttons soll jeweils der im Textfeld eingegebene Wert bestimmt werden, die Sinus- oder die Cosinus-Berechnung (abhängig vom Zustand der Checkbox-Markierungen) durchgeführt und das Ergebnis in dem dafür vorgesehenen Label angezeigt werden. Bei einer unzulässigen Eingabe soll eine entsprechende Exception abgefangen und dies über den Text des Resultats-Labels dem Benutzer bzw. der Benutzerin mitgeteilt werden.

Aufgabe 17.3

Im Rahmen Ihres Programmierjobs bei der *Pleiten-Pech-und-Pannen-Bank* haben Sie die Aufgabe bekommen, ein Applet zu schreiben, das als einfaches Euro-Umrechnungsprogramm dient und eine Abbildung 17.10 entsprechende Gestalt und Funktionalität aufweist. Dabei soll die zweite Zeile des Applets zur Eingabe und die vierte Zeile zur Ausgabe dienen. In der dritten Zeile soll mit Hilfe einer Klapptafel die Umrechnungs-Währung (Mark, Schilling oder Gulden) eingestellt werden können. Nach Eingabe eines Euro-Betrages in der zweiten Zeile soll beim Druck auf die Eingabetaste in die eingestellte Währung umgerechnet und der Betrag in der vierten Zeile angezeigt werden. Wählt man in der Klapptafel eine andere Währung aus, so soll ebenfalls sofort in die neu eingestellte Währung umgerechnet und der Betrag in der vierten Zeile angezeigt werden. Durch Aktivieren der Rundungs-Option in der letzten Zeile des Applets erreichen Sie, dass nach jeder Konvertierung das Ergebnis auf zwei Stellen nach dem Komma gerundet ausgegeben wird.

Abbildung 17.10: Das Applet aus Aufgabe 17.3

Statten Sie Ihr Applet mit einem geeigneten Layout und den benötigten Swing-Komponenten aus, und verknüpfen Sie das Texteingabefeld und die Klapptafel mit passenden Listener-Objekten unter Verwendung von anonymen Klassen.

Nach Eingabe eines Werts im Texteingabefeld soll sowohl beim Druck auf die
Eingabetaste als auch bei einer Änderung des aktuellen Klapptafel-Eintrags die
Instanzmethode wandle des Applets aufgerufen werden.

Die Methode wandle soll den Wert im Eingabefeld bestimmen (falls dabei eine NumberFormatException auftritt, soll der Wert 0.0 verwendet werden), mit
Hilfe der Methode convertTo aus einer vorgegebenen Klasse Utils den Wert in
die gerade in der Klapptafel eingestellte Währung umrechnen und den neuen Betrag im Ausgabe-Label anzeigen. Die Darstellung soll dabei unter Beachtung des
eingestellten Anzeige-Modus, also bei aktiviertem Häkchen mit Rundung (dazu
wird das DecimalFormat-Objekt aus der Utils-Klasse benutzt) und sonst ohne
Rundung erfolgen.

Die vorgegebene Klasse Utils ist wie folgt definiert:

```
1   import java.text.*;
2   public class Utils {
3       // Methode zur Konvertierung des Euro-Werts 'euroWert'
4       // in die durch 'waehrung' spezifizierte Waehrung
5       public static double convertTo (String waehrung, double euroWert) {
6           if (waehrung.equals("Mark"))
7               return 1.95583 * euroWert;
8           else if (waehrung.equals("Schilling"))
9               return 13.7603 * euroWert;
10          else // waehrung.equals("Gulden")
11              return 2.20371 * euroWert;
12      }
13
14      // DecimalFormat-Objekt zur Darstellung
15      // von Zahlen mit zwei Nachkommastellen
16      public static DecimalFormat
17          zweiNachKomma = new DecimalFormat("#.00");
18  }
```

Teil IV

Threads, Datenströme und Netzwerk-Anwendungen

Kapitel 18

Parallele Programmierung mit Threads

Bereits in unseren ersten Beispielen zu grafischen Oberflächen in Abschnitt 13.2 stellten wir fest, dass mit dem Erzeugen eines Frame-Objekts ohne unser Zutun ein zusätzlicher Programmfluss, ein so genannter **Thread** (deutsch: Faden) für das Fenster gestartet wird, der parallel zum eigentlichen Programmfluss der main-Methode abgearbeitet wird. Moderne Software-Produkte kommen ohne solche nebenläufige Programmflüsse nicht mehr aus, und wir werden in diesem Kapitel sehen, dass es in Java sehr einfach möglich ist, eigene Threads zu erzeugen. Somit sind wir in der Lage, Programme zu schreiben, die aus sehr vielen Threads bestehen, die eben nicht einfach nur nacheinander, sondern parallel ausgeführt werden.

18.1 Ein einfaches Beispiel

Wir wollen uns in diesem Abschnitt zunächst mit einem einfachen Programm beschäftigen, das einen bestimmten Vorgang mehrmals (genau genommen zweimal) ausführt. Wir erzeugen dabei jeweils ein Objekt einer speziellen Klasse ABCPrinter, das diesen Vorgang für uns ausführt. In der main-Methode unserer Klasse

```
1  public class MehrmalsP {
2    public static void main(String[] args) {
3      ABCPrinter p1 = new ABCPrinter(),
4                 p2 = new ABCPrinter();
5      p1.start();
6      p2.start();
7    }
8  }
```

erzeugen wir daher lediglich die beiden Objekte p1 und p2 der Klasse ABCPrinter und starten dann nacheinander deren Ausführung, indem wir ihre Instanzmethode start aufrufen. Den eigentlichen Vorgang – es handelt sich dabei um das „Aufsagen" der Buchstaben des Alphabets – haben wir in der Methode run unserer Klasse

```java
public class ABCPrinter {
  public void run() {
    for (char b = 'A'; b <= 'Z'; b++) {
      // Gib den Buchstaben aus
      System.out.print(b);
      // Verbringe eine Sekunde mit "Nichtstun"
      MachMal.eineSekundeLangGarNichts();
    }
  }
  public void start() {
    run();
  }
}
```

implementiert. Die Instanzmethode start unseres ABC-Printers ist daher lediglich dafür zuständig, die Methode run auszuführen.[1] Um die Ausführung der Methode genau beobachten zu können, verwenden wir die Hilfsmethode MachMal.eineSekundeLangGarNichts, die wortwörtlich genau das tut, was ihr Name aussagt, nämlich eine Sekunde lang gar nichts. Wir werden später noch darauf eingehen, wie wir diese Methode implementiert haben.

Wenn wir nun die Klasse MehrmalsP starten, so sehen wir im Konsolenfenster nach und nach (jeweils im Abstand von etwa einer Sekunde) die Buchstaben A bis Z, und unmittelbar nach Fertigstellung des ersten Abc folgt ein weiteres. Die Ausgabe sieht schließlich so aus:

```
—————————————— Konsole ——————————————
ABCDEFGHIJKLMNOPQRSTUVWXYZABCDEFGHIJKLMNOPQRSTUVWXYZ
```

Natürlich ist das genau, was wir erwartet haben, denn schließlich wird in der main-Methode zuerst die Methode start (und damit die Methode run) des Objekts p1 und danach die des Objekts p2 ausgeführt.

Möglicherweise fragen Sie sich jetzt, ob wir sehr viel Aufwand betreiben müssen, um unser Programm nun so abzuändern, dass die beiden Abc-Aufsage-Aktionen quasi gleichzeitig stattfinden. Dies können wir mit einem klaren Nein beantworten. Unsere ursprüngliche Klasse ABCPrinter können wir sehr einfach zu einer Thread-Klasse machen, indem wir die Klasse von der Klasse Thread erben lassen. Von dieser Klasse erben wir dann auch bereits eine Methode start, die für das Ausführen der Methode run zuständig ist, so dass wir uns in unserer Klasse

---

[1] Wahrscheinlich werden Sie jetzt denken, dass dies „mit dem Messer von hinten durch die Brust ins Auge" programmiert ist. Spätestens wenn wir die Brücke zu den Threads geschlagen haben, werden Sie sehen, warum wir diesen möglicherweise seltsam anmutenden Ansatz gewählt haben.

```
1  class ABCThread extends Thread {
2    public void run() {
3      for (char b = 'A'; b <= 'Z'; b++) {
4        // Gib den Buchstaben aus
5        System.out.print(b);
6        // Verbringe eine Sekunde mit "Nichtstun"
7        MachMal.eineSekundeLangGarNichts();
8      }
9    }
10 }
```

sogar nur noch um die Methode run kümmern müssen, die wir unverändert aus der Klasse ABCPrinter übernehmen können. Schließlich modifizieren wir nun noch die Klasse MehrmalsP zu einer Klasse

```
1  public class MehrmalsT {
2    public static void main(String[] args) {
3      ABCThread t1 = new ABCThread(),
4                t2 = new ABCThread();
5      t1.start();
6      t2.start();
7    }
8  }
```

indem wir unsere ABCPrinter-Objekte durch ABCThread-Objekte ersetzen. Nun wird beim Start der Klasse MehrmalsT in der main-Methode zwar immer noch zuerst die Methode start des Objekts t1 und danach die des Objekts t2 ausgeführt, doch weil es sich jetzt um Thread-Objekte handelt, stößt die start-Methode nun lediglich die Ausführung der Methode run (in einem nebenläufigen Programmfluss) an und ist danach beendet, so dass der Programmfluss der main-Methode fortgesetzt und auch das Thread-Objekt t2 gestartet werden kann.

Bei Ausführung der Klasse MehrmalsT sehen wir nun im Konsolenfenster nach und nach (wiederum jeweils im Abstand von etwa einer Sekunde) die Buchstaben A bis Z immer *paarweise* erscheinen, weil die beiden Threads t1 und t2 quasi gleichzeitig ihr Abc „aufsagen". Die Ausgabe sieht am Ende so aus:

```
━━━━━━━━ Konsole ━━━━━━━━
AABBCCDDEEFFGGHHIIJJKKLLMMNNOOPPQQRRSSTTUUVVWWXXYYZZ
```

18.2 Threads in Java

Allgemein gesprochen, versteht man unter einem Thread eine Folge von Anweisungen, die unabhängig von anderen Threads nebenläufig ausgeführt werden können. Dazu hat jeder Thread einen eigenen Bereich (Stack), um lokale Variablen anzulegen und Methoden aufzurufen, alle Threads müssen sich aber den Speicherbereich (Adressbereich) und somit die Variablen und Objekte des Programms, zu dem sie gehören, teilen. Den Threads steht daher keine eigene Ausführungsumgebung zur Verfügung, wie dies zum Beispiel bei Prozessen, die

vom Betriebssystem des Rechners nebenläufig ausgeführt werden können, der
Fall ist. Man nennt Threads daher häufig auch **leichtgewichtige Prozesse**.

Eine echte parallele (also gleichzeitige) Ausführung von Programmteilen kann
natürlich nur auf einem Rechner realisiert werden, der mit mehreren Prozesso-
ren ausgestattet ist. Auf Rechnern mit nur einem Prozessor kann sich die Paral-
lelität natürlich nur auf eine Quasi-Gleichzeitigkeit beschränken. Dazu muss der
Prozessor zur Laufzeit des Programms schnell und andauernd zwischen den verschiedenen Threads wechseln, so dass für den Benutzer bzw. die Benutzerin der
Eindruck der zeitgleichen Ausführung entsteht.

In unseren bisherigen Beispielprogrammen haben wir es bereits ständig mit
Threads zu tun gehabt, ohne dass uns dies vielleicht bewusst geworden ist. Beim
Start jeder Java-Anwendung gibt es nämlich automatisch einen `main`-Thread, der
für die Ausführung der `main`-Methode zuständig ist, und beim Start eines Applets wird automatisch ein Thread erzeugt, der die korrekten Aufrufe der Methoden `init`, `start`, `stop` und `destroy` steuert. Darüber hinaus kümmert sich
bei sämtlichen Programmen mit grafischer Oberfläche ein weiterer automatisch
erzeugter Thread um alle Ereignisse im Zusammenhang mit den verschiedenen
Komponenten und Containern der Oberfläche.

Wie wir bereits an unserem einführenden Beispiel gesehen haben, ist die Erzeugung eigener Threads in Java äußerst einfach. Eine entscheidende Rolle spielt dabei die spezielle Methode `run`, die wir stets implementieren müssen und in die
wir die Anweisungsfolge hineinpacken können, die als eigenständiger Thread
ausgeführt werden soll. Ein spezieller Mechanismus, der durch Aufruf der Methode `start` eingeleitet wird, sorgt dann dafür, dass die `run`-Methode nebenläufig
ausgeführt wird. Direkt aufgerufen (also nicht über `start`), würde `run` nicht anders arbeiten als jede andere selbst geschriebene Methode. Insbesondere wäre dadurch eben keinerlei Nebenläufigkeit möglich.

Diese spezielle Methode `run` wird vom Interface `Runnable` als abstrakte Methode vorgeschrieben. In Java können daher nur Objekte einer Klasse, die dieses
Interface implementiert, als Threads ausgeführt werden. Weil die Klasse `Thread`
dieses Interface implementiert, haben wir prinzipiell zwei Möglichkeiten, eigene Threads zu erzeugen. Wir schreiben eine eigene Klasse, die von der Klasse
`Thread` erbt und deren Objekte somit selbst Threads darstellen – oder wir schreiben eine eigene Klasse, die das `Runnable`-Interface implementiert und deren
Objekte später durch ein `Thread`-Objekt gesteuert werden. Die zweite Variante
werden wir insbesondere dann benötigen, wenn unsere eigene Klasse bereits von
einer anderen Klasse erbt und daher von `Thread` nicht mehr erben kann. In den
nachfolgenden Abschnitten beschäftigen wir uns mit diesen beiden Varianten ein-
gehender.

18.2.1   **Die Klasse** `Thread`

Die wichtigsten Methoden der Klasse `Thread`, die somit allen Objekten einer von
`Thread` erbenden Klasse zur Verfügung stehen, sind

- **public void** start()
  startet die Ausführung des Threads, indem die Virtuelle Maschine dazu veranlasst wird, die run-Methode des Threads auszuführen.

- **public void** run()
  wird der Thread zur Steuerung eines Runnable-Objekts eingesetzt, so ruft diese Methode die run-Methode des Runnable-Objekts auf. Ist dies nicht der Fall, macht die Methode gar nichts und muss in einer selbst geschriebenen Tochterklasse gemäß den eigenen Wünschen überschrieben werden.

- **public final boolean** isAlive()
  liefert **true**, wenn der Thread bereits gestartet und noch nicht beendet ist, andernfalls **false**.

- **public final int** getPriority()
  liefert die Priorität des Threads.

- **public final void** setPriority(**int** newPriority)
  setzt die Priorität des Threads auf den Wert newPriority.

- **public final void** setName(String name)
  setzt den Namen des Threads.

- **public final** String getName()
  liefert den Namen des Threads.

- **public final** ThreadGroup getThreadGroup()
  liefert die Thread-Gruppe, der der Thread angehört.

- **public void** interrupt()
  setzt das Abbruch-Flag des Threads, um zu signalisieren, dass seine run-Methode beendet werden soll.

- **public boolean** isInterrupted()
  liefert **true**, wenn das Abbruch-Flag des Threads gesetzt ist, andernfalls **false**.

- **public final boolean** isDaemon()
  liefert **true**, wenn der Thread ein Dämon-Thread ist, andernfalls **false**.

- **public final void** setDaemon(**boolean** on)
  kennzeichnet (falls on den Wert **true** hat) den Thread als Dämon-Thread.

Auf die genaue Bedeutung der verwendeten Begriffe Priorität, Dämon, Thread-Gruppe und Abbruch-Flag gehen wir in den folgenden Abschnitten ein.
Zusätzlich zu diesen Instanzmethoden, die sich jeweils auf das Thread-Objekt beziehen, für das sie aufgerufen werden, stellt die Klasse Thread auch die Klassenmethoden

- **public static** Thread currentThread()
  liefert eine Referenz auf den Thread, der gerade ausgeführt wird.

- **public static void** yield()
  veranlasst den Thread, der gerade ausgeführt wird, kurz zu pausieren, um andere Threads zum Zuge kommen zu lassen.

- **public static void** sleep(**long** millis)
  veranlasst den Thread, der gerade ausgeführt wird, für den in Millisekunden angegebenen Zeitraum zu pausieren (sich „schlafen zu legen"). Die Methode kann eine InterruptedException werfen, die abgefangen werden muss. Das Abbruch-Flag des Threads wird dabei zurückgesetzt.

- **public static boolean** interrupted()
  liefert **true**, wenn das Abbruch-Flag des Threads, der gerade ausgeführt wird, gesetzt ist, andernfalls **false**. Das Abbruch-Flag des Threads wird dabei zurückgesetzt.

zur Verfügung, die sich stets auf den Thread beziehen, der sich gerade in Ausführung befindet. Diese können aufgerufen werden, ohne dass eine Instanz einer Thread-Klasse explizit erzeugt wurde.

Nun können wir auch einen Blick auf unsere Hilfsklasse MachMal und deren Methode eineSekundeLangGarNichts werfen.

```
1  public class MachMal {
2    public static void eineSekundeLangGarNichts() {
3      try {
4        Thread.sleep(1000);
5      }
6      catch (InterruptedException e) {
7      }
8    }
9  }
```

In ihr haben wir mit Hilfe der Methode sleep dafür gesorgt, dass der gerade ausgeführte Thread eine Sekunde lang schläft.

Wir wollen uns nun noch ein (nicht ganz ernst zu nehmendes) Beispiel ansehen, in dem wir mit Hilfe von Threads ein kleines „Generationen-Problem" lösen, das mit dem TV-Programm zu tun hat. In einem Drei-Generationen-Haushalt mit nur einem Fernseher könnte es nämlich am Freitag Abend sehr leicht zu Zwistigkeiten darüber kommen, welches Programm die Familie sieht. Während die Kleinsten „Nils Holgersson" favorisieren und Mama und Papa lieber mit Captain Archer in einer neuen Folge der Serie „Enterprise" fiebern wollen, freuen sich Oma und Opa vielleicht schon auf Günther Jauch und sein „Wer wird Millionär?". Natürlich könnte man das Problem durch Würfeln oder etwas Ähnliches lösen – wir wollen aber Threads einsetzen.

In unserem Java-Programm

```
1  public class TVProgAuslosung {
2    public static void main (String[] args) {
3      TVProgThread t1 = new TVProgThread("Wer wird Millionaer?");
4      TVProgThread t2 = new TVProgThread("Enterprise");
5      TVProgThread t3 = new TVProgThread("Nils Holgersson");
6      t1.start();
```

```
 7        t2.start();
 8        t3.start();
 9    }
10  }
```

haben wir für jeden der drei Programmwünsche ein Thread-Objekt der Klasse `TVProgThread` erzeugt und den zugehörigen Thread gestartet. Diese drei Threads „kämpfen" nun um den Sieg bei der Programmwahl. Dazu haben wir in der Klasse

```
 1  class TVProgThread extends Thread {
 2    // Konstruktor
 3    public TVProgThread(String name) {
 4      super(name);
 5    }
 6    // run-Methode (Schleife mit Zufalls-Wartezeiten)
 7    public void run() {
 8      for (int i = 1; i <= 5; i++) {
 9        System.out.println(getName() + " zum " + i + ". Mal");
10        try {
11          sleep((int)(Math.random() * 1000));
12        }
13        catch (InterruptedException e) {
14        }
15      }
16      System.out.println(getName() + " FERTIG!");
17    }
18  }
```

zunächst einen Konstruktor geschrieben, der mit Hilfe des Super-Konstruktors (also des Konstruktors der Klasse `Thread`) die Wunsch-Sendung, für die der Thread stehen soll, gerade als Name des Threads festlegt. Alternativ wäre dies natürlich auch durch Aufruf der Methode `setName` möglich gewesen. In der `run`-Methode lassen wir den Thread fünf Mal eine Schleife durchlaufen, in der er jeweils seinen Namen (unter Verwendung der Instanzmethode `getName`) und die Nummer des Schleifendurchlaufs ausgibt und danach einen zufälligen Zeitraum zwischen 0 und 1 Sekunde pausiert. Nach dem Ende der Schleife darf der Thread nochmals seinen Namen und „FERTIG!" rufen. Die Entscheidung über das Fernsehprogramm fällt nun für den Thread, der zuerst „FERTIG!" rufen kann.

Wenn wir unser Programm `TVProgAuslosung` starten, könnte zum Beispiel durch den Ablauf

```
──────────────── Konsole ────────────────
Wer wird Millionaer? zum 1. Mal
Enterprise zum 1. Mal
Nils Holgersson zum 1. Mal
Enterprise zum 2. Mal
Nils Holgersson zum 2. Mal
Wer wird Millionaer? zum 2. Mal
Nils Holgersson zum 3. Mal
Enterprise zum 3. Mal
Enterprise zum 4. Mal
```

```
Nils Holgersson zum 4. Mal
Wer wird Millionaer? zum 3. Mal
Enterprise zum 5. Mal
Wer wird Millionaer? zum 4. Mal
Nils Holgersson zum 5. Mal
Enterprise FERTIG!
Nils Holgersson FERTIG!
Wer wird Millionaer? zum 5. Mal
Wer wird Millionaer? FERTIG!
```

die Entscheidung zugunsten der neuesten Star-Trek-Ableger-Serie fallen.

18.2.2   Das Interface Runnable

In der zweiten Variante zur Erzeugung von Threads schreibt man keine Thread-Klasse, sondern implementiert mit einer Klasse das Runnable-Interface, so dass Objekte dieser Klasse als so genannte **Targets** (deutsch: Ziele) für Threads dienen und somit durch diese Threads gesteuert werden können. Das Interface Runnable enthält lediglich die Methode run(), in der die gewünschte Thread-fähige Anweisungsfolge zu implementieren ist. Um die run-Methode eines Runnable-Objekts als Thread auszuführen, muss allerdings ein Thread-Objekt erzeugt und gestartet werden.

Zur Erzeugung von Threads, die ein Runnable-Objekt steuern, stehen in der Klasse Thread auch die beiden Konstruktoren

- **public** Thread(Runnable target)
- **public** Thread(Runnable target, String name)

zur Verfügung. Bei dieser Konstellation sorgt dann die durch den start-Aufruf gestartete run-Methode des Thread-Objekts lediglich dafür, dass die run-Methode des Runnable-Objekts ausgeführt wird.

Wir wollen uns diese Variante zunächst anhand unseres Beispiels aus Abschnitt 18.1 verdeutlichen. Eine Klasse mit der gleichen „Abc-Aufsage-Funktionalität" wie unsere Thread-Klasse ABCThread könnten wir durch eine Runnable-Klasse der Form

```
1   class ABCRunnable implements Runnable {
2     public void run() {
3       for (char b = 'A'; b <= 'Z'; b++) {
4         // Gib den Buchstaben aus
5         System.out.print(b);
6         // Verbringe eine Sekunde mit "Nichtstun"
7         MachMal.eineSekundeLangGarNichts();
8       }
9     }
10  }
```

realisieren. Zum Start der Threads müssen wir nun aber den „Umweg" über zwei Thread-Objekte gehen, was wir einfach durch

```
1   public class MehrmalsR {
2     public static void main(String[] args) {
3       Runnable r1 = new ABCRunnable(),
4                r2 = new ABCRunnable();
5       Thread t1 = new Thread(r1),
6              t2 = new Thread(r2);
7       t1.start();
8       t2.start();
9     }
10  }
```

erreichen. Ablauf und Ausgabe unterscheiden sich beim Start der Klasse in keiner
Weise von dem, was wir von Abschnitt 18.1 her kennen.

Nun wollen wir uns noch ansehen, wie wir unsere bereits aus Abschnitt 18.2.1 bekannte TV-Programm-Auslosung in Form einer Runnable-Klasse durchführen.
Hier wollen wir allerdings (mit ein klein wenig Mehraufwand) dafür sorgen, dass
unsere main-Methode in

```
1   public class TVProgAuslosungMitRunnable {
2     public static void main (String[] args) {
3       TVProgRunnable t1 = new TVProgRunnable("Wer wird Millionaer?");
4       TVProgRunnable t2 = new TVProgRunnable("Enterprise");
5       TVProgRunnable t3 = new TVProgRunnable("Nils Holgersson");
6       t1.start();
7       t2.start();
8       t3.start();
9     }
10  }
```

praktisch unverändert bleibt. Den nötigen Aufwand dafür haben wir in unserer
Runnable-Klasse

```
1   class TVProgRunnable implements Runnable {
2
3       // Instanzvariable als Referenz auf den eigentlichen Thread
4       Thread t;
5
6       // Konstruktor
7       public TVProgRunnable(String name) {
8           // Erzeuge eine Thread, der mit dem eigenen Objekt verbunden ist
9           t = new Thread (this,name);
10      }
11
12      // start-Methode des Runnable-Objekts startet den eigentlichen Thread
13      public void start() {
14          t.start();
15      }
16
17      // run-Methode (Schleife mit Zufalls-Wartezeiten)
18      public void run() {
19          for (int i = 1; i <= 5; i++) {
20              System.out.println(Thread.currentThread().getName()
21                              + " zum " + i + ". Mal");
22              try {
23                  Thread.sleep((int)(Math.random() * 1000));
```

```
24          }
25          catch (InterruptedException e) {
26          }
27      }
28      System.out.println(Thread.currentThread().getName() + " FERTIG!");
29   }
30 }
```

betrieben, in der wir mit einer Instanzvariable t in Gestalt eines Threads arbeiten, der im Konstruktor unserer Klasse TVProgRunnable erzeugt wird und das eigene Runnable-Objekt als Target erhält. Außerdem haben wir eine Methode start ergänzt, die für nichts anderes zuständig ist, als diesen Thread t zu starten. In unserer Implementierung der Methode run gehen wir genauso vor wie in der Klasse TVProgThread aus Abschnitt 18.2.1. Lediglich den Namen des gerade laufenden Threads ermitteln wir mit Hilfe der Thread-Klassenmethode currentThread und über die Methode getName.

18.2.3   Threads vorzeitig beenden

In unseren bisherigen Beispielen war es stets so, dass alle Threads dadurch beendet wurden, dass ihre run-Methode vollständig abgearbeitet war. Sehr häufig ist es aber auch notwendig, einen Thread, dessen run-Methode eine umfangreiche Anweisungsfolge enthält oder gar als Endlosschleife formuliert ist, vorzeitig abzubrechen bzw. zu beenden. Dies könnten wir beispielsweise dadurch realisieren, dass wir innerhalb der Schleife in unserer run-Methode an geeigneten Stellen darauf reagieren, wenn dem Thread von außen mitgeteilt wird, dass er sich selbst beenden soll.

Diesen Mechanismus können wir entweder (zum Beispiel mit Hilfe eines **boolean**-Flags, das die Abbruchanforderung signalisiert) explizit selbst programmieren oder auf die beiden von der Klasse Thread geerbten Instanzmethoden interrupt und isInterrupted (siehe Abschnitt 18.2.1) zurückgreifen.

Die letztgenannte Variante haben wir eingesetzt, um unser Konsolen-gesteuertes Stoppuhr-Programm aus Kapitel 12 mit etwas mehr Dynamik zu versehen. In der leicht modifizierten Fassung

```
1  import Prog1Tools.*;
2  import java.util.*;
3  public class StoppuhrMitThread {
4    public static void main (String[] args) {
5      // Auf Betaetigen der Eingabetaste warten
6      IOTools.readLine("Stoppuhr starten mit Eingabetaste!");
7      // Aktuellen Zeitpunkt im Date-Objekt start festhalten
8      Date start = new Date();
9      // Zeitpunkt ausgeben
10     System.out.println("Startzeitpunkt: " + start);
11     System.out.println();
12     System.out.println("Stoppuhr anhalten mit Eingabetaste!");
13     // Anzeige-Thread starten
14     Thread t = new UhrzeitThread();
15     t.start();
```

```
16      // Auf Betaetigen der Eingabetaste warten
17      IOTools.readLine();
18      // Aktuellen Zeitpunkt im Date-Objekt stopp festhalten
19      Date stopp = new Date();
20      // Anzeige-Thread anhalten
21      t.interrupt();
22      // Zeitpunkt ausgeben
23      System.out.println("Stoppzeitpunkt: " + stopp);
24      System.out.println();
25      // Laufzeit als Differenz von stopp und start bestimmen
26      long laufzeit = stopp.getTime() - start.getTime();
27      // Laufzeit ausgeben
28      System.out.println("Gesamtlaufzeit: " + laufzeit + " ms");
29    }
30  }
```

haben wir dafür gesorgt, dass unmittelbar nach dem Start unserer Stoppuhr
(durch Betätigen der Eingabetaste) ein Thread in Form eines UhrzeitThread-
Objekts erzeugt und gestartet wird. Dieser Thread ist dafür zuständig, die Uhrzeit
anzuzeigen und diese ständig (im Sekundentakt) zu aktualisieren. Nach dem erneuten Betätigen der Eingabetaste zum Anhalten der Stoppuhr wird der Thread
mit Hilfe der Methode interrupt abgebrochen (sein Abbruch-Flag wird gesetzt).
In unserer Klasse

```
1   import java.util.*;
2   import java.text.*;
3   public class UhrzeitThread extends Thread {
4     public static final SimpleDateFormat
5       hms = new SimpleDateFormat("HH:mm:ss");
6
7     public void run() {
8       System.out.println();
9       while (true) {
10        if (isInterrupted()) {
11          System.out.println();
12          break;
13        }
14        Date time = new Date();
15        System.out.print(hms.format(time)+"\b\b\b\b\b\b\b\b");
16        try {
17          sleep(1000);
18        }
19        catch (InterruptedException ie) {
20          interrupt();
21        }
22      }
23    }
24  }
```

haben wir die Methode run so implementiert, dass in einer Endlosschleife in jedem Durchlauf jeweils der aktuelle Zeitpunkt bestimmt, dieser formatiert ausgegeben, mit Hilfe von Backspace-Zeichen (\b) an den Zeilenanfang zurückge-
sprungen und schließlich eine Sekunde pausiert wird. Zu Beginn jedes Schlei-

fendurchlaufs wird mit Hilfe von `isInterrupted` überprüft, ob eventuell das Abbruch-Flag gesetzt wurde. Wenn ja, springen wir noch in die nächste Zeile auf unserem Konsolenfenster und beenden die Schleife.

Den Aufruf der Methode `sleep` haben wir, wie erforderlich, in einen **try**-Block eingebettet. Wie wir wissen, wirft die Methode eine `InterruptedException`, falls ein `interrupt`-Aufruf für unseren Thread gerade in dessen `sleep`-Phase fällt. Da in diesem Fall das Abbruch-Flag wieder zurückgesetzt wird, sorgen wir durch einen erneuten Aufruf von `interrupt` dafür, dass es wieder gesetzt und dadurch die Schleife beim Start des nächsten Durchlaufs unmittelbar nach dem Zeilenwechsel abgebrochen wird.

Die Ausgabe unseres Programms sieht nun beispielsweise wie folgt aus:

```
────────────────── Konsole ──────────────────
Stoppuhr starten mit Eingabetaste!
Startzeitpunkt: Thu May 29 18:06:16 CEST 2003


Stoppuhr anhalten mit Eingabetaste!

18:06:23

Stoppzeitpunkt: Thu May 29 18:06:24 CEST 2003

Gesamtlaufzeit: 8022 ms
```

18.3 Wissenswertes über Threads

In diesem Abschnitt wollen wir uns mit einigen typischen Charakteristika von Threads beschäftigen. Zum Beispiel haben wir ja bereits in Abschnitt 18.2.1 gesehen, dass wir einem Thread bei seiner Erzeugung oder nachträglich mit Hilfe der Methode `setName` einen Namen geben können. Dazu sei noch bemerkt, dass die Eindeutigkeit der Namen von der virtuellen Maschine nicht kontrolliert wird. Threads ohne explizite Namenszuweisung werden von der virtuellen Maschine durchnummeriert und erhalten standardmäßig die Namen `Thread-1`, `Thread-2` usw. Der für die Ausführung der `main`-Methode zuständige Thread erhält den Namen `main`. Bei Applets ist der ausführende Thread nach der jeweiligen Applet-Klasse benannt und als Applet-Thread gekennzeichnet.

Weiterhin kann ein Thread-Objekt dadurch charakterisiert werden, dass man seinen Zustand bezüglich des Thread-Lebenszyklus, seine Priorität im Hinblick auf das Thread-Scheduling oder seine Gruppenzugehörigkeit betrachtet. Die folgenden Abschnitte widmen sich diesen Themen.

18.3.1 Lebenszyklus eines Threads

Von seiner Erzeugung bis zum Ende seiner Ausführung durchläuft ein Thread im Rahmen seines Lebenszyklus verschiedene Zustände. In Abbildung 18.1 haben

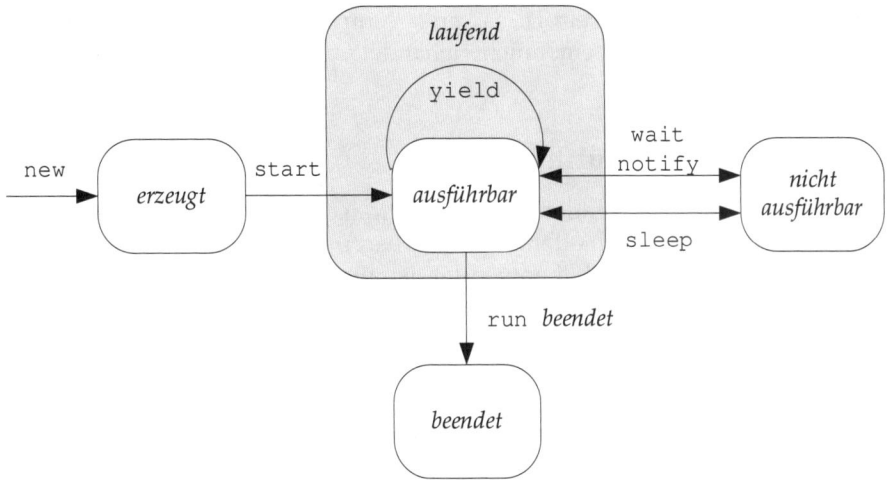

Abbildung 18.1: Lebenszyklus eines Threads

wir die möglichen Zustände schematisch dargestellt. Wenn wir einen Thread mit Hilfe des **new**-Operators erzeugen, befindet er sich im Zustand *erzeugt*. Durch den Aufruf seiner Methode `start` versetzen wir ihn dann in den Zustand *ausführbar*, so dass seine Methode `run` ausgeführt werden kann. Da sich unser Thread die Prozessorzeit mit anderen Threads teilen muss, wird die Ausführung seiner `run`-Methode immer wieder unterbrochen, damit auch die übrigen Threads ihre Ausführung fortsetzen können. Die Aufteilung der Prozessorzeit auf die verschiedenen aktivierbaren Threads übernimmt der **Scheduler** der virtuellen Maschine. In Abschnitt 18.3.2 kommen wir nochmals auf dieses Thema zu sprechen. Mit der Klassenmethode `yield` kann der gerade ausgeführte Thread auch selbst dafür sorgen, dass er den Prozessor unabhängig vom Verteilungsmechanismus des Schedulers freigibt.

Die Klassenmethode `sleep` (vgl. Abschnitt 18.2.1) versetzt den aktuellen Thread für die Dauer der angegebenen Zeit in den Zustand *nicht ausführbar*, in dem ihm vom Scheduler keine Prozessorzeit zugeteilt wird. Der Thread wechselt nach Ablauf der „Schlafenszeit" in den Zustand *ausführbar* und wird bei der Prozessorzeitaufteilung wieder berücksichtigt. Auch im Rahmen des Zusammenspiels von mehreren Threads ist es notwendig, die automatische Prozessorzeitaufteilung zu beeinflussen. Dazu können Threads mit Hilfe der Methoden `wait`, `notify` und `notifyAll` miteinander kommunizieren und sich selbst in den Zustand *nicht ausführbar* bzw. andere Threads in den Zustand *ausführbar* versetzen. Das Thema Thread-Kommunikation werden wir in Abschnitt 18.4 vertiefen.

Es ist nicht möglich, den genauen aktuellen Zustand eines Threads abzufragen. Mit Hilfe der Methode `isAlive` kann jedoch zumindest festgestellt werden, ob ein Thread sich in einem der Zustände *ausführbar* oder *nicht ausführbar* befindet. In den Zustand *beendet* gelangt ein Thread erst, wenn seine `run`-Methode vollständig abgearbeitet oder aufgrund einer nicht behandelten Ausnahme abgebrochen wurde.

18.3.2   Thread-Scheduling

Wie bereits erwähnt, verwendet die virtuelle Maschine einen **Scheduler**, um die Prozessorzeit auf die verschiedenen ausführbaren Threads zu verteilen. Welches Verfahren der Scheduler dabei anwendet, ist allerdings nicht für alle virtuellen Maschinen identisch festgelegt. Es ist lediglich sichergestellt, dass ein Thread mit höherer **Priorität** grundsätzlich vorrangig behandelt wird, also im Schnitt mehr Prozessorzeit erhält. Das heißt, andere Threads mit niedrigerer Priorität können vom Scheduler unterbrochen werden, um den Thread mit höherer Priorität auszuführen. Diese als **präemptives Scheduling** bezeichnete Vorgehensweise ist jedoch nicht so zu verstehen, dass Threads mit niedrigerer Priorität warten müssen, bis alle Threads mit höherer Priorität abgearbeitet sind. Zur Vermeidung von **Starvation** (deutsch: Verhungern) und **Deadlocks** (deutsch: Blockierung) kann der Scheduler auch Threads mit niedrigerer Priorität Vorrang geben. Von Starvation spricht man, wenn ein Prozess zwar ausführbar ist, aber keine Prozessorzeit zugeteilt bekommt. Unter einem Deadlock versteht man eine Situation, in der sich mehrere Threads gegenseitig an der Ausführung hindern (siehe auch Abschnitt 18.4.2).

Entscheidend für die tatsächliche Vorgehensweise beim Scheduling der Threads mit niedrigerer Priorität und bei der Aufteilung der Prozessorzeit auf die Threads mit gleicher Priorität ist die jeweilige verwendete Java-System-Umgebung bzw. die Betriebssystem-Plattform, auf der das System läuft. Einige Plattformen unterstützen ein so genanntes **Zeitscheiben-Verfahren**, das die Gesamt-Prozessorzeit quasi scheibchenweise an die einzelnen ausführbaren Threads (unter Berücksichtigung ihrer Priorität) verteilt.

Will man die Priorität eines Threads abfragen bzw. verändern, so können die bereits in Abschnitt 18.2.1 erwähnten Instanzmethoden `getPriority` bzw. `setPriority` verwendet werden. Prioritäten gibt man dabei als ganzzahlige Werte an, deren zulässiger Bereich durch Klassenkonstanten der Klasse `Thread` festgelegt ist. Die niedrigste Priorität ist `MIN_PRIORITY` (1), die höchste `MAX_PRIORITY` (10). Ohne explizite Zuweisung einer Priorität erhält ein Thread jeweils die Priorität des Threads, der ihn erzeugt. Der `main`-Thread wird mit Priorität `NORM_PRIORITY` (5) gestartet.

18.3.3   Dämon-Threads und Thread-Gruppen

Ein Java-Programm wird normalerweise beendet, sobald der letzte noch laufende Thread beendet ist. Unberücksichtigt bleiben dabei jedoch die so genannten **Dämon-Threads**, die lediglich im Hintergrund laufen. Typische Beispiele für solche Dämon-Threads sind AWT- bzw. Swing-Threads oder der Garbage-Collector.

Diese erfüllen Hilfsaufgaben für andere Threads des Programms, haben aber keinen direkten Bezug zur eigentlichen Funktionalität. Genau genommen beendet der Java-Interpreter also ein Programm, sobald außer den Dämon-Threads alle anderen Threads beendet sind. Allerdings können wir unter Verwendung der Methode `exit` aus der Klasse `System` ein Programm auch beenden, wenn noch weitere Vordergrund-Threads aktiv sind. Wollen wir einen eigenen Thread zum Dämon-Thread machen, müssen wir ihn vor seinem Start mit Hilfe eines Aufrufs `setDaemon(`**`true`**`)` entsprechend kennzeichnen. Ob ein Thread als Dämon läuft, kann mit Hilfe der Methode `isDaemon` überprüft werden.

Threads lassen sich in Gruppen zusammenfassen, so dass alle Threads einer Gruppe gemeinsam gesteuert werden können. Mit Hilfe der Konstruktoren

- **public** ThreadGroup(String name)
  erzeugt eine neue Thread-Gruppe.

- **public** ThreadGroup(ThreadGroup parent, String name)
  erzeugt eine neue Thread-Gruppe, die Kind der Gruppe `parent` ist.

lässt sich eine Thread-Gruppe als Objekt der Klasse `ThreadGroup` erzeugen. Alle Thread-Gruppen ordnet man baumstrukturartig an, indem man sie über eine Vater-Sohn-Beziehung miteinander verknüpft.

Jeder Thread gehört prinzipiell einer Thread-Gruppe an. Wird er mit dem Standard-Konstruktor erzeugt, so wird er stets jener Gruppe zugeordnet, in der sich der Thread befindet, der den neuen Thread erzeugt. Zu diesem Zweck erzeugt die virtuelle Maschine auch beim Start eines Programms eine Thread-Gruppe namens `main`, der alle neu erzeugten Threads, die nicht explizit anderen Gruppen zugeordnet werden, und natürlich der `main`-Thread bzw. der Applet-Thread selbst angehören. Wollen wir einen Thread bei seiner Erzeugung explizit einer Gruppe zuordnen, so müssen wir auf einen der Konstruktoren

- **public** Thread(ThreadGroup group, Runnable target)
- **public** Thread(ThreadGroup group, String name)
- **public** Thread(ThreadGroup group, Runnable target,
                                      String name)

zurückgreifen.

18.4 Thread-Synchronisation und -Kommunikation

Wenn wir in einem Programm mehrere Threads einsetzen, müssen wir uns stets der Tatsache bewusst sein, dass diese wechselseitig auf den gleichen Speicherbereich und eventuell auf die gleichen Objekte Zugriff haben. Dabei kann es sehr leicht zu Zugriffskonflikten und inkonsistenten Informationen kommen. Benutzen wir beispielsweise einen Thread, um ein Objekt mit verschiedenen Werten zu belegen (beschreiben), und einen weiteren Thread, der die entsprechenden

Werte aus eben diesem Objekt auslesen will, kann es vorkommen, dass der lesende Thread inkonsistente Werte liest. Wird nämlich der Thread, der für den Schreibvorgang zuständig ist, vom Scheduler unterbrochen, bevor er alle Komponenten des Objekts korrekt mit neuen Werten beschrieben hat, so sind teilweise noch die alten Werte gespeichert. Man spricht vom so genannten **Leser/Schreiber-Problem**.

Nicht weniger problematisch ist die Situation, wenn ein Thread für die Erzeugung und Speicherung neuer Werte in einem Objekt, das als Puffer bzw. Vermittler dient, zuständig ist, während ein anderer Thread diese dort abgelegten Werte „verbrauchen" will. Hier kommt es zu Fehlern, wenn die beiden Threads ihre gegenseitige Abhängigkeit nicht berücksichtigen, so dass die Werte nicht genau in der Reihenfolge verbraucht werden, in der sie erzeugt wurden. Diese Situation bezeichnet man als **Erzeuger/Verbraucher-Problem**.

Glücklicherweise bietet Java die Möglichkeiten, um beide Probleme in den Griff zu bekommen. Anhand von einfachen Beispielen wollen wir die Probleme und ihre Behandlung in den beiden folgenden Abschnitten näher untersuchen.

18.4.1   Das Leser/Schreiber-Problem

Wir betrachten folgende einfache Problemstellung: Ein Thread (der Schreiber) soll dafür zuständig sein, die Position einer Spielfigur auf der Diagonale (A,1) bis (H,8) eines Schachbretts zufällig zu verändern. Ein weiterer Thread (der Leser) soll die Position der Figur in regelmäßigen Abständen auslesen.

Die Darstellung der Figur auf dem Schachbrett haben wir zunächst einmal durch die abstrakte Klasse

```
1  public abstract class Figur {
2    protected char x;
3    protected int  y;
4    abstract public void setPosition(char x, int y);
5    abstract public String getPosition();
6  }
```

spezifiziert. Unser Figur-Objekt ist also jeweils durch seine Koordinaten auf dem Schachbrett (ein Buchstabe in x-Richtung und eine ganze Zahl in y-Richtung) charakterisiert. Die Position der Figur soll mit der Methode setPosition gesetzt und mit getPosition als Zeichenkette ausgelesen werden können.

Als Schreiber-Thread verwenden wir

```
1  public class Schreiber extends Thread {
2    Figur f;
3    public Schreiber (Figur f) {
4      this.f = f;
5    }
6    public void run () {
7      while (true) {
8        int  z = (int) (Math.random() * 8);  // 0 .. 7
9        char x = (char) ('A' + z);            // A .. H
10       int  y = 1 + z;                       // 1 .. 8
```

```
11          f.setPosition(x,y);
12        }
13      }
14    }
```

in dessen `run`-Methode wir zunächst einen Zufallswert im Bereich 0 bis 7 berechnen. Aus diesem Wert ermitteln wir jeweils die Diagonalen-Koordinaten, so dass sich insgesamt die acht Kombinationen (A,1), (B,2), ... (G,7), (H,8) ergeben. Mit der Instanzmethode `setPosition` des `Figur`-Objekts, das vom Thread bearbeitet wird, werden diese Koordinaten für die Figur eingetragen.
Unser Leser-Thread

```
1   public class Leser extends Thread {
2     Figur f;
3     public Leser (Figur f) {
4       this.f = f;
5     }
6     public void run () {
7       for (int i=1; i<=30; i++) {
8         System.out.print(f.getPosition() + " ");
9         if (i % 10 == 0)
10          System.out.println();
11      }
12    }
13  }
```

der später mit dem gleichen `Figur`-Objekt f arbeiten wird, liest in seiner `run`-Methode insgesamt 30 Mal die aktuelle Position der Figur.
In einem ersten Versuch setzen wir nun im Programm

```
1   public class FigurenThreads1 {
2     public static void main (String[] args) {
3       SchlechteFigur f = new SchlechteFigur();
4       Schreiber      s = new Schreiber(f);
5       Leser          l = new Leser(f);
6       s.setDaemon(true);
7       s.start();
8       l.start();
9     }
10  }
```

einen Leser-Thread und einen Schreiber-Thread zur Bearbeitung eines `Figur`-Objekts ein. Wir machen den Schreiber-Thread zum Dämon-Thread, damit unser Programm nach Beendigung des Leser-Threads terminiert. Als `Figur`-Objekt verwenden wir dabei ein Objekt der Klasse

```
1   public class SchlechteFigur extends Figur {
2     public void setPosition(char x, int y) {
3       this.x = x;
4       MachMal.eineSekundeLangGarNichts();
5       this.y = y;
6     }
7     public String getPosition() {
8       MachMal.eineSekundeLangGarNichts();
9       return "(" + x + "," + y + ")";
```

```
10      }
11   }
```

Hierin haben wir die Methode `setPosition` so implementiert, dass nach Setzen der x-Koordinate erst einmal ein bisschen pausiert wird (dazu greifen wir wieder auf die aus Abschnitt 18.1 bekannte Methode zurück). Damit wollen wir den Zeitaufwand simulieren, der bei einem umfangreicheren Objekt für die Bearbeitung notwendig wäre. Auch in der Methode `getPosition` haben wir für eine entsprechende Verzögerung gesorgt.

Beim Start des Programms `FigurenThreads1` kann sich nun folgender Ablauf ergeben:

```
────────────── Konsole ──────────────
(D,4)  (B,2)  (C,5)  (H,2)  (B,8)  (G,2)  (D,7)  (D,7)  (D,1)  (B,4)
(E,2)  (B,5)  (D,2)  (D,4)  (G,4)  (D,7)  (C,4)  (A,3)  (D,1)  (F,4)
(C,6)  (E,3)  (C,5)  (E,3)  (C,5)  (C,5)  (G,3)  (H,7)  (D,8)  (G,4)
```

Das heißt: Obwohl wir im Schreiber-Thread sichergestellt haben, dass unsere Figur auf einem Feld der Diagonale (A,1) bis (H,8) gesetzt wird, liest der Leser-Thread auch Feldpositionen wie (C,5) oder (H,2), die nicht im gewünschten Sinne sind. Hier bekommen wir es also tatsächlich mit inkonsistenten Informationen über das Figuren-Objekt zu tun, weil der Schreiber-Thread während der Ausführung der Methode `setPosition` nach dem Setzen von x vom Scheduler zeitweise unterbrochen wird, bevor er auch y setzen kann. Der Leser-Thread erhält somit von der Methode `getPosition` nicht zusammengehörende Kombinationen von x und y.

Um dieses Problem zu beheben, müssen wir dafür sorgen, dass nicht zwei Threads gleichzeitig auf den kritischen Datenbereich unseres Objekts zugreifen können. Für diesen Zweck stellt Java das Schlüsselwort **synchronized** zur Verfügung, mit dem Methoden oder Anweisungsblöcke in genau diesem Sinne **synchronisiert** werden können. Wenn wir dieses Konzept in unserer Figur-Klasse einsetzen, können wir zum Beispiel eine Klasse

```
1   public class GuteFigur extends Figur {
2     synchronized public void setPosition(char x, int y) {
3       this.x = x;
4       MachMal.eineSekundeLangGarNichts();
5       this.y = y;
6     }
7     synchronized public String getPosition() {
8       MachMal.eineSekundeLangGarNichts();
9       return "(" + x + "," + y + ")";
10    }
11  }
```

implementieren, in der wir die Methoden `setPosition` und `getPosition` als **synchronized** deklarieren. Wenn wir unsere beiden Leser- und Schreiber-Threads nun im Rahmen unseres Programms

```
1   public class FigurenThreads2 {
2     public static void main (String[] args) {
3       GuteFigur f = new GuteFigur();
4       Schreiber s = new Schreiber(f);
5       Leser    l = new Leser(f);
6       s.setDaemon(true);
7       s.start();
8       l.start();
9     }
10  }
```

mit einem Objekt der Klasse GuteFigur arbeiten lassen, so kann sich folgender Ablauf

```
────────────────────── Konsole ──────────────────────
(H,8)  (E,5)  (D,4)  (D,4)  (H,8)  (D,4)  (A,1)  (A,1)  (B,2)  (F,6)
(G,7)  (A,1)  (C,3)  (F,6)  (C,3)  (H,8)  (H,8)  (D,4)  (H,8)  (F,6)
(A,1)  (E,5)  (E,5)  (G,7)  (F,6)  (H,8)  (D,4)  (E,5)  (C,3)  (G,7)
```

ergeben. Das heißt: Nun ist sichergestellt, dass unser Leser-Thread stets korrekte Feldpositionen ausliest.

Generell gilt, dass bei Ausführung einer synchronized-Methode das zugehörige Objekt für andere synchronized-Methoden gesperrt wird (allerdings sperrt ein Thread niemals sich selbst). Man spricht auch von einem **Monitor**, der den Zugriff auf das Objekt überwacht und eine **Sperre** verwaltet. Jeder Thread muss vor Ausführung einer synchronized-Methode die Sperre des Objekts erwerben. Ist ein anderer Thread im Besitz der Sperre, weil er gerade eine synchronized-Methode des Objekts ausführt, so wird der aktuelle Thread so lange blockiert (bleibt aber ausführbar), bis die Sperre wieder freigegeben wurde. Jedes Objekt führt dazu eine Warteliste mit den blockierten Threads. In Abbildung 18.2 ist dieser Mechanismus am Beispiel eines Objekts unserer Klasse GuteFigur schematisch dargestellt, wobei der Thread s gerade die Sperre des Objekts erworben hat, während l und weitere Threads in der Warteliste stehen. Weil die Sperre sich jeweils auf ein Objekt bezieht, ist es möglich, dass zwei oder mehrere Threads

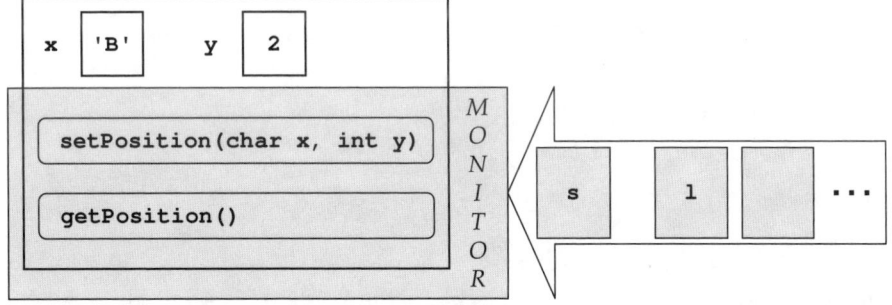

Abbildung 18.2: Synchronisierte Methoden und der Monitor

dieselbe synchronized-Methode für verschiedene Objekte ausführen, sofern die
Methode keine Klassenmethode ist.

18.4.2   Das Erzeuger/Verbraucher-Problem

Man könnte vielleicht auf den Gedanken kommen, dass mit der Synchronisierung
von Threads alle Probleme im Zusammenhang mit dem nebenläufigen Zugriff auf
Objekte in den Griff zu bekommen sind. Wenn man sich jedoch eine Situation vor
Augen führt, in der ein Thread für die Erzeugung und Speicherung neuer Werte
in einem Puffer-Objekt zuständig ist, während ein anderer Thread diese dort abgelegten Werte wieder ausliest, so erkennt man schnell, dass die Synchronisierung
nicht ausreicht, um auch das Abhängigkeitsproblem zu lösen.
Wir wollen dies anhand folgender Problemstellung verdeutlichen: Ein Thread
(der Erzeuger) soll dafür zuständig sein, die ganzzahligen Werte 0 bis 4 zu erzeugen und in einem Vermittler-Objekt abzulegen, während ein weiterer Thread
(der Verbraucher) diese Werte aus dem Vermittler-Objekt entsprechend auslesen
soll. Zur Darstellung eines solchen Vermittlerobjekts haben wir zunächst eine abstrakte Klasse

```
1   abstract class Wert {
2     protected int wert;
3     abstract public int get();
4     abstract public void put (int w);
5   }
```

spezifiziert. Ein Wert-Objekt stellt also einen sehr kleinen Puffer dar, weil es prinzipiell nur einen einzigen **int**-Wert in der Instanzvariablen wert aufnehmen
kann. Dieser Wert soll mit der Methode put gesetzt und mit get ausgelesen werden können.
Als Erzeuger-Thread verwenden wir

```
1   class Erzeuger extends Thread {
2     Wert w;
3     public Erzeuger (Wert w) {
4       this.w = w;
5     }
6     public void run() {
7       for (int i = 0; i < 5; i++) {
8         w.put(i);
9         try {
10          sleep((int)(Math.random() * 100));
11        }
12        catch (InterruptedException e) {
13        }
14      }
15    }
16  }
```

in dessen run-Methode wir in einer Schleife die Werte 0 bis 4 mit Hilfe der Methode put im Vermittler-Objekt eintragen. Unser Verbraucher-Thread

```
1   class Verbraucher extends Thread {
2     Wert w;
3     public Verbraucher (Wert w) {
4       this.w = w;
5     }
6     public void run() {
7       int v;
8       for (int i = 0; i < 5; i++) {
9         v = w.get();
10        try {
11          sleep((int)(Math.random() * 100));
12        }
13        catch (InterruptedException e) {
14        }
15      }
16    }
17  }
```

der später mit dem gleichen Wert-Objekt w arbeiten wird, liest in seiner run-Methode die fünf dort abgelegten Werte der Reihe nach aus und protokolliert sie auf dem Konsolenfenster. Sowohl der Erzeuger- als auch der Verbraucher-Thread sind so implementiert, dass sie jeweils nach dem put- bzw. dem get-Aufruf für eine kurze Zeitspanne zwischen 0 und 100 Millisekunden pausieren.

Für unser erstes Testprogramm

```
1   public class EVTest1 {
2     public static void main (String args[]) {
3       SchlechterWert  w = new SchlechterWert();
4       Erzeuger        e = new Erzeuger(w);
5       Verbraucher     v = new Verbraucher(w);
6       e.start();
7       v.start();
8     }
9   }
```

lassen wir Erzeuger und Verbraucher mit einem Wert-Objekt der Klasse

```
1   class SchlechterWert extends Wert {
2     public synchronized int get() {
3       System.out.println("Verbraucher get: " + wert);
4       return wert;
5     }
6     public synchronized void put (int w) {
7       wert = w;
8       System.out.println("Erzeuger    put: " + wert);
9     }
10  }
```

arbeiten, in der wir die Methoden get und put als **synchronized** deklariert haben. Beim Start des Programms EVTest1 stellen wir fest, dass trotz der Synchronisation die fünf Werte 0 bis 4 nicht in der korrekten Reihenfolge erzeugt und verbraucht werden. Vielmehr kann sich auch folgender Ablauf ergeben:

```
──────────────── Konsole ────────────────
Erzeuger    put: 0
Verbraucher get: 0
```

```
Erzeuger     put: 1
Verbraucher get: 1
Verbraucher get: 1
Verbraucher get: 1
Erzeuger     put: 2
Erzeuger     put: 3
Erzeuger     put: 4
Verbraucher get: 4
```

Das heißt, der Erzeuger produziert zwar die Werte 0 bis 4 in der richtigen Reihenfolge, der Verbraucher entnimmt dem Vermittlerobjekt aber einige Werte mehrfach bzw. einige überhaupt nicht. Zur Behebung dieses Problems müssen wir dafür sorgen, dass der Verbraucher immer nur dann aktiv wird, wenn der Erzeuger auch wieder einen neuen Wert bereitgestellt hat. Die beiden Threads müssen also miteinander kommunizieren können.
Die Methoden, die dabei eine Rolle spielen, finden sich mit

- **`public final void`** `join()`
  veranlasst den gerade ausgeführten Thread, mit seiner weiteren Ausführung so lange zu warten, bis der Thread, für den `join` ausgeführt wird, beendet ist. Die Methode kann eine `InterruptedException` werfen, die abgefangen werden muss, und das Abbruch-Flag des Threads wird dabei zurückgesetzt.

- **`public final void`** `join(long millis)`
  veranlasst den Thread, der gerade ausgeführt wird, mit seiner weiteren Ausführung maximal `millis` Millisekunden zu warten, bis der Thread, für den `join` ausgeführt wird, beendet ist. Die Methode kann eine `InterruptedException` werfen, die abgefangen werden muss. Das Abbruch-Flag des Threads wird dabei zurückgesetzt.

in der Klasse `Thread` und mit

- **`public final void`** `wait()`
  veranlasst den Thread, der gerade ausgeführt wird, mit seiner weiteren Ausführung zu warten, bis ein anderer Thread die `notify`- oder die `notifyAll`-Methode für das aktuelle Objekt ausführt. Der Thread gibt dazu die Objekt-Sperre ab und muss sie nach dem Wartevorgang wieder erwerben. Die Methode kann eine `InterruptedException` werfen, die abgefangen werden muss. Das Abbruch-Flag des Threads wird dabei zurückgesetzt.

- **`public final void`** `wait(long timeout)`
  veranlasst den Thread, der gerade ausgeführt wird, mit seiner weiteren Ausführung maximal `timeout` Millisekunden zu warten, bis ein anderer Thread die `notify`- oder die `notifyAll`-Methode für das aktuelle Objekt ausführt. Der Thread gibt dazu die Objekt-Sperre ab und muss sie nach dem Wartevorgang wieder erwerben. Die Methode kann eine `InterruptedException` werfen, die abgefangen werden muss. Das Abbruch-Flag des Threads wird dabei zurückgesetzt.

- **public final void** notify()
  reaktiviert einen einzelnen Thread, der sich im Wartezustand bezüglich des aktuellen Objekts befindet.

- **public final void** notifyAll()
  reaktiviert alle Threads, die sich im Wartezustand bezüglich des aktuellen Objekts befinden.

in der Klasse Object. Die drei Methoden wait, notify und notifyAll stehen also jedem beliebigen Objekt durch Vererbung zur Verfügung.

Für unseren speziellen Fall ist die Methode join natürlich nicht einsetzbar, weil unser Verbraucher-Thread ja nicht erst wieder aktiv werden möchte, wenn der Erzeuger-Thread bereits beendet ist. Vielmehr müssen wir die Methoden wait und notify geschickt einsetzen. In unserer neuen Wert-Klasse

```java
class GuterWert extends Wert {
  private boolean verfuegbar = false;
  public synchronized int get() {
    if (!verfuegbar)
      try {
        wait();
      }
      catch (InterruptedException ie) {
      }
    verfuegbar = false;
    notify();
    System.out.println("Verbraucher get: " + wert);
    return wert;
  }
  public synchronized void put (int w) {
    if (verfuegbar)
      try {
        wait();
      }
      catch (InterruptedException ie) {
      }
    wert = w;
    System.out.println("Erzeuger    put: " + wert);
    verfuegbar = true;
    notify();
  }
}
```

arbeitet das Vermittler-Objekt mit einem Flag verfuegbar, das anzeigt, ob bereits ein Wert vom Erzeuger produziert und damit für den Verbraucher bereitgestellt wurde.

In der Methode get lassen wir den Verbraucher-Thread, der die Methode ausführt, daher zunächst überprüfen, ob ein Wert verfügbar ist. Wenn das nicht der Fall ist, lassen wir ihn mit wait erst mal auf ein notify vom Erzeuger warten. Wird der Wartezustand aufgehoben, steht fest, dass ein neuer Wert in der Variable wert vorhanden ist und nun verbraucht werden kann. Durch einen notify-Aufruf informiert der Verbraucher daher den Erzeuger, dass er wieder aktiv werden soll, und verbraucht den aktuellen Wert mit dem **return**.

In der Methode put lassen wir den Erzeuger-Thread, der die Methode ausführt, zunächst überprüfen, ob ein Wert verfügbar ist. Wenn dies der Fall ist, lassen wir ihn mit wait erst mal auf ein notify vom Verbraucher warten. Wird der Wartezustand aufgehoben, steht fest, dass ein neuer Wert für die Variable wert eingetragen werden kann. Nach der Speicherung des neuen Werts wird nun das verfuegbar-Flag gesetzt und der Verbraucher durch einen notify-Aufruf darüber informiert, dass er wieder aktiv werden kann.

Wenn wir unsere beiden Erzeuger- und Verbraucher-Threads nun im Rahmen unseres Programms

```
1  public class EVTest2 {
2    public static void main (String args[]) {
3      GuterWert   w = new GuterWert();
4      Erzeuger    e = new Erzeuger(w);
5      Verbraucher v = new Verbraucher(w);
6      e.start();
7      v.start();
8    }
9  }
```

mit einem Objekt der neuen Klasse GuterWert arbeiten lassen, so wird sich ein Ablauf der Form

```
───────────────────────── Konsole ─────────────────────────
Erzeuger     put: 0
Verbraucher  get: 0
Erzeuger     put: 1
Verbraucher  get: 1
Erzeuger     put: 2
Verbraucher  get: 2
Erzeuger     put: 3
Verbraucher  get: 3
Erzeuger     put: 4
Verbraucher  get: 4
```

ergeben. Das heißt: Nun ist sichergestellt, dass unser Erzeuger/Verbraucher-Mechanismus korrekt abläuft.

Zusammenfassend kann man sagen, dass mit dem Schlüsselwort **synchronized** und den Methoden join, wait, notify und notifyAll in Verbindung mit dem Monitor-Konzept ein zuverlässiger Mechanismus für den Schutz kritischer Programmbereiche zur Verfügung steht. Allerdings sollte man sich darüber im Klaren sein, dass dieser auch gewisse Gefahren in sich birgt. Geht man allzu leichtfertig an eine entsprechende Implementierung heran, kann dies zu erheblichen Problemen mit Starvation- oder Deadlock-Situationen (vgl. Abschnitt 18.3.2) führen.

Würden wir zum Beispiel als Vermittler ein Objekt der Klasse

```
1    class KlemmWert extends Wert {
2      public synchronized int get() {
3        try {
4          wait();
5        }
6        catch (InterruptedException ie) {
7        }
8        notify();
9        System.out.println("Wert verbraucht!");
10       return wert;
11     }
12     public synchronized void put (int w) {
13       wert = w;
14       System.out.println("Wert erzeugt!");
15       notify();
16       try {
17         wait();
18       }
19       catch (InterruptedException ie) {
20       }
21     }
22   }
```

verwenden, deren Methoden `put` und `get` ohne das Flag `verfuegbar` arbeiten,
so kommt das Programm

```
1    public class EVTest3 {
2      public static void main (String args[]) {
3        KlemmWert   w = new KlemmWert();
4        Erzeuger    e = new Erzeuger(w);
5        Verbraucher v = new Verbraucher(w);
6        e.start();
7        v.start();
8      }
9    }
```

bereits unmittelbar nach dem Programmstart in eine Deadlock-Situation. Es wird
zwar noch

```
——————————— Konsole ———————————
Wert erzeugt!
```

ausgegeben, danach „hängt" das Programm aber und kann lediglich mit dem Tastaturkommando **Ctrl-C** bzw. **Strg-C** oder durch Schließen des Konsolenfensters
beendet werden. Mit unserer Implementierung von `KlemmWert` haben wir beabsichtigt, dass der Verbraucher erst mal in den Wartezustand geht, bis der Erzeuger
ihm zu verstehen gibt, dass ein Wert erzeugt ist, und dieser dann selbst wartet, bis
wiederum der Verbraucher signalisiert, dass er den Wert verbraucht hat. Wie wir
sehen, haben wir jedoch keinerlei Kontrolle darüber, dass sich nicht sowohl Erzeuger als auch Verbraucher gleichzeitig im Zustand `wait` befinden.

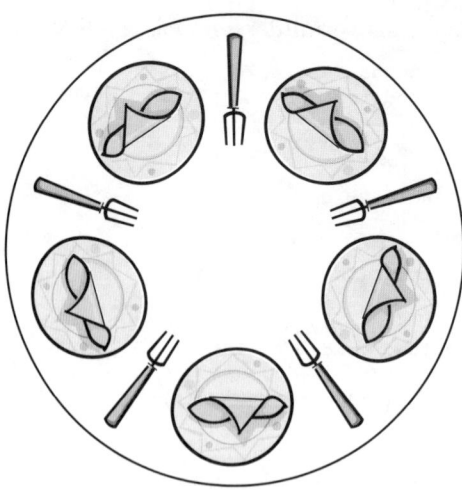

Abbildung 18.3: Der gedeckte Tisch für die Philosophen

Sucht man in der Literatur bzw. im Internet nach anschaulichen Beispielen zum Thema Deadlock und Starvation, so stößt man relativ schnell auf das so genannte **Philosophenproblem**, das sich wie folgt beschreiben lässt:

> Für fünf Philosophen ist ein Tisch gedeckt, so dass jeder Philosoph einen Teller sowie rechts daneben eine Gabel vor sich liegen hat (siehe auch Abbildung 18.3). Allerdings benötigt ein Philosoph zum Essen jeweils zwei Gabeln, so dass er sich jeweils auch die Gabel seines linken Tischnachbarn nehmen muss, um eine Mahlzeit einzunehmen. Das Leben eines jeden Philosophen am Tisch besteht nun aus sich ständig abwechselnden Phasen des Essens und des Denkens. Wird er während der Denkphase hungrig, so greift er, falls vorhanden, zunächst nach der rechten und dann nach der linken Gabel. Kann er die Gabel nicht greifen (weil sein Nachbar diese gerade noch in der Hand hält), so muss er warten, bis sie wieder verfügbar ist. Erst wenn er beide Gabeln in seinem Besitz hat, kann er eine Weile essen, danach die Gabeln wieder ablegen und das Denken fortsetzen, bis sich erneut ein Hungergefühl einstellt.

Weil alle Philosophen nach dem gleichen Schema zu Werke gehen, kann man sich sehr leicht eine Situation vorstellen, in der alle fünf Philosophen quasi gleichzeitig nach der rechten Gabel greifen. Somit kann keiner der fünf Philosophen nach der zweiten Gabel greifen, und jeder hat nun eine Gabel und wartet darauf, dass sein linker Nachbar isst und danach die Gabel wieder ablegt. Wir haben es also mit einer typischen Deadlock-Situation zu tun, die natürlich gleichzeitig auch eine allgemeine Starvation-Situation darstellt, weil alle fünf Philosophen in diesem Zustand verhungern werden.

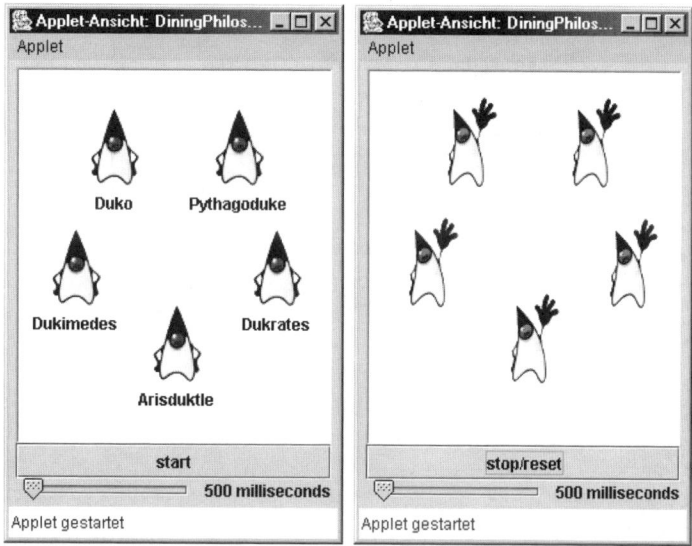

Abbildung 18.4: Die Java-Philosophen

Eine schöne Simulation dieses Problems mit Hilfe eines Applets findet sich in der Online-Version des Java-Tutorials [24]. Als Philosophen setzen sich dort Java-Maskottchen Duke oder besser gesagt seine „Brüder" Duko, Pythagoduke, Dukimedes, Dukrates und Arisduktle an einen Tisch (siehe Abbildung 18.4). Sie signalisieren durch die ausgestreckte Hand, dass sie die entsprechende Gabel aufgenommen haben, und durch ein „Mmmm!", dass es ihnen gerade geschmeckt hat. Auch diese Tischgesellschaft gerät natürlich relativ schnell in eine Deadlock-Situation, wie im rechten Teil von Abbildung 18.4 zu erkennen ist.

18.5 Threads in Frames und Applets

Zum Schluss dieses Kapitels wollen wir noch kurz anhand zweier Beispiele den Einsatz von Threads in grafischen Oberflächen demonstrieren und Hinweise zum Zusammenspiel mehrerer Threads mit Swing-Komponenten geben.

18.5.1 Auf die Plätze, fertig, los!

Zunächst wollen wir uns nochmals mit unserer grafischen Stoppuhr aus Abschnitt 15.6 beschäftigen. Diese haben wir etwas umgestaltet, so dass sie sich jetzt in der in Abbildung 18.5 dargestellten Form präsentiert.
Bei Druck auf den Start-Knopf zeigt das Anzeige-Label links oben nun dynamisch die aktuell gemessene Zeit in Minuten, Sekunden und Hundertstelsekunden an. Dazu haben wir unser damaliges Programm folgendermaßen umgestaltet:

Abbildung 18.5: Stoppuhr mit Thread

```java
import java.util.*;
import java.text.*;
import java.awt.*;
import java.awt.event.*;
import javax.swing.*;
import javax.swing.border.*;

/** Erzeuge ein Swing-Fenster mit Stoppuhrfunktion */
public class StoppuhrFrameThread extends JFrame {
  Container c;
  JButton   startButton, stoppButton, neuButton;
  JLabel    laufZeit;
  Font      schriftGross = new Font("SansSerif",Font.BOLD,20);
  boolean   startPressed, stoppPressed;

  public StoppuhrFrameThread() {  // Konstruktor
    c = getContentPane();
    c.setLayout(new GridLayout(2, 2, 5, 10));

    laufZeit = new JLabel("00:00:00", JLabel.CENTER);
    laufZeit.setFont(schriftGross);
    laufZeit.setBorder(new TitledBorder("Laufzeit in mm:ss:hs"));

    KnopfListener kL = new KnopfListener();

    startButton = new JButton("START");
    startButton.setToolTipText("startet die Stoppuhr");
    startButton.addActionListener(kL);
    stoppButton = new JButton("STOPP");
    stoppButton.setToolTipText("stoppt die Stoppuhr");
    stoppButton.addActionListener(kL);
    neuButton = new JButton("NEU");
    neuButton.setToolTipText("setzt Stoppuhr zurueck");
    neuButton.addActionListener(kL);

    stoppButton.setEnabled(false);
    neuButton.setEnabled(false);

    c.add(laufZeit);
    c.add(startButton);
    c.add(neuButton);
```

```
42         c.add(stoppButton);
43     }
44
45     public void anzeigeAktualisieren() {
46         if ((startPressed) && (stoppPressed)) {
47             startButton.setEnabled(false);
48             stoppButton.setEnabled(false);
49             neuButton.setEnabled(true);
50         } else if (startPressed) {
51             startButton.setEnabled(false);
52             stoppButton.setEnabled(true);
53             neuButton.setEnabled(false);
54         } else {
55             startButton.setEnabled(true);
56             stoppButton.setEnabled(false);
57             neuButton.setEnabled(false);
58             laufZeit.setText("00:00:00");
59         }
60     }
61
62     // Listener fuer die Buttons
63     class KnopfListener implements ActionListener {
64         Thread t;
65         public void actionPerformed(ActionEvent e) {
66             if (e.getSource() == startButton){
67                 startPressed = true;
68                 t = new AnzeigeThread(laufZeit);
69                 t.start();
70             } else if (e.getSource() == stoppButton) {
71                 stoppPressed = true;
72                 t.interrupt();
73             } else if (e.getSource() == neuButton) {
74                 startPressed = false;
75                 stoppPressed = false;
76             }
77             anzeigeAktualisieren();
78         }
79     }
80
81     public static void main(String[] args) {
82         StoppuhrFrameThread fenster = new StoppuhrFrameThread();
83         fenster.setTitle("Stoppuhr");
84         fenster.setSize(300,150);
85         fenster.setVisible(true);
86         fenster.setDefaultCloseOperation(JFrame.EXIT_ON_CLOSE);
87     }
88 }
```

Die Neuerungen stecken insbesondere in der inneren Klasse KnopfListener, mit der wir die Ereignisbehandlung für die drei Buttons implementiert haben. Wird nämlich die Start-Taste betätigt, so wird ein Thread (ein Objekt der Klasse AnzeigeThread) erzeugt und gestartet, während bei Druck auf die Stopp-Taste der Thread mit Hilfe der Methode interrupt abgebrochen wird. Die Klasse

```
1   import java.util.*;
2   import java.text.*;
3   import javax.swing.*;
4
5   /* Thread-Klasse zur dynamischen Zeitanzeige **/
6   public class AnzeigeThread extends Thread {
7     JLabel anzeigeLabel;   // Zeitanzeige-Label
8
9     public AnzeigeThread(JLabel anzeigeLabel) { // Konstruktor
10       this.anzeigeLabel = anzeigeLabel;
11     }
12     public String differenzString(Date startZeitObj,     // Formatierung
13                                    Date aktuelleZeitObj) {
14       String anz_m, anz_s, anz_hs;
15       long diffZeit = (aktuelleZeitObj.getTime()-startZeitObj.getTime());
16       long hs = (diffZeit % 1000) / 10;
17       if (hs < 10)
18         anz_hs = "0" + hs;
19       else
20         anz_hs = "" + hs;
21       diffZeit = diffZeit / 1000;
22       long s = diffZeit % 60;
23       if (s < 10)
24         anz_s = "0" + s;
25       else
26         anz_s = "" + s;
27       diffZeit = diffZeit / 60;
28       long m = diffZeit % 60;
29       if (m < 10)
30         anz_m = "0" + m;
31       else
32         anz_m = "" + m;
33       return (anz_m + ":" + anz_s + ":" + anz_hs);
34     }
35     public void run() {   // run-Methode
36       Date startZeitObj = new Date();
37       while(true) {
38         if (isInterrupted())
39           break;
40         Date aktuelleZeitObj = new Date();
41         anzeigeLabel.setText(differenzString(startZeitObj,
42                              aktuelleZeitObj));
43         try {
44           Thread.sleep(10);
45         } catch(InterruptedException e) {
46           break;
47         }
48       }
49     }
50   }
```

haben wir dazu so realisiert, dass bei Beginn der Thread-Ausführung in der run-Methode zunächst der Startzeitpunkt bestimmt wird. Danach wird in einer Schleife jeweils der aktuelle Zeitpunkt bestimmt, mit der Methode `differenzString` die Zeitdifferenz zwischen den beiden Zeitpunkten berechnet und die Laufzeitangabe auf dem Anzeige-Label dargestellt. Die `run`-Methode wird beendet, sobald das Abbruch-Flag unseres Threads gesetzt wird.

18.5.2 Spielereien

Lust auf ein kleines Glücksspielchen via Internet? Nichts leichter als das. Wir schreiben uns ein kleines Applet, das einen typischen Gaststättenspielautomat (natürlich vereinfacht) simuliert. Es gibt drei Anzeigen, die zunächst leer sind und durch Druck der darunter liegenden Start-Taste „gestartet" werden können (siehe Abbildung 18.6). Auf jeder Anzeige werden nun dynamisch zufällige Ziffern erzeugt, und wir können unser Glück versuchen, alle drei Anzeigen beim gleichen Wert anzuhalten. Die `init`-Methode unseres Applets

```
1  import java.awt.*;
2  import java.awt.event.*;
3  import javax.swing.*;
4  import javax.swing.border.*;
5  /** Applet mit einfacher Spielautomaten-Funktionalitaet */
6  public class AutomatApplet extends JApplet {
7    Container c;
8    ColorRunLabel rotAnzeige, gelbAnzeige, gruenAnzeige;
9    StartStopButton rotKnopf, gelbKnopf, gruenKnopf;
10   public void init() {
11     c = getContentPane();
12     c.setLayout(new GridLayout(2,3,5,5));
13     c.add(rotAnzeige = new ColorRunLabel(Color.RED));
14     c.add(gelbAnzeige = new ColorRunLabel(Color.YELLOW));
15     c.add(gruenAnzeige = new ColorRunLabel(Color.GREEN));
16     c.add(rotKnopf = new StartStopButton(Color.RED));
17     c.add(gelbKnopf = new StartStopButton(Color.YELLOW));
18     c.add(gruenKnopf = new StartStopButton(Color.GREEN));
19     rotKnopf.addActionListener(new KnopfListener(rotAnzeige,
20                                                  rotKnopf));
21     gruenKnopf.addActionListener(new KnopfListener(gruenAnzeige,
22                                                    gruenKnopf));
23     gelbKnopf.addActionListener(new KnopfListener(gelbAnzeige,
24                                                   gelbKnopf));
25   }
26 }
```

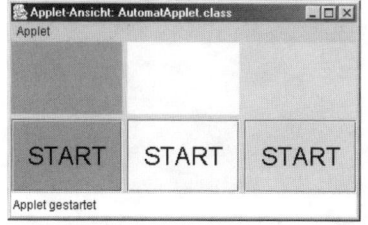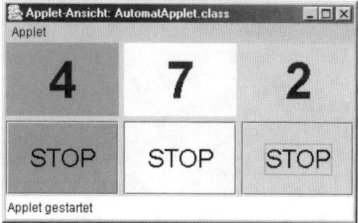

Abbildung 18.6: Ein einfacher Spielautomat

gestaltet sich recht einfach, denn sie ist lediglich dafür zuständig, die drei Labels (Objekte der Klasse `ColorRunLabel`) und die drei Buttons (Objekte der Klasse `StartStopButton`) in den mit Grid-Layout versehenen Appletrahmen einzufügen. Außerdem registrieren wir noch je ein `KnopfListener`-Objekt bei den drei Buttons. Die zugehörige Ereignisbehandlung haben wir in der Klasse

```java
import java.awt.event.*;
/** Listener der beim Druck auf einen Button eine
 *  veraenderliche Label-Anzeige per Thread startet
 */
class KnopfListener implements ActionListener {
  ColorRunLabel crl;
  StartStopButton ssb;
  KnopfListener (ColorRunLabel crl, StartStopButton ssb) {
    this.crl = crl;
    this.ssb = ssb;
  }
  public void actionPerformed (ActionEvent e) {
    if (ssb.isStart()) // falls Start-Knopf
      crl.start();         // Thread des Labels starten
    else                 // andernfalls
      crl.stop();          // Thread des Labels abbrechen
    ssb.switchText(); // Beschriftung des Buttons wechseln
  }
}
```

implementiert. Jedes Listener-Objekt ist jeweils für ein Label-Button-Paar zuständig. Ist der Button gerade mit „Start" beschriftet, wird der Label-Thread gestartet, andernfalls wird er abgebrochen. Außerdem wird die Beschriftung des Buttons geändert. Die benötigten Methoden `isStart` zum Prüfen und `switchText` zum Wechseln der Beschriftung finden sich in der Klasse

```java
import java.awt.*;
import javax.swing.*;
public class StartStopButton extends JButton {
  public StartStopButton(Color c) {
    setBackground(c);
    setFont(new Font("Arial",Font.PLAIN,25));
    setText("START");
  }
  public boolean isStart() {
    return getText().equals("START");
  }
  public void switchText() {
    if (isStart())
      setText("STOP");
    else
      setText("START");
  }
}
```

während wir unsere Thread-gesteuerten Label-Objekte in der Klasse

```java
import java.awt.*;
import javax.swing.*;
```

```
 3
 4   /** Spezialisierte Jlabel-Klasse, deren Objekte durch einen Thread
 5    * mit einer staendig wechselnden Zufallsanzeige versehen sind
 6    */
 7   public class ColorRunLabel extends JLabel implements Runnable {
 8     private boolean running = false;
 9     public ColorRunLabel(Color c) {
10       setOpaque(true);
11       setBackground(c);
12       setFont(new Font("Arial",Font.BOLD,50));
13       setHorizontalAlignment(JLabel.CENTER);
14     }
15     public void start() {
16       running = true;
17       new Thread(this).start();
18     }
19     public void stop() {
20       running = false;
21     }
22     public void run() {
23       while (running) {
24         setText("" + (int) (10*Math.random()));
25         try {
26           Thread.sleep(10);
27         } catch(InterruptedException e) {
28           return;
29         }
30       }
31     }
32   }
```

realisiert haben. Diese erbt von JLabel und implementiert das Runnable-Interface. Daher haben wir die start-Methode so gestaltet, dass wir zunächst ein Flag setzen, um anzuzeigen, dass die Anzeige läuft, und erzeugen und starten anschließend einen Thread, der das Label als Target benutzt. In der stop-Methode setzen wir lediglich unser Flag zurück, so dass die run-Methode, die dieses Flag als Bedingung in der **while**-Schleife benutzt, abgebrochen werden kann. Die auf dem Label anzuzeigende Ziffer erzeugen wir mit der Methode random aus der Math-Klasse im Abstand von 10 Millisekunden jeweils neu.

18.5.3 Swing-Komponenten sind nicht Thread-sicher

Aufgrund der Tatsache, dass Swing-Komponenten nicht Thread-sicher sind und sich somit mehrere Threads, die mit einer Swing-Komponente arbeiten, in die Quere kommen können, sollten wir folgende Regel einhalten: Ist eine Swing-Komponente bereits dargestellt, sollten alle Operationen, die den Zustand der Komponente verändern oder von diesem abhängig sind, im so genannten **Event-Dispatching-Thread** ausgeführt werden. Dieser Thread ist dafür zuständig, den Code für das Zeichnen und für die Ereignisbehandlung auszuführen. Beispielsweise werden die Methoden paint und actionPerformed automatisch im Event-Dispatching-Thread ausgeführt. Wollen wir selbst programmierten Code dort ausführen lassen, können wir dazu die Methoden `invokeLater` und `invokeAndWait` der Klasse `SwingUtilities` einsetzen. Die Methode

- **`static void`** `invokeLater(Runnable doRun)`

verlegt den Code eines durch `doRun` referenzierten `Runnable`-Objekts in den Event-Dispatching-Thread und ist sofort beendet (ohne das Ende der Ausführung des Codes abzuwarten). Wollten wir z. B. von der Methode `doSomeWork` auf einer Swing-Komponente nebenläufig etwas erledigen lassen, könnten wir dies durch

```
Runnable doSomeWorkRunnable = new Runnable() {
  public void run() {
    doSomeWork();
  }
};
SwingUtilities.invokeLater(doSomeWorkRunnable);
```

ermöglichen. Ist es jedoch erforderlich, dass die Arbeiten auf der Swing-Komponente abgeschlossen sind, bevor wir mit unserem Programm fortfahren, dann müssen wir die Methode

- **`static void`** `invokeAndWait(Runnable doRun)`

einsetzen, die ebenfalls den Code des durch `doRun` referenzierten `Runnable`-Objekts in den Event-Dispatching Thread verlegt, aber erst dann beendet ist, wenn der Code ausgeführt wurde. Die Inhalte zweier Textfelder könnten wir beispielsweise mit den Programmzeilen

```
String s0, s1;
Runnable getTextFieldText = new Runnable() {
  public void run() {
    s0 = textField0.getText();
    s1 = textField1.getText();
  }
};
SwingUtilities.invokeAndWait(getTextFieldText);
System.out.println(s0 + " " + s1);
```

auf das Konsolenfenster ausgeben lassen. Hier gilt es allerdings zu beachten, dass wir obige Anweisungen in einen **try-catch**-Block einbetten müssen, weil die Methode `invokeAndWait` eine `InterruptedException` (wenn der wartende Thread unterbrochen wird) oder eine `InvocationTargetException` (wenn die aufgerufene Methode `run` des `Runnable`-Objekts eine nicht abgefangene Ausnahme auslöst) werfen kann.

18.6   Übungsaufgaben

Aufgabe 18.1

Nachfolgende Klassen simulieren zwei Terminals in Vorverkaufsstellen für Konzertkarten, an denen Karten gekauft werden können. Die Sitzplatznummern der freien Plätze beziehen die Terminals von einem Objekt des Typs `KonzertDaten`.

Dieses Objekt soll einen sehr einfachen Datenbankserver (und die entsprechenden Zugriffe auf eine Konzertkarten-Datenbank) simulieren. Die Karten werden durch die sukzessiven Aufrufe der Methode `freierPlatz` der Reihe nach verkauft.

```java
class KonzertDaten {
  private int sitzPlatz = 0;
  int freierPlatz() {
    int n = sitzPlatz;
    try { // simuliere Datenbankabfragen
      Thread.sleep((int) (Math.random()*100));
    } catch (InterruptedException ie) {
    }
    return sitzPlatz = n + 1;
  }
}
```

```java
class KartenTerminal extends Thread {
  private KonzertDaten daten;
  KartenTerminal(String name, KonzertDaten daten) {
    super(name);
    this.daten = daten;
  }
  public void run() {
    for (int i = 0; i < 100; i++)
      System.out.println(getName() + ": Sitzplatz " +
                    daten.freierPlatz() + " verkauft");
  }
}
```

```java
class UseTerminals {
  public static void main(String[] args) {
    KonzertDaten daten = new KonzertDaten();
    KartenTerminal
      t1 = new KartenTerminal("Karten-Terminal 1", daten),
      t2 = new KartenTerminal("Karten-Terminal 2", daten);
    t1.start();
    t2.start();
  }
}
```

Mit dieser Realisierung ist beabsichtigt, dass die Sitzplätze der Reihe nach verkauft werden, eine Karte für einen bestimmten Sitzplatz aber nur genau einmal verwendet wird, unabhängig vom Verkaufs-Terminal, an dem sie erworben wird.

- Arbeitet das Programm tatsächlich immer korrekt?

- Versuchen Sie die simultane Abarbeitung der Anweisungen der beiden Threads t1 und t2 zu beschreiben.

- Wie beseitigt man das unvorhersehbare Verhalten des Programms?

Aufgabe 18.2

Entwickeln Sie eine Klasse `EVTest4`, indem Sie die Klasse `EVTest2` so abändern, dass Sie insgesamt drei Erzeuger und drei Verbraucher erzeugen und starten. Erwünscht ist dabei, dass von den Erzeugern die Zahlen 0 bis 9 genau drei Mal erzeugt und jede Zahl auch von den Verbrauchern verbraucht werden. Wenn Sie das Programm mehrfach starten, werden Sie feststellen, dass nicht alles wie gewünscht abläuft und dass es sogar zu Deadlocks kommen kann. Was müssen Sie in der Klasse `GuterWert` ändern, um den gewünschten Ablauf sicherzustellen?

Aufgabe 18.3

Erstellen Sie ein Java-Applet, das zwei Tasten, eine Klapptafel und eine Häkchen-Box beinhaltet (vgl. Abbildung 18.7). Für jede der beiden Tasten soll durch Mausdruck eine Zufalls-Buchstaben-Anzeige gestartet werden, die die angezeigten Buchstaben ständig verändert. Ein erneuter Tastendruck soll die Zufalls-Generatoren wieder stoppen. Mit der Klapptafel soll schwarze oder graue Schrift, mit der Häkchen-Box Buchstaben oder Ziffern gewählt werden. All diese Änderungen werden jedoch immer erst nach einem erneuten Tastendruck aktiv.
Schreiben Sie eine Klasse `ColorRunButton`, die von `JButton` erbt und das `Runnable`-Interface implementiert. In deren Methode `change` soll der Thread beendet werden, falls er läuft, oder ein neuer Thread erzeugt und gestartet werden. In der Methode `run` soll in einer Schleife eine Zufallsziffer berechnet und (eventuell zum Buchstaben gewandelt) als Button-Beschriftung gesetzt werden.
Schreiben Sie außerdem eine Klasse `LaufApplet`, in deren `init`-Methode zwei Objekte der Klasse `ColorRunButton`, die weiteren benötigten Swing-Komponenten und die Ereignis-Listener erzeugt und platziert bzw. registriert werden. Bei der Behandlung der Button-Ereignisse müssen Sie die Methode `change` des jeweiligen `ColorRunButton`-Objekts benutzen.

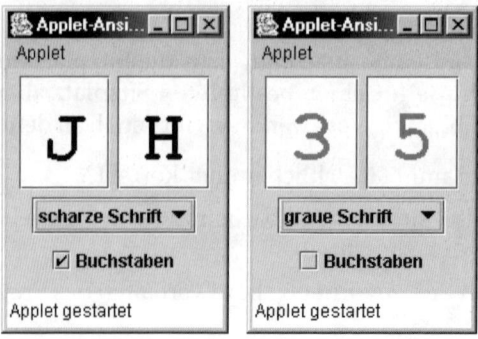

Abbildung 18.7: Das Applet aus Aufgabe 18.3

Kapitel 19

Ein- und Ausgabe über Streams

Wenn wir ein Programm entwickeln, so erfolgt dies häufig in der Absicht, dieses Programm etwas Bestimmtes für uns erledigen zu lassen. In der Regel soll unser Programm also irgendwelche Daten auf eine bestimmte Art und Weise für uns bearbeiten. Dazu muss es natürlich zur Laufzeit in der Lage sein, diese Daten zunächst einzulesen, danach irgendetwas mit ihnen anzufangen und schließlich die veränderten Daten wieder auszugeben. In den bisherigen Beispielen erfolgten Ein- und Ausgaben üblicherweise über Tastatur und Konsolenfenster oder grafische Oberflächen. Allgemeiner gesprochen, gehört es somit zu den Standardaufgaben von Programmen, Informationen aus einer externen Datenquelle zu lesen und in ein externes Datenziel zu schreiben. Als Datenquellen und -ziele kommen dabei nicht nur die Tastatur bzw. das Konsolenfenster, sondern auch Dateien auf externen Speichermedien oder andere Rechner bzw. Programme in einem Netzwerk in Frage.

Sämtliche Ein- und Ausgaben laufen in Java „stromorientiert" ab, d. h. sie werden mit Hilfe des so genannten **Stream-Konzepts** abgewickelt. Dabei versteht man unter einem **Stream** (deutsch: **Strom**) eine Verbindung zwischen einem Programm und einer Datenquelle oder mit einem Datenziel. Diese Verbindung – dieser Stream – verläuft dabei stets in nur einer Richtung. Für Eingaben muss daher ein Programm zunächst einen mit der Datenquelle verbundenen Strom öffnen und die ankommenden Informationen sequentiell lesen. Für Ausgaben muss es erst einen Strom zu einem Datenziel öffnen und dann die Informationen sequentiell in den Strom schreiben. Vergleichbar ist dies beispielsweise mit einem Schlauch oder einer Wasserleitung – das eine Ende der Leitung liegt jeweils beim Programm, das andere bei der Quelle bzw. beim Ziel der Leitung.

In Java werden zahlreiche Klassen zur Verarbeitung verschiedenartiger Datenströme bereitgestellt, die sich auch kombiniert einsetzen lassen. In den folgenden Abschnitten werden wir uns zunächst mit einigen grundsätzlichen Aspekten des

Stream-Konzepts beschäftigen und danach einige wichtige Klassen im Detail kennen lernen.

19.1　Grundsätzliches zu Streams in Java

Generell gesehen kann ein Stream in Java als eine abstrakte uni-direktionale Verbindung eines Programms mit der „Außenwelt" angesehen werden. Das heißt, jeder Stream kann an einem Ende Daten aufnehmen und diese am anderen Ende wieder abgeben. Aus Sicht des Programms werden somit zwei Arten von Datenströmen benötigt, nämlich Eingabeströme und Ausgabeströme, die gleichermaßen vor ihrer Verwendung geöffnet und nach ihrer Verwendung wieder geschlossen werden müssen. Anhand der transportierten Daten unterscheidet man bei den in Java verfügbaren Streams zwischen **Zeichenströmen** (**Character-Streams**) und **Byteströmen** (**Byte-Streams**). Im Paket `java.io` finden sich daher vier Hierarchien von Klassen, die die Funktionalitäten Zeichen-Eingabe-Strom, Zeichen-Ausgabe-Strom, Byte-Eingabe-Strom und Byte-Ausgabe-Strom abdecken. Character-Streams transportieren Daten in Form von 16-Bit-Einheiten, arbeiten also streng genommen mit dem Datentyp **char** bzw. Unicode-Zeichen. Ihre Basis-Funktionalität wird durch die abstrakten Klassen `Reader` (im Falle von Eingabeströmen) und `Writer` (im Falle von Ausgabeströmen) bereitgestellt. Byte-Streams transportieren Daten in Form von 8-Bit-Einheiten, arbeiten also streng genommen mit dem Datentyp **byte**. Ihre Basis-Funktionalität wird durch die abstrakten Klassen `InputStream` (im Falle von Eingabeströmen) und `OutputStream` (im Falle von Ausgabeströmen) bereitgestellt. Alle Klassen in den Hierarchien, die von diesen vier abstrakten Klassen aufgespannt werden, tragen stets einen Namen, der als Endung den Namen der zugehörigen abstrakten Klasse enthält. Beispielsweise handelt es sich bei einem `BufferedInputStream`-Objekt um einen spezialisierten (gepufferten) Byte-Eingabe-Strom oder bei einem `FileWriter`-Objekt um einen spezialisierten (in eine Datei gerichteten) Character-Ausgabe-Strom. In der Anwendung werden Streams in Java häufig verkettet bzw. geschachtelt, um zum Beispiel Übergänge von Byte-Streams in Character-Streams oder gepufferte Ein- und Ausgaben zu ermöglichen. In diesem Zusammenhang spricht man auch von Filter-Streams.

19.2　Dateien und Verzeichnisse – Die Klasse `File`

Da man sehr häufig Ein- und Ausgabeoperationen in Verbindung mit Dateien durchführt, wollen wir uns in diesem Abschnitt zunächst mit der Darstellung und Bearbeitung von Datei- und Verzeichnis-Objekten beschäftigen. Neben den Datenstrom-Klassen findet sich im Paket `java.io` auch die Klasse `File`, deren Objekte jeweils eine Datei oder ein Verzeichnis repräsentieren. Dabei geht es allerdings nicht um die tatsächlichen Daten, die in einem File (einer Datei) gespeichert sind, sondern um Eigenschaften wie Name, Zugriffspfad oder Größe.

Ein `File`-Objekt kann z. B. mit dem Konstruktor

- **public** `File(String pathname)`
  erzeugt ein `File`-Objekt gemäß dem angegebenen Zugriffspfad `pathname`.

erzeugt werden. Dabei kann der durch `pathname` festgelegte Datei- oder Verzeichnisname für das `File`-Objekt relativ zum aktuellen Verzeichnis oder absolut (also mit komplettem Pfad) angegeben werden. Ob die Datei bzw. das Verzeichnis bereits existiert, wird beim Erzeugen des `File`-Objekts nicht überprüft, da der Konstruktor noch nicht auf das tatsächlich vorhandene Dateisystem zugreift. Einem solchen `File`-Objekt stehen nun eine ganze Reihe interessanter Methoden wie zum Beispiel

- **public boolean** `canRead()`
  liefert **true**, wenn das `File`-Objekt für das Programm lesbar ist, andernfalls **false**.

- **public boolean** `canWrite()`
  liefert **true**, wenn das `File`-Objekt für das Programm schreibbar (veränderbar) ist, andernfalls **false**.

- **public boolean** `createNewFile()`
  legt eine neue Datei mit dem Namen des `File`-Objekts an.

- **public boolean** `delete()`
  löscht die zum `File`-Objekt gehörende Datei.

- **public boolean** `exists()`
  liefert **true**, wenn das `File`-Objekt existiert, andernfalls **false**.

- **public** `String getName()`
  liefert den Namen des `File`-Objekts.

- **public boolean** `isDirectory()`
  liefert **true**, wenn das `File`-Objekt ein Verzeichnis ist, andernfalls **false**.

- **public boolean** `isFile()`
  liefert **true**, wenn das `File`-Objekt eine Datei ist, andernfalls **false**.

- **public long** `length()`
  liefert die Größe der Datei in Bytes.

- **public** `String[] list()`
  liefert eine Liste aller Verzeichniseinträge in dem durch das `File`-Objekt spezifizierten Verzeichnis (oder **null**, wenn das `File`-Objekt eine Datei ist).

- **public boolean** `mkdir()`
  legt ein neues Verzeichnis mit dem Namen des `File`-Objekts an.

- **public boolean** `renameTo(File dest)`
  benennt das `File`-Objekt gemäß `dest` um.

zur Verfügung. Einige dieser Methoden haben wir in unserem Beispielprogramm

```
1  import java.io.*;
2  class Create {
3    public static void main(String[] args) {
4      try {
5          File f = new File(args[0]);                        // Verzeichnis
6          File g = new File(args[0] + "/" + args[1]);        // Datei
7          File h = new File(args[0] + "/" + args[1] + ".txt"); // Datei
8          if (f.exists()) {
9            System.out.println("Verzeichnis oder Datei " + args[0] +
10                                " existiert bereits");
11           return;
12         }
13         f.mkdir();              // Verzeichnis anlegen
14         g.createNewFile();      // Datei anlegen
15         h.createNewFile();      // Datei anlegen
16         String[] dateien= f.list(); // Verzeichniseintraege aufzaehlen
17         System.out.println("Dateien im Verzeichnis " + args[0] + ":");
18         for (int i=0; i<dateien.length; i++)
19           System.out.println(dateien[i]);
20       } catch(ArrayIndexOutOfBoundsException ae) {
21         System.out.println("Aufruf:  java Create <Verzeichnis> <Datei>");
22       } catch(Exception e) {
23         System.out.println(e);
24       }
25    }
26  }
```

eingesetzt, in dem wir entsprechend den beiden angegebenen Kommandozeilen-parametern zunächst drei File-Objekte (für das Verzeichnis, die Datei ohne Er-weiterung und die Datei mit Erweiterung „.txt") erzeugen. Wenn es das Verzeich-nis bereits gibt, melden wir einen Fehler und brechen unser Programm ab. Wir legen danach das Verzeichnis und die beiden Dateien an und geben mit Hilfe der list-Methode die neu entstandenen Verzeichniseinträge aus.
Starten wir unser Programm mit zu wenig Kommandozeilenargumenten, so wer-den wir über den korrekten Aufruf informiert:

```
—————— Konsole ——————
java Create something
Aufruf:  java Create <Verzeichnis> <Datei>
```

Bei korrektem Aufruf mit zwei Kommandozeilenargumenten reagiert das Pro-gramm mit

```
—————— Konsole ——————
java Create some thing
Dateien im Verzeichnis some:
thing
thing.txt
```

wie gewünscht, und wir finden im aktuellen Arbeitsverzeichnis auf unserer Fest-platte nun ein Unterverzeichnis namens some und darin die Dateien thing und thing.txt vor.

Ein erneuter Aufruf mit den gleichen Parametern wird ebenfalls wie gewünscht verhindert:

```
────────────────── Konsole ──────────────────
Verzeichnis oder Datei some existiert bereits
```

19.3   Ein- und Ausgabe über Character-Streams

Die abstrakte Klasse `Reader` legt für die Eingabe über Character-Streams unter anderem die Methoden

- **`public abstract int`** `read()`
  liefert das nächste Zeichen aus dem `Reader`-Objekt als **`int`**-Wert.

- **`public int`** `read(`**`char`**`[] c)`
  füllt das von c referenzierte Feld mit Zeichen (maximal `c.length` viele) aus dem `Reader`-Objekt und liefert die Anzahl der gelesenen Zeichen zurück.

- **`public int`** `read(`**`char`**`[] c, `**`int`**` off, `**`int`**` n)`
  füllt das von c referenzierte Feld ab Index `off` mit den nächsten n Zeichen aus dem `Reader`-Objekt und liefert die Anzahl der tatsächlich gelesenen Zeichen zurück.

- **`public void`** `close()`
  schließt den Strom.

fest, während in `Writer` die Methoden

- **`public abstract void`** `write(`**`int`**` c)`
  schreibt das Zeichen c in das `Writer`-Objekt.

- **`public void`** `write(`**`char`**`[] c)`
  schreibt die im von c referenzierten Feld gespeicherten Zeichen in das `Writer`-Objekt.

- **`public void`** `write(`**`char`**`[] c, `**`int`**` off, `**`int`**` n)`
  schreibt die im von c referenzierten Feld gespeicherten n Bytes ab Index `off` in das `Writer`-Objekt.

- **`public void`** `write(String s)`
  schreibt die im String s gespeicherten Zeichen in das `Writer`-Objekt.

- **`public void`** `write(String s, `**`int`**` off, `**`int`**` n)`
  schreibt die im String s gespeicherten n Zeichen ab Index `off` in das `Writer`-Objekt.

- **`public void`** `close()`
  schließt den Strom.

- **`public void`** `flush()`
  leert einen eventuellen Puffer des `Writer`-Objekts durch die sofortige Abarbeitung aller noch anstehenden Zeichen.

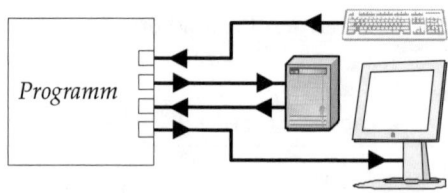

Abbildung 19.1: Ein Programm arbeitet mit vier Datenströmen

zu finden sind. Zu beachten ist dabei, dass die Methoden `read` bzw. `write` jeweils ein *Zeichen* lesen bzw. schreiben, dass sie jedoch einen **int**-Wert abliefern bzw. als Parameter erwarten. Gibt `read` den Wert -1 zurück, so wird dadurch signalisiert, dass das Ende des Eingabestroms erreicht ist.

19.3.1 Einfache `Reader`- und `Writer`-Klassen

Nun wollen wir uns die Anwendung der `Reader`- und `Writer`-Klassen am Beispiel der Klassen `InputStreamReader`, `OutputStreamWriter`, `FileReader` und `FileWriter` näher ansehen. Deren einfachste Konstruktoren haben folgende Gestalt:

■ **public** `InputStreamReader(InputStream in)`
erzeugt einen Zeichen-Eingabe-Strom in Verbindung mit dem Byte-Strom `in`.

■ **public** `OutputStreamWriter(OutputStream out)`
erzeugt einen Zeichen-Ausgabe-Strom in Verbindung mit dem Byte-Strom `out`.

■ **public** `FileReader(File file)`
erzeugt einen Zeichen-Eingabe-Strom zur Datei `file`.

■ **public** `FileWriter(File file)`
erzeugt einen Zeichen-Ausgabe-Strom zur Datei `file`.

Während wir also bei der Konstruktion von `FileReader`- und `FileWriter`-Objekten den Konstruktoren jeweils ein `File`-Objekt als Quelle bzw. Ziel der gelesenen bzw. geschriebenen Zeichen übergeben können, benötigen wir für `InputStreamReader`- bzw. `OutputStreamWriter`-Objekte jeweils einen Byte-Stream. Dies ist bereits ein erstes Beispiel für die Verkettung von Streams, denn bei der Ausgabe in einen Character-Stream vom Typ `OutputStreamWriter` sendet dieser die Zeichen an einen Byte-Stream weiter zum tatsächlichen Datenziel. Umgekehrt empfängt das `InputStreamReader`-Objekt seine Daten aus einem `InputStream`, einem Byte-Stream also, der sie wiederum von der tatsächlichen Datenquelle erhält.[1]

---

[1] Im „Kleingärtner-Jargon" könnte man diesen Vorgang vielleicht mit dem Anschluss eines Dreiviertelzoll-Schlauchs an einen Halbzoll-Schlauch veranschaulichen.

Wir wollen nun ein kleines Beispielprogramm entwickeln, das in der Lage ist, einen Text von der Tastatur einzulesen, ihn in einer Datei abzuspeichern und danach zur Kontrolle den Inhalt der Datei auf dem Bildschirm auszugeben. Unser Programm wird also mit insgesamt vier Datenströmen arbeiten müssen, wie wir es auch in Abbildung 19.1 dargestellt haben. Zum Einlesen von Konsole bzw. Tastatur soll unser Programm nämlich nicht mit den IOTools arbeiten, sondern direkt mit dem Standard-Eingabestrom System.in.[2]

Die Klasse System stellt insgesamt drei Byte-Streams in Form der drei Klassenvariablen in, out und err bereit. Wenn wir die Ein- oder Ausgabe beim Programmstart nicht mit den Kommandozeilen-Zeichen < und > umsteuern, so ist der Eingabestrom System.in standardmäßig mit der Tastatur verbunden, während die Ausgabeströme System.out und System.err ins Konsolenfenster schreiben. In den Strom System.err schickt man üblicherweise Fehlermeldungen, die im Konsolenfenster landen sollen. Auf die Methoden print und println von System.out, die wir ja bereits vielfach benutzt haben, werden wir in Abschnitt 19.4.3 nochmals kurz eingehen. Wir werden aber auch sie in unserem Programm nicht benutzen, weil wir nur mit den Reader- und Writer-Methoden arbeiten wollen.

Den Namen der Datei, in die der einzugebende Text abgespeichert werden soll, wollen wir beim Aufruf als Kommandozeilenparameter übergeben. In der main-Methode unseres Programms

```java
import java.io.*;
public class WriteToFile {
  // Liest alle Zeichen aus r und schreibt sie in w
  public static void r2w(Reader r, Writer w) throws IOException {
    int c;                        // Zeichen
    while ((c = r.read()) != -1)  // lesen und auf Strom-Ende testen
      w.write(c);                 // ausgeben
    r.close();
    w.close();
  }
  // Liest Zeichen von der Tastatur und speichert sie in einer Datei
  public static void main(String[] args) {
    try {
      File datei = new File(args[0]);
      Reader in = new InputStreamReader(System.in);
      Writer out = new FileWriter(datei);

      System.out.println("Geben Sie jetzt den Text ein.");
      System.out.println("(Ende/Speichern mit Ctrl-Z bzw. Strg-Z)");
      System.out.println();

      r2w(in,out);

      in = new FileReader(datei);
      out = new OutputStreamWriter(System.out);
```

----

[2] Natürlich benutzen auch die IOTools diesen Standard-Eingabestrom. In Abschnitt 19.3.5 kommen wir nochmals darauf zu sprechen.

```
27              System.out.println();
28              System.out.println("Der in " + args[0] + " gespeicherte Text:");
29              System.out.println();
30
31              r2w(in,out);
32          } catch(ArrayIndexOutOfBoundsException ae) {
33              System.out.println("Aufruf:  java WriteToFile <Datei>");
34          } catch(IOException e) {
35              System.out.println(e);
36          }
37      }
38  }
```

wird daher dieses Argument an den Konstruktor der Klasse `File` übergeben, um ein entsprechendes `File`-Objekt `datei` zu erzeugen. Danach werden `in` als Eingabestrom von der Tastatur (unter Verwendung des Standard-Eingabestroms `System.in`) und `out` als Ausgabe-Strom in diese Datei erzeugt. Das eigentliche Lesen der Zeichen aus dem Strom `in` und das entsprechende Schreiben dieser Zeichen in den Strom `out` delegieren wir dann an die Methode `r2w`. Dies hat den Vorteil, dass wir nach dem Ende des kompletten Eingabe-Vorgangs lediglich unsere beiden Ströme `in` und `out` „umbiegen" müssen (`in` wird nun zum Eingabestrom in Verbindung mit `datei` und `out` zum Ausgabestrom ins Konsolenfenster) und anschließend erneut `r2w` aufrufen können, um den Datei-Inhalt auf das Konsolenfenster auszugeben.

In der Methode `r2w` wird in einer Schleife Zeichen für Zeichen aus dem `Reader`-Objekt `r` gelesen und in das `Writer`-Objekt `w` geschrieben. Vor jedem Schleifendurchgang wird überprüft, ob nicht schon das Stromende erreicht ist. Wenn der Eingabestrom vollständig abgearbeitet ist, werden beide Ströme geschlossen.

Beim Start unseres Programms `WriteToFile` könnte sich folgender Ablauf ergeben:

―――――――――――――――――――― *Konsole* ――――――――――――――――――――

```
java WriteToFile hilfe.txt
Geben Sie jetzt den Text ein.
(Ende/Speichern mit Ctrl-Z bzw. Strg-Z)

Das ist der Text, den wir in
unsere Datei eingegeben haben.
Sieht ziemlich gut aus.
^Z


Der in hilfe.txt gespeicherte Text:

Das ist der Text, den wir in
unsere Datei eingegeben haben.
Sieht ziemlich gut aus.
```

Zu beachten dabei ist, dass wir die Eingabe des Texts mit dem Tastaturkommando **Ctrl-Z** bzw. **Strg-Z** (für „Stromende") abschließen müssen, damit die Schleife in der Methode `r2w` beendet wird.

Zum Schluss sei noch angemerkt, dass wir unser Programm sehr leicht dahingehend modifizieren können, dass die Datei, in der unser eingegebener Text gespeichert wird, nicht jedes Mal neu erzeugt bzw. überschrieben wird, wenn wir in Zeile 17 unser `FileWriter`-Objekt mit dem Konstruktor

- **public** `FileWriter(File file,` **boolean** `append))`
  erzeugt einen Zeichen-Ausgabe-Strom zur Datei `file`. Dabei wird der bisherige Inhalt der Datei nur überschrieben, wenn `append` den Wert **false** hat. Falls `append` den Wert **true** hat, hängt der Strom alle Zeichen an den bereits bestehenden Datei-Inhalt an.

erzeugen. Das restliche Programm kann unverändert bleiben. Bei mehrfachem Aufruf von `WriteToFile` für die gleiche Datei wird nach Eingabe der neuen Textteile stets der gesamte Datei-Inhalt ausgegeben.

19.3.2 Gepufferte `Reader`- und `Writer`-Klassen

Werden sehr viele Zeichen von einer Datenquelle gelesen bzw. in ein Datenziel geschrieben, so kann dies ineffizient werden, da für jedes einzelne Zeichen der entsprechende Zugriff (über die Byte-Ströme) auf ein Speichermedium bzw. eine Netzwerkumgebung abgewickelt werden muss. Aus diesem Grund stehen in Java mit `BufferedReader` und `BufferedWriter` auch zwei spezielle `Reader`- und `Writer`-Klassen zur Verfügung, deren Objekte es ermöglichen, die gelesenen bzw. die auszugebenden Zeichen in einem Puffer zu speichern. Auf diese Weise können ganze Sequenzen von Zeichen zu größeren Blöcken zusammengefasst werden, was die Performance bei Lese- und Schreibvorgängen deutlich verbessern kann.

Die gepufferten Klassen müssen mit den elementaren Strömen verkettet werden, weshalb die Klasse `BufferedReader` den Konstruktor

- **public** `BufferedReader(Reader in)`
  erzeugt einen gepufferten Zeichen-Eingabe-Strom.

und die Klasse `BufferedWriter` den Konstruktor

- **public** `BufferedWriter(Writer out)`
  erzeugt einen gepufferten Zeichen-Ausgabe-Strom.

bereitstellt. Als zusätzliche Instanzmethode steht `BufferedReader`-Objekten

- **public** `String readLine()`
  liefert eine ganze Textzeile aus dem Puffer. Als Zeilentrennzeichen dienen `'\n'`, `'\r'` oder die Kombination `"\r\n"`. Diese Zeichen sind aber nicht mehr im gelieferten String enthalten. Liefert `readLine` den Wert **null**

zurück, so wird dadurch signalisiert, dass das Ende des Eingabestroms erreicht ist.

und `BufferedWriter`-Objekten

■ **public void** newLine()
schreibt einen Zeilenwechsel in den Puffer.

zur Verfügung.

Wir wollen nun unser Beispielprogramm aus Abschnitt 19.3.1 so modifizieren, dass wir mit gepufferten Strömen arbeiten. In der `main`-Methode unseres Programms

```java
import java.io.*;
public class BufferedWriteToFile {
  // Liest alle Zeichen aus br und schreibt sie in bw
  public static void br2bw(BufferedReader br, BufferedWriter bw)
                                              throws IOException {
    String z;                           // Zeile
    while ((z = br.readLine()) != null) { // lesen, Stromende pruefen,
      bw.write(z);                        // ausgeben und
      bw.newLine();                       // Zeilenwechsel ausgeben
    }
    br.close();
    bw.close();
  }
  // Liest Zeilen von der Tastatur und speichert sie in einer Datei
  public static void main(String[] args) {
    try {
      File datei = new File(args[0]);
      BufferedReader in = new BufferedReader(
                          new InputStreamReader(System.in));
      BufferedWriter out = new BufferedWriter(
                           new FileWriter(datei));
      System.out.println("Geben Sie jetzt den Text ein.");
      System.out.println("(Ende/Speichern mit Ctrl-Z bzw. Strg-Z)");
      System.out.println();
      br2bw(in,out);

      in = new BufferedReader(new FileReader(datei));
      out = new BufferedWriter(new OutputStreamWriter(System.out));
      System.out.println();
      System.out.println("Der in "+ args[0] +" gespeicherte Text:");
      System.out.println();
      br2bw(in,out);
    } catch(ArrayIndexOutOfBoundsException ae) {
      System.out.println("Aufruf:  java BufferedWriteToFile <Datei>");
    } catch(IOException e) {
      System.out.println(e);
    }
  }
}
```

werden nun in und out jeweils als gepufferte Ströme erzeugt. In der Methode br2bw, die für das gepufferte Lesen der Zeichen aus dem Strom in und das gepufferte Schreiben der Zeichen in den Strom `out` zuständig ist, wird nunmehr in einer Schleife Zeile für Zeile aus dem `BufferedReader`-Objekt `br` gelesen und in das `BufferedWriter`-Objekt `bw` geschrieben. Um zu überprüfen, ob nicht schon das Stromende erreicht ist, muss die gelesene Zeichenkette mit der **null**-Referenz verglichen werden.

Die Funktionalität unseres neuen Programms `BufferedWriteToFile` entspricht der des ursprünglichen Programms `WriteToFile`, so dass wir darauf verzichten, ein weiteres Ablaufprotokoll anzugeben.

19.3.3 Die Klasse `StreamTokenizer`

Neben den verschiedenen Stream-Klassen finden wir im Paket `java.io` auch die äußerst nützliche Klasse `StreamTokenizer`, deren Objekte es ermöglichen, Streams in einzelne Tokens zu zerlegen, wobei Leerzeichen als Trenner dienen. Bei diesen Tokens kann zwischen Text und numerischen Werten unterschieden werden.

Zur Erzeugung von `StreamTokenizer`-Objekten steht der Konstruktor

■ **public** `StreamTokenizer(Reader r)`
erzeugt ein `StreamTokenizer`-Objekt, das den Zeichenstrom `r` zerlegt.

zur Verfügung, wobei ein `BufferedReader`-Objekt zur Schachtelung eingesetzt werden sollte. Ein `StreamTokenizer`-Objekt besitzt die Methode

■ **public int** `nextToken()`
liest das nächste Token aus dem Stream und liefert die Art des Tokens als **int**-Wert.

nach deren Aufruf das Token (abhängig von der Art) entweder in der Instanzvariable `nval` (falls es sich um einen numerischen Wert handelt) oder in der Instanzvariable `sval` (falls es sich um ein Wort, also Text handelt) des Tokenizer-Objekts abgelegt ist und dort ausgelesen werden kann. Um die Art des Tokens festzustellen, kann der Ergebniswert des `nextToken`-Aufrufs, der auch in der Instanzvariable `ttype` abgespeichert ist, mit den Klassenkonstanten `TT_NUMBER`, `TT_WORD`, `TT_EOL` und `TT_EOF` verglichen werden, die für die Token-Arten Zahl, Wort, Zeilenende oder Stromende stehen. Allerdings werden Zeilenenden nur erkannt, wenn dies für das Tokenizer-Objekt durch einen Aufruf `eolIsSignificant(`**true**`);` aktiviert wurde.

Unser Beispielprogramm

```
1  import java.io.*;
2  public class ZahlenSumme {
3    public static void main (String[] args){
4      BufferedReader  br = new BufferedReader(
5                              new InputStreamReader(System.in));
6      StreamTokenizer st = new StreamTokenizer(br);
7      System.out.println("Addiere alle Zahlen in einer Zeichenfolge");
8      System.out.println("(Eingabe mit STOP abschliessen)");
9      System.out.println();
```

```
10      StringBuffer woerter = new StringBuffer();  // zum Woerter sammeln
11      double sum = 0.0;                           // zum Zahlen summieren
12      int tokenType;                              // Typ des Tokens
13      boolean stop = false;                       // Flag fuer Schleife
14      try {
15          do {
16              switch(tokenType = st.nextToken()) {  // naechstes Token
17                  case StreamTokenizer.TT_NUMBER:        // ist Zahl
18                      sum += st.nval;                     // summiere Wert
19                      break;
20                  case StreamTokenizer.TT_WORD:          // ist Wort
21                      if (!(stop=st.sval.equals("STOP")))  // falls nicht STOP
22                          woerter.append(st.sval);          // Wort anhaengen
23                      break;
24              }
25          } while (!stop);
26          System.out.println();
27          System.out.println("Summe aller Zahlen: " + sum);
28          System.out.println("Text: " + woerter.toString());
29      } catch (IOException e){
30          System.out.println(e);
31      };
32  }
33  }
```

verwendet ein `StreamTokenizer`-Objekt, um eine von Tastatur eingegebene Zeichenfolge zu zerlegen und dabei die Zahlenwerte aufzusummieren (in der **double**-Variable sum) und die Wörter aneinanderzuhängen (im `StringBuffer`-Objekt woerter). Dazu greifen wir in einer Schleife alle Tokens ab und führen je nach Token-Art die entsprechende Operation durch. Wenn der Tokenizer das Wort STOP liefert, wird die Schleife abgebrochen. Ein Ablauf könnte somit wie folgt aussehen:

```
————————————————— Konsole —————————————————
Addiere alle Zahlen in einer Zeichenfolge
(Eingabe mit STOP abschliessen)

Dies ist ein Text mit 5 oder
sechs Zahlen im
Wert von 4 und 6 und -3 und 12.4 und 20
STOP

Summe aller Zahlen: 44.4
Text: DiesisteinTextmitodersechsZahlenimWertvonundundundund
```

19.3.4 Die Klasse `PrintWriter`

In vielen Programmen haben wir für Ausgaben auf das Konsolenfenster die Methoden print und println in Verbindung mit System.out benutzt. Diesen Methoden konnten wir elementare Werte oder auch Referenzen übergeben, da für jeden möglichen Parameter-Typ eine entsprechende Überladung bereitgestellt ist. Wenn wir diese Funktionalität auch für eines unserer `Writer`-Objekte haben möchten, können wir den entsprechenden Zeichen-Strom mit einem `PrintWriter`-Objekt verketten. Da die Klasse `PrintWriter` die Konstruktoren

- **public** `PrintWriter(Writer out)`
  erzeugt ein `PrintWriter`-Objekt über dem Zeichenstrom `out`. Der Ausgabepuffer wird nicht automatisch geleert.

- **public** `PrintWriter(Writer out,` **boolean** `autoFlush)`
  erzeugt ein `PrintWriter`-Objekt über dem Zeichenstrom `out`. Falls `autoFlush` den Wert **true** hat, wird das automatische Leeren des Ausgabepuffers für `println`-Aufrufe aktiviert, andernfalls nicht.

- **public** `PrintWriter(OutputStream out)`
  erzeugt ein `PrintWriter`-Objekt über einem Zeichenstrom, der über dem Bytestrom `out` liegt. Der Ausgabepuffer wird nicht automatisch geleert.

- **public** `PrintWriter(OutputStream out,` **boolean** `autoFlush)`
  erzeugt ein `PrintWriter`-Objekt über einem Zeichenstrom, der über dem Bytestrom `out` liegt. Falls `autoFlush` den Wert **true** hat, wird das automatische Leeren des Ausgabepuffers für `println`-Aufrufe aktiviert, andernfalls nicht.

zur Verfügung stellt, können wir ein `PrintWriter`-Objekt aber auch mit einem Byte-Strom verschachteln. Der dafür eigentlich erforderliche Zeichenstrom wird von den entsprechenden Konstruktoren automatisch erzeugt. Eine wichtige Rolle spielt der optionale zweite Parameter `autoFlush`, mit dem es möglich ist, das automatische Leeren des Ausgabepuffers (englisch: flushing) bei Ausführung der `println`-Methoden zu aktivieren.
Die Klasse `PrintWriter` stellt neben den von `Writer` geerbten Methoden `write`, `flush` und `close` die überladenen Methoden

- **public void** `print(type x)`
  erzeugt eine dem Datentyp `type` entsprechende Darstellung für den Wert `x` und schreibt diese in den Ausgabestrom.

- **public void** `println(type x)`
  ruft `print(x)` und anschließend `println()` auf.

und die Methode

- **public void** `println()`
  erzeugt einen Zeilenwechsel und schreibt ihn in den Ausgabestrom.

zur Verfügung. Als Typ (`type`) das Parameters für `print` bzw. `println` sind dabei **boolean**, **char**, **double**, **float**, **int**, **long**, `Object` und `String` zulässig. Die jeweilige `print`-Methode erzeugt zunächst mit `String.valueOf(x)` die `String`-Darstellung von `x` (die Klassenmethode `valueOf` der Klasse `String` benutzt dazu den üblichen Mechanismus über die `toString`-Methode der zugehörigen Wrapper-Klasse) und gibt diese in den Zeichenstrom aus.

Einige dieser `print`-Methoden haben wir in unserem nachfolgenden Beispielprogramm eingesetzt, um verschiedene elementare Werte auszugeben. In der `main`-Methode unserer Klasse

```java
 1  import java.io.*;
 2  public class PrintWriting {
 3    public static void main(String[] args) throws IOException {
 4        BufferedReader in = new BufferedReader(
 5                            new InputStreamReader(System.in));
 6        PrintWriter p  = new PrintWriter(System.out);
 7        PrintWriter pf = new PrintWriter(System.out,true);
 8        pf.print(1);
 9        pf.print('a');
10        in.readLine();              // Enter-Taste druecken
11        pf.println();
12        in.readLine();              // Enter-Taste druecken
13        pf.println("pf ist fertig!");
14        p.print(3.2);
15        p.print(true);
16        p.println();
17        p.println("p ist fertig!");
18        in.readLine();              // Enter-Taste druecken
19        p.flush();
20    }
21  }
```

arbeiten wir mit zwei verschiedenen `PrintWriter`-Objekten, um die Bedeutung des automatischen Flushing zu verdeutlichen, das wir bei `pf` aktiviert und bei `p` deaktiviert haben. Durch Verwendung der drei `readLine`-Aufrufe halten wir unser Programm an diesen Stellen jeweils an, um zu sehen, was bisher ausgegeben wurde, und setzen es erst fort, wenn der Benutzer bzw. die Benutzerin die Enter-Taste betätigt hat.

Starten wir das Programm, so passiert erst einmal gar nichts, weil die Ausgaben 1 und a zunächst im Puffer landen, der erst geleert wird, nachdem die Enter-Taste zum ersten Mal gedrückt und die Methode `println` ausgeführt wurde. Nach dem zweiten Enter erscheint zwar die Fertigmeldung für `pf`, aber 3.2 und **true** (jetzt über p ausgegeben) landen erneut im Ausgabepuffer und erscheinen (wegen des fehlenden Auto-Flushing) auch nicht durch die beiden nachfolgenden `println`-Aufrufe im Konsolenfenster, weil der Puffer noch nicht voll ist. Erst ein abschließendes `flush` nach dem nächsten Enter leert den kompletten Puffer und lässt alle noch ausstehenden Zeichen im Konsolenfenster erscheinen.

19.3.5   Die Klassen `IOTools` und `Scanner`

19.3.5.1   Was machen eigentlich die IOTools?

Wie Sie vielleicht mittlerweile festgestellt haben, bietet Java zwar allerlei Arten von Strömen an, um Zeichen einzulesen. In der JDK-Klassenbibliothek findet sich jedoch keine Klasse, die zum Beispiel Methoden für den komfortablen Dialog zwischen Konsoleneingaben und -ausgaben bereitstellt. Glücklicherweise steht uns aber genau dafür die selbstentwickelte Klasse IOTools zur Verfügung. Vielleicht interessiert es Sie ja jetzt, nachdem Sie über die zeichenorientierte Eingabe in Java Bescheid wissen, was im Inneren dieser Klasse prinzipiell passiert.

Wir wollen zwar im Folgenden nicht bis ins kleinste Detail aufzeigen, wie die Methoden der Klasse IOTools arbeiten, möchten aber anhand eines kleinen Programmbeispiels angeben, wie man eine vereinfachte Methode readDouble realisiert. Da wir mittlerweile wissen, wie man eine Zeichenkette von der Tastatur einliest und in einen numerischen Wert wandelt, müssen wir diese beiden Vorgänge lediglich kombinieren. In der Klasse

```java
 1  import java.io.*;
 2  public class InTools {
 3    // Gepufferter Eingabestrom ueber den Standardeingabestrom System.in
 4    public static BufferedReader
 5    in = new BufferedReader(new InputStreamReader(System.in));
 6    // Methode zum Einlesen von double-Werten
 7    public static double readDouble() {
 8      double erg = 0;
 9      try{
10        erg = Double.parseDouble(in.readLine());
11      } catch(Exception e){
12        System.out.println(e);
13      }
14      return erg;
15    }
16    // main-Methode
17    public static void main(String[] args) {
18      System.out.print("double-Wert eingeben: d = ");
19      double d = readDouble();
20      System.out.println("d = " + d + " wurde eingelesen");
21    }
22  }
```

arbeiten wir daher mit einer Klassenvariable in, die wir als gepufferten Eingabestrom über den Standardeingabestrom System.in erzeugen. In der Methode readDouble lesen wir über in eine Eingabezeile ein, wandeln diese mit Hilfe der Wrapper-Klasse Double in einen **double**-Wert und liefern diesen als Ergebnis zurück.

Unsere Methode ist in dieser Form natürlich keineswegs perfekt. Wenn die eingelesene Zeile nicht der Syntax eines **double**-Werts entspricht oder möglicherweise mehrere **double**-Werte enthält, erhalten wir zwar eine Fehlermeldung, aber keinen korrekten Wert. Als Anwender bzw. Anwenderin der Methode haben wir auch keine Möglichkeit, die Eingabe im Fehlerfall zu wiederholen, wie es bei den IOTools der Fall ist.

19.3.5.2 Konsoleneingabe über ein `Scanner`-Objekt

Eine ähnliche Funktionalität wie die von den Autoren auf der Buch-Webseite zum Download bereitgestellte Klasse `IOTools` bietet nun auch die Klasse `Scanner`, die in der Klassenbibliothek der Java-Version 5.0 im Paket `java.util` zu finden ist. Allerdings bieten die Methoden der Klasse `Scanner` nicht die von `IOTools` bekannte Möglichkeit, sie bei ihrem Aufruf direkt mit einem Prompt-Text zu versorgen, der unmittelbar vor der eigentlichen Tastatureingabe ausgegeben wird. Dafür kann die Klasse `Scanner` nicht nur Konsoleneingaben unterstützen. Ihre wahre Mächtigkeit erschließt sich jedoch erst im Zusammenhang mit regulären Ausdrücken, auf die wir in einem auf der Buch-Webseite [31] bereitgestellten Ergänzungskapitel näher eingehen.

Wir wollen jedoch zumindest an einem kleinen Beispielprogramm demonstrieren, wie man einen Scanner in seiner einfachsten Anwendungsform dazu benutzt, Werte der einfachen Datentypen aus einem Eingabestrom (also z. B. von der Konsole) einzulesen. Zu diesem Zweck haben wir in unserem Programm

```
1   import java.util.Scanner;
2   import java.io.*;
3   public class Eingaben {
4     public static void main (String[] args) {
5       Scanner in = new Scanner(System.in);
6       int     i;
7       double  d;
8       boolean b;
9       System.out.print("i = ");
10      i = in.nextInt();
11      System.out.print("d = ");
12      d = in.nextDouble();
13      System.out.print("b = ");
14      b = in.nextBoolean();
15      System.out.println("i = " + i);
16      System.out.println("d = " + d);
17      System.out.println("b = " + b);
18    }
19  }
```

ein Objekt `in` der Klasse `Scanner` so erzeugt, dass es den Strom `System.in`, der standardmäßig mit der Tastatur in Verbindung steht, als Datenquelle verwendet. Dieses Objekt besitzt nun Methoden `nextInt`, `nextDouble`, `nextBoolean` usw., mit denen wir jeweils einen Wert des entsprechenden Datentyps aus der Datenquelle auslesen können.

19.4 Ein- und Ausgabe über Byte-Streams

Analog zu den Klassen `Reader` und `Writer` legt die abstrakte Klasse `InputStream` für die Eingabe über Byte-Streams unter anderem die Methoden

■ **public abstract int** read()
    liefert das nächste Byte aus dem `InputStream`-Objekt als **int**-Wert.

- **`public int`** `read(`**`byte`**`[] b)`
  füllt das von b referenzierte Feld mit Bytes (maximal b.length viele) aus dem InputStream-Objekt und liefert die Anzahl der gelesenen Bytes zurück.

- **`public int`** `read(`**`byte`**`[] b, `**`int`**` off, `**`int`**` n)`
  füllt das von b referenzierte Feld ab Index off mit den nächsten n Bytes aus dem InputStream-Objekt und liefert die Anzahl der tatsächlich gelesenen Bytes zurück.

- **`public void`** `close()`
  schließt den Strom.

fest, während in OutputStream die Methoden

- **`public abstract void`** `write(`**`int`**` b)`
  schreibt das Byte b in das OutputStream-Objekt.

- **`public void`** `write(`**`byte`**`[] b)`
  schreibt die im von b referenzierten Feld gespeicherten Bytes in das OutputStream-Objekt.

- **`public void`** `write(`**`byte`**`[] b, `**`int`**` off, `**`int`**` n)`
  schreibt die im von b referenzierten Feld gespeicherten n Bytes ab Index off in das OutputStream-Objekt.

- **`public void`** `close()`
  schließt den Strom.

- **`public void`** `flush()`
  leert einen eventuellen Puffer des OutputStream-Objekts durch die sofortige Abarbeitung aller noch anstehenden Bytes.

zu finden sind. Auch hier gilt es zu beachten, dass die Methoden read bzw. write jeweils ein *Byte* lesen bzw. schreiben, jedoch einen **int**-Wert abliefern bzw. als Parameter erwarten. Liefert read den Wert −1 ab, so wird dadurch auch bei Byte-Strömen signalisiert, dass das Ende des Eingabestroms erreicht ist.

19.4.1 Einige InputStream- **und** OutputStream-**Klassen**

Typische Anwendungsfelder der InputStream- und OutputStream-Klassen sind das Speichern und Einlesen von Werten elementarer Datentypen oder von Objekten. Letzteres wird auch als Serialisieren von Objekten bezeichnet. Auf dieses Thema werden wir in Abschnitt 19.4.2 noch eingehen. Byte-Ströme zu Dateien lassen sich mit Hilfe der Klassen FileInputStream und FileOutputStream erzeugen. Letztere benutzt man in der Regel zusammen mit Objekten der Klassen DataInputStream und DataOutputStream, die es ermöglichen, Werte elementarer Datentypen in ihrer systemunabhängigen Binärdarstellung zu lesen bzw. zu schreiben. Man konstruiert die entsprechenden Objekte mit

- **public** `DataInputStream(InputStream in)`
  erzeugt einen Binärdaten-Eingabe-Strom in Verbindung mit dem Byte-Strom `in`.

- **public** `DataOutputStream(OutputStream out)`
  erzeugt einen Binärdaten-Ausgabe-Strom in Verbindung mit dem Byte-Strom `out`.

- **public** `FileInputStream(File file)`
  erzeugt einen Byte-Eingabe-Strom zur Datei `file`.

- **public** `FileOutputStream(File file)`
  erzeugt einen Byte-Ausgabe-Strom zur Datei `file`.

Die Klasse `DataInputStream` stellt Instanzmethoden der Form

- **public final** `xxx readXxx()`
  liest einen Wert des Datentyps `xxx` aus dem Datenstrom und liefert ihn als Ergebnis zurück.

zur Verfügung, während sich in `DataOutputStream` Instanzmethoden der Form

- **public final void** `writeXxx(xxx v)`
  schreibt den Wert `v` des Datentyps `xxx` in den Datenstrom.

finden. Dabei kann `xxx` unter anderem für **boolean**, **byte**, **char**, **double**, **float**, **int**, **long** und **short** stehen.
Die Anwendung dieser Methoden demonstriert das Beispielprogramm

```java
import java.io.*;
public class DataWriteAndRead {
    // Speichert elementare Werte in einer Datei und liest sie wieder ein
    public static void main(String[] args) {
        try {
            File datei = new File("binaer.dat");
            FileOutputStream out = new FileOutputStream(datei);
            DataOutputStream dout = new DataOutputStream(out);
            dout.writeInt(1);
            dout.writeDouble(2.3);
            dout.writeChar('a');
            dout.writeBoolean(true);
            dout.close();
            FileInputStream in = new FileInputStream(datei);
            DataInputStream din = new DataInputStream(in);
            System.out.println("int:     " + din.readInt());
            System.out.println("double:  " + din.readDouble());
            System.out.println("char:    " + din.readChar());
            System.out.println("boolean: " + din.readBoolean());
        } catch(IOException e) {
            System.out.println(e);
        }
    }
}
```

anhand der elementaren Werte 1, 2.3, a und **true**, die zunächst über den Binärdatenstrom dout in der Datei binaer.dat gespeichert und anschließend über den Strom din wieder eingelesen und zur Kontrolle auf das Konsolenfenster ausgegeben werden. Zu beachten ist nun natürlich, dass die so entstandene Datei binaer.dat Binärdaten enthält und wir beim Blick in die Datei (z. B. mit einem Texteditor) die ursprünglichen elementaren Werte nicht mehr unmittelbar erkennen können.

Abschließend sei noch erwähnt, dass es auch die Byte-Streams in gepufferten Varianten gibt. Dazu dienen die Klassen BufferedInputStream und BufferedOutputStream, auf die wir jedoch nicht weiter eingehen werden.

19.4.2 Die Serialisierung und Deserialisierung von Objekten

Nun wollen wir uns noch damit beschäftigen, wie wir in einem Programm erzeugte Objekte, die lediglich so lange im Hauptspeicherbereich verfügbar sind, wie das Programm läuft, in eine Datei abspeichern oder, allgemeiner ausgedrückt, in einen Datenstrom schreiben können. Dazu müssen wir den jeweiligen Zustand des Objekts (also die Werte seiner Instanzvariablen) in eine systemunabhängige Binärdarstellung umwandeln. Diesen Vorgang nennt man **Serialisierung**. Natürlich benötigen wir umgekehrt beim Einlesen bzw. Empfang von serialisierten Daten auch den gegenteiligen Vorgang, mit dem wir die Objekte rekonstruieren können: die so genannte **Deserialisierung**.

Datenströme, die diese Vorgänge ermöglichen, erhält man als Objekte der Klassen ObjectInputStream und ObjectOutputStream mit Hilfe der Konstruktoren

- **public** ObjectInputStream(InputStream in)
  erzeugt einen Deserialisierungs-Strom in Verbindung mit dem Byte-Strom in.

- **public** ObjectOutputStream(OutputStream out)
  erzeugt einen Serialisierungs-Strom in Verbindung mit dem Byte-Strom out.

Diesen Strömen stehen neben den von der Klasse DataInputStream bzw. DataOutputStream bekannten Methoden readBoolean,..., readShort bzw. writeBoolean,..., writeShort auch die Methoden

- **public final** Object readObject()
  liest ein Objekt aus dem Datenstrom und liefert es als Ergebnis zurück.

bzw.

- **public final void** writeObject(Object obj)
  schreibt das Objekt obj serialisiert in den Datenstrom.

zur Verfügung.

Allerdings können Objekte nur dann serialisiert werden, wenn die entsprechenden Klassen das Interface Serializable implementieren. Dabei handelt es sich um ein Interface, das weder Methoden noch Variablen enthält. Es genügt also, eine Klasse im Kopf mit **implements** Serializable zu kennzeichnen, um ihre Objekte serialisierbar zu machen.

Beim Aufruf von writeObject werden Klassenvariablen von der Serialisierung ausgenommen. Will man auch bestimmte Instanzvariablen von der Serialisierung ausnehmen, können diese in der Klassendefinition durch das Schlüsselwort **transient** markiert werden.

Wir wollen die Technik der Serialisierung und Deserialisierung nun anhand eines Beispiels demonstrieren. Unsere Klasse

```
1   import java.io.*;
2   public class Datensatz implements Serializable {
3     public int      nr;    // Nummer des Datensatzes
4     public double wert;  // Wert des Datensatzes
5     public String kom;   // Kommentar
6
7     public Datensatz (int nr, double wert, String kom) { // Konstruktor
8       this.nr = nr;
9       this.wert = wert;
10      this.kom = kom;
11    }
12    public String toString() {      // Erzeugung einer String-Darstellung
13      return "Nr. " + nr + ": " + wert + " (" + kom + ")";
14    }
15  }
```

haben wir durch Implementierung der Schnittstelle Serializable serialisierbar gemacht. Unter Verwendung des ObjectOutputStream-Objekts oAus erzeugen wir nun im Programm

```
1   import java.io.*;
2   public class ObjectWrite {
3     public static void main (String[] summand) {
4       try {
5         // Dateiname fuer die Speicherung festlegen
6         String dateiname = "MeineDaten.dat";
7         // Datenstrom zum Schreiben in die Datei erzeugen
8         FileOutputStream datAus = new FileOutputStream(dateiname);
9         // Objektstrom darueber legen
10        ObjectOutputStream oAus = new ObjectOutputStream(datAus);
11        // Testdatensaetze erzeugen
12        int anzahl = 2;  // Anzahl der Datensaetze
13        Datensatz a = new Datensatz (99, 56, "Coca Cola");
14        Datensatz b = new Datensatz (111, 1234.79, "Fahrrad");
15        // Datensaetze in die Datei schreiben
16        oAus.writeInt(anzahl);       // Anzahl der Datensaetze
17        oAus.writeObject(a);         // Datensatz 1
18        oAus.writeObject(b);         // Datensatz 2
19        // Dateistrom schliessen
20        oAus.close();
21        System.out.println(anzahl + " Datensaetze in die Datei " +
22                            dateiname + " geschrieben");
23        System.out.println(a);
24        System.out.println(b);
```

```
25        } catch (Exception e) {
26            System.out.println("Fehler beim Schreiben: " + e);
27        }
28    }
29  }
```

zwei Objekte der Klasse Datensatz und speichern diese serialisiert in der Datei MeineDaten.dat. Umgekehrt öffnen wir im Programm

```
1  import java.io.*;
2  public class ObjectRead {
3    public static void main (String[] summand) {
4      try {
5          // Dateiname fuer die Speicherung festlegen
6          String dateiname = "MeineDaten.dat";
7          // Datenstrom zum Lesen aus der Datei erzeugen
8          FileInputStream datEin = new FileInputStream(dateiname);
9          // Objektstrom darueberlegen
10         ObjectInputStream oEin = new ObjectInputStream(datEin);
11         // Datensaetze aus der Datei lesen und deren Datensatzfelder
12         // zur Kontrolle auf den Bildschirm ausgeben
13         int anzahl = oEin.readInt();
14         System.out.println("Die Datei " + dateiname + " enthaelt " +
15                             anzahl + " Datensaetze");
16         for (int i=1; i<=anzahl; i++) {
17           Datensatz gelesen = (Datensatz) oEin.readObject();
18           System.out.println(gelesen);
19         }
20         // Dateistrom schliessen
21         oEin.close();
22      } catch (Exception e) {
23          System.out.println("Fehler beim Lesen: " + e);
24      }
25    }
26  }
```

die Datei MeineDaten.dat über das ObjectInputStream-Objekt oEin zum Lesen und empfangen von dort die serialisierten Daten der beiden Objekte, die wir nach ihrer Deserialisierung zur Kontrolle auf das Konsolenfenster ausgeben.

19.4.3 Die Klasse PrintStream

Die Klassenvariable out aus der Klasse System ist vom Typ PrintStream und damit ein Objekt, das ähnliche Funktionalitäten mitbringt wie ein PrintWriter-Objekt (vgl. Abschnitt 19.3.4), was wir ja in unseren Programmen bei Ausgaben auf das Konsolenfenster mit den Methoden print und println schon häufig ausgenutzt haben. Ein eigenes PrintStream-Objekt lässt sich mit den Konstruktoren

■ **public** PrintStream(OutputStream out)
erzeugt ein PrintStream-Objekt über dem Bytestrom out. Der Ausgabepuffer wird nicht automatisch geleert.

- **public** PrintStream(OutputStream out, **boolean** autoFlush)
  erzeugt ein PrintStream-Objekt über dem Bytestrom out. Falls autoFlush
  den Wert **true** hat, wird das automatische Leeren des Ausgabepuffers für
  println-Aufrufe aktiviert, andernfalls nicht.

ohne oder mit Auto-Flushing erzeugen und besitzt damit ebenso die gewohnten
überladenen Methoden print und println.

19.5   Einige abschließende Bemerkungen

In diesem Kapitel konnten wir natürlich nicht das komplette Paket java.io behandeln. Wenn Sie Zeit und Muße finden, in der API-Spezifikation des Pakets
zu „blättern", werden Sie feststellen, dass dort noch einige sehr nützliche Spezialitäten zu finden sind. Einige Beispiele:

- Mit der Klasse RandomAccessFile ist der wahlfreie Zugriff (sowohl lesend
  als auch schreibend) auf Dateien möglich. Dabei wird mit einer Art Zeiger
  gearbeitet, der die Position festlegt, an der man gerade liest bzw. schreibt.

- Mit den Klassen CheckedInputStream und CheckedOutputStream lässt
  sich bei Ein- und Ausgabeoperationen mit Hilfe eines Prüfsummenwerts die
  Integrität der Daten sicherstellen.

- Mit den Klassen DeflaterOutputStream und InflaterInputStream
  können Daten beim Schreiben komprimiert und beim Lesen wieder dekom-
  primiert werden.

- Mit den Klassen ZipInputStream und ZipOutputStream bzw. den Klassen GZIPInputStream und GZIPOutputStream können Daten im kompri-
  mierten Zip- bzw. GZip-Format geschrieben und gelesen werden.

Darüber hinaus gibt es seit Version 1.4 des JDK im Paket java.nio (siehe
auch [13]) eine Reihe neuer Klassen (z. B. IntBuffer, FloatBuffer oder
DoubleBuffer), die zum gepufferten Lesen und Schreiben in Verbindung mit
so genannten Kanälen (z. B. FileChannel oder SocketChannel) dienen. Unter einem Puffer (Buffer) versteht man dabei einen Container, der eine Sequenz
von Werten eines elementaren Datentyps enthält. Werte eines Puffers werden mit
Hilfe der Methoden get und put aus dem Puffer gelesen bzw. in diesen geschrieben. Ein Kanal (Channel) repräsentiert eine geöffnete Kommunikationsverbindung zwischen einem Java-Programm und einer Ein- bzw. Ausgabe-Einheit wie
z. B. einer Datei oder einer Netzwerk-Verbindung. Ein- und Ausgabe-Operationen
werden mit read und write abgewickelt.
Als wesentliche Neuerung ermöglichen die Klassen im Paket java.nio so genannte nicht-blockierende Ein- und Ausgaben (englisch: non-blocking IO). Üblicherweise – also unter Einsatz der in diesem Kapitel eingeführten Ein- und Aus-
gabemöglichkeiten – muss ein Thread, der Daten lesen oder schreiben möchte, auf
die Verfügbarkeit der Datenquellen oder -ziele warten, da diese nicht so schnell

und direkt angesprochen werden können wie etwa Daten im Hauptspeicher. Daher blockiert der Scheduler den Thread, bis die Daten bereitstehen bzw. geschrieben werden können. Besteht ein Programm aus vielen Threads, die intensiv Ein- und Ausgabeoperationen ausführen, kann es zu erheblichen Performance-Einbußen kommen. Unter Verwendung der neuen, nicht-blockierenden Varianten der Ein- und Ausgabeoperationen lässt sich dies vermeiden. Auch dieses relativ komplexe Thema wollen wir nicht weiter vertiefen.

19.6 Übungsaufgaben

Aufgabe 19.1

Schreiben Sie ein Programm, mit dem eine Datei kopiert werden kann. Es soll den Namen der Quell-Datei und den Namen der Ziel-Datei als Kommandozeilenparameter übergeben bekommen. Melden Sie einen fehlerhaften Programmaufruf und eine erfolgreiche Kopieraktion per Bildschirmausgabe.

Aufgabe 19.2

Erweitern Sie die Klasse `InTools` aus Abschnitt 19.3.5 zu einer Klasse `InOutTools`, die eine Überladung der Methode `readDouble` enthält. Diese soll mit einem `String`-Parameter `prompt` ausgestattet sein und vor dem Einlesen zunächst den Prompt auf die Konsole ausgeben.

Aufgabe 19.3

Ein beliebtes Spiel auf Hochzeitsgesellschaften oder anderen „lustigen" Versammlungen ist „Vokalumwandlung", bei dem alle Vokale in einem aufzusagenden Text durch den gleichen vorgegebenen Vokal zu ersetzen sind.
Schreiben Sie ein Java-Programm, das mit Hilfe der String-Methoden einen in einer Datei vorgegebenen Text zeilenweise einliest, die auftretenden Vokale auf diese Art behandelt und den modifizierten Text auf den Bildschirm und in eine Datei ausgibt. Verwenden Sie den um „ausgabe" verlängerten Namen der Eingabedatei als Name für die Ausgabedatei.
Der Name der Eingabedatei und der Vokal, in den sämtliche auftretenden Vokale zu wandeln sind, sollen dem Programm als Kommandozeilenparameter übergeben werden,
Sie können bzw. müssen bei der Programmentwicklung davon ausgehen, dass die Vokale a, e, i, o und u in Groß- und Kleinschreibung vorkommen, während Umlaute nur als Doppelvokale ae, oe und ue auftreten.
Steht zum Beispiel in der Datei `vokolo.dat` der Text

```
─────────────── Datei-Inhalt ───────────────
Alle meine Entchen schwimmen auf dem See,
Koepfchen in das Wasser, Schwaenzchen in die Hoeh.
```

```
Alle meine Taeubchen gurren auf dem Dach.
Fliegt eins in die Luefte, fliegen alle nach.
Alle meine Huehner scharren in dem Stroh.
Finden sie ein Koernchen, sind sie alle froh.
```

so soll sich folgender Ablauf ergeben:

```
———————————————————— Konsole ————————————————————
> java VokalWandel vokolo.dat a

Alla maana Antchan schwamman aaf dam Saa,
Kaapfchan an das Wassar, Schwaanzchan an daa Haah.
Alla maana Taaabchan garran aaf dam Dach.
Flaagt aans an daa Laafta, flaagan alla nach.
Alla maana Haahnar scharran an dam Strah.
Fandan saa aan Kaarnchan, sand saa alla frah.
```

Der manipulierte Text findet sich danach außerdem in der vom Programm generierten Datei vokolo.dat.ausgabe.

Aufgabe 19.4

Schreiben Sie ein Programm, das den Inhalt einer Datei über einen Byte-Strom einliest und speziell formatiert auf den Bildschirm ausgibt. Verwenden Sie ein FileInputStream-Objekt, aus dem Sie Bytes in Form von int-Werten empfangen, und die Methode Integer.toHexString(int), um den Dateiinhalt hexadezimal auszugeben. Zusätzlich sollen (etwas abgesetzt vom Hex-Code) alle Bytes mit Werten zwischen 32 und 126 als das entsprechend codierte Zeichen und alle anderen Bytes als Punkt (.) ausgegeben werden. Geben Sie je 16 Bytes pro Zeile aus, und beachten Sie, dass die letzte Zeile möglicherweise nicht vollständig gefüllt ist.
Wenn Sie das Programm auf eine Bytecode-Datei (Endung .class) anwenden, sollte die Ausgabe (in den ersten bzw. letzten drei Zeilen) etwa so aussehen:

```
———————————————————— Konsole ————————————————————
ca fe ba be 00 00 00 30 00 51 0a 00 18 00 23 07      .......0.Q....#.
00 24 09 00 25 00 26 0a 00 02 00 27 08 00 28 0a      .$..%.&....'..(.
00 02 00 29 07 00 2a 0a 00 07 00 2b 07 00 2c 0a      ...)..*....+..,.
                             .
                             .
                             .
2c 00 c9 00 2a 00 d6 00 2e 00 ee 00 30 00 1f 00      ,...*........0...
00 00 04 00 01 00 20 00 01 00 21 00 00 00 02 00      ...... ...!.....
22                                                   "
```

Besonders interessant ist dabei die Hex-Ausgabe der ersten vier Bytes: ca fe ba be (sprich: „Cafe Babe!").

Kapitel 20

Client/Server-Programmierung in Netzwerken

In den letzten Jahren hat die Anzahl und Nutzung von Computernetzwerken explosionsartig zugenommen. Ob nun in Bildungseinrichtungen, Verwaltungsbehörden, Unternehmen, öffentlichen Einrichtungen oder im Privatbereich – in fast allen Bereichen des täglichen Lebens haben wir mittlerweile direkt oder indirekt Kontakt mit vernetzten Rechnersystemen. Für viele Nutzerinnen und Nutzer von Rechnern sind Aktivitäten wie das Lesen von Webseiten im Internet bzw. der Zugriff auf Daten auf einem entfernten Rechner, das Versenden von E-Mails, das Diskutieren in Chatrooms oder die gemeinsame Verwendung eines Druckers zusammen mit anderen Nutzern beinahe zur Selbstverständlichkeit geworden. Alle diese Anwendungen setzen, genau wie die bereits in Kapitel 17 behandelte Ausführung von Applets in einem Browser, voraus, dass verschiedene Programme auf unterschiedlichen Rechnern miteinander kommunizieren.

Als Programmiersprache für das Internet bietet Java natürlich die Möglichkeit, Programme zu schreiben, die eine derartige Kommunikation über Netzwerke realisieren können. In diesem Kapitel wollen wir daher einige wichtige, aber natürlich bei Weitem nicht alle Aspekte der Netzwerk-Programmierung kennen lernen. Aufgrund der umfangreichen Java-Klassenbibliothek im Paket `java.net` und mit unseren Kenntnissen hinsichtlich Threads (Kapitel 18) und Streams (Kapitel 19) können wir mit wenig Aufwand Programme entwickeln, die im Internet mit anderen Programmen bzw. Rechnern kommunizieren. Dabei ist es eigentlich nicht einmal notwendig, dass wir die zugrunde liegende Netzwerktechnologie oder die Details der Kommunikationsvorgänge kennen bzw. verstehen. Dennoch erläutern wir im nachfolgenden Abschnitt zunächst einige Begriffe aus der Welt der Netzwerke und der Netzwerk-Kommunikation, um zumindest ein Grundverständnis dafür zu vermitteln, bevor wir uns dann der eigentlichen Netzwerk-Programmierung in Java zuwenden.

20.1   Wissenswertes über Netzwerk-Kommunikation

20.1.1   Protokolle

Der Daten- bzw. Nachrichtenaustausch in einem Netzwerk erfolgt immer paarweise, das heißt, ein Programm auf einem Rechner nimmt mit einem Programm auf einem anderen Rechner Kontakt auf und tauscht mit ihm Daten aus. Damit dies auch tatsächlich funktioniert, müssen sich die kommunizierenden Computer bzw. Programme zuvor auf ein so genanntes **Protokoll** geeinigt haben. Darunter versteht man alle Regeln für den Verbindungsaufbau, den eigentlichen Datenaustausch und den Verbindungsabbau. Die Kommunikation über eine Netzwerkverbindung läuft jedoch nicht direkt von Anwendungsprogramm zu Anwendungsprogramm, sondern wird über verschiedene Schichten des gesamten Kommunikationssystems abgewickelt. Daher müssen auch für jede dieser Schichten entsprechende Protokolle festgelegt sein.

Will man Programme auf unterschiedlichsten Rechnern miteinander verbinden, ist ein standardisiertes Modell für den Aufbau (die Architektur) des Kommunikationssystems unerlässlich. Ein solcher Standard, der mit sieben verschiedenen Schichten arbeitet, wurde daher in Form des OSI-Standards (OSI steht für Open System Interconnect) von der Internationalen Standardisierungs-Organisation (ISO [28]) festgelegt. In der Praxis findet man allerdings wesentlich häufiger den TCP/IP-Standard, der eine etwas vereinfachte Unterteilung in vier Schichten vornimmt:

- In der obersten Schicht, der **Anwendungsschicht**, wird mit den Protokollen gängiger Netzwerkanwendungen, wie zum Beispiel ein **File Transfer Protocol (FTP**, Übertragung von Dateien), ein **Hypertext Transfer Protocol (HTTP**, Übertragung von Hypertext-Dokumenten) und ein **Simple Mail Transfer Protocol (SMTP**, Versenden von Mails) oder mit Protokollen spezieller Anwendungen gearbeitet.

- In der darunter liegenden Schicht, der **Transportschicht**, wird als Transportprotokoll das **Transmission Control Protocol (TCP)** oder das **User Datagram Protocol (UDP)** eingesetzt.

- Unterhalb der Transportschicht befindet sich die **Netzwerkschicht** (auch Internetschicht genannt), in der das **Internetprotokoll (IP)** für die Kommunikation zuständig ist.

- Auf der untersten Schicht, der **physikalischen Schicht**, die für die tatsächliche Verbindung über das „Netz" in Form von Leitungen zwischen den Rechnern zuständig ist, laufen typischerweise Protokolle wie zum Beispiel **Ethernet** oder **Fiber Distributed Data Interface (FDDI**, Übertragung auf Lichtwellenleitern).

Versendet eine Anwendung Daten an eine andere Anwendung über ein Netzwerk, so durchlaufen die Daten die verschiedenen Schichten. Dabei verändert die Protokoll-Software der jeweiligen Schicht die Daten, indem zusätzliche Informationen eingearbeitet werden, die beim Empfänger-Rechner die Protokoll-Software

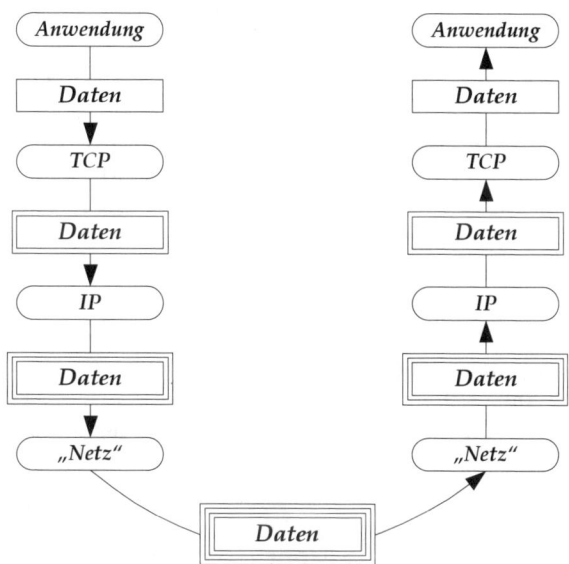

Abbildung 20.1: Datenübertragung im TCP/IP-Schichtenmodell

der entsprechenden Schicht nutzten kann, um die Daten zu verarbeiten. Abbildung 20.1 verdeutlicht diesen Vorgang.

Dabei stellt das IP in der Netzwerkschicht einen verbindungslosen und unzuverlässigen Dienst für den Transport von einzelnen Datenpaketen bereit, der diese lediglich mit der Empfängeradresse versieht und möglichst auf dem schnellsten Wege (man spricht von einem möglichst effizienten **Routing**, abhängig von der gerade vorherrschenden Netzlast) verschickt.

Das TCP in der Transportschicht stellt hingegen eine zuverlässige (virtuelle) Verbindung zwischen Sender- und Empfänger-Anwendung her. Die Daten werden in kleine Pakete eingeteilt, und es wird stets sichergestellt, dass diese fehlerfrei übertragen werden, indem vom Empfänger eine Bestätigung über deren Erhalt gefordert wird und die Pakete, falls erforderlich, mehrfach gesendet werden. Zusätzlich wird dafür gesorgt, dass auch die Reihenfolge der verschickten Datenpakete erhalten bleibt. In den weiteren Abschnitten dieses Kapitels beschäftigen wir uns noch ausführlich mit der Realisierung von TCP-Verbindungen in Java.

Das alternative Transportschicht-Protokoll UDP ist im Gegensatz zu TCP ein unzuverlässiges Protokoll, das im Prinzip lediglich die IP-Funktionalität an die Anwendungsschicht weiterreicht und weder Reihenfolge noch fehlerfreie Übermittlung garantiert. Allerdings gibt es auch für UDP sinnvolle Einsatzbereiche, wie zum Beispiel die Übertragung von Messwerten einer Wetterstation in kurzen Zeitabständen, bei der es nicht unbedingt auf die Vollständigkeit der übermittelten Daten ankommt.

20.1.2   IP-Adressen

Für die Kommunikation zwischen zwei Programmen bzw. Rechnern und die Abwicklung des Protokolls ist es natürlich notwendig, die jeweilige Adresse des Partner-Rechners im Netzwerk, die so genannte **IP-Adresse**, zu kennen. Das Internet-Protokoll arbeitet derzeit mit numerischen Adressen, die 4 Bytes (also 32 Bits) lang sind und in der Regel durch vier durch Punkte getrennte Zahlen im Bereich 0 bis 255 dargestellt werden. Die IP-Adresse des WWW-Servers www.hanser.de des Hanser-Verlages lautet beispielsweise 194.59.179.52.

Da die IP-Adresse eines Rechners im Internet weltweit eindeutig sein muss, werden die Adressen von der zentralen Organisation **ICANN** (Internet Corporation for Assigned Names and Numbers [27]) verwaltet bzw. vergeben. Aufgrund der wachsenden Zahl von Rechnern im Internet sollen IP-Adressen künftig mit 16 Bytes bzw. durch acht durch Punkte getrennte Hexadezimalzahlen im Bereich 0000 bis FFFF dargestellt werden.

Wesentlich einprägsamer können Internet-Adressen natürlich in Form so genannter **Domain-Namen** oder **Host-Namen** notiert werden, wobei sich einer IP-Adresse auch mehrere Namen (man spricht dann von **Alias-Namen**) zuordnen lassen. Um diese Art der Notation im Internet verwenden zu können, wird allerdings ein Dienst benötigt, der die Abbildung des Namens auf die tatsächliche IP-Adresse vornehmen kann. Dieser Dienst heißt **Domain Name Service (DNS)** und wird auch von den Java-Klassen bei Bedarf genutzt. Wir wollen seine Funktionsweise anhand der Klasse InetAddress aus dem Paket java.net kurz demonstrieren.

Objekte der Klasse InetAddress können nicht wie üblich per Konstruktor erzeugt, sondern müssen durch Aufruf der Klassenmethode

- **public static** InetAddress getByName(String host)

                               throws UnknownHostException

  führt für den Rechner host eine Anfrage beim DNS durch und liefert ein Objekt, das die IP-Adresse des durch host angegebenen Rechners darstellt, zurück. Dabei kann host als Domain-Name oder als IP-Adresse angegeben werden.

konstruiert werden. Danach können wir die Instanzmethoden getHostAddress und getHostName benutzen, um den Rechner-Namen und die IP-Adresse eines InetAddress-Objekts als Zeichenkette zu erhalten. Wir haben die drei genannten Methoden in dem einfachen Programm

```
1  import java.net.*;
2  class DNSAnfrage {
3    public static void main(String[] args) {
4      try {
5        InetAddress ip = InetAddress.getByName(args[0]);
6        System.out.println("Angefragter Name: " + args[0]);
7        System.out.println("IP-Adresse:       " + ip.getHostAddress());
8        System.out.println("Host-Name:        " + ip.getHostName());
9      } catch (ArrayIndexOutOfBoundsException aex) {
```

```
10            System.out.println("Aufruf: java DNSAnfrage <hostname>");
11        } catch (UnknownHostException uex) {
12            System.out.println("Kein DNS-Eintrag fuer " + args[0]);
13        }
14    }
15 }
```

eingesetzt, das die IP-Adresse eines per Kommandozeilenparameter übergebenen Rechnernamens beim DNS erfragt und danach die IP-Adresse und den Rechnernamen auf das Konsolenfenster ausgibt. Falls der Parameter beim Start vergessen wurde oder der Rechner dem DNS nicht bekannt ist, werden die entsprechenden Ausnahmen behandelt, indem entsprechende Informationen ausgegeben werden. Aufrufe unseres Programms laufen daher (bei vorhandener Internetverbindung) wie folgt ab:

```
──────────────────────── Konsole ────────────────────────
> java DNSAnfrage www.hanser.de
Angefragter Name: www.hanser.de
IP-Adresse:       194.59.179.52
Host-Name:        www.hanser.de

> java DNSAnfrage 192.18.97.71
Angefragter Name: 192.18.97.71
IP-Adresse:       192.18.97.71
Host-Name:        flres.java.Sun.COM

> java DNSAnfrage lord.of.the.rings
Kein DNS-Eintrag fuer lord.of.the.rings
```

20.1.3 Ports und Sockets

Wie wir bereits wissen, ist die Transportschicht für die eigentliche Verbindung zwischen Sender- und Empfänger-Anwendung zuständig. Weil auf einem Rechner durchaus mehrere Anwendungen gleichzeitig Internet-Kommunikation betreiben können, der Rechner in der Regel aber nur über eine physikalische Verbindung zum Internet verfügt, lässt sich der Weg, den die übermittelten Daten nehmen sollen, nicht allein anhand der IP-Adresse festlegen. Für welche Anwendung die Daten bestimmt sind, bestimmt daher eine zusätzliche Adressierungs-Information, die das Transportschicht-Protokoll in die Daten einarbeitet – die so genannte **Port-Nummer**.[1] Jede Netzwerk-Anwendung auf einem Rechner wird über einen festgelegten **Port** abgewickelt, so dass die Daten an die richtige Stelle ausgeliefert werden können.

Port-Nummern sind ganze Zahlen im Bereich von 0 bis 65535. Während die Port-Nummern im Bereich von 0 bis 1023 für Standardanwendungen (z. B. Port 21 für

---

[1] Vergleicht man diese Adressierungsart mit der herkömmlichen Verteilung von Brief- oder Paketpost in einem Wohnheim, so entspricht die IP-Adresse der üblichen Adresse mit Straße und Hausnummer, während die Port-Nummer die Zimmernummer des Empfängers spezifiziert.

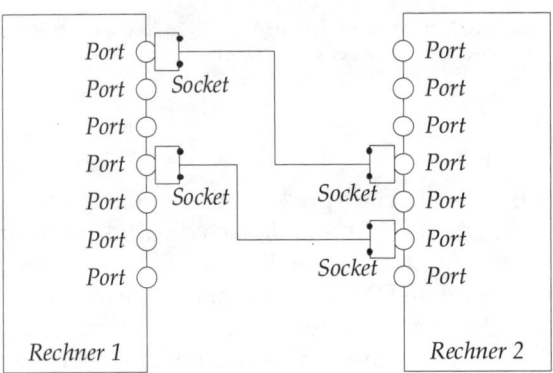

Abbildung 20.2: Netzwerkverbindungen über Ports und Sockets

einen FTP-Server, Port 25 für einen SMTP-Server oder Port 80 für einen HTTP-Server) reserviert sind, sind alle anderen Werte frei verfügbar und können für selbst geschriebene Netzwerk-Anwendungen verwendet werden.

Steht für eine Netzwerk-Kommunikation zwischen zwei Rechnern fest, welche Anwendungen bzw. Ports miteinander kommunizieren, so sind dadurch die Endpunkte der Verbindung bzw. der Datenübertragung in beide Richtungen bestimmt. Einen solchen durch IP-Adresse und Port-Nummer eindeutig festgelegten Endpunkt einer Netzwerk-Kommunikationsverbindung nennt man **Socket** (deutsch: Steckdose, Buchse). Abbildung 20.2 verdeutlicht diesen Sachverhalt anhand von zwei Netzwerkverbindungen, die beide jeweils eine Anwendung (einen Port) auf Rechner 1 mit einer Anwendung (einem Port) auf Rechner 2 verbinden. Im nächsten Abschnitt beschäftigen wir uns nun mit der Java-Realisierung von TCP-Sockets.

20.2   Client/Server-Programmierung

Unter einem **Server** (deutsch: Diener) versteht man ein Programm, das auf einem Rechner läuft und einen bestimmten **Dienst** anbietet, der über das Netzwerk von anderen Programmen bzw. Rechnern genutzt werden kann. Der Rechner, auf dem das Programm läuft, heißt dann **Server-Rechner** oder auch **Server-Host**.[2] Ein Programm, das über das Netzwerk den Dienst eines Servers anfordert, wird **Client** (deutsch: Klient, Kunde) genannt, der entsprechende Rechner, auf dem der Client läuft, heißt dann **Client-Rechner** oder **Client-Host**.

Wollen Server und Client eine Kommunikationsverbindung aufbauen, müssen Server-seitig folgende Vorgänge ablaufen:

---

[2]   Sehr häufig wird der Begriff Server auch (fälschlicherweise) für den Rechner verwendet, auf dem ein oder mehrere Server laufen.

1. Der Server erzeugt einen speziellen Server-Socket, der an einen Port gebunden ist, dessen Nummer den potentiellen Clients bekannt sein muss.

2. Der Server wartet darauf, dass sich ein Client anmeldet, der eine Verbindung aufbauen möchte.

3. Hat der Server die Anfrage eines Clients akzeptiert, erzeugt er an einem freien Port einen weiteren Socket, über den die Kommunikation abgewickelt werden kann.

4. Danach werden über diesen Socket die benötigten Ein- und Ausgabeströme zum Client geöffnet.

5. Über die Ströme wird der Datenaustausch gemäß dem festgelegten Protokoll abgewickelt.

6. Die Ströme und der Socket werden geschlossen.

7. Der Server wird beendet, oder es beginnt ab Schritt 2 eine weitere Client-Kommunikation.

Client-seitig sieht der Ablauf wie folgt aus:

1. Der Client nimmt über die IP-Adresse und Port-Nummer Kontakt mit dem Server auf und erzeugt einen Socket, über den die Kommunikation mit dem Server abgewickelt werden kann.

2. Hat der Server die Anfrage akzeptiert, werden über den Socket die benötigten Ein- und Ausgabeströme zum Server geöffnet.

3. Über die Ströme wird der Datenaustausch gemäß dem festgelegten Protokoll abgewickelt.

4. Die Ströme und der Socket werden geschlossen.

5. Der Server wird beendet, oder es wird, beginnend bei Schritt 2, eine weitere Client-Kommunikation abgewickelt.

In den nachfolgenden Abschnitten werden wir nun sehen, wie diese Vorgänge mit relativ wenig Aufwand in Form von Java-Programmen realisierbar sind.

20.2.1 Die Klassen `ServerSocket` und `Socket`

Java stellt im Paket `java.net` zwei verschiedene Klassen für die Erzeugung von TCP-Sockets zur Verfügung. Die Klasse `ServerSocket` dient der Konstruktion spezieller Server-Sockets, während die Klasse `Socket` sowohl auf Server- als auch auf Client-Seite eingesetzt wird. Ein Server-Socket wird mit dem Konstruktor

■ **public** ServerSocket(**int** port)
erzeugt einen Server-Socket am angegebenen Port.

erzeugt und ist mit Hilfe der Instanzmethode

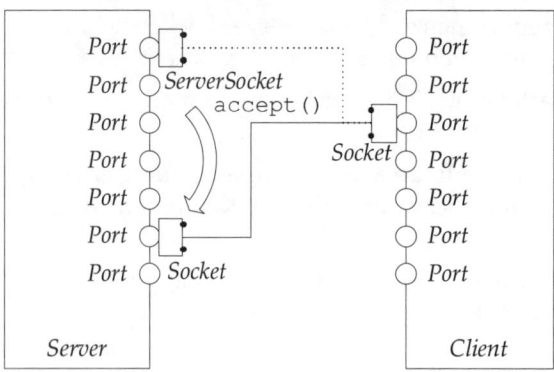

Abbildung 20.3: Sockets auf Server- und Client-Seite

- **public** Socket accept()
  wartet auf eine Anfrage eines Clients und erzeugt dann ein neues Socket-Objekt und liefert es als Ergebnis zurück.

in der Lage, die Anfrage eines Clients zu akzeptieren und ein Socket-Objekt zu erzeugen, über das man die Kommunikation abwickeln kann (siehe auch Abbildung 20.3). Auf Client-Seite werden Socket-Objekte direkt mit den Konstruktoren

- **public** Socket(InetAddress address, **int** port)
  erzeugt einen Socket und verbindet ihn mit der Anwendung, die auf dem Rechner mit der durch address festgelegten Adresse am Port port läuft.

- **public** Socket(String host, **int** port)
  erzeugt einen Socket und verbindet ihn mit der Anwendung, die auf dem Rechner mit dem Host-Namen bzw. der IP-Adresse host am Port port läuft. Für den String host wird zuvor eine DNS-Anfrage zur Bestimmung des InetAddress-Objekts durchgeführt.

generiert. Sowohl auf Server- als auch auf Client-Seite kann man über die Socket-Objekte auf die entsprechenden Ein- und Ausgabeströme zugreifen, indem die Methoden

- **public** InputStream getInputStream()
  liefert einen Byte-Eingabestrom über den Socket.

- **public** OutputStream getOutputStream()
  liefert einen Byte-Ausgabestrom über den Socket.

eingesetzt werden (vgl. auch Abbildung 20.4). Schließen lässt sich ein Sockets mit der Methode

- **public void** close()
  schließt den Socket und die zugehörigen Ströme.

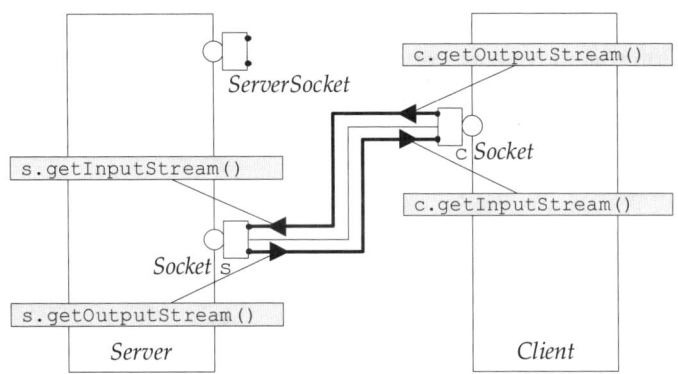

Abbildung 20.4: Datenströme über Sockets auf Server- und Client-Seite

20.2.2 Ein einfacher Server

Wir wollen uns nun mit einem einfachen Beispiel beschäftigen, das in der Konstellation aus den Abbildungen 20.3 und 20.4 die linke Seite, also den Server realisiert. Unser Server soll für eine Client-Anfrage nach der aktuellen Uhrzeit bzw. nach dem aktuellen Datum zu Verfügung stehen. Dabei soll der Client, der sich anmeldet, zunächst gefragt werden, ob er die Uhrzeit oder das Datum wissen möchte. Je nachdem, was er antwortet, wird ihm die entsprechende Information übermittelt. Danach soll unser Server bereits beendet sein.

Entsprechend den zu Beginn von Abschnitt 20.2 aufgeführten Schritten verwenden wir in unserer Server-Applikation

```
1   import java.io.*;
2   import java.net.*;
3   class DateTimeServer {
4     public static void main(String[] args) {
5       try {
6           int port = Integer.parseInt(args[0]);          // Port-Nummer
7           ServerSocket server = new ServerSocket(port);  // Server-Socket
8           System.out.println("DateTimeServer laeuft");   // Statusmeldung
9           Socket s = server.accept();        // Client-Verbindung akzeptieren
10          new DateTimeProtokoll(s).transact();           // Protokoll abwickeln
11      } catch (ArrayIndexOutOfBoundsException ae) {
12          System.out.println("Aufruf: java DateTimeServer <Port-Nr>");
13      } catch (IOException e) {
14          e.printStackTrace();
15      }
16    }
17  }
```

zunächst die als Kommandozeilenparameter geforderte Port-Nummer, um einen Server-Socket zu erzeugen. Wir bestätigen durch eine Konsolenausgabe, dass der Server läuft, und rufen danach die Methode `accept` auf, die einen Kontaktversuch durch einen Client akzeptiert und einen entsprechenden Socket `s` für die Kommunikation erzeugt. Die Erzeugung der benötigten Datenströme und die Abwicklung des Protokolls erledigen wir, indem wir ein Objekt der Klasse `DateTimeProtokoll` erzeugen und dessen Methode `transact` aufrufen. Unsere Prokoll-Klasse haben wir wie folgt gestaltet:

```java
 1  import java.io.*;
 2  import java.net.*;
 3  import java.util.*;
 4  import java.text.*;
 5  class DateTimeProtokoll {
 6    static SimpleDateFormat     // Formate fuer den Zeitpunkt
 7      time = new SimpleDateFormat("'Es ist gerade 'H'.'mm' Uhr.'"),
 8      date = new SimpleDateFormat("'Heute ist 'EEEE', der 'dd.MM.yy");
 9
10    Socket s;                   // Socket in Verbindung mit dem Client
11    BufferedReader vomClient;   // Eingabe-Strom vom Client
12    PrintWriter zumClient;      // Ausgabe-Strom zum Client
13
14    public DateTimeProtokoll (Socket s) {   // Konstruktor
15      try {
16          this.s = s;
17          vomClient = new BufferedReader(
18                          new InputStreamReader(
19                              s.getInputStream()));
20          zumClient = new PrintWriter(
21                          s.getOutputStream(),true);
22      } catch (IOException e) {
23          System.out.println("IO-Error");
24          e.printStackTrace();
25      }
26    }
27    public void transact() {        // Methode, die das Protokoll abwickelt
28      System.out.println("Protokoll gestartet");
29      try {
30          zumClient.println("Geben Sie DATE oder TIME ein");
31          String wunsch = vomClient.readLine();   // v. Client empfangen
32          Date jetzt = new Date();                 // Zeitpunkt bestimmen
33                      // vom Client empfangenes Kommando ausfuehren
34          if (wunsch.equalsIgnoreCase("date"))
35            zumClient.println(date.format(jetzt));
36          else if (wunsch.equalsIgnoreCase("time"))
37            zumClient.println(time.format(jetzt));
38          else
39            zumClient.println(wunsch +" ist als Kommando unzulaessig!");
40          s.close();          // Socket (und damit auch Stroeme) schliessen
41      } catch (IOException e) {
42          System.out.println("IO-Error");
43      }
44      System.out.println("Protokoll beendet");
45    }
46  }
```

Der Konstruktor, dem jeweils der Socket übergeben wird, ist dafür zuständig, die benötigten Ein- und Ausgabeströme zu erzeugen. Dabei greifen wir auf die beiden Methoden `getInputStream` und `getOutputStream` des `Socket`-Objekts

zurück. Zum Lesen der vom Client geschickten Informationen verwenden wir
einen gepufferten Zeichenstrom, während wir die Mitteilungen des Servers an
den Client über ein `PrintWriter`-Objekt verschicken, bei dem wir das automatische Flushing für `println`-Aufrufe aktivieren.

In der Methode `transact` wird zunächst auf der Konsole des Servers gemel-
det, dass das Protokoll gestartet wurde, danach werden Informationen über die
möglichen Kommandos an den Client geschickt. Nachdem das gewünschte Kommando vom Client empfangen wurde, wird ein `Date`-Objekt erzeugt, abhängig
vom gewählten Kommando mit Hilfe der `SimpleDateFormat`-Objekte formatiert und schließlich an den Client geschickt. Nach einer weiteren Konsolenmel-
dung über das Ende des Protokolls (und damit in unserem Fall auch des Servers)
wird lediglich noch der Socket (und damit gleichzeitig dessen Ein- und Ausgabeströme) geschlossen.

Starten wir unseren Server unter Verwendung des Ports 2222, so erhalten wir auf
dem Konsolenfenster zunächst folgenden Ablauf:

```
──────────────────── Konsole ────────────────────
> java DateTimeServer 2222
DateTimeServer laeuft
```

Unser Server ist also bereit, eine Client-Anfrage zu akzeptieren. Da wir bisher
über kein eigenes Client-Programm verfügen, könnten wir unseren Server beispielsweise mit einem üblichen **Telnet-Programm**, wie es auf den meisten Rech-
nerplattformen zur Verfügung steht, testen. Dazu müssen wir ein weiteres Konsolenfenster öffnen und dort das Kommando `telnet`, gefolgt von Rechnername
und Port des Servers, als notwendige Parameter eingeben. Den Rechnernamen
unseres eigenen Rechners, auf dem ja unser Server läuft, können wir dabei auch
entweder als `localhost` (ein standardmäßig festgelegter Alias-Name) oder als
`127.0.0.1` (eine standardmäßig festgelegte IP-Adresse) angeben. Wir erhalten
dann in unserem zweiten Konsolenfester zunächst den Ablauf

```
──────────────────── Konsole ────────────────────
> telnet localhost 2222
Geben Sie DATE oder TIME ein
```

während in unserem ersten Konsolenfenster mittlerweile eine Zeile hinzugekom-
men ist und somit

```
──────────────────── Konsole ────────────────────
> java DateTimeServer 2222
DateTimeServer laeuft
Protokoll gestartet
```

zu lesen steht. Geben wir auf der Client-Seite nun das Kommando `time` ein, kann
der Rest unseres Protokolls abgearbeitet werden, und auf der Konsole des Servers
steht schließlich

```
──────────────────── Konsole ────────────────────
> java DateTimeServer 2222
DateTimeServer laeuft
Protokoll gestartet
Protokoll beendet
```

während im Telnet-Fenster nunmehr

```
──────────────────── Konsole ────────────────────
> telnet localhost 2222
Geben Sie DATE oder TIME ein
time
Es ist gerade 13.01 Uhr.

Verbindung zu Host verloren.
```

zu lesen ist, womit angezeigt wird, dass die Verbindung zum Telnet-Client unterbrochen wurde, da der Server nach Übermittlung der Zeitangabe beendet war.

20.2.3   Ein einfacher Client

Anstelle des Telnet-Clients könnten wir natürlich auch einen eigenen, spezialisierten Client verwenden, der genau den Bedürfnissen einer Kommunikation mit
unserem DateTimeServer-Programm angepasst ist. Eine entsprechende Klasse
haben wir als

```java
 1  import java.net.*;
 2  import java.io.*;
 3
 4  class DateTimeClient {
 5    public static void main(String[] args) {
 6      String hostName = "";   // Rechner-Name bzw. -Adresse
 7      int port;               // Port-Nummer
 8      Socket c = null;        // Socket fuer die Verbindung zum Server
 9
10      try {
11        hostName = args[0];
12        port = Integer.parseInt(args[1]);
13        c = new Socket(hostName, port);
14
15        BufferedReader vomServer = new BufferedReader(
16                              new InputStreamReader(
17                                  c.getInputStream())));
18        PrintWriter zumServer = new PrintWriter(
19                              c.getOutputStream(),true);
20
21        BufferedReader vonTastatur = new BufferedReader(
22                              new InputStreamReader(
23                                  System.in));
24
25        // Protokoll abwickeln
```

```
26          System.out.println("Server " + hostName +":"+ port + " sagt:");
27          String text = vomServer.readLine(); // vom Server empfangen
28          System.out.println(text);           // auf die Konsole schreiben
29          text = vonTastatur.readLine();      // von Tastatur lesen
30          zumServer.println(text);            // zum Server schicken
31          text = vomServer.readLine();        // vom Server empfangen
32          System.out.println(text);           // auf die Konsole schreiben
33
34          // Socket (und damit auch Stroeme) schliessen
35          c.close();
36      } catch (ArrayIndexOutOfBoundsException ae) {
37          System.out.println("Aufruf:");
38          System.out.println("java DateTimeClient <HostName> <PortNr>");
39      } catch (UnknownHostException ue) {
40          System.out.println("Kein DNS-Eintrag fuer " + hostName);
41      } catch (IOException e) {
42          System.out.println("IO-Error");
43      }
44   }
45 }
```

implementiert, in deren `main`-Methode wir die zu Beginn von Abschnitt 20.2 aufgeführten Schritte für eine Client-Applikation realisiert haben. Wir erzeugen darin zunächst einen Socket unter Verwendung des Rechnernamens und der Port-Nummer, die als Kommandozeilenparameter übergeben werden. Danach erzeugen wir die benötigten Ein- und Ausgabeströme in Verbindung mit dem Server (dabei greifen wir wieder auf die beiden Methoden `getInputStream` und `getOutputStream` des `Socket`-Objekts zurück) und einen gepufferten Eingabestrom für Tastatureingaben. Danach wickeln wir das Protokoll ab, indem wir die vom Server gelesenen Informationen auf die Konsole schreiben, ein Kommando von der Tastatur einlesen, dieses zum Server schicken, schließlich die Antwort des Servers lesen und ebenfalls auf die Konsole ausgeben.

Starten wir unseren Server erneut an Port 2222 und rufen dann diesen einfachen Client auf, so ergibt sich der Ablauf

```
─────────────────── Konsole ───────────────────
> java DateTimeClient localhost 2222
Server localhost:2222 sagt:
Geben Sie DATE oder TIME ein
date
Heute ist Samstag, der 21.06.03
```

auf der Konsole des Clients, der unmittelbar danach auch beendet ist.

20.2.4   Ein Server für mehrere Clients

Unser einfacher Server aus Abschnitt 20.2.2 ist so gestaltet, dass er nach seinem Start seinen Dienst lediglich einem einzigen Client zur Verfügung stellt und danach beendet ist. Wollen wir diesen Dienst mehreren Clients zur Verfügung stellen, so könnten wir in unserer Klasse `DateTimeServer` ganz einfach die Anweisungen in Zeile 9 und 10 in eine Schleife packen, die mehrmals oder sogar uendlich oft durchlaufen wird. Allerdings müsste dann jeweils das komplette Protokoll für einen Client abgewickelt sein, bevor der nächste Client sich an den Server wenden kann. Mit dem in Kapitel 18 Erlernten können wir allerdings auch dieses kleine Problem recht einfach lösen, indem wir unsere Protokoll-Klasse zu einem Thread machen.

Als Server, der von mehreren Clients genutzt werden kann, verwenden wir daher die Klasse

```
1   import java.io.*;
2   import java.net.*;
3   class DateTimeMultiServer {
4     public static void main(String[] args) {
5       try {
6         int port = Integer.parseInt(args[0]);        // Port-Nummer
7         ServerSocket server = new ServerSocket(port); // Server-Socket
8         System.out.println("DateTimeServer laeuft");  // Statusmeldung
9         while (true) {
10          Socket s = server.accept(); // Client-Verbindung akzeptieren
11          new DateTimeDienst(s).start();            // Dienst starten
12        }
13      } catch (ArrayIndexOutOfBoundsException ae) {
14        System.out.println("Aufruf: java DateTimeServer <Port>");
15      } catch (IOException e) {
16        e.printStackTrace();
17      }
18    }
19  }
```

in der wir nach Erzeugung des Server-Sockets in einer Endlosschleife jeweils die nächste Client-Verbindung akzeptieren und für den zugehörigen Socket einen Thread erzeugen und starten, der das eigentliche Protokoll abwickelt. Von der Methode `start` eines Thread-Objekts wissen wir ja, dass sie dafür sorgt, dass dessen `run`-Methode nebenläufig ausgeführt wird und dass sie danach sofort beendet ist. Daher kann das Server-Programm unverzüglich zum nächsten Schleifendurchlauf übergehen und eine weitere Client-Anfrage bearbeiten, noch bevor das Protokoll für den ersten Client komplett abgewickelt ist. Abbildung 20.5 stellt diese Situation grafisch dar. Während Client 1 mit dem Server kommuniziert, nimmt Client n mit dem Server gerade Kontakt auf (gestrichelte Linie) und erhält von der `accept`-Methode einen Socket für die Kommunikation zugewiesen.

Zur Vervollständigung unserer mehrfädigen Server-Implementierung müssen wir nun noch unsere ursprüngliche Protokoll-Klasse `DateTimeProtokoll` in eine Thread-Klasse verwandeln. Dazu lassen wir die Klasse

```
1   import java.io.*;
2   import java.net.*;
3   import java.util.*;
4   import java.text.*;
5   class DateTimeDienst extends Thread {
6     static SimpleDateFormat      // Formate fuer den Zeitpunkt
```

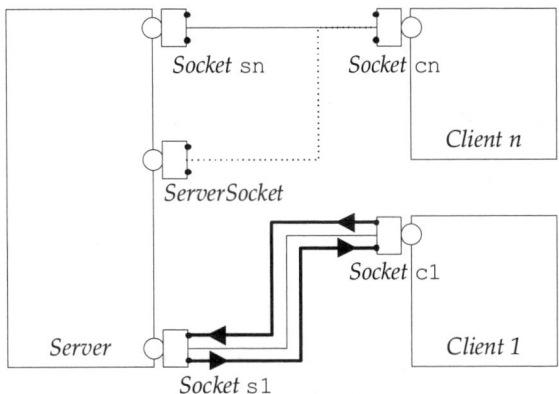

Abbildung 20.5: Ein Server behandelt mehrere Clients gleichzeitig

```
 7        time = new SimpleDateFormat("'Es ist gerade 'H'.'mm' Uhr.'"),
 8        date = new SimpleDateFormat("'Heute ist 'EEEE', der 'dd.MM.yy");
 9   static int anzahl = 0;        // Anzahl der Clients insgesamt
10   int nr = 0;                   // Nummer des Clients
11   Socket s;                     // Socket in Verbindung mit dem Client
12   BufferedReader vomClient;     // Eingabe-Strom vom Client
13   PrintWriter zumClient;        // Ausgabe-Strom zum Client
14
15   public DateTimeDienst (Socket s) {  // Konstruktor
16     try {
17         this.s = s;
18         nr = ++anzahl;
19         vomClient = new BufferedReader(
20                         new InputStreamReader(
21                             s.getInputStream()));
22         zumClient = new PrintWriter(
23                         s.getOutputStream(),true);
24     } catch (IOException e) {
25         System.out.println("IO-Error bei Client " + nr);
26         e.printStackTrace();
27     }
28   }
29   public void run() {  // Methode, die das Protokoll abwickelt
30     System.out.println("Protokoll fuer Client " + nr + " gestartet");
31     try {
32         while (true) {
33           zumClient.println("Geben Sie DATE, TIME oder QUIT ein");
34           String wunsch = vomClient.readLine(); // vom Client empfangen
35           if (wunsch == null || wunsch.equalsIgnoreCase("quit"))
36             break;                                // Schleife abbrechen
37           Date jetzt = new Date();                // Zeitpunkt bestimmen
38                     // vom Client empfangenes Kommando ausfuehren
39           if (wunsch.equalsIgnoreCase("date"))
40             zumClient.println(date.format(jetzt));
41           else if (wunsch.equalsIgnoreCase("time"))
```

```
42              zumClient.println(time.format(jetzt));
43           else
44              zumClient.println(wunsch + "ist als Kommando unzulaessig!");
45         }
46         s.close();          // Socket (und damit auch Stroeme) schliessen
47       } catch (IOException e) {
48          System.out.println("IO-Error bei Client " + nr);
49       }
50       System.out.println("Protokoll fuer Client " + nr + " beendet");
51    }
52  }
```

einfach von der Klasse Thread erben und in ihrem Konstruktor Nummern für die erzeugten Objekte vergeben. Außerdem wandern die Anweisungen für die Abwicklung des Protokolls aus der Methode transact nun in die run-Methode, so dass sie nebenläufig abgearbeitet werden können. Diese Anweisungen haben wir zusätzlich in eine Endlosschleife verpackt, so dass ein Client die Kommandos DATE und TIME auch mehrfach senden kann, bevor er die Verbindung mit QUIT wieder abbricht.

Starten wir nun unseren neuen Server DateTimeMultiServer an Port 3333, so können mehrere Clients auf ihn zugreifen, um Zeit- oder Datumsabfragen durchzuführen, was im Konsolenfenster z. B. wie folgt protokolliert werden könnte:

```
──────────────── Konsole ────────────────
> java DateTimeMultiServer 3333
DateTimeServer laeuft
Protokoll fuer Client 1 gestartet
Protokoll fuer Client 2 gestartet
Protokoll fuer Client 2 beendet
Protokoll fuer Client 3 gestartet
Protokoll fuer Client 3 beendet
Protokoll fuer Client 1 beendet
Protokoll fuer Client 4 gestartet
IO-Error bei Client 4
Protokoll fuer Client 4 beendet
```

Dabei haben wir die ersten drei Client-Anfragen mit dem Telnet-Client und Anfrage 4 mit unserer Klasse DateTimeClient durchgeführt. Wie wir sehen, tritt bei Client 4 ein Fehler auf, was dadurch zustande kommt, dass das relativ spezielle Protokoll des Clients nicht so richtig mit dem des Servers zusammenspielt. Es wird nämlich nur eine einzige Zeit- oder Datumsangabe angefordert und danach abgebrochen. Im nächsten Abschnitt wollen wir uns daher noch mit einem alternativen Client-Programm beschäftigen.

20.2.5 Ein Mehrzweck-Client

Um auch bei anderen Servern Anfragen durchführen zu können, wollen wir nun noch ein etwas allgemeineres Client-Programm entwerfen, in dem wir einfach je-

weils im Wechsel alle Daten, die der Server übermittelt, empfangen und anschließend ein Kommando (bzw. eine Zeile) von Tastatur einlesen und an den Server
schicken. Diese Vorgänge wiederholen wir, bis das Kommando QUIT eingegeben
wird. In unserer Klasse

```java
import java.net.*;
import java.io.*;
public class MyClient {
  // liest alle vom Server geschickten Daten
  static void zeigeWasKommt(BufferedReader sin) throws IOException {
    String str = null;
    try {
      while ((str = sin.readLine()) != null)
        System.out.println(str);
    }
    catch (SocketTimeoutException sto) {
    }
  }
  static void zeigePrompt() {
    System.out.print("> ");
    System.out.flush();
  }
  public static void main(String[] args) {
    try {
      System.out.println("Client laeuft. Beenden mit QUIT");
      Socket c = new Socket(args[0], Integer.parseInt(args[1]));
      c.setSoTimeout(500); // setze Timeout auf eine halbe Sekunde
      BufferedReader vomServer = new BufferedReader(
                                  new InputStreamReader(
                                    c.getInputStream())));
      PrintWriter zumServer = new PrintWriter(
                                  c.getOutputStream(), true);
      BufferedReader vonTastatur = new BufferedReader(
                                  new InputStreamReader(
                                    System.in));
      String zeile;

      do {
        zeigeWasKommt(vomServer);
        zeigePrompt();
        zeile = vonTastatur.readLine();
        zumServer.println(zeile);
      } while(!zeile.equalsIgnoreCase("quit"));

      c.close();           // Socket (und damit auch Stroeme) schliessen
    } catch (ArrayIndexOutOfBoundsException ae) {
      System.out.println("Aufruf: java MyClient <Port-Nummer>");
    } catch (UnknownHostException ux) {
      System.out.println("Kein DNS-Eintrag fuer " + args[0]);
    } catch (IOException e) {
      e.printStackTrace();
    }
  }
}
```

haben wir daher für das Lesen der vom Server empfangenen Daten eine Methode `zeigeWasKommt` definiert, die in einer Schleife aus dem Eingabestrom vom Server liest und die gelesenen Zeilen auf dem Konsolenfenster ausgibt. Allerdings wird diese Schleife erst abgebrochen, wenn das Stromende erreicht ist, also genau genommen dann, wenn die Verbindung zum Server beendet wird. Wenn der Server gerade keine Daten schickt, muss die Methode `readLine` jeweils warten. Dies hat natürlich zur Folge, dass wir nach einem Aufruf der Methode `zeigeWasKommt` keine Möglichkeit haben, zwischen den einzelnen Lesevorgängen auch einmal etwas zum Server zu schicken.

Dieses Problem kann man aber leicht dadurch beheben, dass man den Socket, über den die Kommunikation läuft, so einstellt, dass er nicht „ewig" auf Server-Daten wartet, sondern den Lesevorgang nach einer festgelegten Zeit ohne jegliche Datenübermittlung abbricht. Dazu stellt die Klasse `Socket` die Methode

■ **public void** setSoTimeout(**int** timeout)
aktiviert (für `timeout > 0`) bzw. deaktiviert (für `timeout = 0`) den Socket-Timeout, so dass bei einer Leseoperation über den Eingabestrom des Sockets maximal `timeout` Millisekunden auf Daten gewartet wird. Sollte diese Zeit überschritten werden, wird eine Ausnahme vom Typ `SocketTimeoutException` geworfen. Ist `timeout = 0`, so wird unendlich lange gewartet.

zur Verfügung, die jeweils vor der ersten Leseoperation aufgerufen werden muss. In der `main`-Methode unserer Klasse `MyClient` haben wir unmittelbar nach der Erzeugung des Sockets den Timeout auf eine halbe Sekunde eingestellt. Aus diesem Grund arbeiten wir in der Methode `zeigeWasKommt` mit einem Catch-Block, der die Socket-Timeout-Ausnahme abfängt, ohne etwas zu tun.

In der **do**-Schleife unseres Client-Programms rufen wir somit jeweils die Methode `zeigeWasKommt` auf, um alles angezeigt zu bekommen, was der Server bis zum Timeout geschickt hat, und geben danach mit der Methode `zeigePrompt` ein >-Zeichen aus, um anzuzeigen, dass jetzt eine Eingabe erfolgen kann, die anschließend an den Server geschickt wird. Wenn wir unseren Client aufrufen, bemerken wir auch die kurze Verzögerung, mit der das Prompt-Zeichen auf dem Konsolenfenster erscheint, das z. B. beim Zugriff auf unseren Server `DateTimeMultiServer` auf unserem lokalen Rechner an Port 3333 wie folgt aussehen könnte:

```
──────────── Konsole ────────────
> java MyClient localhost 3333
Client laeuft. Beenden mit QUIT
Geben Sie DATE, TIME oder QUIT ein
> time
Es ist gerade 11.44 Uhr.
Geben Sie DATE, TIME oder QUIT ein
> date
Heute ist Sonntag, der 22.06.03
Geben Sie DATE, TIME oder QUIT ein
```

```
> year
year ist als Kommando unzulaessig!
Geben Sie DATE, TIME oder QUIT ein
> quit
```

Im Rahmen der Übungsaufgaben, werden Sie sehen, dass dieses einfache, aber doch recht universelle Client-Programm `MyClient` problemlos auch zum Test anderer Server-Typen eingesetzt werden kann.

20.3 Wissenswertes über URLs

Bereits in Kapitel 17 haben wir uns im Zusammenhang mit Applets, die den Browser dazu veranlassen sollen, eine bestimmte Webseite anzuzeigen, mit der Klasse URL beschäftigt. Wir wissen daher bereits, dass ein Objekt dieser Klasse jeweils die Adresse eines Dokuments im Internet (die URL des Dokuments) darstellt. Solche URLs sind in zweifacher Hinsicht im Rahmen der Netzwerk-Programmierung von Bedeutung. Zum einen erlaubt Java auch den direkten Zugriff auf WWW-Dokumente über ihre URL (d. h. wir müssen nicht unbedingt die Kommunikation über Sockets explizit programmieren), zum anderen können wir die URL aber auch benutzen, um innerhalb eines Applets eine explizite Netzwerkverbindung zu programmieren (d. h. wir können aus der URL die Rechneradresse bestimmen, zu der wir aufgrund der Applet-Sicherheitsrestriktionen überhaupt eine Verbindung aufbauen dürfen). Mit diesen beiden Aspekten wollen wir uns zum Schluss des Kapitels über Netzwerk-Programmierung noch kurz auseinandersetzen.

20.3.1 Client/Server-Kommunikation über URLs

Zur eindeutigen Adressierung von Dokumenten im World Wide Web hat man sich auf folgendes Format

PROTOKOLL://RECHNERNAME:PORT/DOKUMENTNAME

für eine URL geeinigt, wobei der Doppelpunkt und die Angabe des Ports (:PORT) optional sind, da in der Regel die Portnummer bereits durch das angegebene Protokoll festgelegt ist. Die URL

```
http://www.hanser.de/computer/index.htm
```

bezeichnet somit das Protokoll `http`, den Rechner `www.hanser.de` und die Datei `computer/index.htm` (also die Datei `index.htm` im Unterverzeichnis `computer`). Weitere typischerweise in URLs genannte Protokolle sind zum Beispiel `ftp`, wenn Daten auf einem FTP-Server angesprochen werden sollen, oder `file`, wenn ein Dokument auf dem lokalen Rechner adressiert werden soll.

Die Klasse URL aus dem Paket java.net stellt für ihre Objekte unter anderem die Methode

■ **public final** InputStream openStream()
öffnet eine Verbindung zur URL und liefert einen Eingabestrom über diese Verbindung als Ergebnis zurück.

zur Verfügung. Damit lässt sich beispielsweise sehr leicht (ohne explizite Programmierung von Sockets) ein Programm schreiben, das den Inhalt eines Webdokuments als reinen Text auf dem Konsolenfenster ausgeben kann:

```
1   import java.net.*;
2   import java.io.*;
3   public class LiesURL {
4     public static void main(String[] args) {
5       try {
6         URL u = new URL(args[0]);
7         BufferedReader in = new BufferedReader(
8                               new InputStreamReader(
9                                   u.openStream())));
10        String zeile;
11        while ((zeile = in.readLine()) != null)
12          System.out.println(zeile);
13        in.close();
14      } catch (ArrayIndexOutOfBoundsException ae) {
15        System.out.println("Aufruf: java LiesURL <URL>");
16      } catch (MalformedURLException me) {
17        System.out.println(args[0] + " ist keine zulaessige URL");
18      } catch (IOException e) {
19        e.printStackTrace();
20      }
21    }
22  }
```

Neben der Methode openStream steht URL-Objekten auch eine Methode openConnection zur Verfügung, die ebenfalls eine Verbindung herstellt und als Objekt der Klasse URLConnection zurückliefert. Mit den Instanzmethoden getInputStream und getOutputStream kann man über diese Verbindung auf Ein- und Ausgabeströme zugreifen, um sowohl lesend als auch schreibend (zum Beispiel bei interaktiven Webseiten) mit der URL zu kommunizieren.

20.3.2   Netzwerkverbindungen in Applets

Wenn wir uns an die in Abschnitt 17.5 behandelten Sicherheitseinschränkungen bei Applets erinnern, so wissen wir, dass Java-Applets keine Verbindungen zu einem anderen Rechner (mit Ausnahme des Rechners, von dem das Applet geladen wurde) aufnehmen dürfen. Wir können somit in einem Applet einen Netzwerk-Socket nur zu einem anderen Server-Programm auf dem Rechner, der das Applet ausgeliefert hat, erzeugen. Zur Bestimmung dieses Rechners können wir zunächst mit der Methode getCodeBase oder getDocumentBase unserer Applet-Klasse die URL des Verzeichnisses, in der das Applet oder die HTML-Seite liegt, bestimmen (siehe auch Abschnitt 17.5). Danach können wir die Instanzmethode

- **public** String getHost()
  liefert den Rechnernamen aus der URL.

der Klasse URL anwenden, um den Rechnernamen zu erhalten. Wir benötigen nun nur noch die Information über den Port, mit dem wir in Verbindung treten wollen, um einen Socket zu erzeugen. In unserer Applet-Klasse

```
1   import javax.swing.*;
2   import java.net.*;
3   import java.io.*;
4   import java.applet.*;
5   public class DateTimeApplet extends JApplet {
6     public void init() {
7       try {
8           Socket socket = new Socket(this.getCodeBase().getHost(), 7777);
9           BufferedReader in = new BufferedReader(
10                              new InputStreamReader(
11                                  socket.getInputStream())));
12          PrintWriter out = new PrintWriter(
13                              socket.getOutputStream(), true);
14          in.readLine();
15          out.println("date");
16          String s = in.readLine();
17          getContentPane().add(new JLabel(s,JLabel.CENTER));
18      } catch (IOException e) {
19          String s = "Verbindung zum DateTimeServer fehlgeschlagen!";
20          getContentPane().add(new JLabel(s,JLabel.CENTER));
21      }
22    }
23  }
```

haben wir ein Applet realisiert, das beim Start den auf dem gleichen Rechner an Port 7777 laufenden Server DateTimeMultiServer kontaktiert und die übermittelte Datumsangabe in einem Label anzeigt.

20.4   Übungsaufgaben

Aufgabe 20.1

Schreiben Sie ein Java-Programm, das ein einfaches Online-CD-Archiv als Server realisiert. Das Archiv ist dabei einfach eine Ansammlung von Textdateien (gespeichert im Verzeichnis cdArchiv), wobei jede Datei eine Aufzählung der Stücke (Tracks) auf der entsprechenden CD enthält. Die Klasse CDServer, deren main-Methode die Port-Nummer als Kommandozeilenargument übergeben bekommt und einen ServerSocket mit diesem Port verbindet, soll in einer Endlosschleife für jeden Client, der eine Verbindung aufbaut, einen CDVerbindung-Thread erzeugen und starten. Dieser Thread soll bei seiner Erzeugung die Ströme zum

Client öffnen und alle hergestellten Verbindungen und die darüber abgewickelten Aktionen auf dem Bildschirm protokollieren.

Die vom Client geschickten Kommandos sollen wie folgt bearbeitet werden:

- Sendet der Client das Kommando `list`, so ist unter Verwendung der Methode `list()` der Klasse `File` nur der Inhalt des Verzeichnisses `cdArchiv` an den Client zu schicken.

- Sendet der Client das Kommando `tracks`, gefolgt von einem CD-Titel, so ist die entsprechende Datei im Verzeichnis `cdArchiv` zu öffnen und deren Inhalt zu lesen und an den Client zu schicken.

Nachfolgend beispielhafte Konsolen-Ausgaben auf Server-Seite und Konsolen-Dialog auf Client-Seite:

```
──────────────────── Konsole ────────────────────
CDServer wartet auf Port 8888
[localhost/127.0.0.1:1587: neue Verbindung]
[localhost/127.0.0.1:1587: sende Verzeichnis der CDs]
[localhost/127.0.0.1:1587: sende Tracks der CD Yes-Magnification]
[localhost/127.0.0.1:1587: Verbindung unterbrochen]
```

```
──────────────────── Konsole ────────────────────
Client gebunden an lokalen Port: 1587
> list
Aha-HowCanISleepWithYourVoiceInMyHead
Evanescence-Fallen
MikeOldfield-TubularBells2003
Reamonn-BeautifulSky
Yes-Magnification
> tracks Yes-Magnification
1. Magnification          2. Spirit of survival
3. Don't go               4. Give love each day
5. Can you imagine        6. We agree
7. Soft as a dove         8. Dreamtime
9. In the presence of    10. Time is time
> quit
```

Aufgabe 20.2

Schreiben Sie einen Server, der jedem Client, der mit ihm eine Verbindung aufbaut, die Möglichkeit gibt, Geldbeträge von DM in EUR bzw. von EUR in DM umrechnen zu lassen. Auf der Server-Konsole könnte z. B. Folgendes ablaufen:

```
──────────────────── Konsole ────────────────────
Der Server laeuft.
Server beenden durch Eingabe von SHUTDOWN.
Neuer Client wird bearbeitet.
```

```
Neuer Client wird bearbeitet.
SHUTDOWN
Der Server wird nun nach Abarbeitung des
naechsten Clients automatisch beendet.
Neuer Client wird bearbeitet.
Der Server ist beendet.
```

Auf Client-Seite könnte ein Dialog mit dem Server wie folgt aussehen:

```
──────────────── Konsole ────────────────
Der Client laeuft und kann mit 'quit' beendet werden
Welche Waehrung wollen Sie eingeben (DM oder EUR)?
> DM
Welchen Wert wollen Sie umrechnen?
> 100
Wert in EUR: 51.12918811962185
Darf's noch eine Umrechnung sein?
> ja
Welche Waehrung wollen Sie eingeben (DM oder EUR)?
> EUR
Welchen Wert wollen Sie umrechnen?
> 100
Wert in DM: 195.583
Darf's noch eine Umrechnung sein?
> nein
> quit
```

Ihre Implementierung sollen Sie in die drei Klassen (EuroServer, SteuerDienst, EuroThread) aufteilen. Die main-Methode der Klasse EuroServer soll beim Aufruf die zu verwendende Portnummer für die Erzeugung des Server-Socket-Objekts übergeben bekommen. Danach soll ein Dienst für die Server-Steuerung (genau genommen für das Beenden des Servers nach Ende des nächsten Client-Dialogs) in Form eines SteuerDienst-Objekts aktiviert werden. Im Anschluss daran soll in einer Schleife für jeden Client, der eine Verbindung aufbaut, ein EuroThread-Objekt erzeugt und gestartet werden.
Die run-Methode der Thread-Klasse SteuerDienst meldet, dass der Server läuft, und fordert so lange Benutzer-Eingaben an, bis das Kommando SHUTDOWN eingelesen wird. Danach sorgt sie dafür, dass die Schleife in der main-Methode des Euro-Servers beendet wird.
In der run-Methode der Klasse EuroThread sollen Sie das Protokoll mit dem Client implementieren. Für die Währungsumrechnung können Sie auf die bekannte Klasse EuroConverter aus Aufgabe 15.6 zurückgreifen.

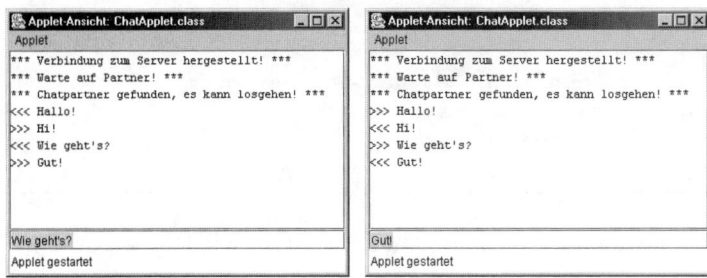

Abbildung 20.6: Zwei Applet-Chat-Clients aus Aufgabe 20.3

Aufgabe 20.3

Entwickeln Sie ein einfaches Chat-System, bestehend aus den drei Klassen `TalkServer` (der Server), `TalkDienst` (die Thread-Klasse, die den Datenaustausch zwischen Clients regelt) und `ChatApplet` (ein Applet, das einen Client mit grafischer Oberfläche realisiert, siehe Abbildung 20.6).

Der Server soll nach seinem Start in einer Endlosschleife auf jeweils zwei Clients warten und zwei Instanzen des `TalkDienst`-Threads erzeugen und starten. Als Argumente für den Konstruktor sollen die beiden Client-Sockets in jeweils vertauschter Reihenfolge übergeben werden. Der `TalkDienst`-Thread soll eine unidirektionale Kommunikation zwischen den beiden Clients ermöglichen, indem er alle Daten von einem Client liest und diese direkt zum anderen Client sendet.

Die Klasse `ChatApplet` soll von `JApplet` erben und das `Runnable`-Interface implementieren. In der init-Methode soll die grafische Oberfläche mit einem Eingabebereich (ein Textfeld) und einem Ausgabebereich (eine nicht editierbare `JTextArea` auf einer `JScrollPane`) aufgebaut, die Verbindung zum Talk-Server hergestellt und der mit dem Applet verbundene Thread gestartet werden. Die notwendige Server-Adresse muss dabei mit den Methoden `getCodeBase` und `getHost` ermittelt werden. Der Port kann fest codiert werden.

In der `run`-Methode soll in einer Schleife Zeile für Zeile vom Server gelesen und in den Ausgabebereich ausgegeben werden. In der Methode `destroy` soll dafür gesorgt werden, dass beim Schließen des Applets auch der Thread korrekt beendet wird. In der Ereignisbehandlung für das Eingabe-Textfeld soll der eingegebene Text zum Server geschickt und außerdem zur Kontrolle auch im eigenen Ausgabebereich angezeigt werden.

Teil V

Ausblick und Anhang

Kapitel 21

Blick über den Tellerrand

21.1 Der Vorhang fällt

Waren Sie schon einmal in Las Vegas? Falls Sie die Gelegenheit haben, besuchen Sie unbedingt eine der berühmten Zaubershows! Es ist wirklich unglaublich, was die Magier von heute alles können. Vorbei sind die Zeiten simpler Kartentricks – vom Tiger bis zum Flugzeug erscheinen und verschwinden alle nur denkbaren Objekte auf der Bühne. Und Sie sitzen inmitten des staunenden Publikums und fragen sich: „Wie machen die das bloß?"

Wenn wir ganz ehrlich sind, wollen wir es eigentlich gar nicht wissen. Die großen Magier behalten ihre Tricks nicht ohne Grund für sich. Wenn Sie einmal wissen, welche Konstruktion aus Spiegeln und Hohlräumen den Elefanten wirklich verschwinden ließ, verfliegen mit der Illusion auch Zauber und Charme der Performance.

Wir hoffen, dass es Ihnen nach dem letzten Kapitel nicht genauso ging. Wir haben Sie hinter die Bühne professioneller Softwareentwicklung geführt und Ihnen gezeigt, wie die Jungfrau wirklich zersägt wird. Sie sollten jetzt einige Grundweisheiten des Gewerbes erkennen:

- Auch die Software-Magier kochen nur mit Wasser. Ein großes Software-Projekt ist nur so komplex wie die einzelnen Schritte, mit denen man sich der Lösung nähert – natürlich nur, wenn Sie die richtigen Schritte und deren Reihenfolge kennen. Jeder Schritt für sich betrachtet lässt sich bewältigen und ist manchmal sogar banal einfach.

- Es kommt nicht darauf an, ob Sie nur eine Stoppuhr oder eine komplette Bürosoftware entwickeln. Je größer die Aufgabe, desto mehr Schritte müssen Sie zu deren Lösung eben zurücklegen. Auch hier liegt für große Projekte das Geheimnis natürlich in der Kenntnis der Schritte, in der richtigen Reihenfolge und in einer effizienten Organisation.

■ Man wird nicht als großer Programmierer geboren – man wächst mit seiner Erfahrung. Alte Hasen und gute Bücher sind der Schlüssel zu persönlicher Fortentwicklung. Lernen Sie, die „Sprache" der kommerziellen Programmierer zu sprechen. Sprechen Sie „Entwurfsmuster", und man wird Sie verstehen.

Sind die Autoren dieses Buchs also Nestbeschmutzer, die dem kommerziellen Programmieren seinen Mystizismus und seine Faszination nehmen wollen? Keineswegs, denn die Leser dieses Buchs sind nicht das staunende Publikum, das sich hinter den Vorhang schleicht und desillusioniert wird. Sie sind vielmehr der Zauberlehrling, der mit etwas Glück zum nächsten Copperfield heranwächst. Willkommen in Hogwarts – Sie sind Ihrem Ziel wieder einmal einen entscheidenden Schritt näher gekommen.

So wie auch die Magie trotz aller Tricks noch immer eine Menge Schweiß und Fingerfertigkeit erfordert, ist auch das kommerzielle Programmieren ein knallhartes Geschäft. In kaum einer Branche schlagen so viele Projekte fehl, werden geplante Budgets so oft überzogen und Ziele nicht erreicht. Dies liegt aber in den seltensten Fällen daran, dass die Programmierer ihrer Arbeit nicht nachkommen. Große Projekte verlangen auch eine Menge Management-Fähigkeiten. Es stellt sich nicht nur die technische Herausforderung, in einem überwältigend erscheinenden Katalog von Anforderungen jene Baby-Schritte zu finden, die das Projekt realisierbar machen. Zusätzlich steigt mit jedem Entwickler, der in ein großes Projekt geworfen wird, auch der Kommunikations-Aufwand. Schnittstellen müssen vereinbart und die Arbeiten der Teams aufeinander abgestimmt werden. Unterschiedliche Persönlichkeiten treffen aufeinander, Animositäten und schlechte Chemie können den Ausgang eines ganzen Projekts gefährden. Auch arbeitet die Wirtschaft mit Budgets und Deadlines – diese gilt es zu beachten und einzuhalten.

Dies sollte Sie aber nicht davon abhalten, Ihren Traum zu verwirklichen. Als Neuling in der Branche werden Sie zu Beginn kaum mit diesen Problemen beladen werden. Lernen Sie, das Spiel zu spielen, der Rest kommt im Laufe der Jahre von ganz allein ...

Dieses Kapitel wird Ihnen Hinweise geben, in welche Richtungen Sie Ihren Blick nun lenken können. Was sollten Sie beherzigen, um ein noch besserer kommerzieller Programmierer zu werden?

21.2   A fool with a tool ...

... is still a fool. Ein gutes Werkzeug ist wertlos, wenn es in die falschen Hände gerät. Keiner, der zum ersten Mal eine Geige in die Hand nimmt, spielt sofort wie Paganini.

Genug der Phrasen – was wollen wir damit sagen? Ihnen wird sicherlich nicht entgangen sein, dass wir in unserem Grundkurs Programmieren keinen sonderlichen Wert auf die Verwendung von Werkzeugen gelegt haben. Unsere Java-Programme konnten in einem beliebigen Editor erstellt und im Konsolenfenster übersetzt und ausgeführt werden.

In kommerziellen Projekten werden Sie üblicherweise ein wenig luxuriöser ausgestattet sein. Eine Vielzahl von Werkzeugen wird Ihnen zur Verfügung stehen, um die Entwicklung Ihres Codes zu vereinfachen. Zum grundlegenden Handwerkszeug des Programmierers gehören üblicherweise zumindest eine **Entwicklungsumgebung**[1] und ein Werkzeug zur Versionskontrolle. Die Entwicklungsumgebung verwaltet Ihr Programmierprojekt. Sie übersetzt Ihre Java-Dateien in Bytecode und kann zu Testzwecken die Anwendung auch ausführen. Die eingebauten Editoren bieten viel Komfort, können beispielsweise fehlende Import-Statements automatisch erzeugen, Methoden einer Klasse anzeigen oder fehlende Rumpfmethoden für die Implementierung eines Interfaces erzeugen. Sehr wichtig in Entwicklungsumgebungen ist auch der so genannte Debugger. Dieser lässt Sie ein Programm Schritt für Schritt ausführen und Einblick in die innere Struktur der Variablen und Objekte nehmen. Das ist nicht nur viel luxuriöser als Testausgaben auf der Konsole, es ist oftmals auch um ein Vielfaches effizienter.

Versionsverwaltungen[2] sind für jedes kommerzielle Projekt das A und O. Sie ermöglichen dem Programmierer, die verschiedenen Versionen einer Klasse zu verwalten und jeden einzelnen Stand dieser Entwicklungen bei Bedarf abzurufen und die Unterschiede der verschiedenen Varianten zu vergleichen. Sie erlaubt uns ferner das so genannte Branching, das heißt die Verwaltung von zwei parallel geführten Versionen ein und derselben Klasse. Dies ist manchmal notwendig, wenn Sie beispielsweise eine Klasse fortentwickelt haben, die alten Versionen aber beim Kunden noch in Betrieb sind.

All diese Werkzeuge machen das Leben kommerzieller Entwickler und Entwicklerinnen einfacher und ihre Arbeit effizienter. Außerdem existieren Tools, die das System-Design mit UML unterstützen. Sollte Sie der Weg weiter in das Lager der berufsmäßigen Programmierer führen, müssen Sie sich mit diesen Konzepten vertraut machen. Vergessen Sie aber nie: Auch das beste Werkzeug ersetzt niemals Ihre Intelligenz und Erfahrung!

21.3   Alles umsonst?

Was nichts kostet, kann auch nichts taugen? Falsch gedacht!

Auch wenn gute Software ihren Preis wert ist, so ist es doch erstaunlich, wie viele großartige Produkte Sie umsonst bekommen können. Denken Sie beispielsweise an die Programmiersprache Java – ihr „Erwerb" hat Sie höchstens die Online-Zeit für den Download gekostet.

Kostenlose Software ist eines der wichtigsten Elemente, um die Entwicklungskosten in einer kleinen Firma (oder im privaten Rahmen) beherrschbar zu halten. Sie brauchen eine gute Entwicklungsumgebung? Schauen Sie sich `www.netbeans.org` oder die kostenlose IDE auf `www.eclipse.org` an. Versionsverwaltung? CVS ist nicht nur eines der weltweit führenden Tools, es ist

---

[1]   auch Integrated Development Environment (IDE) genannt
[2]   auch Revision Control Systems (RCS) genannt

auch noch kostenlos erhältlich. Designtools für UML-Klassendiagramme? Poseidon (`www.gentleware.de`) gibt es in der so genannten Community Edition zum Nulltarif.

Aber damit sind wir noch lange nicht am Ende. Die Bibliothek des JDK enthält inzwischen standardmäßig fast 4000 Klassen. Diese Zahl ist aber verschwindend gering im Vergleich zum Umfang zahlreicher kostenloser Bibliotheken, die Sie im World Wide Web finden und die Ihnen neue, zusätzliche Funktionalität zur Verfügung stellen. Diese Software ist oftmals **Open Source**: Sie erhalten nicht nur die Class-Dateien, sondern sogar den Quellcode kostenlos zur Einsicht. Je nach Software-Lizenz dürfen Sie diese Quellen verändern, erweitern und die Resultate sogar in kommerziellen Projekten einsetzen.

Berühmtester Java-Vertreter dieser Liga ist zweifelsohne die Apache Software Foundation `www.apache.org`. Ihre Projekte haben üblicherweise einen derart hohen Qualitätsstandard, dass einige ihrer Klassen inzwischen Einzug in das Standard-JDK gefunden haben. Andere Einstiegspunkte in die Open Source Community sind beispielsweise `www.sourceforge.net` und `www.freshmeat.net`.

Open-Source-Programmbibliotheken können die Entwicklungszeit kommerzieller Projekte stark beschleunigen und in der Marktwirtschaft somit ein echter Segen sein. Um allerdings durch den Berg von Lizenzmodellen und halbfertigen sowie schlecht programmierten Lösungen zu den Juwelen in der Schatztruhe zu gelangen, bedarf es einer Menge Erfahrung. In den meisten Fällen lohnt sich allerdings die Mühe.

21.4   Und fachlich?

Je nachdem, wohin es Sie beruflich verschlägt, kann Java eine Vielzahl von Pfaden zur Spezialisierung bilden. Dies ist üblicherweise der Zeitpunkt, zu dem Sie den Pfad der allgemeinen Lehrbücher und Programmierkurse verlassen und sich mit Spezialliteratur auf einige wenige Zweige des großen Java-Baumes konzentrieren. Wir können und wollen die verbleibenden Seiten nicht mit einer Aufzählung dieser Möglichkeiten füllen; verstehen Sie die folgenden Punkte bitte als Hinweis auf Aspekte, die die Autoren als wichtige Spezialgebiete verstehen:

■ Wohin gehen unsere Objekte eigentlich, wenn unsere Anwendung beendet wird? Persistenz, also das Bestehen von Daten über das Ende eines Programms hinaus, ist einer der wichtigsten Aspekte im kommerziellen Programmieren. Sie haben in diesem Buch ja bereits die Verwendung von serialisierten Objekten und Dateien kennen gelernt. Java bietet dem Benutzer eine Vielzahl weiterer Alternativen:

   – Der Benutzer kann seine Daten in der so genannten eXtended Markup Language (**XML**) aufzeichnen. XML ist heutzutage allgegenwärtig, HTML ein Spezialfall dieser viel allgemeineren Beschreibungsform von Daten. Java bietet Bibliotheken an, um XML-Dokumente zu lesen und zu verarbeiten.

– Der Benutzer kann seine Daten in einer so genannten **relationalen Datenbank** ablegen. Diese Datenbanken sind der Klassiker unter den Datenhaltungssystemen und mit illustren Herstellern wie Oracle oder Microsoft in fast jedem Betrieb beheimatet. Die Java Database Connectivity (**JDBC**) bietet ein standardisiertes Interface, um auf solche Daten zuzugreifen.

– **Objektorientierte Datenbanken** speichern Objekte und Objektstrukturen direkt in einer Datenbank ab. Startet man seine Anwendung und verbindet sich mit der Datenbank, kann man mit diesen Objekten beinahe so arbeiten, als wären sie normal im Hauptspeicher. Mit den Java Database Objects (**JDO**) und der Java Persistence API (**JPA**) hat Sun hierbei Standards gesetzt, wie man solche Datenbanken in Java verwendet.

– Zu guter Letzt seien noch die in Webservern aktiven Enterprise Java Beans erwähnt, die ebenfalls Daten persistieren können. Diese Klassen, abgekürzt auch **EJB** genannt, sind Bestandteil der Java Enterprise Edition, die wir im nächsten Aufzählungspunkt näher beleuchten werden.

■ Haben Sie schon von **JEE** gehört? Die so genannte Java Enterprise Edition ist eine Sammlung von Bibliotheken, die von Sun aus dem normalen JDK ausgelagert wurde. Diese Klassen definieren Standard-Interfaces, um Client/Server-Anwendungen mit Java zu programmieren. Zur JEE zählen beispielsweise die oben bereits erwähnten Enterprise Java Beans, aber auch andere Aspekte wie spezielle JDBC-Erweiterungen oder die so genannten **Servlets** fallen unter diese Kategorie. Wollen Sie verteilte Anwendungen oder Web Services für Firmennetzwerke oder das Internet verfassen, ist dies der Pfad, den Sie einschlagen sollen.

■ Muss sich Ihr Java-Programm mit einer anderen Programmiersprache unterhalten? Haben Sie ein altes Programm, zu dem Sie eine Anbindung schreiben müssen? Auch wenn Java prinzipiell plattformunabhängig ist, bedeutet dies nicht, dass Sie nicht aus der schönen heilen Java-Welt ausbrechen können. Java bietet verschiedene Möglichkeiten, um sich mit Drittsystemen zu unterhalten:

– Java kann Kommandos des Betriebssystems aufrufen. Die hierbei verwendeten Prozess-Objekte liefern – ähnlich wie Sockets – Ein- und Ausgabeströme. Hat Ihre Anwendung eine Terminal-Schnittstelle, mag dies eine interessante Lösung sein.

– Das so genannte Java Native Interface (**JNI**) bietet die Möglichkeit, in der Sprache C oder C++ geschriebenen Code von Java aus aufzurufen. Haben Sie also beispielsweise eine in C geschriebene Programmierschnittstelle zu Ihrem System, können Sie mit Hilfe dieses Interfaces eine Anbindung an Ihren Java-Code entwerfen.

– Manche Systeme bieten eine so genannte **Corba**-Schnittstelle an. Hierbei handelt es sich um eine Fernsteuerung für Objekte. Diese Objekte befinden sich in einem anderen Prozess (besagtem Drittsystem), können aber von einem anderen Programm (wie Ihrem Java-Code) gelesen und verwendet werden.

– Hat das System eine Web-Schnittstelle, können Protokolle wie etwa **SOAP** zum Einsatz kommen, um gewisse Aktionen ferngesteuert aufzurufen. Diese Alternative, die an den Bereich JEE grenzt, ist in neuen Entwicklungen immer stärker im Einsatz. Hier spielt auch die Java API für XML-basierte Web Services (JAX-WS) eine Rolle.

Sollten Sie eines Tages für eine große Bank oder Versicherung arbeiten, werden Sie vielleicht mit solchen Anwendungsfällen konfrontiert. In manchen sicherheitsorientierten Branchen ist es undenkbar, eine als stabil erwiesene Anwendung neu zu entwickeln, nur weil sie nicht in Java programmiert wurde. Wer möchte sich beispielsweise darauf verlassen, dass die neue Banksoftware das Konto genauso zuverlässig führt wie die fehlerfreie, seit zwei Jahrzehnten etablierte Cobol-Lösung?

21.5 Zu guter Letzt ...

... wollen wir uns noch einmal bei Ihnen bedanken. Sie haben dieses Buch nicht nur gekauft – Sie haben es auch gelesen! Was können sich Autoren mehr wünschen? Danke und viel Spaß in der wunderbaren Welt der Softwareentwicklung.

Anhang A

Der Weg zum guten Programmierer ...

... ist leider oft mit vielen Schlaglöchern und Hindernissen versehen. Im Gegensatz zu einer echten Straße werden Sie hierbei zwar weder ausgeraubt, noch kommen Sie auch nur an einem einzigen Zollhäuschen vorbei. Dennoch werden Sie insbesondere als Anfänger eine Unmenge an Lehrgeld zahlen.

Das mag Sie auf den ersten Blick ein wenig abschrecken – muss es aber nicht. Es gibt gewisse Fehler, die im Laufe des Lernprozesses einfach nicht zu vermeiden sind. Manche würden sogar so weit gehen, zu behaupten, dass nur das Lernen aus den eigenen Fehlern dafür sorgt, dass man sie kein zweites Mal begeht. Tatsächlich wird wohl kein Kleinkind die heiße Herdplatte *zweimal* anfassen. Die Frage ist jedoch, ob man dies nicht schon beim ersten Mal hätte verhindern können!

Natürlich können und wollen die Autoren dieses Buches Sie nicht vor allem Unbill bewahren. Wie schon gesagt, sind Fehler bis zu einem gewissen Grad nicht zu vermeiden. Wer nicht an sich arbeitet und versucht, neue Dinge zu lernen, der stagniert! Thomas J. Watson, früherer Chairman bei IBM, soll einmal gesagt haben: Wer in seiner Firma vorankommen will, muss die Zahl seiner Fehler verdoppeln. Wie Sie sehen, sind Sie also in guter Gesellschaft.

Auf den folgenden Seiten erhalten Sie nützliche Tipps und Tricks, mit denen wir Ihnen zumindest über die ersten Anfangsschwierigkeiten hinweghelfen können. Viele dieser „goldenen Regeln" werden nicht neu für Sie sein, wenn Sie das Buch schon durchgearbeitet haben. Sollte das noch nicht der Fall sein, möchten wir Sie natürlich trotzdem nicht vom Weiterlesen abhalten. Auch wenn diese Seiten die „Essenz" besagter Hilfestellungen aus dem gesamten Buch darstellen, muss man nicht unbedingt jedes Kapitel bereits nachvollzogen haben, um Nutzen daraus zu ziehen. Betrachten Sie sie vielmehr als kleines Nachschlagewerk, das Ihnen die Arbeit mit Java erleichtern soll.

A.1   Die goldenen Regeln der Code-Formatierung

Erinnern Sie sich noch an Abschnitt 4.2.4 (Schöner Programmieren mit Java)? Anhand eines einfachen Programms haben wir gesehen, wie wichtig eine gewisse Strukturierung des Programmtextes ist:

```
public class Unsorted {public static void main(String[] args) {
System.out.print("Ist dieses");System.out.
print(" Programm eigentlich");System.out.println(" noch "
+"lesbar?");}}
```

Mit Hilfe einiger Regeln haben wir uns darauf festgelegt, wie ein derartiger Programmtext zu formatieren, also darzustellen ist. Auch wenn im wahren Leben wohl kaum ein Softwareentwickler einen solchen Code produzieren würde, haben verschiedene Menschen durchaus unterschiedliche Vorstellungen davon, wie ein „ordentlicher" Quelltext auszusehen hat. Sie werden zu diesem Thema in der Literatur und im Internet eine Vielzahl unterschiedlicher Konventionen finden, die alle gewisse Gemeinsamkeiten, Unterschiede, Vor- oder Nachteile haben. Letztendlich obliegt es dem persönlichen Geschmack (oder gewissen Vorgaben, etwa von Seiten des Arbeitgebers), für welche Konventionen man sich entscheidet. Wichtig ist lediglich, *dass* man sich für eine gewisse Formatierung entscheidet, die genügend Übersicht bietet.

Die in diesem Buch verwendeten Formatierungsregeln werden nun in einigen wenigen Punkten zusammengefasst. Sie orientieren sich an den „Code Conventions for the Java Programming Language" [33] und werden Ihnen helfen, Ihren Sourcecode übersichtlich und leicht wartbar zu gestalten:

Regel 1: *Rücken Sie zusammenhängende Teile um zwei oder vier Leerzeichen ein.*

Auf diese Weise werden Sie speziell bei Programmverzweigungen einfach erkennen, welche Teile zu welchem Zweig gehören. Vergleichen Sie beispielsweise das Codesegment

```
public static void unlesbar(int z) {
System.out.println("Hallo Welt.");
if (z < 3)
System.out.println("Schoenes Wetter heute");
else
System.out.println("Mistwetter!");
}
```

mit dem folgenden:

```
public static void lesbar(int z) {
  System.out.println("Hallo Welt.");
  if (z < 3) {
    System.out.println("Schoenes Wetter heute");
  } else {
    System.out.println("Mistwetter!");
  }
}
```

Regel 2: *Niemals mehr als einen Befehl in eine Zeile schreiben!*

Der Sinn dieser Regel sollte relativ einfach einzusehen sein, denn auf diese Art und Weise können wir beim späteren Lesen des Codes auch keine Anweisung übersehen oder dem falschen Ablaufzweig zuordnen. Vergleichen Sie beispielsweise die beiden folgenden Codesegmente:

```java
public static void unlesbar(int z) {
   System.out.println("Hallo Welt.");
   if (z < 3) System.out.println("Schoenes Wetter heute");
   else System.out.println("Mistwetter!"); System.out.println("Ciao");
}

public static void lesbar(int z) {
   System.out.println("Hallo Welt.");
   if (z < 3) {
       System.out.println("Schoenes Wetter heute");
   } else {
       System.out.println("Mistwetter!");
   }
   System.out.println("Ciao");
}
```

Während im ersten Teil nicht ersichtlich ist, ob das Wörtchen „Ciao" in jedem Fall ausgegeben wird, ist dies im zweiten Fall sonnenklar.

Wie so oft kann es auch hier Ausnahmen von der Regel geben. Setzt sich beispielsweise eine Methode (z. B. eine get-Methode) aus nur einem Befehl zusammen, mag in manchen Fällen eine Notation der Form

```java
public int getValue() { return value; }
```

genauso lesbar sein. Eine weitere Ausnahme ist die Verwendung der Befehle **else** und **if**:

```java
if (i == 23) {
    System.out.println( "23 Flaschen Saft im Haus" );
} else if (i >= 24) {
    System.out.println( "ausreichend Saft im Haus" );
} else {
    System.out.println( "der Saft wird langsam knapp" );
}
```

In diesem Fall dürfen (und sollen) **else** und **if** in eine Zeile geschrieben werden. Im Allgemeinen ist es dennoch ratsam, sich an oben genannte Regeln zu halten.

Regel 3: *Sich öffnende geschweifte Klammern stehen immer am Ende des vorangehenden Befehls, sich schließende Klammern in einer eigenen Zeile. Letztere werden so eingerückt, dass sie mit dem Beginn der Zeile übereinstimmen, in der die zugehörige offene Klammer steht. Außer bei* **do-while***-Schleifen darf in dieser Zeile kein weiterer Befehl stehen.*

Am besten versteht man diese Regel, indem man sich einige Beispiele zu Gemüte führt. Achten Sie darauf, wie einfach sich der Anfang und das Ende eines Blockes nachvollziehen lassen:

```
public void doSomething(int i) {      // Blockbeginn: Methode
  try {                               // Blockbeginn: try
     while(true) {                    // Blockbeginn: while
       i--;
       System.out.println(100 / i);
     }                                // Blockende:   while
  } catch(NumberFormatException e) {// Blockbeginn: catch
     e.printStackTrace();
  }                                   // Blockende:   catch
}                                     // Blockende:   Methode
```

Regel 4: *Die* **case**-*Label in* **switch**-*Blöcken werden um zwei Zeichen eingerückt. Die Befehle, die den entsprechenden Fall behandeln, werden nochmals um zwei Zeichen extra eingerückt.*

Auch hierzu ein kurzes Beispiel. Beachten Sie, wie einfach sich die verschiedenen auftretenden Fälle aus dem Quellcode ablesen lassen:

```
switch(i) {
  case 1:
     System.out.println("i ist 1");
     break;
  case 2:
     System.out.println("i ist 2");
     break;
  default:
     System.out.println("default-Fall");
}
```

Wenn Sie diese wenigen Regeln beherzigen, wird Ihr Quelltext bereits auf den ersten Blick eine angenehme, lesbare Struktur erhalten. Sie werden auch nach längerer Zeit noch in der Lage sein, den Ablauf Ihres Programms rasch nachzuvollziehen.

Zusätzlich zu diesen goldenen Regeln möchten wir Ihnen einige Tipps ans Herz legen, mit denen Sie die Lesbarkeit des Quelltextes lediglich mit Hilfe der Struktur weiter steigern können. Sie müssen sich nicht daran halten, um lesbaren Code zu schreiben. Die Erfahrung zeigt jedoch, dass die Beachtung dieser Hinweise gewisse – beliebte – Fehlerquellen zum Versiegen bringen kann.

Tipp 1: *Setzen Sie auch einzeilige Blöcke in geschweifte Klammern.*

Betrachten wir hierzu folgendes Beispiel:

```
// Sorge dafuer, dass i zwischen 10 und 100 liegt
if (i < 10)
  i = 10;
else if (i > 100)
  i = 100;
```

Angenommen, wir wollen zu Testzwecken eine Ausgabe einfügen:

```
// Sorge dafuer, dass i zwischen 10 und 100 liegt
if (i < 10)
  i = 10;
  System.out.println("Erhoehe i");
else if (i > 100)
  i = 100;
  System.out.println("Erniedrige i");
```

Unser auf den ersten Blick richtiges Programmstück wird beim Übersetzen zu einem Compilerfehler führen. Grund dafür ist, dass wir die richtige Klammerung vergessen haben:

```
// Sorge dafuer, dass i zwischen 10 und 100 liegt
if (i < 10) {
    i = 10;
    System.out.println("Erhoehe i");
} else if (i > 100) {
    i = 100;
    System.out.println("Erniedrige i");
}
```

Hätten wir in unserer **if**-Abfrage von Anfang an geklammert, wäre dieses Problem niemals aufgetreten.

Tipp 2: *Umgeben Sie Operatoren mit Leerzeichen.*

Auch dies ist auf den ersten Blick eine Frage der Ästhetik, kann aber in der Praxis die Lesbarkeit deutlich steigern. Vergleichen Sie zu diesem Zweck am besten die folgenden Zeilen, die sinngemäß das gleiche Ergebnis liefern:

```
int i=a+b*(c-23)/17;
int i = a  +  b * (c - 23) / 17;
```

A.2   Die goldenen Regeln der Namensgebung

So wie bei der Formatierung von Code ist es auch bei der Benennung von Variablen und Klassen üblich, sich an gewisse Spielregeln zu halten. Wo es bei der Formatierung jedoch verschiedene „Philosophien" gibt, sind sich die Entwickler bei der Benennung relativ einig. Die drei wichtigen Regeln sind schnell zusammengefasst.

Regel 5: *Klassennamen beginnen immer mit einem Großbuchstaben. Setzen sich Klassennamen aus mehr als einem Wort zusammen, wird jedes Wort mit einem Großbuchstaben begonnen.*

Gute Klassennamen wären somit beispielsweise `MyClass`, `Katze` oder `HelloWorld`. Schlechte Klassennamen wären `mastermind`, `Schoeneklasse` oder `halloWelt`.

Regel 6: *Variablen- und Methodennamen beginnen immer mit einem Kleinbuchstaben. Setzen sich Namen aus mehr als einem Wort zusammen, wird jedes Wort mit einem Großbuchstaben begonnen.*

Gute Namen für eine Variable wären somit `i`, `zahlDerLebendenNachbarn` oder `index`. Schlechte wären `IstPerson` oder `Index`.

Regel 7: *Konstanten werden mit Großbuchstaben bezeichnet. Setzt sich eine Konstante aus mehreren Worten zusammen, werden diese durch Unterstriche getrennt.*

Folgende Deklarationen von Konstanten wären gemäß den Regeln also gültig:

```
public final static int MINIMUM = 10;
public final static int MAX_VALUE = 100;
```

Neben diesen allgemein üblichen Konventionen möchten wir Ihnen einige weitere Tipps mit auf den Weg geben.

Tipp 3: *Verwenden Sie keine Umlaute oder sonstigen Sonderzeichen in Ihren Variablen- oder Klassennamen.*

Dank Unicode ist Java zwar fähig, selbst mit chinesischen oder kyrillischen Schriftzeichen zu arbeiten. In der Praxis wird der Austausch von Programmen unter verschiedenen Betriebssystemen aber erheblich erschwert, wenn diese einen unterschiedlichen Zeichensatz verwenden (z. B. die eines Macintosh und eines MS-DOS-Rechners). Vermeiden Sie deshalb Variablennamen wie `zahlDerKäfer`, und schreiben Sie lieber `zahlDerKaefer`.

Tipp 4: *Wenn Sie eine set-Methode definieren, lassen Sie den Methodennamen mit eben diesem Wort beginnen. Wenn Sie eine get-Methode definieren, lassen Sie den Namen mit* get *beginnen. Liefert die get-Methode einen* **boolean**-*Wert zurück, darf die Methode auch mit dem Wort* is *beginnen.*

Mit Hilfe dieser Namensgebung können Sie in einer Klasse relativ einfach feststellen, welche Methoden zum Setzen und Auslesen von Attributen verwendet werden. Beispiele hierfür wären somit `setIndex`, `getIndex` oder `isLebendig`.

Tipp 5: *Benennen Sie Variablen so, dass der Name selbst erklärend ist.*

Entscheiden Sie selbst, welches der folgenden Programmstücke einfacher zu lesen ist.

```
public static int f(int x, int y) {
    int max = Math.max(x,y);
    int min = Math.min(x,y);
    if (max - min > 5) {
        return max;
    } else {
        return min;
    }
}
```

```
public static int f2(int x, int y) {
  int m1 = Math.max(x,y);
  int m2 = Math.min(x,y);
  if (m1 - m2 > 5) {
     return m1;
  } else
     return m2;
  }
}
```

Wenn Sie sich an die Beispielprogramme im Laufe dieses Buches erinnern, werden Sie bemerkt haben, dass viele der Variablennamen selbst erklärend waren. Dies geschah eben aus diesem Grund – um sowohl den Lesern als auch den Autoren bereits beim ersten Überfliegen des Textes einen Eindruck davon zu vermitteln, welche Variable welchen Zweck erfüllt.

A.3 Zusammenfassung

Was soll man sich unter der Zusammenfassung einer Zusammenfassung vorstellen? Wir wollen an dieser Stelle nicht sämtliche Regeln, die wir auf den vorigen Seiten zusammengetragen haben, wiederholen. Vielmehr wollen wir mit Hilfe einfacher „Schablonen" zeigen, wie sich unsere Regeln auf den Code auswirken. Oftmals ist es schließlich am einfachsten, sich anhand eines Beispiels die Auswirkungen dieser Regeln zu verdeutlichen.

1. Klassendeklaration:

```
public class KlassenName {
  // ...
}
```

2. Variablen- und Konstanten-Deklaration:

```
int i = 0;
String name = "Werner";
Object objekt = new Object();
public final static double KONSTANTE = 23.7;
public final static int    MINIMUM   = 10;
```

3. `if`-Anweisung:

```
if (i < 10) {
    System.out.println("Erhoehe i");
    i = 10;
} else if (i > 100) {
    System.out.println("Erniedrige i");
    i = 100;
} else {
    System.out.println("Alles O.K.");
    System.out.println("Keine Aenderungen");
}
```

4. **switch**-Anweisung:

```
switch(i) {
  case 1:
    j = 17;
    break;
  case 2:
    j = 23;
    break;
  default:
    j = 0;
}
```

5. **for**-Anweisung:

```
for (i = 0; i < 50; i++) {
    System.out.println(i);
    System.out.println(2 * i);
}
```

6. **while**-Schleife:

```
while (i < 10) {
    System.out.println(i);
    i = i + 1;
}
```

7. **do-while**-Schleife:

```
do {
    i = i + 1;
    System.out.println(i);
} while (i < 10);
```

8. **try-catch**-Block:

```
try {
    i = i / j;
} catch (NumberFormatException e) {
    System.out.println("Achtung: j == 0");
} finally {
    System.out.println("Fertig");
}
```

Anhang B

Die Klasse `IOTools` – Tastatureingaben in Java

B.1 Kurzbeschreibung

Java ist eine komplexe Sprache, in der man wahrscheinlich fast alles programmieren kann, wenn man nur weiß, wie.

Um den großen Umfang an Funktionalität und Plattformunabhängigkeit zur Verfügung zu stellen (den die Sprache nun einmal hat), haben die Entwickler vieles abstrahiert und danach in so allgemeiner Form implementiert, dass insbesondere Anfänger auf große Schwierigkeiten stoßen. Leider ist die Eingabe eine davon.

Java erhält Eingaben von Daten über so genannte *Ströme* (engl.: streams). Man kann sich diese Ströme am besten wie einen altmodischen Nachrichtenticker vorstellen. Auf einem schmalen Streifen kommen Nachrichten an, Zeichen für Zeichen aneinander gereiht. Welche Daten und Informationen auf diesen Streifen stehen, ist dem Gerät dabei egal – es handelt sich nur um eine Ansammlung von Zeichen. Es obliegt der Leserin bzw. dem Leser, die Streifen an der richtigen Stelle abzureißen und die Daten auf dem Streifen zu interpretieren.

So oder so ähnlich können wir uns auch die Ströme in Java veranschaulichen. Ein Strom besteht aus nichts weiter als einer Ansammlung von Bits, die vom Programm in irgendeiner Form interpretiert werden müssen. Hierbei kann die Quelle dieser Zeichen verschieden sein: eine Datei auf der Festplatte, ein Dokument aus dem Internet oder eben die Eingabe von der Tastatur. Die zur Verfügung stehenden Methodenaufrufe sind in allen Fällen gleich.

Haben wir es jedoch geschafft, dem Computer klarzumachen, dass wir als Eingabestrom die Tastatur verwenden wollen, sind wir noch lange nicht am Ziel. Das Beste, was wir dem PC mit den vordefinierten Methoden nämlich entlocken können, ist eine Zeichenkette – ein `String`. Wir wollen im Allgemeinen jedoch keine Strings, sondern **int**-Werte, **double**-Zahlen oder eventuell einzelne Zeichen. Zwar gibt es Möglichkeiten, diese aus unserem String zu extrahieren; hierfür benötigen wir jedoch meistens Wissen, das über den Wissensstand eines Anfängers hinausgeht. Um hier Abhilfe zu schaffen, wurden die IOTools geschrieben.

B.2   Anwendung der IOTools-Methoden

Um die IOTools in Ihren Programmen verwenden zu können, müssen Sie sich natürlich zunächst einmal das entsprechende Paket (die Prog1Tools) besorgen und es auf Ihrem Rechner installieren. Auf der Webseite [31] zu diesem Buch finden Sie alles, was Sie dazu benötigen, zum Download bereit. Halten Sie sich dabei genau an die Installationsanweisung.

Um die Klasse IOTools in Ihre Programme einzubinden, müssen Sie an den Anfang jeder Klasse, in der die IOTools-Methoden eingesetzt werden sollen, die Zeile

```
import Prog1Tools.IOTools;
```

setzen. Diese Zeile veranlasst den Übersetzer, die Klasse IOTools aus dem Paket Prog1Tools einzubinden.

Folgende Methoden sind unter anderem definiert:

- Die Methode readInteger (wie auch ihre Kurzform readInt) liest eine Zahl vom Typ **int** von der Tastatur ein und gibt diese als Ergebnis zurück. Um beispielsweise zwei ganze Zahlen von der Tastatur einzulesen und in den Variablen a und b zu sichern, genügt folgendes Programmstück:

```
int a = IOTools.readInteger();
int b = IOTools.readInteger();
```

- Die Methode readDouble liest eine Zahl vom Typ **double** ein. Obiges Beispiel würde also für double-Zahlen wie folgt aussehen:

```
double a = IOTools.readDouble();
double b = IOTools.readDouble();
```

- Die Methode readLong liest eine Zahl vom Typ **long** ein. Die Methoden readShort und readFloat tun dies für die Datentypen **short** und **float**.

- Die Methode readLine liest eine ganze Textzeile (abgeschlossen durch den Druck auf die Eingabetaste).

- Die Methode readString liest ein einzelnes „Textwort" von der Tastatur. Ein Textwort besteht aus einem String, der weder durch Leer- noch Tabulator- noch Zeilenendezeichen auseinandergerissen ist. Geben wir beispielsweise die Zeile

```
———— Konsole ————
Dies ist eine schoene Zeile.
```

ein und lesen diese im Programm mit `readString` ein, erhalten wir lediglich `Dies` als Ergebnis. Um das nächste Wort zu lesen, muss die Methode erneut aufgerufen werden.

■ Die Methode `readChar` liest ein einzelnes Zeichen, das nicht gleich dem Leerzeichen, Zeilenendezeichen oder dem Tabulatorzeichen ist. Die Methode basiert hierbei auf der `readString`-Methode, das heißt, es werden Textworte eingelesen und in ihre einzelnen Komponenten aufgespalten. Das Programmstück

```
IOTools.readChar();
char a = IOTools.readChar();
int b = IOTools.readInteger();
double c = IOTools.readDouble();
```

liefert bei der einzeiligen Eingabe

```
——————————— Konsole ———————————
abc123   456   5.73
```

also `a='b'`, `b=456` und `c=5.73`, da die Ziffern `123` noch zum ersten Textwort gehören.

■ Die Methode `readBoolean` liest einen **boolean**-Wert ein. Hierbei ist auf Groß- und Kleinschreibung zu achten; die Eingabe `True` codiert beispielsweise *keinen* Wert vom Typ **boolean**. Es muss vielmehr `true` heißen.

Wie wir in obigen Beispielen gesehen haben, können auch mehr als eine einzulesende Information pro Zeile eingegeben werden (man muss sie lediglich durch Leerzeichen trennen). Hierbei muss man natürlich auf die Reihenfolge der Eingaben achten. Der Befehl `readInteger` wird bei der Eingabe

```
——————————— Konsole ———————————
Ich gebe jetzt einmal 13 ein.
```

als Ergebnis den Wert `13` zurückgeben, da dies die erste gültige Ganzzahl ist. Die davor stehenden Textworte werden verworfen und überlesen.

In Abschnitt 4.4.4 erwähnten wir bereits, dass es bei Konsoleneingaben wichtig ist, vor jeder Eingabe zumindest eine kurze Information darüber auszugeben, dass nun eine Eingabe erfolgen soll. Man sollte also stets mit einem solchen **Prompt** (deutsch: Aufforderung) arbeiten, um dem Anwender bzw. der Anwenderin des Programms zu verstehen zu geben, dass das Programm nun auf eine Eingabe wartet.

Die `IOTools` unterstützen diesen Mechanismus, indem die Klasse alle bereits genannten Methoden auch in einer Variante mit zusätzlichem Parameter vom Typ `String` zur Verfügung stellt. Über diesen kann der `readXxx`-Methode eine Zeichenkette übergeben werden, die unmittelbar vor der Eingabe auf die Konsole ausgegeben wird. Man spart sich auf diese Weise entsprechende Ausgabeanweisungen, etwa mit `System.out.print`.

Wenn wir also beispielsweise mit den Anweisungen

```
int a = IOTools.readInteger("Geben Sie den Wert a ein: ");
double b = IOTools.readDouble("b = ");
```

arbeiten, könnte ein Programmablauf etwa so aussehen:

```
——————————————— Konsole ———————————————
Geben Sie den Wert a ein: 1234
b = 12.45e7
```

Weitere Beispielanwendungen der IOTools finden sich im Programm
IOToolsTest aus Abschnitt 4.4.4.

Anhang C

Der Umgang mit der API-Spezifikation

C.1   Der Aufbau der API-Spezifikation

Bei der täglichen Arbeit mit Java spielt die Online-Dokumentation der Klassenbibliotheken, kurz die API-Spezifikation [32], eine zentrale Rolle. API steht für Application Programming Interface, also die Programmierschnittstelle für eine Klasse, ein Paket oder eine ganze Klassen-Bibliothek und deren öffentliche Methoden und Variablen. Die API-Spezifikation ist allerdings nicht im Installationsumfang des JDK enthalten, sondern steht online im Internet zur Verfügung oder muss separat heruntergeladen und entpackt werden.

Da die API-Spezifikation in Form von HTML-Dateien vorliegt, kann man auch nach dem Entpacken der heruntergeladenen Datei auf dem eigenen Rechner einfach mit einem aktuellen Web-Browser die Datei `index.html` in dem beim Entpacken entstandenen Unterverzeichnis `docs/api` öffnen und die in Abbildung C.1 dargestellte Webseite betrachten. Im oberen linken Fenster sind sämtliche Pakete des JDK in alphabetischer Reihenfolge aufgeführt. Wählt man in diesem Fenster ein Paket aus, erscheinen im unteren linken Fenster alle Klassen, Interfaces und Exceptions des ausgewählten Pakets. Über den Verweis „All Classes" im oberen Fenster kann man wahlweise auch den Inhalt aller Pakete des JDK im unteren Fenster auflisten lassen.

Wählt man im unteren Fenster einen Klassennamen aus, wird im rechten Fenster die komplette Beschreibung der ausgewählten Klasse angezeigt. Im oberen Teil der Klassenbeschreibung werden die Vererbungshierarchie, die Superklasse und die implementierten Schnittstellen angegeben, dann folgt meist eine kurze Beschreibung der Einsatzmöglichkeiten der Klasse und die Auflistung aller Konstanten, Variablen, Konstruktoren und Methoden der ausgewählten Klasse. In verkürzter Form werden auch alle von den Superklassen geerbten Methoden auf-

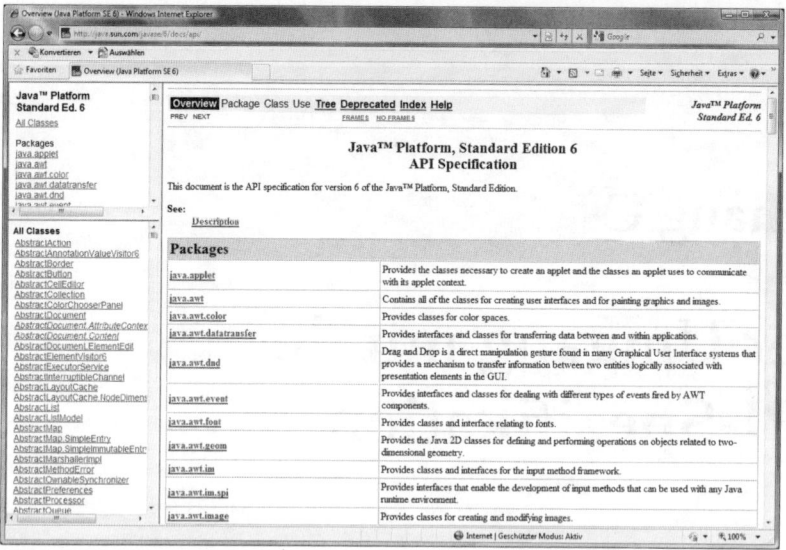

Abbildung C.1: Startseite der API-Spezifikation

gelistet. Per Verweis kann man von den aufgelisteten Methodennamen zur detaillierten Beschreibung der Methode im unteren Teil der Klassenbeschreibung gelangen oder direkt zur detaillierten Beschreibung der Methoden in der Beschreibung der zugehörigen Superklasse.

C.2   Der praktische Einsatz der API-Spezifikation

Um den Umgang mit der API-Spezifikation an einem Beispiel zu demonstrieren, stellen wir uns folgende einfache Programmier-Aufgabe: Wir möchten die trigonometrischen Funktionen Sinus, Cosinus und Tangens auf einen beliebigen im Bogenmaß angegebenen Winkel anwenden. Dem Programm sollen der Name der Funktion und der Wert des Winkels per Kommandozeilenparameter übergeben werden. Wenn die zu programmierende Klasse den Namen `Berechne.java` erhält, könnte ein möglicher Funktionsaufruf folgendermaßen aussehen:

```
java Berechne cos 0
```

Unser Programm muss also zunächst die gewünschte Funktion anhand des ersten Kommandozeilenparameters erkennen und dann den zweiten Parameter an die entsprechend ausgewählte Funktion aus der `Math`-Klasse übergeben.
Um die Benutzerfreundlichkeit zu erhöhen, soll unser kleines Programm den gewünschten Funktionstyp sowohl in Großbuchstaben, Kleinbuchstaben als auch

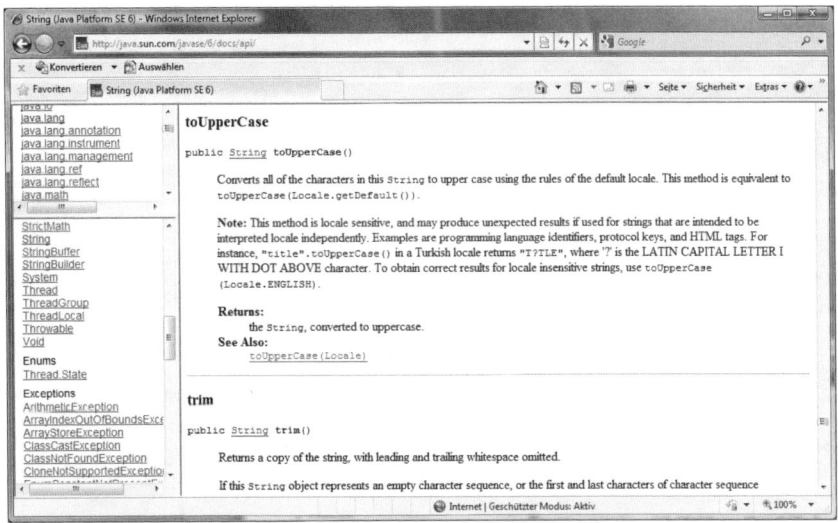

Abbildung C.2: API-Spezifikation der Methode `toUpperCase`

in gemischter Schreibweise erkennen und außerdem den Benutzer bzw. die Benutzerin in Klartext auf Fehler hinweisen, die mit einem falschen Programmaufruf oder mit einem nicht korrekten Winkelwert zusammenhängen.

Da wir wissen, dass alle per Kommandozeile eingelesenen Parameter als `String`-Objekte in einem Feld übergeben werden, suchen wir nun in der API-Spezifikation der Klasse `String` nach einer Methode, die alle Zeichen eines `String`-Objekts einheitlich in Großbuchstaben umwandelt.

Wir wissen, dass sich die Klasse `String` im Standard-Paket `java.lang` befindet. Dieses wählen wir im linken oberen Fenster aus und suchen nun mit der Suchfunktion des Web-Browsers im linken unteren Fenster nach der Klasse `String`. In der in Abbildung C.2 dargestellten Klassenbeschreibung der Klasse `String` finden wir die Methode `toUpperCase`, die unseren Ansprüchen gerecht wird. Die ersten Zeilen unserer Klasse könnten also folgendermaßen aussehen:

```
1  public class Berechne {
2    public static void main (String[] args) {
3      String f = args[0].toUpperCase();
```

Genauso gut hätten wir auch alle Zeichen mit der Methode `toLowerCase` in Kleinbuchstaben umwandeln können, dies muss dann nur im weiteren Programmablauf entsprechend berücksichtigt werden.

Im nächsten Schritt muss aufgrund des Inhalts des nun in Großbuchstaben vorliegenden `String`-Objekts die gewünschte trigonometrische Funktion ausgewählt werden. Dazu muss der Inhalt des `String`-Objekts mit den möglichen Funktionsnamen verglichen werden. Um sowohl bei Angabe der in Formeln üblichen, abgekürzten Schreibweise des Funktionsnamens als auch bei Angabe des kom-

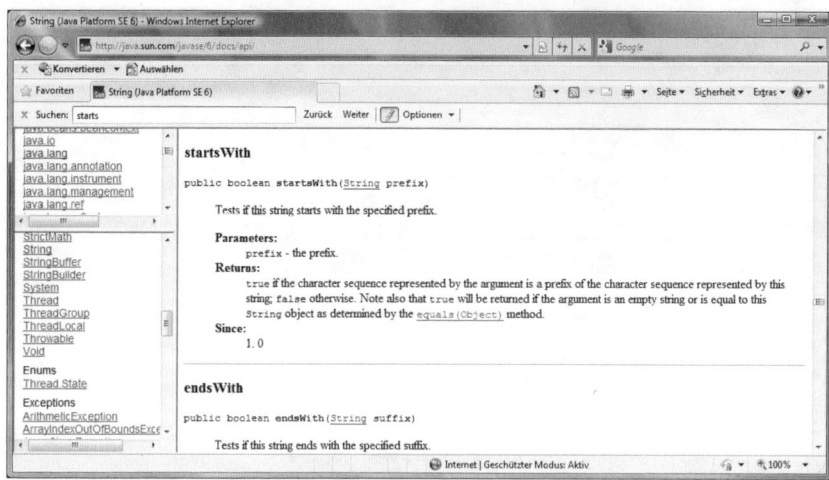

Abbildung C.3: API-Spezifikation der Methode `startsWith`

pletten Funktionsnamens die Eingabe korrekt zu interpretieren, bedienen wir uns der in Abbildung C.3 erläuterten Methode `startsWith` der Klasse `String`, die den Beginn des `String`-Objekts mit dem als Parameter übergebenen `String`-Objekt vergleicht.

Der zweite Kommandozeilenparameter wird zum Argument für die ausgewählte trigonometrische Funktion. Daher informieren wir uns zunächst über den zulässigen Parametertyp der trigonometrischen Funktionen aus der `Math`-Klasse, die sich auch im Paket `java.lang` befindet. Als Beispiel nehmen wir die Methode zur Berechnung der Sinusfunktion, deren detaillierte Beschreibung in Abbildung C.4 dargestellt ist. Die Klassenmethode `sin` benötigt als Parameter einen **double**-Wert. Also müssen wir den zweiten Kommandozeilenparameter in einen **double**-Wert umwandeln. Wie ein Blick in die API-Spezifikation der Klasse `String` zeigt, bietet diese Klasse zwar eine Methode, um aus einer **double**-Variablen ein `String`-Objekt zu erzeugen – eine Methode, um aus einem `String`-Objekt eine **double**-Variable zu erzeugen, existiert jedoch nicht. Also müssen wir in einer anderen Klasse suchen.

Da es außer **double**-Variablen ja auch `Double`-Objekte gibt, liegt es nahe, die API-Spezifikation der `Double`-Klasse des `java.lang`-Pakets aufzurufen und dort nach einer geeigneten Methode zu suchen.

Mit `parseDouble` (siehe Abbildung C.5) haben wir eine Methode gefunden, die exakt unseren Bedürfnissen entspricht und aus einem übergebenen `String`-Objekt eine **double**-Variable erzeugt. Der Beschreibung der Methode entnehmen wir außerdem, dass es sich um eine Klassenmethode handelt und dass die Methode eine Exception wirft, falls sich das `String`-Objekt nicht in eine **double**-Variable umwandeln lässt.

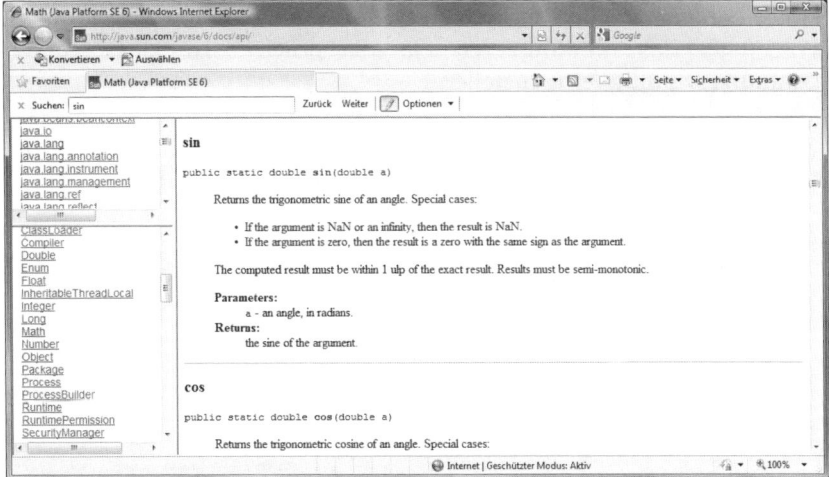

Abbildung C.4: API-Spezifikation der Methode `sin`

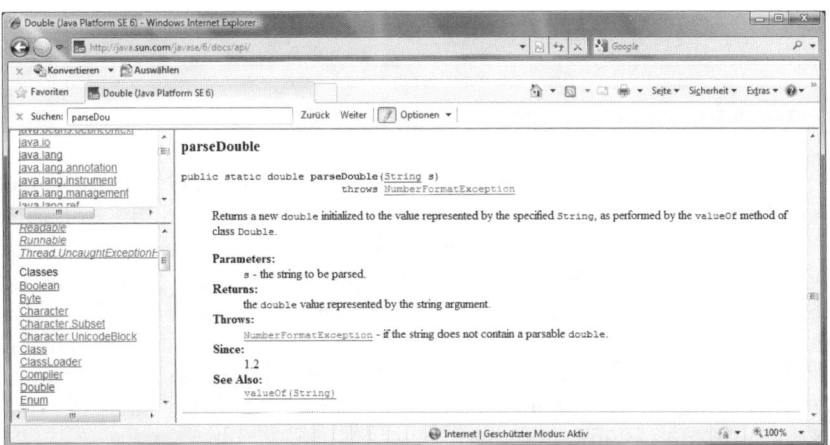

Abbildung C.5: API-Spezifikation der Methode `parseDouble`

Damit unser Programm nicht unkontrolliert abbricht, falls es mit falschen oder ohne Kommandozeilenparameter aufgerufen wird, fangen wir die Exception der `parseDouble`-Methode (`NumberFormatException`) und auch die Exception, die beim Zugriff auf eventuell nicht vorhandene Kommandozeilenparameter `args[0]` und `args[1]` entsteht (`ArrayIndexOutOfBoundsException`), in einem **try**-Block ab.

Diese Informationen reichen zusammen mit unserem ohnehin schon umfangreichen Wissen über das Programmieren in Java sicherlich aus, um das folgende kleine Programm endgültig fertigzustellen:

```
1  public class Berechne {
2    public static void main (String[] args) {
3      try {
4          String f = args[0].toUpperCase();
5          double argument = Double.parseDouble(args[1]);
6          double wert;
7          if (f.startsWith("SIN")) {
8              wert = Math.sin(argument);
9          } else if (f.startsWith("COS")) {
10             wert = Math.cos(argument);
11         } else if (f.startsWith("TAN")) {
12             wert = Math.tan(argument);
13         } else {
14             System.out.println(f + " ist keine erlaubte Funktion!");
15             return;
16         }
17         System.out.println("Ergebnis: " + wert);
18      } catch (ArrayIndexOutOfBoundsException ae) {
19         System.out.println("Falscher Aufruf! Korrekte Form:");
20         System.out.println("java Berechne <Funktion> <Argument>");
21      } catch (NumberFormatException ne) {
22         System.out.println(args[1] + " ist kein double-Wert!");
23      }
24    }
25 }
```

Außer für die Klassenbibliotheken des JDK existiert für viele gut dokumentierte Pakete oder Klassen eine Dokumentation im HTML-Format, die in Form und Aufbau der API-Spezifikation entspricht und Programmierer beim Einsatz der zur Verfügung stehenden Funktionalitäten unterstützt. Solche Dokumentationen können auf Basis von speziellen Programmkommentaren leicht mit dem Zusatzprogramm JavaDoc des JDK erstellt werden. In Kapitel 4 haben wir den Einsatz dieser JavaDoc-Kommentare kurz erläutert. Um den enormen Funktionsumfang des JavaDoc-Programms näher kennen zu lernen, sei an dieser Stelle auf die entsprechende Online-Dokumentation des JDK [38] verwiesen.

Anhang D

Glossar

In diesem Glossar finden Sie kurze Erklärungen zu einigen Fachbegriffen, auf die Sie teils im Buch, teils in Gesprächen mit anderen Programmierenden stoßen werden. Sollte Ihrer Meinung nach ein wichtiger Begriff fehlen, nehmen Sie bitte (wie in Abschnitt 1.3 beschrieben) Kontakt mit den Autoren auf.

Absturz
Ein Programm kann syntaktisch vollkommen korrekt sein, aber einen inhaltlichen Fehler (z. B. eine Division durch 0) beinhalten. Solche Fehler werden beim Übersetzungsvorgang vom Compiler nicht erkannt und treten somit erst bei Ausführung des Programms auf. Oft wird das Programm dann mit einer Fehlermeldung abgebrochen – ein Verhalten, das oftmals salopp als „Absturz" bezeichnet wird.

Algorithmus
Verfahrensvorschrift zur Lösung eines Problems. Benannt nach dem arabischen Mathematiker Muhammad Ibn Musa Al Chwarismi aus dem 9. Jahrhundert, der als einer der Ersten systematische Lösungsvorschriften für die Lösung von quadratischen Gleichungen in einem Buch zusammenfasste. Die sehr ausgereifte Theorie der Algorithmen gehört zu den wichtigsten Grundlagen der heutigen Informatik.

API
API steht für den englischen Begriff „Application Programming Interface" (deutsch: „Programmierschnittstelle"). Es handelt sich hierbei um die Spezifikation, die dem Programmierer vorgibt, wie das Verhalten und der Zustand von Klassen und Objekten genutzt werden kann.

Applet
Ein Applet ist ein speziell aufgebautes Java-Programm, das nur mit Hilfe eines Java-fähigen Webbrowsers oder eines Appletviewers ausführbar ist. Um die notwendigen Eigenschaften zu erhalten, muss jede Appletklasse von der Superklasse `java.applet.Applet` erben. Ein Applet be-

sitzt grundsätzlich eine grafische Benutzeroberfläche und verarbeitet sämtliche Ein- und Ausgaben ereignisorientiert, es stellt jedoch für die Darstellung kein eigenes Fenster bereit, sondern benutzt das Fenster des Browsers oder des Appletviewers. Um ein Applet in einem Browser oder Appletviewer starten zu können muss es in eine HTML-Datei eingebunden werden. Da Applets in der Regel über das Internet geladen werden, gibt es beim Ausführen von Applets spezielle Sicherheitsvorkehrungen, die z. B. verhindern, dass Applets auf die lokale Festplatte zugreifen oder andere sicherheitskritische Funktionen ausführen können.

siehe Applikation, Browser

Applikation
Bei einer Applikation handelt es sich um eine eigenständige, ausführbare Einheit, die direkt vom Java-Interpreter ausgeführt werden kann. Applikationen können sowohl grafische als auch textbasierte Benutzeroberflächen besitzen, auch die Ein- und Ausgabe kann ereignisorientiert oder textbasiert erfolgen.

siehe Applet

Arbeitsspeicher
Programme und Daten, die zur momentanen Programmausführung benötigt werden, können im Arbeitsspeicher des Rechners kurzfristig gespeichert werden. Dieser wird häufig auch als RAM (Random Access Memory, deutsch: Direktzugriffsspeicher) bezeichnet. Im Vergleich zum externen Speicher ist der (lesende und schreibende) Zugriff hier wesentlich schneller.

Betriebssystem
Die verschiedenen Einzelteile eines Computers (Prozessor, Speicher, Grafikchip, Drucker etc.) müssen verwaltet und den Anwendungsprogrammen – etwa Textverarbeitung, Tabellenkalkulation oder Computerspiele – zur Verfügung gestellt werden. Diese Aufgabe übernimmt das Betriebssystem. Weitere Arbeiten sind etwa das Laden und Starten von Programmen, das Koordinieren nebenläufiger Arbeiten oder die Bereitstellung einer grafischen Oberfläche für mehr Benutzerkomfort.

Gängige Betriebssyteme sind etwa MS-DOS, Unix, Linux, oder Windows.

Binäre Zahlen
Die binäre Schreibweise stellt eine Darstellungsform für Zahlen dar. Computer können normalerweise nur elektrische Signale für Strom an oder aus bzw. 0 oder 1 verabreiten. Aus diesem Grund werden Zahlen üblicherweise zur

Basis 2 codiert, das heißt, 118 wäre somit

$$
\begin{aligned}
&1 \cdot 64 + 1 \cdot 32 + 1 \cdot 16 + 0 \cdot 8 + 1 \cdot 4 + 1 \cdot 2 + 0 \cdot 1 \\
= \;&1 \cdot 2^6 + 1 \cdot 2^5 + 1 \cdot 2^4 + 0 \cdot 2^3 + 1 \cdot 2^2 + 1 \cdot 2^1 + 0 \cdot 2^0
\end{aligned}
$$

oder in Kurzschreibweise 1110110_2.

Browser
Anwendung zum Navigieren im World Wide Web und Anzeigen von Webseiten. Der Browser lädt die angeforderte Seite vom Server, interpretiert deren Inhalt und stellt ihn grafisch dar. Beispiele für Browser sind *Mozilla Firefox*, *Microsoft Internet Explorer* und *Opera*.

siehe Applet, Server

Bug
Umgangssprachliche Beschreibung für Fehler in einem Programm.

Bugfix
Maßnahme zur Korrektur eines Programmfehlers.

Client
Ein Programm, das über das Netzwerk den Dienst eines Servers anfordert, wird Client (deutsch: Klient, Kunde) genannt, der entsprechende Rechner, auf dem der Client läuft, heißt dann Client-Rechner oder Client-Host.

siehe Host, Server

Compiler
Programm, das von einer Sprache in eine andere übersetzt. Üblicherweise versteht man unter der einen Sprache eine höhere Programmiersprache (wie etwa Pascal, Java oder C++) und unter der anderen eine Sprache, die der Computer direkt versteht (die so genannte Maschinensprache). Dies muss aber nicht immer so sein. Es kann auch eine höhere Sprache in eine andere übersetzt werden.

Computer
Als Computer (deutsch: Rechner) bezeichnet man ein technisches Gerät, das schnell und relativ zuverlässig nicht nur rechnen, sondern allgemein Daten bzw. Informationen automatisch verarbeiten und speichern kann.

Datei
Unter einer Datei versteht man die kleinste dem Anwender zugängliche Verwaltungseinheit, in der ein Computer Informationen (Daten und Programme) speichern kann. Die Anweisungen zur Ausführung eines Programms werden in Programmdateien und die Informationen, die mit einem Programm erstellt wurden, in Datendateien gespeichert.

Datenbank
Eine Datenbank bzw. ein Datenbank-Programm dient der Erfassung, der Verwaltung und der selektiven Suche von Informationen wie z. B. Adressen oder Warenbeständen. Diese Informationen werden in Datenbanken nach einer festen Struktur geordnet. Man fasst die Daten in so genannten

Datensätzen (beispielsweise Kunden-Adressen) zusammen und kennzeichnet bzw. gliedert sie durch so genannte Felder (beispielweise Nachname oder Straße). Am weitesten verbreitet sind die so genannten relationalen Datenbanken, in denen Felder und Datensätze in Tabellen geordnet sind und miteinander verknüpft werden können.

Datentypen Damit Daten auf einem Computersystem in einheitlicher Form gespeichert und verarbeitet werden können, müssen sie jeweils korrekt interpretiert werden. Um sie interpretieren zu können, sind sie in bestimmte Datentypen eingeteilt, sodass zwischen unterschiedlichen Zahlen-, Zeichen- oder Wahrheits-Werten unterschieden werden kann.

Deadlock Ein Deadlock (deutsch: Blockierung) entsteht, wenn mehrere Threads oder Prozesse sich gegenseitig so beeinflussen, dass keiner von ihnen in der Lage ist, seine Aufgabe bis zum Ende auszuführen. Diese Behinderung entsteht besonders schnell, wenn die Threads oder Prozesse mehrere Ressourcen gleichzeitig benötigen. Durch den korrekten Einsatz von Synchronisierungsmechanismen ist es möglich, Deadlocks bei parallelen Abläufen auszuschließen.

siehe Thread, Prozess, Synchronisieren

DNS Adressen von Rechnern im Internet können nicht nur durch IP-Adressen, sondern auch einfach durch Namen notiert werden, wobei man einer IP-Adresse auch mehrere Namen (man spricht dann von Alias-Namen) zuordnen kann. Diese Art der Notation wird von einem speziellen Dienst im Internet, dem Domain Name Service (abgekürzt DNS), unterstützt, der die Abbildung des Namens auf die tatsächliche IP-Adresse vornimmt.

siehe IP, IP-Adresse

Doppelklicken Eine zweimalige Betätigung der Maustaste in schneller Abfolge. Viele Aktionen (z. B. der Start eines Programms) werden durch den so genannten „Doppelklick" ausgelöst.

siehe Klicken

Download Die Beschaffung von Daten von einem anderen Rechner über ein Netzwerk.

Editor Programm zur Eingabe und zur Bearbeitung von Texten über die Tastatur und mit der Maus.

Externer Speicher Externe Speichermedien (also CDs oder Festplatten) bieten in der Regel eine wesentlich höhere Speicherkapazität als der Arbeitsspeicher und dienen der langfristigen Aufbewahrung von Programmen und Informationen (Daten).

Freeware Gute Software muss nicht immer teuer sein. Neben den oft teuren Produkten diverser Firmengiganten ist im Zeitalter des Internet eine Fülle von teilweise gleichwertigen Programmen erhältlich, die von jedermann *kostenlos* benutzt werden können. Bei dieser so genannten Freeware handelt es sich oftmals um durchaus hochwertige Software – manchmal sind es sogar Produkte, die über einen gewissen Zeitraum kommerziell vertrieben wurden. Die Gründe, ein Softwareprodukt kostenlos anzubieten, können verschiedenster Art sein. Manche Programmierer sind beispielsweise der Ansicht, dass ihre Entwicklung der gesamten Nutzerschaft zugute kommen sollte. Andere hoffen, dass ihre Software auf diese Weise so weit verbreitet wird, dass sie sich als Quasi-Standard etabliert. Derartige Firmen können anschließend etwa am Verkauf der Software-Quellen oder über Beraterverträge mit Anwendern (Support) durchaus gutes Geld verdienen.

siehe Open Source

Garbage-Collector Der Garbage-Collector ist ein automatisch ablaufender Prozess, der dafür zuständig ist, alle zur Laufzeit eines Programms existierenden Objekte regelmäßig daraufhin zu überprüfen, ob sie noch referenziert werden. Gibt es auf ein Objekt keine Referenzen mehr, kann das Objekt gelöscht und der von ihm belegte Speicherplatz freigegeben werden.

Grammatik Ähnlich wie bei einer natürlichen Sprache wird die Grammatik einer höheren Programmiersprache durch ihren Wortschatz (auch Alphabet genannt), ihre Syntax und ihre Semantik festgelegt. Im Gegensatz zu einer natürlichen Sprache, bei der die Bedeutung und Verwendung einzelner Wörter manchmal ungenau oder mehrdeutig ist, müssen bei einer Programmiersprache alle Spracheigenschaften präzise definiert werden. Die Informatik setzt hierfür *formale Sprachen* (siehe etwa [16]) ein.

siehe Wortschatz, Syntax, Semantik

Gregorianischer Kalender Der noch heute gültige Gregorianische Kalender wurde im 16. Jahrhundert von Papst Gregor eingeführt. Er verbesserte den Julianischen Kalender (z. B. durch Einführung der Schaltjahresregelung.

GUI GUI steht für den englischen Begriff Graphical User Interface (deutsch: Grafische Benutzerschnittstelle). Im Gegensatz zu textbasierten Programmen, die meist ausschließlich mit der Tatstatur von der Kommandozeile aus bedient werden, bieten Programme mit grafischer Benutzeroberfläche die Möglichkeit, graphische Darstellungen in Kombination mit Tastatur und Maus zu verwenden, um die Benutzung eines Programms zu vereinfachen.

Hacker

Hacker sind Menschen, die es als „Sport" ansehen, Sicherheitsmechanismen von Programmen, Computersystemen und Netzwerken auszuspionieren und zu unterwandern. Einige „schwarze Schafe" (auch Cracker genannt) nutzen ihre Fähigkeiten, um mit illegalen Methoden Profit zu machen. Ein Großteil der Hacker bewegt sich jedoch meistens auf der richtigen Seite des Gesetzes, und oft sind es gerade diese Hacker, die auf Lücken und Fehler in Programmen und Sicherheitsmaßnahmen hinweisen. Eine der bekanntesten Organisationen von Hackern in Deutschland ist der Chaos Computer Club in Hamburg.

hexadezimale Zahlen

Die Hexadezimale Schreibweise stellt eine Darstellungsform für Zahlen zur Basis 16 dar:

$$118 = 7 \cdot 16 + 6 \cdot 1 = 7 \cdot 16^1 + 6 \cdot 16^0 = 76_{16}$$

Die Zahlen zwischen 10 und 15, die nicht als einzelne Ziffern dargestellt werden können, werden durch Buchstaben codiert:

$$10 = A_{16}, \ 11 = B_{16} \ \ldots \ 15 = F_{16}$$

HTML

HTML (Hypertext Markup Language) ist eine Sprache, die verwendet wird, um Seiten für das World Wide Web zu gestalten. Dabei kommen so genannte Tags mit vordefinierter Bedeutung zum Einsatz, die festlegen, wie bestimmte Teile des Dokuments formatiert und dargestellt werden sollen. Unter anderem können Art und Größe der Schrift, Struktur von Tabellen, Listen und Aufzählungen sowie Grafiken und Farbgestaltung bestimmt werden. Verweise auf andere Dokumente werden mit so genannten Hyperlinks realisiert. Ferner gibt es spezielle Tags für die Einbettung von Java-Applets.

siehe Applet, XML

HTTP

Das Hypertext Transfer Protocol (HTTP) ist ein im World Wide Web benutztes Standardprotokoll, das den Austausch von Dokumenten zwischen Rechnern steuert.

Host

Als Host (deutsch: Wirt, Gastgeber) bezeichnet man ein Computer-System in einem Netzwerk.

Imperative Programmierung	Der Ursprung des Namens kommt von lat. imperare (befehlen). Ein imperatives Programm besteht aus einer Folge von Befehlen an den Rechner. Dabei werden Eingabewerte in Variablen gespeichert und diese durch sukzessive Befehle verändert. Abfolgen von Befehlen werden zu Prozeduren zusammengefasst, durch welche sich die Daten (Inhalte der Variablen) verändern lassen. Diesen Weg beschreiten wir im ersten Teil dieses Buches.
Interpreter	Programme werden von einem Interpreter nicht vollständig übersetzt und erst später ausgeführt, sondern Anweisung für Anweisung übersetzt und unmittelbar ausgeführt.
IP	Das Internet Protocol (IP) ist in der Netzwerkschicht des TCP/IP-Referenzmodells für die Netzwerk-Kommunikation zuständig. *siehe TCP*
IP-Adresse	Numerische Adresse eines Rechners in einem Netzwerk. *siehe DNS*
IT	Unter Informationstechnologie versteht man alle Aspekte des technologischen Gebäudes der Informatik. Sie umfasst sowohl die Software- als auch die Hardwareentwicklung.
JAR-Datei	JAR (Java Archive) ist ein plattformunabhängiges Dateiformat, das viele Dateien zu einer JAR-Datei zusammenfügt. Mehrere Java-Applets und ihre zugehörigen Komponenten (Klassendateien, Bilder, Klänge und andere Ressourcen) können in eine JAR-Datei gepackt und dann über einen Browser in einer einzigen HTTP-Transaktion heruntergeladen werden. Das JAR-Format unterstützt außerdem das Komprimieren von Dateien sowie digitale Signaturen. JAR-Dateien lassen sich mit dem Programm `jar` aus dem JDK erstellen. *siehe Applet*
Klicken	Bei vielen Programmen befinden sich interaktive Schaltflächen auf dem Bildschirm, die man mit der Maus bedienen kann. Dies geschieht, indem man den Mauszeiger auf die entsprechende Stelle bewegt und die Maustaste drückt. Dieser Vorgang wird als „klicken" bezeichnet.
Kompatibilität	Die Möglichkeit, Hardware- und Software-Komponenten von verschiedenen Herstellern miteinander zu betreiben, bezeichnet man als Kompatibilität. Dazu sind sehr viele Normen und Standards von unterschiedlichen Gremien geschaffen worden Auch haben sich einige Quasi-Standards

entwickelt, an denen sich viele Hersteller orientieren. Im Bereich der Software ist die Kompatibilität weitgehend hergestellt, wird durch schlechte Programmierung manchmal jedoch nicht erreicht, was bei der Kommunikation mit anderen Programmen oder mit bestimmten Hardware-Komponenten Probleme zur Folge haben kann.

Konsolenfenster Vor gar nicht allzu langer Zeit waren Betriebssysteme noch hauptsächlich über eine Konsole in Form einer Kommandozeile zu bedienen. Benutzer gaben dem Computer über die Tastatur der Konsole Befehle. Heutzutage kann man das Betriebssystem meist bequem mit der Maus über eine grafische Benutzeroberfläche steuern. Dennoch wird häufig auch noch die Kommandozeile benötigt. Aus diesem Grund stellt fast jedes Betriebssystem eine Möglichkeit zur direkten Befehlseingabe ähnlich der veralteten Konsole zur Verfügung. Dies ist das so genannte Konsolenfenster, auch Eingabeaufforderung, Terminal, Shell oder DOS-Fenster genannt.

Look and Feel Mit Look and Feel bezeichnet man das Erscheinungsbild und die Handhabung einer Software.

Maschinensprache Die Sprache, die ein Computer-Prozessor direkt versteht, wird Maschinensprache genannt. In der Maschinensprache geschriebene Programme können vom Prozessor sofort abgearbeitet werden. Die Maschinensprache ist speziell auf einen bestimmten Prozessor und seine Möglichkeiten ausgelegt, sodass darin geschriebene Programme sehr schnell und effizient, aber eben prozessorabhängig und somit nicht auf andere Systeme übertragbar sind. Außerdem ist die Maschinensprache nicht gerade ideal für eine Programmierung durch Menschen geeignet. Aus diesem Grund wurden die höheren Programmiersprachen entwickelt, die sich an menschlichen Sprachen als Vorlage orientieren. Ein in einer höheren Programmiersprache geschriebenes Programm wird anschließend zur Ausführung von einem Compiler oder Interpreter in die Maschinensprache (den Maschinencode) übersetzt.

Objekt Allgemein versteht man unter Objekten Größen oder Daten, die bei der Programmierung auftreten können. Speziell versteht man unter Objekten Einheiten, die innere Zustände (Variablen) besitzen und diese durch bestimmte Nachrichten (Methoden) verändern bzw. auf diese Nachrichten reagieren können. Der Informationsaustausch zwischen Objekten erfolgt durch Senden und Empfangen von solchen Nachrichten.

Objekte im programmiertechnischen Sinn sind mit Objekten im wirklichen Leben vergleichbar (z. B. Stuhl, Tisch und Fernsehapparat als Objekte eines realen Zimmers). Diese Objekte können sich wieder aus anderen Objekten zusammensetzen (der Fernseher zum Beispiel aus Netzteil, Bildröhre, Gehäuse), die sich wiederum aus anderen Objekten (Kondensatoren) zusammensetzen können. So wie im wahren Leben fast alles, was man beschreiben möchte, als Objekt gelten kann, ist dies auch im Computer der Fall.

siehe Objektorientierte Programmierung

Objektorientierte Programmierung

Hierbei wird die Welt als eine Welt von Objekten aufgefasst. Die Programme werden nicht auf Prozeduren und Daten aufgebaut, sondern auf Zuständen von Objekten und deren Aktivitäten und Kommunikation untereinander. Die Struktur der Objekte wird dabei durch Klassen festgelegt, die als eine Art Schablone für den Aufbau der Objekte angesehen werden können. Eine Einführung in die Grundlagen der Objektorientierten Programmierung (OOP) erhalten Sie im zweiten Teil dieses Buches.

oktale Zahlen

Die oktale Schreibweise stellt eine Darstellungsform für Zahlen zur Basis 8 dar:

$$118 = 1 \cdot 64 + 6 \cdot 8 + 6 \cdot 1 = 1 \cdot 8^2 + 6 \cdot 8^1 + 6 \cdot 8^1 = 166_8$$

Dabei werden nur Ziffern im Bereich 0 bis 7 verwendet.

OOP

siehe Objektorientierte Programmierung

Open Source

Open Source ist eine mit Freeware vergleichbare Software. Die Benutzer können sie kostenlos verwenden. Im Gegensatz zur normalen Freeware geht die Open-Source-Gemeinde über die reine Anwendung hinaus. Ein Produkt ist Open Source, wenn man neben dem ausführbaren Programm auch den Quelltext erhält und einsehen kann. Abhängig von den Nutzungsbedingungen, der so genannten Lizenz, kann der Benutzer bzw. die Benutzerin diesen Quellcode erweitern, verändern und in seinen eigenen Programmen weiterverwenden. In einigen Fällen (etwa bei der so genannten „GNU general public license") muss er dann ebenfalls seinen Quellcode offen legen. Es gibt jedoch auch andere Lizenzmodelle (etwa vom Apache-Webserver), für die das nicht gilt. All dies lässt sich dann auch hervorragend in kommerziellen Softwareprojekten verwerten.

Für Open-Source-Projekte gibt es heutzutage eine Vielzahl prominenter Beispiele. Hierzu zählen etwa Mozilla (die Open-Source-Variante des Netscape-Browsers), Open Office (entwickelte sich aus StarOffice) oder der bekannte Webserver Apache. Der wohl populärste Vertreter dieser Gattung – das Betriebssystem Linux – ist übrigens ein Beispiel dafür, dass auch Open Source ein lukratives Geschäft sein kann. Auch wenn die Software selbst kostenlos ist, gibt es Firmen, die sich auf Vertrieb und Installation dieses Systems spezialisiert haben. Neben ihren so genannten „Linux-Distributionen" verkaufen sie oftmals den Support (also Beratung und Hilfe bei Problemen).

siehe Freeware

Portabilität   Die Möglichkeit der Übertragung von Software vom einen auf ein anderes Computersystem wird als Portabilität bezeichnet. Für die Übertragbarkeit sind unter anderem das Betriebssystem sowie die Hardware von Interesse. Ein Programm, das beispielsweise unter Windows erstellt wurde, wird im Allgemeinen nicht unter Linux laufen. In einer Zeit, in der es eine Unmenge unterschiedlicher Betriebssysteme auf dem Markt gibt, stellt sich deshalb immer mehr die Frage nach der Portabilität. Java-Programme sind im Allgemeinen in höchstem Maße portabel, da sie auf (fast) jedem modernen Betriebssystem funktionieren.

Protokoll   Beim Daten- bzw. Nachrichtenaustausch in einem Netzwerk müssen die kommunizierenden Computer bzw. Programme gewisse Regeln für den Verbindungsaufbau, den genauen Ablauf des eigentlichen Datenaustauschs und den Verbindungsabbau befolgen. Diese Regeln werden Protokoll genannt. Typische Protokolle für verbreitete Netzwerkanwendungen sind zum Beispiel FTP (File Transfer Protocol), HTTP (Hypertext Transfer Protocol) oder SMTP (Simple Mail Transfer Protocol).

Prozessor   Als Teil der Zentraleinheit eines Computers ist der Prozessor zuständig dafür, Programmanweisungen aus dem Arbeitsspeicher zu lesen, diese auszuführen, dafür notwendige Daten aus dem Speicher zu lesen und Zwischen- und Endergebnisse dort wieder abzulegen.

Quellcode   Der vom Programmierer eingegebene Programmtext. Der Quellcode muss mit dem Java-Compiler übersetzt werden, um ihn auf der Maschine ausführbar zu machen.

Quelltext   *siehe Quellcode*

RAM   Die Abkürzung RAM steht für Random Access Memory und bezeichnet den Arbeitsspeicher eines Rechners.

                           siehe Arbeitsspeicher

RGB-Farbmodell   Das RGB-Farbmodell basiert auf der additiven Farbmischung, bei der sich eine beliebige Farbe aus der Addition der Grundfarben Rot, Grün und Blau zusammensetzen lässt. RGB-Farben werden üblicherweise durch ganzzahlige Tripel (r,g,b) dargestellt, die den Anteil an der jeweiligen Grundfarbe in der Reihenfolge Rot, Grün und Blau darstellen, wobei der jeweilige Anteil der Grundfarben durch Werte von 0 bis 255 repräsentiert wird. Hierdurch lassen sich bis zu 16,7 Millionen Farben darstellen (24 Bit Farbtiefe). Das Java-Farbmodell basiert auf dem RGB-Farbmodell.

RTFM   Hat man mit einer Software Probleme, kann man sich mittels Internet an andere Benutzer wenden und sie um Rat fragen. Handelt es sich nach deren Meinung um eine dumme Frage, da die Antwort etwa im Handbuch auf Seite 13 steht, so erhält man meist nur die Buchstaben „RTFM". Die Abkürzung steht für „read the fucking manual" und stellt somit eine Aufforderung dar, zuallererst einmal die Gebrauchsanweisung zu lesen.

Scheduler   Der Scheduler der JVM übernimmt die Aufteilung der Rechenzeit auf die verschiedenen aktivierbaren Threads. Das Verhalten des Schedulers ist stark vom jeweiligen Betriebssystem abhängig, er führt jedoch Threads mit höherer Priorität bei gleichzeitiger Berücksichtigung aller anderen Threads bevorzugt aus.

                           siehe Thread

Semantik   Die Semantik beschreibt die Bedeutung der einzelnen Sprachelemente und die Beziehungen zwischen ihnen. Dadurch wird die Bedeutung eines Programms festgelegt. Im Sinne der Datenverarbeitung sagt die Bedeutung etwas darüber aus, wie die eingegebenen Daten verarbeitet bzw. welche Daten als Ergebnisse ausgegeben werden. Semantische Regeln besagen zum Beispiel, dass eine vom Benutzer vereinbarte Größe (etwa eine Variable oder eine Methode) im Anweisungsteil nur mit dieser Bedeutung verwendet werden darf, dass vordefinierte Methoden nur auf ganz bestimmte Argumenttypen angewendet werden dürfen oder dass eine Variable vor ihrer Verwendung einen bestimmten Wert haben muss.

Server   Unter einem Server (deutsch: Diener) versteht man ein Pro-
                        gramm, das auf einem Rechner läuft und einen bestimm-
                        ten Dienst anbietet, der über das Netzwerk von anderen
                        Programmen bzw. Rechnern genutzt werden kann. Der
                        Rechner, auf das Programm läuft, heißt dann Server-
                        Rechner oder auch Server-Host. Sehr häufig wird der Be-
                        griff Server auch fälschlicherweise für den Rechner, auf
                        dem ein oder mehrere Server laufen, verwendet.

                        siehe Client, Host

Sourcecode   *siehe Quellcode*

Synchronisieren   Der eigentliche Sinn von separaten Threads innerhalb einer
                        Anwendung liegt darin, dass verschiedene Aufgaben un-
                        abhängig voneinander bearbeitet werden. In einigen Fällen
                        müssen die einzelnen Threads aber auch aufeinander abge-
                        stimmt (synchronisiert) werden, zum Beispiel wenn meh-
                        rere Threads schreibend und lesend auf die gleichen Da-
                        ten zugreifen oder ein Thread auf das Ergebnis eines ande-
                        ren Threads warten muss. Diese Synchronisation kann auf
                        verschiedene Arten erfolgen. Nahezu jedes Betriebssystem
                        und auch die Programmiersprache Java bieten verschiede-
                        ne Mechanismen zur Synchronisation. Auch parallele Pro-
                        zesse müssen unter Umständen synchronisiert werden, um
                        Ihre Abläufe aufeinander abzustimmen.

                        siehe Thread, Prozess

Syntax   Die Syntax regelt, welche Symbolfolgen des zu Grunde
                        gelegten Wortschatzes (Alphabets) zulässige „Sätze" (Pro-
                        gramme) der Sprache bilden und legt gleichzeitig zu jeder
                        solchen Symbolfolge eine grammatikalische Struktur fest,
                        ähnlich der Zerlegung von Sätzen natürlicher Sprache in
                        Subjekt, Prädikat und Objekt.

TCP   Das Transmission Control Protocol (TCP) ist ein Protokoll,
                        das in der Transportschicht des TCP/IP-Referenzmodells
                        für die Netzwerk-Kommunikation zuständig ist. Das TCP
                        stellt eine zuverlässige (virtuelle) Verbindung zwischen
                        Sender- und Empfänger-Anwendung her, die sicherstellt,
                        dass alle Daten fehlerfrei und vollständig übertragen wer-
                        den.

                        siehe IP

Thread   Mit Hilfe von Threads (deutsch: Fäden) können mehrere
                        Ablaufstränge innerhalb unseres Programms quasi parallel
                        bearbeitet werden. Threads werden oft als „leichtgewichti-
                        ge Prozesse" bezeichnet. Im Gegensatz zu Prozessen befin-

den sich nämlich alle Threads eines Programms in einem gemeinsamen Adressraum im Speicher und haben lediglich unterschiedliche lokale Variablen. Über gemeinsame statische Variablen oder Objekte können Threads auf einfache Art und Weise miteinander kommunizieren. Dieses Konzept der parallelen Verarbeitung ist recht performant, erfordert jedoch vom Programmierer unter anderem aufgrund der Gefahr eines Deadlocks erhöhte Sorgfalt. In der Programmiersprache Java sind die Möglichkeiten zur Programmierung nebenläufiger Abläufe bereits integriert.

siehe Prozess, Deadlock

Tooltip

Als Tooltip bezeichnet man den Hinweis, der eingeblendet wird, wenn die Anwenderin oder der Anwender den Mauszeiger auf ein Element einer graphischen Oberfläche (z. B. eine Schaltfläche) bewegt. Der Hinweis wird im Allgemeinen in Form eines kurzen Textes angezeigt, der die Anwenderin oder den Anwender über die Funktion des entsprechenden Elements informiert.

Übersetzer

siehe Compiler

UDP

Das User Datagram Protocol (UDP) ist ein Protokoll, das in der Transportschicht des Referenzmodells für die Netzwerk-Kommunikation zuständig ist. Das UDP stellt eine unzuverlässige (virtuelle) Verbindung zwischen Sender- und Empfänger-Anwendung her, die nicht sicherstellt, dass die Daten fehlerfrei und vollständig übertragen werden.

siehe IP

UML

Diese Bezeichnung ist die Kurzform von Uniform Modeling Language. UML ist eine grafische Modellierungsprache, mit deren Hilfe Softwareentwickler Lösungsansätze für zu realisierende Aufgaben suchen. Verschiedene Diagrammformen (z. B. Klassendiagramme, Sequenzdiagramme) helfen ihnen hierbei, das Problem unter allen Aspekten zu verstehen und umzusetzen. Der objektorientierten Philosophie entsprechend, werden bereits im Entwurfsprozess die Komponenten des Systems als Objekte modelliert, deren Kommunikation über Methoden erfolgt. UML hat sich heute als Standard durchgesetzt, was die Kommunikation im Softwareentwicklungsprozess wesentlich vereinfacht.

siehe Objektorientierte Programmierung

Umgebungsvariable

Bei Umgebungsvariablen handelt es sich um ein Konzept, das in den meisten Betriebssystemen auftaucht. Mit ihnen

können dem System gewisse Werte unter speziellen Namen (den Variablennamen) bekannt gemacht werden. Ein
gestartetes Programm hat auf diese Werte Zugriff und kann
somit den Wünschen der Benutzer angepasst werden, ohne
neu übersetzt werden zu müssen.

Unified Modeling Language   *siehe UML*

Update   Keine Software ist perfekt. Besonders bei großen Program-
                          mierprojekten ist es quasi nicht zu vermeiden, dass sich
                          der eine oder andere Programmierfehler (*siehe Bug*) ein-
                          schleicht. Softwarefirmen liefern aus diesem Grund in re-
                          gelmäßigen Abständen verbesserte Versionen ihrer Pro-
                          dukte, so genannte Updates. Diese Updates sind je nach Fir-
                          menpolitik nicht immer kostenlos; viele lassen sich jedoch
                          gratis aus dem Internet herunterladen.

                          Die Installation eines Updates beseitigt gewisse Fehler, aber
                          garantiert dabei natürlich keine Fehlerfreiheit.

URL   Unter einer URL (Uniform Resource Locator) versteht man
                          eine spezielle Darstellung einer Adresse für ein Dokument
                          im Internet. Sie legt genau fest, welche Datei von welchem
                          Rechner mit welchem Dienst bzw. Protokoll angesprochen
                          werden soll.

                          siehe Protokoll

Workaround   Nicht jeder gefundene Bug in einer kommerziellen Softwa-
                          re wird vom Hersteller sofort behoben. Oftmals existieren
                          jedoch Tipps und Tricks anderer Benutzer, die mit dem glei-
                          chen Problem zu kämpfen hatten. Mit diesen Tricks kann
                          man den Fehler zwar nicht korrigieren, sein Auftreten je-
                          doch oftmals vermeiden – man spricht von einem Worka-
                          round.

Wortschatz   Der Wortschatz (das Alphabet) bildet die Grundlage einer
                          jeden Programmiersprache. Er definiert den Symbolvorrat
                          für die Darstellung von Programmen.

XML   XML (Extensible Markup Language) ist eine vom W3C-
                          Konsortium [39] entwickelte Sprache. XML erlaubt es, an-
                          ders als das verwandte HTML, eigene Tags zu definieren.
                          XML eignet sich insbesondere dazu, Daten bzw. Informa-
                          tionen zu strukturieren.

                          siehe HTML

Literaturverzeichnis

Bücher

[1] American National Standards Institute, Institute of Electrical and Electronics Engineers: *A Standard for Binary Floating-Point Arithmetic*. ANSI/IEEE Standard 754-1985, 1985.

[2] H.-J. Appelrath, D. Boles, V. Claus, I. Wegener: *Starthilfe Informatik*. B. G. Teubner, 2002.

[3] H. Balzert: *Lehrbuch der Objektmodellierung*. Spektrum Akademischer Verlag, 2004.

[4] H. Balzert: *Lehrbuch Grundlagen der Informatik*. Spektrum Akademischer Verlag, 2004.

[5] H. Balzert: *Objektorientierung in 7 Tagen*. Spektrum Akademischer Verlag, 2000.

[6] T. H. Cormen, Ch. E. Leiserson, R. L. Rivest, C. Stein: *Introduction to Algorithms*. MIT Press, 2009.

[7] D. Flanagan: *Java in a Nutshell*. O'Reilly, 2005.

[8] M. Fowler, K, Beck, J. Brant, W. Opdyke, D. Roberts: *Refactoring: Improving the Design of Existing Code*. Addison Wesley, 1999.

[9] M. Fowler, K. Scott: *UML konzentriert*. Addison Wesley, 2003.

[10] E. Freeman, E. Freeman, K. Sierra, B. Bates: *Entwurfsmuster von Kopf bis Fuß*. O'Reilly, 2005.

[11] E. Gamma, R. Helm, R. Johnson, J. Vlissides: *Entwurfsmuster. Elemente wiederverwertbarer objektorientierter Software*. Addison Wesley, 2009.

[12] J. Gosling, B. Joy, G. Steele, G. Bracha: *The Java Language Specification*. Addison Wesley, 2005.

[13] R. Hitchens: *Java NIO*. O'Reilly, 2002.

[14] G. Krüger: *Handbuch der Java-Programmierung*. Addison-Wesley, 2009.

[15] S. Münz, W. Nefzger: *HTML & Web-Publishing Handbuch*. Franzis Verlag, 2002.

[16] P. Rechenberg, G. Pomberger: *Informatik-Handbuch*. Hanser, 2006.

[17] M. Schader, L. Schmidt-Thieme: *Java – Eine Einführung*. Springer, 2003.

[18] R. Sedgewick: *Algorithmen in Java, Teil 1–4*. Pearson Studium, 2003.

[19] K. Sierra, B. Bates: *Java von Kopf bis Fuß*. O'Reilly, 2006.

[20] I. Wegener: *Theoretische Informatik*. B. G. Teubner, 2005.

[21] S. Zakhour, S. Hommel, J. Royal, I. Rabinovitch, T. Risser, M. Hoeber: *The Java Tutorial*. Addison Wesley, 2007.

Web-Links

[22] ARD und ZDF: *Onlinestudie 2008 zur Internetnutzung*.
```
http://www.ard.de/intern/presseservice/-/id=8058/
                        nid=8058/did=815386/19i5cr1/
```

[23] W. Bergt: *Online-Lexikon: Begriffe aus der Computerwelt*.
```
http://www.bergt.de/lexikon/
```

[24] M. Campione, K. Walrath: *The Java Tutorial – Object-Oriented Programming for the Internet*. The Dining Philosophers.
```
http://java.sun.com/docs/books/tutorial/
                        essential/threads/deadlock.html
```

[25] M. Campione, K. Walrath, A. Huml: *The Java Tutorial – Object-Oriented Programming for the Internet*.
```
http://java.sun.com/docs/books/tutorial/
```

[26] J. Gosling, B. Joy, G. Steele, G. Bracha: *The Java Language Specification, Second Edition*.
```
http://java.sun.com/docs/books/jls/
```

[27] ICANN: *The Internet Corporation for Assigned Names and Numbers*.
```
http://www.icann.org/
```

[28] ISO: *International Organisation for Standardization*.
```
http://www.iso.ch/
```

[29] S. Münz: *SELFHTML – HTML-Dateien selbst erstellen*.
```
http://selfhtml.teamone.de/
```

[30] B. Oestereich (oose.de GmbH): *UML-Glossar*.
```
http://www.oose.de/uml.htm
```

[31] D. Ratz, J. Scheffler, D. Seese, J. Wiesenberger: *Webseite zum vorliegenden Buch*.
```
http://www.grundkurs-java.de/
```

[32] Sun Microsystems: *Java 2 Platform, Standard Edition, API Specification*.
```
http://java.sun.com/api/
```

[33] Sun Microsystems: *Code Conventions for the Java Programming Language.*
http://java.sun.com/docs/codeconv/

[34] Sun Microsystems: *Java Platform, Standard Edition, Documentation.*
http://java.sun.com/javase/reference/api.jsp

[35] Sun Microsystems: *Java 2 Platform, Standard Edition, Plug-in.*
http://java.sun.com/products/plugin/

[36] Sun Microsystems: *Java 2 Platform, Standard Edition, Security.*
http://java.sun.com/security/

[37] Sun Microsystems: *Java Platform, Standard Edition, Software Development Kit (JDK).*
http://java.sun.com/javase/downloads/index.jsp

[38] Sun Microsystems: *Java 2 Platform, Standard Edition, Tools and Utilities.*
http://java.sun.com/j2se/5.0/docs/tooldocs/

[39] W3C: *World Wide Web Consortium.*
http://www.w3c.org/

Stichwortverzeichnis

GUT AUFGELEGT
ICH BLEIBE OFFEN LIEGEN ;-) DANK SPEZIAL-
FORMAT UND PATENTIERTER BINDUNG

Kösel FD 351 · Patent-No. 0748702